2022 年
《中国农业大事记》优秀单位展播

2022 年
《中国农业大事记》优秀单位展播

2022 年

《中国农业大事记》优秀单位展播

2022年
《中国农业大事记》优秀单位展播

2022 年
《中国农业大事记》优秀单位展播

2022 年

《中国农业大事记》优秀单位展播

2022年

《中国农业大事记》优秀单位展播

2022年
《中国农业大事记》优秀单位展播

2022年
《中国农业大事记》优秀单位展播

爱德帮农业发展集团有限公司

张家界爱德帮农业发展集团有限公司2017年在张家界注册成立。创始人、董事长彭晓燕从事"三农"工作十多年，全身心只做一件事，那就是用靓丽的青春年华，把一粒种子传承下去，让子孙后代也能吃上绿色健康的家常大米饭，并以此带动一辈子热爱土地的农户勤劳致富，为大学生创业就业提供原动力，为退伍军人、返乡青年，为荒地变粮仓，振兴乡村经济尽一份力量，发一份光。

彭晓燕1981年出生，湖南省永顺县土家族人。1999年从湖南师范金融系毕业，2009年投身"三农"，创立爱德帮集团，打造了"创新互联网＋创新'三农'＋创新慈善"的综合性"三农"平台，2010年开始研发爱德帮高山旱稻。经过几年的潜心研究和广泛的示范种植试验，终于使这粒奇特的高山旱稻种子，在废弃的荒地、长期干旱地区及乱石地等，自然生长出金灿灿的绿色稻谷，2020年获得了国家知识产权局颁发的发明专利证书，2021年通过科技部新品种评价。2022年，彭晓燕被世界和平粮农发展战略中心聘为"旱稻首席专家"。

彭晓燕天生胆大、聪颖智慧。不仅要研发贫瘠的旱稻种子，而且还自投资金，将实验田从自留地逐步扩展到千村万户。农民从一开始的怀疑、不相信，甚至骂她为"神经病搞法"，到慢慢地变成了朋友、变成了跟随者，终于把贫瘠的高山旱稻种子培育成生命力极强的稻种，并在甘肃的泥沙地、河北的麦茬地、山东的乱石地、黄河边上的砂性地、河南的碱性地、安徽的沙土地及南方的陡坡地等土壤中示范种植，均取得了自然条件下的稻谷丰收。截至2022年9月，爱德帮高山旱稻已在全国32个省（市、区），累计登记在册的种植农户达43多万人次，种植面积达3 200多万亩。

爱德帮高山旱稻2017年取得"高山旱稻"稳定的品种属性，成为不用蓄水、不用人工浇水就可以直播的旱稻种子，高山旱地单季平均亩产800斤，平原无法蓄水地区平均单季亩产1 000斤以上。爱德帮高山旱稻的根像芦苇一样长达45厘米以上，向泥土深处生长，具备真正抗旱的属性，可以采取直播的方式播种，依靠自然雨露就能生根发芽，扬花抽穗。高山旱稻生命力强，用籽少分蘖株多。一粒种子平均分蘖30～40株，2022年在湖南种植的高山旱稻，分蘖最多的一棵奇迹般地分蘖到110多株，而且稻穗长，平均每穗结籽300粒左右，有的高达340粒，千粒重28克，产量翻了数十倍。

爱德帮高山旱稻不仅适应高山环境，还适应平原环境，一年两季，种植简单，旱地翻耕一个窝，两粒稻种，配备专用的液态菌肥，即使是丘陵、陡坡、洼地、盐碱地、沙漠边缘、河坡、乱石岗、树林地等均可种植和丰收。爱德帮高山旱稻秆硬、株高、根系发达，稻穗高于叶片向阳生长，采光度高，提高了大米微量元素的含量。经国家食品质量检测和营养医学检测，爱德帮旱稻大米富含钙、铁、锌、硒等几十种微量元素，而且不含任何外来基因。如每千克大米含钙量高达268毫克，易于人体吸收，大米口感非常好。爱德帮高山旱稻具有十大特征：①生命力顽强——抗旱、抗涝、抗寒、抗病虫害（基本无病害，只有2～3种虫害）、重生（干旱2~3个月）；②适应任何土壤和地形（酸性、碱性、砂石土、乱石、陡坡、丘陵、洼地、林地、茶地等）；③旱稻不用打农药、不用施化肥、不用施除草剂；④节省种子（每亩1.5～2斤稻种），发芽率高（90%以上），分蘖多；⑤春夏均可播种，生长期一般为128～153天，积温达2 400℃；⑥稻秆高大粗壮，绿秆成熟，高的达1.66米以上；⑦亩产喜人，山地平均亩产400～800斤，平原平均亩产800～1 200斤；⑧播种方法简单，省工、省时、节水；⑨管理简单，一种二草三收割，只需天然雨水，田间野草稀少；⑩旱稻全身是宝，除了稻谷，稻秆还能加工为饲料、生活用品和建房板材，建造绿色环保别墅。

彭晓燕投身"三农"时，就确立了自己的创业初心，那就是做农业，一定要做绿色农业、健康农业，让天下长者不再因为吃不到健康的食品而过早地离开人世。彭晓燕以"先天下之忧而忧，后天下之乐而乐"的大爱之心，以为天下父母提供健康绿色食品为使命，全身心投入到高速发展的"互联网＋新农业"中。

彭晓燕成立的爱德帮集团自成体系，搭建了"互联网＋新农业"平台，让消费者直接购买农民手中的产品。在解决农民问题方面，充分发挥旱稻种子的优势，利用免费提供、指导种植、最低成本帮扶种植和大面积合作种植等不同方式，以村级服务站为最小管理架构，帮助返乡新农民创业、回乡大学生就业、100万转业军人就业，为全面解决农村、农业、农民的有关问题提供了强有力的支撑；种植方面，爱德帮旱稻经过全国不同地域、不同土壤、不同气温的示范种植，积累了丰富的旱稻种植经验，培养了一批又一批高素质农民；在农村废弃荒地利用方面，彭晓燕一年365天，天天在奔波，天天在考察调研不同的荒山荒地，协议种植爱德帮高山旱稻。

彭晓燕坚持国家利益至上，永远听党话、跟党走，充分发挥基层党员的先锋模范作用。以村为单位建立党员订单种植体系，带领广大跟随者、种植者，最大限度减少成本，积极打造旱稻产业链，综合应用好爱德帮旱稻的有机绿色元素。利用爱德帮高山旱稻的稻糠、稻秆、稻叶及稻根加工板材、有机粗纤维面条、有机饲料、绿色餐具、特殊服装等。不浪费任何一根稻秆、不污染任何一片田野，为振兴乡村经济、建设美好乡村贡献力量，提高了老百姓的经济效益和生活质量。组织全国的爱德帮旱稻种植乡村的留守妇女编制爱德帮旱稻工艺品、制作插花盆景、利用绿色旱稻酿酒，为百姓创富广开财源。兴建爱德帮留守儿童希望学校，从小学、中学、大学再到研究生，一条龙为国家培养优秀人才，培养出无数农业人才。

彭晓燕坚持传承中华民族尊老、敬老、孝老、爱老文化。跟随爱德帮一路走来的高山旱稻种植功臣，只要家中有长者，均可享受爱德帮农业九大版块中的"旅居养老"。彭晓燕19岁就做慈善，把爱心献给那些需要帮助的人。2015年获"中华爱心大使"荣誉称号。目前她虽然孑然一身，但她收养了8个贫困孩子。

　　跟我一起种地吧，荒地变粮仓，还我儿时的记忆和味道。这是彭晓燕一路走来的初心，也是她为国家彻底解决缺水地带粮食种植问题提供的最佳方案。彭晓燕是一位能量满满，勇于担当且有责任的不平凡之人。她经常与跟随她种旱稻的年轻人说：我们就要做白富美的新型农民，把爱德帮农业发展集团打造成为由国家领导的、国内最大的粮食种植生产企业。爱德帮高山旱稻示范种植发展已经走过12个年头，爱德帮集团一直践行"绿色'三农'、为爱而生、以德服众、互帮共赢"十六字使命，不忘初心，进行粮食革命。彭晓燕胸怀大志，心系百姓，爱党、爱国，爱高山旱稻这粒奇特的种子，并以强烈的使命感，百折不挠的毅力，用最美好的青春年华和一腔热血，实现爱德帮高山旱稻的普及种植，扎扎实实地将国家提出的"藏粮于民、藏种于民"的战略思想落实在行动上，践行到祖国的大江南北，为中国粮食的自给自足和粮种不被"卡脖子"带来了新的希望。

　　爱德帮农业发展集团致力于成为中国顶尖的旱作物研发以及旱作物全产业链开发的现代化农业企业。不久的将来，爱德帮集团一定会将这粒独特的高山旱稻种子播种到世界各地，为世界粮食贡献力量。"爱德帮"三个字，不仅字面意义丰富，而且内涵深远。爱德帮的"爱"是人类最高尚的爱，"德"是规范人言行品德的德，"帮"是无私奉献，大爱互帮的帮。爱德帮高山旱稻这颗沉甸甸的种子，不仅仅是一份希望，更是一份民族传承的使命。"荒地变粮仓""一粒种子改变世界"的梦想在爱德帮人手中被寄予了无限的可能。

一、成果与荣誉

二、爱德帮高山旱稻种植图片

1.独特的橄榄状种子 不挑选土壤直接播种

　　爱德帮高山旱稻可自留种种植。种子体形椭圆漫长，根部有一个圆结，有芒果状，表面纹路清晰，附着细毛，且带有咖啡色斑点，侧楞如核桃边；头部两片尖壳如上下嘴唇相互对峙。爱德帮高山旱稻稻种去皮后品尝，粳脆淡香，并有绒丝。

2.根须发达 生命力旺盛的爱德帮高山旱稻

爱德帮高山旱稻根须发达，最长达54厘米

3.干旱地变粮仓

爱德帮高山旱稻分蘖性强，此棵一粒种子分蘖了87株稻棵

3.荒草地变粮仓

爱德帮高山旱稻人工拔草，不
施化肥、不打农药、不用除草剂

4.沙漠地变粮仓

沙漠边缘地种植的爱德帮旱稻

5.滩涂地变粮仓

河沿、路旁空闲废均可种植爱德帮旱稻

6.树林地变粮仓

万亩林下套种爱德帮旱稻播种仪式　　林下套种爱德帮高山旱稻茁壮成长

7.乱石地变粮仓

乱石地种植爱德帮高山旱稻

8.低洼地变粮仓

洼地种植爱德帮高山旱稻

9.花盆变粮仓

居民用花盆在阳台上种爱德帮旱稻

10.荒山变粮仓

爱德帮高山旱稻具有芦苇习性，最高达178厘米

11.生态农庄变米仓

农庄空闲土地种植爱德帮高山旱稻

爱德帮高山旱稻分蘖多，最多1棵分蘖达110多株

11.普通旱地变米仓

12. 2号、3号新品种 高收成

13. 产业链

聚焦动物疫病净化，助力畜禽种业振兴

——种畜禽场主要动物疫病净化技术集成与示范推广

畜禽种业是畜牧业高质量发展的根基，动物疫病是影响种畜禽健康水平的重要因素。开展种畜禽主要动物疫病净化，引导养殖企业转变防疫和管理理念，能够从生产源头提高畜禽健康水平，既符合国家推动畜禽种业振兴根本要求，也符合现阶段疫病由有效控制到净化消灭的现实需要，更符合畜禽产业提质增效和人们对美好生活需要的迫切需求。

动物疫病净化示范场颁牌

2012年，国务院办公厅下发《国家中长期动物疫病防治规划（2012—2020年）》，提出努力实现重点疫病从有效控制到净化消灭。2013年，中国动物疫病预防控制中心首次以《规模化养殖场主要动物疫病净化和无害化排放技术集成与示范》项目形式在全国范围推广动物疫病净化，聚焦种畜禽场生物安全体系建设，集成风险评估、疫病传播控制和疫病监测技术，将单个养殖场作为动物疫病净化的基本单元，在全国范围内创建一批动物疫病净化创建场、示范场。通过项目实施，逐步探索出一套体系完备、适用于我国生产和防疫实践的疫病净化核心技术，在国内率先建立净化评估标准体系，以示范创建评估为载体，实施以养殖企业为主体、疫控机构为支撑、净化专家库为资源，多方合力推动净化的推广模式。

项目实施以来，在全国30个省份和新疆生产建设兵团7073家种畜禽场应用，带动建成国家级动物疫病净化场55家，各级示范创建场856家，培训技术人员34万余人次，培养中青年技术专家8549名，疫病净化理念深入人心。通过项目实施，全国种猪场伪狂犬病、种鸡场禽白血病的场阳性率分别下降了82.4%和47.1%；部分种猪群平均料肉比降至2.5:1，每头母猪提供断奶仔猪数达30头以上；部分种鸡群产蛋率提高10%，死淘率降低15%。项目取得的经济效益、社会效益和生态效益显著，通过了中国农学会组织的科技成果评价，并获得2019—2021年度全国农牧渔业丰收奖农业技术推广类一等奖。

在项目实施的助推下，动物疫病净化工作得到社会各界广泛认可。2021年5月，新修订的《动物防疫法》进一步完善了动物防疫方针，由原来"预防为主"，调整为"预防为主，预防与控制、净化、消灭相结合"，并对动物疫病净化技术指导、培训、净化效果监测和评估等作出明确规定。2021年10月，农业农村部出台《农业农村部关于推进动物疫病净化工作的意见》（农牧发〔2021〕29号），计划通过5年时间，建成一批高水平的动物疫病净化场，至少80%的国家畜禽核心育种场通过省级或国家级动物疫病净化场评估，垂直传播性动物疫病、人畜共患病和重大动物疫病净化工作取得明显成效，在全国范围内深入推进净化工作。

现场评估实验操作（峪口禽业蛋清分离）

中国疫控中心开展净化调研

实施动物疫病净化消灭，是动物疫病防控的重要路径，也是动物疫病防控的最终目标。疫病净化不仅为疫病从有效控制到消灭提供了有效路径和技术方法，也为从源头前端阻断人畜共患病的传播路径提供了有效措施和技术手段，在引领动物防疫方向、提升种畜禽生产性能和产品质量、防控非洲猪瘟恢复生产，以及推动我国畜禽种业振兴和产业转型升级，促进畜牧业提质增效和农牧民增产增收方面发挥了极其重要的技术支撑作用。

现场评估（华裕农业）

2022年国家级净化场现场评估（查阅资料）

立足中国的国际大粮商

中国农粮行业领军者，全球布局、全产业链的国际化大粮商

中粮（COFCO）集团有限公司是与新中国同龄的中央直属大型国有企业，中国农粮行业领军者，全球布局、全产业链的国际化大粮商。

中粮集团以农粮为核心主业，聚焦粮、油、糖、棉、肉、乳等品类，同时涉及食品、金融、地产领域。

截至2021年底，集团资产总额6,860亿元，2021年度，集团整体营业总收入6,649亿元，利润总额238亿元。

中粮集团不断完善农粮主业资产布局，持续提升大宗农产品经营能力，促进农产品采购、储存、加工、运输和贸易环节上下游协同一体，以市场化的方式高效保障粮油供应。

在全球，中粮集团积极推动拓展海外布局，不断提升全球粮油物流仓储能力，保障国际供应链稳定，形成了遍及主产区和主销区的农产品贸易物流网络，从事谷物、油脂油料、糖、肉、棉花等大宗农产品采购、储存、加工、运输和贸易，在南美、黑海等全球粮食主产区和亚洲新兴市场间建立起稳定的粮食走廊。公司近一半营业收入来自海外，农产品全球年经营总量是中国年进口量的一倍以上。

在中国，中粮集团是最大的粮食市场化经营企业，是大豆、小麦、玉米、食糖等农产品进出口的执行主体。年综合加工能力超过9500万吨，为国人提供日常消费的主要农产品品类。目前，中粮集团是中国油脂加工行业领导者之一，最大的大米加工贸易商、小麦加工商、棉花贸易商之一，规模最大、技术领先的玉米深加工企业，年食糖进口量约占中国进口总量50%，同时还是中国领先的全产业链肉类企业和乳制品供应商。

中粮集团是优质食品的生产者，优质品牌的创造者。"福临门""长城""蒙牛""酒鬼""中茶""家佳康"等品牌享誉中国市场，销售网

点覆盖中国90%以上的地级市。中国第一瓶干红、干白葡萄酒，新中国第一家国有茶叶公司都诞生于中粮集团，同时还为可口可乐等全球知名食品饮料品牌提供装瓶及包装业务，举办中国最大最专业的糖酒行业展会，建立起专业的食品电子商务平台，服务人民美好生活。

以农粮食品产业链为依托，中粮集团为农业发展提供金融支持，发展信托、期货、保险、基金等金融业务链，产融结合、服务三农。

中粮集团助力城市升级与服务，业务覆盖购物中心、住宅、产业园区、酒店、写字楼等领域，其中商业地产品牌"大悦城"购物中心在10多个一线城市领跑中国新型百货业态。

中粮集团稳步推进国有资本投资公司改革，创新市场化体制机制，形成以核心产品为主线的十七个专业化公司，分别是中粮国际、中粮贸易、中粮粮谷、中粮油脂、中粮生物科技、中粮糖业、中国纺织、中粮工科、中粮酒业、中粮可口可乐、中粮家佳康、中国茶叶、蒙牛乳业、我买网、中粮包装、中粮资本和大悦城控股。

作为投资控股企业，中粮集团旗下拥有16家上市公司，其中包括中国食品（00506.HK）、中粮包装（00906.HK）、蒙牛乳业（02319.HK）、大悦城地产（00207.HK）、中粮家佳康（01610.HK）、福田实业（00420.HK）、雅士利国际（01230.HK）、现代牧业（01117.HK）、中国圣牧（01432.HK）九家香港上市公司，以及中粮糖业（600737.SH）、妙可蓝多（600882.SH）、中粮科技（000930.SZ）、大悦城控股（000031.SZ）、酒鬼酒（000799.SZ）、中粮资本（002423.SZ）、中粮工科（301058.SZ）等七家内地公司。

未来，中粮集团将继续聚焦主业，推动企业高质量发展，助力农业现代化和乡村振兴，加速打造具有全球竞争力的世界一流粮食企业。

北大荒农垦集团有限公司

北大荒农垦集团有限公司（以下简称北大荒集团）地处黑龙江省东北部小兴安岭南麓、松嫩平原和三江平原地区。辖区土地总面积5.54万平方千米，现有耕地4 564.4万亩，是国家级生态示范区、国家现代化大农业示范区。下辖9个分公司、1个子公司，113个农（牧）场，644个国有及国有控股企业。垦区总人口148.2万人，从业人员52.1万人。2021年，集团营业总收入1 703.7亿元，比上年增长19.7%；实现利润总额14.8亿元，比上年增长12.7%。

北大荒通用航空有限公司是全国最大的通用航空公司，目前有各种农用航空飞机超过100架，并成立了航空培训学院，农业航化作业水平实力超群。图为北大荒集团黑龙江红星农场有限公司田间立体作业。

2021年，北大荒集团粮食总产463.1亿斤，能够满足1.6亿城乡居民一年口粮供应。图为北大荒集团九三分公司大豆收获、整地现场。

北大荒集团智能无人驾驶拖拉机与无人植保飞机航化施肥进行立体作业。图为北大荒集团黑龙江宝泉岭农场有限公司水田整地现场、智能无人驾驶农机与植保无人机航化施肥正在进行立体作业。

2022年，"北大荒"品牌价值1706.96亿元，稳居中国农业第一品牌。图为北大荒农垦集团高标准农田示范基地。

北大荒集团农业科技贡献率达77.07%，科技成果转化率达82%，居世界领先水平。图为北大荒集团黑龙江查哈阳农场有限公司积极扩大推广"寒稻""天龙粳"等系列水稻品种。

北大荒集团主要农作物耕种收综合机械化水平稳定在99.7%以上。图为北大荒集团发挥机械集群优势开展高粱收获现场。

北大荒集团开发建设始于1947年。2016年5月，习近平总书记在黑龙江省考察调研时指出："黑龙江农垦在屯垦戍边、发展生产、支援国家建设、保障国家粮食安全方面作出了重大贡献，形成了组织化程度高、规模化特征突出、产业体系健全的独特优势，是国家关键时刻抓得住、用得上的重要力量。"目前，北大荒集团已经具备超过450亿斤的粮食综合生产能力。2021年，粮食总产达到463.1亿斤，比上年增加36.3亿斤，实现了播种面积最大、粮食产量最高的历史性突破，粮食生产连续11年稳定在400亿斤以上，实现"十八连丰"。当年提供商品粮440亿斤，可满足1.6亿城乡居民一年口粮需求。北大荒集团坚持实施农业产业化经营，打造了米、面、油、肉、乳、薯、种等支柱产业，旗下拥有国家级及省级农业产业化龙头企业11个，培育了"北大荒""完达山""九三"等一批中国驰名商标，2022年"北大荒"品牌价值达1 706.96亿元，稳居中国农业第一品牌。北大荒集团在创造巨大物质财富的同时，还创造了历久弥新的北大荒精神。以"自力更生、艰苦创业、勇于开拓、甘于奉献"为基本内涵的北大荒精神，激励着一代又一代北大荒人在建设现代化大农业的伟大征程上开拓前进。

当前和今后一个时期，北大荒集团将继续按照习近平总书记擘画的"三大一航母"战略目标，大力实施"1213"高质量发展工程体系，全力推进"绿色智慧厨房"建设，用"双控一服务"建设大基地，用"一体两翼"建设大企业，用"三库一中心"建设大产业，推动北大荒由"大粮仓"向"大粮商"转型，打造中国一流的现代农业化企业。

加快绿色生产全覆盖，绿色认证面积达2139万亩；16个全域有机农场基地落实71.62万亩。图为北大荒集团绿色示范基地。

北大荒集团大力推进规模格田替代一般农田、保护性耕作替代传统翻耕、智能化替代机械化、绿色农药替代传统化学农药、有机肥替代化肥、地表水替代地下水"六个替代"，全面实现高标准农田、农机智能化、标准化生产、绿色生产、投入品专业化统供、数字农服管控"六个全覆盖"。图为北大荒集团黑龙江嫩江农场有限公司进行耙雪催春滋养黑土。

广东农垦：打造有竞争力的跨国现代农业企业集团

广东农垦坚持党建引领、传承红色基因、弘扬农垦精神、勇担时代使命，聚焦战略资源、绿色食品、城乡服务三大主业，充分发挥体制机制、土地资源、产业规模、融合发展优势，努力满足人民群众对美好生活的向往。

——战略资源的保障者。广东农垦自力更生、艰苦创业，突破北纬17度，成功实现巴西三叶橡胶树大面积北移种植，书写出了中国天然橡胶事业的崭新篇章。目前在国内外拥有97家天然橡胶科研、种植、加工、贸易实体，种植面积达200多万亩，年加工能力150万吨，约为世界天然橡胶总产量的1/8，可满足约20%的国内消费量，是全球最大的天然橡胶全产业链经营企业，也是全球首家产品同时获得新加坡、东京、上海期货交易所交割认证的天然橡胶企业。拥有亚洲最大的剑麻种植基地和全国唯一的剑麻农业、工业研究所和技术开发中心。垦区甘蔗种植面积约占广东甘蔗总种植面积的一半，建立了全国面积最大、水平最高的甘蔗全程机械化种植基地，年产糖量占广东总糖产量50%以上。

——现代农业的引领者。拥有29个大型现代化标准化生猪养殖基地，年出栏能力达到150万头。燕塘牛奶主要指标均优于欧盟生鲜乳标准，是"广东老字号"产品。垦区菠萝产量占广东菠萝总产量的36%，"红土金菠"等优质果品出口新加坡、日本等国际市场。建有优质粮食种植基地20万亩，在广东、湖南等地建立自有高标准油茶种植基地12万亩。构建从田间到舌尖的农产品现代流通营销体系，团膳业务服务400多家党政机关和企事业单位。

——乡村振兴的践行者。推进新型城镇化，提升农场人居环境，成功创建一批"美丽乡村"建设示范点。推进农村一二三产业融合发展，依托广州燕岭大厦、广垦（茂名）国家热带农业公园等，发展农垦特色旅游产业。省农垦集团财务公司、粤垦小贷公司创新金融支农，服务乡村振兴。广东农垦主动融入南粤发展大地，每年向周边农村供应优质甘蔗、菠萝、火龙果、番石榴等种苗1 000万株以上，助力农业增效、农民增收。

广东农垦胶林新姿

广垦橡胶（湄公河）有限公司外景

广东农垦红星农场有限公司"红土金菠"生产基地

广东农垦剑麻标准化种植示范基地

广西农垦集团有限责任公司

2022年6月29日，广西农垦集团会同自治区农业农村厅、自治区投资促进局、全国工商联农业产业商会共同举办"相约桂垦，共创未来——广西农垦集团打造现代一流食品企业高峰论坛暨招商推介会。自治区副主席方春明出席

广西农垦创建于1951年，广西农垦集团成立于1997年，是广西壮族自治区直属大型现代企业集团、中国制造业500强、广西50强企业，现有202万亩土地，资产总额904亿元，下辖26家二级企业、1所国家示范性高职院校，在职职工2.2万人。

建垦71年来，广西农垦始终坚持服务国家战略，大力弘扬"艰苦奋斗、勇于开拓"的农垦精神，立足农业、深耕农业、提升农业，发展成为保障国家重要农产品有效供给的国家队、中国特色新型农业现代化的示范队。建成3家国家级、10家省级农业产业化重点龙头企业，2个广西千亿元产业研发中心，1个国家重点实验室，1个国家核心种猪场，35个现代特色农业示范区。制糖产业年产量超过110万吨，占全国近10%；生猪产业在良种繁育、疫病防控和精准营养领域掌握核心技术，年出栏生猪300万头（2025年达到500万头），供港活猪占香港市场20%以上份额。集团产业链体系覆盖了食品研发、种养、加工、流通、金融服务和人才培育各个环节，并走出去建成广西首个国家级境外经贸园区——中国印度尼西亚经贸合作区。2017年以来高质量完成新一轮农垦改革，由"政企混合"体制全面转为现代企业制度，释放发展活力，跑出发展加速度，2021年营收达到203.38亿元、利润总额达到9.55亿元，对比改革前2017年营收86亿元、利润9 200万元，实现四年再造一个新桂垦。

当前，广西农垦集团正深入贯彻落实习近平总书记"建设世界一流企业"和关于农垦"三大一航母"重要指示精神，全力转型打造现代一流食品企业，成为全国第一家转型打造食品企业的非直辖市垦区，自治区人民政府专门出台《关于支持广西农垦集团打造现代一流食品企业的实施意见》，给予全面政策保障和推动。广西农垦战略上升成为广西战略。

在发展定位上，将以发展"绿色、健康、养生"中高端食品为方向，构建从"田间到餐桌"的食品全产业链和供应体系，建成国内领先、具有国际影响力和竞争力的现代一流食品企业。

广西农垦西江乳业现代化奶牛养殖场

在产业格局上，聚焦"食品农业、城乡服务、产业服务""一体两翼"主导产业，大力发展"5+3+1"现代食品产业体系，即大力发展粮油及糖酒、畜禽及水产、果蔬及茶叶、休闲及速食食品、调味及添加食品等5大食品产业，带动发展农业旅游、工业旅游、医疗康养等3大延伸产业，并构建产业链金融服务体系，建成具有一流的食品产业链"链主"企业。

在体量规模上，到2025年达到营收1 000亿元、利润50亿元规模，迈入全国500强企业行列。

广西农垦集团这艘正蓄势待发的一流食品企业"航母"，诚挚期待与广大合作伙伴在发展一流食品基地、一流食品深加工、一流食品供应链、一流食品交易平台、一流科技创新和食品研发体系、一流农旅和医疗康养产业上携手合作、共创未来！

广西农垦金光农场公司龙山现代特色农业示范区
火龙果基地

琳琅满目的"桂垦良品"系列产品展示

宁夏农垦集团有限公司

宁夏农垦创建于1950年，先后经历了军垦、农垦、集团化等历史性变革，2014年整体改制转企为宁夏农垦集团。现已发展成为种养加一体、贸工农协同、一二三产融合发展的大型现代农业企业集团，整垦区为国家级现代农业示范区、全国农垦综合改革示范区。现有国有土地180万亩，下辖35个二级子公司，1个农业产业化国家级重点龙头企业、7个自治区级农业产业化龙头企业。2021年，资产总额213亿元，营业收入41亿元，利润总额2亿元。宁夏农垦集团和宁垦乳业公司双双入围中国农业企业500强，分别位列第274名和第484名。

近年来，宁夏农垦认真贯彻落实习近平总书记关于"农垦要建设现代农业大基地、大企业、大产业，努力形成农业领域航母"的重要指示精神，深入贯彻中央、自治区各项决策部署，抢抓建设黄河流域生态保护和高质量发展先行区机遇，坚持"农垦集团化、农场企业化"改革方向，着力打造现代农业产业体系、生产体系、经营体系，努力推进现代农业提质增效。聚焦主业，加快实施土地规范化管理、规模化经营，农业机械化率达到96%，优良品种覆盖率100%，新技术到位率95%，用占全区3.2%的耕地生产了近10%的粮食，是保障全区粮食供给的稳定器。奶牛存栏突破11万头，位列全国牧业集团第七位，成母牛单产11.2吨，高出全国平均水平2吨，日产鲜奶突破1 300吨；选育的"宁京1号"被农业农村部评定为特级种公牛；鲜奶关键质量指标高于欧盟标准，是伊利、蒙牛等奶制品企业的主要供应商；宁夏农垦乳业公司被国务院国资委认定为宁夏唯一一家国企管理标杆企业，是国内奶产业的领跑者。拥有全区最大的葡萄苗木脱毒繁育中心，优质酿酒葡萄基地6.6万亩，占全区1/10以上，年生产能力4.5万吨，占全区1/2；建成宁夏首家、全国第二，年蒸馏15 000吨葡萄酒，年产1 200吨白兰地酒庄。启动建设1万吨葡萄籽皮渣深加工项目、葡萄酒蒸馏残液资源化利用项目、农垦葡萄与葡萄酒百里产业示范区文旅融合项目，推进葡萄一二三产业融合发展，是贺兰山东麓葡萄产业的主力军。打造了宁夏首个国家5A级景区沙湖，是国家级水利风景区、全国35个王牌旅游景点、中国十大魅力湿地；沙湖水质治理入选全国美丽河湖优秀案例；规划建设宁夏首个EOD项目——大沙湖区域生态导向开发项目，被列入第二批国家级绿色生态试点项目，总投资超过102亿元，是自治区生态旅游的靓丽名片。拥有自主知识产权品种20多个，使用权品种20多个，植物新品种保护5个，制种基地3万亩，建成3万只规模化种羊场，初步形成了从良种繁育到示范推广的种业产业链条，是全区良种繁育的排头兵。

着眼未来，宁夏农垦将以打造一流大型国有现代农业集团为目标，以"智慧农业、无人农场、有机农品、零碳农垦"为方向，以"一体两翼四个支撑"为抓手，大力实施"68644行动计划"，力争到"十四五"末，建成6个大基地、打造8个10亿元以上大企业、培育6个主要大产业，实现"四个翻番""四个倍增"，力争五年内再造一个新农垦。

宁夏农垦平吉堡奶牛场奶六分场利拉法80位转盘式挤奶机.

宁夏农垦大厦

宁夏农垦酒业公司花园式加工厂

宁夏农垦玉泉国际酒庄

宁夏农垦青贮玉米收割

打好"塞外粮" 丰盛"中国碗"
——呼伦贝尔农垦集团公司

百万亩油菜种植基地 张永昌摄

呼伦贝尔羊 张永昌摄

机械化集中收获作业

闻名遐迩三河牛

希望的田野 张永昌摄

2022年是呼伦贝尔垦区开发建设的第68年,同时也是呼伦贝尔农垦集团公司重组成立的第10年。十年来,呼伦贝尔农垦严守初心,以红色血脉厚植家国情怀;十年来,呼伦贝尔农垦锐意改革,以奋进姿态续写时代答卷;十年来,呼伦贝尔农垦牢记嘱托,以创新创造端牢中国饭碗。

改革创新,高位推动主动作为

惟改革者进,惟创新者强。2012年,呼伦贝尔市委、市政府决定在海拉尔和大兴安岭两个农垦集团基础上组建呼伦贝尔农垦集团公司,这是一次政府主导下的浴火重生,更是农垦人整合资源、自我革新的凤凰涅槃。

方向既定、路径即明。在总结垦区改革经验、分析自身发展实际的基础上,呼伦贝尔农垦集团以"土地确权颁证、剥离企业办社会和垦区集团化、农场企业化"三项改革为任务目标,从土地使用权划转、薪酬分配等关键点寻求突破。经过两年的上下联动,三项改革任务基本完成。土地资源实现整体管控,企业办社会职能全部剥离,现代企业运行管理模式初步建立,重组后的呼伦贝尔农垦集团再次释放出发展活力。

守住根本,打造现代化农业发展样板

农为邦本,本固邦宁。十年间,呼伦贝尔农垦集团时刻以服务国家战略为宗旨,把保障国家粮食安全放在突出位置,通过稳定粮食作物面积,调整经济结构,确保垦区提质增效高质量发展。十年间,呼伦贝尔农垦集团耕地规模稳居全国农垦第三位,田间综合机械化水平达99%以上,农业科技贡献率70%以上,处于全国领先水平。这样的成绩取决于农垦人的守正创新,也取决于农垦人的主动作为。

2020年,习近平总书记强调,采取有效措施切实把黑土地这个"耕地中的大熊猫"保护好、利用好。2021年,呼伦贝尔农垦集团争取到中国科学院A类战略先导"黑土粮仓"项目落户大河湾农牧场公司,这也是中科院在内蒙古部署的唯一一家黑土地保护与利用核心示范区。

"藏粮于技",为智慧农业插上翅膀

农业现代化关键在科技进步,从基础设施建设到机械化发展、从农业技术研发到信息技术应用,丰收画卷的背后,是科技的硬核支撑。

十年间,呼伦贝尔农垦立足数字农业基础设施建设,把种子作为"芯片",黑土地作为"主板",机械化、信息化、智能化设备作为"模块",数字化作为"内存",统筹谋划数字农业基础设施建设的路线图和时间表。

呼伦贝尔农垦集团信息化中心实现了大数据分析与现代农业融合发展的新突破,并成为中国科学院计算机技术研究所资源聚集平台和呼伦贝尔国家级科技成果孵化平台。系统收录了24个农牧场及种羊、种牛场及所属234个连队数以万计的信息,一组组数据即时汇入数十或几百千米外的信息库,实现了农牧场田块、农机、牲畜等一切数据信息的获取、存储、处理与呈现。

多业并举,答好高质量发展新考卷

主动作为、科技赋能,为呼伦贝尔农垦集团插上了腾飞的翅膀,然而真正让黑土地富足起来的还要首推全方位的结构调整。从麦豆天下到玉米、油菜王国;从亩产几百斤到上千斤,呼伦贝尔农垦集团一次又一次刷新我国高寒地区粮食生产纪录。

十年间,呼伦贝尔农垦按照"生态优先、固农兴牧,改革创新、富民强垦"发展方向,推进由农转牧、农牧结合、农旅融合,使传统农业向绿色、优质、高效的现代农业迈进。围绕产业化补齐产业链短板,打造产业集群,构建种、养、储、加、销产业体系和粮经饲协调发展三元种植结构,保障了龙头企业生产需求,为三产融合、产业链延长、提高产品附加值奠定了基础。

深耕"三农"数字赋能
黑龙江联通助力数字农业农村高效发展

黑龙江联通作为中国联通在黑龙江省的分支机构，一直践行央企责任，积极参与"数字龙江"建设顶层设计和落地实施。作为中国联通全国农业信息化研发服务基地，公司围绕国家乡村振兴战略和黑龙江省政府"农业强省战略"，成立了智慧农业创新中心、数字农业农村创新工作室，致力于农业农村信息化顶层设计、产品研发和信息化服务支撑。

黑龙江联通利用数字技术赋能传统农业，将现代信息技术运用到农业农村生产、经营、管理和服务等各环节各领域，推动信息技术与农业农村深度融合，以信息化引领驱动乡村振兴和农业农村现代化。2021年9月，黑龙江联通被农业农村部认定为2021年度农业农村信息化示范基地，开创了中国联通跨界服务赋能农业领域的先河。"5G水田可视自动控制节水灌溉系统"项目荣获第三届中央企业熠星创新创意大赛三等奖，并参加了在北京举办的"中央企业熠星创新创意大赛优秀成果展"，成为黑龙江省首个荣获该奖项的农业数字化项目。"5G数字化农场管理云平台"技术被农业农村部评为2021年数字农业农村新技术、新产品、新模式优秀项目。在今年举行的第四届世界5G大会上，黑龙江联通与北大荒集团联合打造的"大国粮仓"5G数字农场项目入选了2022世界5G大会5G十大应用案例，是黑龙江省唯一入选和农业行业唯一入选的项目。同时此项目还获得了本届大会5G融合揭榜赛决赛企业组二等奖。5G赋能良种繁育项目获得了本届大会5G融合揭榜赛决赛企业组三等奖。

黑龙江联通发挥中国联通资源优势和科技创新能力，携手合作伙伴共同打造黑龙江省数字农业农村"生态链"，助力数字农业农村创新发展。黑龙江联通在省农业农村厅的大力支持下，筹备组建了"黑龙江省数字农业发展促进会"，任会长单位。通过搭建产、学、研、推、用协同合作平台和利益共享机制，积极开展各产、学、研活动，带动全省农业农村数字化转型升级，打造黑龙江数字农业农村新生态，促进农业农村产业链协调发展。未来，黑龙江联通将持续发挥中国联通数字信息基础设施运营服务国家队、数字中国智慧社会建设主力军、数字技术融合创新排头兵的作用，承担起数字农业助力农业现代化的国企担当，继续发挥好黑龙江数字农业促进会的作用，做大做强数字农业生态圈，加大科研投入，吸引更多人才加入数字农业领域，立足黑龙江，服务全中国，为乡村振兴贡献联通力量。

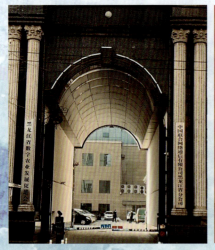

海大集团：坚定走在建设农业强国的大道上

广东海大集团股份有限公司（以下简称"海大集团"）是以科技和服务为主导的中国农业龙头企业，1998年成立于广东广州，目前业务涵盖饲料、种苗、动保疫苗、智慧养殖、食品加工等现代农牧全产业链，在全球拥有分子公司、公司逾600家、员工超3.5万人，位列2022年中国企业500强第266位、中国农业企业500强第10位。

2022年，海大集团上市公司板块营收、市值均超过1 000亿元，跻身双千亿级的高新农牧龙头企业。在核心主业饲料领域，海大饲料销量突破2 000万吨，稳居全国前二、全球前三，其中水产饲料市场占有率全球第一。在水产领域，海大拥有全球领先的技术优势、资源储备和产业化规模，率先构建育繁推一体化的商业化育种体系，自主研发的水产种苗基本覆盖主要经济品种，拥有5个国家新品种，虾苗和鱼苗年销量居全球第一。

海大集团以科技作为企业的核心竞争力，近10年累计科研投入约40亿元，拥有近3 000人的研发团队，其中博士200多人、硕士2 000多人，拥有多个国家级科技创新载体，每年开展自主研发项目试验1 000多项。在饲料和水产育种领域，海大集团的研发实力、创新成果和技术储备，均处于国际领先地位。

海大集团以服务作为企业发展的生命线，9 000多名技术服务人员常年扎根农村、数百个技术服务站高效运作，为百万养殖户提供了养殖全流程的一体化解决方案和技术服务支持，打通农业科技服务的"最后一公里"，带动农民致富和农业进步。

强国必先强农，农强方能国强。海大集团坚定走在建设农业强国的大道上，以科技兴农为使命，将持续推动产业高质量发展，发挥龙头企业带动效应，努力打造中国领先、世界一流的可持续发展的高科技农牧企业，为全面推进乡村振兴、加快农业农村现代化贡献力量。

海大集团科研人员正在研发

海大饲料产品齐全

海大集团水产种苗繁育中心

海大技术服务工程师在塘头服务

FOR ANIMALS.
FOR HEALTH.
FOR YOU.

硕腾 作为全球领先的动物保健公司,致力于引领动物关爱,共筑健康世界。近70年来,公司持续创新,为动物提供疫病的预测、预防、检测和治疗方案。公司拥有领先的产品组合,为全球100多个国家的兽医、畜牧生产者和宠物主人提供化药、疫苗、诊断产品和专业技术服务,给予动物全方位的关爱。2020年,硕腾全球营业额67亿美元,员工约11300名。更多信息,请登陆 www.zoetis.com。

北京大道农业有限公司

北京西郊自古以来就为历代达官贵人看好，以玉泉山芙蓉殿、香山行宫、樱桃沟观花台等构成西郊独特景观。在清朝，皇帝不喝城里的水，只喝西郊玉泉山的山泉水。每日清晨，人们还在睡梦之中，一辆辆从玉泉山拉水的水车便从西一路向东，经京城九门之一的西直门进城，运进皇宫。因西郊具有地理优势和大面积的水域，1692年康熙皇帝从江南带回一些水稻种子，先在

丰泽园试种，后在西郊大面积种植。优质的水土出长了独特品质的水稻，而这些稻米只供皇家食用。西郊众多景观在曹雪芹的《红楼梦》中也曾出现，包括在西郊种植的水稻。毛泽东主席正是从《红楼梦》中了解了京西稻。中华人民共和国成立后，水稻种植面积在西郊不断扩大，但生产的大米很少出现在市场上，全都以特供形式被国家收购。1959年北京西郊农场成立，在粮食和副食品非常紧缺的年代，西郊农场为北京市民提供了优质的肉、蛋、奶等副食品，西郊农场被誉为"北京的副食基地"。那独特的肉香、牛奶上面浮着一层薄薄的黄油，仍能勾起年龄较长的北京人对那个年代的一种幸福回忆。"京西稻米香，炊味人知响，平餐勿需菜，可口又清香"，这是老北京的歌谣，描写了京西稻的口感，既可口又清香。

　　改革开放后，大量农民走进城市，城镇化的步伐不断加快，以个体农户为单位的农业形式逐步走向瓦解和崩溃。在海淀区上庄镇的京西稻种植也面临这种发展形势的挑战，北京大道农业有限公司正是在这种条件下成立的，通过政策引导和产品市场化运作，不断挖掘京西稻品牌的文化内涵，积极拓展第三产业。休闲农业、观光农业和农事体验得到了长足发展，品牌效应为产业提升提供了积极助推力。在这种良性循环过程中，公司把农民手中的零散土地整合起来，通过科学种植和科学管理，使土地资源发挥出了更大效能。水稻品种在复耕提纯过程中焕发出新的生命力，京西稻的口感和品质吸引着大量来此观光和农事体验的人们。北京第一家智慧农场在这里落地，物联网、大数据、灵敏的传感仪器等现代科技手段，为科学种田、科学的田间管理提供了有力支撑。节能、绿色、自然淳朴的农产品成为本公司不断追求的目标。2010年上庄稻种植区被农业农村部评为保护性种植基地。现代种植技术的不断积累为水稻稳产和提高品质提供了保障。城市的发展不断消耗大量的土地资源，但本公司种植区里的稻香和白鹤为城市增添了新的亮点。无论是清朝的纳兰性德和曹雪芹，还是近代的老舍、林语堂、胡适等文人墨客，他们都有着内心无可剥离的西山情绪，就像徐志摩写的：北京的灵性，全在西山的那一抹晚霞。

Beijing DaDao Agriculture Co., Ltd

Since ancient times, the western suburbs of Beijing have been favored by officials and dignitaries of all ages. The unique landscape of the western suburbs consists of the Jade Spring Hill Lotus Hall, Fragrant Hills Palace, Cherry Valley Flower Terrace, etc. In the Qing Dynasty, the emperor did not drink the water in the city, but only the spring water from Jade Spring Hill in the western suburbs. Every morning, when people are still asleep, water trucks pulling water from Yuquan Mountain will go east from the west to the city through Xizhimen, one of the nine gates of the capital, and then be transported to the imperial palace. Due to the geographical advantages and large area of water in the western suburbs, Emperor Kangxi brought some rice seeds from the regions south of the Yangtze River in 1692, and first tried planting them in Fengzeyuan, then planted them on a large scale in the western suburbs. The high-quality soil and water have produced unique quality rice, which is only used for royal consumption. Many landscapes in the western suburbs have also appeared in Cao Xueqin's *Dream of the Red Chamber*, including the rice planted in the western suburbs. Chairman Mao Zedong learned about Jingxi Rice from *Dream of the Red Chamber*. After the founding of new China, the rice planting area in the western suburbs continued to expand, but the rice produced was rarely seen on the market, and was all purchased by the state in the form of special supply. In 1959, Beijing Western Suburb Farm was established. In an era of severe shortage of grain and subsidiary foods, it provided high-quality meat, eggs, milk and other subsidiary foods to Beijing citizens. The Western Suburb Farm is known as the "subsidiary food base of Beijing". The unique aroma of meat and a thin layer of butter floating on top of milk can still evoke a happy memory of that era for older Beijingers. The rice in the west of Beijing is fragrant, and the cooking taste is well-known. No dishes are needed for regular meals, and it is delicious and fragrant. This is a folk song from old Beijing that describes the taste of rice in the west of Beijing, which is both delicious and fragrant.

After the Reform and Opening Up policy has been carried out, a large number of farmers entered cities, and the pace of urbanization continued to accelerate. The agricultural form based on individual farmers gradually disintegrated and collapsed. The planting of Jingxi rice in Shangzhuang Town, Haidian District is also facing the challenge of this development situation. It is under this condition that Beijing Dadao Agriculture Co., Ltd. was founded. Through policy guidance and market-oriented operation of products, it constantly excavates the cultural connotation of Jingxi rice brand and actively expands the Tertiary sector of the economy. Leisure Agriculture, sightseeing agriculture and farming experience have been greatly developed, and brand effect has provided a positive boost for industrial upgrading. In this virtuous cycle, the company integrates the scattered land in the hands of farmers, and through scientific planting and management, the land resources have been more efficient. During the process of re cultivation and purification, rice varieties have given off new vitality, and the taste and quality of Jingxi rice attract a large number of people who come here for sightseeing and agricultural experience. The first smart farm in Beijing has landed here, providing strong support for scientific farming and field management through modern scientific and technological means such as the Internet of Things, Big data, and sensitive sensing instruments. The energy-saving, green, natural and simple taste of agricultural products has become the continuous goal of our company. In 2010, Shangzhuang rice Growing region was rated as a protective planting base by the Ministry of Agriculture and Rural Affairs. With the continuous accumulation of modern planting technology, it provides a guarantee for stable and high-quality rice yield. The development of the city continues to consume a large amount of land resources, but the rice aroma and white cranes here add new highlights to the city. Whether Nalan Xingde and Cao Xueqin in the Qing Dynasty, or the modern literati such as Lao She, Lin Yutang, Hu Shi, they all have an inextricable Xishan emotion in their hearts, as Xu Zhimo wrote: Beijing's spirituality is all in the sunset glow of Xishan.

中节能绿碳环保有限公司

中节能绿碳环保有限公司是中国节能环保集团有限公司全资二级子公司，注册资本金7亿元，致力于生物资源化利用。针对农业源的秸秆粪便、工业源的有机废渣和废液处置、城市源的餐厨和污泥等生物质原料，采用多元化技术路径进行多途径资源化利用。公司是中国沼气学会副理事长单位、中国沼气技术标准编制委员会委员单位、国家安全农产品产业技术创新战略联盟副理事长单位。

经过多年产业探索和科技创新，在农业农村部关心和支持下，在众多业内专业合作伙伴共同努力下，公司聚焦于农业生物质和工业生物质领域发展并取得了一定的成绩。在长江经济带开展酒糟与高浓度有机废水的资源循环利用，与茅台集团合作投资建设了茅台酒糟资源化综合利用项目；在畜禽粪污资源化利用领域，与上海九晋能源有限公司合作开发了规模化奶牛养殖场粪污资源化利用项目。未来将进一步探索围绕项目打造区域生物质与可再生能源供应的零碳模式。

一、茅台生态循环经济产业示范园生物天然气项目

项目由中国节能与茅台酒厂合作投资3亿元建设，占地136亩。2019年投产运营，年处理茅台酒糟10万吨、高浓度废水5万吨，可生产生物天然气产品1178万立方米，利用沼气和沼液生产有机肥料10万吨。利用沼渣、沼液生产的优质有机肥、土壤调理剂等产品，有效减少农业化肥投入，改善土壤板结，提升土壤肥力和微生物活性，提高农作物的产量及品质，促进绿色发展。生物天然气一部分并入燃气管网供周边居民使用，一部分加压成压缩天然气输送到周边加气站或供相关工业企业使用，还有一部分通过管道直供酒企使用。彻底解决了酒糟废弃物对当地环境的污染，协同周边生态农业发展，实现了资源的再循环利用。

项目入选了首批国家级规模化生物天然气示范项目、科技部科技支撑计划示范项目、贵州省政府100个重点工程、APEC2014年低碳城镇优秀规划项目、2018年中国申报ESCI最佳实践奖候选目。以此为示范,公司正深入与长江经济带头部酒企加大合作。

二、威县君乐宝四牧奶牛场粪污资源化利用项目

示范项目在中国节能全程支持合作下,由上海九晋能源有限公司开发。项目位于邢台市威县候贯镇乳业小镇规划区内,占地约55亩。项目采用"匀浆酸化+CSTR厌氧发酵+热电联产+沼渣烘干+沼液深度处理"工艺模式对君享牧业的畜禽粪污进行集中处理并资源化利用。年处理畜禽粪污45.6万吨,年产沼气876.0万米³,用于2.4兆瓦沼气机组发电,年发电量1,600.0万千瓦·时,年产牛床垫料3.0万吨反哺君乐宝奶牛养殖厂,年产液肥38.5万吨用于沼液还田。

项目本着"资源有限,循环无限,变废为宝,绿色共赢"的原则,对畜禽粪污进行无害化处理及资源化利用,将项目产生的沼气用于发电,产生的绿色电力并入电网,发电产生的部分余热用于牛场冬季取暖,沼渣加工成牛床垫料反哺奶牛养殖场,产生的沼液部分用于牛舍冲洗用水,部分沼液还田,有效减少了化肥投入,改善了土壤板结,提高了农作物产量及品质,促进了绿色发展,打造循环经济,形成了良好的示范作用。中国节能与上海九晋能源有限公司将共同打造平台,加大项目的投资和复制,为中国养殖粪污治理贡献力量。

全国名特优新农产品——镇巴腊肉

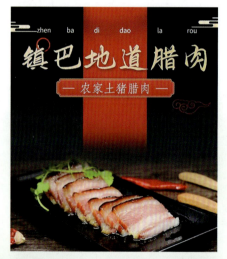

一、产地环境及区位优势

镇巴县地处巴山腹地，境内峭峰突起，沟壑纵横，降雨充沛，空气清新，雨热同季，竹木葱郁，森林覆盖率达70.5%，具有得天独厚的自然生态。镇巴县处嘉陵江、汉江中上游，水资源丰富，溪水纵横，水质优良，属南水北调中线工程水源涵养区，是陕南唯一"国家级生态保护与建设示范区"。近年来，县委、县政府把生猪养殖列为全县四大主导产业之一，依托大巴山特有的自然气候，充分利用丰富的林地资源发展生态黑猪养殖，走循环农业发展之路。经传统配方和现代工艺加工而成的镇巴腊肉肉质细嫩，其腊肉产品，肥者金黄剔透，瘦者枣红色润，味道醇香，肥不腻口，富含多种氨基酸和微量元素，胆固醇含量低，营养价值丰富，有人体所需的磷、钾、钠等多种微量元素和氨基酸。镇巴腊肉久负盛名，是秦巴著名特产，成为走亲访友馈赠佳品，深受消费者的青睐。

二、产业升级推进措施及品牌建设情况

一是县委县、政府高度重视品牌保护和腊肉产业发展，出台了《做大做强腊肉产业促进畜牧业发展的决定》，为腊肉产业发展提供政策支持，镇巴腊肉已经成为具有地方特色的靓丽名片。二是制定了《镇巴腊肉标准综合体》，龙头带动示范引领，采取"公司+养殖厂（基地）"模式，实行订单式生产，统一标准化养殖技术，从生产源头保证原材品质。三是溯源体系健全，全程质量可控。由市场监督管理局建立镇巴腊肉全产业链质量溯源体系，从养殖端到生产、加工、销售各环节进行依标生产，制定了企业加工标准，形成闭合管理体系。四是组织保障措施到位，组建成立了镇巴县腊肉产业办和腊肉产业协会，负责顶层设计，统一申报注册"镇巴腊肉"证明商标和logo图案，量身定制统一包装并获外观专利。五是销售网点覆盖面广。产、学、研于一体的综合体验馆落成，有实体销售门店8家，开通线上线下营销，产品市场竞争力强。

品牌建设情况：县委、县政府提出"品牌兴农、质量强县"战略，积极引导企业转型升级，目前获SC认证的企业有6家，年生产腊肉1000吨，产值达1.6亿元。建有专属养殖基地14个；培育了"秦予""蒙二姐""见眼香"等企业品牌，培育了镇弘蜀乐现代化腊肉加工厂一座，从成品向深加工方向转化，产品成系列档次化，市场前景广阔，以腊肉为核心的一、二、三产融合发展格局已经形成。2010年成功申报"镇巴腊肉"地理标志保护产品，2013年注册为地理标志证明商标，获得"腊肉有害成分的控制省科技成果奖"，成功创建了"省级食品安全示范县"。后期积极争取纳入国家地理标志保护示范区建设，将加大对镇巴腊肉地理标志品牌保护，延伸产业链，增加附加值，促进县域经济持续增长，推动乡村振兴产业兴旺。（供稿：镇巴县农检中心）

全国名特优新农产品——镇巴毛尖

秦巴产好茶　好茶在镇巴

镇巴产茶历史悠久，植茶2700余年，是陕西第一支名茶"秦巴雾毫"诞生地，所产茶叶具有香高、味浓、耐冲泡的独特品质，赢得广大消费者的青睐。"镇巴毛尖"外形细紧、色泽绿润显毫、汤色嫩绿明亮、香气栗香高久、滋味回甘鲜醇、叶底完整嫩绿，在2021年获得国家农产品地理标志保护登记，并在参加茶博会、绿博会和"中茶杯""国饮杯"名茶评比中屡获金奖。

镇巴县地处大巴山腹地，位于陕西省南端、汉中市东南隅，年平均气温13.8℃，平均海拔1231.4米，森林覆盖率达70.6%，境内灵山秀水、云雾缭绕、竹木葱郁、水质优良、迤逦迷人，被确定为全国首批、陕南唯一的国家生态保护与建设示范区。2022年11月荣获第六批国家生态文明建设示范区称号，属南水北调中线工程水源涵养区，是中国顶级绿茶的核心产区。先后获得"中国茶乡""中国名茶之乡""全国十大魅力茶乡""全国重点产茶县""茶业百强县域"等称号。

县委、县政府高度重视产业发展，强化政策保障，出台《镇巴县"十四五"茶产业高质量率先突破发展行动方案》及其《奖励扶持办法》，全面贯彻新发展理念，以创建"中国高山生态有机茶示范第一县"为突破口，坚持绿色兴茶、质量兴茶、品牌强茶的发展路径，围绕生态经济示范区发展定位，加强地理标志品牌保护，全力培育"镇巴毛尖"区域公用品牌，推动规模化、标准化、绿色化生产，促进茶产业转型升级，为全面推进乡村振兴提供强有力的产业支撑，实现富民强县。

发展成效

基地规模化

全县现有茶园9.12万亩，其中投产茶园6.8万亩，单产超60公斤，亩产值超10000元的茶园1.92万亩。主产茶镇15个，面积8.16万。创建省级标准化示范基地9个、省级农业园区2个。怕溪春公司茶叶基地被评为"全省十佳标准化茶园"，茶叶基地正在高品优、生态、绿色的方向发展。

江苏省盱眙县国家现代农业产业园

一、江苏省盱眙县国家现代农业产业园简介

江苏省盱眙县国家现代农业产业园于2020年4月获批创建，2022年1月，成功通过第四批国家现代农业产业园认定。园区总规划面积32.9万亩，涉及淮河、马坝等6个镇街22 584户9.52万人。产业园以虾稻为主导产业，功能布局按照"一带二核三区"进行规划建设，"一带"是以344国道为主的虾稻共生产业带，集聚园区特色、串联一二三产业；"二核"为环洪泽湖大道万亩虾稻共生高效生产核心区和以中国工程院张洪程院士虾稻共生院士工作站、江苏省淡水水产研究所盱眙龙虾种苗繁育基地为核心的马坝现代农业科技示范核心区，是产业园推动现代农业生产、核心示范、辐射推行的核心区；"三区"是指明祖陵三生融合共建区、龙虾小镇服务区和绿色食品加工区。

园区规划图

二、园区取得的成效

1.产业融合成效显著。园区现有市级以上龙头企业34家，先后投资新建国家园区综合服务中心、盱眙龙虾香米精制中心、龙虾博物馆、龙虾小镇、龙虾全球冷链物流交易中心、绿色食品产业园等一批重点项目。

2.科技创新成效显著。全面深化与科研院所在盱眙小龙虾种苗、盱眙龙虾香米品种选育与种植等领域的合作。小龙虾种苗方面：与江苏省淡水水产研究所就优质抗逆小龙虾新品种选育和小龙虾苗种规模化精准繁育与生态综合种养模式研发等工作开展深度合作研究，目前小龙虾新苗种培育科研已经进入实验室三代选育阶段，处于行业绝对领先位置。小龙虾香米品种方面：与扬州大学中国工程院院士张洪程教授团队合作，加速盱眙龙虾香米品种筛选，增强良种自主研发和供给能力，持续深化与张洪程院士工作团队的合作，加快开展良种培育相关实验。

3.联农带农成效显著。探索建立"龙头企业+专业合作社+农户"的股份合作经营模式；探索建立"龙头企业+村集体股份合作经济组织+农户"的股份合作经营模式；探索建立"产业园+国有企业+村集体股份合作经济组织+农户"的财政奖补资金利益联结分红模式。

三、盱眙小龙虾全产业链发展情况

盱眙是中国龙虾之都、世界小龙虾美食发源地。经过20多年的探索、创新和发展，盱眙龙虾产业已形成集苗种繁育、生态养殖、精深加工、餐饮旅游、冷链物流、电子商务、节会文化等于一体的完整产业链。2021年，盱眙龙虾产业总产值达181亿元，其中第一产业产值64亿元、第二产业产值32亿元、第三产业产值85亿元。盱眙先后获批中国特色农产品优势区、全国稻渔综合种养示范区、国家虾稻共生标准化示范区、国家现代农业产业园、全国小龙虾产业集群、国家现代农业全产业链标准化基地等称号。

1.养殖业实现跨越式发展 截至2021年，全县小龙虾养殖总面积达83.5万亩，其中虾稻共生66.5万亩，池塘养殖17万亩，年产龙虾12万吨，年交易17万吨。全县小龙虾养殖面积50亩以上的大户有4 265户、500亩以上的大户近200户，亩均效益达到3 000元以上。建成沿洪泽湖大道10万亩虾稻共生核心区和盱马路沿线2万亩虾稻共生示范区。

2.加工业实现集聚式发展 2022年1月，盱眙成功创建国家现代农业产业园（主导产业为虾稻共生）。通过创建，盱眙小龙虾加工产业基本实现了集约式发展，已初步建成盱眙小龙虾加工集中区，集聚了祥源农业、於氏龙虾、泗州城、叮咚买菜等10家小龙虾深加工企业，年产整肢加工与成品速冻小龙虾2万余吨，今年小龙虾产业集团和叮咚买菜合作，打造盱眙小龙虾超级加工厂，每天以"拳击虾"为主的销售额达100万元左右；金康达等企业年产小龙虾养殖饲料10万吨；许记味食、高海林调料等30家企业年产龙虾调料1万吨。

3.服务业实现繁荣化发展 全县从事小龙虾生产、加工、运输、销售人员近20万人，开设小龙虾餐饮店3 000家、品牌店1 000家，全国开设盱眙小龙虾加盟店2 000余家，遍布全国20多个省市自治区。

4.品牌化实现突破式发展 持续举办22届中国·盱眙国际龙虾节，"盱眙龙虾"先后荣获中国百强农产品区域公用品牌、中国地理标志农产品，2022年盱眙龙虾品牌价值达306.5亿元，连续七年蝉联全国地理标志产品区域品牌水产类第一名。"盱眙龙虾香米"获批国家地理标志证明商标，荣获全国优质渔米金奖、"江苏好大米"特等奖。

盱眙龙虾香米精制中心

盱眙龙虾加工基地

龙虾产业链

盱眙龙虾餐饮店——於氏龙虾

红胖胖盱眙龙虾城市厨房

2022年，第二十二届盱眙国际龙虾节开幕式

2022年，"盱眙龙虾"区域公用品牌价值306.5亿元

盱眙龙虾种苗繁育大棚

全球龙虾交易中心

盱眙龙虾博物馆

浙江省德清县

ZHEJIANGSHENG DEQINGXIAN

浙江欧诗漫集团有限公司总部及研究院大楼

罗氏沼虾良种扩繁基地

渔业养殖尾水生态化综合治理

田园博览会

底图为稻渔综合种养示范基地

德清县现代农业产业园位于县域中部，规划总面积26.8万亩，涵盖6个镇（街道）45个村，涉及2.6万农户共10.02万人。三年来，我们认真学习贯彻习近平总书记关于"三农"工作的重要论述精神，坚持以规划为引领，以绿色养殖为主线，围绕"一谷三区"总体布局，全力打造以"青虾、珍珠"为主导产业的现代农业产业园，走出了一条渔业绿色健康高质量发展之路。

国家现代农业产业园的创建有效带动了全县农业农村现代化水平持续提升，助力德清县实现连续6年位居农业现代化发展水平综合评价全省第一，连续3年获全国县域农业农村信息化发展先进县，成功入围首批国家乡村振兴示范县创建名单。创建期德清县获评国家级渔业健康养殖示范县、全国数字农业试点县、国家数字乡村试点县、省稻渔综合种养示范县、省级渔业转型发展先行区。

一、主导产业发展水平全国领先

1.产业结构布局全面优化。聚焦"种子种苗＋数字生产＋精深加工＋科技创新＋品牌营销"环节，构建形成水产种业硅谷、现代渔业创新引领区、产业融合发展先行区、绿色生态养殖示范区"一谷三区"全产业链布局。

主导产业规模持续提升。建成现代渔业示范区6个，水产标准化健康养殖示范场（户）443家，预计今年产业园总产值达到104.4亿元，其中主导产业产值94.5亿元，占总产值的90.5%。

3.农产品加工业加快发展。建成珍珠精深加工中心、水产品深加工中心、粮油加工中心等，形成"骨干基地—物流园区—分拨中心—配送网点"四级冷链物流网络节点体系，农产品加工产值与农业总产值比值为3.77:1。

4.农旅融合水平不断提升，建成渔业休闲小镇和东衡村农业农村数字旅游田园综合体，打造"下渚湖—二都渔业小镇—田博园—欧诗漫小镇"旅游专线，产业园年接待游客超55万人次，2022年实现产业园休闲农业和乡村旅游营业收入10.37亿元。

二、技术装备水平稳步提升

1.创新制胜导向鲜明。实施"引优培强"工程，重点推广"太湖2号"青虾等新产品，园内良种覆盖率达99.2%。拥有"南太湖2号"罗氏沼虾种子资源库和核心种群，国家认定甲鱼新品种2个。

智慧农业充分发展。打造数字农业云平台，归集131项涉农资源、800余万条数据，开展水产、粮食等6大特色产业智能化管理应用。

3.人才引育体系健全。深化以产、学、研合作为主要特征的"德清模式"，浙江大学等7所高校院所在产业园设立科技成果转移转化中心，与省淡水所合作共建"德清淡水智能渔业省级农业科技园区工作站"。

三、绿色发展成效突出

1.绿色低碳全域深化。落实"一控两减三基本"，深化"肥药两制"改革，实施农药、化肥零增长行动，园内普遍实施农作物有机肥替代化肥、农膜回收等园区清洁行动。实现渔业尾水生态治理全覆盖，节水灌溉率达86.1%。全面推广"虾—稻""鳖—稻""鱼—稻""鱼菜共生"等高效生态种养模式，稻鳖共生基地被认定为首批国家级稻渔综合种养示范区，全域尾水治理被评为全国渔业绿色发展突出贡献奖。

现代农业产业园

XIANDAI NONGYE CHANYEYUAN

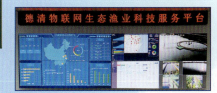

物联网＋智慧养殖渔业信息平台

浙江水产种业有限公司数字化管理云平台

2."三品一标"有效提升。实施农业品种培优、品质提升、品牌打造和标准化生产提升行动，培育"有德鲜生"等3个区域公用品牌，拥有中国驰名商标3个、省著名商标2个，中国名牌农产品1个、省名牌产品9个；制定生产、加工标准23个，有22个产品获得绿色农产品认证，有7个产品获得有机农产品认证，有3个产品获得地理标志认定。

四、联农、带农、惠农机制完善，利益共享培育产业化龙头

累计培育农业龙头企业68家，农民专业合作社102家，家庭农场181家，联结带动就业农民4370余人。创新联农带农机制。实施"农合联"合作、"股份分红""农创客"等模式，农户与合作社、龙头企业建立利益联结机制比例达89.6%。推动农业保险全覆盖。创建期险种增加13项，承保面积增加41674.76亩，增长率达34.63%；保费增加916.4万元，增长率达37.9%，增强了小农户抵御市场风险的能力。

五、资源要素集聚政策支撑有力

1.政策支持精准。出台《德清县农业农村"683"工程实施方案》等政策，形成《关于加快现代农业产业园建设的若干政策意见》综合政策和《德清县现代农业产业园项目建设"标准地"保障实施方案》等专项政策的"1+N"政策体系，对农业项目在资金、土地、人才等要素方面加大政策支持。

2.基础设施完备。园内交通干道联网水系连通。完成农村水系综合整治及机埠标准化建设，高标准农田覆盖率近80%，闸站、泵站、道路、渠道、水利、电力设施等一应俱全，沟渠配套完备，防洪能力强。行政村5G通信网络和"四好农村路"建设实现全覆盖，养殖园区池塘全面实施标准化、宜机化改造，电力线路（发电机）设施齐全。深化"最多跑一次改革"，德清县县率先在全省创新推出"兜底办"工作机制，进入"全省营商环境评价排名第一档"，建立了良好的营商服务环境。

3.要素保障有力。累计整合投入地方财政资金16.62亿元，撬动社会资本投入资金24.65亿元，金融机构贷款投入资金94.45亿元，发行农村产业融合发展等地方专项债6.8亿元。新增落实建设用地111.7亩，新增落实配套设施农用地157.18亩，为园区创建提供了有力的要素保障。

六、组织管理运营机制健全完善

1.组织领导持续强化。县委、县政府定期研究创建工作、部署重点任务，主要领导亲自负责，推动园区管委会实体化运作，在镇（街道）建立项目推进小组，形成党委统一领导下的"领导小组＋管委会＋国有企业＋专家咨询委"四位一体创建模式。

2.运营模式健全有力。制定"三级主体、二级开发"的运营模式。

七、下一步工作打算

我们将坚决贯彻党的二十大关于加快建设农业强国的决策部署，围绕农业农村优先发展战略，聚焦主导产业，积极拓展水产示范性全产业链延伸产品文章，细化区域内线下展示展销，强化区域内外的主流媒体宣传，加大招商引资力度，吸引更多的淡水鱼精深加工企业入驻产业园。继续发挥产业园引领作用，拓展"产业强、农民富"持续增收途径，全面提升产业园发展水平，为全国农业农村现代化发展提供德清样板。

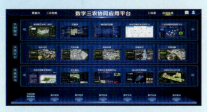

数字三农协同应用平台

鱼菜共生植物梦工厂

底图为渔业科创孵化基地

深化数智赋能　共享星级服务

——湖州市吴兴区农村厕所革命典型范例

一、基本情况

吴兴是浙江湖州的中心城区、主城区，地处浙江北部、太湖南岸。吴兴是湖州的古称，三国时在今湖州一带置吴兴郡，取"吴国兴盛"之意，全区现有建制村146个，涉及7个乡镇（街道）、一个高新技术产业开发区，总面积645平方千米，常住人口71万人，素有"丝绸之府、鱼米之乡、文化之邦"之称，是名副其实的东南望郡、历史名邑。

近年来，湖州市吴兴区深入贯彻习近平总书记关于深入推进农村厕所革命重要指示精神，坚守"千万工程"这张蓝图，久久为功、统筹推进。从2015年起连续6年实施"美丽吴兴"专项行动，打好五水共治、三改一拆、小城镇综合治理等农村人居环境整治组合拳，把农村公厕服务大提升作为建设新时代美丽乡村的一项基础工程、文明工程和民生工程来抓。截至目前，全区无害化卫生厕所普及率达100%,146个行政村规范化农村公厕普及率达100%，建成省级星级公厕38座、示范性公厕4座。

二、主要做法及成效

（一）聚焦全域美丽，推动共建共享有"广度"

一是做好"创建+"文章。深入开展新时代美丽乡村"五美联创"，扎实推进农村人居环境提升三年行动，2018—2020年分别完成美丽乡村建设投入3.78亿元、9.68亿元、12.9亿元，全区美丽乡村实现全覆盖，建成特色精品村19个、美丽宜居示范村17个、3A级景区村庄24个、美丽乡村示范乡镇6个、美丽乡村风景线7条，带动农村基础设施水平持续提升，公共服务功能格局不断完善。

二是做足"宜居+"文章。对标《浙江省农村公厕建设改造和管理服务规范》，从规划选址、配置标准、土建设施、给水排水、建筑电气、管理服务6方面把准农村公厕改造的要点、难点，确保改造质量。编制17套农村公厕设计图集，深度挖掘吴兴丝绸文化、溇港文化、茶文化、山水文化等内涵，在特色村庄打造一批美丽公厕，彰显"吴风吴韵"。

三是做实"民生+"文章。改水、治污、供电、通信齐头并进，让农村公厕"喝上水""纳上管""通上电""连上网"。全区实现城乡一体化供水全覆盖，新改建810千米管网，建设24座村级水站。全面完成农村生活污水治理任务，累计完成改厕8.9万户，建成污水处理终端801个，其中30吨及以上的处理设施32个全部实现标准化运维。扎实推动实施乡村电气化提升工程，农村供电、通信覆盖率达100%。

（二）坚持以人为本，推动星级服务有"温度"

一是凝聚统筹合力。出台《吴兴区农村公共厕所服务大提升三年行动计划》，纵深推进科学新建一批、整改提升一批、星级评定一批、拆除淘汰一批"四个一批"重点工作任务，区"最多跑一次"办公室、区农业农村局、区爱国卫生办、区文明办等部门紧密协作，形成齐抓共管工作格局。

二是打造"五星"所长。牢固树立"小厕所、大民生"理念，"所长制"覆盖率达100%，《吴兴区农村公厕"所长制"公示牌》公布所长和保洁员姓名和联系方式，设立监管部门和监督电话，从"设施维护好、日常保洁好、特色服务好、文明引导好"四个方面对所长进行量化考核，倒逼所长主动作为，真正扛起责任，每月评定一批"五星所长"，动态调整。

三是推行优质服务。在"美丽窗口"创建一批星级公厕，新时代美丽乡村样板片区、美丽乡村精品村、历史文化村落重点村、3A景区村实现每村一个星级公厕。在建筑外观、室内装饰、厕位器具、标识标牌、粪污处理、管理服务等方面全面提标的基础上，进一步打造个性化服务。

（三）强化数字改革，推动整体智治有"维度"

一是建立"一张图"。加强"互联网+"技术应用，组织各行政村开展调查摸底，对全区农村公厕开展拉网式大排查，完善"一厕一档一表"档案信息。搭建农村公厕大数据管理平台，建立基础信息库，现有223座农村公厕形成"数字一张图"。

二是创新"一个码"。为每个农村公厕定制"身份二维码"，"一厕一码"全部上墙。村民游客使用完毕后可通过微信"扫一扫"进行"点赞"或者"吐槽"，作出满意度评价，建议意见可通过文字或照片形式上传管理平台，让群众全面参与监督管理。

三是健全"一个环"。依托第三方技术平台研发"公厕掌上日志"微信小程序，巡查人员和"所长"通过手机管理端识别厕所"身份码"可将检查发现的问题实时上传大数据管理平台，建立"报修"和"检查"两张问题清单，业主单位3天内完成整改和反馈，日常管理形成"巡查—整改—反馈"工作闭环。

沭阳国家现代农业产业园

沭阳国家现代农业产业园2020年12月通过认定。规划面积18.18万亩，耕地面积10.91万亩。主导产业为花卉苗木，面积7.82万亩。产业园按照"一带一两园一三基地"的空间规划，构建一二三产融合发展布局，将产业园打造成生产要素集聚区、三产融合示范区、乡村振兴引领区。

实施主导产业培育工程。花卉苗木是沭"一主多辅"农业特色产业体系的主导产业，全县种植面积60万亩，年销售额240亿元。产业园坚持"稳面、提质、增效"，以工业化理念、产业化思维发展花木产业，强化数字赋能，做大做强"颜色经济"，加快推动苗木向鲜花、种植向园艺、绿色向彩色、地栽向盆栽、线下向线上、产区向景区六个转型升级。2021年园区总产值为95.05亿元，主导产业产值89.54亿元。投资30亿元高标准建设华东花木大世界，大力提升国家现代农业产业园承载力，创成国家农业现代化示范区。

实施花木电商集聚工程。积极培育淘宝镇、淘宝村，建设耿圩、庙头、新河、扎下4个花木电商集聚区，完善"互联网+花木"直播带货销售模式，加强电商创业培训，吸引大量人才回流，建成全国最具影响力的花木电商销售中心，产业园入驻电商1.2万余家，实现花木电商交易额40.13亿元，园区内4个乡镇3个为淘宝镇，26个村中17个为淘宝村。

实施联农带农提升工程。产业园内花木公司、合作社、家庭农场等经营主体采取股份合作、"土地流转+保底分红"、订单生产等方式与农户建立利益联结机制，带动农户1.8万户；产业园内90%以上的农民从事花木及相关产业，农民收入90%以上来源于花卉苗木产业，2021年农民人均可支配收入4.28万元。探索形成"农民+手机+产业基地"联农富民模式，网红成为"新农人"，手机成为"新农具"，直播成为"新农事"。

多肉直播带货

月季生产基地

艺森园小盆景基地

蝴蝶兰生产基地

广东农垦湛江垦区现代农业产业园

广东农垦湛江垦区现代农业产业园（以下简称"产业园"）于2017年9月获批创建，位于广东省湛江市遂溪县境内，包括湛江农垦属下广前糖业公司、金丰糖业公司、半岛糖业公司和华资糖业广丰分公司，共61个生产队，有1.8万人，总面积17.66万亩。主要规划为"一园一区两基地"，即热带农业科技园、农产品加工物流及展贸区、甘蔗高产、高糖、高抗示范基地和循环农业示范基地。

产业园以蔗糖为核心，畜牧养殖和其他作物轮作相结合，秉承农垦姓农、务农、为农和兴农的初心与使命，突出效益导向，主动强化科技驱动，努力打造集蔗糖规模生产、加工转化、科技示范、品牌营销、现代服务和文旅融合互动发展的"中国糖谷"。截至2021年底，产业园实现总产值41.3亿元，主导产业产值30.36亿元，占产业园总产值的74%。甘蔗种植面积7.5万亩，甘蔗产量45.2万吨，榨蔗量131.44万吨，蔗糖产量13.13万吨。

科技推动　园区建成高标准农田78 727亩（新建8 727亩）、甘蔗全程机械化示范基地4.2万亩和"猪—沼—蔗／果蔬"生态循环种养示范基地4万亩，建设智能温室及育种大棚近10万平方米、灌排渠道242千米、蓄水池46座、小型泵站44座，铺设田间管道256千米，配套有喷滴灌设备22套，现有机电井65眼，配有必要的设施设备，干旱季节可用于甘蔗等农作物的灌溉生产，实有农机总动力4.1万千瓦。产业园农科所建有测土配方施肥实验室、品种对比试验基地1 200亩。农田机耕路通达率100%，硬化道路78千米，农作物耕种收综合机械化率78.5%。

创新驱动　2018年园区种植甘蔗近10万亩，聚集相关企业10多家，实现从育种到种植、生产加工、仓储物流及销售的产加销、贸工农一体化发展，人均可支配收入23 125元，比当地农村高出42.04%。引进中国科学院过程研究所、航天神舟生物科技集团有限公司、中国热带农业科学院南亚热带植物研究所、华南农业大学等10多家科研院校，加强科技成果转化及应用，与中国科学院过程研究所合作开展膜法制糖新工艺试验取得阶段性成功，实现蔗糖绿色、低碳、清洁生产。

产业示范带动　园区利用500万元财政奖补资金探索折股量化新模式，累计为8 944户蔗农提供80万元的股息分红，并积极建设"双创"示范基地，种植金菠萝、释迦、火龙果等40多个优质品种果蔬近1 200亩，通过种苗供应和技术服务等方式示范带动周边农户发展城市安全食品供给基地近30万亩，年创收近60亿元，吸引近1 000名农场职工和农村劳动力回流"家门口"创业。

良种繁育大棚

高效节水灌溉

甘蔗机械化收割

机械化种植

蔗糖文化、航天育种科普馆（鸟瞰）

植保无人机病虫害防治作业

广东省化州市现代农业产业园

创新"六大建园"模式，打造百亿健康大产业

化橘红为芸香科植物化州柚或柚未成熟或近成熟的干燥果皮，是化州独有道地药材，距今已有1600多年种植历史，具有宽隔降气、散寒燥湿、健脾利气、消炎止咳等功效，是国家地理标志保护产品，广东省首批立法保护的岭南中药材品种，也是广东"唯一"被入选《美国药典》的道地中药材，素有"南方人参"之称。

2018年化州市依托"中国化橘红之乡"的优势，以化橘红为主导产业，成为首批创建的省级产业园。2021年4月，化州市化橘红产业园又成功跻身国家现代农业产业园创建名单。园区创新"六大模式"，紧紧围绕化橘红高质高量发展、科技赋能、绿色发展、联农富农、做优保障等集聚融合，力创"健康中国，化橘红担当"的百亿产业园。

链条延伸，产业融合立园模式。一是以"二产拉一产"助规模化经营。大力抓好"回归工程""引凤工程"，累计引资50多亿元，组建由园内60多家规模主体、全市384家化橘红加工企业为主的化橘红产业联合体，通过引导加工企业采取独资、合资或"公司+基地+农户"模式建立化橘红基地，实现化橘红种植11.62万亩，年产鲜果6万吨，年加工能力达10万吨。其中建成GAP标准化化橘红种植基地1万多亩，4A级中药材种植基地1个，化橘红种源复壮育苗基地25个，适度规模经营达65%。二是以"项目带产业"增加产业附加值。以"化橘红初加工和仓储服务平台项目""化橘红精深加工项目"两大项目为龙头，在开发化橘红药用及食用产品的基础上，往保健、美容、养生、时尚类产品方向延伸。三是以"文化推农旅"加速产业融合。紧抓茂名市"五棵树一条鱼一桌菜"的决策部署，持续推进"南粤古道·橘香万里""新安新塘产业双创孵化园""中华化橘红第一村——平定镇大岭村旅游景区""官桥化橘红文旅产业园""丽岗尖岗岭化橘红产业文旅产业带"建设。成功举办化橘红赏花节、化橘红封坛仪式、化州市"大美化州，橘红飘香大舞台"，园内化州橘红之乡康养度假之旅入选首批广东省乡村旅游精品线路名单，大岭村入选第二批广东省文化和旅游特色村名单。

技术先进、科技赋能兴园模式。一是构建"产学研"智慧联合体。深化与中山大学、华南理工大学、仲恺农业工程学院等13家科研单位合作，2022年科技投入约1.59亿元，建成化橘红省级科技研发中心4个，"博士后工作站"1个，参与国家标准制定4项，取得国家专利技术30多项，推进6亿元产值的国家发明专利红珠胶囊Ⅲ期B临床试验加速投产。二是加快专业人才培育引进。组建由870名行业专家、专业人才和地方"土专家"组成的化橘红智囊团，创建期累计举办化橘红产业相关培训30期，培训人数达1 800人次。

品质提升、绿色生产强园模式。一是全面推行绿色标准化生产。积极推广化橘红高效节水灌溉建设及农药化肥减量化行动，制定了《化橘红种植技术规程》，实现园内农药化肥利用率分别达45%和48%，农业废弃物综合利用率达91.49%。二是加强溯源体系建设，保障"舌尖"安全。建立化州市农产品质量安全主体名录，全面推行合格证管理制度，实现产品可追溯比例超90%，农产品质量安全抽检合格率达99.2%，"两品一标"农产品认证比例达42%。

渠道畅通、品牌推介拓园模式。依托"粤西地区首家县级服务中心""国家级电子商务进农村综合示范县"优势，建立化橘红"12221"市场体系，在全国设立"化橘红"销售网点超1万个、专卖店1 000多家，化橘红产品电子商务年交易额超6亿元。同时，举办化橘红MR品牌发布会，联合高铁传媒、新华网、南方报业等媒体建靓"中国化橘红之乡"金字招牌，实现品牌价值达110.9亿元。

联农带农、持续增收富园模式。产业园培育化橘红生产经营主体1 341家，直接带动35万农民从事化橘红产业，带动经济效益12亿元。创建期间，力促"订单保底"模式，带动鲜果收购价较创建前提高1/2，新增龙头企业12家，合作社122家，家庭农场103家，返乡创业人数超1 461人，被评为全国农业社会化服务创新试点县和省农民合作社高质量发展整县推进试点县、省家庭农场示范县。

机制创新、高效引领建园模式。推行"市长挂帅+领导小组统筹+管委会推进+产业链经营主体参与+科技服务团队指导"的产业园管理机制，成立化橘红产业链党委，共同搭建"1+3+X+N"开放式组织体系，将"组织链"嵌入"产业链"，以党建引领高质量发展化橘红产业。

北京市平谷区创建"博士"农场

山地苹果提质增效关键技术研究与科技引领"博士"
农场－苹果基地

平谷区于2022年4月启动"博士"农场创建，目的是打造高质量农业中关村，转化农业中关村科技应用成果，培育高素质农民，带领农民共同富裕，充分发挥高科技人才创新能力和创业热情，探索出一条带领农民增收致富和农业转型升级的新路径。

"博士"农场以博士团队为创建主体，创建人或团队主要成员需拥有博士学位，且在行业内具有较高的学术成就、领先的科技成果、先进的技术与工艺或承担规模化生产经营，具有一定的行业影响力，已得到中国科学院、中国农业科学院、中国中医科学院、中国农业大学、北京农学院、北京农林科学院等众多知名科研院所、高校博士专家团队积极响应。

"博士"农场类型分为科研创新型"博士"农场和生产经营型"博士"农场。其中，以科研创新型"博士"农场为主，即创建团队拥有先进技术、优新品种、科研专利等，通过创建"博士"农场，能够孵化、转化已成熟或正在研究的科研创新成果，助力农业科技创新发展。

平谷区制定工作实施方案、创建工作导则，明确工作目标、工作原则、创建流程以及保障措施等内容，在住房安居、人才引进等6大方面出台8项惠"博"人才服务保障政策，为"博士"农场创建提供保障。平谷区将重点把"博士"农场建设成农业科技成果转化的平台、农业创新创业的大舞台，鼓励支持高科技人才把科研论文写在大地上，成为农业创新创业的主体，积极参与到农业中关村建设中来，打造更多的孵化器、加速器，确保创建成果能及时转化、落地生根，让"博士"农场成为孕育农业企业家的摇篮，促进平谷区乡村振兴、农业农村现代化和农民共同富裕。

荞麦分子设计育种"博士"农场－红花甜荞麦

旱稻生物育种"博士"农场——旱稻育种
试验田

"京东第一葱"绿色防控提质增效技术体系建立
"博士"农场——大葱绿色防控基地

设施农业智慧云服务系统产业化"博
士"农场——草莓定植

叶菜类蔬菜优异种质资源鉴定及新品种研
发"博士"农场——叶菜新品种选育试验

北京平谷国家农业科技园

农业中关村主动扛起农业领域国家科技自立自强战略使命，切实推动农业农村部与北京市的合作协议转化落地，集聚科创要素、强化政策协同、发挥市场活力，成为北京国际科技创新中心建设的重要板块和具有全国引领作用、全球影响力的农业科技创新中心，依靠科技和改革双轮驱动，推动平谷在乡村振兴、农业农村现代化方面走在前列，为加快建设农业强国提供北京样板。

▲ 京瓦科技示范园区

2018年，获科技部批复创建第八批"国家农业科技园区"。2019年，与首农食品集团共同组建农科创平台公司，与中国农业大学、首农食品集团共同签订"金三角"战略合作协议。2020年，"北京京瓦农业科技创新中心"启动建设；获农业农村部、财政部"国家现代农业（畜禽种业）产业园"批复创建资格；《北京平谷农业科技创新及产业提升三年行动计划（2020—2022年》获北京市政府批复。2021年，园区一期项目竣工验收；"国家现代农业（畜禽种业）产业园"通过中期评估；"国家农业科技园区"高标准通过验收；10月12日农业农村部和北京市人民政府共同签署《共同打造中国·平谷农业中关村合作框架协议》；获批创建国家农业现代化示范区；入选首批国家级农业现代化示范区、国家农业科技现代化共建先行县、全国农业社会化服务创新试点县创建行列。2022年，《北京市推进农业中关村建设行动计划》通过市政府常务会和市委常委会审议，并印发实施；《北京市推进农业中关村建设的十条措施》通过市政府常务会审议，并以市政府名义印发。北京市第十三次党代会报告中明确提出"建设农业中关村，打造'种业之都'"。"金三角"模式持续深化，引进涉农企业136家，京瓦中心一期驻满，聚集国家级种业研发平台9个、省部级以上工程技术中心和实验室4个、高端科研创新团队21个。

▲ 峪口镇南营村博士农场效果图

▲ 智慧温室

湘东区国家现代农业（种业）产业园

湘东区是全国知名的"制种之乡"，素有"水稻制种看南繁，南繁制种看萍乡，萍乡制种看湘东"之称。湘东区现代农业（种业）产业园于2021年4月列入国家现代农业产业园创建名单，以杂交水稻制种为主导产业。2022年4月被认定为国家制种大县。产业园面积32.91万亩，共建五大工程16个项目。选址于湘东区中西部，涵盖麻山、排上、东桥、腊市4镇56村，产业园内耕地面积8.01万亩，占全区耕地总面积的38.5%。规划形成"核心引擎、轴带联动、四区协同、多点支撑"的空间格局。产业园以杂交水稻制种为内核，以高科技智能化为支撑，以企业为主体，以基地为依托，通过产学研相结合、育繁推一体化，加大培育种业龙头企业，不断扩大种业规模，着力将湘东区打造成全国知名的"中国杂交水稻智谷"。

产业园积极与江西农业大学、武汉大学等高校签订合作协议建立合作关系。2021年12月26日，中国水稻研究所早稻研究中心成功落户湘东，引进4个博士进行育种研究，全年共计827个品种（品系）在萍乡开展试验示范。并且在中国工程院颜龙安院士、全国劳模张理高等领军人物的引领下，培育了以天涯种业公司为首的近200家种业企业（新型经营主体），拥有20名农业高级技师和技师技术资格的专业制种技术人才和常年从事制种农民近万人。与中国水稻研究所合作建立了早稻研究中心和培育基地，与江西省农科院、颜龙安院士团队、江西农业大学长期合作，杂交水稻育种创新能力得到不断提升。现有8个省级以上科研平台，2个院士工作站，1个国家农作物品种展示评价基地，1家国家级种业龙头企业，1家省级种业龙头企业，2个省级协同创新体，1个省级优势科技创新团队和1个省级工程技术研究中心，32个制种专业村，制种专业合作社6家，制种大户150余户，为国内48家种子企业从事委托制种生产，形成了较为完备的杂交水稻产业链。累计7个水稻新品种通过国家审定，推广应用面积200多万亩。2021年水稻产业总产值达28.9亿元。湘东区农业农村发展投资有限公司与江西省农业发展银行共同出资3亿元，组建成立了兴赣种业发展基金，融资到位5.6亿元，整合涉农项目资金3亿元，为后续产业发展奠定了基础。

产业园乡村振兴公园内骑行爱好者们正在开辟新线路

近年来，在天涯种业、春蕾公司、广陵高科等龙头企业的带动下，各制种公司大力推行多种生产经营模式，带动广大农民增收。如今，湘东区已初步形成集生产、加工、经营、服务于一体的制种产业链条，构建了产学研相结合、育繁推一体化的现代种业体系。未来，带着"湘东印记"的一粒粒种子将源源不断地走出江西，走向全国，为国家粮食安全、农业发展、群众增收注入生机和活力。

农民丰收

产业园有关科研人员和当地村名抢抓晴好天气，头顶烈日忙于铺盖防鸟网

江西省广昌县国家现代农业产业园

江西省广昌县国家现代农业产业园纵跨广昌县，覆盖5个乡镇61个行政村，总人口约16.45万，占地总面积约106.6万亩，有耕地约14.98万亩。广昌县委、县政府按照乡村振兴战略部署和产业兴旺的要求，把发展广昌白莲、食用菌两大主导产业、建设现代农业产业园作为巩固拓展脱贫攻坚成果、全面推动乡村振兴发展的重中之重，不断探索和创新产业园和龙头企业联农、带农机制。规划将产业园打造成"全国白莲食用菌特色产业集聚发展中心、全国著名莲旅融合发展示范区、全国红色老区产业振兴引领区"。

资源优势与产业特色

广昌是茶树菇人工代料栽培技术的发源地，1992年，广昌农民谢远泰用人工方式培育出茶树菇菌种，并实现了代料栽培，获国家发明专利。近年来，产业园全力推进食用菌"一镇一工厂+一户一车间"生产布局和对菇农木结构覆膜菇棚实施"拆旧建新"工程。以龙头企业为引领，采取"统一规划、统一供种、统一技术、统一管理、统一收购、统一品牌"的"六统一"模式进行生产、管理和销售，已将食用菌从单一品种茶树菇拓展到红菇、羊肚菌、竹荪菇、鲍鱼菇、虎奶菇、毛笋菇、樟树灵芝、平菇等8个有机珍稀品种。涌现出以"远泰"品牌为首的企业品牌，2021年"远泰"品牌被评为江西省100强企业品牌，"广昌茶树菇"产品先后荣获"国家科委新产品发明金奖""国际名牌食品奖""江西省著名商标""生态鄱阳湖绿色农产品"（江西、广东、上海）展销会参展产品金奖等多项荣誉。

科研团队与科技成果

产业园拥有全国最早的子莲研究机构（广昌县白莲科学研究所）、全国第一个白莲产业发展专职部门（广昌县白莲产业发展局），引进方智远院士建立院士工作站，成立了江西广昌食用菌研究所、抚州市冠莲农村产品星创天地，配套建设了广昌农业技术推广中心和后期服务中心等农业科普基地，与国内外多家科研单位、大学建立了紧密的合作关系，全力推进白莲、食用菌新品种研发、新产品培育、新技术推广，加快科研成果转化，成果丰硕。组织专家团队牵头制定了首个国家标准《广昌白莲》和《广昌县茶树菇生产技术规程》。产业园内的广昌白莲科技博览园先后在2012年获省科技厅批准组建江西省白莲工程技术研究中心并通过验收，在2016年被中国航天科技集团航天育种研究中心授予"江西广昌白莲航天育种示范基地"，在2017年被农业部批准设立国家特色蔬菜产业技术体系广昌综合实验站。江西广昌食用菌研究所所长、茶树菇人工代料栽培技术发明人谢远泰先后获得"全国脱贫攻坚奖创新奖""全国脱贫攻坚先进个人""江西省最美科技工作者"等称号。

产业园在科研方面坚持问题为导向，与中国农科院蔬菜花卉研究所、中国航空航天集团、武汉大学、武汉市蔬菜研究所、湖北省农科院值保土肥所、江西农业大学、江西省农科院等七家单位深度合作，组织开展联合攻关，取得一批原创性成果，为产业发展提供了科技支撑。建成了我国最大的莲种质资源圃之一，收集保存了国内主要的子莲和大部分花莲种质，保存莲种质资源600余份。举办各类培训班120余期，开展白莲种植"择优三推广"。择优推广广昌白莲新品种、择优推广广昌白莲轮作作物、择优推广广昌白莲病虫害防治适用技术；培训莲农39 000余人次，发放各类技术资料40 000余份，帮助莲农解决生产实际问题1 200余个。累计推广农业新品种60余个，推广先进适用技术100余项。农作物机械化率73.6%，主要良种覆盖率达99%。

广昌县现代农业示范园鸟瞰

"一户一车间"有机珍稀食用菌现代工厂化周年生产示范基地

白莲全自动深加工生产线

坚持以现代农业产业园为引领
推动建设"中国西部鱼米之乡"

　　隆昌市现代农业产业园涵盖胡家镇、普润镇、界市镇等8个镇（街道），面积约430平方千米，占隆昌市市域总面积的54.2%。2021年4月被农业农村部、财政部纳入国家现代农业产业园创建名单，同年被命名为"中国西部鱼米之乡"。

强基固本，园区建设具形、具势

　　近年来，隆昌抓住成渝地区双城经济圈建设机遇，围绕成渝现代高效特色农业带布局，以稻渔产业为主导，创建国家现代农业产业园，全力补齐稻渔产业发展短板，构建"一心一核一带两区"的发展格局。

　　渠成系，新（改）建农田渠、管网24.6千米，建成电力提灌站106处，灌溉保证率达95%，灌溉水利用率达100%，农村供水工程达标率达100%。路成网，建成稻渔产业环线106千米，与现有的485千米农村公路，形成了园区区域交通新"网"路。田成格，建成高标准农田34.81万亩，万亩以上稻渔综合种养基地4个，集中连片发展17.1万亩"稻渔"产业带。

产业兴旺，园区建设高质、高效

　　①延伸产业链条。以旺旺集团、四川万林冷食品有限公司等24个农业龙头企业为引领，带动发展106个农民合作社、453个家庭农场；建成精深加工中心6个，初加工中心5个，稻渔加工产值超30亿元。②做好农旅文章。创建"印坝渔村""花漫水乡"省级稻渔主题公园2个、休闲农业主题公园（农庄）25个；着力培育"隆昌早春虾"区域公共品牌，成功举办"中国·隆昌首届小龙虾美食文化旅游节"。③强化科技支撑。成立隆昌稻渔研究院，与中国淡水渔业研究中心等8所科研院所共建研发平台，联合国际第三代杂交水稻研究中心进行成果转化。

助农增收，园区建设有力、有劲

　　隆昌积极创新联农、带农机制，聚力助农增收，建立"四联机制"，组建隆昌市"稻虾产业协会"，推广"五统一分五收益"等利益联结机制，实现亩均增收3 800元。产业园内农村居民人均可支配收入达2.67万元，比全市平均水平高32%，村集体经济收入增加8.7%。充分实现农业增效、农民增收，大力助推乡村振兴。

四川省三台县
绘就乡村振兴美丽画卷

鲁班水库

优质粮油园区

生猪种业园区

乡村振兴讲习

新村聚集点

三台县情--蜀川巨镇，郪道名邦

三台古名"梓州""潼川"，幅员面积2 659.38平方公里，辖33个乡镇，总人口136.75万，是全国粮食生产先进县、生猪调出大县、国家级油菜制种大县、中国麦冬之乡。2021年获评四川省乡村振兴成效显著县。春耕、夏长、秋收、冬藏、这片土地沃野千里，万物不息。

乡村振兴号角催人奋进，梓州大地同频共鸣

近年来，三台县深入贯彻落实习近平总书记关于乡村振兴的重要指示要求。按照三台县域资源禀赋，明确"一核两带三中心"以产业振兴带动乡村振兴，大力实施全域振兴计划。近三年投入财政资金47.59亿元，用于提升基础设施建设、产业发展、人居环境整治、和社会保障等。奏响了"产业兴旺 生态宜居 乡风文明 治理有效 生活富裕"的梓州"幸福曲"。

"全产业链打造、全价值链提升"发展思路

坚持"全产业链打造、全价值链提升"发展思路，持续"3+2"现代农业产业体系，成功创建省级农产品加工示范区，涪城麦冬首批入选《中欧地理标志保护与合作协定》互认产品，生猪全产业链产值超百亿。生猪种业、麦冬种养循环园区纳入国家现代农业产业园创建名单和管理体系。努力承担生猪种业和油菜制种"国家队"历史使命，率先成立国家区域生猪种业创新中心，累计建成三大作物育繁基地5.6万亩以上，成为全国最大两系杂交油菜制种基地和唯一工业专用高芥酸油菜制种基地。中国麦冬博物馆、麦冬电子交易市场、麦冬特色小镇、国家生猪交易市场——四川市场等高端项目的纷纷落地，一个乡村振兴的宏伟蓝图正在三台徐徐展开。

筑底塑本、改革赋能、激发活力、全面振兴

选派最优秀的干部下沉一线，蹲点护航。创新人才"引 育 用"机制，强化乡村振兴的智力支撑。与川农大、西南科技大学、西南大学签订县校合作协议，大力培育专业大户，专业农场和农民合作社，全县家庭农场达3966家、县级以上专业合作社174家。在全省率先组建县级乡村振兴国有平台公司，累计盘活闲置资产772宗、31.59万平方米，盘活率达100%。乡野农田变花田，乡村成景区，农房改民宿，农民玩起电子商务，城里客下乡投资现代农业。全新的希望在这里，才华的舞台在这里，绿水青山的画卷在这里，使命的力量在这里，所有的只争朝夕，都是为了梓州的日新月异。

济宁市嘉祥县国家现代农业（种业）产业园

中国大豆看山东、山东大豆看嘉祥。嘉祥地处鲁西南黄河冲击平原，历来有种植大豆的传统习惯，具有种子产业发展的资源条件和群众基础，生产的大豆品质优良，作为豆种有极佳的商品性。嘉祥豆种籽粒饱满，整齐均匀，荚果肥大，发芽率高、出苗快、适应性强。嘉祥县认真贯彻落实习近平总书记讲话精神，以振兴民族种业为己任，聚焦"种业强县"建设目标，坚持以种业带产业，先后获批首批国家区域性（大豆）良种繁育基地、国家级制种大县。

2021年4月获批创建国家现代农业（种业）产业园（以下简称产业园），围绕建设全产业链现代农业产业园总体定位，实施"五大工程"10个项目，总投资18.02亿元。产业园规划耕地43.5万亩，核心区耕地15.9万亩。以梁宝寺镇、大张楼镇为产业融合发展核心区，以圣丰种业总部及周边区域为种业创新驱动核心区，辐射带动嘉祥县北部其他镇街，形成"双核驱动、多点辐射、区域协同"良好发展格局。县域大豆良种繁育面积常年稳定在20万亩以上，在周边市县建设繁种基地30余万亩，种子畅销山东、安徽、河南、江苏等黄淮海和长江中下游地区的11个省市，为黄淮海、长江中下游地区大豆种植供种安全提供了保障。

产业园入驻企业20家，与68家科研院所开展、产、学研合作，引进高层次人才80余名，建设山东圣丰院士工作站、国家大豆种质创新与育种技术重点实验室等省级以上研发平台8个。6家企业在海南建有南繁基地。出台系列政策鼓励企业新品种创新，近两年培育了"圣豆""嘉豆""华豆"等系列突破性优良品种40余个。

通过补齐产业发展短板，推动主导产业转型升级，促进一二三产业融合发展，形成产业优势突出、产业链完整、价值链提升的现代种业产业体系。将园区建成政策创新带动，产业特色鲜明，资金、人才、技术等现代要素高度聚集，设施装备先进、发展方式绿色、品牌建设有效、经济效益显著、利益联结紧密、辐射带动有力的国家现代农业（种业）产业园。

国家现代农业产业园大门入口

企业标准化成套自动种子加工设备

企业建设大豆种子资源库

国家现代农业产业园核心区文化长廊

国家现代农业产业园核心区种源基地

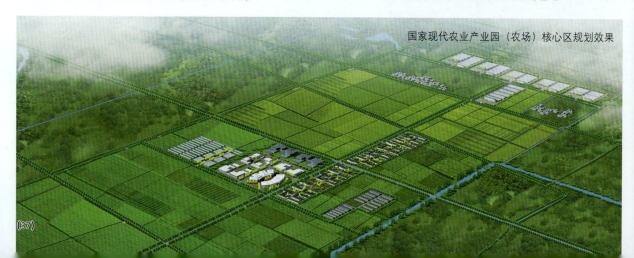

国家现代农业产业园（农场）核心区规划效果

永顺县国家现代农业产业园

猕猴桃产业振兴助力乡村振兴

　　永顺县猕猴桃试验站由国家产业技术体系猕猴桃岗位科学家齐秀娟研究员领衔，郑州果树研究所与省州县等单位12名专家组成专家团队，联合开展猕猴桃产业绿色发展技术集成模式研究与示范科技攻关，试验站以"推进科技兴农，助力乡村振兴"为目标，建设集猕猴桃科研选育、品种筛选、试验示范、高效种植、苗木繁育、科技推广于一体的猕猴桃产学研融合、教育教学示范、休闲观光采摘基地，助推永顺县猕猴桃产业提质增效。

　　中国农科院郑州果树研究所联合永顺县在永顺县高坪乡高坪村共建永顺县猕猴桃试验站，占地面积35亩，主要进行品种选育、栽培研究、植保防控和大田综合管理等方面的试验、展示和示范。试验站分为标准化种植区、新品种展示区、苗木繁育区、种质资源保存圃、品种选育圃和休闲长廊6大区域，引进和种植猕猴桃新品种15个，其中最新的一个猕猴桃新品种是"中猕2号"。4月在永顺县猕猴桃试验站进行"中猕2号"示范栽培，采取标准化栽培模式"株距3米、行距4米、一亩55株"。

　　"高坪乡是全国'一村一品'示范乡镇，猕猴桃种植面积达3万余亩，人均2亩。把现在国内外最先进的栽培模式整合起来，在这里做一个示范，通过品种引进和栽培技术的示范，让老百姓真真切切地看得到成效，这对于在老百姓中推广猕猴桃新品种、标准化种植栽培，促进全乡猕猴桃产业提质增效作用非常大。"齐秀娟讲出了建立猕猴桃试验站的初衷。

永顺县委副书记符家波发言

农业农村部挂职永顺县委常委、副县长丁瑞强陪同省农业农村厅一级巡视员罗振新、郑州果树所所长方金豹、湘西州一级巡视员何益群视察试验站基地

农业农村厅一级巡视员罗振新、郑州果树所所长方金豹、湘西州一级巡视员何益群、湘西州农业农村局局长丁思清给试验站揭牌并留影

各级领导试验站揭牌仪式留影

察哈尔右翼前旗国家现代农业产业园

察哈尔右翼前旗现代农业产业园于2022年1月成功创建为国家现代农业产业园。园区覆盖平地泉镇、巴音塔拉镇、玫瑰营镇、黄旗海镇和三岔口乡5个乡（镇）、61个行政村，总耕地面积30万亩，常住人口3.58万人，面积达1 218.7平方千米。产业园以马铃薯、果蔬特色产业为主导，按照全域产业化、生态化、特色化的理念，打造马铃薯、果蔬产业优势集聚区、现代农业科技先行区、产业利益连接示范区和一二三产业融合发展区。2022年，总产值30.31亿元，主导产业产值18.8亿元，初加工转化率达到80%以上。

产业园致力于推动产业纵向延伸，同步拓展、协同联动，采取"走出去，请进来"的方式，组织人员外出考察调研、学习培训，不断加强与外界的合作交流，成功引进北京宏福、薯都凯达、塞主粮、罗欧、华颂、物泽等行业龙头企业，形成了马铃薯和果蔬种植、检测、仓储、加工、配送与销售的全产业链条。

产业园十分注重农业科技支撑，除马铃薯首席专家工作站、农业农村部内蒙古马铃薯科学观测实验站、马铃薯产业技术体系综合试验站和冷凉蔬菜院士工作站相继扎根产业园外，政府或经营主体与中国农业科学院农产品加工研究所、福建农林大学薯类作物研究室、东北农业大学、内蒙古农业大学、内蒙古农牧业科学院、乌兰察布市农科院等在马铃薯苗种繁育、马铃薯及果蔬精深加工、仓储、保鲜等方面开展了深入合作，省级及以上科研单位设立研发平台3个，专业技术人员110余名。同时，瞄准提升马铃薯单产能力，集成推广农业先进实用技术，全面开展高产创建，示范片累计达到15个、2.3万亩，覆盖产业园内5 000多农户，马铃薯平均单产3 400千克以上，最高亩产可达到4 500千克，高于全国平均水平。

宏福农业单体面积35万平方米的智能温室

薯都凯达厂区图

万亩马铃薯种植基地

薯都凯达法式薯条生产线

马铃薯博物馆

河北省辛集市全力争创全国农业科技现代化先行县

李丹、井润梓

河北省辛集市以"节水麦、特色梨、地方猪、循环农业"四个优势产业为主导，以"节水、优质、绿色、高效"为目标，以"新品种、新技术、新机具、新农人"为重点，大力开展农业科技先行先试工作，推动品种培优、品质提升、品牌打造和标准化、精准化、机械化和智能化生产，引领辛集市乡村振兴和农业农村现代化。

京东果园黄冠梨

一、高标准组建专家团队。以河北农业大学专家教授为主，组建规划设计、节水麦、黄冠梨、地方猪、循环农业5个专家团队，辛集市组建先行县工作专班，对应设置4个产业办公室，建设4个科技示范基地和4个专家工作站，组织骨干技术人员对接，满足专家工作生活条件，保障各产业科技成果落地、转化、应用、推广。

二、高标准制定发展规划。依托各专家团队，先后制定《辛集市农业现代化示范区规划》《辛集市现代农业园区（节水麦种业）专项规划》《辛集黄冠梨区域公用品牌发展战略规划》《深县猪产业五年发展规划》等全市产业发展规划，积极争取各项国家级、省级项目，加快提升农业科技现代化水平。

三、高标准发展主导产业。一是发展节水小麦种业，培育马兰、石农系列节水小麦品种11个，集成示范新技术7项，其中"马兰1号"2022年实打实收863.76千克，连续两年打破河北省高产纪录。二是示范推广光梨生产，明确发展光梨生产，建设600亩光梨示范园、黄冠梨智慧装备示范园，推进果园社会化服务，实现减少梨园用工，提高梨果品质，生产绿色高效，全程可视化溯源。三是做好深县黑猪保种育种，建成正农牧业深县猪省级畜禽遗传资源保种场，攻克保种繁育、提纯复壮、健康养殖等系列关键技术，年出栏商品猪万头以上。四是打造畜—沼—果绿色循环生产模式，建设农业废弃物集中处理中心，回收畜禽粪污、农作物秸秆及餐厨垃圾等，年处理畜禽粪便、秸秆、果木枝条等160万吨，生产沼气供给工厂，沼渣沼液加工有机肥还田梨园。

亚丁牦牛

亚丁牦牛是第三次全国畜禽遗传资源普查中发现的地方牦牛新资源，是四川省甘孜藏族自治州稻城县人民经过长期自然选择而形成的、适应高山寒冷生态环境的山地型牦牛，具有抗病力强、耐粗饲、产奶量和繁殖性能高等显著特点。

亚丁牦牛主产区为青藏高原东南缘，四川省甘孜藏族自治州稻城县，2021年畜禽遗传资源面上普查显示，亚丁牦牛存栏28 273头，其中：能繁母牛12 130头，种公牛2 026头；5.5岁公、母牛体重分别为427.15千克、298.07千克；初产母牛挤奶量369.27千克，经产母牛挤奶量406.02千克；繁殖成活率为61.78%。

2022年，稻城县组建完成了亚丁牦牛保种群320头，扩繁群860头，初步形成保种、繁育、推广一体化的良种繁育体系和保护与开发利用相结合的产业发展模式。

亚丁牦牛新通过国家评审，将大大提高亚丁牦牛的知名度，刺激当地牧民饲养更多牦牛的积极性，预计今后每年可为市场提供1 000吨以上牛肉、4 000吨以上奶制品、350头优质种牛，为5A级亚丁景区旅游市场提供丰富的牦牛相关产品。亚丁牦牛种牛繁育和生产不但为主产区亚丁牦牛本品选育提供优质种牛，而且为产区以外的牦牛改良提供优质父本。亚丁牦牛将为提高产区牦牛生产性能、增加农牧民收入、巩固脱贫攻坚成果与乡村振兴有效衔接、保障畜产品供给、稳定市场物价、民族团结和社会稳定起到重要作用。

华西牛

　　华西牛是中国农业科学院北京畜牧兽医研究所联合国内多家单位培育的大型专门化肉牛新品种，具有生长速度快、屠宰率高、净肉率高、适应性广、分布广的特征。目前，华西牛核心群总数达4 200余头，育种群体3万头左右。该品种的育成推广期望将打破国外肉牛主导种源的垄断，提升我国肉牛产业核心竞争力。

　　华西牛的培育，具有如下主要创新。一是生产性能和综合品质达到国际先进水平，可有效提升我国肉牛生产效率。成年公牛体重达900千克，成年母牛550千克以上，平均屠宰率62.39%，净肉率53.95%，平均育肥期日增重1.36千克，主要生产性能达到国际先进水平。二是率先应用基因组选择技术，实现肉牛分子育种核心技术从"跟跑"到"并跑"。搭建了我国首个肉牛分子育种技术平台，研究制定了包括屠宰率和净肉率重要肉用性能指标在内的基因组选择指数（GCBI），研发出110K肉牛全基因组选择育种芯片，大大加快了育种进程。三是首创联合育种实体，真正实现了大动物育种"全国一盘棋"的组织机制。成立了华西牛育种联合会，指导成立了我国第一个由育种者自发出资组建的肉牛联合育种经济实体组织——北京联育肉牛育种科技有限公司。目前，联合育种企业总数达60余家，形成了"全国一盘棋"的华西牛联合育种模式。四是积极打造华西牛品牌，实现种牛优质优价。2018年、2019年连续两年主办全国种公牛拍卖会，累计拍卖种公牛119头，华西牛单头拍卖价格最高达到24万元，极大增强了国内肉牛繁育企业、育种合作社和农牧民参与肉牛育种的积极性。

团队成员

　　"华西牛"市场推广前景广阔。华西牛中试推广测算表明，"华西牛"推广4年期间累计新增收益52.07亿元，增产增效明显。当前，"华西牛"已在内蒙古、吉林、河南、湖北、云南、山西、重庆、贵州及新疆9省（区）推广养殖。预计到2027年，年提供优秀种进站采精公牛将达到500头以上，自主供种率将达到80%。随着对华西牛的持续选育，其生产性能将进一步提高，为我国肉牛核心种源国产化提供重要保障，在满足国内产业用种的同时，逐步参与国际市场竞争。

"华西牛"种公牛

"华西牛"核心群母牛

"华西牛"犊牛

"华西牛"核心群

中国农业科学院特产研究所

——北方特色浆果资源评价与利用创新团队

团队自20世纪50年代开始，以我国北方地区抗寒特色果树为主要研究对象，系统开展种质资源收集、保存、评价及高效利用研究工作。先后承担国家及省部级科研项目160余项，获得国家及省部级获奖成果27项；选育山葡萄、软枣猕猴桃、五味子、李、抗寒桃等果树品种36个；发表学术论文600余篇；获得授权发明专利20余项；出版著作10余部。建有"国家山葡萄种质资源圃（吉林）"和"中国农业科学院特产所软枣猕猴桃、五味子国家林木种质资源库"。

山葡萄（北冰红）　　　　　　软枣猕猴桃（佳绿）　　　　　　五味子（妍脂红）

国家山葡萄种质资源圃（吉林）：位于吉林省吉林市昌邑区左家镇，始建于1989年，2022年8月29日被农业农村部确定为第一批国家农作物种质资源库（圃）之一。截至2021年12月底，入圃保存山葡萄、燕山葡萄、河岸葡萄、欧亚种葡萄等葡萄种质资源430份，其中野生山葡萄资源363份，是目前世界上保存山葡萄种质最多的资源圃。累计向国内科研院所、大专院校提供种质资源共享利用2000多份次，支撑选育抗寒葡萄品种17个、支撑发表学术论文200余篇。

中国农业科学院特产所软枣猕猴桃、五味子国家林木种质资源库：位于吉林省吉林市昌邑区左家镇，2022年1月20日被国家林业和草原局确定为第三批国家林木种质资源库。截至2021年12月第，入圃保存国内外软枣猕猴桃、五味子种质资源330份，其中引进俄罗斯资源18份、日本资源10份。支撑审定品种11个；支撑吉林省科技发展计划项目、吉林省地方标准等项目20余项；获得国家发明专利10项；制定国际标准1项，吉林省地方标准3项。

国家山葡萄种质资源圃（吉林）　　　　　　国家软枣猕猴桃、五味子林木种质资源库

重要花卉种苗高效绿色工厂化
生产技术集成创新与应用

完成单位：上海市农业科学院，上海种业（集团）有限公司，上海虹华园艺有限公司，上海源怡种苗股份有限公司，昆明虹之华园艺有限公司，上海鲜花港企业发展有限公司，开远市羊街乡农业综合服务中心。

完成人：蔡友铭，杨娟，姚建军，钱海忠，沈晓晖，张永春，杨柳燕，薛建平，沈强，王培宏，王晖，杨文明，俞爱军，杨信程，姜武，叶志琴，陈志星，王琼，王慧，朱彬，刘敏荣，宋磊，张宏伟，苏莲梅，席祖路。

成果简介：获2019—2021年度全国农牧渔业丰收奖（农业技术推广成果奖一等奖）。

针对我国菊花、康乃馨、百合、月季、矮牵牛等重要花卉种苗高效绿色生产的产业问题，充分利用上海与全国各地长期合作研发基础和我国不同区域的气候优势，通过对繁育母本的离体脱毒提纯复壮，规模化高效繁育与工厂、化智能化生产关键技术的研发，集成创新了组培种苗规模化快繁，"三圃育苗"规模化繁育和穴盘苗标准化、智能化、工厂化生产技术体系，进而构建完善了我国优质种苗绿色高效工厂化生产技术体系。

重点创新了病毒快速检测与离体脱毒技术，构建了种苗（种球）提纯复壮与组培快繁技术，完善了母本苗组培繁育生产技术体系；创新试管成球与离体高效增殖技术，集成组培苗智能化管理环境控制系统，完善组培种苗规模化生产体系；创新插穗"一次成型"采收与低温处理技术，构建了"三圃育苗"生产技术，完善了菊花、康乃馨种苗规模化高效绿色生产体系；创新种子预处理与基质筛选等核心技术，构建高效绿色生产规程，完善了穴盘苗标准化工厂化生产体系。规模化育苗的年用工数量比传统劳动密集型生产节省45%，农药使用量减少25%，一级种苗率提高25%，单位面积年产能提高80%。

通过"技术培训+成果路演+示范带动"的推广模式，采用多种形式在全国建立种苗生产基地18个、技术服务站12个，带动种苗生产30万亩次，提升种苗单位面积产值80%，培训技术人员12万人次，构建了全国花卉种苗生产与服务布局。近三年在30个省（市、区）推广应用种苗30.15亿株，出口欧美、日本等20个国家和地区。

花卉种苗生产管理

花坛花穴盘苗智能化工厂化生产

母本圃

采穗圃

生产圃

菊花"三圃育苗"无性系种苗规模化繁育

江苏省农业科学院优良食味水稻育种团队
——优良食味粳稻品种的选育与应用

江苏是我国南方粳稻主产区，长期以来，粳稻育种以高产为主要目标，培育了一大批高产品种在生产上推广应用，稻米品质亟待提升。江苏省农业科学院优良食味水稻育种团队以优良食味为品质改良主攻目标，历经20余年系统攻关，在粳稻食味品质形成机制、品种创制及产业化应用方面取得重大突破。

1. 发掘和利用优良食味关键基因，育成南粳系列优良食味粳稻品种。 建立了食味品质的科学评价体系，筛选出适合长江中下游地区利用的食味品质关键基因 Wxmp，阐明了 Wxmp 背景下淀粉合成相关基因协同调控食味品质的分子机制。建立半糯型优良食味品种多基因高效聚合育种体系，育成了20余个南粳系列优良食味高产抗病品种，全面覆盖长江中下游粳稻区。

2. 研制品质与产量协同提升技术，促进南粳系列品种大面积推广。 研制半糯型优良食味粳稻生产配套技术，实现了品质与产量协同提升。南粳46、南粳9108获全国优质稻食味品质鉴评金奖，南粳9108、南粳5055被列为全国粮油生产主导品种，南粳5718、南粳3908等7个品种被认定为超级稻，品种年推广面积1 300多万亩，占江苏省水稻种植总面积的1/3，累计推广面积超过1亿亩，增产350多万吨，增收300多亿元，成果获省科技进步二等奖、省推广一等奖、全国农牧渔业丰收一等奖。

3. 推行"品种+企业"的稻米品牌发展模式，助力长三角稻米产业发展。 南粳系列品种具有"柔、香、糯"的特征，品质突出，通过政、产、学、研、用结合，推行"品种+企业"的稻米品牌发展模式，年生产大米300万吨左右，年销售收入约150亿元，产生了巨大的市场影响力。长三角地区300多家企业以南粳系列品种为原粮，支撑"水韵苏米""金陵味稻""兴化大米""射阳大米"等区域公共品牌发展，为长江中下游稻米产业提质增效发挥了巨大作用。

江苏省农业科学院丰收奖证书 　 优良食味粳稻南粳系列品种的推广

首席专家王才林（左）和团队负责人张亚东（右）在田间考察水稻

把论文写在大地上，把成果送到农民家

单杨研究员、柏连阳教授增选为中国工程院院士

国家耐盐碱水稻技术创新中心揭牌

全国先进基层党组织

全国专业技术人才先进集体

湖南省农业科学院始终牢记服务"三农"和乡村振兴的初心使命，大力推进科技创新事业，积极服务全省农业产业发展，为"全国专业技术人才先进集体""创新人才培养示范基地""全国科技特派员组织实施先进单位"。2021年，中共中央授予"全国先进基层党组织"，农业农村部授予"全国粮食生产先进集体"；院科学家团队被评选为"2021年度中国经济社会发展十大贡献人物"。

一是人才队伍不断壮大。坚持党管人才，认真贯彻落实中央人才工作会议精神，全院人才队伍不断壮大。2017年，邹学校研究员增选为中国工程院院士；2021年，单杨研究员、柏连阳教授增选为中国工程院院士。该院近几年自主培养了3位院士，已成为地方农业科研机构中培养院士最多且首次同时增选2位院士的单位，在全国地方科研单位中拔尖人才培养影响巨大。

二是科技创新成果丰硕。杂交水稻研究一直领跑世界，两季产量突破1 600千克，第二代杂交水稻亩产连续四年超1.1吨，第三代杂交水稻"三优2号"平均亩产达到1 085.99千克，再创世界新纪录。低镉水稻研究实现了"三个率先"：率先研创出不含外源基因的"基因编辑低镉水稻"，率先建立理化诱变定向改良技术并培育出镉低积累杂交稻及高档优质常规稻，率先发现镉吸收主效基因天然缺失型杂交稻基因种质，并初步育成系列新品种。耐盐碱水稻示范攻关成绩显著，2021年在内蒙古兴安盟实施的优质稻"亩增产100千克技术模式"通过测产，平均亩产为715.3千克，成功实现了3年亩增产100千克的计划，将为国家粮食安全提供强有力的科技支撑。

三是平台建设成绩喜人。国家耐盐碱水稻技术创新中心获批建设，是目前国家批复的3个农业领域国家技术创新中心之一。水稻国家工程实验室（长沙）通过评估，优化整合为水稻国家工程研究中心，纳入新序列管理。新增"农业农村部耐盐碱水稻生物学与遗传育种重点实验室""农业农村部农药评价重点实验室""农业农村部水稻（再生稻区）全程机械化科研基地""农业农村部果品加工及综合利用技术集成科研基地"4个国家重大科技创新基础平台。目前还配合湖南省委省政府建设岳麓山国家实验室，将有力夯实湖南省农业科技创新高地的基础。

四是科技服务成效显著。实施"两联两促"和"三个100"乡村振兴科技示范等科技服务工程，组建湘西特色产业专家服务团、科技助力精准扶贫专家团等，全院每年稳定派出科技服务专家440余人，覆盖全省123个县（市、区）特色产业，有力推动了水稻、茶叶、蔬菜、果类、中药材等产业发展。积极推进国家科技成果转化系列改革落实落地，强化院地、院企科技合作，促进产、学、研结合，实现"选题从产业中来，成果向产业中去"，已与长沙市等20多个市县建立长期科技合作关系，先后启动了永州、郴州7个分院和南县稻虾米、张家界莓茶、赫山兰溪大米、保靖黄金茶4个产业研究院建设。与香港普亚生物科技有限公司组建了湘港食品科技研究中心，与广州市联合建设了"粤港澳大湾区中心"和"院士港"。

两联两促：支部连基层、党员联项目，促农业增收、促农业现代化。

三个100：遴选100名正高职称专家及团队，推广100项适用先进科技成果，打造100个科技引领促进产业兴旺示范点。

不忘初心 砥砺前行——吉林省养蜂科学研究所

　　吉林省养蜂科学研究所隶属于吉林省畜牧业管理局，为公益一类全额拨款事业单位，加挂"吉林省蜂产品质量管理监督站""吉林省蜜蜂遗传资源基因保护中心"的牌子。全所占地面积3.8公顷，建筑面积7 754.44平方米。内设蜜蜂遗传育种研究室、蜜蜂传粉和蜂产品安全研究室、蜜蜂生物学研究室、蜜蜂资源保护中心、蜂业技术服务中心、财务科、人事科、办公室、科研科9个机构。现有职工55人，高级专业技术人员20人，其中新世纪百千万国家级人选和第五届中国青年科技奖获得者1人，国务院特殊津贴专家4人，吉林省拔尖创新人才5人，养蜂高级技师8人。

　　经过40年的保种、育种实践锻炼，本所熟练掌握蜜蜂原种、良种繁育所必需的人工授精、蜂场育种、蜂群饲养三位一体的现代蜜蜂保种、育种技术和实验室研究、蜂场测试等技术手段，形成了保种、选育、制种、扩繁等相互配套的原种保存、良种繁育体系。拥有测序仪等各种科研仪器223件（套），价值2 400万元。能够立足现代遗传学及育种技术的发展前沿，整合显微形态学、发育（生殖）生物学、细胞生物学、生物化学与分子生物学等学科的技术优势，进行蜜蜂生殖细胞冷冻贮存与体细胞培养、蜜蜂种质鉴定、蜜蜂生殖健康模拟与干预、蜜蜂高产农艺性状表征、蜜蜂授粉行为诱导与驯化以及蜜蜂抗病、抗逆机制探索等专业技术工作。

　　本所现有核心保种蜂场6个，保存原种、良种蜜蜂品种（系）21个，饲养种蜂1 000群，活体保存列入《国家级畜禽品种资源保护名录》的我国珍稀蜜蜂资源长白山中蜂、新疆黑蜂、东北黑蜂、珲春蜜蜂等800群，冷冻保存全国各地蜜蜂精液5万多微升；建有长白山蜜蜂博物馆700平方米，收藏各类展品近千件。拥有养蜂专业图书及期刊2万余册。

蜜蜂人工授精技术培训班　　蜜蜂遗传育种重点实验室　　　　　长白山中蜂保种场　　　　　　　　东北黑蜂保种场

研究方向

　　蜜蜂种质资源保护与利用、蜜蜂（熊蜂）授粉技术研究示范及蜂产品质量安全。

蜜蜂人工授精仪　　　　　　　松丹1号种蜂王　　　　　　　　蜜蜂授粉　　　　　　　　　　熊蜂授粉

科技成果

　　建所40年来，已完成科研成果112项，其中55项成果获各级科技奖励，"黑环系蜜蜂选育研究"成果获国家科技进步二等奖；获国家发明专利23项；发表论文770余篇；出版著作36部，制定、修订标准10余项。组织蜂业技术培训人数累计达1万余人次。已向全国30个省（市、自治区）推广良种蜂王超过16万只，改良蜜蜂1 200多万群。

国家科技进步二等奖证书

技术培训　　　　　　　　　　　　　科技扶贫

2019—2021年度全国农牧渔丰收一等奖成果：

甘肃千万亩农田高效节水技术研发集成与示范推广

完成单位：甘肃省耕地质量建设保护总站、甘肃省农业科学院土壤肥料与节水农业研究所等单位。

主要完成人：崔增团、马忠明、张志成、崔云玲、万伦、张立勤、葛承暄、师伟杰、陈建平、王庆利等。

项目简介及成效：甘肃干旱缺水且水资源利用率不高，是农业发展的最大瓶颈。为此甘肃提出并实施了"千万亩高效节水农业工程"，构建了灌区"节"水、旱区"集"水、高寒阴湿区"截"水的"3J"高效节水技术体系；示范推广了膜下滴灌、垄膜（作）沟灌等农田高效节水技术；研发实施了"引水上山+自压滴灌和风光储能水肥一体化"等12项节水技术模式；应用了"远程智能液体配肥系统"等42项节水节肥新产品及"水肥药托管技术服务"等3种技术推广新方式。共建立核心示范区1280个、节水示范园2个，并强化节水技术培训。在全省70个县（市、区）年均示范推广1000万亩以上，10年累计推广1.028亿亩，实现节水133.48亿米^3，节肥36.42万吨，新增纯收益133.26亿元。对全省灌溉用水占比由85%降低到73%、水利用率从52%提高到57%、肥料利用率由33%提高到40%起到了重要的促进作用，取得了显著的经济、社会和生态效益。2022年"甘肃千万亩农田高效节水技术研发集成与示范推广"获全国农牧渔业丰收一等奖。

甘肃省政府在张掖召开全省高效节水农业工作启动会议

甘肃省农业高效节水技术模式展示园

引水上山，产量翻番
马铃薯水肥一体化示范点

风光储能水肥一体化

崔增团，男，汉族，1963年8月出生，陕西华阴人，中共党员，1986年6月毕业于西北农林科技大学，现任甘肃省耕地质量建设保护总站站长，推广研究员（二级），享受国务院政府特殊津贴，甘肃省领军人才（第一层次），中国科协九大代表，中国共产党甘肃省第十四次代表大会代表。

先后主持完成了省部级重大项目17项，获省部级一等奖4项、二等奖3项、三等奖5项，地厅级奖5项，制定技术标准3项，发表论文45篇，出版专著16部。荣获首届"陇原最美科技工作者"、2020年度"感动甘肃·陇人娇子"、农业部"全国粮食生产先进工作者""全国农业技术推广先进工作者"等多项荣誉称号，2021年被推荐为"甘肃省科技功臣"候选人之一。

由他和他的团队首创并推广的全膜双垄集雨沟播技术亩增产30%以上，破解了干旱地区粮食稳定生产难题，并在全国同类地区广泛应用，累计推广2亿多亩，为粮食连年丰收做出了历史性贡献；示范推广的水肥一体化技术，实现了节地10%、节药20%、节肥30%、节水40%、省工50%以上的显著效果。集成应用的测土配方施肥、新型高效肥料施用、有机肥替代化肥等化肥减量增效技术和"增、改、提、防"耕地质量提升技术，促进了农业绿色高质量发展，为甘肃农业发展做出了重大贡献。

项目主持人崔增团站长、二级研究员在田间地头指导工作

杨凌智种农作物科学研究所——
全国鲜食玉米育种领军人物张学信

张学信，西安市长安区细柳街道办石匣人，高级农艺师，1974年从事玉米制种育种工作，成立长安县细柳区种子站，1990—1997年受聘于山东省莱州市西由种子公司，主持选育了西玉3号等系列品，名扬国内；1998—2018年任山东登海种业特种玉米研究室主持人。从事玉米育种行业50年、从事糯玉米研究27年，育成西星糯玉、甜玉、甜糯系列等国审、省审品种20个，山东省突贡专家，省科技进步一等奖首位，荣获省农牧渔业丰收三等奖，农业部授予南繁工作先进个人，2018年中国种子协会授予"全国鲜食玉米育种领军人物"。在陕西杨凌成立了杨凌智种农作物物科学研究所，育成品种和省内及国内参试审定品种20个，待审5个，正在全国参试的各种类型玉米品种27个。

创造了绿色糯玉米，获国家发明专利，获山东省知识产权发明专利一等奖，山东省发明创业一等奖。夏播高产糯玉米几次刷新全国记录。在彩色甜糯玉米种质创新和高产优质多抗育种方面，居国内领先、国际先进水平。发表论文12篇，全国大型学术研讨讲座10次。

一、长期研究玉米育种，走访调查总结分析玉米种质资源变化，撰写了中国玉米种质系谱（1957—2005年），将近50年全国玉米十大种群系谱变化及应用图谱收录其中，国内众多育种同仁惊喜雀跃欢呼，可承前启后，教人学稼，少走弯路。

二、在遗传育种理论研究方面，根据玉米果皮、糊粉层、胚乳三个层次，提出了各种甜玉米与糯质基因双隐、三隐、四隐、多隐育种理论，系统完整地提出1:3、7:9、4:3、3:1不同甜糯比例于一体，而彩色各异的60种甜糯玉米育种方法，堪称中国甜糯玉米育种一绝。

三、利用玉米 *Ga*（配子体）基因，在甜糯玉米保纯排斥外来花粉，免隔离区种植甜糯玉米创新初见成效。

四、改良了瑞德、黄改、BSSS、NSSS新的抗锈资源，把握特种玉米航向，引领时代潮流。

五、发现和利用褐色中脉 *bm1*、*bm3* 基因，全面导入甜糯玉米骨干材料中，改良籽粒果皮酥脆无渣，提高了秸秆品质，降低了木质素，增加了鲜食玉米的附加值。

六、率先理论提出利用糯质玉米＋褐色棕脉 *bm1*、*bm3*＋优质蛋白○2、*fl-1* 与 *fl-2* 多功能基因导入青贮玉材料中。创新型中国优质蛋白糯＋bm青贮玉米将有广阔前途。

七、利用O2、*fl-1*、*fl-2*优质蛋白玉米资源与 *su1*、*su1se1*、*sh2*、*bt1*优良功能基因巧妙结合，在大幅度提高蛋白质含量，提高赖氨酸、色氨酸含量，大幅降低醇溶蛋白方面开拓创新，延长了改良甜糯玉米品质和采收期及货架期。

八、在陕西省内多次现场讲述和传授玉米育种经验，并毫无保留地将目前最优秀的双隐多功能、多区域可应用的黄改系mn3798-1奉献给全陕西省南繁育种单位，并传授经验，手把手地传教同行，将极大促进陕西省整体育种水平。

玉米和水稻在演化过程中的趋同选择遗传规律

挖掘不同作物间的趋同选择基因对作物的遗传改良具有重要的理论和实践意义。中国农业大学杨小红、李建生团队和华中农业大学严建兵团队联合攻关，发现了玉米和水稻增产基因，揭示了玉米和水稻趋同选择的遗传规律。

本研究利用野生玉米资源创制了特异的穗行数为6行的玉米材料，克隆了控制玉米穗行数的基因 *KRN2*，发现该基因上游非编码区在玉米驯化和改良过程中受到了明显的选择，导致基因表达量降低，进而增加了玉米的穗行数和穗粒数。鉴定了水稻同源基因 *OsKRN2*，发现该基因与玉米 *KRN2* 类似，控制水稻的二次枝梗数和穗粒数，在水稻驯化和改良过程中也受到了选择。*KRN2/OsKRN2* 编码 WD40蛋白，与功能未知蛋白 DUF1644 相互作用，通过保守的分子途径负调控玉米穗行数与水稻枝梗数。在此基础上，利用基因编辑技术分别创制了 *KRN2* 和 *OsKRN2* 基因功能丧失的新种质。在相同的遗传背景下，玉米增产10%左右，水稻增产8%左右，且未发现不良效应。进一步利用玉米、水稻及野生种的大数据进行全基因组选择分析，发现了490对趋同选择基因，从单基因和全基因组水平上揭示了玉米和水稻在演化过程中发生趋同选择的遗传规律。

该研究成果于2022年3月25日在 *Science* 上发表。*Science* 同期以《提高作物产量的新基因诀窍来自古代农民》为题进行了专业解读，全球数十家媒体予以跟踪报道。该成果发表之后，受到业内专家们的赞誉，一致认为该研究成果不仅为作物育种提供了战略基因资源，也为从头驯化或再驯化创制新型作物提供了重要理论基础。该研究成果入选"两院院士评选2022年中国十大科技进展新闻"。

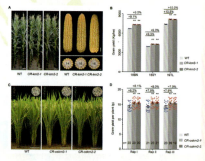

增产玉米和水稻

李建生（中）严建兵（右）杨小红（左）在海南南滨试验基地观察玉米野生种大刍草

橡胶树小筒苗育苗技术研发

完成单位： 中国热带农业科学院橡胶研究所。

完成人： 王军，周珺，林位夫，陈先红，姚myster成，陈青，王新龙，陈健等。

良种良苗是天然橡胶产业的基础，我国每年需橡胶树良种苗木约1500万株。橡胶树小筒苗育苗技术解决了橡胶树苗木生产技术存在的育苗生产效率低、劳动强度大、育苗消耗大量资源、育苗袋环境污染和传统容器苗木产品较笨重、主根短且卷曲、定植不便等问题，形成可标准化生产的橡胶树小筒苗育苗技术平台1套、新型苗木产品3个及配套定植技术1套。

主要创新点：

1. 橡胶树小筒苗育苗技术

通过研究明确传统橡胶芽接苗接穗生长至两蓬叶出圃时，苗期生长养分供应主要源于砧木的机理；自主设计发明专利育苗装置；利用悬空培养控根技术进行根系诱导，空气修剪技术控制根系长度；优化配比可再生育苗基质替代农田表土；配套水肥一体化抚管措施进行苗木标准化生产，单位面积育苗量达1.5万～2万株/亩。

2. 橡胶树小筒苗

利用胚苗配套技术，可以培育芽接桩小筒苗、籽苗芽接小筒苗、组培苗小筒苗等类型的小筒苗苗木产品。苗木出圃标准为2～3蓬叶、物候稳定的筒育苗全苗重≤0.5千克/株，主根长≥35厘米，根系直立、无卷曲缠绕，且根尖生长活跃。有耐运输、易定植，易成活，植后恢复生长快等特点。

3. 捣洞法定植技术

采用自主设计发明的植穴捣洞器及其定植操作方法；委托生产可降解育苗筒简化大田定植流程。形成1项标准化且宜机械化的大田定植技术，比常规袋苗定植的工作效率提高1倍以上；定植成活率高（95%），植后苗木长势良好。

应用前景：

橡胶树小筒苗育苗技术和产品具有明显的技术优势，已逐渐成为传统橡胶树育苗技术的替代技术，同时，该技术可用于林木或果树育苗，提升林木育苗技术水平，革新苗木定植技术，提高生产效益，市场应用前景十分广泛。

高产高油宜机收油菜品种大地199的选育与应用

成果完成人： 梅德圣、胡琼、汪文祥、王会、刘佳、廖世勇、罗细芽、肖国滨、程辉、李荣德、王勇、罗莉霞、付丽、成洪涛、何平

成果完成单位： 中国农业科学院油料作物研究所。

成果简介： 油菜是我国国产植物油第一大来源，对保障国家食用油安全和人民生命健康意义重大。然而，我国油菜产业发展存在机械化程度低、单位面积产油量较低等限制因素，尤其是油菜品种抗裂角性普遍较弱导致机械收获时损失严重。

针对油菜抗裂角特异种质资源匮乏、遗传机理不明、育种技术研究滞后、抗裂角高产高油品种缺乏等科技难题和技术需求，中国农业科学院油料作物逆境生物学与抗性改良创新团队创建了油菜抗裂角性的高通量标准化鉴定方法，发掘出了特异高抗裂角种质，克隆了首个油菜抗裂角基因，并明确了该基因调控裂角抗性的分子机制；开发出抗裂角、含油量、千粒重等油菜重要目标性状基因的分子标记，建立了以抗裂角分子辅助选择为核心的多位点聚合育种技术；培育出我国首个在国家区试中连续两年均比对照增产10%以上且含油量稳定在48%以上的抗裂角宜机收油菜新品种大地199，为推进油菜生产机械化和提高产业竞争力提供了突破性品种支撑。

大地199适合长江流域多省多种轮作制度和种植模式，通过良种良法配套，在湖北、安徽、江苏等地打造了联合机收200千克/亩以上的高产典型，产生了显著的经济、社会和生态效益，有力推动了油菜产业尤其是油菜机械化生产的科技进步。

大地199苗期

大地199大面积种植花期表现　　　　　大地199角果期表现　　　　　大地199成熟期联合机收

抗血液型脓病优质高产"华康"系列蚕品种的选育与应用

随着工业化、城市化和老龄化进程加快，农村劳动力资源日渐紧缺，急需培育抗病、抗逆、高产优质蚕品种，以实现省力化、集约化、规模化现代蚕桑产业生产。针对这一重大产业需求，中国农业科学院蚕业研究所徐安英、钱荷英团队历经20年攻关，在家蚕血液型脓病抗病育种及推广方面取得了重大突破。

1. 创制抗家蚕血液型脓病（BmNPV）新种质。 经9 600多个小区攻毒试验，从种质资源库中发掘出对BmNPV高度抗性的种质，2龄起蚕添食BmNPV的LC50达10^9以上，比常规品种提高10^3倍以上，遗传分析确定其高抗性受1个显性主基因控制。

2. 建立家蚕抗BmNPV高效育种技术体系。 首创1雄与2种雌交配的方法，实现抗病显性主基因纯合固定与抗性检测同时进行，将抗BmNPV基因高效导入目标品种，结合分子标记辅助选择，将抗病基因遗传继代育种。该技术体系获2项国家发明专利。

3. 培育出适合不同生态类型蚕区、抗性稳定的抗血液型脓病蚕品种3个。 将抗BmNPV主效基因导入我国现行家蚕主推品种，培育了适合西南蚕区使用的春秋兼用品种"华康1号"，适合长江流域及长江以北广大蚕区使用的夏秋用品种"华康2号"及可缫高品位生丝的春用多丝量蚕品种"华康3号"。

"华康"系列品种目前已在全国20多个省的主蚕区推广应用，累计推广量超过800万张，产生直接经济效益200多亿元，有效解决了养蚕业受血液型脓病困扰的难题，助力家蚕品种的第六次更新换代。该成果也作为国家产业技术体系（蚕桑）十二五、十三五亮点，推荐至农业农村部。

图1　华康2号国审证书

图2　华康3号国审证书

图3　徐安英、钱荷英教授在蚕种场指导生产

图4　华康3号品种性状

江苏省农业科学院

国家重点研发计划（2018YFD0100703）、国家西甜瓜产业技术体系建设(CARS-NO.25-8)等项目成果： 设施西甜瓜新品种及优质绿色简约化生产技术集成推广。

完成单位： 江苏省农业科学院泰州农科所、江苏省农业科学院等。

完成人： 羊杏平、刘广、冯翠、孙玉东、孙国胜等25人。

西甜瓜是我国农民增收的重要经济作物和周年供应的主要消费果品。项目针对制约产业发展的关键技术问题，开展品种选育和育种技术研究，选育出系列达标品种，并创新成果推广技术，累计推广430.79万亩，新增纯收益56.05亿元，成果水平与推广效益总体达到国内领先水平。

主要创新点：

1. 育种技术创新。阐明了西瓜枯萎病、蔓枯病的抗性机理，集成分子标记辅助选择、杂交种分子标记纯度鉴定等多项育种技术建立了西瓜抗病育种技术体系，构建遗传图谱1张，制定技术标准16项，获授权国家发明专利10件。

2. 品种创新。培育出不同类型，不同生态型配套、满足周年生产需要的优质多抗中小型西瓜系列品种6个，特色甜瓜新品种7个，优质多抗西瓜砧木2个，实现了品种的更新换代。

3. 绿色简约化生产技术创新。制定江苏省地方标准3项，获国家发明专利2件，集成健康嫁接苗集约化生产、水肥一体化追肥滴灌、连作障碍防控、蜜（熊）蜂授粉、设施机械化耕作、地膜减量替代、病虫害绿色防治和产品质量安全溯源等绿色简约化技术，2017年以来先后被列入2017—2018年农业农村部主推技术、2017—2021年江苏省农业重大技术推广计划和2019年中国农业农村十大新技术。

4. 成果推广模式创新。建立了首席专家领衔，携手岗位专家、示范基地、示范点和经营主体组成"五体合一"跨单位、跨部门、跨学科的江苏西甜瓜产业技术体系专家团队；"科研院所+基层农技推广体系+经营主体"协同推广模式以及"项目驱动、科技拉动、示范带动、培训促动、品牌推动、协会联动"的推广机制；发动龙头企业与合作社，建立示范基地（园），采用"线上+线下"等多途径培训及服务模式。

中华鳖繁育技术及标准化种养模式创新与应用

成果完成人： 蒋业林、王芬、宋光同、陈祝、蒋军、季索菲、李翔、张晔、方国侠、张国前。

成果完成单位： 安徽省农业科学院水产研究所、安徽省水产技术推广总站、安徽省喜佳农业发展有限公司、马鞍山春盛生态农业有限公司、安徽杰与祥水产养殖有限公司、蚌埠海上明珠农业科技发展有限公司。

水产所特种水产团队进行芰鳖生态种养试验示范

成果简介： 中华鳖是我国重要出口和内需水产珍品，具有极高的药用和营养价值，项目组历经十余年，突破多项关键技术，解决了制约产业发展的关键问题。成果得到桂建芳、邹学校、林浩然院士的高度评价："成果总体技术达到国际先进水平，其中智能无介质孵化、新型环保温室育苗、鳖菜种养3项核心技术达国际领先 ……""成果技术难度和复杂程度高，创新和先进程度显著。"

主要创新点： （1）首次挖掘安徽本地淮河鳖种质资源，建立高产优质繁育核心群，研发出智能无介质孵化新装置。（2）创新育苗温室温控系统和生态装备，突破日本核心技术垄断，解决了"卡脖子"技术难题。（3）创制五种综合种养模式，填补多项国内外空白。明晰种养合理配比，创新田间工程，实现农作模式多元化和综合种养标准化，达到农业资源高效利用。（4）创新中华鳖池塘生态主养关键技术，亩增产优质鳖200千克、增效14 400元。解决了生产成本高、效率低等产业共性问题。

水产所特种水产团队开展鳖菜共生研发与示范，检测相关技术指标

水产所特种水产团队开展中华鳖生态主养试验示范

水产所特种水产养殖团队选育的中华鳖良种亲本凸显农交会

水产所特种水产团队开展稻鳖鱼综合种养试验示范

江西省农作物种质资源库

2022年7月25日，江西省人民政府投资新建的江西省农作物种质资源库正式投入使用。该库是目前国内首个实现自动化存取的现代化种质资源库，种质出入库可通过扫码枪扫二维码实现自动化存取。项目于2020年12月28日开工，2021年12月25日竣工，总投资2 333万元，建筑面积2 044.46米²，冷库面积293.08米²，设有长期库、中期库、短期库、亲本库和可调库，总库容30万份，种子储藏寿命30～50年，可满足今后50年江西省农作物种质资源安全保存、鉴定评价、优异基因挖掘和新品种培育等工作需求。

江西省农作物种质资源库门厅　　　　　　自动化存取库　　　　　　种质二维码

刺参"鲁海2号"

品种名称：刺参"鲁海2号"。

品种登记号：GS-01-013-2022。

亲本来源：刺参山东丁字湾野生群体。

育种单位：山东省海洋科学研究院、山东黄河三角洲海洋科技有限公司、威海圣航水产科技有限公司。

品种简介：该品种是山东省海洋科学研究院李成林研究员团队以2006年从山东省丁字湾海域野生刺参群体自繁后代中挑选的460头个体作为基础群体，以生长速度快

刺参"鲁海2号"

和低盐耐受性强为目标性状，采用群体选育技术，经连续4个世代选育而成。在盐度16~34的相同养殖条件下，24月龄刺参"鲁海2号"的体重和成活率较未经选育刺参分别提高22.5%和26.8%，较刺参"鲁海1号"分别提高12.1%和10.8%。适宜在我国刺参主养区水温2~30℃和盐度20~34的人工可控的水体中养殖。

通过新品种选育，构建了刺参种质资源维持体系及良种选育技术体系，突破了有效亲本数量控制、全人工性腺同步生态促熟、群体高效驯化选择、遗传多样性监测等多项关键技术，创建了刺参异速生长模型，探明了特定条件下盐度胁迫阈值，显著提高了选育效率。

亲本筛选　　　　　　　　　生长数据测量　　　　　　　耐盐性状胁迫选育

贵州省油菜研究所

项目名称：适宜机械化的高产油菜新组合"XY2224"。

选育人：向阳、赵继献、梁龙兵、戴祥来。

贵州省农科院油菜所育种专家向阳研究员率领团队针对贵州省油菜生产机械化水平低、生产成本高、农民种植积极性不高等突出问题，利用基因组技术，历时7年培育出具有抗倒、抗病性强和抗裂角等适宜机械化的杂交油菜高产新组合"XY2224"。

2021—2022年度，"XY2224"在油菜研究所思南县塘头基地晒干实收平均产量达260千克/亩，最高产量达285千克/亩，是该基地30多年产量的最高水平；在江苏省东台市许河镇农户种植的1.63亩地，晒干实收产量达300.95千克/亩。2020—2021年度，"XY2224"在塘头基地，10个重复晒干实收平均达200千克/亩，比其他品种平均亩增产25%。

"XY2224"是利用贵州芥菜型油菜种质资源，首次应用基因组技术育成的强优势新组合，聚合了抗倒伏、抗菌核病、抗裂角等适宜机械化生产的优异性状，应用化学杀雄配制的杂交双低新组合，含油量达46%，实现了高产与机械化生产的结合，显著提升了油菜种植效益，为轻简高效栽培提供了品种保障。

XY2224在塘头基地苗期表现

XY2224在塘头基地结荚期表现

XY2224在江苏省东台市许河镇测产现场

规模农场玉米大豆秸秆全量还田与大垄高效种植装备推广应用

规模农场玉米大豆秸秆全量还田与大垄高效种植装备推广应用是针对规模化农场玉米—大豆轮作体系下田间作业机械缺乏问题，研究开发出秸秆全量还田的关键技术和装备，其装备包括调幅液压翻转犁、大垄变行精量播种机、低漂移低药量喷杆喷雾机；并创新总结出具有区域特色的推广应用方式方法。

调幅液压翻转犁犁体由小前犁和栅条犁体构成，犁体入土性能好，抗冲击、抗磨损能力强，犁体可翻转；大垄变行精量播种机采用新式结构破茬刀，破茬能力强，行距可调，配置自主研发的气吸式精密排种器，播种效率和精密度高；低漂移低药量喷杆喷雾机喷杆平衡性好，作业减振效果突出，喷雾机配备了风幕系统，雾滴分布均匀，防漂效果好。

该技术把保护性耕作与秸秆还田相结合，是保护黑土地地力，实现秸秆有效利用的最佳方式，对于秸秆全量还田起到了积极推进作用。此外，该技术的实施还能够提高农药利用率，有效减少农药使用，减少对江河湖泊的环境污染，促进农业节本增效，保护农业生态环境。从2019年示范应用推广以来，应用面积已达4 578.49万亩，取得了显著的经济效益、社会效益和生态效益。

西藏高原设施蔬菜安全高效生产技术

刘玉红、代安国、余宏军、徐平、杨亚辉、李强、张瑜、杨杰、席永士、扎西顿珠、次白珍、刘海金、陈华、李青、旦宗

高原环境使人们对蔬菜需求更加强烈。针对西藏高海拔喜温蔬菜生产困难、非耕地利用率不高和蔬菜质量安全亟待改善等问题，西藏农科院蔬菜研究所、中国农业科学院蔬菜花卉研究所和西藏农畜产品质量安全检验检测中心合作，经过18年联合攻关，取得了重大进展和显著成效。

1 项目的主要成果和创新点

1.1 优化了高原型高效日光温室结构，提升了温室结构性能，突破了制约冬春季节喜温蔬菜生产瓶颈，实现了喜温蔬菜周年生产。

1.2 突破了高原设施蔬菜低成本无土栽培关键技术，创建了适合西藏非耕地设施蔬菜高效生产技术体系，确保了非耕地蔬菜低成本生产技术的成熟可靠。

1.3 创建了设施蔬菜安全高效技术体系，蔬菜农残合格率提升到97%，提高了西藏高原蔬菜质量安全，实现了高原蔬菜安全高效生产。

该成果获国家授权发明专利4件，软件著作权2件。相关研究人员发表论文25篇，出版专著2部；编制西藏地方标准31项。

2、成果应用情况

成果示范10.08万亩，收获蔬菜71.13万吨，产值39.92亿元，纯收益5.89亿元，成效显著，有效地提升了西藏设施蔬菜技术水平、产品质量和效益，缩小了西藏与内地蔬菜生产水平的差距，有力支撑了精准脱贫和治边稳藏。

培训农牧民育苗

田间调查

新品种引进与展示

与国内专家技术交流

为驻藏部队技术服务

黑龙江省黑土保护利用研究院
瘠薄黑土耕地心土改良培肥地力提升技术

黑龙江省黑土保护利用研究院土壤改良团队历经十几年刻苦攻关，研发了集物理、化学和生物措施于一体化的改土培肥技术，创制了瘠薄黑土专用改土培肥机械，并进行大面积示范验证。该技术在黑土层薄，肥力低的土壤上效果显著，每3～5年改土培肥作业一次，持续后效5年以上。

该技术利用专用心土培肥机械作业，在保证黑土层位置不变的前提下，打破黑土层下的坚硬土层（白浆层或犁底层）的同时加入培肥物料，心土培肥的有效作业深度为40厘米。培肥物料根据心土层土壤肥力水平分级培肥，以白浆土为例，按照白浆层有机质＞1.5%或全磷＞0.1%、有机质1.0%～1.5%或全磷0.05%～0.1%、有机质＜1.0%或全磷含量＜0.05%的水平分为高、中、低三个水平，高等肥力水平可以不培肥或培肥90～120千克/公顷，中等肥力水平培肥纯磷120～150千克/公顷，低等肥力水平培肥纯磷150～180千克/公顷。其他类型瘠薄黑土改良技术可参考白浆土改土培肥技术操作要点，培肥物料用量和动力消耗上根据不同土壤调整。

该技术从2013年开始首先在三江平原白浆土、松嫩平原瘠薄黑土上进行大面积示范，总示范面积达到294万亩，平均增产10%以上，累计增产粮食3亿斤。

该技术的相关研究人员出版《低产土壤心土改良与利用》专著1部，发表相关论文20余篇。

该技术获省级奖励4项，2022年被评为黑龙江省科技农业典型，2023年成为省主推技术，也是"十四五"国家重点研发专项"三江平原区白浆土障碍消减与产能提升关键技术与示范"中的示范推广核心技术。

山西农业大学高寒区作物研究所

高寒区作物研究所（以下简称"高寒所"）前身为始建于1949年的"察哈尔省立大同农场"，经多次更名和改变隶属关系，1979年划归山西省农业科学院，2019年10月19日山西省委省政府决定，山西农业大学和山西省农业科学院合署改革，成立新的山西农业大学，现隶属山西农业大学。是我省在晋北地区设立的一所专业性省属农业科研单位。

我所主要从事马铃薯、杂粮（谷子、燕麦、糜黍、荞麦、食用豆）、黄花、油料（胡麻、大豆、油菜）、牧草、玉米、中药材等作物的种质资源收集保护、新品种选育工作；同时针对高寒区农作物开展高产理论和有机旱作栽培技术、生物工程、土壤培肥、节水农业、病虫防治、保护地栽培等科学研究；兼具新品种新技术示范推广、农业科技咨询、农技培训等服务功能。

建所以来共获得科技成果90项，其中国家、省（部）级科技进步奖75项；审定、认定农作物新品种128个，累计推广面积达到9 000万亩，创社会效益约35亿元；出版著作10余部；发表论文700余篇。

2020年大同市人民政府和山西农业大学合作共建的"两院一中心"（大同黄花产业发展研究院、大同市高素质农民培训学院、大同市乡村振兴服务中心）在高寒所挂牌成立。高寒所是国家脱毒马铃薯原原种繁殖基地、国家脱毒马铃薯良种繁育基地、国家杂粮育种创新基地。是国家农业科学大同观测站依托单位。被山西省农业厅认定为"山西省作物种质资源黄花分中心"，是山西"大同黄花"产业技术创新战略联盟、山西省胡麻产业技术创新战略联盟、山西黍子产业技术创新战略联盟理事长单位。被大同市科技局认定为大同黄花大同市重点实验室、大同黄花众创空间。

近年来我所聚焦大同资源禀赋和产业发展需求，以当地农业产业技术需求为导向，立足特色杂粮选育、有机旱作技术集成、黄花种苗工厂化生产和标准化栽培工作，保持和提升马铃薯、特色杂粮和黄花优势，进一步拓宽和加强优种良法配套技术、轻简化栽培技术、全程机械化栽培技术和农业生物技术等研究领域，逐步形成了具有高寒地区特色的研究学科。

"绿洲现代农业精准技术研究与规模化应用"创新团队

由石河子大学吕新教授领衔的教育部"绿洲现代农业精准技术研究与规模化应用"创新团队，紧密围绕国家农业提质增效的重大科技需求，以棉花为主要对象，从播种到收获的关键环节创建了棉花生产精准监控技术体系。创立了滴灌棉田全程养分、水分快速监测与定量诊断技术，创新了水肥决策与精量控制系统；构建了"病虫监测→预警决策→施药处方→精量喷药"的棉花病虫害精准监控技术；研发了棉花生产关键环节多源信息融合的农情信息监测技术及系统；发明了基于多源信息的棉花精量播种、棉花产品及火情实时监测技术及装备，构建了我国首套覆盖棉花全产业链的单品大数据平台，经中国农学会评价，项目成果整体达国际领先水平。

团队合影

团队获授权发明专利35件、实用新型专利等知识产权89件、出版专著16部、制定地方标准与技术规程30项、发表论文362篇（SCI、EI收录78篇）。成果在新疆植棉区推广应用，较常规管理节水20%～25%，节肥25%～30%，降低农药投入20%以上，节约劳动力50%以上，增产8%～10%，累计推广2 582.97万亩，节本增效达71.98亿元。该项目的推广应用有效推动了新疆棉花生产向精细化、智能化转变，提升了植棉效益和棉花国际竞争力，对新疆发展和区域稳定起到了关键性作用，极大地推动了我国农业现代化技术的应用进程。

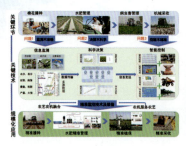

成果内容

指导学生

国家"十三五"重点研发计划项目（2016YFD0800800）研究成果：

重金属中轻度污染农田边生产边修复关键技术与集成模式：PCA+E

主要完成单位：浙江大学、南京大学、中科院沈阳应用生态研究所、华中农业大学、南京农业大学、上海交通大学、农业部环境保护科研监测所。

主要完成人：杨肖娥、沈振国、彭良才、马奇英、魏树和、周培、宋正国。

我国耕地重金属污染点位超标率达19.6%，但90%以上为中轻度污染，需要进行安全利用。中轻度污染耕地可持续安全利用是世界性难题。目前，多数应用技术均以降低重金属有效性为目的，使用效果不稳定。本项目以"保障作物安全高产同时降低重金属总量"为目标，突破边生产边修复的关键材料、技术、产品与装备，集成建立适用于我国典型农作制的治理模式（PCA+E，Phytoremediation Coupled with Agro-safe-production plus Energy Use of Straws）15套，实现环境—生态—经济—社会多方效益。

超积累植物东南景天染色体加倍技术及规模化生产

主要创新点：

1. 首次突破我国原生镉超积累植物东南景天种质加倍改良、工厂化批量育苗、田间规模化移栽及高效栽培等关键技术与设备，提高景天田间提取率，每季每亩可提取镉24～30克。

2. 突破土壤镉、砷、铅高效修复原理，研发土壤重金属高效修复的化学活化剂产品5种，微生物菌剂产品7种，其中4种菌剂获国家肥料登记证。创新超积累植物田间提取重金属内生菌强化技术，成倍提高了修复效率。

团队研发的肥料、菌剂等产品

3. 创新污染农田秸秆热解气化—热能烘干农产品耦合技术与装备，解决了耕地修复过程中秸秆低成本规模化处理的瓶颈。明确移除作物秸秆50%～60%，可减施氮肥20%、降低粮食烘干成本30%～50%；炭灰回收再生无害化利用，可进一步降低修复成本。为污染耕地修复循环经济产业发展提供了装备体系。

农田秸秆热解气化-热能烘干农产品-炭灰回收无害化利用耦合系统

4. 研发适用于我国主要农作系统的提取修复与避免修复等技术组合9个；建立水旱轮作、旱旱轮作与设施蔬菜系统镉砷污染边生产、边修复技术模式及规范15套；创新镉铅中轻度污染农田边生产边修复与秸秆能源化一体（PCA+E）工程模式5套，在浙江、湖南、湖北、上海、河北、河南、江苏等地建立大田修复试点或示范基地26个，核心示范面积9 200余亩，辐射推广应用超20万亩。

PCA+E模式原理图

全国范围示范点位置

在各地召开PCA+E模式示范现场观摩会

大量田间示范，如景/稻PCA+E模式应用等研究证明，应用PCA+E模式不仅每年能削减土壤全镉24～30克/亩，年降低土壤镉全量15%～20%（第三方检测），而且能保障水稻安全高产（增产7%～15%），降低农产品烘干成本30%～50%，减施氮肥20%，改善土壤肥力等，达到土—气共治。PCA+E治理模式是中轻度污染耕地可持续安全利用的有效解决方案。

浙江农林大学继续教育学院

浙江农林大学于1958年建校，是浙江省人民政府与农业农村部共建高校、浙江省人民政府与国家林业和草原局共建高校、浙江省重点建设高校。浙江农林大学继续教育学院前身为1987年的教务处函授部，经过30余年的发展，现与浙江农民大学教学管理中心、农林干部管理学院、乡村共富学院合署办学。

2022年，学院构建"一所一化"和"两办四中心四运营"的机构模式。一所：浙江乡村共富研究所。一化：乡村共富数字化教育平台。两办：院办、学生办。四中心：学历教育中心，技能认定中心，教育培训中心，乡村共富学院运营中心。四运营：学历继续教育、技能认定、短期培训、共富学院运营。已形成了集成人高等学历教育、自考全日制助学，全日制技能办学项目，非学历教育培训等为一体的完整继续教育体系。

学院积极拓展面向社会、基层和"三农"的各级各类培训，先后举办了农民培训、扶贫干部培训、基层农技人员知识更新培训、优秀农村青年创业培训、乡村振兴主题培训和银行系统等系列培训班。近五年来，累计为省内外农、林、水等行业系统各类人员培训60 000余人次，形成了以"农林"辨识度为特色的培训品牌和体系，在服务"三农"及乡村振兴战略等方面做出了应有的贡献。

学院启动乡村共富学院建设，统筹推进服务乡村工作，探索运营中心教育教学与经营性项目协作运营模式，推进乡村共富教育；承办国家乡村振兴"头雁"项目和"耕耘者振兴计划"，为实现乡村全面振兴和农业农村现代化提供坚强人才支撑，为国家、省域乡村全面振兴培养大批知农爱农、强农兴农的新型"三农"人才；开办"现代农业经营领军人才提升班"，进一步探索"政校"联手、加快培养现代农业经营领军人才的浙江模式，为省现代农业经营和农产品安全生产等农业产业领域做出巨大贡献。

学院将继续秉承"坚韧不拔、不断超越"的浙江农林大学精神，努力建设致力于全国、全省农民培训的高水平农林特色终身教育平台、乡村振兴人才培养中心和乡村共富运营示范基地。

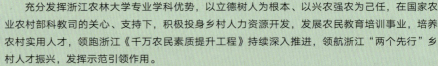

农民教育培训工作：

充分发挥浙江农林大学专业学科优势，以立德树人为根本、以兴农强农为己任，在国家农业农村部科教司的关心、支持下，积极投身乡村人力资源开发，发展农民教育培训事业，培养农村实用人才，领跑浙江《千万农民素质提升工程》持续深入推进，领航浙江"两个先行"乡村人才振兴，发挥示范引领作用。

服务浙江乡村人才培养的主要举措：一是在东阳创办浙江乡村共富学院，以规范化、专业化、品牌化、数字化为办学特色，主打浙江特色的乡村优势产业教育培训与综合服务载体。二是搭建浙江农民大学信息化教育平台，基于移动互联网、大数据、云服务等新技术同步建设平台终端，服务于我省乃至全国的农民教育培训。三是同步开展我省年度培训质量评估，编制《农民培训年度质量报告》，从创新体制机制、推行得力举措、取得培育实效、贡献浙江经验四个方面进行系统总结，为高素质农民和农村实用人才培养提供教学示范和决策参考。

三项教学改革举措：

1. 探索农民在职学历教育免入学考试制度。按照"精准对象、宽进严出、强化创新、赋能成长"的要求，试点"浙江省农民免入学考试在职学历教育提升行动计划"，着力农民在职学历教育模式创新，加快提升我省农民特别是现代农业经营服务主体和农村实用人才带头人的受教育程度和学历层次。

2. 建立农民培训学分银行制度，探索不同形式、不同机构之间的培训学分互认机制。建立省级农民培训学员学籍和培训经历档案管理制度，实行非学历教育培训与学历教育相衔接，农民培训主体参加不同机构培训学时的互认（如建立农林大学与农科院、农广校和相关职业学院的不同培训内容学分的互认机制），加快满足农民终身学习和个性化成长发展需求。如：今年实施"头雁"培育项目，我们学校已研究决定实行该项制度，预计"头雁"学员完成本项目学习计划任务并考核合格，能获得20个左右的学分，相当于四分之一的本科学历总学分（一般成人本科学历总学分为80分）。

3. 推行农民培训与职业技能等级认定连接机制。主要指将农民培训与农业职业技能认定结合起来，根据各级农民培训计划的实际情况，在相关培训项目中增设职业技能等级评价环节。如：省级农民培训安排"农业经理人"职业技能等级考评。

宁波大学海洋学院
盐碱地青蟹养殖技术

　　拟穴青蟹是我国长江口以南沿海地区重要海水养殖对象，宁波大学王春琳教授团队针对其养殖空间缩减、产能不足的产业瓶颈问题，在国家虾蟹产业体系等项目支持下开展了系列研究，系统揭示了拟穴青蟹适应低盐环境的分子机制，构建了内陆盐碱地青蟹养殖技术体系，拓展了青蟹等海水物种的养殖空间。解析了拟穴青蟹适应3‰以下低盐环境所需的关键基因、蛋白、microRNA及其关键调控网络，阐明了Na^+、K^+、Ca^{2+}、Mg^{2+}、SO_4^{2-}、Cl^-、HCO_3^-、CO_3^{2-}等是拟穴青蟹适应低盐环境所必需的关键因子；筛选出12‰、5‰、3‰等青蟹适应低盐过程的关键盐度，从而构建了在72 h内将自然盐度下青蟹苗种淡化至1‰的高效快速淡化技术，苗种淡化成活率达98%以上，解决了低盐度养殖的苗种供应问题。揭示了Na^+、K^+、Ca^{2+}、Mg^{2+}、SO_4^{2-}、Cl^-、HCO_3^-、CO_3^{2-}浓度与青蟹生存的关系，阐明了K^+、Ca^{2+}、Mg^{2+}浓度及比例对青蟹生长的影响特征，根据青蟹生长温度及内陆盐碱地气候特征确定养殖窗口期，结合苗种中间培育及水质菌藻调控等手段，构建了盐碱地多营养层次养殖模式和技术。此外，该水质调控技术也可应用于缢蛏、美国红鱼等海水贝类和鱼类，并在河南盐碱地池塘试验成功，最终形成青蟹－虾/海水贝类/海水鱼多营养层次养殖模式，目前已投产，已应用于河南、山东、内蒙、宁夏、陕西浙江等内陆及滨海盐碱地地区。

　　该技术拓宽了青蟹养殖空间，减轻我国青蟹养殖空间不足的市场压力；为内陆盐碱地地区引进新产业，丰富了内陆地区高端水产品的养殖品种，带动了农民养殖 致富，将贫瘠的盐碱地变为致富田；助力国家乡村振兴建设，符合黄河流域生态文明与高质量发展战略的需求。该技术背景下的脱贫攻坚及乡村振兴事迹被央视、人民日报、光明日报、中国教育报、中国科学报、中国青年报等报道百余次，该技术于2021年入选了渔业新技术优秀科技成果；宁波大学"海蟹安家黄河边，盐碱瘠土变良田"获2021年第四届教育部省属高校精准帮扶典型项目，在入选的全国31项中排名第一；2022年，《海蟹安家黄河边 盐碱瘠土变良田——宁波大学精准帮扶盐碱地农户走上养殖致富路》获得第三届世界减贫最佳案例；其它省级以上荣誉近20余项。

黑龙江八一农垦大学以"1123"工程推动教育服务乡村振兴

作为一所具有鲜明现代化大农业特色、以农为主、多学科协调发展的农业大学，黑龙江八一农垦大学以党的二十大精神和省十三次党代会精神为指引，坚持以高等教育推动服务乡村振兴。借助省领导包联八一农大有利契机，以服务北大荒现代农业发展为着力点，深入实施"1123"工程，着力打好"三张牌"，倾情打造科技服务"金名片"，奋力开创学校服务乡村振兴新模式。

制定"1"项行动纲领，构筑有效工作模式。出台学校《服务乡村振兴战略行动计划实施方案》，将主要任务列入学校"2022年攻坚破难专项行动"，明确指导思想，建立任务清单和责任清单，落实"四个体系"要求，管理部门与基层学院上下联动，推动方案落实落地。

建好"1"支服务大军，着力打好"人才牌"。选派国家、省、市科技特派员、"三区"人才等131人，组建科技服务团队40个。通过"人才链"推动示范区（县）、乡镇（农场）、村三级"示范链"。在我校13个部级科技小院中，每年活跃着近千余名师生，从事农业应用技术研究与推广。其中，在依安县科技小院开展的"狮白鹅与生态种养科技产业扶贫技术"获"首届教育部省属高校精准帮扶典型项目"，该模式已推广至全国12省、62个县，指导养殖狮白鹅3000余万只，直接利润超5亿元，带动近4万人就业，近万人脱贫，取得了良好的经济效益、社会效益和生态效益，成为学校科技服务金品牌。

建强"2"类创新高地，着力打好"项目牌"。一是"校垦"共建基地持续深化。与北大荒集团建三江、九三、牡丹江、宝泉岭、北安等5个分公司共建产业创新研究院6个，合作项目112项，到账资金450余万元。2022年组织700余人次师生深入垦区160余个项目点开展试验示范，同根同源的"老北大荒人"开创了产教融合的新局面。二是"校地"共建基地扎实推进。与大庆市、牡丹江市、安达市、青冈县共建产业创新研究院4个，2022年大庆设施农业研究院选育的番茄、甜瓜等5大类47个品种搭载神舟14号飞船第6次进入太空，为我校航天育种科研再添浓墨一笔；安达农业科技园区对标国家农业科技园区，已成为市校重点打造的集科技攻关、成果推广、产业孵化、文化传承为一体的科创高地。

推进转移转化"3"部曲，着力打好"成果牌"。一是政策引领。完善横向课题、成果转化、科技服务等管理办法，激发科技人员主观能动性。2022年依托于横向科研项目和各类示范基地项目的科技服务成效明显，项目数量达100余项，到账资金大幅提升，实现"量质齐升"的良好局面。二是平台提升。围绕我省"4567"产业体系，建有省级产业技术研究院10个、大庆市成果转移转化基地4个，累计开展合作项目100余项，项目金额达2500余万元。三是典型突破。大豆"三调一控"栽培技术连续三年产量超过600斤（2020年亩产672.4斤刷新了黑龙江省大豆单产记录）；"垦农34"创造黑龙江省高寒地区旱作大豆百亩攻关田历史纪录（亩产622.4斤）；设施园艺科技服务团队项目"创新寒地棚室生产技术"入选"第五届教育部省属高校精准帮扶典型项目"。

下一步，黑龙江八一农垦大学将依托科技创新平台和高校科技人才优势，立足农业产业发展亟待解决的重点和难点问题，做大产业研发平台，提升产业孵化平台，壮大产业转化平台，推动产业技术升级，打造校地校企合作典范，为北大荒"三大一航母"建设、构建龙江"三区两带"现代农业格局和国家农业产业经济持续发展，持续提供科技、人才和智力支撑。

"创新寒地棚室生产技术 助力乡村振兴产业发展"—2022年入选教育部省属高校精准帮扶典型项目，图为专家在田间调研

大豆栽培技术团队开展绿色高质高效高产大豆创建技术研究

全国优秀教师郑桂萍教授正在进行叠盘暗室育苗技术评价及技术规范研究

狮白鹅与生态种养科技产业扶贫技术模式

我校参加"狮白鹅"新闻发布会暨国鹅新技术新产品推介会

学校与北大荒集团九三分公司举行共建九三大豆产业创新研究院揭牌仪式

学校与北大荒集团牡丹江分公司举行共建产业创新研究院揭牌仪式

国家甜菜种质中期库

  农业种质资源是保障国家粮食安全与重要农产品供给的战略性资源，是农业科技原始创新与现代种业发展的物质基础。国家甜菜种质中期库是我国国家级中期库之一，也是我国甜菜专业性、公益性种质资源库。承担着全国甜菜种质资源繁种更新、种子活力监测、种质资源收集鉴定、创新、共享利用、田间展示、专题服务、网络平台运行服务等工作。目前保存来源于全球24个国家的甜菜种质资源1753份，种质资源规模位居世界前列。国家甜菜种质中期库作为甜菜种质创新和人才培养高地，可满足未来20年我国甜菜种质保存、育种创新、产业化等方面的重大需求。中期库也是重要的科普教育基地，以公益性为目的，面向社会公众普及科学技术知识、倡导科学方法、弘扬科学精神，为积极推进科普工作的社会化、群众化、为提高公众科学文化素质奠定了强有力的基础。

  国家甜菜种质中期库的发展受到各级领导高度重视，黑龙江省省长胡昌升、副省长徐建国等领导同志亲自到现场参观指导，提出发挥黑龙江大学国家甜菜种质中期库专业平台作用，保护国家重要作物种质资源。中国工程院院士刘旭等专家也对国家甜菜种质中期库提出宝贵意见，提出国家甜菜种质中期库的建立，是种质资源安全保存、有效利用、可持续发展以及甜菜种业振兴的重要保障，要加大研发力度，加强科研设备的投入，为甜菜发展和改良注入新鲜力量。

  2022年国家甜菜种质中期库改扩建项目通过国家验收，同时获批成为第一批国家级种质资源库，目前拥有中、短期库各一间，种子清选室、包装室、分子生物学实验室、组培室等专业实验室。种质资源田间鉴定圃具有现代化的日光温室、灌溉设备以及气象数据采集系统。中期库现有工作人员12人，近5年共发表文章120余篇，获得授权专利16项，审定品种1个，出版专著3部，承担省部级项目20余项，国家级项目15项，是国家糖料产业体系岗位科学家项目单位以及国家育种联合攻关甜菜首席科学家项目单位。

黑龙江省副省长徐建国在国家甜菜种质中期库指导工作

中国工程院刘旭院士莅临国家甜菜种质中期库指导工作

国家甜菜种质中期库内景

引领农村职业教育　助力龙江乡村振兴

黑龙江农业工程职业学院是我国最早创建的专门从事粮食生产、农业机械化、畜牧和水产养殖人才培养的职业学校。学院2021年与黑龙江生物科技职业学院合并组建成为黑龙江省服务农业全产业链的高等职业学校。现有在校生2.8万人，为国家级示范校、国家"双高计划"、全国乡村振兴人才培养优质校建设单位。

一是培养培训实用人才，引领农村职业教育。学院多年来在村村大学生、院县共建、省部共建、对接贫困县和边境县等方面做成突出贡献。办学74年来，累计培养各级各类人才超过24万人，培养涉农专业人才超过13万人。建成了中国农机事业的"井冈山"——现代农业装备应用技术专业，三北地区的"独生子"——水产养殖技术专业，我国北方寒地大豆育种的"国家队"——种子生产与经营专业，服务我省"两牛一猪"的"排头兵"——畜牧兽医和动物医学专业。学院高等职业教育扩招三年来累计录取专项扩招生1.27万人，占黑龙江省的九分之一，列全省第一。学院通过创新办学形式、培养模式、课程内容和评价方法等，形成《分层次分类精准育人，扬长补短保障教学质量》典型经验做法，入选教育部遴选的全国50个扩招典型案例。

二是落实落细培训目标，引领农民技术更新。学院组建乡村振兴培育调研小组，共走访调研23个县区及乡镇，通过向省内各地农民调研，切实了解农民在农作物生产及经营中存在的实际问题，按照"一县一案""一村一品"的原则，科学合理制定具体的乡村振兴培养培训工作方案，基本形成每县百名乡村振兴引路人、千名发家致富带头人、万名农业科技明白人的农业实用人才培养体系。聚焦到村两委班子和新型经营主体，积极开展农业创业培训、高素质农民培训、农村电子商务创业培训、职业技能鉴定培训等多形式精准培训，内容上避免"拼盘式""坐席式"的培训，要实行"营养餐式""点餐式""自助餐式"的培训。学院入选国家"乡村产业振兴带头人培育'头雁'项目"培训机构。

三是攻关种源和耕作技术，引领科技成果转化。聚焦国家种业"卡脖子"技术，潜心实践30载，选育推广了北豆1号等30个我国北方高寒地区早熟大豆新品种，累计推广面积达到129.4万公顷，在第四五六积温带每10斤大豆就有1斤是我校品种。开发黑土地保护性耕作专用机具，创新"翻耕、免耕无覆盖、免耕秸秆覆盖"等保护性耕作作业模式，形成融合配套植保和轮作技术的"一翻二免＋密植"节本增效轮耕模式，促进粮食增产41亿斤，为农民节本增效超过63.2亿元。近三年获批专利82项、成果转化11项。

四是深化"政校企"融合，引领服务平台建设。学院以王岗现代农业高新技术示范园建设为引领，牵头组建了省农业工程、生物制药和农村电子商务3个职教集团，积极参与乡村产业深度融合发展行动计划。开展"政校企"合作，与服务县域的企业对接，双方共建生产性实训基地，建成8个乡村振兴学院。学院与企业共建北鱼产业学院、阿里云农业大数据产业学院、黑土地耕作保护研究院等5个农业产业学院，为培养新型农业人才提供实践技能场地，校企共享现代农业人才。学院获批全国水产技术推广人员培训基地。

北鱼产业学院成立

五是创新优质校内涵建设，引领乡村振兴服务。学院以全国乡村振兴人才培养优质校建设为契机，因地制宜，按照"一县一模式"制定帮扶方案；学院组建现代农业、畜牧兽医、农业机械、冷水鱼、智能工程等10个领域的专家库，服务农村10个产业。学院与合作企业的能工巧匠、技术技能能手等，共建形成一支"双百"（学院教师100人，地方行业、企业100人）专家队伍，组成100个现代农业社会技术的服务站；培养千名"村村大学生"，服务1000个村；培训了万名农村实用人才，带动了万户家庭致富，形成了"一十百千万"的服务体系助力乡村振兴。

教师进行大豆田间调查

教师指导农民进行果树嫁接

师生共同进行大豆早熟育种工作

师生进行虹鳟繁殖生产

师生开展《农业装备实务技术》顶点课程实训

师生开展凯斯拖拉机新技术实训

学生在蔬菜大棚进行实训

ABB工业机器人实训（国际交流）

贵州大学动物科学学院——贵州肉牛科技小院

做给农民看，带着农民干，帮着农民赚

自贵州关岭肉牛科技小院成立以来，小院师生立足于贵州肉牛产业的实际需求，积极探索、勇于创新，致力于先进农业技术的研究和先进使用技术推广，在安顺市关岭苗族布依族自治县花村镇、簸箕田村、月亮湾村、新铺镇等地开展科技志愿服务。

2021—2022年，作为贵州关岭肉牛科技小院首席专家的陈超教授，带领5名长期驻扎在关岭县肉牛养殖基地的学生，针对当地肉牛养殖技术落后和饲料成本高等现状，先后组织100余名师生到贵州关岭肉牛科技小院开展以"茅台酒精生物饲料饲喂肉牛降成本，科技助农"为重心的工作，通过政府、高校、企业合作模式，在茅台酒糟的科学使用、养殖技术示范、人员培训等多方面指导肉牛养殖，并取得突破性进展，贵州关岭黄牛使用科技小院茅台酒糟饲料配方后，牛肉获得2021年第106届美国巴拿马太平洋万国博览会金奖。

乡村要振兴，产业得发展

自2021年3月科技小院成立以来，陈超组织专家共进行现场指导50余次，电话、视频会议指导100余次。共帮助农户注射疫苗约10 000剂，指导企业保存发酵茅台酒糟饲料20余万吨，优质饲草种植2万余亩，草料青贮1万余吨，医治如难产、脱宫、严重扁蹄病等铜牛100余头，提供科学养殖配方10套。

科技小院始终坚持把畜牧产业与乡村振兴、区域经济发展结合起来推动乡村产业发展。通过小院的科研成果转化，累计服务15家中大型养殖场，通过茅台酒糟生物饲料和高产优质饲草科学饲喂，极大降低了养殖成本，提高了企业利润。指导的15家中大型养殖场节约饲料养殖成本1 000万元以上、牛的疾病发生率和死亡率极大降低、规范科学肉牛饲养模式初步建立。

把农民装进心窝里，把论文写在大地上

2021年7月，贵州大学动物科学学院采用"导师+'博士村长'+研究生带本科生"的模式，共组织了30余名师生分别在关岭6个黄牛产业基地进行实践，通过开展乡村振兴实训课，聚焦畜牧业生产、畜禽病理防治、饲料牧草供给等农业难题，着力解决乡村振兴遇到的工作痛点、难点问题，破除现代化农业发展瓶颈，助力乡村振兴。2022年7月，科技小院组织了动物科学学院暑期社会实践队的60多名队员驻扎于关岭、习水、德江、兴义等多地牛场，为当地百姓宣传酒糟饲喂技术，开展技术服务，进行酒糟饲料化利用基层技术培训23次，为当地肉牛企业提出改善方案13个。

在实践工作中，师生帮助养殖户打扫牛圈、割草、饲料调制加工、饲喂牛等，给牛打预防针5 000余头次，提出改善养殖管理技术的建议20余条，培训当地养殖户500余人次，让传统的养殖模式变成科学合理的养殖。科技小院的每一位师生发扬艰苦奋斗的精神，为群众解难题，为养殖户传技术，将所学知识书写在贵州大地上。

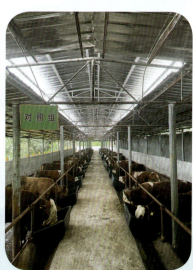

博落回饲用替抗中兽药创制及应用

曾建国

（湖南农业大学，湖南，长沙，410128）

畜禽养殖业中大量化学药品与抗生素滥用，病原抗药性快速提升导致人类公共安全隐忧，食品安全以及环境污染等问题已成为制约畜牧业现代化发展和竞争力提升的主要瓶颈。中兽药治未病的特质与源于天然的相对安全属性，以及在防治动物疫病、提高动物生产性能、保障健康养殖中发挥着重要作用。在当前减抗、替抗背景下，养殖临床对中兽药整体需求巨大，然而，中兽药现代化和产业化技术水平亟待创新与提升。

博落回（Macleaya cordata (Willd.) R. Br.）是一种富含生物碱的草药，主要含有苯并菲啶类生物碱和普托品类生物碱。菲啶类生物碱已于2011年成功开发为我国首个二类新兽药"博落回提取物"原料药和可长期添加到饲料中的制剂"博落回散"，作为饲用抗生素替代品广泛用于猪、鸡和水产等畜禽养殖领域。基于博落回资源综合利用策略，从不同组分角度，在解决"博落回提取物"生产工艺中产生的废液排放环保问题的同时，通过工艺优化，提取分离了废液中的普托品类生物碱，既解决了环保问题又创新开发了两个中兽药产品"博普总碱"原料药及其制剂"博普总碱散"，首创了一个资源开发4个新兽药产品的先河。

构建了首个罂粟科植物全基因组精细图（博落回），揭示了博落回中血根碱的分子遗传基础，鉴定了博落回中血根碱生物合成的功能基因，阐明了博落回中血根碱的生物合成机制，为博落回品种选育及种质创新，乃至菌工化生产降低血根碱成本奠定了坚实的基础。通过构建鸡肠道宏基因集，解析了血根碱与金霉素不同的促生长机制，形成了"整肠、抗炎、促生长"的饲用替抗技术成果，该成果为十三五国家重点研发项目（2017YFD0501500）标志性成果，且参展了科技部十三五科技成就展。基于该技术成果制定了集成技术方案用于预防畜禽疫病，替代饲用抗生素使用，改善畜禽养殖动物生产性能并在全国范围内建立绿色养殖技术示范基地27个，通过示范基地的推广，使养殖场畜禽疫病的发病率降低了约8%，逐步替代饲用抗生素。以"博落回散"为核心开发的预混料产品，截至2021年12月底，已添加到国内大型农牧集团、饲料企业、养殖企业累计超过2000余万吨饲料中，核心中兽药产品单个产品年销售超过2亿元；核心中兽药原料"博落回提取物"累计出口逾1亿欧元。

博落回饲用替抗中兽药创制及应用系列研究成果已获湖南省科技进步一等奖和自然科学奖一等奖各1项，为我国实行的"饲用禁抗"法规提供了很好的科学诠释与技术支撑，为绿色健康养殖和人类动物源性食品与公共卫生安全提供了解决方案，为饲用替抗养殖投入品开发提供了科学依据，对推动中兽药"治未病"、中药资源在养殖投入品（植物提取物与中兽药）新应用场景价值提升和保障药农持续增收等意义重大。

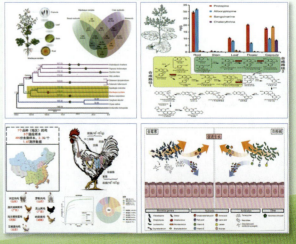

北京农学院探索乡村产业
"头雁"体验式培育模式

　　乡村振兴，产业是基础，人才是关键。2022年农业农村部、财政部启动实施乡村产业振兴带头人培育"头雁"项目。北京农学院作为培育机构之一，承担了北京市10个涉农区的"头雁"培育任务，对带头人开展为期1年的定制化培育，不断探索体验式教育教学模式，取得了显著成效。

　　北京农学院立足都市特色高水平应用型现代农林大学定位，充分发挥学校多学科专业优势和多领域师资优势，在校内整合了经济管理学院、继续教育学院和科技处的力量，借鉴工商管理硕士和公共管理硕士的培养模式，紧密结合北京实际和都市型现代农业特点，针对"头雁"学员从事的产业类型和自身需求，量身定制培训内容和方式，围绕政策解读、案例解析、技能学习、小组研讨、现场观摩、项目实训等模块设置课程，重点采用案例教学、项目教学、模拟教学等方法，力求更加突出实用性、开放性、生产性、经营性和时代性。

　　北京农学院通过组织学员赴密云、延庆、顺义、平谷等区现场观摩，深入学习"农业中关村"建设、乡村综合体建设、农村一二三产业融合试点、农业产业链条拓展、利益联结机制构建等内容，学习借鉴典型案例和新发展模式，拓宽了学员的视野和思路。通过"头雁故事会""农文旅融合头脑风暴""与专家领导面对面""农业创新创业现身说法""头雁论坛"等形式，增强了学员们对政策的理解和把握能力，提升了创新创业能力。通过组织导师组和相关学员，赴学员所属合作社、园区和企业互访交流，重点参观了金栗种植合作社、石光长城民宿、华海田园科技公司、吉祥八宝葫芦手工艺品产销合作社、小溪谷森林露营地等，进一步强化了学员之间的交流互动。

　　通过北京农学院系统的培育，"头雁"学员们反映热烈，普遍认为体验式培育模式突破了传统的课堂培训的局限，更易于接受新技术、新模式、新业态和新理念，帮助学员们挖掘了潜能、发挥了专长、增长了才干、对接了资源，帮助大家插上理想的翅膀，在农业农村广阔天地中翱翔，做首都乡村产业振兴的"领头雁"。

精准化培育助力"雁阵"齐飞

——2022年云南省乡村产业振兴带头人培育"头雁"项目

"头雁"领飞，"雁阵"齐飞，这是乡村产业振兴带头人培育"头雁"项目要达到的目标。云南农业大学高度重视云南省乡村产业振兴带头人培育"头雁"项目培育实效。按照"干什么学什么，缺什么补什么"的要求，立足云南实际，坚持质量中心，整合优质资源，实施精准化培育。

一、围绕重点产业，开展需要调研，实现精准化选题

学校聚焦云南高原特色农业"1+10+3"重点产业，设计调查问卷，开展培训需求调研，种植类培训需求占比较高的是中药材、水果、蔬菜，养殖类培训需求占比较高的是养猪、养牛，技术类占比较高的是食品加工、农产品电商等，结合对学员的需求调研以及云南产业特点，学校设置了茶叶、蔬菜花卉、水果、中草药、养殖、农产品加工与市场营销6个培训专题，由学员根据自身产业发展需要自由选择培训班，学员需求得到尊重。

二、按专题选学院，专业的人做专业的事，让培育更深入

根据学校确定的6个专题，由校内普洱茶学院、园林园艺学院、农学与生物技术学院、动物科学技术学院和食品科学技术学院组成项目组，如园林园艺学院组建了水果专题项目组、蔬菜花卉专题项目组，分别完成"头雁"各专题对应的专业课程、实践考察和孵化指导。实现了专业的学院选派专业的师资、专业的师资教授专业的知识，较好地完成了科技赋能"头雁"发展。

三、精准化的培训时间与课程设计

农业生产需要把握好农时，考虑到学员农业生产对时限的需要，学校采用"7+20+3"分阶段教学模式。并在通识课程教育阶段，要求负责专题培训的团队与学员沟通确定下一阶段的培育时间以及培训需求。要求蔬菜花卉专题的学员在课程培训结束后，用两周时间回家处理生产工作，之后再集中培训。而食品加工与市场营销专题培训班学员则要继续培训。

四、供需精准对接，指导更显实效

各学院将导师能够帮助学员解决问题的列表提前发放给学员，学员也需要将希望导师帮助解决的问题上报学院，将双方提供的信息整理统计后，实施"双选"——学员选导师、导师选学员。学员能更精准地找到适合自己的导师，导师的专业也能更好地发挥，更精准地指导学员发展产业。

五、结合产业发展实际、整合优质资源，实施精准化孵化

导师根据学员的共性需求，组成孵化小组，指导针对性强，效率更高，小组学员有共同的导师、共同讨论、共同进步、共同发展。

最后3天组织全体学员一起开展"头雁"比武、项目引领、产品展示评比与数字赋能、金融赋能、优化营商环境等多元化培育。通过"头雁"比武找到了有发展潜力且带富作用明显的学员；通过项目引领借助专家科研项目助力"头雁"发展；通过产品展示、评比与数字赋能，帮助"头雁"解决销售难题；通过邀请有关金融机构介绍金融产品，让"头雁"在融资方面有了更多选择。

大连海洋大学

海水贝类养殖环境预测预警与信息服务技术

团队开展了海水贝类养殖环境预测预警与信息服务技术研究，揭示了环境胁迫对贝类能量代谢和免疫应答的影响机制，建立了贝类健康状态评价技术体系；研发了基于多源异构海洋环境监测数据的三维变分数据同化技术，明确了黄海、渤海近岸海域的海洋环境特征；建立了海水贝类环境胁迫和养殖风险预警预报技术体系。项目成果获授权发明专利 5 项、授权软件著作权 5 项，相关研究人员发表论文 47 篇，在辽宁、河北、山东等地多家水产养殖企业推广示范，取得了显著的经济效益、社会效益和生态效益。该项目成果获中国水产学会范蠡科学技术一等奖。

刺参良种培育及高效增养殖技术

大连海洋大学农业农村部经济棘皮动物遗传育种与健康养殖创新团队先后阐明了刺参生长性状的遗传力特点、棘刺形成的分子遗传机理等，完成了全基因组测序、探明了性别决定机制，奠定了刺参分子育种学理论基础；突破了刺参种质鉴定与溯源、性别鉴定、杂交育种、三倍体育种、分子标记辅助和全基因组选择育种等系列技术，开发了液相育种芯片，提高了育种效率，与山东安源种业科技有限公司等单位合作培育出刺参"水院1号"和"安源1号"国家级新品种；创新了刺参池塘养殖、网箱养殖技术新模式。新品种及新技术在我国海参主产区进行了推广，提高了我国海参养殖的良种覆盖率及养殖产量，取得了良好的经济和社会效益，促进了海参养殖业的健康稳定发展。

刺参"水院1号"新品种

光对设施养殖生物生长发育调控的理论技术及应用

万物生长靠太阳，光对水生生物的生长、发育和品质均有重要影响，项目针对设施水产光环境调控理论缺失、技术缺乏、产品空白等问题，重点解析了 LED 光照对6种鱼虾贝（海水鱼/淡水鱼共4 种，虾1种，鲍1 种）生长发育生理影响的效应规律；突破了设施养殖水生生物的LED光环境调控技术；研制了6种水产LED 专用灯具与1套智能控制系统；形成了鱼虾设施养殖专用LED灯的控制策略规范。成果通过综合集成与示范，促进产业实现高产、优质、高效，创经济价值5.6 亿元；成果应用至辽、粤、浙、鲁、津等10余个省市。

水产LED专用灯具示范基地应用场景

红鳍东方鲀健康养殖技术研究与应用

本项成果成功突破了红鳍东方鲀的规模化繁育技术，并形成了一整套标准化生产流程，使苗种的成活率得到大幅度提高。在国内外率先突破了工厂化循环水高密度养殖红鳍东方鲀技术和海上离岸抗风浪金属框架网箱养殖红鳍东方鲀技术，探索出陆海接力高效养殖模式。利用常规和分子辅助育种等技术，大幅度提高了红鳍东方鲀的生长速度。利用控毒养殖技术，生产出安全无毒的产品，成功实现了红鳍东方鲀在国内市场的开放，带动了全国红鳍东方鲀产业的健康发展。

与企业合作研究红鳍东方鲀养殖生产技术

滩涂贝类机械化播苗和生态采捕新装备

李秀辰教授团队针对我国滩涂贝类养殖劳动强度大、效率低、无机可用等问题，开发出离心式贝类播苗装备，突破了精密排置、低损落苗和均匀播苗关键技术，适用于各种贝苗的干滩及带水底播作业。研发了滩涂贝类筛—刷协同生态采捕装备，可实现泥贝高效分离、选择性采捕和底质改良。填补了我国滩涂贝类增殖、养殖装备技术空白，先后入选全国水产技术推广总站新装备成果、农机化总站底播养殖轻简化装备，并在辽宁和山东等地养殖企业推广应用。

离心式贝类播苗新装备

滩涂贝类筛—刷协同振动采捕装备

油菜抗根肿病新品种华油杂62R的选育

选育人：华中农业大学　张椿雨　傅廷栋

　　根肿病被喻为油菜的"癌症"，危害重，防治措施少，难以根治。近年来，多地呈多点散发蔓延趋势，危及油菜生产安全。为解决这一困扰油菜生产的问题，华中农业大学傅廷栋院士团队张椿雨教授通过多年攻关，在创建了"油菜抗根肿病种质创制与品种培育"技术体系的基础上，选育抗根肿病油菜新品种华油杂62R，为防控油菜根肿病蔓延开辟了一条全新途径。

　　该技术通过创建根肿病抗性大规模精准鉴定平台，鉴定出芜菁/白菜类抗病新种质，采用远缘杂交将其根肿病抗性基因导入甘蓝型油菜，并成功完成抗病基因定位、连锁分子标记开发，率先建立油菜抗根肿病分子育种体系，育成我国首个抗根肿病杂交种华油杂62R，对我国4号优势生理小种具有免疫抗性，在丰产性方面保持了国审品种华油杂62的原有优势，结束油菜生产中无抗根肿病品种可用的被动局面，亩增收300～500元。同时，运用该技术深入研究了该抗病位点与其他抗病位点的不同组合对不同油菜主产区根肿菌抗性反应差异，进一步明确了抗性位点的适用范围，为抗病品种的合理应用提供了理论依据。油菜抗根肿病新品种华油杂62R的选育，还带动国内多家育种单位选育出一批适合不同生态区的油菜抗病新品种并加以推广利用，为确保我国油菜产业健康发展提供了强力支撑。

抗根肿病油菜品种华油杂62R田间示范

华油杂62R（左）与不抗病品种（右）在病区表现

华油杂62R（左4株）与不抗病品种（右4株）感病后根部表现

低温等离子体冷杀菌保鲜及冷链物流空气消杀关键技术装备成果

　　南京农业大学章建浩教授课题组从2012年开始与美国农业部ARS在CPS领域开展国际合作研究。2015年初引进美国农业部ARS的核心技术装备，在国内首次建立了高压电场低温等离子体冷杀菌技术试验系统装备，在江苏省农业科技自主创新资金项目〔CX（15）1049〕、〔CX（18）3041〕和十三五国家重大科技项目子课题（2018YFD0700802-1）等项目支撑下，联合"苏曼等离子科技""苏州屹润科技"等企业开展紧密合作，研制开发低温等离子体冷杀菌核心技术装备（图1）、和MAP保鲜包装-CPS冷杀菌自动化生产线（图2），低温等离子活性水PAW系统装备（图4），低温等离子体空气消杀技术装备成套技术，解决了我国目前食品冷杀菌技术瓶颈，取得了国际领先的阶段性成果。

图1 CPS试验装备

　　目前"低温等离子体冷杀菌核心技术及装备"已申请国家发明专利32件，授权发明专利8件、PCT国际发明专利8件，"高压电场CPS核心技术原理和自动化生产线设备"奠定了国际领先地位。2022年12月被农业农村部及中国农学会选定为"2022中国农业农村重大技术装备成果"推广应用。

　　应新冠病毒消杀疫情防控的需要，项目组已研发适应公共卫生办公室负离子空气消杀、及中央厨房预制菜深加工配菜包装车间的空气消杀设备（图5、图6），在空气高效消杀的同时产生大量负离子。同时，正在研发畜禽生态养殖防疫的负离子空气消杀专用技术装备。

图2 CPCS-MAP 冷杀菌保鲜包装自动化生产线

图3 箱装水果冷链物流低温等离子体冷杀菌消杀自动化生产线

图4 PAW发生器装备

图5 低温等离子体空气消杀应用原理

图6 负离子空气消毒机

蜀麦133

审定编号：国审麦20220001、川审麦2017005。

选育单位：四川农业大学小麦研究所。

品种培育人：伍碧华、郑有良、刘登才、代寿芬、魏育明、兰秀锦、黄林、陈国跃、甯顺腙、张连全、颜泽洪、郝明。

品种特性：

• 高产、稳产性突出。四川省两年区试平均亩产407.5千克，平均增产14.0%；国家两年区试平均亩产395.1千克，平均增产8.55%。是迄今四川省白粒小麦产量最高的品种，达到了省区试历史最高产的红粒小麦品种"川麦42"相当的水平。2022年"蜀麦133"在四川省丘陵区旱地农户自主生产，平均亩产高达608.3千克。

• 抗病、抗逆、广适性突出。四川和国家试验及连续多年生产均稳定表现高抗条锈病、抗赤霉病，较抗白粉病和叶锈病，以及耐湿、抗旱、抗冻、耐寒、抗倒、抗穗发芽，抗高温逼熟和早衰。不同生态区都能"肥药双减"绿色、生态、低成本、高效益生产。

• 商品性好。白粒、容重高，国家试验平均794克/升。中筋小麦。加工面条品质好，深受消费者喜爱。贵州省毕节市织金县白坭镇政府组织多品种比选后只选该品种，加工面条畅销省内外。"穗黄一籽熟一秆青"同在，生产上，收粒后还收草青贮，种养同行，收益大增，耕地高效利用，还免秸秆堆积和焚烧，绿色而环保。

推广应用：推广范围广，面积大。四川玉麦吨粮农业科技有限公司转化应用。除四川广泛应用，还被重庆、云南、陕西、贵州等省（市）引种生产，以致种子量连年供不应求。据不完全统计，推广面积已过800万亩。

| 粒收后青绿秸秆 | 丘区旱地生产 | 蜀麦133大户生产 | 蜀麦133包装袋 | 蜀麦133籽粒 |

四川农业大学依托农业高校特色优势
筑牢头雁培育主要阵地　打造乡村振兴强大引擎

四川农业大学作为一所以生物科技为特色，农业科技为优势，多学科协调发展的国家"211工程"重点建设大学和国家"双一流"建设高校，积极主动承担四川省乡村产业振兴带头人培育"头雁"项目，联动保障项目组织，科学拟定工作计划，建立"归口管理一组织实施一综合监督一后勤保障"四级组织保障体系。

学校聚合学员遴选和师资招募，聚焦课程设计和基地甄选，聚力后勤保障和宣传引领，聚集多层次服务团队，在四川省农业农村厅的支持和指导下，扎实调研、系统分析、反复论证，最终形成具备可操作性、指导性的"头雁"培育方案。

在项目实施中，校、政、校、地联动，打造多元培育模式，与雅安市共建"天府头雁培育学院"，创新以"互联网+教育"为平台的线上线下混合式教学模式，变授课培育项目为人才培养项目，强调能力提升；搭平台建联盟，助推拓展培育纵深，探索"天府头雁"的"社群项目式人才培养+联盟组团式平台孵化"的贯通式培育模式，组建"天府头雁"联盟，变个人提升行为为头雁圈层行动，强调雁群联动；拓渠道多元宣传，发挥媒体矩阵效用，构建自媒体全程推送、常规动态宣推、定制专题呈现的矩阵式媒体宣传，提炼"头雁"好经验、好做法，形成头雁带动群雁的示范模式，将成果沉淀转化为赋能模式。

新形势下，学校切实做好"头雁"培育，激发"头雁"带动作用，为全面推进乡村振兴、加快农业农村现代化提供支撑和保障。

四川农业大学2022年"头雁"项目培育方案座谈会

四川农业大学2022年"头雁"项目启动仪式现场

国家柑橘种质资源圃（重庆）

国家柑橘种质资源圃（重庆）位于重庆市北碚区歇马镇西南大学柑橘研究所，是2022年农业农村部确认的第一批72个国家农作物种质资源库（圃）之一。该圃是在原中国农业科学院柑桔研究所（2005年并入西南大学）1960年组建的柑橘原始材料圃的基础上发展建设而来，也是我国建立的第一批15个国家果树种质资源圃之一。该圃现有保存有9属24种14变种共1 880份柑橘种质资源，资源数量排名全国第一、世界第二。田间资源保存圃面积10公顷、引种隔离检疫观察圃2公顷、育种材料圃1.5公顷、资源保存温网室6 500米^2，收集保存有全国23个省、直辖市、自治区以及国外主要柑橘生产大国的种质资源材料，主要涵盖了真正柑橘类果树的枳属、柑橘属（宽皮柑橘、枸橼、柚和葡萄柚、大翼橙、甜橙、酸橙、柠檬、菻檬等）、金柑属、澳指檬属、澳沙檬属及柑橘亚族的近缘属植物。其中收集保存野生资源192份、地方品种730份、选育品种和品系738份、遗传材料220份，收集引进国外柑橘种质545份。建圃60多年来，已经对1 420份柑橘种质进行了系统的鉴定评价，建立了柑橘种质资源数据库系统，收集图片资料2 000多份，实现了资源实物与信息的共享。该圃除加强对柑橘资源的收集、保存外，还系统开展资源的表型和基因型精准鉴定评价，挖掘优异柑橘种质资源271份，并提供生产利用，比如该圃通过对国外引进资源的鉴定，释放推广了宫本、大浦特早熟温州蜜柑、清见、不知火、春见、沃柑等品种，这些品种已成为国内重要的主栽柑橘品种。同时该圃利用丰富的柑橘种质资源，选育出了塔罗科血橙新系、大雅柑、Q橘、夏蜜柚、华美7号、渝沃无核、尚品2号等品种，推动了我国柑橘产业的持续健康发展。通过种质资源的分发利用、种质创新为国内柑橘产业发展和乡村振兴提供了源源不断的优良品种，且已成为科学研究、合作交流、成果示范、人才培养和科普教育的重要基地。

国家柑橘种质资源圃内道路

国家柑橘种质资源圃保存的材料

西南大学资源环境学院陈新平院长

陈新平同志作为一名拥有30年党龄的教师党员，他理想信念坚定，始终把党性修养作为扎根祖国大地开展研究的动力。他深耕农业绿色生产研究，30年来，持续对农村的农业生产进行实地调研，足迹遍布青藏云贵、巴山蜀地、潇湘荆楚，在平凡的社会岗位上做出了不平凡的事迹。

热爱三尺讲堂立德树人：他热爱教育工作，每学期坚持给学生上好每一堂课，主讲"资源环境前沿进展""植物营养主文献研读"等课程，通过本科生及研究生教学，培养了学生的创新精神和实践能力，提高了学生的科研素质和水平。2019年，他领衔的农业资源与环境专业获批国家一流本科专业建设点；2021年，主持重庆市教育教学改革项目，领衔申报的"植物营养与施肥"获批为重庆市一流课程。

甘于奉献支援西部建设：2017年初，他从北京来到重庆，在西南大学带领农业资源与环境学科发展，多次组织讨论学科发展，凝练学科研究方向，积极引导青年教师融入团队。近三年来，学院成功引进青年人才20余人，其中引育国家级人才2人、省部级人才6人，倡导并实施"三个一"行动计划，创造了浓厚的学术氛围，为学科快速发展提供了队伍保障，解决了学科内部方向不均衡问题。

大力建设科技小院群，助力西南山地农业绿色发展与乡村振兴：他带领团队与地方政府紧密合作，联合一批知名企业，合作建成重庆铜梁蔬菜、四川丹棱柑橘、云南勐海香米、贵州湄潭茶叶等10个科技小院，他指导小院研究生脚踏实地解决农民生产的"卡脖子"问题，在健康土壤培育、绿色作物生产、废弃物资源化利用和智慧农业研究方面做出了突出贡献。

"中国本土葡萄酒酵母种质资源创新与产业化应用"通过成果鉴定

由西北农林科技大学刘延琳教授团队联合安琪酵母股份有限公司、烟台张裕葡萄酿酒股份有限公司、中粮长城酒业有限公司、御马国际葡萄酒业（宁夏）有限公司等单位共同完成的"中国本土葡萄酒酵母种质资源创新与产业化应用"项目成果，通过轻工业联合会组织的成果鉴定。鉴定专家组认为：该成果取得了本土葡萄酒酵母"从0到1"的突破，特色鲜明、创新性突出，解决了我国葡萄酒酵母长期以来存在的"卡脖子"技术隐患与产业风险，为我国葡萄酒产业的"微生物种业"安全提供了技术保障，对推动我国葡萄酒产业科技进步起到了重要作用，整体技术达到国际领先水平。

成果主要内容为：①首创了"大群体酵母逐级收敛"整理策略和技术体系，建立了我国最大的葡萄酒酵母的种质资源库，首次实现了对我国葡萄酒主产区野生酵母种质资源的系统收集、整理、保护与研究。②创建了多性状指标协同的优良本土葡萄酒酵母选育技术体系，开创了我国优良本土葡萄酒酵母产业化应用的先例，解决了我国葡萄酒酵母长期存在的"卡脖子"技术风险。③实现了本土优良葡萄酒酵母对进口葡萄酒酵母的30%国产化替代，增强了我国本土酿酒技术的话语权，提升了我国葡萄酒产品质量。

成果获国家授权发明专利10件，为我国葡萄酒产业培养了近百名研究生，成果推广应用到我国所有葡萄栽培区，并辐射其他果酒行业，增加了果农收入，促进了乡村振兴，经济效益和社会效益十分显著。

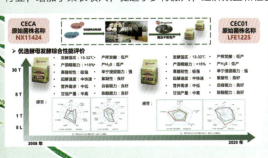

新疆农业大学开展乡村振兴培训

新疆维吾尔自治区农业农村厅主办、新疆农业大学承办的2022年自治区乡村产业振兴带头人"头雁"培训班在新疆农业大学亚心校区正式开班，来自全疆各地的百余位乡村产业振兴带头人集中培训"充电"，为我区乡村产业振兴集聚能量。

今年参加"头雁"培训班的学员均为从事相关产业且具备一定规模、具有带动当地相关产业农户发展意愿的乡村产业带头人，全年培训规模达600人左右。培训工作将开展一个月集中授课、一学期线上学习、一系列考察互访和一名导师帮扶指导等工作，对"头雁"学员开展定制化、体验式、孵化型培育。

今年，自治区农业农村厅遴选出新疆农业大学、西北农林科技大学和华中农业大学三所高校承担我区2022年"头雁"项目培训任务。新疆农业大学为做好今年的培训工作，制定了完善的培训方案，设置了政治理论、政策法规、生产技术、品牌策划与市场营销、农业企业经营管理等课程模块，采取理论授课与实际帮扶相结合的方式开展培训。同时，注重培训工作与生产经营相结合，为每名学员配备一名专业指导老师，采取多对一或一对多的方式进行全程跟踪服务指导，了解培训学员的生产经营状况，收集学员的服务需求，开展有针对性的技术服务，帮助学员把课堂上学到的理论知识有效地运用到生产生活中，形成符合新疆农业发展实际的课程培训体系，促进乡村产业发展形成"头雁"带动"雁群"、汇聚成"雁阵"的良好局面。

为加强乡村振兴人才队伍建设，打造一支具有现代农业发展新理念、掌握团队管理新方法、熟悉农业产业化经营新模式的乡村产业振兴带头人"头雁"队伍，从2022年开始，自治区农业农村厅会同区内外高校，实施乡村产业振兴带头人培育"头雁"项目，计划用5年时间为全区培养一支3000人规模的乡村产业振兴带头人"头雁"队伍，夯实农业农村高质量发展人才基础。

紧贴地方特色产业建设专业群　推动都匀毛尖再飘香
黔南民族职业技术学院茶叶生产与加工专业群

"都匀毛尖"是中国十大名茶之一，都匀毛尖产业是黔南州传统特色优势主导产业。黔南民族职业技术学院组建了涵盖都匀毛尖全产业链的专业群，聚焦黔南茶产业高质量发展要求，对接都匀毛尖种植、加工、营销三个环节，围绕推进清洁化、标准化、智能化，服务茶旅融合，助力都匀毛尖高质量发展。

一、落实习近平总书记重要指示，助力做大特色绿色产业

茶叶生产与加工技术专业群有效搭建了集技艺传承、教学科研、人才培养、技术创新、技术培训和社会服务等功能于一体的产、学、研、用平台，与黔南州茶产业发展中心、行业协会、茶企紧密合作，深化产教融合，参与都匀毛尖茶标准制订2项，获省级青年科技工作者创新重点活动资助项目3个，承担都匀毛尖（国际）茶人会、贵州茶产业博览会等活动；依托中国—东盟职业教育平台，都匀毛尖茶技艺双语课程入选教育资源库。积极开展对外交流，推广都匀毛尖茶文化。揭榜黔南州委都匀毛尖茶标准体系制定项目，完成《都匀毛尖茶产业高质量发展对策研究》《培育壮大都匀毛尖茶产业政策研究》《茶旅融合推动黔南高质量发展对策研究》3个黔南州委、州政府政府重大咨询课题，助力推进都匀毛尖产业绿色革命，引领"黔茶出山"、走出贵州、走向世界的进程。

二、聚焦茶产业发展需求，落实立德树人根本任务

专业群聚焦都匀毛尖茶全产业链，培养具备"三农"情怀，掌握先进技术，适应产业发展，"精种茶、擅制茶、会泡茶、能卖茶"的黔茶"红心工匠"。不断优化工学结合的人才培养模式，实施中国特色学徒制，加强高素质农民的培训，形成育训结合的人才培养范式，人才培养成效显著，近年来学生在技能大赛中，荣获国家级奖项15项，其中金奖1项，一等奖1项，二等奖3项，三等奖6项；省级奖项12项，其中一等奖3项，二等奖3项，三等奖6项；获省"互联网+大学生创新创业大赛"银奖1项，铜奖1项。将劳动教育融入实践教学全过程，落实德、智、体、美、劳全面发展的目标，获评省级劳动教育案例1个。《服务都匀毛尖茶产业，产学研训融合茶专业群建设路径探索与实践》2021年获省职业教育教学成果二等奖；牵头成立了贵州茶产业职业教育联盟，制定了全省职业教育茶产业链人才培养方案，是贵州省职业教育对接茶产业链专业建设牵头院校。

三、强化技术创新服务能力，服务茶产业高质量发展

围绕服务能力提升，努力深化产教融合，提升技术创新服务能力，建设智慧茶园、生产性实训基地、开放实训基地、产教融合实训平台等。通过技术服务、技能培训等参与产业发展，面向茶叶种植户、茶叶中小微企业技术骨干，开展茶叶种植、加工、乡村旅游、电子商务、茶叶营销等专项实用技术培训，年均培训达3 000人次以上；申报发明专利3件，实用新型专利15件，校企合作开发特色产品6个；建成都匀毛尖茶品种选育基地、黔南州科普教育基地、黔南州重点实验室各1个，探索茶产业生产智慧化和服务现代化新模式，用物联网、5G、大数据等技术对实训基地进行改造，以茶产品可溯源为目标，打造贵州版"智慧茶园"。

四、探索非物质文化遗产与专业人才培养相融合，创新培养乡土人才

以保护和传承都匀毛尖制作非物质文化遗产技艺为标准，对人才培养模式进行改革，促进非物质文化遗产与专业人才培养的融合，积极探索职业教育人才培养和非物质文化遗产传承融合发展新模式，培育乡土人才。2016年以来，共培训都匀毛尖茶制作技艺非物质文化遗产传承人810人，培养州级非物质文化遗产传承人2名，县级5名，17名学生成为传承人，4名学生成长为省级技术能手，示范带动茶农近1 000人提升茶叶生产效益，人均增收超过5 000元。2016年，被贵州省文化厅确定为首批非物质文化遗产保护传承教育地。

服务乡村振兴，建功必定有我
——黔南民族职业技术学院现代山地农业工程系

心中有信仰，脚下有力量。为贯彻落实中央脱贫攻坚与乡村振兴有效衔接决策部署，黔南职院现代山地农业工程系充分发挥农业科技人才优势，积极投身乡村振兴战略。在教育扶贫、产业振兴等方面取得了显著成效。系党总支，2018年被黔南州委授予"全州脱贫攻坚先进党组织"称号；2020年该系学生党支部被黔南州教育工委授予"2020年度脱贫攻坚先进基层党组织"称号；2021年系部被贵州省委授予"全省脱贫攻坚先进集体"称号。朱永毅教授，2020年省教育厅"贵州省高校服务农村产业革命先进个人"表彰、2021年获"全省高校党建带头人"称号、2022年获得农业农村部首届涉农职业院校服务乡村振兴"名课名师"资助；杨敬老师2019年5月被共青团黔南州委授予"脱贫攻坚青年先锋"称号；马光强老师，2019年7月被中共三都县委员会授予"优秀党务工作者"称号。

一、发挥教育扶贫作用，阻断贫困代际传递

全面落实《中共中央国务院关于打赢脱贫攻坚战的决定》，"职教一人，就业一个，脱贫一家"，职业教育具有阻断贫困代际传递的作用。现代山地农业工程系积极开展教育扶贫工作，通过多种渠道资助学生，通过多种教育方式帮助学生成才。

（一）多渠道资助，解决学生后顾之忧

现代山地农业工程系建档立卡贫困学生占比为32.82%。在全面落实教育精准扶贫资助政策基础上，积极拓展资助渠道和加大资助力度，通过开展校企合作，利用"企业奖助学金""企业订单班""精准扶贫班"等形式进行企业资金资助和技术资助，解决学生生活困难的情况。2018年以来，共计增加资金32.53万元。

（二）心系学生，精准帮扶暖人心

对贫困学生，采取教师精准帮扶机制，责任到人，从思想、学习、生活、工作上予以指导。对于毕业学生，实施就业帮扶制度，做到贫困学生100%就业，让爱的温暖无处不在。

二、发挥专业技术优势，助力乡村振兴

现代山地农业工程系利用涉农专业人才和技术优势，组建技术专家服务团队，深入一线，积极服务产业振兴，在技术服务、技术培训、社会服务等方面发挥了积极作用。

（一）尽锐出战，专家服务一线

近年来，该系共11名教师担任省级科技特派员，11名教师进入州委组织部农业科技专家人才库。围绕黔南州农业优势特色产业，推广先进实用技术，充分发挥专家服务团队的优势，为黔南州各县（市）83家（其中：都匀市51多家）企业提供项目策划及申报、高新技术与科技型企业培育、可行性研究报告编制、科技成果转化及推广、科技政策及技术咨询、技术培训及专项技术等服务。

（二）科技攻关，助力产业振兴

聚焦产业一线的技术难点，积极开展科技攻关与成果转化，助力产业振兴。朱永毅教授主持的2019年度贵州省农业重大产业科学研究攻关项目"富硒绿壳蛋鸡生产关键技术研究及产业化示范"，产品已经在三原农业投资集团顺智公司（绿壳蛋鸡存栏量50万羽）产业化生产，日产蛋10万余枚，年产值达9 000多万元，年净增利润1 800万元，有力支持了该公司的发展。首创用富里酸硒作为硒源生产富硒绿壳鸡蛋，填补了国内空白。富硒绿壳鸡蛋的开发成功，丰富了长顺绿壳鸡蛋产品系列，预计可实现年产值25亿元，净增收益5亿元以上，将对长顺绿壳蛋鸡品牌价值提升起到重要作用。潘明兴教授主持的2019年度省科技厅科技成果应用及产业化计划项目《用于防治仔猪黄白痢饲料的专利实施及转化应用》成果等转化项目，年产值总额达3 430万元，为企业、地方经济发展提供了有力支持。

（三）开放专业实验室，服务地方经济

开放专业实验室，为种养殖和食品加工企业、合作社无偿提供动物疾病诊断、植物疾病诊断、农产品质量检测、测土配方施肥等技术服务，仅测土配方施肥一项，近三年完成检测样本3 000余个，完成指标数据10 000多个，有力支持了地方经济发展。

商丘乡村振兴学院

一、商丘乡村振兴学院成立的背景

商丘是农业大市，在脱贫攻坚任务完成以后，为贯彻落实乡村振兴战略，助推商丘乡村振兴，加快商丘农业现代化步伐，在商丘市委、市政府的关心支持下，商丘职业技术学院和商丘市农业农村局于2021年1月在商丘职业技术学院正式挂牌成立商丘乡村振兴学院。

二、商丘乡村振兴学院工作情况

（一）短期培训

广泛开展面向农村、企业、社区基层的农村外出务工人员、农村基层干部、高素质农民举办多种形式的技能技术培训，培养一支懂农业、爱农村、爱农民的人才队伍助力乡村振兴。

（二）社会服务

聚焦乡村振兴的目标和任务，守住"三农"工作的底色，守住农村的基本盘，主动对接省内外涉农科研院所的科研和人才资源优势，组织学校省、市级农业科技特派员、学院农业科技人员积极深入农村一线，助力商丘乡村振兴。

（三）技术推广

利用广播电视农业栏目和农技专家热线等多种形式，实现了"学校+企业+农户"一体化合作，广泛开展农业公益性技术推广服务。

（四）校企合作

积极与三全、牧原、厦门百利、青岛瑞克斯旺等企业合作，在技术研发、咨询和服务等领域开展深度合作，帮助企业完成20多项技术开发研究项目，开发了10多项在作物种植和牲畜养殖方面的生产新技术。

（五）积极参与抗灾减灾

2021年全国特别是我省遭遇千年一遇的洪涝灾害后，我校组织专家团队积极参与抗灾减灾及灾后重建工作。组织团队亲临农业生产一线，现场技术指导帮助农民解决农业生产实际难题。

三、商丘乡村振兴学院未来发展规划

（一）规划建设商丘乡村振兴大楼

项目规划总建筑面积约32 000平方米，包括报告厅、展览馆、教室、宿舍、餐厅等配套教学服务用房及道路、绿化、硬化等基础设施。

（二）加强校政合作，计划实施基层干部定向培养

以乡村振兴学院师资力量和人才培养为优势，丰富培育载体，由市委组织组牵头，以商丘乡村振兴学院为依托共建村干部定向培养班，精准培育一批初高中毕业生，全面提升学生的科学素质、职业技能和创新创业能力。

（三）产业帮扶

在帮扶中坚持点面结合、统筹服务，根据商丘当地发展现状、区位条件、资源特色等做好统筹规划，科学发力，扎实推动精准帮扶，促进农业产业振兴。

（四）积极打造校内外乡村振兴基地

在校内建立一个集产业生产、加工、营销、物流等为一体的校内实训基地。在校外与县、乡等基层单位结合，打造具有特色亮点的校外基地，对助力商丘乡村振兴具有重要的现实意义。

参会领导与培育班学员合影留念

揭牌仪式

参加培训班的领导

开班仪式现场

李成友、薛明志为"乡村基层干部头雁工程"培育班揭牌

坚守农业职教初心 服务乡村振兴使命
——湖北生物科技职业学院

湖北生物科技职业学院始建于1958年，前身为中华人民共和国水产部武汉水产学校和湖北省农业干部学校。2002年经湖北省人民政府批准、国家教育部备案升格为全日制公办普通高等职业院校，是全国职业教育先进单位、全国乡村振兴人才培养优质校、湖北省脱贫攻坚先进集体、湖北省优质专科高等职业院校、湖北省高水平高职学校和高水平专业群立项建设单位、省级文明单位。学校是农业农村部"现代农业技术培训基地"、商务部援外培训项目承办单位、全国水产技术推广人员培训基地、湖北省"一村一名大学生计划""一村多名大学生计划"承办单位。

2018年全国职业院校技能大赛农产品质量
安全检测赛项 开幕式

一、坚守初心，对接行业办好涉农专业

学校紧密对接现代农业、区域经济发展需要，坚守农业职教办学初心，牢记为农业发展培养高素质技术技能型人才的使命。

学校现设生物工程学院、经济管理学院、园艺园林学院、动物（食品）科技学院、信息传媒学院5个二级学院，开设有农林牧渔大类、土木建筑大类、生物与化工大类、食品药品与粮食大类、电子与信息大类、财经商贸大类等专业49个，其中农业类及涉农类专业占学校专业总数60%以上，是湖北省开设农业类专业最多的高职院校。学校农业类专业中现有国家级骨干专业4个、国家级现代学徒制试点专业1个、省级品牌专业3个、省级特色专业3个、省级重点专业2个、省级战略性新兴（支柱）产业人才培养计划项目专业1个。

2021年农药减量控害增效技术班开班仪式

自成立高职以来，已累计培养具有大专学历毕业生37 014人；面向128个发展中国家培养农业官员和农业技术人员2 652人；累计培训省内农业技术人员53 000余人。

二、四方协同，推进人才培养改革

学校不断推进人才培养模式创新，从"订单班""冠名班"到现代学徒制、企业新型学徒制，践行政行企校深度融合、协同育人。学校积极探索"夏令营+技能竞赛""农学结合、灵活学制"等人才培养模式的创新。近三年，学校农业类专业学生就业率稳定在95%以上，区域就业比例达60%以上，专业对口率达70%以上。

学校牵头成立了中国现代渔业职业教育集团、湖北省现代农业职业教育集团、湖北省信息安全职教联盟，3大职教集团涵盖6大行业256家企事业单位。与137家省内外众多企业建立紧密合作关系；各二级学院紧密结合区域产业结构特色，与行业、企业共建校内外实践基地100余个。

非洲法语国家设施农业管理研修班学员学
习设施蔬菜生产技术

学校与企业合作成立人工智能产业学院，融合学校农业专业优势，建设智慧农业虚拟仿真实训基地，拓展人工智能技术在农业领域的融合应用与创新，支撑湖北数字农业农村发展，被农业农村部评为"全国农业农村信息化示范基地"。

三、从"一"到"亿"，服务湖北特色农业产业

学校秉承从"一"到"亿"的服务发展思路，着力推进"服务全面乡村振兴、服务中小微企业"的"双服"工程，以服务湖北特色农业产业发展带动整体服务水平提升。

现代农业智能温室大棚实训基地

建成一个基地——湖北现代农业科技服务示范基地。通过开展农业科技服务模式研究，辐射带动武汉城市圈乃至湖北省农业科技服务水平。

服务十大产业——围绕湖北省十大农业重点产业链，以全国农业职业教育名师，湖北省职业教育名师工作室，"湖北省三区人才"为引领，结合学校专业特色，打造现代种植业、现代养殖业、农产品加工业、智慧农业、农产品营销、农村电子商务等专业技术团队，服务产业，带动农民增收。

助力百项研究——以高校服务乡村振兴科技支撑行动计划"百校联百县"为引领，进一步开发研究项目100项，强力推进农村种养加行业、农村电商、农业大数据、农业物联网技术以及农村环境保护等项目研究。

通过以上举措，实现帮扶千户农民、受益万名人员、创造直接或间接经济效益达到一个亿的目标。

扎根"三农"中 培养"三种人"

咸宁职业技术学院校园风采

"一村多名大学生计划"学员在通山县石门村开展党建活动

2020年职业女农民直播带货培训班

咸宁职业技术学院开设的"乡村课堂"

咸宁职业技术学院的前身是华中农学院咸宁分院，2003年由咸宁林业学校等五所院校合并而成，具有扎实的农林专业办学基础，底蕴深厚。学校专业设置齐全，培训项目众多、覆盖面广，对接区域产业紧密。涵盖现代农业、农村电商、乡村旅游产业、乡村建设、健康产业、文化产业等各个方面。对接国家战略、服务地方发展是我校的立足之本和办学之道。建校以来，始终坚守"兴农富民、振兴乡村"的初心和使命，特别是2016年以来，在全省率先实施"一村多名大学生培养计划"，建立"本地生源本地培养本地就业"三本人才保障机制，精准锁定脱贫致富带头人、电商创业合伙人、基层组接班人培养目标，创造了百万农民扩招培养的咸职经验。

学校坚持在产业链上培养人、在生产实践中培养人、在乡村治理中培养人的育人理念，根据学校办学实际与区域产业特点科学设置专业。2017年设立现代农业技术、中小企业创业与经营、农村电子商务三个专业，2019年增设乡村旅游、乡村建设两个专业方向，2020年增设休闲农业专业。2020年在六个专业及方向的基础上，构建"一村多"现代农业技术专业群和农村社会治理专业群为主导，其他普招类专业为补充的乡村经济与产业发展、乡村建设与治理两大专业集群。

学校先后入选全国乡村振兴人才培养优质校、全国示范性职业教育集团（联盟）培育单位、全国高职院校服务贡献50强、创新创业典型经验高校50强、全国高职双师型教师100强院校，被评为湖北省事业单位脱贫攻坚专项奖励记大功集体。

开展农民全日制学历教育，培养乡村振兴带头人。 2017年在湖北省率先实施"一村多名大学生计划"，开展农民全日制学历教育，五年来培养在乡农民大学生1 972名，创新并践行"多元协同"育人机制、"产学融通"教学模式、"跟进支持"服务模式，将专业学习、就业创业和持续发展有机耦合，打通了职业农民接受高等职业教育的培养通道，构建适切性、开放性、终身性的乡村人才培养体系，为全市905个行政村培养了一批"回得去、用得上、留得住"的"脱贫致富带头人、电商创业合伙人、农村基层组织接班人"。

成立新型职业农民学院，培养高素质农民。 学校与咸宁市农业局联合成立"咸宁市新型职业农民学院"，通过学员库、学习库、课程库、导师库、基地库、项目库的"六库"建设，面向咸宁区域产业特色、农村紧缺人才，开展高素质农民培训，累计培训各类学员35 000余人次。

创建"科教创"服务体系，助推区域产业振兴。 学校与湖北省农业科学研究院等单位共建咸宁香城特色农业技术研究院、村村播学院，申报省级"院士专家工作站"，研发"乡村振兴公共服务平台"，指导组建产业联盟、专业合作社联合社、协会，成立咸宁市社区科普大学总校，开设农民讲堂，为广大农民开展涉农类知识讲座、农技推广、资讯服务、技术指导和项目推广，助推区域产业振兴。

湖南生物机电职业技术学院
乡村振兴人才培养校

湖南生物机电职业技术学院前身可追溯至始创于1903年的"湖南私立修业学堂"，由中国近代民主革命家、教育家周震麟为了"教育救国"而创。后受"实业报国"思潮影响，于1918年改办农业实业教育。民主革命先驱黄兴、教育家徐特立、开国领袖毛泽东等曾在学校任教，革命先烈毛泽覃、"国歌之父"田汉、国家领导人王首道等曾在学校求学，学校所倡导的"救国报国"、"习劳耐苦"、"泥脚腿子"等"修业"农职精神日久弥新，与"楚怡"工业职教精神一并，是湖湘职教的宝贵精神财富。2001年5月，学校由原长沙农校和省机电工程学校合并升格为高职学院

学院与东帝汶民主共和国农业部合作备忘录签约仪式

以来，始终坚持农职办学定位，助力乡村振兴，服务现代农业发展。先后入选国家"双高计划"高水平专业群建设单位（C档）、全国乡村振兴人才培养优质校、楚怡高水平高职学校建设单位（A档），牵头组建6个国字号、2个省字号职教集团（联盟），培育建设国家级教学资源库、国家级示范性职教集团、全国教材建设二等奖、省级教学成果特等奖、楚怡示范性职教集团等标志性办学成果数百项。发展至今，辖有东湖、马坡岭两个校区和一个中央财政支持建设的超级杂交水稻生产示范与人才培养基地，设有8个二级学院和1个教学部，以及3个对外开展社会培训、国际交流、"双创"教育的继续教育学院、国际交流学院和创新创业学院，构建了对接湖南十大农业千亿重点产业、覆盖现代农业全产业链的6大专业集群，开设以农业类专业为主体的各类专业45个，非学历培训与全日制办学规模大体相当，是湖南省农职办学历史最长、专业门类最全和学生规模最大的高职院校。

学校高度重视"乡村振兴优质校"建设，入选全国乡村振兴人才培养优质校后，进一步细化、实化、优化建设方案，加强组织领导，明确目标任务，强化责任措施。同时，把建成"乡村振兴优质校"建设纳入"十四五"发展规划主要目标和重要任务，与国"双高"、省"双高"、提质培优行动计划、职教高地建设方案等目标任务统一部署调度、统筹推进落实、同步考核监测。并加强与同为"优质校"的高等院校、科研院所沟通交流，积极参加或开展有关座谈、调研，学习交流经验做法，了解掌握一手信息资料，按时向上级有关部门报送总结、进展等材料。近年来，学校投入16 000多万元用于"乡村振兴优质校"等项目建设，其中种子生产与经营专业群4 500万元，打造国家级高水平农业特色专业群1个，省级高水平农业特色专业群2个，取得了一大批农职办学标志性成果；每年都有10余项科研成果被应用到生产中，有1 000多名师生深入农业农村生产一线，助力乡村振兴、服务农业现代化，为社会创造直接经济价值数亿元。乡村振兴建设经验、做法及成效，多次在政府部门、行业组织和社会团体组织召开的研讨会、工作会上作典型发言。

杂交水稻高效种养示范基地

湖南省创业致富带头人培育走访调研

休闲农庄假日全国服务教授团队全国巡诊服务

湖南生物机电职业技术学院学生在田间实训

尽心培养人才　赋能乡村振兴
——娄底职业技术学院

一、定向培养工程：助力乡村组织振兴

娄底职业技术学院与娄底市委组织部合作，2019年起首创实施"村干部定向培养工程"，采取"三定向（定向招生、定向培养、定向上岗）"模式，落实"三免一补（免学费、教材费、住宿费，给予生活补助）"政策，培养"五有（有方向、有情怀、有能力、有愿景、有保障）"村干部。现已招录3届共494人，虽然都还没有毕业，却有13人已被所见习村推选为村干部，其中1人为村主任。按计划，再努力几年，将为全市1796个村每个村培养1～2名村干部。省委组织部、省委宣传部领导给予了肯定。

图1　19级村干班学生在油溪桥村跟班学习

图2　湖南省委宣传部副部长肖凌之与村干班学生交流

二、援藏教育工程：助力西部地区振兴

学校积极响应国家西部大开发战略和西藏发展的需要，面向西藏招生。我校现有在校西藏学生1119人，10年来毕业西藏学生3000余人，这些人成为西藏地区脱贫攻坚、乡村振兴的骨干力量。很多西藏孩子把娄底职业技术学院作为他们求学的重要目的地。国务院授予我校"全国民族团结进步模范集体"称号。

图3　"娄职一家亲"民族文化交流歌舞晚会

图4　国务院授予"全国民族团结进步模范集体"称号

三、送培到村工程：助力乡村人才振兴

政、企、村、校合作实施"送培到村工程"，2021年培训乡村振兴人才5720人。承办全国专业农机手培训行动，培训本省专业农机手100人（省外人员以视频方式参加）、培训娄星区高素质农民（养殖种植能手、植保无人机飞手）185人、娄底市村级电商主播150人、安全技术人才3000多人（培训拓展到贵州、山西等7省）、乡村医卫人才1100人、乡村建筑工匠200人、建筑八大员1180人、汽车修检人才105人。

图5　与湖南精飞智能共同承办全国专业农机手培训行动

四、十百工程：助力乡村产业振兴

学校实施乡村振兴"十百工程"，由342名教师组建10个团队，定向定点服务市域内百个养殖大户、百个种植大户、百个家庭农场、百个农机矿机项目、百个农村电商、百个中医馆、百所中小学、百所幼儿园、百个文体项目、百所民居建筑。"十百工程"服务事迹在学习强国、中国教育在线等媒体报道。

2021年，学校作为高职院校唯一代表在全省教育系统乡村振兴部署会作典型发言，家庭农场专业群育人模式荣获省级教学成果一等奖，学校被推介为国家乡村振兴人才培养优质校。

图6　家庭农场服务团队在娄星区杉山镇同福村

扎兰屯职业学院

学院俯瞰图

扎兰屯职业学院成立于2015年，是经内蒙古自治区人民政府批准，教育部核准备案，由原扎兰屯幼儿师范学校（1946年建校）、内蒙古扎兰屯林业学校（1952年建校）、内蒙古扎兰屯农牧学校（1952年建校）和呼伦贝尔市卫生学校（1959年建校）整合组建的一所公办全日制普通高等职业院校。

学院以教育科学、医学护理类专业为支撑，以农林牧类专业为特色，以经济管理、信息工程、汽车工程类专业为培育重点，构建交叉融合的专业体系。现设有职业本科、高职专科等20个专业，各级各类在校生6 800余人。学院建有国家级科级特派员创业培训基地、全国职业院校林草类重点专业培育点、内蒙古自治区高技能人才培训基地等二十余个。

2021年5月学院被农业农村部、教育部推介为"全国乡村振兴人才培养优质校"。

学院长期致力于"三农"建设，开展全区基层农技人员培训、京蒙扶贫协作培训、乡村振兴培训、创业致富带头人培训等。学院成立以来，共培训30 000余人次，驻村博士工作站、16名科技特派员深入一线开展生产咨询、技术指导1 600余次。申宽生物技术研究所通过科技部第三批"国家级星创天地"备案，研究所负责人被推选为呼伦贝尔创新创业协会会长，是获得科技部通报表扬的92名科技特派员之一，事迹入选科技部《把论文写在大地上：科技扶贫100个典型案例》一书。2021年，学院教师入选为教育部新一届全国行业职业教育教学指导委员会——"林业和草原职业教育指导委员会"成员。

学院入选"全国乡村振兴人才培养优质校"

学院与中粮丰通(北京)食品有限公司、齐鲁制药（内蒙古）有限公司呼伦贝尔分公司、呼伦贝尔优然牧业示范牧场有限责任公司、南京创维平面显示科技有限公司、武汉华中数控股份有限公司、北京花乡花木集团等200余家企业达成合作协议，采取学历教育与非学历教育相结合等多种方式，培养技术技能人才，为发展现代农林牧业、奶制品、生物制药等相关产业提供智力保障和人才支持。

弓仲旭老师深入农田指导

"十四五"期间，学院将紧密结合乡村振兴五大目标，围绕区域乡村振兴产业重点，积极构建服务乡村振兴的专业群、课程模块，整合学院资源，为乡村振兴培养更多农业生产经营人才、农村二三产业发展人才、乡村公共服务人才、乡村治理人才、农业农村科技人才。在乡村振兴中从"大有可为"，到实现"大有作为"。

陈申宽老师深入生产一线技术指导

为农民免费发放种植养殖书籍

白金英老师给农牧民培训

陈申宽老师科技扶贫事迹

学院教师入选全国"林业和草原职业教育指导委员会"成员

乌兰察布职业学院

乌兰察布职业学院成立于2004年，是经内蒙古自治区人民政府批准、教育部备案，由原成立于1957年的乌盟农牧学校、乌盟财贸粮食学校和建立于1979年的乌盟工业学校3所全日制中专学校整合组建的一所公办全日制综合性高等职业院校。学院有主校区及平地泉校区两个校区，总占地面积900672平方米。

学院坚持"人才强校"战略，大力加强师资队伍和优秀教学团队建设。现有教职工583人，专任教师395人，具有高级职称的职工149人（其中正高级职称30人），具有硕士以上学位的150人。2017年，我院被自治区教育厅评为全区首批示范性高职院校。2019年被评为自治区优质院校，是全区10所优质校之一，2021入选自治区"双高"项目（B级）建设学校，同时承担"提质培优"30个项目的建设任务。

学院下设畜牧兽医系、机电技术系、建筑技术系、经济管理系、农学与马铃薯工程系、计算机信息技术系、学前教育系七个系，涵盖农林、机电、电子、工程、管理等多个专业领域，共有招生专业32个，现有在校生10326人，近年来毕业生初次就业率均达90%以上。其中畜牧兽医、食品加工技术、园林技术、市场营销、会计、建筑工程技术、机电一体化技术7个专业是自治区级品牌专业，会计、机电一体化技术2个专业是自治区级特色专业。

学院坚持立足乌兰察布，服务内蒙古自治区，辐射全国的办学理念，遵循"立德树人、崇能重技"的办学思路，围绕乌兰察布市产业发展需求，全面推进专业升级改造。学院重视强化与企业的深度合作，深入推进现代产业学院的建设。学院已立项建设内蒙古新能源产业学院、神州高铁产业学院、华为ICT产业学院、润创产业学院、现代农业产业学院五个产业学院。

近年来，学院积极承担全市的劳动力转移培训、农技人员培训、转业军人培训、妇女干部培训等培训任务，累计培训人数达4万余人，被自治区命名为"全区劳动力培训示范基地""星火学校""全区贫困地区劳动力转移培训雨露计划示范基地"。

学院组建了由8人组成的农牧类科技特派员团队，专门为农村牧区提供实用技术培训和生产过程的技术服务。学院成功获批成为全国65家"耕耘者振兴计划"培训机构之一，每年完成腾讯公司主办的，面向农村牧区的新型经营主体和乡村治理骨干的"耕耘者"培训任务，全面助力乌兰察布市脱贫攻坚和乡村振兴。

开展"耕耘者振兴计划"培训班

卢志跃老师现场指导学生开展土壤消毒处理

农学系开展科技助农

乌兰察布职业学院承接内蒙古自治区第一届职业技能大赛花艺赛项保障工作

乌兰察布职业学院鸟瞰图

园林技术专业学生进行花卉育苗实训课

中国农业大事记

中国农业大事记编辑委员会 编

（2022）

中国农业出版社

北京

图书在版编目（CIP）数据

中国农业大事记. 2022 / 中国农业大事记编辑委员
会编. —北京：中国农业出版社，2023.9
　　ISBN 978-7-109-30990-6

　　Ⅰ.①中… Ⅱ.①中… Ⅲ.①农业经济-大事记-中
国- 2022 Ⅳ.①F32

中国国家版本馆 CIP 数据核字（2023）第 147055 号

中国农业大事记（2022）
ZHONGGUO NONGYE DASHIJI（2022）

中国农业出版社出版

地址：北京市朝阳区麦子店街 18 号楼
邮编：100125
责任编辑：边　疆
版式设计：王　晨　　责任校对：周丽芳
印刷：北京通州皇家印刷厂
版次：2023 年 9 月第 1 版
印次：2023 年 9 月北京第 1 次印刷
发行：新华书店北京发行所
开本：787mm×1092mm　1/16
印张：15.75　　插页：84
字数：535 千字
定价：360.00 元

中国农业大事记（2022）
编 辑 委 员 会

中国农业大事记特邀编委单位

中国动物疫病预防控制中心
中国农业科学院
中国热带农业科学院
上海市农业科学院
江苏省农业科学院
安徽省农业科学院
湖南省农业科学院
江西省农业科学院
黑龙江省农垦科学院
西藏自治区农牧科学院
中国农业大学
华中农业大学
南京农业大学
四川农业大学
浙江大学
中粮集团有限公司
北大荒农垦集团有限公司
广东省农垦集团公司
广西农垦集团有限责任公司
宁夏农垦集团有限公司
呼伦贝尔农垦集团有限公司
山东种业集团有限公司
中国联合网络通信有限公司黑龙江省分公司
张家界爱德帮农业发展集团有限公司

目 录

中国农业
大事记
（2022）

中国农业
大事记
（2022）

ZHONGGUO NONGYE DASHIJI

农业农村重要会议

一、中央农村工作会议

2021 年 1 月 11 日，《农民日报》报道：2020 年底召开的中央农村工作会议上，习近平总书记就粮食安全工作进行了重要部署，强调"要调动农民种粮积极性"，并首次提出地方各级党委和政府要扛起粮食安全的政治责任，实行"党政同责"。这为我们进一步完善稳粮抓粮工作机制，牢牢把握粮食安全主动权提供了思想指引和行动指南。

2021 年 1 月 11 日，《农民日报》报道：中央农村工作会议指出，要深入推进农业供给侧结构性改革，推动品种培优、品质提升、品牌打造和标准化生产。

2021 年 1 月 13 日，《光明日报》报道：2020 年末，中央农村工作会议上，习近平总书记指出，要牢牢把住粮食安全主动权，粮食生产年年要抓紧。种子的珍贵性与重要性，常年和土地打交道的人最有发言权。我们邀请从事种子培育、繁殖、推广的一线工作者及农民代表讲述亲历故事，并请专家介绍一粒种子背后的文明之根、战略之思、力量之源。

2021 年 1 月 28 日，《光明日报》报道：在中央农村工作会议上，习近平总书记强调，要把黑土地保护作为一件大事来抓，把黑土地用好养好。此前，2020 年 7 月 22 日，习近平总书记在吉林考察时强调，要认真总结和推广梨树模式，采取有效措施切实把黑土地这个"耕地中的大熊猫"保护好、利用好，使之永远造福人民。

2021 年 1 月 30 日，《农民日报》报道：2020 年中央经济工作会议和中央农村工作会议提出建设国家粮食安全产业带的战略安排，对于进一步提升粮食资源配置效率，优化农业生产力区域布局，推动实现粮食产业高质量发展，在更深层次贯彻落实总体国家安全观意义重大。

2021 年 2 月 4 日，《光明日报》报道：习近平总书记在中央农村工作会议上指出，要吸引各类人才在乡村振兴中建功立业，激发广大农民群众积极性、主动性、创造性。用艺术设计和文化创意改善

农村环境、推出特色产品与服务是推动乡村发展的重要途径。艺术设计介入乡村发展，也就是从以"服务价值"为导向的模式，向以"赋能价值"为导向的模式拓展。在这样的新需求下，以激发、培育村民内生动力为目标，利用融合设计的方式推动乡村发展显得尤为重要。

2021 年 3 月 1 日，《农民日报》报道：2 月 26 日，农业农村部党组与中央纪委国家监委驻部纪检监察组召开共同研究全面从严治党工作专题会议，深入学习贯彻十九届中央纪委五次全会精神，研究部署全面从严治党工作。中央农办主任，部党组书记、部长唐仁健主持会议并讲话。会议强调，要坚定不移推进部系统全面从严治党，为"十四五"农业农村发展提供坚强保障。

2021 年 3 月 13 日，《农民日报》报道：3 月 12 日，农业农村部召开传达学习全国两会精神干部大会。中央农办主任，农业农村部党组书记、部长唐仁健强调，农业农村部党组坚决拥护全国两会作出的各项决定和决议，扎实做好农业农村各项工作，确保按时高质量完成目标任务。

2021 年 4 月 8 日，《农民日报》报道：习近平总书记在 2020 年中央农村工作会议上强调，要加强党对"三农"工作的全面领导，各级党委要扛起政治责任，落实农业农村优先发展的方针，以更大力度推动乡村振兴。

2021 年 5 月 1 日，《农民日报》报道：中共中央政治局 4 月 30 日召开会议，分析研究当前经济形势和经济工作；听取第三次全国国土调查主要情况汇报。

2021 年 5 月 28 日，《农民日报》报道：5 月 26 日，农业农村部与最高人民法院在京举行工作会谈，中央农办主任，农业农村部党组书记、部长唐仁健，最高人民法院党组副书记、常务副院长贺荣出席并签署种业知识产权保护合作备忘录。

2021 年 6 月 5 日，《农民日报》报道：6 月 4 日，农业农村部在重庆市召开全国农业综合行政执法能力提升工作会议。中央农办副主任，农业农村部党组副书记、副部长刘焕鑫出席会议并讲话，重

庆市委副书记吴存荣出席会议并致辞。会议强调，要深入学习贯彻习近平法治思想，坚决把党中央、国务院关于深化农业综合行政执法改革的部署要求落细落实，为全面推进乡村振兴、加快农业农村现代化提供有力法治保障。

2021 年 6 月 9 日，《光明日报》报道：中共中央政治局常委、国务院副总理韩正 7 日在国家粮食和物资储备局主持召开座谈会，深入学习贯彻习近平总书记关于确保粮食安全的重要讲话和指示批示精神，总结粮食和物资储备改革发展情况，研究部署有关重点工作。

2021 年 9 月 8 日，《农民日报》报道：习近平总书记 7 月 9 日主持召开中央全面深化改革委员会第二十次会议，审议通过《种业振兴行动方案》，强调保障种源自主可控比过去任何时候都更加紧迫；必须把种源安全提升到关系国家安全的战略高度，集中力量破难题、补短板、强优势、控风险，实现种业科技自立自强、种源自主可控。

2021 年 10 月 20 日，《人民日报》报道：2021 乡村发展高层论坛 19 日在京召开。中共中央政治局委员、国务院副总理胡春华出席论坛开幕式并致辞。

2021 年 10 月 26 日，《农民日报》报道：10 月 25 日，中央农办主任，农业农村部党组书记、部长唐仁健主持召开部党组会议，传达学习中央人大工作会议精神、习近平总书记在山东考察时的重要指示和在深入推动黄河流域生态保护和高质量发展座谈会上的重要讲话精神，研究贯彻落实工作。

2021 年 11 月 2 日，《农民日报》报道：2020 年 12 月，中央经济工作会议和农村工作会议提出要切实解决种子和耕地这两个影响粮食安全的"要害问题"，而耕地问题主要是"数量、质量和生态"问题。

2021 年 11 月 6 日，《人民日报》报道：《创新乡村治理体系，走乡村善治之路》是 2017 年 12 月 28 日习近平同志在中央农村工作会议上讲话的一部分。指出，要加强和创新乡村治理，健全自治、法治、德治相结合的乡村治理体系，让农村社会既充满活力又和谐有序。要以党的领导统揽全局，创新村民自治的有效实现形式，推动社会治理和服务重心向基层下移。要丰富基层民主协商的实现形式，发挥村民监督的作用，让农民自己"说事、议事、主事"，做到村里的事村民商量着办。

2021 年 11 月 6 日，《农民日报》报道：11 月 4 日，中央农办主任、农业农村部部长唐仁健主持召开部常务会议，传达学习国务院常务会议有关精神，研究部署今冬明春重要农产品生产保供工作；审议并原则通过《关于拓展农业多种功能 促进乡村产业高质量发展的指导意见》。

2021 年 11 月 18 日，《农民日报》报道：11 月 16 日，在乡村治理中推广运用清单制暨农村移风易俗视频会在京召开，中央农办主任，农业农村部党组书记、部长唐仁健出席会议并讲话。会议强调，要深入学习领会习近平总书记重要指示精神，落实党中央、国务院决策部署，从讲政治的高度深刻认识新阶段全面加强和改进乡村治理的重要意义，把乡村治理作为全面推进乡村振兴的大事要事来对待，坚持问题导向、系统谋划推进，以善治乡村为开新局、应变局、稳大局提供基础支撑。

2021 年 11 月 27 日，《农民日报》报道：11 月 25 日—26 日，中央农办主任，农业农村部党组书记、部长唐仁健主持召开部党组理论学习中心组（扩大）学习交流会暨党的十九届六中全会精神宣讲报告会。会议强调，要把学习贯彻党的十九届六中全会精神作为当前和今后一个时期的重大政治任务，深刻领会并把握全会精神实质和内涵要义，增强做好新时代三农工作的思想自觉、政治自觉、行动自觉，系统谋划、扎实推进明年农业农村工作，做到原原本本学好精神、结合实际谋好工作、扎扎实实抓好落地，以优异成绩迎接党的二十大胜利召开。

2021 年 12 月 11 日，《农民日报》报道：12 月 8 日—10 日，中央经济工作会议在北京举行。中共中央总书记、国家主席、中央军委主席习近平出席会议并发表重要讲话。会议强调，第一，全面推进乡村振兴，提升新型城镇化建设质量。第二，要把提高农业综合生产能力放在更加突出的位置，持续推进高标准农田建设，深入实施种业振兴行动，提高农机装备水平，保障种粮农民合理收益，中国人的饭碗任何时候都要牢牢端在自己手中。第三，做好粮油肉蛋奶果蔬等保供稳价。保障农民工工资发放，加强安全生产和公共安全。

二、全国农业工作会议

2021 年 1 月 6 日，《农民日报》报道：1 月 5 日，农业农村部召开干部大会，深入学习习近平总书记在中央经济工作会议、中央农村工作会议上的重要讲话精神和新年贺词，总结 2020 年工作，部署 2021 年和"十四五"农业农村工作。

2021 年 1 月 28 日，《农民日报》报道：1 月

26日，中央农办主任，农业农村部党组书记、部长唐仁健主持召开"菜篮子"食品管理部际联席会议，研究部署"菜篮子"产品保供工作。会议强调，要认真贯彻落实习近平总书记重要指示批示精神，紧盯重点问题，畅通供销链条，压实"菜篮子"市长负责制，切实保障当前"菜篮子"产品稳定供应，全面提升供给保障水平，为保持经济社会大局稳定提供有力支撑。

2021年1月29日，《农民日报》报道：1月28日，中央农办、农业农村部召开全国村庄清洁行动部署暨春季战役视频推进会。会议强调，要深入学习贯彻习近平总书记关于改善农村人居环境的重要指示批示精神，全面落实党中央、国务院决策部署，认真总结村庄清洁行动形成的好做法好经验，再接再厉，扎实开展2021年村庄清洁行动，助力农村地区新冠肺炎疫情防控，以干净整洁美丽宜居的村庄环境喜迎建党100周年。

2021年1月30日，《农民日报》报道：农业农村部在京召开全国农产品质量安全监管工作视频会议。会议指出，2020年各级农业农村部门克服新冠肺炎疫情影响，抓紧抓实监管工作，农产品质量安全稳中向好，主要农产品例行监测合格率达到97.8%，为"十三五"圆满收官作出积极贡献。会议要求，2021年农业农村部门要启动"治违禁促提升"行动计划，强化监测预警和应急处置，推进现代农业全产业链标准化，发展绿色优质农产品，大力推行食用农产品达标合格证制度，完善质量安全治理体系，强化基层监管能力建设，以优异成绩迎接建党100周年。

2021年1月30日，《农民日报》报道：1月29日，农业农村部召开统筹利用撂荒地促进粮食和农业生产发展视频会，农业农村部副部长刘焕鑫出席会议并讲话。会议强调，耕地是农业发展之基、农民安身之本。要认真贯彻落实中央关于坚决制止耕地"非农化"、防止耕地"非粮化"部署，落实粮食安全省长责任制，加强指导服务，强化政策扶持，统筹利用好撂荒地，守住国家粮食安全底线。

2021年2月2日，《农民日报》报道：2月1日，中央农办、农业农村部召开统筹做好农村地区疫情防控和"菜篮子"产品稳产保供视频调度会。会议强调，要深入贯彻全国疫情防控工作电视电话会议精神，落实国务院联防联控机制部署要求，切实增强责任感紧迫感，坚持农村地区疫情防控和"菜篮子"产品稳产保供两手抓两不误。农业农村部副部长于康震出席会议并讲话。

2021年2月4日，《人民日报》报道："人民政协是中国共产党领导的多党合作和政治协商的重要机构，党的建设关系着政协工作的方向和水平。"1月13日上午，全国政协专门委员会首场媒体见面会在京举行，全国政协常委、农业和农村委员会主任罗志军介绍了农业和农村委员会在加强党的建设方面做的工作。全国政协委员、农业和农村委员会副主任陈晓华，全国政协委员、农业和农村委员会委员李成贵、王静出席见面会，围绕"为决战决胜脱贫攻坚和全面推进乡村振兴贡献智慧和力量"议题与大家互动交流。

2021年2月4日，《农民日报》报道：2月2日，农业农村部召开全国春季田管暨春耕备耕工作视频会议，中央农办主任，农业农村部党组书记、部长唐仁健在会上强调，各级农业农村部门要深入学习领会习近平总书记重要讲话精神，贯彻落实党中央、国务院决策部署，从讲政治的高度充分认识粮食安全的极端重要性和在全局工作中的战略定位，切实增强抓好粮食生产的责任感使命感紧迫感，坚决扛稳国家粮食安全重任，坚决打好春管春播第一仗，为全年粮食和农业丰收打下坚实基础。

2021年2月5日，《农民日报》报道：近日，在旱地农业创新发展报告会上，中国农业科学院副院长、旱地农业学科首席梅旭荣介绍说，随着我国在西北、华北和东北等干旱缺水地区支持示范推广旱地节水农业技术，大力推广覆盖保摘、水肥一体化、集雨补灌、测墒节灌、耕作保墒等技术，旱地农业从被动抗旱逐步走向主动避旱。

2021年2月6日，《农民日报》报道：2月5日，中央农办、农业农村部在京组织召开金融服务全面推进乡村振兴座谈会，与19家金融机构共商金融支农举措，推动扩大农业农村有效投资。中央农办主任，农业农村部党组书记、部长唐仁健出席会议并讲话。会议强调，各级农业农村部门要与金融机构密切合作，找准结合点寻求突破，总结推广有效做法，不断创新产品服务，为全面推进乡村振兴、加快农业农村现代化提供有力支撑。

2021年2月8日，《农民日报》报道：近日，由中国小康建设研究会主办的"公益活动助力乡村振兴研讨会"以"线上＋线下"形式在京举行。与会专家认为，实现乡村全面振兴离不开慈善公益事业的发展。面对新形势、新变化、新任务，我国慈善公益事业既迎来新的发展平台、机遇和空间，又面临新的任务和要求。慈善公益机构和主体应以新发展理念为指导，充分发挥职能作用，为经济社会高质量发展作出新贡献。

2021 年 2 月 10 日，《农民日报》报道：2月9日，农业农村部召开全国农业安全生产视频会议，农业农村部副部长刘焕鑫出席会议并讲话。会议强调，要深入学习贯彻习近平总书记关于安全生产工作的重要指示批示精神，落实全国安全生产电视电话会议部署安排，深刻认识做好新发展阶段农业安全生产工作的极端重要性，切实提高政治站位，增强责任感、使命感、紧迫感，全力以赴抓好今年农业安全生产各项工作，坚决遏制重特大事故发生，努力保持农业安全生产稳定向好势头。

2021 年 2 月 23 日，《光明日报》报道：在2月22日国务院新闻办举行的新闻发布会上，中央农办主任、农业农村部部长唐仁健，农业农村部副部长张桃林，农业农村部党组成员兼中央农办秘书局局长吴宏耀对中央1号文件的政策亮点进行了权威解读。

2021 年 2 月 27 日，《农民日报》报道：2月24日，中央农办主任，农业农村部党组书记、部长唐仁健主持召开专题会议，研究部署动物防疫工作。会议强调，要认真贯彻中央领导同志批示精神，从讲政治的高度充分认识做好动物防疫工作的重要意义，坚持问题导向，认准目标、咬住不放，毫不放松抓好动物疫病防控，牢牢守住不发生区域性重大动物疫情的底线，为畜牧业稳定健康发展提供有力保障。

2021 年 2 月 27 日，《农民日报》报道：2月25日，农业农村部组织召开全国重大动物疫病分区防控暨2021年全国重大动物疫病防控工作视频会议，贯彻落实中央决策部署，总结"十三五"时期全国动物防疫工作，分析研究"十四五"面临的新形势新要求，部署重大动物疫病分区防控和2021年动物防疫重点任务。农业农村部副部长于康震出席会议并讲话。

2021 年 3 月 2 日，《农民日报》报道：3月1日，农业农村部召开全国推进乡村产业高质量发展视频会。会议强调，要围绕"保供固安全，振兴畅循环"，加快构建现代乡村产业体系，提升乡村产业链供应链现代化水平。

2021 年 3 月 3 日，《光明日报》报道：全国春季农业生产工作电视电话会议3月2日在京召开。中共中央政治局常委、国务院总理李克强作出重要批示。批示指出："十四五"开局之年做好农业农村工作意义重大。要毫不放松抓好春季田管和春耕备耕，做好农资保供稳价工作。

2021 年 3 月 4 日，《农民日报》报道：3月3日，农业农村部召开全面从严治党工作会议。中央农办主任，部党组书记、部长唐仁健在会上强调，要坚定不移推进部系统全面从严治党，确保全面推进乡村振兴、加快农业农村现代化开好局、起好步。

2021 年 3 月 17 日，《农民日报》报道：3月16日，农业农村部、最高人民法院、最高人民检察院、工业和信息化部、公安部、国家市场监督管理总局、中华全国供销合作总社7部门联合在京召开2021年全国农资打假专项治理行动视频会议。

2021 年 3 月 24 日，《农民日报》报道：全国农业种质资源普查电视电话会议23日在京召开。中共中央政治局委员、国务院副总理胡春华强调，要抓紧抓好农业种质资源普查和保护，夯实种业发展的种质资源基础，确保打好种业翻身仗实现良好开局。

2021 年 4 月 1 日，《农民日报》报道：3月31日，农业农村部在京召开视频会议，对扩大农业农村有效投资和推进项目建设进行部署。会议指出，扩大农业农村有效投资和推进项目建设是做好稳产保供、全面推进乡村振兴的重要抓手。

2021 年 4 月 6 日，《农民日报》报道：日前，中国农业技术推广协会农业产业融合分会成立大会在郑州国际会展中心举行，来自全国的农资经销商、新农人、种植大户代表150多人参会。

2021 年 4 月 8 日，《农民日报》报道：4月7日，农业农村部召开全国农村厕所革命问题摸排整改工作视频会，中央农办副主任，农业农村部党组成员、国家乡村振兴局局长王正谱出席会议并讲话。

2021 年 4 月 9 日，《农民日报》报道：4月8日，农业农村部召开脱贫地区产业发展工作视频会，农业农村部副部长刘焕鑫出席会议并讲话。

2021 年 4 月 10 日，《农民日报》报道：4月9日，农业农村部在京召开视频会议，对加快推进"互联网＋"农产品出村进城试点工作进行部署。农业农村部副部长于康震出席会议并讲话。

2021 年 4 月 12 日，《农民日报》报道：第十三期中国农业保险论坛（CAIF）近日在京召开。论坛主题为"创新我国种业保险，助力打好种业翻身仗"。

2021 年 4 月 17 日，《人民日报》报道：全国二季度"三农"重点工作视频调度会16日在京召开。中共中央政治局委员、国务院副总理胡春华出席会议并讲话。他强调，要认真贯彻习近平总书记重要指示精神，按照党中央、国务院决策部署，抓紧抓实春季农业生产，强化各项防灾减灾措施，为夺取全年农业丰收提供坚实支撑。

2021年4月20日，《农民日报》报道：日前，在全国农业种质资源普查电视电话会议上，中共中央政治局委员、国务院副总理胡春华指出，农业种质资源是开展优良品种选育的基础，做好种质资源普查和保护是打好种业翻身仗的第一仗。

2021年4月22日，《农民日报》报道：4月20日，2021中国农业展望大会在京召开。大会主题为"稳预期 固安全"，发布了《中国农业展望报告（2021—2030）》，对未来十年中国主要农产品生产、消费、贸易形势进行预测分析。

2021年4月22日，《农民日报》报道：4月21日，农业农村部召开2021年人大建议政协提案交办会。农业农村部副部长刘焕鑫出席会议并讲话。

2021年4月27日，《农民日报》报道：4月25日，农业农村部在安徽小岗村召开全国农村集体产权制度改革工作推进会暨农业农村政策与改革工作会议。

2021年4月27日，《农民日报》报道：4月26日，农业农村部召开农业防汛抗旱领导小组会议，副部长张桃林出席会议并讲话。会议强调，各级农业农村部门要深入学习贯彻习近平总书记重要指示批示精神，按照党中央、国务院的决策部署，提高政治站位，增强忧患意识，坚持底线思维，立足抗灾夺丰收，强化指导服务，积极主动应对，赢得全年粮食和农业丰收主动权。

2021年4月27日，《农民日报》报道：4月21日—22日，全国农技中心（农业农村部蝗灾防治指挥部办公室）在北京召开了蝗虫可持续治理研讨会。会议强调，当前正是夏蝗即将出土、动员防控的关键时期。

2021年4月29日，《农民日报》报道：4月28日，农业农村部部长唐仁健主持召开部常务会议，分析研究当前农业农村经济形势，部署下一阶段重点工作。会议强调，要深入贯彻习近平总书记重要指示批示精神，落实国务院常务会议部署要求，扎实抓好春季农业生产工作，巩固拓展脱贫攻坚成果，努力保持农业农村经济发展良好态势。

2021年4月29日，《农民日报》报道：4月27日，农业农村部组织召开2021年全国农产品产地冷藏保鲜设施建设工作视频启动会暨培训会。

2021年5月1日，《农民日报》报道：4月30日，农业农村部召开"弘扬五四精神、担当新时代使命"青年干部座谈会，中央农办主任，农业农村部党组书记、部长唐仁健出席会议并讲话。会议强调，部系统广大青年干部要深入学习领会习近平总书记重要讲话精神，大力弘扬五四精神，立大志、明大德、成大才、担大任，做到政治上清清醒醒、工作上兢兢业业，努力为全面推进乡村振兴、加快农业农村现代化贡献青春力量。

2021年5月17日，《农民日报》报道：为加快我国荔枝产业高质量发展步伐，提升国际竞争力和影响力，服务全面推进乡村振兴战略，农业农村部南亚热带作物中心联合国家荔枝龙眼产业技术体系、广东省农业农村厅、茂名市人民政府等单位，将于5月19日—20日在广东茂名举办2021年中国荔枝产业大会。

2021年5月18日，《农民日报》报道：近日，由中国农业科学院油料作物研究所、农业农村部南京农业机械化研究所、江西省农业技术推广中心等单位联合主办的山地油菜绿色高质高效全程机械化生产现场观摩培训会在江西婺源召开。全国油菜产业领域相关领导和专家、江西省各县市农技推广人员及油菜种植大户等250余人参加了培训会。

2021年5月21日，《农民日报》报道：近日，农业农村部、国家乡村振兴局在甘肃省兰州市召开农村厕所革命西部片区座谈会，中央农办副主任，农业农村部党组成员、国家乡村振兴局局长王正谱出席会议并讲话。

2021年5月21日，《农民日报》报道：近日，由农业农村部食物与营养发展研究所和农业农村部小麦市场分析预警团队主办的第二届全国粮食产业技术发展论坛在山东平原召开。本次论坛旨在探讨粮食全产业链发展中的重要问题，加强技术发展交流，推动安全、绿色、优质、营养的农产品供给，推动我国粮食产业高质量和可持续发展。

2021年5月22日，《农民日报》报道：5月21日，在第二个国际茶日到来之际，由农业农村部和浙江省人民政府共同主办的第四届中国国际茶叶博览会在浙江杭州开幕，中央农办主任、农业农村部部长唐仁健，浙江省省长郑栅洁出席并讲话，联合国粮农组织总干事屈冬玉、陕西省省长赵一德视频致辞，主宾省代表贵州省人大常委会副主任慕德贵致辞。

2021年5月28日，《农民日报》报道：5月25日，全国"大棚房"问题专项清理整治行动"回头看"视频会议在北京召开。中央农办主任，农业农村部党组书记、部长唐仁健，自然资源部党组书记、部长、国家自然资源总督察陆昊出席会议并讲话。

2021年5月28日，《农民日报》报道：为贯彻落实党中央和农业农村部对农业农村碳达峰、碳中和有关决策部署，系统学习有关理论知识，共同研究推进农业农村减排固碳等工作，5月24日，农业农村部科技教育司组织召开农业农村碳达峰碳中和恳谈会，农业农村部有关司局、部属单位、部分省农业农村厅代表及有关专家参加了会议。

2021年5月31日，《农民日报》报道：5月29日，农业农村部在河南省漯河市召开全国农业全产业链建设现场推进会。中央农办副主任，农业农村部党组副书记、副部长刘焕鑫出席会议并讲话，河南省副省长武国定出席会议并致辞。

2021年5月31日，《农民日报》报道：5月28日—29日，全国农业国际合作工作交流会暨农业国际贸易高质量发展基地启动会在四川省成都市举行，交流近年来农业国际合作工作，研判当前形势，部署今后一个时期重点任务。农业农村部副部长马有祥出席会议并讲话。

2021年6月1日，《农民日报》报道：近日，由中国农业风险管理研究会主办、研究会智慧农业与数字乡村分会承办的"2021全国乡村振兴高峰会议暨乡村产业发展研讨会"在浙江省杭州市召开。本次会议以"集聚要素资源促进乡村产业振兴"为主题，围绕粮食安全、特优产业、品牌建设、农村金融、合作社发展和乡村振兴法治保障等领域展开深入研讨。

2021年6月2日，《农民日报》报道：2021年全国农产品质量安全监管工作视频会议提出，力争到"十四五"末，主要农产品监测合格率稳定在98%以上。农兽药残留标准达到1.3万项，以安全、绿色、优质、营养为梯次的高质量发展标准体系基本形成，绿色、有机、地理标志等农产品认证登记数量稳步增长，合格证制度在新型农业经营主体基本实现全覆盖。智慧化监管网络初步构建，农产品追溯体系稳步推进，以信用为基础的新型监管机制建立健全。"阳光农安"的提出恰逢其时。

2021年6月5日，《农民日报》报道：为推动全国生猪遗传改良工作深入实施，日前，全国畜牧总站指导的"全国生猪遗传改良计划（2021—2035年）推进实施培训及技术交流会"在广东省广州市举办。培训与交流活动的主要任务是贯彻落实新一轮生猪遗传改良计划目标和任务，学习领会《全国畜禽遗传改良计划实施管理办法》和《全国生猪遗传改良计划实施管理办法》，开展技术培训与经验交流。

2021年6月7日，《农民日报》报道：6月4日—5日，全国农业农村计划财务工作会议在上海召开。会议深入学习贯彻习近平总书记关于"三农"工作重要论述，总结2020年以来农业农村投资工作取得的成效，分析当前农业农村投资面临的形势和任务，安排部署扩大农业农村有效投资重点工作。中央农办副主任，农业农村部党组副书记、副部长刘焕鑫出席会议并讲话，上海市委副书记于绍良出席会议并致辞。

2021年6月28日，《农民日报》报道：6月25日，农业农村部部长唐仁健主持召开部常务会议，传达学习国务院常务会议精神，研究做好对实际种粮农民一次性发放补贴等工作，审议并原则通过《关于加快发展农业社会化服务的指导意见》。

2021年7月3日，《农民日报》报道：6月29日，农业农村部在湖南省常德市召开长江流域10省市草地贪夜蛾防控现场会，分区域动员安排防控工作，要求坚决打好迁飞过渡区防控阻击战，减轻当地危害损失，压低北迁虫源，降低黄淮海夏玉米主产区重发危害风险。

2021年7月9日，《科技日报》报道：7月6日，农业农村部召开的保护种业知识产权专项整治行动视频会议强调，要加快推进法规修订、标准制定、品种清理和案件查处，标本兼治打击侵权违法行为，为种业振兴营造良好环境。

2021年7月22日，《农民日报》报道：近日，第五届中国动物健康与食品安全大会在南京召开。本次大会以"品质农牧、跨界零售、提振消费、共创未来"为主旨，邀请了多位国内外动物源食品产业链的院士、专家，深入探讨常态化疫情防控下的减抗替抗、疫病防控、水产养殖等热点议题，针对动物源食品产业链各环节的关键发展问题，联合全球专家学者，共同寻找解决方案，把握发展机遇，以创新引领未来。

2021年8月2日，《农民日报》报道：7月12日，农业农村部、水利部、应急管理部、中国气象局联合召开全国农业防灾减灾工作推进视频会，7月19日，农业农村部又召开农业防灾减灾会议细化安排抗灾举措，确保夺取全年粮食和农业丰收。目前，近百名农业农村部机关干部组成25个督导组奔赴25个省（区、市），入村、入组、入户，开展农业防灾减灾夺丰收包省包片督导工作，指导各地落实落细防灾减灾、稳产增收关键措施，千方百计夺取粮食和农业丰收。超过 300 名产业技术体系专家协助督导组开展不同品种地区、不同区域的灾情研判和技术指导。

2021 年 8 月 2 日，《农民日报》报道：7 月 30 日，农业农村部召开行政审批制度改革会议，贯彻习近平总书记关于深化行政审批制度改革的重要指示精神，落实全国深化"放管服"改革着力培育和激发市场主体活力电视电话会议要求，部署农业农村领域行政审批制度改革工作。中央农办副主任，农业农村部党组副书记、副部长刘焕鑫出席会议并讲话。国家首席兽医师（官）李金祥主持会议。

2021 年 8 月 2 日，《农民日报》报道：7 月 31 日，农业农村部召开长江流域重点水域禁捕工作视频调度会议，总结工作进展情况，研究部署下一步工作。中央农办主任，农业农村部党组书记、部长唐仁健出席会议并讲话。会议强调，要深入贯彻习近平总书记对长江禁渔的重要指示批示精神，落实党中央、国务院决策部署，深刻认识长江禁渔的长期性、复杂性、艰巨性，坚定一禁十年的决心，持续强化执法监管能力建设，抓实抓细退捕渔民安置保障等重点工作，坚定不移打好"十年禁渔"持久战，为共抓长江大保护、推进长江经济带高质量发展作出新的更大贡献。

2021 年 8 月 3 日，《农民日报》报道：近日，全国供销合作社系统援藏工作座谈会在拉萨召开，会议总结交流供销合作社系统援藏工作成效，研究建立系统援藏工作机制，安排部署新时代供销合作社系统援藏工作。会议要求，全国供销社系统要通过拓宽西藏农畜产品销售渠道、支持带动西藏特色产业发展等方式助力西藏经济社会发展。

2021 年 8 月 3 日，《农民日报》报道：近日，农业农村部在河南省郑州市召开黄河流域 9 个省份草地贪夜蛾防控现场会，各省市就防控情况、发生趋势以及防控工作安排进行了充分交流讨论。

2021 年 8 月 16 日，《农民日报》报道：今年初，农业农村部召开金融服务全面推进乡村振兴座谈会，指出农业农村领域重点任务迫切需要金融资本加大投资力度，为乡村振兴赋能助力；5 月，全国金融服务"三农"工作视频会议强调，要共同总结推广成熟管用的金融支农经验，推动探索创新破解金融支农难题的有效模式，持续加大金融支农投入力度。

2021 年 8 月 18 日，《人民日报》报道：全国农业防灾减灾和秋粮生产视频调度会 17 日在京召开。中共中央政治局委员、国务院副总理胡春华出席会议并讲话。他强调，要认真贯彻习近平总书记重要指示精神，按照国务院常务会议部署要求，扎实抓好农业防灾减灾和秋粮生产工作，确保完成全年粮食和农业丰收目标任务。

2021 年 8 月 18 日，《农民日报》报道：近期，全国局地暴雨、干旱等气象灾害多发，对人民群众生命财产安全和秋粮生产等造成威胁。中国气象局近日召开视频会议，传达近期国务院领导同志指示精神，按照党中央、国务院部署，结合当前和近期的天气情况，进一步部署气象保障服务工作。会议指出，当下防汛防台风气象服务和为农服务责任重、挑战多、要求高、压力大，各级气象部门干部职工要把做好当前汛期和为农气象服务作为最重要的政治任务抓紧抓好，全力以赴做好防汛抗旱保丰收气象服务工作。

2021 年 8 月 19 日，《农民日报》报道：8 月 18 日，农业农村部召开视频会议，部署推进都市现代农业发展和农产品仓储保鲜冷链物流建设工作。农业农村部副部长马有祥出席会议并讲话。

2021 年 8 月 28 日，《人民日报》报道：全国推进种业振兴电视电话会议 27 日在京召开。中共中央政治局委员、国务院副总理胡春华出席会议并讲话。他强调，要深入贯彻习近平总书记重要指示精神，按照党中央、国务院决策部署，全面实施种业振兴行动，不折不扣完成各项目标任务，坚决打好种业翻身仗，牢牢掌握国家粮食安全和农业现代化主动权。

2021 年 8 月 28 日，《农民日报》报道：日前，为全面贯彻全国农业防灾减灾和秋粮生产视频调度会议精神和胡春华副总理重要讲话精神，具体落实农业农村部唐仁健部长讲话要求，切实做好全国各垦区农业防灾减灾工作，环环紧扣抓好秋粮生产，农业农村部农垦局 8 月 20 日发布《关于切实抓好农业防灾减灾工作 努力夺取秋粮丰收》的通知。

2021 年 9 月 2 日，《光明日报》报道：中国农民丰收节组织指导委员会副主任、农业农村部副部长马有祥在 9 月 1 日举行的新闻发布会上透露，今年丰收节主会场活动将在长江流域的浙江嘉兴、湖南长沙、四川德阳举行。长江经济带 11 省市参加活动，18 个成员单位将组织文化研学、产品促销、民俗节庆、农民赛事等近百项庆丰收活动，各地将举办一系列极具乡土气息、现代元素的产品展示、民俗表演、为农服务等多彩活动。

2021 年 9 月 2 日，《农民日报》报道：8 月 31 日，中央农办主任，农业农村部党组书记、部长唐仁健主持召开部党组会议，传达学习习近平总书记在中央民族工作会议上的重要讲话精神和在河北承德考察时的重要指示精神，研究贯彻落实工作。会议强调，要深入学习领会习近平总书记重要讲话和重要指示精神，加大工作力度、采取精准措施，推动民族地区农业农村发展，促进农牧业高质高效、乡村宜居宜业、农牧民富裕富足；切实抓好乡村产业振兴、乡村建设等重点工作，扎实推进乡村振兴。

2021 年 9 月 3 日，《农民日报》报道：为贯彻落实习近平总书记关于农业现代化关键是农业科技现代化的重要指示精神，8 月 30 日，农业农村部科技教育司召开视频会议，全面部署全国农业科技现代化先行县共建工作。

2021 年 9 月 3 日，《农民日报》报道：9 月 2 日，农业农村部科教司会同规划司、计财司、种植业司、畜牧兽医局、农机化司、农田建设司、部生态总站、中国农科院等单位召开农作物秸秆综合利用座谈会。生态总站徐志宇、中国农科院环发所赵立欣、作科所张卫建、饲料所屠焰等专家分别围绕秸秆综合利用总体情况、秸秆还田、能源化利用、燃料化利用作了专题报告。与会人员围绕碳达峰碳中和战略下，如何创新思路打法，采取有效措施，推动秸秆高质高效利用进行了充分交流。

2021 年 9 月 4 日，《农民日报》报道：9 月 3 日，全国外来入侵物种防控工作视频会议在京召开。农业农村部副部长张桃林出席会议并讲话，外来入侵物种防控部际协调机制成员单位有关负责同志参加会议，海关总署和国家林草局有关同志讲话。

2021 年 9 月 4 日，《农民日报》报道：日前，国家卫生健康委员会同农业农村部召开全国炭疽疫情防控工作视频培训会，对炭疽防控工作进行了全面部署。农业农村部畜牧兽医局也发布了《关于进一步做好洪涝灾害灾后动物防疫工作的通知》。

2021 年 9 月 7 日，《农民日报》报道：近日，中国人民银行、农业农村部、财政部、银保监会、证监会、国家乡村振兴局联合召开"金融支持巩固拓展脱贫攻坚成果 全面推进乡村振兴电视电话会议"。

2021 年 9 月 10 日，《农民日报》报道：近日，由全国农业技术推广服务中心和中国农药工业协会联合主办的，首届全国园艺绿色发展峰会暨"三新"短视频学习交流活动成果发布会以视频直播的形式在京召开。全国农技中心主任魏启文、中国农药工业协会会长孙叔宝等出席会议并讲话，中国工程院院士朱有勇等专家围绕绿色园艺主题作报告。

会议发布了"三新"短视频学习交流活动优秀成果，播放了部分最具推广价值短视频。

2021 年 9 月 14 日，《农民日报》报道：9 月 9 日，第二十届中国新疆国际农业博览会在新疆国际会展中心开幕。展会以"智慧农业引领未来丝路合作创新发展"为主题，设置六大展区：数字农业展区、智慧农业展区、智慧水利展区、新型肥料展区、生物农药展区、种子展区。

2021 年 9 月 15 日，《农民日报》报道：9 月 14 日，农业农村部种植业管理司、全国农业技术推广服务中心在辽宁省盘锦市召开 2021 年全国水稻产业化推进会，交流各地水稻产业化开发情况，部署下一阶段水稻生产和产业化重点工作。会议强调，要继续坚定水稻优质化、产业化的发展方向，以绿色高质量发展为目标，突出优质高效生产、规模经营驱动、产业集群放大，推进水稻产业转型升级，增强稳粮保供能力。

2021 年 9 月 15 日，《农民日报》报道：9 月 6 日，中国农业农村法治研究会组织召开《中华人民共和国种子法（修正草案）》研讨会。与会专家围绕植物新品种权的保护范围及保护环节，实质性派生品种定义及保护制度内容，侵权赔偿最高限额以及《中华人民共和国种子法（修正草案）》的其他问题进行了深入研讨。

2021 年 9 月 17 日，《农民日报》报道：9 月 15 日，由中国农业科学院与先正达集团中国共同主办的联合国粮食系统峰会独立对话会在北京召开。会议以"创新合作，共创价值"为主题，聚焦粮食系统转型、食物损失与浪费、数字创新与服务三农等 3 个议题，共商构建绿色农业发展和粮食系统转型的良好生态，提出实现可持续发展的中国方案以及共同发展的愿景和展望。

2021 年 9 月 18 日，《农民日报》报道：9 月 17 日，农业农村部新闻办公室举行新闻发布会，介绍第四届全球水产养殖大会相关情况。农业农村部渔业渔政管理局局长刘新中、农业农村部渔业渔政管理局副局长江开勇、上海海洋大学党委书记王宏舟出席发布会并答记者问。农业农村部新闻发言人、办公厅副主任刘均勇主持发布会。

2021 年 9 月 18 日，《农民日报》报道：9 月 16 日，全国农业农村援藏工作座谈会在西藏拉萨召开，中央农办主任，农业农村部党组书记、部长唐仁健，西藏自治区党委书记吴英杰出席会议并讲话。会议强调，农业农村系统要深入学习领会习近平总书记在中央第七次西藏工作座谈会、中央民族工作会议上的重要讲话和视察西藏时的重要指示精神，坚持以新时代党的治藏方略为指针，紧紧围绕铸牢中华民族共同体意识这一主线，真抓实干做好"十四五"农业农村援藏工作，努力促进西藏农牧业高质高效、农牧区宜居宜业、农牧民富裕富足，为建设社会主义现代化新西藏提供有力支撑。

2021年9月22日，《农民日报》报道：9月18日，农业农村部、国家乡村振兴局召开全国脱贫地区产业发展工作推进视频会，深入学习贯彻习近平总书记重要讲话和指示精神，落实党中央、国务院有关决策部署，交流脱贫地区产业发展工作情况，进一步部署安排相关工作。中央农办副主任，农业农村部党组副书记、副部长刘焕鑫出席会议并讲话。

2021年9月22日，《农民日报》报道：9月18日，农业农村部召开2021年全国秋粮机收减损工作动员部署视频会议，贯彻落实党中央国务院关于毫不放松抓紧粮食生产的决策部署，按照"一个品种一个品种、一个区域一个区域、一个季节一个季节、一个环节一个环节"抓好粮食生产的要求，将机收减损作为粮食生产机械化重要工作抓实抓细、常抓不懈，努力夺取秋粮丰产丰收，确保颗粒归仓。

2021年9月22日，《农民日报》报道：9月17日，农业农村部安全生产委员会召开2021年第二次全体会议，中央农办副主任，农业农村部党组副书记、副部长刘焕鑫出席会议并讲话。会议强调，要深入学习贯彻习近平总书记关于安全生产的重要指示精神，落实国务院安委会部署要求，切实提高政治站位，强化责任担当，自觉统筹发展和安全，把安全生产工作同业务工作同谋划、同部署、同推进、同检查，落实落细工作措施，建立健全长效机制，扎扎实实做好农业安全生产各项工作，为"三农"发展大局提供有力支撑。

2021年9月25日，《农民日报》报道：为加快推进旱作节水农业发展，服务农业节水降耗和粮食生产，近日，农业农村部种植业管理司会同全国农技中心在山西运城召开全国旱作节水农业技术研讨观摩会。会议充分肯定了"十三五"期间旱作节水农业取得的巨大成绩，深入分析了在新的历史阶段，旱作节水农业的战略地位和重要作用，提出了新阶段旱作节水农业的发展思路和目标任务。

2021年9月27日，《农民日报》报道：9月26日，由农业农村部和河南省人民政府主办的第24届中国农产品加工业投资贸易洽谈会开幕式暨农产品加工业高质量发展论坛在河南省驻马店市举办。本届洽谈会以"提升农产品加工业 打造农业全产业链"为主题，聚焦农产品加工业高质量发展，通过线上线下全渠道模式，搭建名优精品展台、合作交流平台和宣传推介舞台。河南省省长王凯宣布大会开幕，中央农办副主任，农业农村部党组副书记、副部长刘焕鑫讲话，河南省副省长武国定致辞，河南省人民政府秘书长刘世伟主持会议。

2021年9月29日，《农民日报》报道：9月28日，农业农村部在湖南浏阳举办2021年中国美丽乡村休闲旅游行（秋季）推介活动，现场发布浙江安吉采摘迎丰收休闲游等52条秋季精品线路，以及瑶山古寨、桂园农庄等198个精品景点，为广大城乡居民提供秋季出行方案。

2021年9月29日，《农民日报》报道：9月27日，农业农村部召开非洲猪瘟等重大动物疫病分区防控工作专题会议，交流分区防控工作情况，研究部署下一步重点工作。农业农村部副部长马有祥出席会议并讲话。

2021年9月30日，《农民日报》报道：9月29日，农业农村部召开全国秋冬种工作视频会议，中央农办主任，农业农村部党组书记、部长唐仁健出席并讲话。会议强调，各级农业农村部门要认真贯彻落实习近平总书记重要指示精神，按照党中央、国务院部署要求，进一步提高政治站位，主动担当作为，紧盯"粮袋子""油瓶子""菜篮子"，毫不放松抓好秋冬种，稳小麦、扩油菜、保供给，为明年再夺粮食和农业丰收打下坚实基础。

2021年9月30日，《农民日报》报道：9月28日，全国政协重大专项工作委员宣讲团在拉萨举行宣讲报告会。全国政协委员、农业和农村委员会副主任陈晓华，全国政协委员、西藏自治区阿里地区政协副主席洛桑山丹分别围绕"'十四五'规划开好局起好步，全面推进乡村振兴"主题作宣讲报告。

2021年9月30日，《农民日报》报道：9月29日，农业农村部在天津召开全国农业生产"三品一标"提升行动现场会，中央农办副主任，农业农村部党组副书记、副部长刘焕鑫出席会议并讲话，天津市副市长李树起出席会议并致辞。会议强调，各级农业农村部门要提高思想认识，着眼发展全局，聚集资源、聚合力量，努力推进农业生产"三品一标"取得新进展，推进农业生产全面绿色转型，促进农业高质高效、乡村宜居宜业、农民富裕富足。

2021年9月30日，《农民日报》报道：为深入贯彻落实习近平总书记关于向袁隆平同志学习的重要指示精神，深入推进党史学习教育，9月28日，农业农村部举办袁隆平同志先进事迹报告会。中央农办副主任，农业农村部党组副书记、副部长刘焕鑫在会见报告团成员时强调，农业农村系统广大党员干部、农业科技工作者要进一步深入学习袁隆平同志的高贵品质和崇高风范，不断传承和弘扬"三农"领域光荣传统和优良作风，锐意进取、开拓创新，为全面推进乡村振兴、加快农业农村现代化贡献智慧和力量。

2021年10月1日，《农民日报》报道：9月30日，中央农办主任，农业农村部党组书记、部长唐仁健主持召开部党组会议，传达学习习近平总书记在中央政治局第三十三次集体学习时的重要讲话精神、在中央人才工作会议上的重要讲话精神，研究贯彻落实工作。

2021年10月13日，《农民日报》报道：10月12日，农业农村部在海南省海口市召开全国红火蚁秋季防控现场会，总结前期红火蚁防控工作成效和经验，分析研判红火蚁发生态势，对秋季集中防控工作再动员、再部署。会议强调，要按照党中央、国务院有关要求和部署，统筹发展与安全，坚持底线思维，增强风险防范意识，强化"源头控制、协同联防、检防结合"，工作再加力、措施再落实，坚决控制红火蚁蔓延危害。

2021年10月15日，《农民日报》报道：10月14日，为贯彻落实习近平总书记在国际粮食减损大会上的重要指示精神，积极响应《国际粮食减损大会济南倡议》，在第41个世界粮食日到来之际，中国粮食行业协会和北京市粮食行业协会在首都粮食博物馆联合举办2021年"世界粮食日——节粮减损我们在行动"主题活动。国务院参事特约研究员、原农业部常务副部长尹成杰出席并致辞，联合国粮食计划署、联合国粮农组织驻华代表处、乌克兰驻华大使馆等机构人员参与主题活动。

2021年10月16日，《农民日报》报道：10月15日，全国农业社会化服务工作座谈会在四川省成都市召开，全面总结农业社会化服务发展成效，交流学习各地的经验做法，宣传推介全国农业社会化服务典型，研究部署下一步重点工作。农业农村部总畜牧师、农村合作经济指导司长张天佐出席会议并讲话。

2021年10月18日，《农民日报》报道：10月16日，中国农业风险管理研究会2021学术年会暨中国农业风险管理发展论坛在北京举行。本次会议以"迈向新征程的农业风险管理"为主题，来自有关部门的领导和业内专家进行了深入研讨交流。会上还发布了《中国农业风险管理发展报告2021》。

2021年10月18日，《农民日报》报道：由农业农村部渔业渔政管理局、全国水产技术推广总站指导，大连市农业农村局、中国水产学会、大连海洋大学共同主办，大连星海会展商务有限公司承办的"2021中国国际海洋牧场及渔业博览会"将于10月29日—31日在大连世界博览广场举办。本届博览会展出面积2万平方米，参展机构300家，预计专业观众2万人次，普通观众3万人次。

2021年10月19日，《农民日报》报道：中国入世二十周年农业发展高层研讨会在北京召开，来自国家发展改革委、财政部、农业农村部、商务部、有关行业协会、国际组织的代表和专家学者共聚一堂，总结入世以来中国农业发展的成功经验，探讨应对农业谈判新压力的破解之道，研究农业对外开放、助力新阶段农业农村发展的有效途径，凝聚开放条件下推进乡村振兴的智慧和共识。

2021年10月20日，《农民日报》报道：10月19日，全国落实土地出让收入支农政策和做好财政支农支出工作视频会议在京召开。受中央农办主任，农业农村部党组书记、部长唐仁健同志委托，中央农办副主任，农业农村部党组副书记、副部长刘焕鑫出席会议并讲话。财政部副部长朱忠明、自然资源部国家自然资源副总督察（专职）陈尘肇、国家乡村振兴局副局长洪天云对相关工作提出要求。农业农村部党组成员兼中央农办秘书局局长吴宏耀主持会议。

2021年10月20日，《农民日报》报道：10月19日，由农业农村部、国家乡村振兴局、中国农业科学院共同举办的乡村发展与农村人居环境治理论坛在京举行。论坛主题为"持续改善农村人居环境 加快建设美丽宜居乡村"，旨在总结农村人居环境治理经验，分享国内外典型案例，探讨"十四五"农村人居环境整治提升的思路举措，助力全面推进乡村振兴。国家乡村振兴局副局长夏更生参加论坛并作主旨演讲。

2021年10月23日，《农民日报》报道：全国畜牧渔业工作会议10月22日在重庆召开。中共中央政治局常委、国务院总理李克强作出重要批示。批示指出：畜牧渔业是关系国计民生的重要产业，直接关系老百姓的"菜篮子"，关系农牧渔民增收致富，也是保持物价总水平稳定的重要基础。

2021年10月28日，《农民日报》报道：10月26日，农业农村部党组与中央纪委国家监委驻部纪检监察组召开共同研究全面从严治党工作专题会议，研究加强年轻干部教育管理监督工作。中央农办主任，农业农村部党组书记、部长唐仁健主持会议并讲话。会议强调，要深入学习领会习近平总书记重要讲话精神，把年轻干部教育管理监督作为全面从严治党的重要任务，切实把年轻干部培养好、选拔好、管理好、使用好，打造一支忠诚干净担当的年轻干部队伍，为全面推进乡村振兴、加快农业农村现代化提供源源不断的力量支撑。

2021 年 10 月 29 日，《农民日报》报道：10 月 28 日，农业农村部在山东省青岛市召开全国水产种业振兴行动工作推进会。

2021 年 11 月 5 日，《光明日报》报道：全国冬春农田水利暨高标准农田建设电视电话会议 11 月 4 日在京召开。中共中央政治局常委、国务院总理李克强作出重要批示。批示指出：农田水利建设事关国家粮食安全和农业农村现代化大局。

2021 年 11 月 6 日，《农民日报》报道：为了提高秋粮机收减损效率，农业农村部要求将机收减损作为粮食生产机械化主要工作常抓不懈，并召开全国秋粮机收减损工作动员部署视频会，要求各级农业农村部门千方百计减少秋粮机收环节损失。农业农村部农业机械化管理司在秋收期间派出 5 个指导组，赴全国 5 个片区指导机收减损，层层传导压力，强化责任落实。

2021 年 11 月 12 日，《农民日报》报道：近日，农业农村部分别召开生猪生产部门协调会议和生猪养殖企业座谈会，贯彻党中央、国务院关于稳定生猪生产的决策部署，分析当前形势和走势，听取意见建议，推进落实下一阶段稳定生猪生产的工作措施。

2021 年 11 月 18 日，《农民日报》报道：11 月 17 日，农业农村部召开全国农产品初加工机械化工作推进会。会议强调，要立足乡村产业发展、农民增收致富实际需要，分区域、分产业、分品种、分环节加快补齐农产品初加工机械短板弱项，推动初加工机械化向更广领域、更高质量发展，力争 2025 年全国农产品初加工机械化率有一个明显提升，为全面推进乡村振兴、加快农业农村现代化提供有力装备支撑。

2021 年 11 月 18 日，《农民日报》报道：为深入贯彻落实党中央对加强和改进乡村治理、减轻基层负担、持续推进农村移风易俗的决策部署，推动乡村治理水平和文明乡风建设再上新台阶，农业农村部近日召开视频会议，总结交流地方经验做法，对在乡村治理中推广运用清单制、推进农村移风易俗作出部署。

2021 年 11 月 20 日，《人民日报》报道：日前，农业农村部召开全国冬春蔬菜稳产保供视频调度会，深入分析当前蔬菜生产形势，部署冬春蔬菜生产工作。会议强调，各地要早谋划、早部署、早落实，确保今冬明春特别是元旦春节、冬奥会和全国两会期间蔬菜稳定供应。

2021 年 11 月 20 日，《人民日报》报道：19 日，国务院安委会办公室召开水上安全风险防范工作视频调度会议，分析近阶段重点地区渔业船舶安全形势，部署岁末年初渔业船舶安全风险防控工作。

2021 年 11 月 20 日，《农民日报》报道：11 月 19 日，2021 年中国农业农村科技发展高峰论坛暨中国现代农业发展论坛举行。大会集中发布了《"十三五"农业农村科技发展报告》《2021 中国农业科学重大进展》《2021 中国农业农村重大新技术新产品新装备》《2021 全球农业研究热点前沿》《2021 中国农业科技论文与专利全球竞争力分析》《农业农村减排固碳十大技术模式》《2021 中国涉农企业创新报告》《南京农创中心发展路径与创新资源》8 个智库报告，全面总结了近年来农业农村科技发展取得的主要成就，深入分析了当前全球农业科技前沿和我国农业科技新进展、新突破，充分体现科技对保障国家粮食安全、引领产业发展、促进农民增收、保护生态环境的至关重要作用。

2021 年 11 月 24 日，《农民日报》报道：11 月 23 日，农业农村部新闻办公室举行新闻发布会，发布全国农业优异种质资源，通报农业种质资源普查进展情况。农业农村部种业管理司副司长孙好勤，渔业渔政管理局一级巡视员李书民，中国科学院院士、中国农业科学院作物科学研究所所长钱前，国家畜禽遗传资源委员会办公室主任、全国畜牧总站党委书记时建忠介绍有关情况并答记者问。农业农村部新闻发言人、办公厅副主任刘均勇主持发布会。

2021 年 11 月 26 日，《农民日报》报道：11 月 24 日，全国种业企业扶优工作推进会在京召开，中央农办主任，农业农村部党组书记、部长唐仁健出席会议并讲话。会议强调，要深入学习贯彻习近平总书记重要指示精神，落实党中央、国务院决策部署，扎实推进种业企业扶优行动，引导资源、技术、人才、资本等要素向重点优势企业集聚，做优做强一批具备集成创新能力、适应市场需求的种业龙头企业，打造种业振兴的骨干力量，加快形成种业企业发展新格局。

2021 年 11 月 26 日，《农民日报》报道：11 月 19 日，由中国农学会农业监测预警分会主办，中国农业科学院农业信息研究所和农业农村部农业信息服务技术重点实验室承办的"2021全国农业大数据与监测预警学术研讨会"通过线上线下结合的方式召开。会议围绕农业大数据、农业监测预警、农业展望、农产品供需形势、农业信息分析学科建设等内容进行学术交流与研讨。

2021 年 11 月 28 日，《光明日报》报道：近日，农业农村部举行新闻发布会，种业管理司副司长孙好勤在会上表示，截至目前，农作物种质资源方面已全部完成共 2 323 个县的普查与征集，畜禽方面行政村普查覆盖率达 97.6%，水产方面普查覆盖率超过 95%，普查工作取得阶段性成效。

2021 年 12 月 1 日，《农民日报》报道：11 月 29 日，农业农村部、工业和信息化部在京联合召开农机装备补短板工作推进会议，中央农办主任，农业农村部党组书记、部长唐仁健，工业和信息化部党组书记、部长肖亚庆出席会议并讲话。会议强调，要认真学习贯彻习近平总书记重要指示精神，落实党中央、国务院决策部署，坚持问题导向，瞄准农业生产需求，着眼全产业链强化农机装备研发制造和推广应用，加快补齐短板弱项，促进农业机械化转型升级，更好支撑全面推进乡村振兴、加快农业农村现代化。

2021 年 12 月 10 日，《农民日报》报道：12 月 9 日，农业农村部召开全国农垦改革发展工作视频会，总结"十三五"农垦工作，分析新形势新要求，部署"十四五"时期农垦改革发展重点工作。

2021 年 12 月 10 日，《农民日报》报道：12 月 9 日，农业农村部在安徽芜湖召开 2021 年长江流域水生生物资源监测工作会议，总结长江流域水生生物资源监测工作进展，部署明年水生生物资源监测和完整性指数评价工作。农业农村部副部长马有祥出席会议并讲话。

2021 年 12 月 11 日，《农民日报》报道：12 月 10 日，农业农村部与安徽省在京举行工作会谈，签署共同推动长三角绿色农产品生产加工供应基地建设加快农业现代化合作框架协议。根据协议，农业农村部与安徽省将围绕巩固提升粮食产能、推进育种创新、加强技术装备条件建设、发展农产品加工流通、推行农业生产"三品一标"、创新激励约束机制等 6 个方面加强合作。

2021 年 12 月 11 日，《农民日报》报道：12 月 10 日，农业农村部与广西壮族自治区举行工作会谈，签署高质量建设现代特色农业全面推进乡村振兴合作框架协议。根据协议，农业农村部和广西

将围绕现代特色农业高质量建设，从做实产业发展基础、增强科技装备支撑能力、推进全面绿色转型、提高产业链现代化水平、健全经营体系、建设产村融合桂风壮韵新乡村 6 个方面开展合作。

2021 年 12 月 11 日，《农民日报》报道：12 月 10 日，中国种子协会在北京召开中国种子行业信用体系建设十年工作交流会。据介绍，中国种子协会自 2011 年开始信用评价工作以来，累计认定了 720 家信用企业。截至 2021 年 10 月，有效期内信用企业 349 家，其中 AAA 级信用企业 111 家。十年中一直保持 AAA 级的企业 39 家。累计认定信用骨干企业 170 家，其中有效期内信用骨干企业 57 家。累计认定蔬菜种业信用骨干企业 50 家，其中有效期内蔬菜种业信用骨干企业 20 家。

2021 年 12 月 13 日，《农民日报》报道：12 月 11 日，中央农办主任，农业农村部党组书记、部长唐仁健主持召开部党组会议，传达学习中央经济工作会议精神，研究贯彻落实工作。会议强调，要认真学习贯彻中央经济工作会议精神，切实把思想和行动统一到习近平总书记重要讲话精神和中央决策部署上来，全面贯彻落实会议对"三农"工作的部署安排，稳字当头、稳中求进，系统谋划明年工作思路举措，高质量完成各项目标任务，打牢夯实"三农"基本盘，以优异成绩迎接党的二十大胜利召开。

2021 年 12 月 14 日，《农民日报》报道：12 月 13 日，全国农业科技人才工作交流会暨中国农业科学院第五次人才工作会议在京召开，中央农办主任，农业农村部党组书记、部长唐仁健出席会议并讲话。会议强调，要深入学习贯彻习近平总书记重要指示精神和党的十九届六中全会、中央人才工作会议、中央经济工作会议精神，深刻认识加快培育农业科技人才的极端重要性，聚焦保障国家粮食安全和重要农产品有效供给这个首要任务，加快建设农业科技战略人才力量，构建梯次合理的农业科技人才队伍，更好支撑农业科技自立自强，为全面推进乡村振兴、加快农业农村现代化提供保障。

2021 年 12 月 14 日，《农民日报》报道：12 月 13 日，农业农村部、财政部、国家发展改革委在京召开全国农业现代化示范区创建工作视频会，农业农村部党组成员、副部长邓小刚出席会议并讲话。会议强调，要深入贯彻习近平总书记关于"三农"工作重要论述和党中央、国务院决策部署，提高政治站位，增强行动自觉，以创新之策、务实之举，扎实推进农业现代化示范区建设，因地制宜探

索不同类型、不同条件地区农业现代化模式，率先在点上实现突破，示范带动全国面上农业现代化整体水平提升。

2021 年 12 月 18 日，《人民日报》报道：17 日，全国乡村旅游工作现场会在福建省龙岩市永定区召开。会议提出，"十四五"期间要持续推进乡村旅游重点村镇建设，要把发展乡村旅游与乡村各领域政策措施相衔接、相协调，促进乡村旅游发展，服务"三农"和经济发展大局。

2021 年 12 月 20 日，《农民日报》报道：12 月 18 日，由农业农村部管理干部学院（中共农业农村部党校）主办的乡村振兴高层论坛·2021 暨纪念建院 65 周年科研成果报告会在北京召开。

2021 年 12 月 23 日，《农民日报》报道：中央农广校联合办学领导小组办公室成员会议于 12 月 22 日在京召开。中央组织部、国家发展改革委、教育部、农业农村部等 16 部门有关单位共谋新阶段农民教育培训发展。

2021 年 12 月 23 日，《农民日报》报道：12 月 20 日，第十三届全国人民代表大会常务委员会第三十二次会议上，黄河保护法草案提请审议。草案共 11 章 105 条，聚焦黄河流域突出问题，围绕规划与管控、生态保护与修复、水资源节约集约利用、水沙调控与防洪安全、污染防治、高质量发展、黄河文化保护传承弘扬、保障与监督等明确相应规定。

2021 年 12 月 23 日，《人民日报》报道：22 日国新办举行新闻发布会，介绍全面推行河湖长制 5 周年有关情况。

农村产业

了湖北省种子协会会员单位的主要创新成果。

一、种 植 业

2021 年 1 月 2 日，《人民日报》报道：2020年，我国粮食生产实现历史性的"十七连丰"，全国粮食总产量为 13 390 亿斤①，比上年增加 113 亿斤，增长 0.9%，产量连续 6 年保持在 1.3 万亿斤以上。总的来说，我国农业连年丰收，粮食储备充裕，完全有能力保障粮食和重要农产品供给，中国人的饭碗牢牢端在自己手中。

2021 年 1 月 4 日，《农民日报》报道：2020年山东烟农种烟总收入 13.1 亿元，户均收入达 17.9万元，实现烟叶税 2.5 亿元；质量方面，上等烟比例达 65.6%，较 2018 年提高 13.5 个百分点。

2021 年 1 月 5 日，《农民日报》报道：中国种子协会马铃薯分会第二次会员大会在京召开，各地种子管理部门、科研单位、种子农资企业等 72 个会员单位参会。会议就马铃薯分会今后的工作方向和重点进行交流探讨。自 2016 年成立以来，马铃薯分会研究开展品种展示推广，推动品种创新，开展法律培训，推进行业自律，推动种薯认证试点示范，提升企业品种权保护意识，帮助会员维护权益，为推动我国马铃薯种业发展发挥了积极作用。

2021 年 1 月 11 日，《农民日报》报道：由农业农村部荔枝标准化生产示范园联盟主办、国家荔枝龙眼产业技术体系技术支持的 2020 年全国优质荔枝擂台赛于近日落下帷幕。

2021 年 1 月 13 日，《光明日报》报道：截至今年 1 月 5 日，我国粮食主产区入统企业累计收购秋粮 1.1 亿吨，同比增加 500 万吨。从收购情况看，市场化收购比重达到 98%，比上年提高了 8 个百分点。

2021 年 1 月 15 日，《光明日报》报道：中国农业科学院日前发布消息称，我国农作物良种覆盖率在 96% 以上，自主选育品种面积占比超过 95%，水稻、小麦两大口粮作物品种已实现完全自给。

2021 年 1 月 19 日，《农民日报》报道：湖北种业创新成果展示暨湖北省种子协会 2020 年理事会年会近日在华中农业大学举行。活动现场集中展示

2021 年 1 月 19 日，《人民日报》报道：福建省自然资源厅与省林业局共同编发《福建省红树林保护修复专项行动实施方案》，计划到 2025 年，福建省要营造红树林 675 公顷，修复现有红树林 550 公顷。

2021 年 1 月 21 日，《科技日报》报道：农业农村部发布 2020 年第二批农业转基因生物安全证书（生产应用）批准清单，共计发放 21 个生物安全证书，其中包括 8 个国产转基因玉米项目。"十四五"规划和 2035 年远景目标建议将生物育种列入强化国家战略科技力量、坚持创新驱动发展的重要发展方向。

2021 年 1 月 23 日，《农民日报》报道：四川攀枝花市的魔芋种植面积达 1 万余亩②，魔芋种质资源圃、魔芋引种观察基地已初步建成，还引进了花魔芋、白魔芋和珠芽魔芋三个品系。

2021 年 1 月 26 日，《农民日报》报道：为有效遏制耕地撂荒，充分挖掘保供潜力，农业农村部印发《关于统筹利用撂荒地促进农业生产发展的指导意见》（以下简称《意见》）。《意见》要求，各级农业农村部门要充分认识遏制耕地撂荒的重要性和紧迫性，落实粮食安全党政同责要求，完善粮食安全省长责任制，推动将统筹利用撂荒地情况纳入考核指标，层层压实责任。加强耕地撂荒情况跟踪监测和督促检查，强化考核结果应用，对耕地撂荒问题仍然突出的地区进行通报约谈，与相关项目资金和支持政策相挂钩。

2021 年 1 月 26 日，《农民日报》报道：山东立足扛稳扛牢农业大省责任，高度重视高标准农田建设工作，坚持高起点谋划，高质量建设，加快构建"五统一"项目建设管理机制。截至 2020 年底，已累计建成高标准农田 6 113 万亩，占现有耕地面积的 54.2%。

2021 年 1 月 26 日，《农民日报》报道：1月 20 日，山西省十三届人大四次会议提出，2021 年，

---

① 斤为非法定计量单位，1 斤=0.5 千克。——编者注
② 亩为非法定计量单位，1 亩=1/15 公顷。——编者注

山西要新建高标准农田 280 万亩，落实藏粮于地、藏粮于技战略，严守耕地红线，遏制"非农化"，防止"非粮化"。高标准农田建设明确写入山西政府工作报告。

2021 年 1 月 26 日，《农民日报》报道："十四五"期间，云南将完成新建高标准农田 1 500 万亩以上，改造提升 550 万亩，力争到 2025 年累计建成高标准农田 4 000 万亩以上，占比达到全省耕地面积的 43%。

2021 年 1 月 26 日，《农民日报》报道：我国西蓝花种植面积已超 140 万亩，产量稳居世界首位，主要集中在浙江、江苏、山东等地。

2021 年 1 月 27 日，《农民日报》报道：2020年，浙江粮食播种面积超过了 1 490 万亩、总产达 121 亿斤，两大指标均创下近 5 年新高。

2021 年 1 月 27 日，《农民日报》报道：2020年，甘肃粮食产量首次突破 1 200 万吨大关，总产 1 202 万吨，比上年增加 39 万吨，创历史新高。

2021 年 1 月 28 日，《农民日报》报道：经中国证监会批准，花生期货自 2021 年 2 月 1 日起在郑州商品交易所（以下简称"郑商所"）上市交易。1 月 25 日，郑商所发布了花生期货合约及相关制度安排，明确了花生期货合约规则、交割制度等相关事项，自 2021 年 2 月 1 日起实施。

2021 年 2 月 2 日，《农民日报》报道：海南是我国冬季瓜菜的主产区，去冬今春，海南紧扣调优增效、扩种增收这一主线，积极推进冬季瓜菜稳价保供工作。截至 1 月 20 日，全省已种植冬春瓜菜 236.15 万亩。其中瓜类种植面积 94.28 万亩，豆类种植面积 38.99 万亩，椒类种植面积 56.28 万亩，茄类种植面积 13.19 万亩，其他瓜菜种植面积 33.41 万亩。

2021 年 2 月 2 日，《农民日报》报道：北京正全力做好"菜篮子"稳产保供和质量保证。目前，全市蔬菜播种面积超过 54 万亩，日均产量约 2 800 吨，为今年蔬菜稳产保供奠定了基础。同时，全市蔬菜绿控基地严格按照标准生产，保证蔬菜质量，源源不断向市场供应"放心菜"。

2021 年 2 月 18 日，《人民日报》报道：近日，农业农村部下派 9 个专家工作组赴冬小麦主产省，实地调查评估旱情影响，指导农民科学抗旱，帮助解决实际困难和问题，同时下发紧急通知，要求各地农业农村部门紧紧围绕奋力夺取全年粮食丰收目标，强化指导服务，推进科学抗旱，千方百计稳定春播面积，努力提高春耕春播质量。

2021 年 2 月 21 日，《农民日报》报道：近日，农业农村部派出 6 个工作组，分赴河北、江苏、安徽、山东、河南、湖北等冬小麦主产省，深入田间地头查苗情、查墒情、查病虫情，指导各地及早动手开展春季田间管理，推动落实抗旱保苗措施，为夺取夏粮丰收打下坚实基础。

2021 年 2 月 23 日，《人民日报》报道：从 2020 年 10 月开始，滨州市在全市范围内推进建立"属地管理、分级负责、全面覆盖、责任到人"的三级"田长制"管理体系，设立"田长"5 400 多名。目前，山东省已出台《关于推行耕地保护"田长制"的指导意见》，将在全省范围内推行"田长制"，实现"横向到边、纵向到底"的耕地保护责任全覆盖，形成"田长"基层产生、农民看护耕地、政府保障运行的工作体系。

2021 年 2 月 25 日，《人民日报》报道：当前，春耕备耕正由南向北展开，各地挂图作战，对表种田，确保粮食播种面积稳中有增。稳粮食、稳大豆、增玉米，"二稳一增"成为今年春季农业生产主基调。今年，我国将确保全年粮食种植面积稳定在 17.5 亿亩以上。据农业农村部农情调度，今年冬小麦、冬油菜种植面积双双实现恢复增长。冬小麦种植面积 3.35 亿亩，比上年增加 300 多万亩；冬油菜种植面积 9 600 多万亩，比上年增加 400 万亩左右。春耕农资供应充足。据农业农村部监测，今年春耕生产玉米、水稻、大豆种子供应量 68 亿斤左右，能够满足生产用种需求。另外，预计春耕可供应肥料 2 030 万吨，农药供应充足。预计春耕期间全国可投入各类农机具 2 200 万台（套）以上，目前大部分已检修完成，正陆续投入春耕生产。

2021 年 3 月 2 日，《农民日报》报道：今年安徽农业主管部门在江淮南部及沿江适宜地区，加快水稻"一种两收"技术模式的推广，再生稻面积有望突破 100 万亩。

2021 年 3 月 4 日，《科技日报》报道：虽面临跨国公司在我国开展品种推广的竞争压力，我国玉米自育品种的种植面积仍达 90% 以上。结合密植高产全程机械化绿色技术体系，2020 年我国玉米再创亩产 1 663.25 千克新纪录。

2021 年 3 月 4 日，《农民日报》报道：农业农村部印发《关于做好 2021 年粮食稳产增产工作的指导意见》，实施"压责任稳面积夺丰收""强科技提单产夺丰收""防病虫抗灾害夺丰收""强化政策夯实基础保丰收""监测预警保丰收"的"五大行动"，奋力夺取全年粮食丰收。

2021 年 3 月 5 日，《农民日报》报道：3 月 4 日，全国政协十三届四次会议在人民大会堂拉开帷幕，全国政协常委、中国工程院院士万建民就粮食安全问题回答了提问。目前，国家作物种质资源库正在加紧建设。新的种质库今年建成后可保存 150 万份种质资源，保存能力位居世界第一。

2021 年 3 月 6 日，《农民日报》报道：山东省潍坊市作为农业产业化的发源地，多年来始终坚持把确保国家粮食安全和重要农副产品有效供给作为首要政治任务。2020 年潍坊农业总产值历史上首次突破千亿元大关。

2021 年 3 月 6 日，《农民日报》报道：四川省内江市压实粮食安全责任，深入实施"藏粮于地、藏粮于技"战略，推进高标准农田建设，实施"优质粮食工程"，深化"天府菜油"行动。内江 2021 年粮食种植面积只增不减，达 468.5 万亩，目标产量在 172.8 万吨以上。

2021 年 3 月 16 日，《农民日报》报道：3 月 9 日，全国农业技术推广服务中心和中国农垦经济发展中心联合举办特色经济作物及茶叶"双减"模式线上培训，吸引全国技术人员近 6 万人上线学习，有力地宣传推广了"双减"理念和技术。

2021 年 3 月 18 日，《农民日报》报道：2021 中国种子大会暨南繁硅谷论坛将于 3 月 20 日至 24 日在海南三亚召开。大会以"引领中国种业，共创民族复兴"为宗旨，以"种业使命 南繁未来"为主题，为打赢种业翻身仗寻求新思路。

2021 年 3 月 22 日，《农民日报》报道：经过国家天然橡胶产业技术体系选育种专家的不懈努力，我国自主选育新品种占比从本世纪初的不到 5% 逐步提高到 30%，扭转了我国植胶园国外无性系占绝对优势的局面。

2021 年 3 月 23 日，《农民日报》报道：甘肃省陇南市今年全面实施油橄榄三年倍增行动，计划建成白龙江沿线 100 千米油橄榄绿色长廊，基本实现最佳适生区全覆盖，种植面积力争达到 100 万亩，综合产值达到 100 亿元。

2021 年 3 月 23 日，《农民日报》报道：为指导各地抓好春季田间生产管理，推动糖料蔗高质量发展，全国农业技术推广服务中心会同农业农村部糖料专家指导组有关专家，研究制定了《2021 年糖料蔗春季生产技术指导意见》。

2021 年 3 月 23 日，《农民日报》报道：3 月 13 日，以"种业兴旺促产业振兴"为主题的椰子新品种种业发展研讨会在海南三亚召开，国内外育种专家和椰子从业者围绕我国椰子新品种发展的重点、难点和发展路径展开探讨。

2021 年 3 月 24 日，《农民日报》报道：山西省政府召开春季农业生产和第一产业发展现场推进会，要求各级各部门从春季农业生产抓起，确保完成全年粮食种植面积 4 695 万亩、产量 142.4 亿千克和一产增加值 1 250 亿元的目标。

2021 年 3 月 24 日，《农民日报》报道：安徽省合肥市政府办公室印发《关于加快推进现代种业发展打造种业之都的实施意见》，将推进保种、护种、育种、引种、用种"五种并进"，加快该市现代种业发展，打造"种业之都"。

2021 年 3 月 25 日，《农民日报》报道：2021 年"三峡杯"优质晚熟柑橘评优活动完成公示，来自万州的"塔罗科"血橙、"W·默科特"，奉节的"伦晚"脐橙，忠县的"春见"杂柑分别摘取四个类别的"果王"称号。

2021 年 3 月 26 日，《科技日报》报道：来自国家统计局的消息称，2020 年新疆棉花播种面积为 2 501.9 千公顷，较 2019 年的 2 540.5 千公顷同比下降 1.52%；2020 年新疆棉花产量为 516.2 万吨，较 2019 年的 500.2 万吨同比增长 3.20%。

2021 年 3 月 26 日，《农民日报》报道：全国农业技术推广服务中心在湖北省襄阳市举办全国油菜种子认证田间检验暨现场观摩活动并召开座谈会。

2021 年 3 月 29 日，《科技日报》报道：由湖北省科技厅主办的科技创新服务县域经济高质量发展夷陵行活动暨"100＋N"开放协同创新体系"晓曦红星创天地"项目建设启动仪式在宜昌市夷陵区举行，本次活动旨在以开放协同创新推动全省柑橘主产区产业高质量发展。

2021 年 3 月 30 日，《农民日报》报道：3 月 26 日，由全国棉花交易市场主办的"2021 棉业发展年会"在京召开。农发行粮棉油部相关负责人表示，自 2014 年棉花目标价格改革以来，农发行累计发放棉花收购贷款 2 878 亿元。

2021 年 4 月 1 日，《光明日报》报道：目前，新疆各大县都已拉开棉花春播序幕，预计 4 月中下旬南疆地区棉花全部播种结束。据自治区农业农村厅数据显示，目前新疆共有 61 个县市区、110 个兵团团场种植棉花，近一半农户从事棉花生产，来自棉花的收入贡献了新疆农民纯收入的 30%。

2021 年 4 月 2 日，《农民日报》报道：3 月 27 日上午，南京农业大学农业重大技术协同推广——优质稻米产业推进会在江苏省南京市举行，众多水稻专家从品种、栽培、耕地质量到田间管理等方面，共同探讨打造优质大米。

2021 年 4 月 2 日，《农民日报》报道：据国家棉花产业联盟的最新资料，作为世界最大棉花生产国、消费国，2020 年我国棉花产量 591 万吨，其中新疆棉产量 516.1 万吨；总需求量约 800 万吨，年度进口 200 万吨左右。连续 26 年来，新疆棉花总产、单产、种植面积、商品调拨量位居全国第一。"世界棉花看中国，中国棉花看新疆"的局面已经形成。

2021 年 4 月 6 日，《农民日报》报道：全国农业技术推广服务中心农业农村部棉花专家指导组发布《2021 年西北内陆（新疆）棉区棉花前期生产技术指导意见》。

2021 年 4 月 9 日，《农民日报》报道：近日，北京市召开全市农业种质资源普查动员部署大会，全面安排部署农业种质资源普查工作。

2021 年 4 月 9 日，《农民日报》报道：4 月 6 日—7 日，国家大豆产业技术体系科技成果转化"伙伴行动"启动会在黑龙江省黑河市举办。会上制定了国家大豆产业技术体系科技成果转化"伙伴行动"实施方案并成立技术服务队，开展了大豆品种推广对接、大豆加工企业负责人座谈等。

2021 年 4 月 12 日，《农民日报》报道：为全面加强新时代热带作物种质资源保护与利用工作，推动热作产业高质量发展，农业农村部办公厅于 4 月 9 日发布实施《热带作物种质资源保护与利用工作方案（2021—2025 年）》。

2021 年 4 月 19 日，《农民日报》报道："凝聚灌溉智慧、创新节水科技"，近日，中国灌溉发展大会暨第八届北京灌溉展在北京国家会议中心举行。开幕当天，灌溉行业协会和国内外代表企业签署《国际节水灌溉（北京）合作共识）》。

2021 年 4 月 20 日，《农民日报》报道：不久前，农业农村部公示了 2020 年全国高标准农田建设拟激励的 5 个省份名单，黑龙江又一次位列其中。"去年黑龙江被评为 2019 年高标准农田建设激励省份，今年又在拟激励名单中，这些都是黑龙江在高标准农田建设中取得的可喜成绩。"黑龙江省农业农村厅农田建设管理处处长王晓冬说，"我们正在总结经验，统筹组织，全力推进 2021 年高标准农田建设工作，提升粮食综合生产能力。"

2021 年 4 月 20 日，《农民日报》报道：为深入贯彻落实党中央、国务院决策部署，实施好新一轮高标准农田建设，提高粮食综合生产能力，把"藏粮于地、藏粮于技"战略落到实处，实现"十四

五"末全省建成 5 000 万亩旱涝保收、高产稳产高标准农田、耕地亩均粮食产能达到 1 000 千克的目标，江苏省人民政府办公厅于近日正式印发《江苏省高标准农田建设标准的通知》。

2021 年 4 月 22 日，《光明日报》报道：一年之计在于春，春播粮食面积占全年一半以上，对全年粮食生产供给具有决定性作用。农业农村部种植业管理司副司长刘莉华介绍，为稳定粮食播种面积，今年农业农村部继续向各省下达粮食生产目标任务，各地也将任务进一步细化分解，把责任落实到县到乡。

2021 年 4 月 23 日，《农民日报》报道：近年来，山东青岛市不断提升现代种业的科研育种能力、供种保障能力，全市培育农作物新品种和畜禽新品系 1 011 个，主要农作物良种覆盖率基本达 99% 以上，解决好种子这个"小"问题，折射出青岛市在"十四五"新起点上，以新发展格局应对世纪变局的"大"战略。

2021 年 4 月 23 日，《农民日报》报道：近日，在中国农科院举办的"科技创新引领经济与园艺作物产业高质量发展"发布会上获悉，到 2020 年经济与园艺作物种植面积约 6.6 亿亩，总产值 4.09 万亿元，占种植业总产值的 79.9%，我国经济园艺作物产业持续快速发展离不开科技强有力的支撑。

2021 年 4 月 26 日，《农民日报》报道：内蒙古自治区党委、自治区人民政府 2020 年制定印发了《关于加快推动农牧业高质量发展的意见》，明确了以农业生产托管为主的农牧业社会化服务体系建设任务。2021 年 4 月 18 日，在春耕春播的关键时节，"中国农业生产托管万里行——走进内蒙古"大型全媒体直播活动在内蒙古自治区呼和浩特市和林格尔县拉开帷幕。

2021 年 4 月 27 日，《农民日报》报道：为打好大豆种业翻身仗，第十二届黄淮海大豆育种协作网会议于 4 月 17 日在山西太原举办。来自全国 14 个省（市、区）的黄淮海大豆育种专家、国家大豆产业技术体系岗站专家、科研单位、种子企业等 95 家单位代表 270 余人参会。

2021 年 4 月 27 日，《农民日报》报道：近日，由重庆市农业科学院组织的"2021 年重庆市油菜品种管理观摩会"在垫江县沙坪镇毕桥村成功召开，全市 27 个油菜主产区（县）农技部门负责人、油菜技术人员、种子企业代表以及部分种植大户和周边农户共 70 余人参加了此次活动。

2021 年 5 月 6 日，《农民日报》报道：《2021

中国与全球食物政策报告》发布。报告聚焦后疫情时代农业食物系统转型，围绕农业食物系统与气候变化、膳食结构与营养健康及环境可持续、面源污染与农业绿色转型、电子商务与小农发展、农产品贸易的变革与挑战等重大议题展开，提出了重塑后疫情时代农业食物系统的七大措施。

2021年5月9日，《人民日报》报道：中共中央政治局委员、国务院副总理胡春华近日在海南省考察种业工作。他强调，要深入贯彻落实习近平总书记重要指示精神，落实党中央、国务院决策部署，把种源安全摆在关系国家安全的战略高度，扎实做好种质资源普查、保护和利用，夯实打好种业翻身仗基础。

2021年5月10日，《科技日报》报道：中国农科院油料所针对早熟油菜单产偏低、抗病性差和耐寒性弱三大难题，选育出满足双季稻区冬季生产的极早熟高产油菜新品种阳光131，破解了三熟制冬闲田利用瓶颈，可支撑我国油菜主产区南移400千米，达到广东、广西等双季稻产区。

2021年5月11日，《科技日报》报道：中国工程院院士袁隆平"超优千号"超级杂交稻品种今年在三亚种植了50亩进行高产攻关，9日，以中国科学院院士谢华安为首的专家组对这片攻关地进行测产验收。在随机选取3块田进行全田机收测产后，最终成绩揭晓：平均亩产1 004.83千克。据介绍，这是热带地区首次实现超级稻大面积种植亩产超1 000千克。

2021年5月12日，《农民日报》报道：截至4月30日，2020年秋粮旺季收购圆满结束，主产区累计收购秋粮16 377万吨，同比减少1 453万吨。其中，玉米9 703万吨、中晚稻6 432万吨、大豆242万吨。由于市场行情较好，最低收购价执行预案启动范围大幅缩小，只有黑龙江省启动了中晚稻预案，共收购粳稻570万吨，政策托底作用得到充分发挥，有效保障了农民收益和种粮积极性。

2021年5月12日，《光明日报》报道：国家粮食和物资储备局粮食储备司司长秦玉云在11日召开的新闻通气会上介绍，目前夏粮生产形势总体较好，夏粮收购已基本准备就绪。初步预计，小麦、早籼稻、油菜籽三个品种的旺季收购总量在6 000万~7 000万吨，与常年相比稳中略增，由于行情较好，多元主体入市收购的积极性较高，预计夏粮市场化购销将较为活跃。特别是优质小麦销路好、需求旺，优粮优价特征将更加明显，有助于农民增收。

2021年5月18日，《农民日报》报道：4月

29日，湖北洪山实验室在华中农业大学举办2021年湖北水稻大会，湖北省内从事水稻科研、生产、加工全产业链的专家学者和企业代表开展专题研讨，聚焦打好"种业翻身仗"，突破产业瓶颈，推动湖北水稻产业高质量发展。

2021年5月19日，《农民日报》报道：5月13日，河北省农业农村厅、科技厅邀请中国农业科学院、河北农业大学、河北省农业科学院、河南农业大学、山东省农业科学院、扬州大学等单位的10余位农业专家，在考查调研了辛集市麦田后，对该市马兰村农业示范田"马兰1号"小麦进行了测产。农业农村部小麦指导专家组组长、扬州大学教授郭文善宣布："亩产784.2千克！"

2021年5月21日，《农民日报》报道：近日，全国首届番茄大会在蔬菜之乡山东省寿光市成功举行。会议是第22届国际蔬菜科技博览会的重要活动之一，由中国农科院基因组所、蔬菜花卉研究所、中国园艺学会、岭南现代农业科学与技术广东省实验室深圳分中心、国家农业基因组创新联盟等单位联合主办，来自全国各地高校、科研单位和企业代表出席了会议。会议以"番茄功能基因组研究与种业创新"为主题，围绕种质资源创新、功能基因挖掘、育种技术创新、新品种培育、抗逆和栽培技术研究、产业创新发展等议题，举办了6场大会报告、23场分会场报告以及200多个优质新品种观摩活动，共同研讨番茄科研、品种创新和产业发展大计。

2021年5月22日，《农民日报》报道：5月21日，农业农村部下发紧急通知，针对大部分麦区收获期雨水偏多等问题，要求各地加强小麦后期田管，做好收获期小麦赤霉病防控等工作，确保小麦安全成熟、丰收到手，做到夏粮一天不到手、管理一天不放松。

2021年5月25日，《农民日报》报道：日前，黑龙江省政府办公厅印发《黑龙江省防止耕地"非粮化"稳定粮食生产工作方案》，严格管护粮食生产功能区和重要农产品生产保护区，防止耕地"非粮化"倾向，持续巩固维护国家粮食安全"压舱石"地位。

2021年5月31日，《农民日报》报道：5月22日，中国粮油学会薯类分会成立大会暨第一届薯类产业发展高峰论坛在北京举行。会议审议通过了《中国粮油学会薯类分会工作条例》《中国粮油学会薯类分会第一届理事会选举办法》；选举产生了中国粮油学会薯类分会第一届理事会理事、第一届理事

会常务理事以及第一届理事会会长、副会长、秘书长。

2021 年 6 月 1 日，《农民日报》报道：在高标准农田建设中，徐州市始终坚持集中连片、集成配套，统一规划布局沟渠田林路。新建排灌站 1 492 座、防渗渠 2 727 千米等，栽植农田林网 8.26 万亩，发展高效节水灌溉 40 万亩。农业综合生产能力和抗灾能力大幅提高，昔日的"望天田"变成了"吨粮田"。

2021 年 6 月 1 日，《农民日报》报道：今年 4 月以来，贵州省黔西南州启动实施 2021 年高标准农田建设 25.5 万亩，夯实现代高效农业发展基础，着力打造一批现代农业、高效农业、示范农业、特色农业样板田，推进传统农业向现代高效农业转变，加快农业现代化高质量发展，促进粮食生产高质高效增收，守住稳面积、稳产量的粮食安全生命线，筑牢"农民大粮仓"，做到"手中有粮，心中不慌"，端稳农民"饭碗"田。

2021 年 6 月 1 日，《农民日报》报道：中国粮食增产主要来自单产增长，当前中国水稻、小麦和玉米的品种增产贡献率分别达到 45.4%、30.0% 和 47.3%，粮食作物新品种选育及推广对提高中国粮食单产水平发挥了重要作用。

2021 年 6 月 1 日，《农民日报》报道：2020 年，稻谷播种面积和产量同比增加；小麦播种面积小幅下降，单产及总产增长；玉米播种面积、单产及总产基本维持稳定。稻谷、小麦和玉米产量分别达到 2.12 亿吨、1.34 亿吨和 2.61 亿吨。生猪产能快速恢复引致的饲用需求激增，三大谷物总消费量达到 6.27 亿吨，同比增长 3.51%。其中，小麦消费增速较快，玉米其次，稻谷第三。

2021 年 6 月 5 日，《农民日报》报道：在全球仅有的四大黑土区中，我国东北黑土区虽然开垦最晚，但承载的使命最重。东北四省区耕地面积 5.4 亿亩，典型黑土地耕地面积 2.78 亿亩，户籍人口 1.16 亿人。

2021 年 6 月 7 日，《科技日报》报道：2020 年，茂名市荔枝销量为 52 万吨，销售总金额达到 69.2 亿元，同比增长 35%。2021 年，茂名荔枝产量预计将达到 60 万吨，较去年增长 20%。

2021 年 6 月 8 日，《光明日报》报道：根据中国茶叶流通协会发布的《2020 年中国茶叶产销形势报告》，2020 年，全国 18 个主要产茶省（自治区、直辖市）茶园总面积已达 4 747.69 万亩，同比增加 149.82 万亩，增长率为 3.26%。茶园面积前十名分别是：贵州、云南、四川、湖北、福建、浙江、安徽、湖南、陕西、河南。目前，我国茶叶消费群体已经达到 4.9 亿人。

2021 年 6 月 8 日，《农民日报》报道：当下，作为冬小麦主产区，自南向北河南各地陆续进入小麦收获期。6 月的中原大地麦浪翻滚、机器驰骋，一阵轰鸣过后倾泻而出的麦粒散发着金色的光芒。截至 6 月 6 日 17 时，河南省已收获小麦 4 550 万亩，占全省种植面积的 53.5%，日投入联合收割机 13 万台，日进度近 1 000 万亩。

2021 年 6 月 8 日，《农民日报》报道：截至目前，安徽省天长市建成核心制种基地 4 个、制种重点镇（街道）7 个，标准化制种基地 1.45 万余亩。其中，"五化"基地制种面积达到 85%，制种过程实现产前、产中、产后全程严格监管，种子质量合格率达 97% 以上。发展制种合作组织 32 家、制种大户 76 户，吸引 4 856 名农民参与制种。2020 年，全市杂交水稻制种面积达 3.8 万亩，总产量 8 460 吨，制种产业总产值达 2.65 亿元。

2021 年 6 月 9 日，《农民日报》报道：近日，山东莱西市第八届店埠胡萝卜节顺利举行。除了精彩的演出外，结合国际时尚城建设攻势，在现场还安排了多个有趣的活动，建党一百周年主题的趣味合影区、汉服文化展示区、百米书画长廊区、国潮美食文化区、农产品及农资农机种子展示展销区，吸引了许多外地朋友，也吸引了大量农户。

2021 年 6 月 11 日，《农民日报》报道：近年来，周口农高区建设发展取得良好成效。园区建成高标准农田 10.6 万亩，其中高效节水灌溉示范区 4 万亩；建有周麦系列品种繁育推广基地，自主培育小麦品种 22 个；核心区现有企业 65 家，2020 年实现产值 202.6 亿元，农产品精深加工业占比 70.8%；拥有省级以上科研平台 22 个、高层次人才 300 多人，先后承担国家"863"计划 6 项、省重大科技专项 9 项；培育了 20 多家农业产业化重点龙头企业，其中，河南金丹乳酸科技公司乳酸生产规模居亚洲第一。

2021 年 6 月 11 日，《人民日报》报道：目前，2021 年夏粮收购已自南向北陆续展开，开局平稳。截至 6 月 5 日，主产区累计收购小麦 215 万吨，油菜籽 11.9 万吨。据监测，随着上市量逐渐增加，新产小麦收购价格较收购初期有所回落，当前主产区收购均价为 1.23 元/斤，较开秤初期回落 0.02 元/斤。

2021 年 6 月 14 日，《人民日报》报道："金稻 919"的成功培育、推广是个缩影。依托水稻产业技术体系创新团队，天津市已培育了具有自主知识产权水稻新品种 17 个，进一步丰富了水稻种质资源，优质稻种销往全国。全市小站稻种植面积 2020 年跃升至 80 万亩以上，产量达到 50 万吨，规模效益逐渐显现。日前，天津市又发布了 2021 年小站稻产业振兴实施方案，今年全市小站稻种植面积力争达到 100 万亩，并配套出台多项措施。

2021 年 6 月 16 日，《人民日报》报道：截至 6 月 14 日 17 时，全国已收获小麦面积 2.61 亿亩，总体进度达 85%，与去年同期持平略快。其中机收面积 2.58 亿亩，日机收面积 1 212 万亩，当日投入小麦联合收割机 18.4 万台。江苏麦收接近尾声，陕西进度过八成，山西进七成，山东过六成，河北过半。

2021 年 6 月 16 日，《农民日报》报道：原来只是野生野长的榛子，经过多年种植推广，到 2020 年，铁岭市榛林面积达 113 万亩，年产量 3 000 万千克以上，年产值达到 20 多亿元，榛子产业已成为铁岭农业独树一帜的特色产业，农民发家致富的特色产品。中国品牌建设促进会审定铁岭榛子品牌价值为 62.35 亿元。

2021 年 6 月 16 日，《农民日报》报道：2020 年，四川全省冬油菜种植面积达 1 900 余万亩，总产量达到 315.4 万吨，种植面积和总产量连续 19 年增长。

2021 年 6 月 17 日，《农民日报》报道：近年来，河南省委、省政府始终把粮食生产作为重中之重来抓，"十三五"期间，河南粮食总产连续 4 年超 1 300 亿斤，2020 年更是达到了 1 365 亿斤，再创历史新高，为保障国家粮食安全作出了重要贡献。

2021 年 6 月 18 日，《人民日报》报道：截至 2020 年底，宁夏枸杞种植面积 35 万亩，综合产值达 210 亿元。到"十四五"末，中宁将新增枸杞种植面积 20 万亩，进一步夯实产业根基，高质量发展迈出更大步伐。

2021 年 6 月 19 日，《农民日报》报道：近日，四川省粮食扩面增产暨大春田管现场会在宜宾市南溪区召开。记者从会上了解到，目前四川大春粮食播栽已近尾声，大春播栽面积较去年增加 52.88 万亩，大春扩面任务超额完成。

2021 年 6 月 21 日，《光明日报》报道：据最新统计，今年 1 月—4 月，全国已建成高标准农田建设面积约 3 383 万亩，占年度任务量的 33.8%；新增高效节水灌溉面积 921 万亩，占年度任务量的 61.4%。高标准农田建设为高水平粮食丰收保驾护航。

2021 年 6 月 22 日，《农民日报》报道：近日，记者从内蒙古自治区农牧厅获悉，截至 6 月 15 日全区主要农作物春播已全部完成，总播、粮播面积实现双增长。全区农作物总播面积达 13 630.8 万亩，同比增加 66.2 万亩。其中，粮播面积 11 141.4 万亩，同比增加 310.6 万亩。

2021 年 6 月 26 日，《光明日报》报道：近日，农业农村部宣布，今年夏粮增产已成定局，产量将再创历史新高。丰收的喜悦离不开广大"三农"工作者的默默耕耘。

2021 年 7 月 7 日，《农民日报》报道：以"品牌创造价值"为主题的大连大樱桃地标品牌系列评选日前揭晓。仪式现场发布了"农产品地理标志大连大樱桃十大品牌""农产品地理标志大连大樱桃优质品牌"和"农产品地理标志大连大樱桃示范基地"名单。该活动由大连市农业农村局指导，大连市现代农业生产发展服务中心等单位承办。

2021 年 7 月 20 日，《光明日报》报道：近年来，广东省鹤山市依托当地生态优势和气候特点，因地制宜引导农民结合市场需求，大力发展特色花卉规模化种植，通过线上和线下相结合的销售模式，花卉进入广州、佛山、江门等粤港澳大湾区市场，帮助农民增收致富，助力乡村振兴。

2021 年 7 月 21 日，《农民日报》报道：7 月 19 日，首届中国芒果产业大会在广西壮族自治区百色市田东县开幕。大会旨在促进我国芒果产业"政产学研商资媒"融合发展，实现学术交流、成果转化、人文挖掘、产品展示、品牌打造、政策对接、商务洽谈七大功能，逐步形成百色市形象展示平台、广西乡村振兴的政策宣介平台、新理念新技术新产品的集中发布与展示平台、极具影响力的芒果文化交流平台、优质芒果绿色高质量发展示范平台。

2021 年 8 月 3 日，《农民日报》报道：被称为"世界小米之乡"的内蒙古赤峰市敖汉旗是闻名遐迩的杂粮主产区域。今年，敖汉旗的谷子长势喜人，全旗谷子种植面积 100 万亩，是全国最大的谷子种植区，预计年产优质谷子 5 亿斤以上。

2021 年 8 月 3 日，《农民日报》报道：6 月以来，西北地区降雨偏少，气温偏高，土壤失墒加快，旱情持续发展，陕西、甘肃、宁夏部分地区达中度干旱。春玉米播种出苗期间土壤墒情适宜，苗情长势普遍较好，但近期经历了伏旱和"卡脖旱"，导致部分地区玉米生长发育滞缓，幼穗发育不良，抽雄、吐丝、授粉受到严重影响。

2021 年 8 月 9 日，《农民日报》报道："人说山西好风光，地肥水美五谷香"，三晋大地"表里山河"的独特地形地貌，既带来温差大、光照足的气候条件，也成就了山西"小杂粮王国"的美誉——全省杂粮生产历史悠久、品种丰富、品质优良，主要品种有豆、麦、粟、薯、禾5大类20余种，种植面积稳定在1 300万亩左右，约占全国的1/10，年产量30多亿斤。

2021年8月10日，《农民日报》报道：8月9日，国家统计局发布7月份全国居民消费价格指数。数据显示，7月份，全国居民消费价格同比上涨1.0%。其中，城市上涨1.2%，农村上涨0.4%；食品价格下降3.7%，非食品价格上涨2.1%。1—7月平均，全国居民消费价格比去年同期上涨0.6%。7月份，全国居民消费价格环比上涨0.3%。其中，城市上涨0.3%，农村上涨0.2%；食品价格下降0.4%，非食品价格上涨0.5%。

2021年8月10日，《光明日报》报道：国家统计局7月14日发布的数据显示，今年全国夏粮总产量14 582万吨，比去年增加296.7万吨，增长2.1%。

2021年8月11日，《科技日报》报道：近日，山东省果树研究所邀请国内相关专家，对这里的"黄金蜜"杏早丰优质高产集约栽培技术试验园进行测产验收。测产结果让人吃惊：这些果实平均单株坐果119个，平均单果重72.9克，平均株产8.6千克，折合亩产1 659.8千克。果个中大，果形端正，果面金黄色，向阳面有红晕，果实可溶性固形物平均含量占17.8%，最高含量占22.5%，皮厚耐贮、耐磨压，适于远销。

2021年8月11日，《科技日报》报道：近日，记者从南京农业大学三亚研究院获悉，该校国家大豆改良中心名誉主任、中国工程院院士盖钧镒带领的研究团队，在三亚市崖州区坝头热带大豆优良品种选育试验基地进行的大豆南繁育种，小区测产试验亩产超500斤，远超国内平均亩产270斤的水平。

2021年8月17日，《农民日报》报道：8月16日，在国务院新闻办公室举行的7月国民经济运行情况新闻发布会上，国家统计局相关负责人表示，夏粮实现丰收，夏粮今年增产2.1%，秋粮生产总体稳定，全年粮食丰收有较好基础。

2021年8月23日，《光明日报》报道：近年来，河北省张家口市发挥独特的资源环境和区位优势，稳步发展高原菜、冷凉菜、错季菜为主的蔬菜产业，构建环京津重要"菜篮子"供应保障基地。

2021年8月24日，《农民日报》报道：巍巍祁连，戈壁绿洲，甘肃省酒泉市肃州区19万亩玉米制种基地产出了全国所需1/10的玉米种子。

2021年8月24日，《农民日报》报道：今年，新疆夏粮再获丰收，小麦生产呈现面积、总产、单产三增的良好形势。全区粮食生产特别是小麦生产基础更牢、质量更优，为全区"十四五"开好局、起好步奠定了坚实基础。

2021年8月27日，《农民日报》报道：近年来，在国家推进马铃薯主食化战略的背景下，中国马铃薯产业快速走向规模化、标准化、集约化农场发展，全国种植面积已达9 000万亩。

2021年8月30日，《光明日报》报道：国家统计局日前发布数据显示，2021年，根据10省（区）早稻实割实测抽样调查结果推算，全国早稻总产量2 802万吨（560亿斤），比2020年增加72.3万吨（14.5亿斤），增长2.7%。在全球疫情持续演变、外部环境复杂严峻的背景下，夏粮丰收和早稻增产奠定了全年粮食稳定生产的基础。

2021年8月31日，《科技日报》报道：近日，由内蒙古自治区呼和浩特市农牧局从中国农业科学院蔬菜花卉研究所引种的皱皮椒、中椒等8个辣椒新品种迎来丰收。新品种辣椒口感好、产量高、抗病虫害能力强，未来将大面积推广种植，助力菜农增收致富。

2021年9月1日，《农民日报》报道：作为世界范围内最大的荔枝主产区，2021年，广东荔枝产量突破147万吨的历史新高，不仅畅销全国还远销海外。

2021年9月7日，《农民日报》报道：近日，在黑龙江省北大荒集团江川农场有限公司的"龙庆稻8号"水稻田内，8台收割机一字排开收割水稻。"龙庆稻8号"水稻为11片叶早熟品种，5月12日插秧。农场遵循"绿色、高质、高效、创建"的原则，通过对"龙庆稻8号"水稻品种采取增施有机肥、减施氮肥等措施，促使该品种在8月29日就完全成熟，比常规12片叶水稻品种早熟7天至10天，为抢占稻米市场先机提供了保障。

2021年9月10日，《农民日报》报道：9月7日，第四届中国大豆种业高峰论坛暨大豆良种地展博览会在黑龙江省五大连池市开幕。国内大豆行业科研专家、优秀育种企业责任人围绕中国大豆产业发展现状、大豆产能与国家粮食安全、大豆增产增效技术等内容进行了深入交流。

2021年9月10日，《农民日报》报道：9月

2日，湖北赤壁神山兴农科技有限公司研发部经理陈奇说："有了这植物新品种权，不仅让我们的高品质猕猴桃品种有了防伪保护认证，更让我们有信心与新西兰猕猴桃一较高下。"近期该公司收到农业农村部授予的植物新品种权证书（猕猴桃属，分别以先沃一至六号命名），保护期限为20年。

2021年9月14日，《农民日报》报道：9月8日，由四川省农业农村厅、成都市人民政府主办的首届天府国际种业博览会在位于成都邛崃市的天府现代种业园开幕。大会以"擦亮'川种'金字招牌、勇担粮食安全使命"为主题，来自全国种业界的政企代表、专家学者、种植大户相聚邛崃，共谋产业发展，共推种业振兴。

2021年9月16日，《农民日报》报道：从今年7月开始，农业农村部会同有关部门启动为期半年的保护种业知识产权专项整治行动，严厉打击套牌侵权、制售假劣等违法行为，综合运用法律、经济、技术、行政等多种手段，推行全链条全流程监管，目前各项整治措施正扎实推进，已初步掌握了一批涉嫌违法犯罪线索，立案了一批套牌侵权、制假售假案件，抓获了一批犯罪嫌疑人。

2021年9月22日，《科技日报》报道：日前，在贵州省兴义市水稻超高产试验示范基地，经工作人员测产，贵州省水稻高产再创纪录。对此，中国工程院院士、农业农村部水稻专家组副组长张洪程评价，贵州水稻产量在全国属于一流水平。这块示范基地是2013年在"杂交水稻之父"袁隆平院士的倡导下种植的，主要目标是突破水稻亩产1 000千克，为全国水稻超高产育种和超高产栽培提供科学研究平台。

2021年9月27日，《科技日报》报道：9月26日，第二届中国—非洲经贸博览会在长沙隆重开幕。科技日报记者获悉，此次经贸会促进了尼日利亚杂交水稻种植推广项目成功落地。这不仅有望推动尼日利亚杂交水稻产业发展，助力这一粮食大量进口国实现粮食增收，还有效帮助他们提升了当地农户在水稻种植过程中使用农机、农技的水平，并有望助力尼日利亚全面实现粮食自给，为非洲粮食增产提供一个尼日利亚范本。

2021年9月28日，《科技日报》报道：科技日报讯 英国《自然》杂志日前同时发表多篇环境科学研究，并建立了全球水产种类微量和常量元素数据库，其中一项研究表明，提高"蓝色食品"产量有望增加食品消费和改善饮食——"蓝色食品"是指淡水和海洋环境中的植物、动物和藻类。该论文

被收录在此次"蓝色食品合辑"中，该合辑收集了《自然》《自然·食品》《自然·通讯》发表的研究论文、评论和观点文章，就水产食品对未来粮食系统的贡献以及实现这些贡献需要克服的挑战提供了洞见。

2021年9月28日，《农民日报》报道：今年，北大荒七星农业科技园区引进水稻品种（系）60余个，结合水稻叶龄诊断技术，通过图像分析，对品种的适应性、丰产性及抗逆性进行综合研究，以筛选出品性优良的水稻新品种进行推广种植。

2021年9月29日，《农民日报》报道：目前，玉米、中稻、大豆等秋粮作物都已进入成熟末期、部分已开始收获，双季晚稻处于抽穗至灌浆期，生育进程正常，长势较好，丰收在望。据农业农村部农情调度，截至9月27日，全国秋粮收获已过两成，进度与上年相当。其中，西南地区收获过六成，长江中下游及华南收获过三成半，西北地区收获过三成，黄淮海地区收获过一成半，东北地区收获近一成。

2021年9月30日，《农民日报》报道：2021涉棉产业产融结合风险管理峰会9月23日在浙江杭州召开。本次会议由郑州商品交易所、中国供销集团所属中华棉花集团有限公司共同主办，中信期货有限公司、永安期货有限公司协办。来自行业内的400多名企业代表参加了本次峰会。会议以"打造多元共享优质高效的棉花产业新生态"为主题，探讨在疫情常态化及外围市场风险高度不确定的大背景下，棉花产业链上下游企业如何运用多种工具开展风险管理、业务模式创新，产业链上下游协同，提升企业市场竞争力和抗风险能力，共同应对市场挑战，共谋发展。

2021年10月8日，《农民日报》报道："东农310"现场观摩会暨推广与开发研讨会在陕西省榆林市召开，国家马铃薯产业技术体系岗位科学家郭华春教授在研讨会上宣布了测产结果：在田间亩种植密度3 900株、氮肥和微肥用量比基地其他加工型品种减少25%的基础上，"东农310"亩产量超过4.8吨，块茎干物质含量达到25%。

2021年10月8日，《农民日报》报道：油菜是我国重要的油料作物，占国产食用植物油总量的一半以上，但我国食用油自给率不足35%，发展油菜生产，提高产量，扩增面积的重要意义不言而喻。虽然种植面积和总产量均居世界前列，但我国油菜的机械化生产水平一直较低，其中收获环节的机械化率为44%，种植环节仅为32.54%（截至2019

年）。其实，阻碍油菜机械化生产发展的技术壁垒基本上都被攻克，机械化水平的提高将大大提升我国食用油数量和质量。

2021 年 10 月 11 日，《科技日报》报道：重庆市的永川黄瓜山脆姜远近闻名，不过也面临着高温高湿、病虫害频发等问题的困扰。重庆文理学院有支"姜博士"科技特派员团队，这支队伍从事生姜生产研究，保障生姜产业健康发展，让生姜产业成了乡村振兴的特色产业。

2021 年 10 月 12 日，《农民日报》报道：近日，中国热带农业科学院热带作物品种资源研究所在儋州区区举办木薯间（套）作及水肥药关键技术集成与示范培训班，60 余名木薯种植户参加培训，国家重点研发项目"木薯间套作及水肥药关键技术集成与示范"课题骨干以及国家木薯产业体系专家进行授课。

2021 年 10 月 12 日，《科技日报》报道：10月 11 日，由中科院遗传发育所邀请专家对中科院重点部署项目"大豆高产稳产分子基础与品种培育"进行测产，结果显示：在黄河三角洲地区土壤含盐量为千分之五的盐碱地里，种植的耐盐大豆材料 TZX-1736、TZX-805 亩产可达 264.8 千克、263.3 千克，这创造了耐盐碱大豆新品种的亩产纪录。相对之下，该数据已经超越了 2020 年我国大豆平均亩产（132.4 千克）。

2021 年 10 月 13 日，《人民日报》报道：蔓越莓成为黑龙江省抚远农民增收的重要支柱产业，也成为抚远的立市产业。下一步，抚远将通过蔓越莓基地带动作用，实现农业增效、农民增收，带动特色观光、旅游农业等产业发展，加快构建现代农业产业体系。

2021 年 10 月 13 日，《农民日报》报道：2020 年，云南花卉种植面积 190.1 万亩，综合总产值达到 830.1 亿元。其中，鲜切花种植面积 29.1 万亩，产量 146.6 亿枝，产值 115.9 亿元。鲜切花的生产面积、产量和出口额已连续 27 年位列全国第一。亚洲第一、世界第二的鲜切花交易中心，全国乃至亚洲地区的鲜切花种植栽培中心、交易流通中心和科技创新中心更是让云南花卉产业底气十足。目前，云南花卉产业已逐步形成了集科研、生产、加工、交易、运输、销售和社会化配套服务于一体的全产业链体系，综合实力全国领先，国际影响力日益提升。赏花精品线路、鲜花旅游节、花海景观、鲜花小镇等花旅融合项目正在释放经济发展新动能，云南正成为全国及世界知名的"赏花旅游目的地"。

2021 年 10 月 13 日，《农民日报》报道：据了解，近年来张家界莓茶已经成为该市永定区"一县一特"主导特色产业和助力乡村振兴重点产业。张家界永定区是湖南省"一县一特"特色产业（莓茶）聚集区，国家农村一二三产业莓茶融合发展试点县（区），国家现代农业产业（莓茶）园示范建设县（区）。目前永定区莓茶种植面积已达 11.5 万多亩，全区从事莓茶深加工企业发展到 49 家，2020 年全区莓茶加工产值 12.7 亿元。

2021 年 10 月 13 日，《农民日报》报道：10月 10 日，农业农村部种业管理司在河北省石家庄市藁城区召开全国玉米大豆带状复合种植现场观摩会，代表们观摩了玉米大豆带状复合种植千亩示范片和配套农机具展示等现场，四川农业大学杨文钰教授、雍太文教授作了专题报告，河北藁城区、内蒙古包头市、河南永城市和山东肥城市的代表分别作了典型发言。

2021 年 10 月 13 日，《农民日报》报道：近日，湖北省农业农村厅分别与湖北省供销合作总社、宜昌市政府、咸宁市政府、恩施州政府等单位，在宁夏回族自治区银川市、甘肃省兰州市，联合举办两场"湖北名优茶·健康边疆行"推介会，践行"一带一路"倡议，推介湖北名优茶产品，拓展西北市场，扩大湖北与西北地区茶叶经贸和文化交流。

2021 年 10 月 13 日，《农民日报》报道：聚焦石榴品牌建设、实施零距离技术服务、促进临潼石榴一二三产业融合发展。近日，在陕西省西安市临潼区农业农村局举办的临潼石榴产业提质增效暨临潼石榴人物故事分享会上，首批 13 家经济实体获得了使用"临潼石榴"区域公用品牌的授权。

2021 年 10 月 13 日，《农民日报》报道：近日，2021 青岛西海岸·宝山苹果季活动在山东省青岛市西海岸新区启动。今年的苹果季活动首次发布了将国家地理标志农产品与国学文化相融合的文创产品，通过传统文化与现代时尚的结合，赋予宝山"明月"苹果新的文化 IP，通过开展"明月"系列主题文化创意活动和品牌推介活动，着力把明月苹果打造成富有文化内涵的高端农产品，进一步提升新区农产品的知名度和美誉度。

2021 年 10 月 13 日，《农民日报》报道：金秋十月，我国重要的商品棉和优质棉生产基地新疆阿拉尔垦区棉花迎来采收旺季，垦区各团场抢抓天气晴好的有利时机，投入 1 500 余台采棉机，开足马力采收棉花，确保朵絮归仓。今年，阿拉尔垦区种植的 120 万亩棉花喜获丰收，预计 11 月上旬采收完毕。

2021 年 10 月 14 日，《科技日报》报道：日前，中国科学院昆明植物研究所中国西南野生生物种质资源库（以下简称种质资源库）种子采集队顺利完成"珠峰种子采集 2021"任务，在珠峰 6 200 米左右成功采集到须弥扇叶芥、鼠麹雪兔子等植物种子，刷新了我国植物种子采集的最高海拔纪录。

2021 年 10 月 15 日，《科技日报》报道：袁隆平团队湖南衡南双季稻测产亩产突破 1 600 千克。

2021 年 10 月 18 日，《光明日报》报道：截至 2020 年底，潼南柠檬的种植面积已超过 32 万亩，年产鲜果 28 万吨，成功研发出饮料、绿色食品、美容护肤品、生物医药及保健品等 5 大类 350 余种柠檬深加工产品。潼南柠檬已出口到 30 多个国家和地区，每年出口数量占全国柠檬总出口量的一半以上。重庆潼南已成为与美国加州、意大利西西里岛齐名的世界三大顶级柠檬产地之一。

2021 年 10 月 18 日，《农民日报》报道：近日，在国家玉米产业技术体系甘肃平凉泾川高平示范基地，举办了抗旱耐密丰产玉米品种及绿色增效技术现场观摩会。会议期间，国家玉米产业技术体系专家现场测产，"陕单 650""MC703""瑞普 909""强胜 388""先玉 698""联创 825"亩产达到了"吨粮田"，其中，"陕单 650"抗旱性强、耐密植、单产 1 017.1 千克/亩，籽粒水分降低到了 25.6%，达到机械粒收水分标准。

2021 年 10 月 19 日，《人民日报》报道：第九届中药材基地共建共享交流大会日前在广西南宁开幕。本届大会以"创新支撑·绿色发展"为主题，包含主旨演讲、专题研讨、成果展览、项目签约、信息发布等多个环节，展示了中药材的全产业链发展。大会设置了全国道地药材、中药材产业配套服务、乡村振兴等展区，并启动《中药材行业蓝皮书》编写工作。

2021 年 10 月 19 日，《农民日报》报道：近日，全国农业技术推广服务中心联合先正达在多个花生产地陆续召开了花生安全生产及病虫害综合解决技术示范。据了解，今年的试验示范取得了重大突破，特别是引入了先正达的新技术"美甜"后，花生在有效减少用药量的情况下，对于叶斑病防效比现有药剂提高 30%～50%，与现有方案形成鲜明的对比，增产幅度平均超过 20%，增产量每亩平均可达到 100 千克。

2021 年 10 月 19 日，《农民日报》报道：近日，为加快优质稻品种推广应用，助力江西大米品牌做大做强，2021 第三届江西省优质稻展示会在江西省萍乡市举办。大会以"品种培优、品质提升、品牌打造"为主题，包含新优品种展示、产业高峰论坛、优质稻评选、产品交易洽谈等环节，旨在推动江西省种业振兴，助力江西农业高质量发展。

2021 年 10 月 19 日，《农民日报》报道：近日，"中国大豆生育期组零点标识"在黑龙江省黑河市落成。该标识碑矗立于我国目前推广面积最大的大豆品种"黑河 43"的育成地点，位于北纬 50°15′，东经 127°27′，海拔 168.5 米。该标识位置将成为全球大豆生育期组分组的"格林尼治"地标，永久载入世界大豆育种史册。此次标识的确立也标志着大豆远距离安全引种进入精准时代。

2021 年 10 月 21 日，《农民日报》报道：国家棉花产业联盟长期致力于打造高品质棉花产业链，在我国主产棉区生产符合终端用户需求的高品质棉花并在新疆建立高品质棉花生产基地数百万亩。

2021 年 10 月 22 日，《农民日报》报道：10 月 14 日，河南省花生"减药控害提质增产"试验示范现场观摩会在长垣市举行。专家组对花生试验示范田进行了实收实测，与常规对照相比，"芸乐收"处理区花生提质增产效果显著。

2021 年 10 月 25 日，《光明日报》报道：20 世纪 90 年代，联合国粮农组织将推广杂交水稻列为解决发展中国家粮食短缺的首选战略措施。如今，中国杂交水稻已在亚洲、非洲、美洲的数十个国家和地区推广种植，年种植面积达 800 万公顷，年增产稻谷可多养活数千万人。

2021 年 10 月 25 日，《科技日报》报道：10 月 23 日，由农业农村部耕地质量监测保护中心指导，河北省科技厅组织，全国农业科技创业创新联盟、华中农业大学、河北省农业农村厅、河北省农林科学院、河北工程大学等单位 7 名专家组成的测产组，在河北省硅谷农业科学研究院"杂交水稻"创高产示范基地，经过现场实打实测，亩产达到 1 326.77 千克，再创水稻大面积种植世界最高纪录。

2021 年 10 月 26 日，《农民日报》报道：近日，记者获悉，由全国农作物种子标准化技术委员会推出、全国农技中心组织起草的 GB4404.1 - 2008《粮食作物种子第 1 部分：禾谷类》国家标准第 1 号修改单将于今年 11 月 1 日正式实施，明确了玉米单粒播种子质量要求。

2021 年 10 月 26 日，《农民日报》报道：由于独特的光热水资源，新疆棉花单产高、质量优，2020 年新疆棉花总产量占全国棉花总产量的

87.3%，约占世界棉花产量的 20% 以上，新疆棉花在全球棉花产业中的地位举足轻重。

2021 年 10 月 29 日，《农民日报》报道：目前，甘肃马铃薯绿色标准化种植面积达到 200 多万亩，种薯生产面积达到 54 万亩，拥有万亩以上标准化基地 20 个、千亩以上标准化基地 239 个。

2021 年 10 月 30 日，《农民日报》报道：陕西猕猴桃大面积人工栽培始于上世纪 70 年代末。经过 40 多年的发展，秦岭北麓的渭河流域、秦岭南麓的汉丹江流域已发展猕猴桃 90 多万亩，产业规模占全国的近 40%。

2021 年 10 月 30 日，《农民日报》报道：紫花苜蓿作为优质的豆科牧草，每年干草产量可达 10～18 吨/公顷，粗蛋白产量 1.9～3.4 吨/公顷，以高产、粗蛋白质含量高、适口性好而被誉为“牧草之王”，是各种畜禽都喜食的优质牧草。

2021 年 11 月 1 日，《农民日报》报道：今年，新疆全区小麦播种面积 1 708.95 万亩、较上年增加 100.5 万亩、预计总产 628.1 万吨、较上年增加 46.1 万吨、增长 7.9%。

2021 年 11 月 2 日，《农民日报》报道：在海南以“热科 2 号”白木香为代表的“奇楠沉香”逐渐成为沉香种植的主栽品种，目前在海南种植规模超过 3 万亩，全国种植面积约 8 万～10 万亩。

2021 年 11 月 2 日，《科技日报》报道：2020 年中央经济工作会议强调要开展种源“卡脖子”技术攻关，立志打一场种业翻身仗。2021 年中央 1 号文件再次提出打好种业翻身仗。

2021 年 11 月 3 日，《光明日报》报道：近日，广西壮族自治区柳州市柳江区“南菜北运”基地里种植的多种蔬菜陆续丰收，菜农忙着采摘蔬菜，加大市场供应量。

2021 年 11 月 3 日，《农民日报》报道：10 月 29 日，三亚市召开 2021 年冬季农业生产动员大会，确保今冬明春全市冬春瓜菜种植面积稳定在 17 万亩（含复种），总产量 47 万吨，出岛量 43 万吨，瓜菜良种覆盖率 95% 以上，化肥农药减少 3%，产品抽检合格率 98% 以上。

2021 年 11 月 3 日，《农民日报》报道：近日，江西龙南市在田蔬菜面积 2.527 万亩，叶类菜种植面积 1.45 万亩，其中小白菜 3 300 亩，菜心苗 3 150 亩，上海青 2 940 亩，芥蓝菜 2 250 亩，薯叶 1 380 亩，水白苗 700 亩，山苏、沙拉菜等特色蔬菜 800 亩。

2021 年 11 月 9 日，《人民日报》报道：中国水稻研究所所长胡培松 30 年与泥土为伴、与水稻为伍，带领团队育成优质稻新品种 59 个，在湖南、江西等主产省推广面积近 2 亿亩。

2021 年 11 月 9 日，《人民日报》报道：据农业农村部农情调度，截至 11 月 8 日，全国冬小麦播种已完成 89.5%，冬油菜播种已完成 94%。

2021 年 11 月 10 日，《农民日报》报道：2021 年度，国内棉花产量下降，在经济形势好转及国际订单转移的带动下，需求恢复，棉花价格涨势明显。

2021 年 11 月 16 日，《人民日报》报道：目前，我国农作物良种覆盖率在 96% 以上，水稻、小麦、大豆全部为自主品种，做到了中国粮主要用中国种。

2021 年 11 月 16 日，《农民日报》报道：11 月 1 日，作为河南省沿黄地区美丽乡村建设的配套产业，2021 第三届郑州种业博览会暨第六届中原国际种业科技展览会在郑州市惠济区中原种业科技园隆重开幕，来自全球种业各领域专家、行业企业等围绕种业领域的育种创新、生物技术、企业建设、国际合作等关键内容，“云上云下”参展话展，在惠济区的美丽乡村内掀起一场助推种业振兴、乡村振兴的“头脑风暴”。

2021 年 11 月 16 日，《农民日报》报道：收获高粱，播种油菜。今年，浙江绍兴诸暨市国家现代农业产业园在同山镇建立千亩“油菜＋高粱”示范基地，通过高粱和油菜轮作种植模式进一步提高土地利用效率和产出效益。

2021 年 11 月 19 日，《农民日报》报道：在“长江流域高产高效棉花新品种培育”项目成果展示观摩会上，专家组对参加展示的 24 个棉花新品种进行现场估产。专家组一致认为，项目组培育的这些优良品种在配套技术支撑下均实现了丰产，其中“中棉 425”表现最为突出，在大丰测产结果为亩产 344 千克，兴化测产结果为亩产 440 千克。尤其值得一提的是，“中棉 425”属于特早熟品种，生育期只有 98 天，且纤维品质优良，适合长江流域油（油菜）后麦（大麦）后直播，能够有效缓解长江流域粮棉争地矛盾。

2021 年 11 月 19 日，《科技日报》报道：目前，中国黑玉米产区主要在黑龙江、吉林、辽宁三省，河北、河南、四川、山东、山西、广西等省（自治区）也有种植，其产量和面积正在逐年增加。据测定，黑玉米蛋白质含量比普通玉米高 1.2 倍，锌、磷、钾、钙的含量比普通玉米高 1.5～4.1 倍，所含 19 种氨基酸中有 18 种高于普通玉米，脂肪含量却是普通玉米的 1/2 甚至更少，故被营养专家称为健康食品。

2021 年 11 月 23 日，《农民日报》报道：目前，杨凌示范区先后在甘肃、宁夏等 18 个省（区）布局建成农业科技示范推广基地 350 个，年科技示范推广面积超过 1 亿亩，共有 5 000 多项农业高新技术走进了千家万户，累计推广效益 1 910 亿元，仅小麦和玉米系列新品种在黄淮麦区累计推广面积就超过 8 亿亩、增产 430 亿斤。

2021 年 11 月 24 日，《人民日报》报道："十三五"以来，广西累计审定农作物新品种 1 143 个，主要农作物良种覆盖率超过 96%；目前已建成 5 个国家级、28 个自治区级畜禽遗传资源保种场（保护区、基因库），保存农作物种质资源及相关材料 8 万余份，保护活体水产种质资源 100 多种；现有农作物种业企业 414 家、种畜禽企业 178 家、水产苗种企业 278 家。

2021 年 11 月 26 日，《农民日报》报道：据全国土壤墒情系统监测，近日，全国冬麦区 65% 监测站点 0~20cm 土壤相对含水量处于 65%~85%，和去年同期相比平均增加 18 个百分点，大部墒情适宜，局地过多，主要分布在华北黄淮地区。目前全国冬麦区大部降水较少，气温逐步回升，利于小麦冬前生长和分蘖。当前应因墒因苗指导好小麦冬灌，确保安全越冬，为明年夏粮丰收奠定基础。

2021 年 11 月 27 日，《农民日报》报道：当下，全球气候变暖深刻影响着我国农林生态，"温水双增"趋势使得农业生产方面出现较明显的"种植带北移"现象，稻麦油可种植北界北移，玉米适种面积也有所增加。记者采访发现，一些地区主动适应"种植带北移"趋势，优化农业生产布局，取得较好效果。相关部门和学者建议，应高度重视"种植带北移"的战略价值，加强前瞻性研究，及时启动第三次全国农业气候区划工作，引导优化种植结构调整和生态环境保护相关工作。

2021 年 12 月 1 日，《农民日报》报道：今年 9 月，国家农作物品种审定委员会发布了《国家级稻玉米品种审定标准（2021 年修订）》。

2021 年 12 月 6 日，《人民日报》报道：齐齐哈尔市是全国重要的苇产品及原料基地，年产高品质芦苇数万吨。近年来，该市通过走芦苇深加工之路，带动村民致富，产品远销国内外。

2021 年 12 月 7 日，《农民日报》报道：2021 年，北京市顺义区农业农村局积极部署，精心组织

开展了农业领域留白增绿工作。该工作主要是通过对拆违腾退土地中涉及永久基本农田和新增耕地的地块进行农作物种植，实现生态绿色覆盖。

2021 年 12 月 7 日，《农民日报》报道：海南作为我国重要的南繁制种基地，每年承担了国内水稻等作物 30% 的制种工作。以杂交水稻为例，每年南繁制种面积占全国的 16% 以上，产业稳定发展事关国家粮食安全。

2021 年 12 月 8 日，《人民日报》报道：记者从国家粮食和物资储备局获悉：9 月中下旬以来，秋粮收购工作由南向北陆续展开，目前已进入收购高峰，进展总体顺利。截至 12 月 5 日，主产区各类粮食企业累计收购秋粮 1 310 亿斤，与常年水平大体相当。

2021 年 12 月 8 日，《光明日报》报道：目前，中晚稻最低收购价收购工作正在安徽、江西、河南、湖北、湖南、黑龙江等 6 省全面展开，收购量较去年明显增加。截至 12 月 5 日，中储粮集团公司已累计完成中晚稻最低收购价收购 453.6 万吨，较去年同期增加 400 多万吨，其中收购中晚籼稻 125.5 万吨、收购粳稻 328.1 万吨。

2021 年 12 月 10 日，《光明日报》报道：农产品平均税率由 23.2% 降至 15.2%，基本接近发达国家市场开放水准。

2021 年 12 月 10 日，《光明日报》报道：12 月 7 日，记者从中储粮总公司获悉，目前最低收购价收购工作正在安徽、江西、河南、湖北、湖南、黑龙江 6 省全面展开，收购量较去年明显增加。截至 12 月 5 日，中储粮已累计完成中晚稻最低收购价收购 453.6 万吨，较去年同期增加 400 多万吨，其中收购中晚籼稻 125.5 万吨、收购粳稻 328.1 万吨，黑龙江收购量占全国收购总量的一半以上。

2021 年 12 月 13 日，《农民日报》报道：近日，国家统计局公布 2021 年全国粮食总产量为 13 657 亿斤，比上年增加 267 亿斤，增长 2.0%，全年粮食产量再创新高，连续 7 年保持在 1.3 万亿斤以上。

2021 年 12 月 13 日，《农民日报》报道：近年来，安徽农垦华阳河农场依托区域天然优质水源，实施生态绿色莲藕种植，面积超过一万亩。进入大雪节气，莲藕迎来采收旺季，鲜藕不仅供应周边市场，还远销长三角等地。

2021 年 12 月 13 日，《农民日报》报道：今年立冬，北大荒农垦集团红兴隆分公司各粮食收储中心开足马力，确保将丰收的粮食颗粒归仓。据悉，

今年，红兴隆分公司遭受到了严重的双重自然灾害，播种期持续低温多雨，夏季近 60 天高温干旱无有效降雨，粮食生产喜获"十八连丰"，总产量达到 87.9 亿斤，同比去年增产 12.63 亿斤，水稻单产 1 258 斤、玉米单产 1 407 斤、大豆单产 332 斤，创下了收获面积历史最大、开始时间历史最早、速度历史最快、总产量历史最高、水稻亩产量历史最高、亩效益历史最高的纪录。

2021 年 12 月 13 日，《人民日报》报道：国家统计局数据显示：2021 年，吉林省粮食总产量首次达到 807.84 亿斤，比上年增加 47.24 亿斤，净增量居全国第二位。粮食单产 941.3 斤/亩，比上年增加 48.7 斤/亩，超过全国平均单产水平 21.6%。

2021 年 12 月 17 日，《人民日报》报道：2021 年，黑龙江省粮食总产量比去年增加 65.34 亿斤，占全国总产量的 11.5%，实现"十八连丰"，连续 11 年位居全国第一。

2021 年 12 月 20 日，《科技日报》报道："水稻专项执行以来，累计创制优异种质资源 30 份，审定新品种 8 个，建成 1 000 亩以上优质水稻示范基地 4 个，累计推广新品种 50 万亩，申请或获得植物新品种权 9 项、获得授权 1 项，发表学术论文 8 篇，带动企业新增营业收入 2 204 万元。"12 月 17 日，黑龙江省"百千万"工程重大科技专项"优质抗逆水稻新品种选育"项目组举行年度工作总结视频会。专项首席、黑龙江省农科院绥化分院副院长聂守军研究员代表项目组向"出卷人"黑龙江省科技厅递交了水稻专项"高分答卷"。

2021 年 12 月 20 日，《农民日报》报道：在第十八届中国国际粮油产品及设备技术展示交易会上，辽宁省粮食和物资储备局组织 26 家参展企业的"辽宁好粮油"产品全部获得交易会金奖，"辽宁好粮油"获得国家粮食和物资储备局、各参展商及广大市民关注与认可。

2021 年 12 月 20 日，《农民日报》报道：近日，河南黄泛区实业集团（黄泛区农场）从乌克兰进口的首批大麦按期在天津港口通关入库。大豆、玉米、葵花粕等多种乌克兰优质农副产品贸易手续也已经准备完毕，明年将按集团部署陆续进口回国。

2021 年 12 月 21 日，《农民日报》报道：根据国家统计局 12 月 6 日发布的《关于 2021 年粮食产量数据的公告》，辽宁省粮食播种面积为 3 543.6 千公顷（5 315.4 万亩），位居全国第 14 名；粮食总产量达到 2 538.7 万吨（507.74 亿斤），稳居全国第 12 名，全国粮食主产省地位进一步巩固；粮食单产水平为 7 164.4 千克/公顷（955 斤/亩），位居全国第 3 名、粮食主产省第 1 名。

2021 年 12 月 21 日，《农民日报》报道：素有"中国葵花之乡"美誉的内蒙古巴彦淖尔市是全国最大的食用向日葵生产基地、全国首个葵花籽产品质量安全示范区。今年，巴彦淖尔市向日葵种植总面积约 360 万亩，总产量达 16 亿斤以上。

2021 年 12 月 21 日，《科技日报》报道：20 日，科技部在京发布《全球生态环境遥感监测 2021 年度报告》，其中，"全球大宗粮油作物生产与粮食安全形势"专题指出，近 10 年，中国大宗粮油作物产量年均增长率为 0.5%，形成了"南方稳产、北方优势产区集聚"的总体格局。

二、林　业

2021 年 1 月 4 日，《人民日报》报道："十三五"期间，我国新增湿地面积 300 多万亩，湿地保护率达到 50% 以上。

2021 年 1 月 13 日，《科技日报》报道：中共中央办公厅、国务院办公厅印发了《关于全面推行林长制的意见》，并发出通知，要求各地区各部门结合实际认真贯彻落实。

2021 年 1 月 21 日，《人民日报》报道：到 2023 年，西藏海拔 4 300 米以下的行政村将完成营造林 2 000 万株，宜林行政村绿地率达到 25% 以上，建成国家森林乡村 200 个。

2021 年 1 月 26 日，《科技日报》报道：重庆出台了《长江重庆段"两岸青山·千里林带"规划建设实施方案》（以下简称《实施方案》），为保护好三峡库区和长江母亲河给出了行动计划书。《实施方案》明确，从生态系统整体性和流域系统性出发，"两岸青山·千里林带"规划建设范围为长江干流重庆段（691 千米）及三峡库区回水区，嘉陵江、乌江和涪江重庆段两岸第一层山脊线范围以内，或平缓地区江河两岸外 1 000 米左右。

2021 年 1 月 27 日，《人民日报》报道："十三五"期间，我国累计完成造林 5.45 亿亩，森林抚育 6.37 亿亩，建设国家储备林 4 805 万亩，森林覆盖率提高到 23.04%，森林蓄积量超过 175 亿立方米，连续 30 年保持"双增长"，成为森林资源增长最多的国家；累计治理沙化和石漠化土地 1.8 亿亩，沙化土地封禁保护区面积扩大到 2 660 万亩，荒漠化沙化面积和程度持续降低；天然林保护范围扩大到全国，全面停止商业性采伐，19.44 亿亩天然乔木林得到休养生息。

2021 年 2 月 1 日,《人民日报》报道:2021年,西藏将全面推行林长制,开展海拔 4 300 米以下四旁植树,预计完成造林 110 万亩;深化生态安全屏障保护与建设,持续推进"两江四河"流域造林绿化、防沙治沙等重点工程;加强重点流域水生态保护,推进雅江中游生态综合整治工程前期工作。

2021 年 2 月 3 日,《光明日报》报道:自改革开放以来,空军某运输搜救团一大队在加强战备训练的同时,长期担负飞机播种和防风治沙任务,战斗在改善生态、助力脱贫第一线,飞播航迹遍布内蒙古、川、黔、陕、甘、青、宁 7 省(区)130 多个县(市),作业面积 2 600 余万亩,播撒草籽树种万余吨,在荒漠地区、沙漠地带筑起绿色屏障,助力当地群众摘掉"贫困帽",被誉为"飞播绿鹰"。

2021 年 2 月 4 日,《人民日报》报道:"做好碳达峰、碳中和工作"是今年重点任务之一。中央经济工作会议强调,我国二氧化碳排放力争 2030 年前达到峰值,力争 2060 年前实现碳中和。"十四五"生态建设目标初步确定,力争 2025 年全国森林覆盖率达到 24.1%。"我们将把国土绿化与应对气候变化有机结合起来。随着森林面积的扩大和森林蓄积量的提升,森林碳汇将逐步提高。"国家林草局副局长刘东生说,同时我们还将提升草原、湿地碳汇,为实现碳中和目标发挥越来越大的作用。

2021 年 2 月 4 日,《人民日报》报道:2017年 3 月起,安徽在全国率先探索林长制改革。广德在上千名林长的带动下,打击滥砍滥伐、探索林地流转、发展绿色产业,不仅打消了村民的顾虑,还让大家守着青山密林吃上了生态饭。如今,安徽在全省全面建设林长制"五个一"服务平台,即"一林一档"信息管理制度、"一林一策"目标规划制度、"一林一技"科技服务制度、"一林一警"执法保障制度、"一林一员"安全巡护制度,初步建立以各级林长责任区为落点,包含五大服务的信息化运行平台,基本实现全省一个数据平台、一个手机APP、一个公示牌二维码。

2021 年 2 月 4 日,《人民日报》报道:"十三五"期间,云南省林地面积增加到 4.24 亿亩,森林蓄积量增加到 20.67 亿立方米,森林覆盖率提高到 65.04%。

2021 年 2 月 4 日,《科技日报》报道:2021年北京市计划新增造林绿化面积 16 万亩、城市绿地400 公顷,恢复建设湿地 1 000 公顷。全市森林覆盖率达到 44.6%,平原地区森林覆盖率达到 31%,城

市绿化覆盖率达到 49%,人均公园绿地面积达到16.6 平方米。

2021 年 2 月 21 日,《人民日报》报道:党的十八大以来,各级林草部门深入践行绿水青山就是金山银山的理念,大力推进生态补偿扶贫、国土绿化扶贫、生态产业扶贫,建立了中央统筹、行业主推、地方主抓的生态扶贫格局,全面完成了生态扶贫各项目标任务,助力 2 000 多万贫困人口脱贫增收。国家林业和草原局副局长李春良介绍,我国在这些地区走出了一条生态补偿扶贫的新路子,累计从建档立卡贫困人口中选聘了 110.2 万名生态护林员,带动 300 多万贫困人口增收脱贫,新增林草资源管护面积近 9 亿亩,实现了生态保护和脱贫增收双赢。

2021 年 3 月 15 日,《光明日报》报道:第三期中国森林资源核算研究成果在京发布。研究结果表明,第九次森林资源清查期末(2018 年),全国林地林木资源总价值为 25.05 万亿元,我国森林生态系统提供生态服务价值达 15.88 万亿元,全国森林提供森林文化价值约为 3.10 万亿元。

2021 年 3 月 18 日,《人民日报》报道:国家林业和草原局 17 日召开电视电话会议,启动全国打击毁林专项行动,对 2013 年以来毁林问题进行全面清理排查和专项整治,严厉打击毁林违法犯罪行为,进一步维护森林资源管理秩序,提高森林资源保护管理水平。

2021 年 3 月 18 日,《人民日报》报道:"十四五"期间,山西将按照"两山七河一流域"生态修复保护布局,规划营造林 2 000 万亩,森林覆盖率达到 26%。

2021 年 3 月 18 日,《农民日报》报道:国务院台办、农业农村部、国家林草局、国家发展改革委、财政部、自然资源部、水利部、商务部、中国人民银行、国家市场监管总局、供销总社 17 日联合出台《关于支持台湾同胞台资企业在大陆农业林业领域发展的若干措施》,自公布之日起施行。

2021 年 3 月 21 日,《光明日报》报道:3 月21 日是"国际森林日",联合国粮农组织发布公益短片,呼吁大家行动起来,携手恢复森林。近年来,中国创新推动森林可持续经营,为实现全球森林目标贡献了中国智慧和力量。

2021 年 3 月 22 日,《农民日报》报道:全国绿化委员会办公室日前发布的《2020 年中国国土绿化状况公报》显示,全国完成造林 677 万公顷、防沙治沙 209.6 万公顷,全国林业产业总产值达

7.55 万亿元。

2021 年 4 月 2 日，《光明日报》报道：中央宣传部、国家林业和草原局、财政部、国家乡村振兴局近日发布了"最美生态护林员"的先进事迹。中央宣传部、国家林业和草原局、财政部、国家乡村振兴局有关负责同志为他们颁发了"最美生态护林员"证书。

2021 年 4 月 7 日，《光明日报》报道：4 月 2 日，习近平总书记参加首都义务植树活动，并就全社会植树造林、绿化祖国作出重要指示。"十四五"规划和 2035 年远景目标纲要提出，"十四五"时期，我国森林覆盖率提高到 24.1%。今年 1 月，中共中央办公厅、国务院办公厅印发《关于全面推行林长制的意见》，提出确保到 2022 年 6 月全面建立林长制。

2021 年 4 月 13 日，《人民日报》报道：从国家林草局日前召开的全面推行林长制工作视频会议上获悉：各地积极推动林长制各项工作落实。目前，安徽、江西、山东、重庆、海南、山西、贵州、福建、新疆、北京等 10 个省份已在全域推行林长制，其中有 9 个省份由党委、政府主要负责同志双"挂帅"担任总林长，其他省份也正在抓紧推动相关工作，争取到今年底全面建立省、市、县、乡、村等各级林长体系。

2021 年 4 月 21 日，《人民日报》报道：近日从黑龙江省林业和草原局获悉：1982 年至今，黑龙江省完成义务植树 28 亿余株，全省森林覆盖率达 47.3%，森林蓄积量达到 22.4 亿立方米。在黑龙江省西北沙化严重地区，40 年来累计治理沙化土地 60.1 万公顷。

2021 年 4 月 22 日，《人民日报》报道：近日，国家森林草原防灭火指挥部办公室、国家林草局、公安部、应急管理部联合发文，组织开展野外火源治理和查处违规用火行为专项行动，要求坚持人民至上、生命至上，切实做好森林草原春季防火工作。

2021 年 4 月 23 日，《光明日报》报道：从国家林业和草原局获悉，4 月 22 日是第 52 个世界地球日，库布齐碳中和与乡村振兴行动在库布齐"绿水青山就是金山银山"实践创新基地启动，行动计划用 5 年时间在沿黄河流域的库布齐沙漠、乌兰布和沙漠、腾格里沙漠亿利治沙基地种植库布齐碳中和公益林，形成规模化的碳汇林带。

2021 年 4 月 24 日，《农民日报》报道：日前从全面推行林长制工作视频会议上获悉，各地深入

贯彻中共中央办公厅、国务院办公厅《关于全面推行林长制的意见》，积极推动林长制各项工作落实。目前，安徽、江西、山东、重庆、海南、山西、贵州、福建、新疆、北京 10 个省（区、市）已在全域推行林长制，其中有 9 个省（区、市）由党委、政府主要负责同志"双挂帅"，其他省（区、市）也正在抓紧推动相关工作，争取到今年底全面建立省、市、县、乡、村各级林长体系。

2021 年 4 月 28 日，《人民日报》报道：从海南省林业局获悉："十三五"时期，海南持续加大红树林资源保护修复力度，开展湿地保护专项行动，全面恢复提升红树林湿地生态功能。5 年间，全省共退塘还湿 4.4 万亩，其中新造红树林 1.2 万亩。此外，海南进一步完善湿地保护政策和管理标准体系，推动湿地管理进入标准化、科学化的轨道。5 年间建立了 12 个湿地公园，其中国家级湿地公园 7 个、省级湿地公园 5 个。

2021 年 5 月 7 日，《农民日报》报道：从宁夏召开的"建设黄河流域生态保护和高质量发展先行区"相关会议上获悉，全区林草系统积极推进林长制度改革，力争到今年年底全面建立区、市、县、乡、村各级林长责任体系。宁夏将采取积极措施，把山林权改革纳入"十四五"规划，围绕改革扩投资、调结构、助增收。

2021 年 5 月 9 日，《人民日报》报道：今年是"十四五"开局起步之年，各地在抓好常态化疫情防控同时，积极推进造林绿化。截至 4 月 23 日，全国完成造林 2 882 万亩，为完成 5 400 万亩的年度造林任务奠定了坚实基础。

2021 年 5 月 12 日，《人民日报》报道：科学创新，绿富同兴。30 多年来，库布齐沙漠治理面积达 6 000 多平方千米，植被覆盖率达 53%，探索出一条"政府政策性支持、企业产业化投资、农牧民市场化参与、技术持续化创新"四轮驱动的库布齐沙漠治理模式。

2021 年 5 月 14 日，《农民日报》报道：今年一季度，全国共发生森林火灾 398 起，受害森林面积 2 064.9 公顷，因灾死亡 9 人，与 2020 年同期相比，分别下降 13.5%、38.5% 和 65.4%。其中，农事用火、祭祀用火、野外吸烟等人为因素引发的火灾占比超过 90%。火灾发生地较为集中，华南、华中、华东、西南地区火灾占全国火灾总数的近 90%。绝大部分火灾于当日扑灭，24 小时扑灭率达到 96.7%。

2021 年 5 月 21 日，《人民日报》报道：为保

护漾濞槭这类种群数量极少、受威胁程度极高的物种，2004年，云南提出极小种群保护。多年来，全省实施极小种群野生植物拯救保护项目100多个。漾濞槭、华盖木、滇金丝猴、绿孔雀……许多极小种群物种受到优先保护。

2021年5月25日，《农民日报》报道：我国生物多样性保护成效显著，开展野生动植物保护及栖息地保护修复，有效保护了90%的植被类型和陆地生态系统类型、65%的高等植物群落和85%的重点保护野生动物种群。

2021年6月5日，《人民日报》报道：记者日前从第三次中国—中东欧国家林业合作高级别会议上获悉：2020年，我国共完成人工造林和森林修复677万公顷；截至目前，全国森林面积达2.2亿公顷，森林覆盖率达23.04%，森林蓄积量175.6亿立方米。

2021年6月6日，《光明日报》报道：1986年阿克苏地委毅然开启柯柯牙绿化工程。那年春天，阿克苏各族干部群众团结一致，平地、压碱、引水、灌沟，开始在戈壁滩、盐碱地上栽种希望。35年过去了，柯柯牙工程完成人工造林120.26万亩，人工林面积增长707倍，湿地面积增长60%。

2021年7月12日，《农民日报》报道：近日，以"英雄城市·花舞唐山"为主题的河北省第五届（唐山）园林博览会开幕。本届园博会以生态修复、智慧安全和永续发展为特色，打造了"一台、三馆、五院、九桥、十八展园"建筑格局。

2021年7月16日，《科技日报》报道：国家林业和草原局、国家科学技术部日前联合印发《国家林草科普基地管理办法》，以规范国家林草科普基地的申报、评审、命名、运行与管理等工作。

2021年8月16日，《农民日报》报道：近日，2021年青海省防沙治沙现场会在海南藏族自治州共和县召开，记者从现场会上获悉，"十三五"期间，青海统筹推进"三北"防护林、天然林保护、退牧还草、三江源生态保护与建设等国家重点工程建设，防沙治沙工作取得积极成效，持续巩固了"沙逼人退"到"绿进沙退"的历史性转变成果。

2021年8月19日，《人民日报》报道：记者从山西省水利厅获悉："十三五"时期，山西累计治理水土流失面积1.795万平方千米，水土流失面积已减少到5.89万平方千米，流失强度大为减轻，黄河入河泥沙量也大幅减少。

2021年8月21日，《人民日报》报道：截至目前，北京市新一轮百万亩造林任务已完成八成，

新增绿化面积80万亩，全市已形成千亩以上绿色板块250处、万亩以上森林湿地29处。北京市2018年启动新一轮百万亩造林绿化行动计划，力争到2022年实现新增绿化面积100万亩。

2021年8月21日，《人民日报》报道：《"十四五"林业草原保护发展规划纲要》提出多项发展要求，到2025年，森林覆盖率将达到24.1%，森林蓄积量达到190亿立方米，草原综合植被盖度将达到57%，湿地保护率达到55%，以国家公园为主体的自然保护地面积占陆域国土面积的比例将超过18%。在8月20日举行的国务院新闻办公室新闻发布会上，国家林草局有关负责人介绍落实"十四五"规划纲要的相关情况。

2021年8月21日，《农民日报》报道：草原是我国重要的生态系统和自然资源。国家林草局草原管理司司长唐芳林20日表示，"十四五"时期，我国将加快推进草原生态修复，实施退化草原修复2.3亿亩，提高草原生态系统的质量和稳定性。

2021年8月23日，《人民日报》报道：西藏雅鲁藏布江中游河谷地区是高原高寒风沙类型区，曾经土地沙化严重。20世纪80年代起，山南市开始在雅鲁藏布江沿岸建设防护林，40余年来累计造林4500多万株。

2021年8月25日，《科技日报》报道：首都北京向北行驶400多千米，有一弯"深绿"，像一只展开双翅的雄鹰，紧紧扼守内蒙古浑善达克沙地南缘，与河北承德、张家口等地的茂密森林连成一体，筑起一道绿色长城，成为京津冀和华北地区的风沙屏障、水源卫士。这就是塞罕坝机械林场。

2021年9月1日，《光明日报》报道：国家林业和草原局31日发布消息，近日，大兴安岭林业集团公司公布的一项评估核算结果显示，我国黑龙江大兴安岭森林和湿地等重要生态系统服务功能总价值量为每年7828.89亿元。其中，森林生态系统服务功能价值量每年5993.23亿元，湿地生态系统服务功能价值量每年1835.66亿元。此次评估核算摸清了我国黑龙江大兴安岭森林、湿地等重要生态资源价值，为科学探索"绿水青山就是金山银山"转化新路径、构建新发展格局提供依据和基础。

2021年9月10日，《农民日报》报道：日前，记者从国家林业和草原局获悉，"十四五"期间，全国规划完成5亿亩国土绿化任务，每年1亿亩。

2021年9月13日，《农民日报》报道：近日，记者从青海省林业和草原局了解到，青海省结

合实际，研究制定了《关于加强青海省草原保护修复的若干措施》，形成了 22 项具体措施，这也是近 20 年来青海省政府出台的草原保护修复方面的重大政策措施。

2021 年 9 月 17 日，《人民日报》报道：70 年来，辽宁彰武一代代治沙人接续奋斗，不断探索科学治沙方法。如今，全县林地面积由新中国成立前的 18 万亩增加到 205 万亩，森林覆盖率由 2.9% 增加到 34.5%。一代接着一代干，彰武人防沙造林、治用结合、绿色发展的脚步从不曾停下。

2021 年 9 月 22 日，《人民日报》报道：日前，湖北省林业局发布《湖北省森林生态系统服务功能评估报告》。评估以 2019 年为核算基准年，结果显示，湖北省森林生态服务价值为 7 890.25 亿元，较 10 年前增长 126.96%，相当于全省当年 GDP 的 17.22%。

2021 年 9 月 25 日，《光明日报》报道：中共中央政治局常委、国务院总理李克强日前对森林草原防灭火工作作出重要批示。批示指出：森林草原防灭火工作事关人民群众生命财产安全和国家生态安全。当前，各地正陆续进入秋冬季防火期，各地区各有关部门要坚持以习近平新时代中国特色社会主义思想为指导，认真贯彻党中央、国务院决策部署，坚持人民至上、生命至上，更好统筹发展和安全，深入扎实做好森林草原防灭火工作。

2021 年 9 月 28 日，《科技日报》报道：9 月 26 日海南省政府新闻办召开新闻发布会，发布海南热带雨林国家公园体制试点区 2019 年生态系统生产总值（GDP）核算总量。据悉，海南热带雨林国家公园（试点）内森林、湿地、草地、农田、聚落等生态系统 2019 年度 GDP 总量为 2 045.13 亿元，每平方千米 GDP 为 0.46 亿元。

2021 年 9 月 29 日，《科技日报》报道：9 月 27 日—29 日，第八届库布齐国际沙漠论坛在内蒙古自治区鄂尔多斯市库布齐沙漠亿利生态示范区"绿水青山就是金山银山"实践创新基地七星湖召开。库布齐治沙的核心技术，在 6 000 多平方千米的沙漠中绘就了"绿水青山"的长卷，并有望成为全球应对荒漠化危机的金钥匙。

2021 年 10 月 2 日，《光明日报》报道：在我国，森林大多分布在远离城市的山区林区，很难满足城市居民"推窗见绿、出门进林"的要求。为了适应国情和发展阶段，助力碳达峰、碳中和目标的实现，让城市居民更加便捷地享受造林绿化带来的好处，从而提升获得感、幸福感和满意度，森林城市建设的相关工作显得尤为重要与迫切。森林城市是指在城市行政管辖范围内形成的以森林和树木为主体，城乡一体、健康稳定的森林生态系统，在森林网络、森林健康、生态福利、生态文化等方面达到一定标准，从而实现人与自然和谐发展。

2021 年 10 月 3 日，《人民日报》报道：全面推行林长制是一项创新性工作，也是一项系统性工程，需要统筹各方面力量。一方面，要用好监督考核指挥棒，将森林覆盖率、森林蓄积量等指标纳入林长制考核体系，压实地方各级党委政府保护发展林草资源的主体责任。另一方面，要从实际出发落实林长制，坚持因地制宜，根据资源禀赋等方面存在的差异，在坚持生态优先、保护为主的基础上，分类施策、科学管理、综合治理，统筹好山水林田湖草沙一体化保护发展。

2021 年 10 月 8 日，《农民日报》报道：近日，本报记者从湖北省当阳市召开的国家重点研发计划课题"钻蛀性果树害虫绿色防控技术研发及集成与应用"现场观摩考评会及课题推进会上获悉，华中农业大学张宏宇教授团队负责的"柑橘实蝇绿色防控技术集成与应用示范"取得重要突破性进展。

2021 年 10 月 18 日，《农民日报》报道：目前，全国现有乡村护林员 170 多万人。为加强全国乡村护林员队伍建设，近日，国家林业和草原局印发了《乡村护林（草）员管理办法》（以下简称《办法》），并于 10 月 1 日起正式施行。《办法》明确了乡村护林员依法享有的获取劳务报酬、解除劳务协议、接受并参加培训等六项权利。并特别规定，乡村护林员在完成规定护林（草）任务的情况下，可以依法依规参与林业生态建设和林下经济等林草绿色富民产业发展，增加个人收入。

2021 年 10 月 23 日，《人民日报》报道："十三五"期间，累计完成造林 5.45 亿亩，建设国家储备林 4 889.0 万亩，退耕还林 5 438.0 万亩，退耕还草 516.5 万亩，森林覆盖率提高到 23.04%；

2021 年 10 月 25 日，《科技日报》报道：中共中央、国务院发出关于完整准确全面贯彻新发展理念做好碳达峰碳中和工作的意见，主要目标是到 2025 年，森林覆盖率达到 24.1%，森林蓄积量达到 180 亿立方米，为实现碳达峰、碳中和奠定坚实基础。到 2030 年，森林覆盖率达到 25% 左右，森林蓄积量达到 190 亿立方米。

2021 年 10 月 25 日，《科技日报》报道：多年来，西部地区把生态环境保护放到突出重要位置，深入实施退耕还林、退牧还草、天然林保护、三北防护林、石漠化综合治理等重点生态工程，生态环境质量持续改善。截至 2020 年底，西部地区累计实施退耕还林还草超过 1.37 亿亩，森林覆盖率超过 19.3%。

2021 年 10 月 26 日，《农民日报》报道：大小兴安岭全面落实停伐，大兴安岭地区森林覆盖率已达 84.89%，森林抚育、补植补造、人工造林达 178.4 万公顷。

2021 年 10 月 27 日，《科技日报》报道：我国虽然地大物博，但森林资源十分匮乏，人均森林面积只有世界人均水平的 1/7。

2021 年 10 月 30 日，《人民日报》报道：目前，我国森林面积达到 33 亿亩，位居世界第五，其中人工林面积达到 11.9 亿亩，位居世界首位。

2021 年 10 月 30 日，《光明日报》报道：在国土绿化方面，"十三五"期间，全国完成造林 5.45 亿亩，退耕还林 5 438 万亩，森林覆盖率提高到 23.04%，草原综合植被盖度提高到 56.1%，治理沙化土地 1.5 亿亩。

2021 年 11 月 3 日，《人民日报》报道：中共中央办公厅、国务院办公厅《关于全面推行林长制的意见》印发以来，林长制改革呈现全面推开、稳步推进的良好态势。截至目前，31 个省份全面推行林长制，出台实施文件，由党委、政府主要负责同志担任双总林长。

2021 年 11 月 13 日，《光明日报》报道：截至 2020 年底，我国国有林场林地面积达 8.9 亿亩，森林蓄积量达 48.3 亿立方米，分别占我国林地面积和森林蓄积总量的 18.3% 和 28.3%。

2021 年 11 月 16 日，《人民日报》报道：经过多年持续努力，我国森林覆盖率达到 23.04%，森林面积和蓄积量连续 30 多年保持"双增长"，成为全球增林扩绿最多最快的国家。

2021 年 11 月 16 日，《人民日报》报道：如今，塞罕坝林场的有林地面积由建场初期的 24 万亩增加到 115 万亩，成为世界上面积最大的一片人工林。据测算，塞罕坝每年为京津地区涵养水源 2.84 亿立方米，固定二氧化碳 86 万多吨，释放氧气近 60 万吨。

2021 年 11 月 18 日，《光明日报》报道：从国家林业和草原局获悉，亚太经合组织部长级会议数据显示，2007 年至 2020 年，亚太地区森林面积增加 2 790 万公顷，超额实现悉尼林业目标。在此期间，我国作为亚太经合组织的成员经济体之一，森林面积增加 2 650 万公顷，成为亚太经合组织 21 个成员中，森林面积增幅最大的经济体。

2021 年 11 月 19 日，《人民日报》报道：贵州的森林覆盖率超过 60%，森林面积是耕地面积的两倍以上。

2021 年 11 月 24 日，《光明日报》报道："我们的竹种园在全国数一数二，因为这里的竹子多数是珍稀濒危竹种，有 100 多种竹子，很多是云南特有竹种，竹种园是著名竹类学家、林学家薛纪如先生在 1991 年建起来的，至今保存薛老亲手引种的 66 种珍稀竹种。"刘蔚漪自豪地说。据她介绍，云南是世界竹类植物的起源地和现代分布中心，分布竹种达 30 属 250 种以上，占世界竹亚科属数的二分之一、种数的三分之一。西南林业大学的竹子专家不仅在竹种园、实验室研究珍稀竹子，还在山野间保护和恢复濒危竹子，使其成为带动一方百姓脱贫致富的绿色产业。

2021 年 11 月 29 日，《科技日报》报道：突托蜡梅是江西省赣州市特有的珍稀濒危植物，高云山林场葛坳分场是主要分布区。如今，林场内已建立集管护、培育、科研于一体的突托蜡梅种质资源保护区。通过陈芳珍等人的不断努力，突托蜡梅人工繁育的存活率得到较大提高，林场内突托蜡梅数量已发展至 4 万余簇。

2021 年 12 月 14 日，《人民日报》报道：全民义务植树开展 40 年来，北京已有超过 1 亿人次通过各种形式参加义务植树活动，植树 2.1 亿株。从 1980 年到 2020 年底，北京市森林覆盖率由 12.83% 提高到 44.4%，城市绿化覆盖率由 20.08% 提高到 48.5%，人均公共绿地面积达到 16.5 平方米。

2021 年 12 月 23 日，《农民日报》报道：12 月 17 日，长江上游水土保持委员会第十八次会议在四川成都召开。记者从会上获悉，"十四五"期间长江流域将新增水土流失治理面积 7 万平方千米，水土保持率提高到 78% 以上，水土流失面积和强度持续下降。据统计，长江上游"十三五"期间累计完成水土流失治理面积 7.8 万平方千米，森林覆盖率达 47.8%，兴修梯田 960 万亩，种植经果林 1 976 万亩，超过 600 万群众受益。

三、畜 牧 业

2021 年 1 月 1 日，《农民日报》报道：山西省启动畜禽良种联合攻关计划，提出构建稳定的猪、羊、牛、鸡四大畜禽特色品种商业化联合育种体系，推出一批畜禽联合攻关的基础性与引领性成果，选育开发一批晋系畜禽优良品种，夯实畜牧业基础。

2021年1月2日，《人民日报》报道：十三五"期间，内蒙古严格执行禁牧、轮牧、休牧等制度，目前草原植被平均盖度达到44%，比2012年提高4个百分点，草原生态退化趋势得到整体遏制，重点生态治理区明显好转。

2021年1月7日，《农民日报》报道：2021年1月8日，生猪期货将在大连商品交易所挂牌上市。作为我国首个活体交割期货品种，生猪期货在质量标准、交割制度、风险防控制度等方面都有着特殊安排。为使市场参与者充分理解相关制度设计，合规参与生猪期货交易，特针对生猪期货合约及规则进行解读。

2021年1月9日，《农民日报》报道：山东省印发了《山东省农业种质资源保护与利用中长期发展规划（2020—2035年）》。同时，起草了《山东省畜禽种业"十四五"规划》《山东省畜禽遗传资源保护与利用发展规划（2021—2025）》及主要畜种的遗传改良计划，现已完成征求意见，经专家论证后将集中发布，为下一步资源保护与利用指明方向。

2021年1月9日，《农民日报》报道：中国兽医药品监察所在北京召开2020年动物源细菌耐药性监测工作总结会。会议总结了2020年全国动物源细菌耐药性监测工作情况，全面分析了我国动物源细菌耐药性变化趋势，讨论了耐药性监测工作中存在的问题及改进措施，研究制定了2021年动物源细菌耐药性监测计划。

2021年1月11日，《农民日报》报道：青海省河南县雪多牦牛、同仁青稞、尖扎山羊、尖扎荞麦、湟源牦牛肉等10个农产品通过国家农产品地理标志登记保护专家委员会评审。截至目前，青海已有78个农畜产品通过国家地理标志登记保护认证。

2021年1月11日，《农民日报》报道：山西省在晋中国家农高区启动畜禽良种联合攻关计划。省农业农村厅拿出300万元经费，用于专家团队和8家种猪企业联合实施"晋汾白猪"品种攻关，这一地方品种成功通过"国审"。此后，山西还将陆续启动肉鸡、牛、羊等畜禽品种和谷子等杂粮良种攻关，选育开发一批晋系畜禽、作物优良品种，提高山西主要畜种、杂粮核心种源自给率。

2021年1月11日，《农民日报》报道：为加快推进内蒙古生猪产业发展，尽快稳定生猪价格，农发行内蒙古分行制定《支持生猪目标任务行动方案》，紧密对接5个生猪调出大县资金需求，累计为12户生猪企业发放贷款3.31亿元，支持企业繁育母

猪7.6万头，存栏生猪90万头，出栏生猪67万头。

2021年1月16日，《农民日报》报道：农业农村部印发《关于加强水产养殖用投入品监管的通知》，指导各级地方农业农村（畜牧兽医、渔业）部门，进一步加强对生产、进口、经营和使用假劣水产养殖用兽药、饲料和饲料添加剂等违法行为的打击力度。

2021年1月16日，《农民日报》报道：在四川省各级政府的大力支持下，通过农信互联平台与永安期货和华农财险共同推动的四川省崇州市生猪"保险＋期货"首单正式启动。该项目为当地重点养殖企业的480头生猪提供价格保障，保险期限为1个月，保障金额为147.3万元，保险产品出单工作顺利完成。在项目中，农信互联为养猪企业与华农财险双方提供生猪价格保险交易平台。农信互联平台上的客户通过平台购买华农财险的生猪价格保险，以降低企业因生猪价格波动带来的风险。

2021年1月20日，《农民日报》报道：1月19日，农业农村部办公厅印发《关于做好新冠肺炎疫情中高风险地区动物防疫和畜产品稳产保供工作的通知》（以下简称《通知》）。《通知》强调，各地农业农村部门要以高度的政治责任感，切实做好新冠肺炎疫情防控期间的畜产品稳产保供工作，中高风险地区农业农村部门要因地制宜制定细化工作方案，落实各项责任措施，强化涉农村庄包场包户管理，加强统筹协调，帮助养殖场（户）解决好生产中遇到的困难和问题，促进畜牧业平稳有序发展。

2021年1月29日，《农民日报》报道：2020年，面对非洲猪瘟和新冠肺炎疫情等多重不利因素影响，陕西省安康市筑牢"六稳"基础，守住"六保"底线，加快推进生猪产业发展，全市出栏生猪增长1.5%，肉类总产量增长2.9%，生猪稳产增养势头良好。全市新建规模猪场90个，建成投产猪场57个，新增产能4万多头；高质量培育指导现代生猪产业"1＋10＋50＋100"示范园，创建达标"航母级"示范园13个、市级示范园13个、县级示范园24个，培育市级畜禽规模养殖标准化示范场13个。

2021年1月30日，《农民日报》报道：2020年，北京市全面贯彻落实"菜篮子"市长负责制和《北京市生猪产业优化提升发展和保障猪肉市场稳定供应工作方案》要求，着力推进生猪产能恢复和产业优化升级。在相关恢复养殖政策带动下，全市生猪养殖规模出现明显增长。截至2020年末，全市生猪存栏达到32.2万头，同比增加19万头，增长143.9%，已恢复至2018年存栏水平的七成。其中，

能繁母猪 3 万头，达到 2019 年同期的 2 倍以上，生猪自繁能力将明显提升，为 2021 年稳产保供打下良好基础。

2021 年 1 月 30 日，《农民日报》报道：国家生猪育种创新中心在四川绵阳正式成立。据介绍，该创新中心是根据国家生猪种业发展规划布局，由绵阳明兴科技开发有限公司牵头，四川铁骑力士实业有限公司、四川大北农农牧科技有限责任公司等全省六家大型生猪龙头企业联合发起成立，由国家生猪产业体系岗位专家、四川农业大学李学伟教授任中心负责人。

2021 年 1 月 30 日，《农民日报》报道：为了推进生猪增产保供，浙江省台州市成立农业（生猪）增产保供工作专班，印发了《台州市粮食生猪增产保供工作方案》，确定分解生猪增产保供工作目标与任务。2020 年全市生猪存栏、生猪与能繁母猪存栏呈现增量趋势，已连续 12 个月保持环比增长，生猪出栏同比降幅逐渐收小。

2021 年 1 月 30 日，《农民日报》报道：陕西省铜川市不断加大对生猪生产的政策扶持力度，推进产业转型升级，全市生猪产业取得突破性发展，规模化、标准化程度不断提高，初步形成生猪产业的集群化发展良好势头。铜川市对具有种畜禽生产经营许可证的种猪场，以及年出栏 5 000 头以上的规模猪场购买饲料、母猪、仔猪，新建、改扩建猪场等方面的生产流动资金贷款给予贴息。为加大生猪产业政策的宣传力度，市畜牧站编印了《稳定生猪生产应知应会政策手册》《生猪养殖技术手册》等技术服务手册，发放到养殖户手中。

2021 年 2 月 2 日，《农民日报》报道：2020 年我国肉类产量 7 639 万吨、禽蛋产量 3 468 万吨、牛奶产量 3 440 万吨。科技创新为保障我国畜禽核心种源自给和畜牧业健康稳定发展提供了有力支撑。

2021 年 2 月 3 日，《光明日报》报道：国家发展改革委 2 日透露，将于 2 月 4 日、2 月 9 日两次挂牌投放各 3 万吨中央储备冻猪肉。国家发展改革委表示，截至 2020 年底，全国生猪存栏量为 40 650 万头，能繁母猪存栏量为 4 161 万头，生猪生产恢复势头良好。2021 年上半年生猪出栏量可能明显增加，猪肉价格有望继续下降，广大群众猪肉消费将有更坚实的供应保障。

2021 年 2 月 3 日，《科技日报》报道：中国农科院副院长刘现武 1 月 26 日在"科技创新引领畜禽种业高质量发展"新闻发布会上表示，目前，我国畜禽种业自主创新水平和种源保障能力持续提升，主要畜禽核心种源自给率超过 75%，为畜牧业健康稳定发展提供了有力支撑。

2021 年 2 月 6 日，《农民日报》报道：中国农业科学院农业经济与发展研究所副研究员、农业农村部生猪产业监测预警首席专家王祖力表示，"从生猪产能恢复、猪肉产量增加、中央储备冻猪肉投放几方面趋势综合来看，春节期间猪肉供应较为充足，猪价整体下降趋势明显。"下一步，农业农村部将认真贯彻落实党中央、国务院部署，督促各地落实生猪稳产保供责任和政策措施，发挥好政策激励作用，坚持抓大不放小，加快提升生猪产能。引导养猪场户有序出栏，增加春节期间肥猪上市供应量。统筹抓好牛羊禽生产，增加肉牛肉羊出栏，稳定禽蛋禽肉生产。密切关注近期天气变化，有力防范和处置寒潮天气，指导养殖户做好畜禽圈舍加固和防寒保暖准备，增加饲料等投入品调运储备。强化非洲猪瘟等重大动物疫病防控，落实落细常态化防控关键技术，确保疫情不反弹。

2021 年 2 月 6 日，《农民日报》报道：猪肉是重要的民生产品，一直以来，中央对生猪稳产保供高度重视，农业农村部按照党中央、国务院决策部署，把恢复生猪生产作为农业农村工作的重大任务，与相关部门密切配合，与地方协同联动，推动生猪生产加快恢复。国家统计局公布的数据显示，截至 2020 年底，全国生猪存栏量为 40 650 万头，已经恢复到正常年份（2017 年）的 92.1%，能繁母猪存栏量为 4 161 万头，比 2019 年底翻番，生猪生产恢复势头良好。2021 年上半年生猪出栏量可能明显增加，猪肉价格有望继续下降，春节期间猪肉供应量比上年同期增加三成左右，广大群众猪肉供应得到了坚实保障。

2021 年 2 月 6 日，《农民日报》报道：畜牧业是农业农村经济的重要组成部分，是承农启工的中轴产业。六盘水高原气候特点突出，年降水量 1 200～1 500 毫米，有利于牧草生长及牛羊的繁衍生息。近年来，六盘水市按照"提生猪、增牛羊、扩家禽、养特色"的发展思路，以农业产业结构调整为抓手，大力发展生态畜牧业，实现了规模化、品牌化、生态化发展。

2021 年 2 月 6 日，《农民日报》报道：近年来，浙江省绍兴市以"无废农业"建设为契机，通过多种措施，大力推广畜禽粪污资源化处理技术，目前，绍兴市规模养殖场粪污处理设施装备配套率达 100%，畜禽粪污综合处理率为 90.25%。

2021 年 2 月 6 日，《农民日报》报道：近日，第十五届中国牛业发展大会在中国盘古圣地、夏南牛发源之地——河南省泌阳县召开。来自全国各地的牛行业专家、学者、企业家及业内知名人士 500 余人齐聚泌阳，共商中国牛业发展大计。

2021 年 2 月 6 日，《农民日报》报道：湖羊产业是浙江省创建畜牧业绿色发展的重要抓手，也是推进畜牧业供给侧结构性改革、推动乡村产业振兴的有力载体。近些年来，浙江省夯实湖羊保护利用体系，强化政策供给，实施三级保种机制，保护与监测评估并举、活体保护与现代生物保种技术协同，资源利用与文化推进相结合，湖羊种业优势和核心竞争力明显提升，湖羊种质资源得到了有效保护与利用。

2021 年 3 月 1 日，《农民日报》报道：2 月 25 日，农业农村部召开畜牧兽医工作部署会。会议强调，要按照"保供固安全、振兴畅循环"的"三农"工作定位，确保"十四五"畜牧兽医工作开好局、起好步。

2021 年 3 月 6 日，《农民日报》报道：近日，中国饲料工业协会发布了《2020 年全国饲料工业发展概况》。2020 年，全国工业饲料产量实现较快增长，总产量 25 276.1 万吨，高质量发展取得新成效。

2021 年 3 月 6 日，《农民日报》报道：安徽省农业农村系统会议上提出安徽省将继续严格落实"菜篮子"市长负责制，突出固产能、稳政策和防风险，做好生猪稳产保供，确保 2021 年末生猪存栏达到 1 408 万头。

2021 年 3 月 6 日，《农民日报》报道：广西壮族自治区为维护生猪屠宰行业秩序，保证生猪产品质量安全，保障猪肉消费安全和人民身体健康，自治区农业农村厅、公安厅正在全区范围内联合开展严厉打击生猪屠宰违法行为专项行动。

2021 年 3 月 15 日，《农民日报》报道："十三五"期间大型规模养殖场畜禽粪污资源化利用工作有力推进，取得积极成效。截至 2020 年底，全国 13.3 万家大型畜禽规模养殖场已全部配套畜禽粪污处理设施装备。

2021 年 3 月 19 日，《光明日报》报道：农业农村部 18 日发布的数据显示，今年以来，全国能繁母猪存栏量继续增长，基础产能持续恢复，生猪出栏量显著增加，猪肉市场价格明显回落。

2021 年 3 月 20 日，《农民日报》报道：农业农村部 3 月 19 日接到新疆生产建设兵团重大动物疫病防控工作领导小组办公室报告，经评估验收合格，新疆生产建设兵团第十三师红星二场非洲猪瘟疫区解除封锁。

2021 年 3 月 27 日，《农民日报》报道：湖北省武汉市春季重大动物疫病防控全面启动，较去年提前半个月部署全市春季畜禽防控工作，要求市、区两级农业农村部门，确保应免疫畜禽的免疫密度达到 100%。

2021 年 3 月 27 日，《农民日报》报道：广西壮族自治区北流市积极发展奶水牛产业，通过创新"以养带种、以种促养、种养联动"生态良性循环的养殖模式，有力推动了奶水牛业向规模化、标准化、优质化和产业化发展。

2021 年 4 月 6 日，《农民日报》报道：第三次全国畜禽遗传资源普查启动在即。为强化普查技术支撑与服务，确保普查行动全面有序推进，3 月 31 日，农业农村部在京举办第三次全国畜禽遗传资源普查培训班。全国各省、自治区、直辖市农业农村厅种业管理部门、畜牧技术推广机构和有关专家参加培训。

2021 年 4 月 6 日，《农民日报》报道：49 名科技人员历时 21 年，两次调整技术路线，四次修改实施方案，经过杂交创新、横交固定和自群繁育三个阶段，在河南省驻马店市泌阳县成功培育出我国第一个肉牛品种"夏南牛"。

2021 年 4 月 9 日，《农民日报》报道：近日，由吉林省农投集团研发的该省唯一肉牛委托养殖交易服务平台——"我在吉林有只牛"肉牛委托养殖交易服务平台公测上线，线上委托养殖成为现实。

2021 年 4 月 10 日，《农民日报》报道：2019 年 3 月，在农业农村部的见证下，广东、福建、江西、湖南、广西、海南等 6 省（区）政府分管负责人在广东省广州市签署《框架协议》，启动了中南区非洲猪瘟等重大动物疫病分区防控试点工作。继广东之后，福建省作为轮值牵头省份，扎实推进有关工作。

2021 年 4 月 10 日，《农民日报》报道：吉林省于 2020 年全面开展无非洲猪瘟小区建设与评估工作。在国家专家组的指导下，经过省、市、县三级畜牧兽医部门和建设企业的共同努力，中粮家佳康（吉林）有限公司等 4 个企业于 2020 年 9 月顺利通过国家无非洲猪瘟小区评估验收。吉林省成为全国第一批通过评估的 62 个无非洲猪瘟小区中数量最多的 4 个省份之一，为吉林省拓展动物疫病区域化管理建管模式、建立常态化防控机制成功探索了新的路径。

2021 年 4 月 10 日，《农民日报》报道：2021 年，新疆畜牧兽医系统持续推进新疆畜牧兽医大数据平台建设应用，加大动物检疫电子出证系统和无纸化防疫系统整合力度，优化电子出证系统相关功能，探索建立动物防疫检疫全链条动态监管机制，夯实促进畜牧业高质量发展的监管保障基础。

2021年4月10日，《农民日报》报道：高质量发展是"十四五"乃至未来经济社会发展的重点，与此同时，2021年政府工作报告首次提出"碳达峰、碳中和"。未来，畜牧业在面临日益严峻的资源环境约束下，将逐步由数量增长转向经济、生态、社会效益并重的高质量绿色低碳发展。

2021年4月10日，《农民日报》报道：3月30至31日，2021年动物疫病防控工作会在京召开。会议总结交流2020年动物疫病防控工作，分析当前动物疫病防控面临的形势和任务，研究部署2021年重点工作。

2021年4月10日，《农民日报》报道：勃林格殷格翰日前宣布，茵温净猪瘟活疫苗（C株，PK/WRL传代细胞源；英文商品名：Ingelvac CSF MLV）正式上市，供应中国猪场。茵温净是由跨国企业与国内科研院所共同合作开发的猪瘟活疫苗产品，其优异的疫苗效力为猪瘟预防提供了突破性的单次注射免疫解决方案。

2021年4月13日，《农民日报》报道：4月12日，农业农村部接到中国动物疫病预防控制中心报告，经国家禽流感参考实验室确诊，沈阳市和平区长白街长白岛森林公园发生野禽H5N6亚型高致病性禽流感疫情。疫情发生后，当地立即启动应急响应机制，开展应急处置工作，扑杀野禽280只，对全部病死和扑杀禽只进行无害化处理，对周边环境进行消毒。

2021年4月16日，《农民日报》报道：据统计数据，截至去年底，浙江省生猪存栏627.6万头，超额完成国务院下达的542万头目标任务，已恢复至2017年末存栏的116%。据了解，全省开工新建的157个年出栏万头以上大型规模猪场中，已有100个投产。

2021年4月17日，《农民日报》报道："十四五"期间，吉林省将实施"秸秆变肉"和千万头肉牛两大标志性工程，打造全国"大肉库"和"中国肉牛之都"。

2021年4月21日，《农民日报》报道：日前，农业农村部在重庆举行饲料原料营养价值数据库和饲料中玉米豆粕减量替代技术方案发布会，全国饲料行业企业代表公开发出"推进玉米豆粕减量替代，共同维护饲料粮供给安全"的倡议。农业农

村部副部长于康震出席会议并讲话。

2021年4月21日，《农民日报》报道：近日，国务院办公厅印发了《关于加强草原保护修复的若干意见》，提出到2025年，草原保护修复制度体系基本建立，草畜矛盾明显缓解，草原退化趋势得到根本遏制，草原综合植被盖度稳定在57%左右。该意见的出台标志着我国草原进入加强保护修复的新阶段。

2021年4月23日，《科技日报》报道：4月17日，山东奥克斯畜牧业公司奶牛优秀种质自主培育与高效扩繁示范基地奠基仪式在济南市历城区举行。来自全国畜牧总站、中国农业大学、中国农科院、山东省科技厅、山东省畜牧兽医局等国家、省、市、区四级代表出席了会议。

2021年4月23日，《农民日报》报道：经国务院同意，目前，农业农村部印发《非洲猪瘟等重大动物疫病分区防控工作方案（试行）》，自今年5月1日起在全国实施分区防控。

2021年4月28日，《农民日报》报道：近日，由全国畜牧总站主办的现代畜牧技术推广工作会在重庆市召开。会议主要任务是贯彻落实中央农村工作会议、中央1号文件精神，总结交流畜牧技术推广工作成绩和经验，分析面临的新形势、新要求，谋划部署下一阶段重点任务。

2021年5月7日，《科技日报》报道：4月28日，农业农村部发布《全国畜禽遗传改良计划（2021—2035年）》，明确了未来15年我国主要畜禽遗传改良的目标任务和技术路线。

2021年5月8日，《农民日报》报道：广西壮族自治区生猪生产正在加快恢复，在该厅7个调研组实地随机抽查的231家新建或改扩建规模生猪养殖场中，已有227家投产，投产率达98.26%，共存栏生猪79.83万头。

2021年5月8日，《农民日报》报道：就我国饲料粮而言，目前的当家品种玉米供应紧张，大豆进口依存度高。为广辟原料来源，提升利用水平，农业农村部制定发布了《猪鸡饲料玉米豆粕减量替代技术方案》，构建适合我国国情的新型日粮配方结构，保障原料有效供给，提升畜牧业产业链供应链现代化水平，维护我国饲料粮供给安全。希望行业内共同推进玉米豆粕减量替代行动，维护国家粮食安全。

2021年5月8日，《农民日报》报道：近日，2021华东数智养猪创新发展高峰论坛暨"数智养猪万里行"在江苏省南京市农创中心举办。与会嘉宾

就数智化对中国养猪产业的机会、作用和意义，未来生猪产业的发展趋势，国内外的数智化养猪的异同等相关问题展开讨论，在生猪产业势必要进行数智化转型，提高企业核心竞争力，突破育种卡脖子主要问题上达成共识。

2021 年 5 月 12 日，《科技日报》报道：据中国农业科学院最新消息，该院北京畜牧兽医研究所动物基因工程与种质创新团队联合北京相关生物企业等，成功绘制了梅山猪高质量基因组图谱。这是迄今为止精度最高的亚洲猪基因组图谱，为我国地方猪种质资源保护和开发利用奠定了基础。

2021 年 5 月 12 日，《农民日报》报道：5 月 11 日，国家统计局发布 4 月份全国 CPI（居民消费价格指数）。数据显示，4 月居民消费价格同比上涨 0.9%，环比下降 0.3%。从环比看，4 月猪肉价格继续下降 11.0%。随着鲜菜和鲜果上市量增加，价格分别下降 8.8% 和 3.8%。

2021 年 5 月 13 日，《农民日报》报道：近日，江苏省畜禽种业创新发展推进会在常州市召开。会议着重研究了全省畜禽种业创新发展的思路、措施和目标，要求以创新为路径，全力打好畜禽种业"翻身仗"，力争到 2025 年，畜禽遗传资源得到有效收集和保护，资源鉴定评价和开发利用水平全国领先，畜禽种业科技创新能力明显增强，引领性、标志性新品种培育取得更大突破。

2021 年 5 月 15 日，《农民日报》报道：近日，农业农村部印发了《推进肉牛肉羊生产发展五年行动方案》。牛羊生产是畜牧业的重要组成部分，牛羊肉是百姓"菜篮子"的重要品种。

2021 年 5 月 15 日，《农民日报》报道：5 月 6 日，中国科学院 STS 区域重点项目"畜禽粪肥金属元素减排关键技术研究与应用"技术验收会在湖南省长沙市的中国科学院亚热带农业生态研究所举行。据悉，参考原农业部 2625 号公告中的限量要求，该项目实现了商品猪饲料铜控制值降低 76%～80%，生长育肥猪饲料锌控制值降低 45.4%，显著减少了畜禽粪肥铅、镉、砷等重金属含量。

2021 年 5 月 15 日，《农民日报》报道：一季度，新疆维吾尔自治区猪、牛、羊、家禽肉总产量 28.22 万吨、牛奶产量 33.76 万吨、禽蛋产量 8.22 万吨，同比分别增长 4.83%、17.1%、0.12%。

2021 年 5 月 15 日，《农民日报》报道："十三五"期间，各地充分挖掘可利用的土地资源（农闲田、撂荒地、盐碱地等），种植苜蓿、燕麦、黑麦草等优质牧草，建设人工草场，增加优质饲草供给量。据行业统计，2019 年全国饲草种草保留面积 1.5 亿亩，饲草产量达到 1.2 亿吨，可饲喂 20 548 万个标准羊单位。

2021 年 5 月 19 日，《农民日报》报道：5 月 17 日，以"科技赋能，种业振兴"为主题的"2021 首届国际畜禽种业科技创新峰会"在江西南昌举办，峰会专题研讨了我国畜禽种业发展现状问题、畜禽育种前沿技术，交流研讨了促进畜禽种业良性发展的措施和自主育种的突围之路，以实际行动助力打好畜禽种业翻身仗。

2021 年 5 月 25 日，《农民日报》报道：近日，第二十七届（2021）东北三省畜牧业交易博览会在黑龙江省哈尔滨市闭幕，展会取得丰硕成果。展会吸引了全国 26 个省份近 600 家畜牧企业前来参展，展出面积 3 万平方米，参观观众 53 653 人次，其中专业观众 48 672 人次，现场成交额 1.53 亿元，意向性合作 6.89 亿元。

2021 年 5 月 26 日，《农民日报》报道：为推动第三次全国畜禽遗传资源普查信息化管理水平提档升级，近日，由农业农村部种业管理司牵头，全国畜牧总站组织研发第三次全国畜禽遗传资源普查系统正式上线，全面启动面上普查信息填报工作。

2021 年 5 月 26 日，《农民日报》报道：目前，全国畜禽屠宰质量标准创新中心（以下简称"中心"）建设推进会在山东省诸城市召开。会议围绕"中心"对畜牧业高质量发展的作用，"中心"如何规范引领产业发展方向，如何组织建立产学研用一体的协作攻关机制等进行了研讨，并为"全国畜禽屠宰质量标准创新中心"成立揭牌。

2021 年 5 月 26 日，《科技日报》报道：国家重点研发计划"畜禽重大疫病防控与高效安全养殖综合技术研发"重点专项项目"畜禽养殖废弃物微生物降解与资源转化调控机制"和"畜禽废弃物无害化处理与资源化利用新技术及新产品研发"取得了显著成效和突破。

2021 年 6 月 2 日，《农民日报》报道：经过持续努力，胶州已稳定发展 2 处保种场、1 处种畜禽场和 5 处扩繁场。2 处保种场分别是取得国家级保种场资质的青岛里岔黑猪繁育基地和取得省原种猪场资质的茂华里岔黑猪良种场；1 处种畜禽场是青岛胶河源农产有限公司。截至 2020 年底，胶州共养里岔黑猪 1.2 万多头，其中能繁母猪 1 100 头。2021 年 1 月 13 日，农业农村部发布最新版《国家畜禽遗传资源品种名录》，里岔黑猪位列其中。

2021 年 6 月 2 日，《农民日报》报道：近年来，密云区持续推动蜂产业高质量发展，"蜂盛蜜匀"已经成为密云区践行"两山"理论的品牌名片。经过不断探索发展，密云区建立了集蜜蜂种业、养殖、授粉、蜂产品深加工、蜜蜂授粉、蜜蜂文化和蜜蜂旅游为一体的产业链条，构建"公司＋合作社＋基地＋农户"的蜂产业模式，全区养蜂规模由2004年的662户、蜂群3.2万群，发展到现在的2145户、蜂群12.35万群，蜂群总量占北京市的45.2%，是北京市养蜂第一大区，被中国养蜂学会评为"中国蜜蜂之乡"。

2021年6月5日，《农民日报》报道：受非洲猪瘟和新冠肺炎疫情等因素的多重影响，2020年生猪出栏量和猪肉产量下降，但降幅明显收窄，猪肉供需仍然表现出明显的紧平衡特征，全年生猪价格和猪肉价格较上年明显上涨，猪肉进口量439万吨，创历史新高。

2021年6月5日，《农民日报》报道：近日，笔者从江苏省畜牧业高质量发展推进会上获悉，至去年末，全省生猪存栏1374.9万头，超额完成1044万头考核目标任务；累计出栏生猪1825.7万头，超额完成1800万头考核目标任务。

2021年6月23日，《农民日报》报道：近年来，青海坚持生态优先、绿色发展，呈现出"四个全国之最"，即全省有机畜牧业认证环境监测面积达7327万亩，牦牛存栏606万头，藏羊存栏1100万只，是全国首个草地生态畜牧业试验区、全国最大的有机畜产品生产基地；全省从事青稞生产加工企业58家，是全国藏区青稞加工转化率最高的省份；全省有机枸杞种植面积达11.6万亩，产量突破6000吨，种植面积、产量和出口额均居全国首位，成为全国最大的有机枸杞生产基地；鲑鳟鱼产量占全国冷水鱼产量的1/3，是全国最大的冷水鱼生产基地。

2021年7月14日，《科技日报》报道：农业农村部发布《全国畜禽遗传改良计划（2021—2035年）》，作为国家层面启动的第二轮畜禽遗传改良计划，提出了立足"十四五"、面向2035年推进畜禽种业高质量发展的主攻方向，这是确保种源自主可控、打好种业翻身仗的一个重要行动。

2021年7月22日，《农民日报》报道：为促进畜牧业高质量发展，湖南省政府日前出台《关于促进畜牧业高质量发展的实施意见》，采取十二条措施，加快畜牧业转型升级，提升畜禽产品供应安全保障能力。

2021年7月22日，《农民日报》报道：近日，四川省非洲猪瘟防控与恢复生猪生产指挥部印发《四川省稳定生猪生产十条措施》，提出确保圆满完成省委、省政府年初下达的4000万头存栏任务和5800万头出栏调度目标。

2021年7月22日，《农民日报》报道：为进一步推进种畜禽场疫病净化，近期，山东青岛市动物疫病预防控制中心举办种畜禽场疫病净化技术培训暨青岛市种畜禽场疫病净化技术联盟成立大会。

2021年7月28日，《农民日报》报道：为做好洪涝灾害灾后动物防疫工作，防止"大灾之后有大疫"，农业农村部畜牧兽医局发布了《洪涝灾害灾后动物防疫技术指南》。

2021年8月5日，《农民日报》报道：广西是全国畜禽养殖大省和华南地区重要畜禽产品生产供给地，2020年生猪饲养量4110万头，畜牧业产值1423亿元，推进畜禽粪污还田利用成为水污染防治和促进生态农业发展的重大课题。近年来，广西深入实施绿色发展战略，全面推进畜禽现代生态养殖，93.39%畜禽规模养殖通过生态养殖认证，畜禽粪污资源化利用率达92.77%，规模养殖场粪污处理设施装备配套率达到99.4%。

2021年8月7日，《农民日报》报道：7月的内蒙古锡林郭勒草原碧野芬芳、牛羊成群。近日，由中国肉类协会主办，锡林郭勒盟肉类协会和大庄园集团承办的中国肉类协会2021年生态羊产业峰会（锡林郭勒）在"生态羊都"盟府锡林浩特市举办。

2021年8月11日，《农民日报》报道：日前，西南区非洲猪瘟等重大动物疫病联防联控第一次联席会议在成都召开。会上，作为西南区首轮轮值牵头省份，四川与重庆、湖北、贵州、云南和西藏达成一系列协议，这标志着西南区非洲猪瘟等重大动物疫病联防联控工作进入全面落实阶段。

2021年8月11日，《科技日报》报道：我国培育出首例和第二例健康成活的体细胞克隆牛"犇犇"和"双双"；我国用基因编辑技术繁育出第一批拥有双肌臀的鲁西黄牛……这些成果为中国肉奶牛新品种培育和产业化打下了基础。但作为肉奶牛消费大国，这些点上的突破还远远不够，还需在新一轮全国畜禽遗传改良计划中，集中力量开展种源关键技术联合攻关。

2021年8月14日，《农民日报》报道：日前，在完成近一个月的集中隔离后，浙江省畜牧技术推广与种畜禽监测总站正式启动对来自全省5家原种猪场的103头杜洛克、长白、大约克三个外来品种种猪的集中性能测定。据悉，这是时隔13年后，浙江再次启动种猪生产性能集中测定工作。

2021 年 8 月 14 日，《农民日报》报道：7 月 28 日，湖南湘沙猪新品种（配套系）发布暨湘潭市优质湘猪工程高质量发展推进会议召开。

2021 年 8 月 14 日，《农民日报》报道：畜禽养殖废弃物一直是农村固体废物污染治理的一块难啃的"硬骨头"，如何有效收集、处理并利用？黑龙江省为了啃下这块"硬骨头"，进行了积极探索，最终摸索出"林甸模式""克山模式"等模式，有效处理畜禽养殖废弃物，实现畜禽粪污资源化利用，为养护黑土地、建设美丽乡村和保护环境交出了高分答卷。

2021 年 8 月 14 日，《农民日报》报道：热鲜肉、冷鲜肉、冷冻肉是我国肉品流通性销售的三种形态之一。近年来，我国猪肉消费发生了明显的结构变化，呈现了从冷冻肉到热鲜肉，再从热鲜肉到冷鲜肉的发展趋势。此外，随着国家鼓励养殖、屠宰加工企业推行"规模养殖、集中屠宰、冷链运输、冷鲜上市"模式，加快推进畜牧业转型升级，提升畜禽就近屠宰加工能力，为未来形成以冷鲜肉消费为主的趋势提供了政策基础。

2021 年 8 月 17 日，《农民日报》报道：我国是世界牛肉生产消费大国。据国家统计局数据，全国牛肉产量从 2013 年 613.1 万吨增至 2020 年 672 万吨，年均增速 1.5%，与此同时，人均消费量每年以超过 6% 的速度增长。在此情况下，进口成为平衡国内供需的重要途径。海关数据显示，2008 年之前我国牛肉进口量每年不足 1 万吨，之后快速增长，至2020 年达 211.8 万吨，年均增速接近 70%。

2021 年 8 月 25 日，《农民日报》报道：猪肉价格小幅下跌，鸡蛋继续小幅上涨。猪肉批发市场周均价每千克 21.43 元，环比下跌 2.5%，同比低55.8%；牛肉每千克 75.75 元，环比基本持平，同比高 3.8%；羊肉每千克 70.35 元，环比下跌 0.2%，同比低 0.6%；白条鸡每千克 16.49 元，环比下跌0.5%，同比高 2.2%。鸡蛋批发市场周均价每千克10.72 元，环比上涨 3.0%，为连续 5 周上涨，同比高 24.8%。

2021 年 8 月 25 日，《农民日报》报道：今年2 月以来，国内猪价连续下跌，养殖利润大幅缩水。农业农村部等部门发布的生猪产品信息显示，6 月散养生猪每头净利润为负 665 元，规模养殖生猪每头净利润负 638 元。

2021 年 9 月 1 日，《农民日报》报道：近年来，内蒙古自治区立足资源禀赋，充分发挥农牧结合优势，着力优化调整优势畜种植养殖区域布局，加快以牛羊为主的草食家畜养殖业发展。采取良种繁育、发展规模化养殖、推进饲草料基地建设、转变生产经营方式等一系列措施，实现了肉牛生产快速发展。目前，全区肉牛存栏达 580.1 万头，同比增长 5.45%。据国家统计部门最新发布的信息，内蒙古自治区牛肉年产量达 66.3 万吨，超过山东省，跃居全国第一，占全国产量的 1/10，为保障国家牛肉产品有效供给作出重要贡献。

2021 年 9 月 4 日，《农民日报》报道：近年来，随着生活水平的不断提高，人们对牛肉的需求日益增加，肉牛养殖呈现快速发展势头。2020 年，贵州省黔西市利用当地交通便利、饲草料及优质水资源丰富、养殖基础好等发展肉牛产业的有利条件，全面推进以安格斯为主的优质肉牛外调、扩繁、育肥、防疫检疫、品牌建设、产品销售及饲草料种植、养殖技术咨询和技术服务等工程，建立健全肉牛全产业链发展生态体系，示范、引领黔西肉牛产业高质量、快速发展，加快黔西肉牛产业"品牌化、标准化、规模化、市场化"发展步伐，助力黔西乡村振兴。

2021 年 9 月 4 日，《农民日报》报道：2020年全年，内蒙古全区牛肉产量达 66.3 万吨，位居中国第一，这得益于内蒙古肉牛养殖生产方式发生了根本性改变，通过深入推进肉牛标准化生产，普及"全株青贮＋青干草＋精料"全混合日粮饲喂等关键技术，母牛繁殖率和育肥牛产出效益显著提高，优势主产区肉牛繁殖率整体达到 80%，核心地区达到百母百子。

2021 年 9 月 4 日，《农民日报》报道：为积极贯彻落实 2021 年 8 月 1 日新修订施行的《生猪屠宰管理条例》，连日来，山东省青岛市农业行政执法人员深入养殖场及畜禽产品生产、经营一线进行执法宣传，切实规范生猪肉品市场秩序、有效防控非洲猪瘟传播、保障市民吃上"放心肉"。

2021 年 9 月 4 日，《农民日报》报道：2020年，农业农村部、财政部启动实施优势特色产业集群建设，截至目前，已在全国支持建设 100 个主导产业突出、资源要素汇集、全产业链延伸、经营主体多元、联农带农紧密的优势特色产业集群，成为发展乡村产业的重要载体。为引导金融资金支持产业集群建设，农业农村部对接国家农业信贷担保联盟，积极引导产业集群所在地政府、金融机构与各级农业担保公司多形式开展合作、创新业务流程、降低融资成本，着力解决"融资难""融资贵"问题，有力助推了优势畜牧特色产业集群建设。

2021年9月6日，《农民日报》报道：9月5日，进入生猪期货首个交割月份的大连商品交易所（以下简称大商所）第一批共4手生猪期货交割的生猪，分别从中粮家佳康（江苏）有限公司、牧原食品股份有限公司两家大商所指定交割库完成称重、检验等交割程序，驶往买方位于江苏、重庆地区的生猪定点屠宰场，这意味着生猪期货首次实物交割顺利完成。

2021年9月11日，《农民日报》报道：9月7日，广东省政府正式发布《广东省推进农业农村现代化"十四五"规划》。该规划提出，推动生猪产业平稳有序发展。将实施生猪标准化规模养殖提升行动，确保规模养殖比例达到80%以上，生猪产能恢复到正常水平，生猪年出栏3300万头以上。

2021年9月11日，《农民日报》报道：近年来，贵州省福泉市陆续引进大型养殖企业入驻，发挥龙头企业带动作用，充分利用现代化手段，大力发展生猪产业，生猪年出栏量从7万头增长到40万头，生猪产业逐步形成了链条较完整、融合度较深、科技含量较高、富有特色的产业集群，有力促进了农业增效和农民增收。

2021年9月24日，《农民日报》报道：近日，农业农村部印发《生猪产能调控实施方案（暂行）》（以下简称《方案》）。《方案》是在农业农村部、国家发展改革委等6部门发布的《关于促进生猪产业持续健康发展的意见》基础上，将相关调控政策措施进一步具体化的操作性文件，填补了生产端逆周期精准调控的政策空白，为稳定生猪生产、保障市场供应提供了有力的政策工具，对促进生猪产业持续健康发展具有重要意义。

2021年9月28日，《农民日报》报道：牦牛产业作为全省农牧业特色产业，青海省委、省政府立足全局、统筹谋划，突出有机、绿色、无污染优势，建基地、强龙头、树品牌、拓市场，围绕加快构建现代牦牛全产业链发展体系，加大牦牛产业投入力度，持续推进牦牛产业高质量发展，为打造绿色有机农畜产品输出地提供支撑。

2021年10月10日，《农民日报》报道：为贯彻落实习近平总书记关于打造青海绿色有机农畜产品输出地的重要指示精神，农业农村部、青海省人民政府近日联合印发《共同打造青海绿色有机农畜产品输出地行动方案》。

2021年10月10日，《农民日报》报道：近两年来，尤其是第三次中央新疆工作座谈会以来，新疆将"兴畜"作为农牧业发展重要方向，出台《关于促进新疆畜牧业高质量发展的意见》，启动农区畜牧业振兴行动，提出加快推进新疆地区由畜牧大区向畜牧强区转变，大力推进畜牧业现代化建设，在保供能力提升、保护生态环境、带动周边农牧民增收方面取得积极成效。

2021年10月10日，《农民日报》报道：为保护草原生态环境，提高牧区农牧民收入水平，促进草原畜牧业转型升级，国务院决定从2011年起在牧区实施草原生态保护补助奖励政策（以下简称"补奖政策"）。截至2020年底，国家累计安排1701.6亿元，支持地方草原生态保护建设和草牧业发展，补奖政策覆盖内蒙古等13个省（自治区）、657个县、旗（团场、农场），1200多万农牧户、38.2亿亩草原。近十年来政策的持续实施，有力促进了牧区经济社会可持续发展，提升了牧民收入，取得了良好的生态、经济和社会效益，深受广大牧民的欢迎和拥护。

2021年10月10日，《农民日报》报道：为推动各地建立动物检疫全链条信息化监管模式，有效提升工作效能，近日，中国动物疫病预防控制中心在湖北省宜昌市组织召开动物检疫信息化现场会。会议现场演示了湖北省动物检疫信息化系统，邀请有关专家介绍了大数据分析应用相关情况，实地观摩宜昌市夷陵区小溪塔动物检疫申报点和生猪屠宰场检疫申报点，全面了解湖北省构建动物检疫全链条信息化监管模式的主要做法。

2021年10月10日，《农民日报》报道：近日，笔者从山西省农业农村厅了解到，为巩固山西省生猪产能恢复成果，促进生猪产业持续健康发展，山西省农业农村厅、省发展和改革委员会、省财政厅、省生态环境厅、中国银保监会山西监管局五部门联合出台多项扶持政策。

2021年10月10日，《农民日报》报道：秋冬季节来临，天气干燥，日光照射时间变短，病毒更易存活，易发多发重大动物疫病和人畜共患病，为加大对养殖场户的指导，强化各项防控措施，中国动物疫病预防控制中心编写发布了《秋冬季重大动物疫病防控技术指南》。

2021年10月10日，《农民日报》报道：山东青岛市认真总结往年动物疫病强制免疫"先打后补"的经验，决定先行先试，从2021年开始，全面推行畜禽养殖场户强制免疫"先打后补"工作，并在今年秋防中进一步推进该工作。

2021年10月10日，《农民日报》报道：近日，为进一步完善北京市动物疫病强制免疫补助政策实施机制，强化养殖场户动物防疫主体责任，北京市农业农村局联合北京市财政局共同印发《动物疫病强制免疫先打后补工作方案（2022—2024年）》。

2021年10月10日，《农民日报》报道：目前，中国兽药信息网、兽药评审、兽药产品生产许可信息管理系统等涵盖兽药基础信息管理、兽药审批、生产经营、监督抽检和流通追溯等方面的多个信息系统平台建成投入使用，兽药质量管理各环节信息化水平日益提升。各级兽药监督管理部门、兽药企业、行业协会积极探索运用信息化手段提升管理能力，推动监管业务网络化，建立日常监管数据便利化查询渠道，加强网络基础条件建设，取得重要进展。

2021年10月10日，《农民日报》报道：根据华储网发布的通知，2021年第二轮第一次中央储备冻猪肉收储降价交易将于10月10日进行。本次收储挂牌竞价交易3万吨，通过电子交易系统以竞价交易方式进行，按照"同等条件下价低者优先、时间优先"的原则确定承储企业，承储数量和入库成交价格。

2021年10月10日，《农民日报》报道：9月28日，记者从中国饲料工业协会获悉，由中国饲料工业协会主办，农业农村部畜牧兽医局、全国畜牧总站、江苏省农业农村厅支持的2022中国饲料工业展览会，将于2022年4月14日—19日在江苏省南京国际博览中心举办。本届展会以"聚焦高质量，启航新征程"为主题，为畜牧饲料行业和饲料企业搭建一个展示交流新技术、新产品、新工艺的平台。

2021年10月11日，《农民日报》报道：近日，农业农村部启动畜禽粪污集中处理设施运行问题专项整治行动，将在全国范围内排查畜禽粪污集中处理设施运行状况，对发现的问题进行集中整改，推动建立可持续运行长效机制。

2021年10月11日，《科技日报》报道：10月11日—15日，《生物多样性公约》缔约方大会第十五次会议（COP15）第一阶段会议将在美丽的春城昆明举行。

2021年10月13日，《农民日报》报道：由中国国际商会、德国农业协会和江苏南京国家农业高新技术产业示范区共同主办的"中国国际集约化畜牧展览会 Euro Tier CHINA 2021（ETC2021）"，将于10月18日至20日在江苏南京白马农业国际博览中心举行。"10＋"国家驻华代表、国际知名农业组织，"100＋"具有影响力的行业专家，"200＋"

行业领军人物和青年领袖，"500＋"中外农业知名企业代表应邀出席本次活动。

2021年10月16日，《农民日报》报道：国家肉羊产业技术体系朝阳综合试验站研发出肉羊生产管理系统，该软件把繁殖母羊从配种、妊娠期、哺乳期到空怀期作为一个完整的时间闭环，把由营养、保健、日常管理等要素构成的绝大部分操作内容形成细化、量化、可执行、可复制的标准，镶嵌到最佳时间节点上，最终形成高效率、可复制的生产工艺流程，与其他部门配合形成企业完整的管理系统。系统将生产中所有事项分为循环类事项、个性化事项、问题导向事项、应急类事项四类，每个独立事项有标题和内容，按紧急程度分为非常紧急、紧急、一般，并通过不同颜色区分，员工完成任务后可变为绿色，每个事件均有提醒功能并可添加附件。

2021年10月16日，《农民日报》报道：9月28日，广东省十三届人大常委会第三十五次会议对《广东省动物防疫条例（修订草案）》进行审议。据了解，该修订草案计划进一步完善疫病区域化管理、检疫等动物防疫制度，增加"动物调运管理"专章，对动物进入、过境本省的防疫检查做出规定，特别明确生猪按检疫合格证明上载明的目的地"点对点"调运，运输途中不得销售、调换或者无正当理由转运。

2021年10月16日，《农民日报》报道：近日，记者从青海省藏羊产业发展现场观摩会上获悉，截至2020年底，全省藏羊存栏量1 100万只、占全国总量的40％，年出栏量630万只、年生产藏羊肉13万吨，均占全国总量的1/3以上。全省从事藏羊产业的农牧民超120万人，藏羊产业成为农牧民主要收入来源之一，尤其是环湖牧区农牧民约50％的收入来自藏羊产业。

2021年10月21日，《光明日报》报道：近日，中共中央、国务院印发了《成渝地区双城经济圈建设规划纲要》，推动畜禽遗传资源保护利用，建设区域性畜禽基因库、畜牧科技城、国家级重庆（荣昌）生猪大数据中心。

2021年10月21日，《农民日报》报道：10月19日，十三届全国人大常委会第三十一次会议在京召开，畜牧法修订草案上会提请审议。

2021年10月22日，《农民日报》报道：近日，农业农村部农机化总站在甘肃省兰州市举办了全国主要畜牧养殖全程机械化技术现场演示活动暨培训班。

2021 年 10 月 23 日，《人民日报》报道：全国畜牧渔业工作会议 10 月 22 日在重庆召开。中共中央政治局常委、国务院总理李克强作出重要批示。批示指出：畜牧渔业是关系国计民生的重要产业，直接关系老百姓"菜篮子"，关系农牧渔民增收致富，也是保持物价总水平稳定的重要基础。

2021 年 10 月 26 日，《农民日报》报道：全国畜牧总站党委书记时建忠在报告中指出，新时期内，为推动畜禽种业发展，2021 年 4 月，农业农村部发布《全国畜禽遗传改良计划（2021—2035 年）》，提出了立足"十四五"、面向 2035 年推进畜禽种业高质量发展的主攻方向。

2021 年 10 月 30 日，《农民日报》报道：近日，第三届国家畜禽遗传资源委员会在北京召开第五次全体会议，审定通过了 18 个畜禽新品种配套系，鉴定通过了新发现的 18 个畜禽遗传资源，目前正按程序向社会公示。

2021 年 11 月 6 日，《农民日报》报道：由农业农村部、国家发展改革委、商务部、海关总署、国家统计局联合发布的生猪产品数据（2021 年 9 月）中，今年三季度末能繁母猪存栏为 4 459 万头，并注明了"相当于正常保有量的 108.8%，产能大幅增加，处于黄色区域"，这是农业农村部在 9 月 23 日印发《生猪产能调控实施方案（暂行）》后，首次在发布能繁母猪存栏数据时加注说明。

2021 年 11 月 6 日，《农民日报》报道：近日，《北京市完善政府猪肉储备调节机制 做好猪肉市场保供稳价工作预案》正式印发。

2021 年 11 月 6 日，《农民日报》报道：日前，辽宁省农业农村厅等七部门联合印发《关于促进生猪产业持续健康发展的实施意见》，明确要用 5~10 年时间，基本形成产出高效、产品安全、资源节约、环境友好、调控有效的生猪产业高质量发展新格局，确保猪肉自给率保持 100%。

2021 年 11 月 6 日，《农民日报》报道：目前，中国家禽行业正在快速发展，有数据显示，2020 年全国家禽出栏量 155.7 亿只，同比增长 6.3%；全国禽肉产量 2 361 万吨，同比增长 5.5%；全国禽蛋产量 3 468 万吨，同比增长 4.8%。

2021 年 11 月 10 日，《农民日报》报道：据了解，上海域内共有生猪规模化养殖场 119 家，其中种养结合家庭农场 80 家，域外 26 家，养殖品种主要为"杜长大、托佩克"等外来猪种，以及"梅山、浦东白"等地方猪种。

2021 年 11 月 13 日，《农民日报》报道：从重庆市农业农村委获悉，重庆将促进肉牛肉羊生产高质高效发展，增强牛羊肉供给保障能力，预计到 2025 年全市牛羊肉自给率达到 85% 以上，牛羊肉产量分别达到 7.4 万吨、7.2 万吨以上。

2021 年 11 月 16 日，《农民日报》报道：为有效应对非洲猪瘟疫情威胁，加强地方遗传资源保护工作，2019 年 6 月，农业农村部种业管理司紧急启动了国家级地方猪遗传材料采集保存项目，组织全国 26 个项目承担单位围绕 42 个国家级地方猪品种 55 个类群遗传资源开展保护工作，项目涉及全国 22 个省（直辖市、自治区），覆盖近 60 个国家级地方猪保种场。

2021 年 11 月 20 日，《农民日报》报道：7 月 28 日，李克强总理主持召开国务院常务会议，强调要稳定财政、金融、用地等长效性支持政策，保护生猪养殖场（户）积极性，对养殖场（户）和屠宰加工企业不得随意限贷、抽贷、断贷，不得违法违规扩大禁养区范围。8 月份，农业农村部等 6 部门联合印发《关于促进生猪产业持续健康发展的意见》，各地陆续出台稳定生猪生产政策措施，部分省份拿出真金白银，出实招硬招，有力促进生猪产业稳定健康发展。

2021 年 11 月 20 日，《农民日报》报道：为培育壮大农业产业化龙头企业，规范生猪产业发展资金管理，全面推进生猪产业高质量发展，近日，湖北省制定了《湖北省促进生猪产业发展资金管理办法》和《2021 年度生猪产业链奖补资金申报指南》（以下简称《指南》）。《指南》指出，2021 年度省级生猪产业链奖补资金 4 000 万元，重点支持推动猪肉产品精深加工、打造猪肉制品品牌、生猪产业化联合体等项目建设。

2021 年 11 月 23 日，《农民日报》报道：日前，记者从四川省绿色种养循环农业试点工作推进会暨项目技术培训视频会上了解到，四川省今年启动了绿色种养循环农业试点工作，在 24 个畜牧大县整县推进，力争各试点县打造种养循环示范区 10 万亩，带动全县畜禽粪污资源化利用率达到 90% 以上。

2021 年 12 月 2 日，《农民日报》报道：12 月 1 日，农业农村部组织召开全国秋季重大动物疫病防控工作总结会议，贯彻落实中央决策部署，结合秋防检查调研情况，分析面临的形势和问题，部署下一步防控重点任务。农业农村部副部长马有祥出席会议并讲话。

2021 年 12 月 3 日，《农民日报》报道：为进一步推进政府职能转变，做好科技领域"放管服"

改革，规范实验动物许可审批，发挥好实验动物对我国科技创新发展的支撑保障作用，近日，科技部印发了《实验动物许可"证照分离"改革工作实施方案》，要求各省级科技主管部门加快调整完善政策制度，优化审批监管流程，加强与电子政务部门协调配合，落实责任，跟踪问效，确保实验动物许可"证照分离"改革工作落到实处。

2021年12月4日，《农民日报》报道：今年三季度以来，我国生猪价格大幅下跌。10月开始，我国生猪价格开始止跌，11月猪价逐渐回升，这对广大生猪养殖场（户）来说是个好消息。据悉，近期猪肉价格回升主要原因是消费拉动，市场供应相对宽松这个基本面并没有改变。

2021年12月4日，《农民日报》报道：冬春季节候鸟跨地区迁徙频繁，散发和传播禽流感病毒的危险性增大。近期，一些国家高致病性禽流感疫情严重，对我国家禽养殖业造成一定威胁。为做好高致病性禽流感防控工作，中国动物疫病预防控制中心组织专家起草了《冬春季高致病性禽流感防控技术指南》。

2021年12月4日，《农民日报》报道：日前，河北省召开全省动物检疫监督工作视频调度会议，总结交流各市当前动物检疫和病死畜禽无害化处理工作情况，分析存在问题，并对下一步动物检疫监督及病死畜禽无害化处理工作进行了具体安排部署。

2021年12月4日，《农民日报》报道：广东稳定生猪生产工作成效明显，今年前三季度生猪出栏2 516.62万头，同比增长36.2%，全省生猪价格已进入下行周期。接下来，广东将建立生猪生产跨周期调控机制。

2021年12月4日，《农民日报》报道：近日，由中国农业科学院北京畜牧兽医研究所主持的团体标准《玉米秸秆蒸汽爆破饲料制作技术规范》在"全国团体标准信息平台"顺利发布，填补了我国秸秆蒸汽爆破技术标准空白，为引领秸秆饲料化高效利用提供了重要标准。

2021年12月6日，《农民日报》报道：12月2日，2021猪瘟国际学术研讨会在北京召开，主题为"消灭猪瘟，我们的使命"。研讨会聚焦猪瘟、非洲猪瘟科技研究热点难点，探讨我国乃至全球猪瘟净化根除策略及非洲猪瘟防控方案。农业农村部国家首席兽医师（官）李金祥出席并讲话。

2021年12月6日，《农民日报》报道：近日，国家林草局办公室、农业农村部办公厅联合印发《关于落实第三轮草原生态保护补助奖励政策切实做好草原禁牧和草畜平衡有关工作的通知》，部署第三轮草原生态保护补助奖励政策实施期间草原禁牧和草畜平衡有关工作，确保政策取得实效。

2021年12月6日，《科技日报》报道：我国是世界最大的禽类产品消费国，白羽快大型肉鸡年出栏约50亿只。然而，我国白羽快大型肉鸡种源100%依赖国外进口。为扭转种源长期受制于人的不利局面，保障种业安全，农业农村部发布了《全国肉鸡遗传改良计划》，启动了《国家畜禽良种联合攻关计划》。

2021年12月7日，《农民日报》报道：近日，国家畜禽遗传资源委员会审定通过了18个畜禽新品种配套系，包含3个自主培育的白羽肉鸡新品种，以及13个以地方品种为素材培育的优质高产新品种，涵盖了生猪、肉牛、羊、肉鸡、蛋鸡、兔、蛋鸭、肉鸭等多个畜禽种类。其中，"圣泽901""广明2号""沃德188"三个白羽肉鸡品种通过审定，意味着我国肉鸡市场将拥有自主培育的白羽肉鸡品种；华西牛具有生长速度快、繁殖性能好，抗逆性强等特点，将进一步提升我国肉牛种业核心竞争力；屠宰加工型黄羽肉鸡——花山鸡将支撑家禽"规模养殖、集中屠宰、冷链运输、冷鲜上市"的发展需求……通过品质和性能的突破，这些品种的应用推广将进一步提升我国畜禽生产性能水平和供种能力。通过审定后，这些品种将逐步走入市场，更好地满足人们对美好生活的多样化需求。

2021年12月8日，《科技日报》报道：近日，记者从科技部中国农村技术开发中心获悉，国家"十三五"重点研发计划"种畜场牛结核和布鲁氏菌病综合防控与净化技术集成与示范"项目建设的种畜场牛结核和布鲁氏菌病综合防控与净化示范场，有效地控制了牛结核和布鲁氏菌病，为牛羊的安全健康养殖提供了有力的技术支撑，为国家产业精准扶贫和乡村振兴保驾护航。

2021年12月11日，《农民日报》报道：近日，记者从青海省动植物检疫站获悉，作为全国首个"牧运通"全面推进省份，青海省动物检疫信息全链条管理和无纸化出证试点工作自今年8月在大通、乐都、共和和河南四县（区）正式启动，省动植物检疫站会同技术支撑单位采取理论培训、现场指导、联点督导、云指导等多种方式，稳步推进试点县无纸化出证工作。

2021年12月11日，《农民日报》报道：农业农村部紧紧围绕实施乡村振兴战略，加快推进养殖业绿色发展，全面遏制动物源细菌耐药性，2018年，农业农村部启动为期三年的全国兽用抗菌药使用减量化行动，制定了《兽用抗菌药使用减量化行动试点工作方案（2018—2021）》，以蛋鸡、肉鸡、生猪、奶牛、肉牛、肉羊、肉鸭等主要畜禽品种为重点。2018—2020年，分别有100家、104家和112家养殖场参与减量化行动试点工作，经农业农村部研究审核，试点达标养殖场分别为81家、67家和75家，合计223家。

2021年12月11日，《农民日报》报道：为贯彻落实《全国肉牛遗传改良计划2021—2035》，切实做好肉牛生产性能测定工作，保证育种数据准确性，2021年肉牛生产性能测定项目第三方核查工作启动会近日在线上召开。

2021年12月11日，《农民日报》报道：中国动物疫病预防控制中心发布冬季重点动物疫病防控措施。第一，候鸟在南方各省与家禽接触频繁，要采取切实有效措施，严格防范候鸟迁徙带来的禽流感疫情蔓延。第二，猪群饲养密度高、气候骤变、引进猪只等是冬季猪繁殖与呼吸综合征发生的主要诱因。

2021年12月18日，《农民日报》报道：12月6日—12日，山东省动物疫病预防与控制中心组织专家对青岛市申报的17家省级牛羊布病、牛结核病净化创建场进行现场验收。

2021年12月23日，《农民日报》报道：近日，农业农村部制定印发了《"十四五"全国畜牧兽医行业发展规划》，提出到2025年，全国畜牧业现代化建设取得重大进展，奶牛、生猪、家禽养殖率先基本实现现代化。

四、水产业

2021年1月9日，《农民日报》报道：吉林省农业农村厅联合吉林省生态环境厅、吉林省水利厅、吉林省林业和草原局共同发布了《吉林省大水面生态渔业发展专项规划（2020—2025年）》（以下简称《规划》）。《规划》对发展大水面生态渔业的重要意义、吉林省具有的优势、面临的机遇和挑战等进行了深入分析，明确了发展大水面生态渔业的总体思路、基本原则和目标任务，对大水面生态渔业进行了区域布局和功能布局，将规划内大水面分为生态净水型、绿色生产型和休闲渔业型，明确了各自范围和发展方向，规划了名优苗种生产基地建设、水产苗种增殖投放、水产品加工、休闲渔业和品牌

创建、渔港及水产品交易市场、智慧渔业、渔政执法装备等项目。

2021年1月9日，《农民日报》报道：农业农村部发布《关于长江流域重点水域禁捕范围和时间的通告》（农业农村部通告〔2019〕4号），宣布2021年1月1日起，长江干流、重要支流和大型通江湖泊将实行暂定为期10年的常年禁捕。

2021年1月11日，《农民日报》报道：2020年以来，各级渔业行政主管部门贯彻落实十部门联合印发的《关于加快推进水产养殖业绿色发展的若干意见》，推动水产养殖从量的增长到质的提升，产业绿色发展取得显著成效。

2021年1月11日，《科技日报》报道：1月8日，种源技术攻关"第一枪"在广州南沙打响，我国首个以鱼类为主的南繁基地——淡水鱼类南沙（南繁）育种中心在广州市南沙区渔业产业园开工。

2021年1月16日，《农民日报》报道：农业农村部大力推进海洋牧场建设，探索渔业资源增殖的新模式。通过积极争取加大资金投入力度，编制发布《全国海洋牧场建设规划（2017—2025）》，制定海洋牧场建设资金管理办法，成立海洋牧场建设专家咨询委员会，组织制定海洋牧场相关标准，促进海洋牧场建设规范化、科学化发展。截至2020年，全国已投入海洋牧场建设资金80多亿元，建成海洋牧场200多个，其中国家级海洋牧场110个，取得了良好的经济、生态和社会效益。

2021年1月19日，《农民日报》报道：浙江省诸暨市在国家现代农业产业园建设的示范推动下，秉持"优质、高效、生态、安全"的原则，以治水促转型，以创新促转变，大力发展健康渔业、生态渔业和洁水渔业，有序拓展养殖空间，规范种业发展和生产管理，形成了健康养殖管理的长效机制。诸暨市水域总面积16.39万余亩，其中水产养殖面积49 965亩，是绍兴地区重点渔业产区，近年通过创建水产健康养殖示范场，已形成了龙头示范、辐射引领的发展格局。2020年水产品总产量约26 690吨，同比增3.91%。同时，诸暨还是中国最大的淡水珍珠养殖、加工、交易、研发基地。

2021年1月28日，《农民日报》报道：随着长江流域重点水域"十年禁渔"行动的全面启动，青海省同步启动了青海湖第六次封湖育鱼工作。截至2020年底，青海湖裸鲤资源量为10.04万吨，增长38倍，达到原始蕴藏量的31.37%，青海湖生态环境持续向好。

2021年1月29日，《农民日报》报道：农业

农村部发布《关于加强水产养殖用投入品监管的通知》，指导地方农业农村（畜牧兽医、渔业）部门，进一步加大对生产、进口、经营和使用假劣水产养殖用兽药、饲料和饲料添加剂等违法行为的打击力度，全面开展三年整治行动，着力整顿相关产品生产、经营和使用秩序。

2021 年 2 月 5 日，《人民日报》报道：第十二轮中日海洋事务高级别磋商 3 日以视频方式举行。中国外交部、中央外办、国防部、自然资源部、生态环境部、交通运输部、农业农村部、国家能源局、中国海警局等部门及日本外务省、内阁官房、水产厅、资源能源厅、海上保安厅、环境省和防卫省分别派员参加。中方敦促日方认真落实《中日渔业协定》安排，同中方一道维护好有关海域渔业秩序。

2021 年 2 月 27 日，《光明日报》报道：为了挽救长江水生生物多样性，2021 年 1 月 1 日，长江干流、大型通江湖泊和重要支流正式开始为期十年的全面禁捕。11.1 万艘渔船、23.1 万渔民退捕上岸，开始了"人退鱼进"的历史转折。日前发布的 2021 年"中央 1 号文件"明确提出，加强水生生物资源养护，推进以长江为重点的渔政执法能力建设，确保十年禁渔令有效落实，做好退捕渔民安置保障工作。而根据党中央有关长江经济带高质量发展的战略部署，3 月 1 日起，我国首部有关流域保护的专门法律——《长江保护法》也将正式施行。

2021 年 3 月 5 日，《农民日报》报道：3 月 4 日，农业农村部召开全国渔业安全生产工作视频会议，总结"十三五"渔业安全生产工作，分析新发展阶段面临的形势和任务，谋划部署"十四五"时期和 2021 年渔业安全生产重点工作。

2021 年 3 月 5 日，《农民日报》报道：广东省 2021 年珠江流域禁渔启动仪式在佛山市南海区九江河清渔政码头举行。农业农村部长江流域渔政监督管理办公室、水利部珠江水利委员会及广东省公安、渔政、海事等涉水执法部门执法船艇组成编队，沿珠江开展巡航执法，拉开了广东省 2021 年珠江流域禁渔执法序幕。

2021 年 3 月 12 日，《农民日报》报道：为提升河流水环境质量，压实各级党委和政府对本地区水环境质量的主体责任，近日，大连市出台《河流水环境质量管理问责办法（试行）》，破坏河流水环境问题将终身追责。

2021 年 3 月 13 日，《农民日报》报道：为进一步加强海洋渔业资源保护，促进生态文明和美丽中国建设，根据《中华人民共和国渔业法》有关规定和国务院印发的《中国水生生物资源养护行动纲要》有关要求，农业农村部对海洋伏季休渔制度进行调整完善。

2021 年 3 月 13 日，《农民日报》报道：3 月 1 日，我国首部流域保护法《中华人民共和国长江保护法》正式施行。当天，以"贯彻长江保护法，共同守护母亲河"为主题的江苏环境司法修复增殖放流活动在多地开展。

2021 年 3 月 27 日，《农民日报》报道：据对全国 80 家水产品批发市场成交价格情况监测统计，2 月份全国水产品综合平均价格为 25.22 元/千克，环比上涨 5.30%，同比上涨 9.26%。另据可对比的 39 家水产品批发市场的成交情况监测统计，2021 年 2 月，全国水产品批发市场成交量 53.53 万吨。

2021 年 4 月 2 日，《农民日报》报道：4 月 1 日 12 时，我国第二大河流黄河进入全域禁渔期。当日，农业农村部和沿黄 9 省（区）农业农村部门在黄河陕西洽川段联合启动"中国渔政亮剑 2021"黄河流域禁渔专项执法行动暨陕西省亮剑执法行动。

2021 年 4 月 12 日，《农民日报》报道：4 月 10 日，中国远洋渔业公海转载观察员派遣启动活动在山东省威海市荣成石岛新港举行。我国首批 5 名由农业农村部派遣的公海转载观察员正式登临远洋渔业运输船，代表中国政府执行公海转载监督任务。这是我国首次派遣远洋渔业公海转载观察员。

2021 年 4 月 14 日，《农民日报》报道：近日，从湖南省渔业渔政管理工作暨禁捕水域常态化监管现场会上获悉，湖南将围绕"提质增效、绿色发展、富裕渔民"的总目标，推动形成绿色高效、安全规范、融合开放、资源节约、环境友好的现代渔业发展新格局。力争 5 年内，湖南省社会渔业总产值超 1 100 亿元，初步建成现代渔业强省。

2021 年 4 月 17 日，《农民日报》报道：日前，黑龙江省农业农村厅印发了《黑龙江省水产养殖用投入品专项整治三年行动方案（2021—2023年）》。根据该方案，从今年起，黑龙江省将用三年时间对水产养殖用投入品进行专项整治，依法打击生产、进口、经营和使用假、劣水产养殖用兽药、饲料和饲料添加剂等违法违规行为，保障产地水产品质量安全，加快推进水产养殖业绿色高质量发展。

2021 年 4 月 23 日，《农民日报》报道：截至 2020 年底，湖北省退捕渔船上岸处置率达 100%，退捕渔民转产安置率达 100%，符合参保条件的退捕渔民参保率达 100%，近千万亩禁捕水域提前实现"四清四无"。

2021 年 4 月 29 日，《农民日报》报道：农业农村部发布《关于 2021 年伏季休渔期间特殊经济品种专项捕捞许可和捕捞辅助船配套服务安排的通告》（以下简称《通告》），明确规定，2021 年伏休期间专项捕捞许可品种为海蜇、毛虾、丁香鱼、口虾蛄和鱿鱼 5 个品种，共涉及专项捕捞渔船 4 863 艘、捕捞辅助船 1 012 艘。同时《通告》对上述渔船的作业海域、作业时间、捕捞限额、作业类型以及渔具最小网目尺寸等作出明确规定。

2021 年 5 月 1 日，《农民日报》报道：自 5 月 1 日起我国沿海四大海域将同步进入伏季休渔期。4 月 30 日，农业农村部和公安部、中国海警局联合在浙江省宁波市启动"亮剑 2021"海洋伏季休渔专项执法行动，共同研究部署打击海洋渔业违法犯罪相关工作。农业农村部副部长于康震、公安部副部长林锐、中国海警局副局长赵学翔、浙江省副省长刘小涛出席活动。

2021 年 5 月 11 日，《农民日报》报道：5 月 10 日，2021 中越北部湾渔业资源联合增殖放流与养护活动在中越边境广西东兴市北仑河口举行，共向北部湾水域投放黑鲷等鱼虾类苗种近 5 600 万尾。中国农业农村部副部长于康震、广西壮族自治区副主席李彬出席活动并致辞，越南农业与农村发展部副部长冯德进和中国驻越南大使馆大使熊波发表视频讲话。

2021 年 5 月 13 日，《农民日报》报道：5 月 12 日，湖北、安徽、江西、湖南、重庆五省（市）在武汉市举行长江"十年禁渔"联合执法合作协议签约活动，签署了《长江流域重点水域"十年禁渔"联合执法合作协议》，并开展座谈交流，对建立联席会商制度、执法联络员制度、联合巡查机制、协作共治机制、应急协同机制、信息共享机制等内容进行了具体明确。

2021 年 5 月 14 日，《科技日报》报道：5 月 8 日在广东佛山召开的"首届海峡两岸暨港澳海洋水产养殖技术高峰会"上，由广东省市场监督管理局（知识产权局）组织编写的《海洋经济产业专利导航报告》公布了。报告显示，近十年，我国海洋信息技术专利申请年均增长 26.9%。

2021 年 5 月 15 日，《农民日报》报道：5 月 8 日，中国船舶集团广船国际与广东省阳江市恒邦渔业有限公司签约合作，将共同打造 1 艘 80 米半潜式深远海智能养殖旅游平台。据悉，该平台建成后，将成为广东省首个大型半潜式养殖旅游综合平台，将打造成集海洋科普、潜水、冲浪、垂钓等休闲渔

业活动和海洋救助、海上看护为一体的海上基地。

2021 年 5 月 29 日，《农民日报》报道：5 月 23 日，以"共同守护海龟美好家园"为主题的第 22 个世界海龟日主题宣传活动，在全国各地同步举办，今年活动的主会场设在海南省三沙市。

2021 年 6 月 2 日，《农民日报》报道：监利是湖北省小龙虾、水稻产量最大的县级市。2020 年，监利农业再获丰收，全市水稻面积 218 万亩，水稻总产量 120 万吨。小龙虾养殖总面积稳定在 148 万亩，产量达 15.4 万吨，其中稻虾共作面积 108 万亩。监利作为粮食主产区，在保障国家粮食安全方面，贡献突出。

2021 年 6 月 7 日，《光明日报》报道：据不完全统计，2020 年，全国共放流各类水生生物苗种超过 420 亿尾，在修复渔业种群资源、改善水域生态环境以及促进渔业增效、渔民增收等方面发挥了重要作用。

2021 年 6 月 8 日，《农民日报》报道：近日，农业农村部渔业渔政局会同北京市农业农村局在永定河水系上游玉渡山自然保护区举办 2021 年国际生物多样性日北京地区水生生物增殖放流活动，4 万尾优质鱼苗放流忘忧湖。今年，全市增殖放流将投入资金 1 398 万元，计划放流鱼苗 1 059 万尾。

2021 年 6 月 9 日，《光明日报》报道：6 月 8 日，2021 年世界海洋日暨全国海洋宣传日多项活动在山东青岛举行。今年海洋日的宣传主题为"保护海洋生物多样性 人与自然和谐共生"，旨在通过这一活动，深入学习宣传习近平生态文明思想，推动社会各界进一步提高保护海洋生物多样性的认识，树立践行海洋命运共同体理念，坚持人与自然和谐共生，共同保护我们的蓝色家园。

2021 年 7 月 14 日，《农民日报》报道：今年起，我国将在西南大西洋、东太平洋部分公海海域正式实施公海自主休渔措施。根据《农业农村部关于实施 2021 年公海自主休渔措施的通知》要求，自 7 月 1 日起，我国将在西南大西洋、东太平洋部分公海海域正式实施公海自主休渔措施。自主休渔期间，所有中国籍鱿鱼捕捞渔船均应停止捕捞作业，以养护公海鱿鱼资源。

2021 年 7 月 17 日，《农民日报》报道：为进一步推动渔业高质量发展，提高渔业现代化水平，构建渔业发展新格局，财政部、农业农村部日前发布《关于实施渔业发展支持政策推动渔业高质量发展的通知》（以下简称《通知》）。《通知》明确，"十四五"期间，将推进渔业高质量发展，破解渔业发

展难题的迫切需要；优化渔业产业结构，实现渔业转型升级的迫切需要；顺应国际渔业补贴趋势，加强渔业对外合作的迫切需要。

2021 年 7 月 20 日，《农民日报》报道：第四届全球水产养殖大会将于 9 月 22 日至 25 日在上海举行。本届大会由中国农业农村部与联合国粮农组织和亚太区域水产养殖中心网联合举办。大会主题为"面向食物供给和可持续发展的水产养殖"，将全面总结近十年全球水产养殖发展成就，分析全球水产养殖发展的机遇、问题和挑战，分享成功经验，提出未来十年水产养殖发展方向和主要措施，推动全球水产养殖高质量绿色发展，并发布共同宣言。

2021 年 7 月 30 日，《人民日报》报道：农业农村部发布 2020 年全国渔业经济统计公报。公报显示，2020 年我国渔业经济总产值 27 543.47 亿元，全年渔业生产总体平稳。渔业一二三产业产值比例为 49.1∶21.5∶29.4，产业结构逐步调优。全国渔民人均纯收入 21 837.16 元，比上年增加 728.87 元，增长 3.45%。

2021 年 7 月 31 日，《农民日报》报道：7 月 30 日，农业农村部与重庆市在万州三峡库区联合举办长江珍稀濒危水生生物增殖放流活动，放流中华鲟、长江鲟、胭脂鱼等国家重点保护水生野生动物和长江上游珍稀特有鱼类共计 5 万余尾。

2021 年 8 月 3 日，《农民日报》报道：8 月 1 日，农业农村部、交通运输部"商渔共治 2021"专项行动在浙江省舟山市正式启动。此次专项行动是农业农村部、交通运输部统筹发展和安全的具体举措，也是遏制重大商渔船碰撞事故的重要抓手。两部门将狠抓商渔船舶安全管理责任落实，防范化解水上运输和渔业船舶安全风险，有效遏制重大事故发生，切实保障人民群众生命财产安全。

2021 年 8 月 7 日，《农民日报》报道：近日，农业农村部办公厅、农业农村部渔业渔政管理局联合山东省农业农村厅、中国渔业互保协会等单位在山东青岛开展的渔业安全生产"我为群众办实事"实践活动中，集中关注切实解决渔民群众急难愁盼问题，提高从业人员安全意识和操作技能，有效防范和遏制渔业重特大事故等关键环节，开展了包括渔民安全生产培训、商渔海上联合巡航、渔业安全突发事件应急演练等活动。

2021 年 8 月 7 日，《农民日报》报道：7 月 27 日上午，湖北省襄阳市农业农村局举办了 2021 年汉江增殖放流活动，志愿者和市民通过放流滑道共投放长春鳊、草鱼、鲢、鳙、团头鲂等鱼类苗种数量总计 900 万尾，以期达到增殖渔业资源、修复水域生态、保护汉江水生生物的效果。

2021 年 8 月 10 日，《农民日报》报道：今年以来，福建省农业农村厅联合海洋渔业、商务、海关、侨联、信保等联席会议成员单位，实施特色优势农产品出口提升行动，建设 5 个农业国际贸易高质量发展基地和 175 个国际标准、农产品示范基地，支持 186 家企业参加国际食品专业展会和线上展会，支持出口龙头企业建设电子商务平台，发挥海外闽商优势，多渠道拓展国际市场，农产品出口取得显著增长。

2021 年 8 月 14 日，《农民日报》报道：今年 6 月 21 日凌晨 4 时许，伴随着朝阳初升，全世界最远的深海渔场浮出水面——定海神针般的中心立柱刺破海水，张开连廊"伞骨"，紧抓两个足球场大小的八角箱体。从天空俯瞰，犹如深蓝大洋中张开的金色巨网。在水面以下 30 米，超过 15 万条三文鱼在网箱包裹的黄海冷水团中自由游弋。这就是在山东青岛国家深远海绿色养殖试验区的"深蓝一号"网箱。壮观的国产深远海三文鱼收鱼行动第一次在这里展开。

2021 年 8 月 14 日，《农民日报》报道：据对全国 80 家水产品批发市场成交价格情况监测统计，7 月份全国水产品综合平均价格为 26.22 元/千克，环比增长 0.73%，同比增长 10.97%。另据可对比的 45 家水产品批发市场的成交情况监测统计，7 月全国水产品批发市场成交量 48.90 万吨，同比上涨 6.15%；成交额 154.26 亿元，同比上涨 18.11%。

2021 年 8 月 18 日，《科技日报》报道：8 月中旬，国内第一艘海洋牧场养殖观测无人船在山东省威海市德明海洋牧场进行了海试并交付使用。

2021 年 8 月 28 日，《农民日报》报道：目前，全国水产养殖的养殖区、限制养殖区和禁止养殖区"三区"划定已基本完成，水产养殖功能区划得到各级地方人民政府依法确定。

2021 年 8 月 30 日，《农民日报》报道：8 月 16 日中午 12 时，福建省海域 9 390 艘渔船结束海洋伏季休渔，"解禁"出海捕捞作业。

2021 年 9 月 2 日，《光明日报》报道：9 月 1 日，山东省青岛市西海岸新区最大的渔港琅琊镇西杨家洼渔港，800 多艘渔船在黄渤海伏季休渔期结束之际，有序编队扬帆出海。

2021 年 9 月 4 日，《农民日报》报道：近日，山东省农业农村厅制定《山东省渔业船舶重大事故隐患判定标准（试行）》（以下简称《判定标准》）。

《判定标准》将渔业安全生产重点违法违规行为纳入重大事故隐患清单，进一步推动日常安全生产监管与行政执法有效衔接，及时消除渔业船舶重大事故隐患，为保障渔民生命财产安全提供制度保证。

2021 年 9 月 4 日，《农民日报》报道：第十届中韩渔业高级别会谈近日以视频会议形式召开。以中国农业农村部渔业渔政管理局局长刘新中为团长的中方代表团与以韩国海洋水产部水产政策室长金峻奭为团长的韩方代表团举行了会谈。双方就浮游性海藻防治与利用、头足类养殖领域研究与交流、中韩渔业协定水域内渔业生产秩序、日本核废水排海等议题交换了意见，达成了共识并签署会议纪要。

2021 年 9 月 15 日，《光明日报》报道：海南省三大渔港之一的万宁市乌场一级渔港项目自今年 5 月中旬开工以来工程进展顺利，目前施工方正抓住天气好转时机加速推进。据介绍，乌场渔港项目建设规模为卸港量 6 万吨/年，可容纳避风船舶约 1 235 艘，项目预算总投资超 8.1 亿元，建设工期 36 个月。

2021 年 9 月 17 日，《光明日报》报道：9 月 16 日 12 时开始，北纬 35° 至 26°30′ 的黄海和东海海域正式开渔，标志着今年我国为期四个半月的海洋伏季休渔工作全部结束。

2021 年 10 月 10 日，《农民日报》报道：9 月 23 日—25 日，受国家发展和改革委员会农村经济司委托，农业农村部发展规划司和渔业渔政管理局在青岛、上海组成验收委员会，对中国水产科学研究院两艘 3 000 吨级海洋渔业综合科学调查船"蓝海 101"号和"蓝海 201"号建设项目进行了竣工验收。验收委员会一致认为该项目完成了全部建设任务，项目管理规范，运行良好。

2021 年 10 月 10 日，《农民日报》报道：为落实中央双循环发展战略，推动国内市场水产品流通，促进水产品稳价保供，由农业农村部渔业渔政管理局指导，广东省农业农村厅、广东省水产流通与加工协会等主办的"海水产品进内陆系列活动（广东站）"中秋节前夕在广州中国进出口商品交易会展馆举行。

2021 年 10 月 10 日，《农民日报》报道：9 月 26 日，由农业农村部渔业渔政管理局联合全国水产技术推广总站、中国水产学会等单位共同举办的"渔业一二三产业融合人才培训班暨第六届中国休闲渔业高峰论坛"在武汉举行。此次培训班和论坛有两大主题，一是贯彻落实国务院长江禁捕退捕工作推进会精神，促进长江退捕渔民在农业农村领域就业，二是推进沿江休闲渔业产业发展，促进产业融合。

2021 年 10 月 16 日，《农民日报》报道：近日，由农业农村部渔业渔政管理局指导，全国水产技术推广总站、中国水产学会根据休闲渔业监测情况编制的《中国休闲渔业发展监测报告（2021）》发布。

2021 年 10 月 23 日，《人民日报》报道：胡春华强调，各地区都要落实生产供应责任，加大政策和资金支持力度，鼓励优势产区率先发展，为畜牧渔业发展营造良好环境和条件。要落实长江"十年禁渔"各项措施，加强水生生物资源保护。

2021 年 10 月 25 日，《人民日报》报道：10 月 24 日—11 月 7 日，在长江上游珍稀特有鱼类国家级自然保护区宜宾段，约 30 万尾、共计 6 种长江上游珍稀特有鱼类将被放流，其中包括 5 万尾 30 厘米以上长江鲟。

2021 年 10 月 30 日，《农民日报》报道：记者从中国水产流通与加工协会获悉，第二届中国水产品大会将于 11 月 19 日—11 月 20 日在厦门召开。

2021 年 10 月 30 日，《农民日报》报道：10 月 24 日，农业农村部渔业渔政管理局局长刘新中率国务院安委办重点行业领域安全生产明察暗访第八工作组，赴福建开展水上交通和渔业船舶安全工作检查。

2021 年 10 月 30 日，《农民日报》报道：全国 60% 以上的虾皮产自辽宁大连的瓦房店市，而瓦房店虾皮 90% 以上来自西杨乡。

2021 年 10 月 30 日，《农民日报》报道：浙江省台州市渔业资源丰富，渔业经济高质量发展对大农业保稳求进和渔民增收都具有重要意义。据台州市统计局核算，2020 年当地渔业产值达 312.44 亿元，在大农业中占有相当高的比重。目前该市共有机动渔船 5 367 艘。为进一步推进渔业转型升级，助力渔民增收，台州市创新推出"渔业保"，有效缓解渔民扩大再生产中遇到的融资难、担保难

2021 年 11 月 2 日，《农民日报》报道：2020 年中国水产品总产量 6 549 万吨，连续 32 年位居世界第一。中国渔业发展和水产品总量的持续增长得益于水产养殖业的进步。

2021 年 11 月 8 日，《农民日报》报道：日前，农业农村部办公厅印发《关于加强远洋鱿钓渔船作业管理的通知》，首次实施远洋鱿钓渔船总量控制管理制度，从总量控制、规划渔场、限制船数、优化布局等方面进一步加强远洋鱿钓渔船管理。

2021 年 11 月 11 日，《农民日报》报道：

2020 年 6 月起，最高检联合农业农村部等 10 部门共同部署开展了为期 3 年的"打击长江流域非法捕捞专项整治行动"。专项行动开展以来，长江流域非法捕捞违法犯罪的态势得到明显遏制。

2021 年 11 月 13 日，《农民日报》报道：11 月 1 日，第五次中国—新西兰（以下简称"中新"）渔业对话以视频方式举行。会议通报了中新渔业最新政策，讨论了《中新关于推动可持续渔业治理与打击非法、不报告和不管制捕鱼合作的联合声明》实施情况，并就联合国粮农组织相关事宜、中西太平洋渔业委员会和南太平洋渔业委员会管理措施交换了意见。

2021 年 11 月 13 日，《农民日报》报道：据山东省农业农村厅副厅长王敬东介绍，今年山东高质量落实伏季休渔政策，开渔以来渔获情况成效明显：近海渔业现存资源量同比增加约 50%，可捕量增加约 90%；近两个月的生产监测情况显示，渔船捕捞产量同比上涨 20% 以上。

2021 年 11 月 13 日，《农民日报》报道：全国渔业安全专项治理交叉排查是农业农村部渔业渔政管理局根据《渔业安全生产专项整治三年行动工作方案》部署的一项重点工作，重点对渔船脱检脱管和船舶不适航、船员不适任等违法违规行为进行专项检查。

2021 年 11 月 13 日，《农民日报》报道：今年 9 月 1 日正式施行的《海上交通安全法》（以下简称《海安法》）作为我国海上交通安全管理的"基本法"，从劳动保护、应急救助，再到应急处置等各方面，充分考虑了水上运输的安全实际，不仅为广大船员撑起了坚实的权益保护伞，也对渔业船员管理工作带来了深远影响。

2021 年 11 月 15 日，《光明日报》报道：现在，大黄鱼已经成了我国养殖规模最大的海水鱼和八大优势出口养殖水产品之一，也成了振兴闽东经济的支柱产业。

2021 年 11 月 19 日，《人民日报》报道：近年来，我国水生生态养护与修复力度持续加强，先后组织实施了海洋渔业资源总量管理、海洋伏季休渔、长江十年禁渔、增殖放流和海洋牧场建设等重大举措，促进渔业绿色发展转型。2020 年，鄱阳湖发现了近 10 年来较大规模的刀鱼群体，长江渔业资源生态开始逐渐恢复。

2021 年 11 月 20 日，《农民日报》报道：记者从农业农村部渔业渔政管理局获悉，近日，"2021 年全国水生野生动物保护科普宣传月"活动拉开序幕，各类保护宣传活动将在各地陆续开展。

2021 年 11 月 20 日，《农民日报》报道：记者从农业农村部获悉，为加强涉渔船舶综合管理，建立健全长效工作机制，全面提升涉渔船舶管理规范化、现代化水平，近日，农业农村部、工业和信息化部、公安部、交通运输部、海关总署、国家市场监督管理总局、中国海警局等部门联合印发《关于加强涉渔船舶审批修造检验监管工作的意见》（以下简称《意见》），部署涉渔船舶监管工作。《意见》是首个多部门、全方位部署涉渔船舶监管的指导性文件。

2021 年 11 月 20 日，《农民日报》报道：记者从农业农村部获悉，为保障国家渔业权益、维护渔业生产秩序、保护渔民群众生命财产安全、推进水域生态文明建设，近日，农业农村部对外发布《关于加强渔政执法能力建设的指导意见》。

2021 年 11 月 24 日，《人民日报》报道：农业农村部渔业渔政管理局一级巡视员李书民介绍，今年是我国首次开展水产养殖种质资源普查，有利于加快摸清水产种质资源家底和发展变化趋势，开展抢救性收集保护，发掘一批新的优异资源。农业农村部渔业渔政管理局设立了第一次全国水产养殖种质资源普查工作办公室，成立了技术专家组，加强各地协调配合，充分发挥国家和省级现代农业产业技术体系作用。

2021 年 12 月 1 日，《农民日报》报道：近日，农业农村部发布公告，决定开设全国渔业安全应急中心，开通全国统一的渔业安全应急值守电话"95166"，推广应用全国渔业安全事故直报系统（简称"一网一号一中心"），自 2022 年 1 月 1 日零时起，在农业农村部和沿海省份同步启用。

2021 年 12 月 2 日，《农民日报》报道：12 月 1 日，中央农办主任、农业农村部部长唐仁健主持召开部常务会议，审议并原则通过《长江十年禁渔工作"三年强基础"重点任务实施方案》《长江水生生物保护管理规定》《长江流域水生生物完整性指数评价办法（试行）》，研究冬奥会、冬残奥会农产品供应和质量安全保障工作。

2021 年 12 月 4 日，《农民日报》报道：近日，中韩渔业联合委员会第二十一届年会以视频会议形式召开，由农业农村部、中央外办、外交部、生态环境部、中国海警局、中国水产科学研究院黄海水产研究所和中国渔业协会组成的中国代表团与韩方举行会谈，双方签署会议纪要。根据纪要，2022 年，双方各自许可对方国进入本国专属经济区管理水域作业的渔船数为 1 300 艘（不含运输船）、捕捞配额维持 56 750 吨不变。

2021 年 12 月 4 日，《农民日报》报道：2021 年 11 月 10 日，农业农村部、工业和信息化部、公安部、交通运输部、海关总署、市场监管总局、中国海警局等七部门联合印发《关于加强涉渔船舶审批修造检验监管工作的意见》（农渔发〔2021〕18 号）。

2021 年 12 月 4 日，《农民日报》报道：近日，由农业农村部长江流域渔政监督管理办公室指导，中国渔业协会主办的"长江生态保护与渔业发展论坛"在安徽合肥举办。

2021 年 12 月 4 日，《农民日报》报道：由农业农村部渔业渔政管理局、中国水产科学研究院、全国水产技术推广总站和中国水产学会作为指导单位，中国水产流通与加工协会主办的"2021 中国水产品大会"主论坛，日前在北京以云端会议方式拉开帷幕。

2021 年 12 月 4 日，《农民日报》报道：近日，第五届中国国际现代渔业暨渔业科技博览会（以下简称"渔博会"）在安徽合肥滨湖国际会展中心开幕。本届渔博会以"创新驱动、科技引领、绿色发展"为主题，以"展示渔业成果、创新技术发展、加强交流合作"为目标，围绕"推进渔业供给侧结构性改革、促进产业转型升级、提质增效、加快渔业现代化绿色高质量发展"的展会宗旨，全面展示全国现代渔业新产品、新技术、新模式。

2021 年 12 月 4 日，《农民日报》报道：日前，在 2021 年中国水产品大会"数字化转型下的预制菜 & 水产品如何步入'新工业时代'"平行论坛上，与会专家和企业代表就水产预制菜的消费形势和发展方向展开了热烈讨论。他们一致认为，水产预制菜已经成为消费新"食"尚，成为水产品行业的重要增长点，水产品企业在做好产品研发和品牌营销的同时，更要完善供应链，以推动水产预制菜产业持续健康发展。

2021 年 12 月 4 日，《农民日报》报道：近日，在中国水产流通与加工协会主办的 2021 年中国水产品大会鲜活水产品发展路径和大宗水产品国际贸易及市场平行论坛上，来自鲜活水产品各领域的专家、企业代表围绕鳕鱼、鱿鱼、对虾、罗非鱼等主要进出口水产品种的国际贸易形势、市场需求、内销潜力、转型趋势及未来水产行业高质量发展之路进行了探讨。

2021 年 12 月 11 日，《农民日报》报道：近日，农业农村部发布公告，调整了《濒危野生动植物种国际贸易公约附录水生物种核准为国家重点保护野生动物名录》。此次调整的依据是《中华人民共和国野生动物保护法》（2018 年 10 月 26 日第十三届全国人民代表大会常务委员会第六次会议第三次修正），经过了科学的论证。

2021 年 12 月 11 日，《农民日报》报道：为贯彻落实中共中央办公厅、国务院办公厅《关于深化职称制度改革的意见》，进一步建立健全渔业船舶专业技术人员职称制度，完善评价标准，充分调动广大渔业船舶专业技术人员的积极性和创造性，切实加强渔业船舶专业技术人才队伍建设，近日，农业农村部渔业船舶专业技术人员职称评审办法集中研讨和现场调研在江苏开展。农业农村部在深化渔业船舶专业技术人员职称制度改革和推进落实上迈出了实质性的一步。

2021 年 12 月 11 日，《农民日报》报道：按照《国家级水产健康养殖和生态养殖示范区管理办法（试行）》（农渔发〔2021〕13 号）和《关于开展 2021 年国家级水产健康养殖和生态养殖示范区创建示范活动的通知》（农渔养函〔2021〕61 号）要求，农业农村部组织开展首批国家级水产健康养殖和生态养殖示范区创建示范活动。

2021 年 12 月 11 日，《农民日报》报道：湖南省浏阳市率先启动智慧渔政系统建设并于今年 11 月正式启用，在浏阳河、捞刀河、南川河三大河流布设了 40 个高清摄像头，形成了水上有执法船艇、陆上有执法车辆、空中有无人机、河岸固定视频监控系统的立体监督体系，推动禁渔监管向科技化、信息化、智慧型转变。在智慧渔政加持下，浏阳河成功创建成为全国 17 个第一批示范河湖之一，是湖南省唯一代表，浏阳河的水质均值稳定保持在 Ⅱ 类以上。时至今日，十年长江"禁渔令"实施将近一年，浏阳河非法捕捞现象得有效遏制。

2021 年 12 月 11 日，《农民日报》报道：为了提升我国水产种业自主创新能力和核心竞争力，突出重点补短板，加强行业自律，实现产业健康发展，中国水产流通与加工协会水产种业分会成立大会暨中国水产种业论坛将于 2021 年 12 月 17 日—18 日在山东省青岛市召开。中国水产流通与加工协会牡蛎分会成立大会暨牡蛎产业高质量发展论坛也将同期同地举行。

2021 年 12 月 18 日，《农民日报》报道：根据党中央、国务院决策部署，2021 年 1 月 1 日起，长江干流、长江口禁捕管理区，鄱阳湖、洞庭湖 2 个大型通江湖泊，大渡河等 7 条重要支流实行为期

10 年的常年禁捕。一年来，禁捕水域非法捕捞高发态势得到初步遏制，退捕渔民转产安置基本实现应帮尽帮、应保尽保，水生生物资源逐步恢复，长江禁渔效果初步显现。

2021 年 12 月 18 日，《农民日报》报道：2021 年 12 月 10 日，农业农村部、安徽省人民政府在安徽芜湖联合举办 2021 年长江水生生物科学增殖放流活动。此次活动放流中华鲟、胭脂鱼等珍贵濒危和长吻鮠、青鱼等长江重要鱼类共计 10 万余尾。

2021 年 12 月 18 日，《农民日报》报道：近日，按照国务院安委会办公室《重点行业领域安全生产明察暗访工作方案》安排部署，由农业农村部带队，应急管理部、交通运输部派员参加，赴浙江省重点检查水上交通和渔业船舶安全工作。

2021 年 12 月 18 日，《农民日报》报道：近日，全国水产技术推广总站公布了河北省黄骅市水产技术推广站等首批 100 家"全国星级基层水产技术推广机构"。

2021 年 12 月 22 日，《农民日报》报道：12 月 8 日，农业农村部和广东省人民政府在广州市共同举办了首届"中国—太平洋岛国渔业合作发展论坛"，跨越距离和新冠肺炎疫情，将中国和太平洋岛国人民的心紧紧联系在一起。

五、农业机械化

2021 年 1 月 12 日，《农民日报》报道："十三五"期间，青海出台《关于加快推进农业机械化和农机装备产业转型升级的实施意见》，强化市（州）政府和相关部门责任，加强经费保障，形成工作合力，完善财政金融支持政策，推动农业机械化和农机装备产业转型升级。严格落实农机购置补贴政策，累计投入农机购置补贴资金 4.35 亿元，拉动农牧民投入资金 11.52 亿元，购置各类农机具 5.03 万台。全省农机总动力达到 485 万千瓦，各类拖拉机 27 万台，配套机具 34 万台，动力机械与机具配套比达 1∶1.26。

2021 年 1 月 22 日，《农民日报》报道：生态环境部日前正式批准发布国家环境保护标准《非道路柴油移动机械污染物排放控制技术要求（发布稿）》。本标准规定了第四阶段非道路柴油移动机械及其装有的柴油机污染物排放控制技术要求。该标准指出，自 2022 年 12 月 1 日起，所有生产、进口和销售的 560 千瓦以下（含 560 千瓦）非道路移动机械及其装用的柴油机应符合本标准要求。560 千瓦以上的非道路移动机械及其装用的柴油机第四阶段实施时间另行公告。

2021 年 1 月 29 日，《农民日报》报道：宁波市坚持数量增长与结构优化并重，重点围绕耕地整地、播种、植保、收获、烘干、秸秆处理六大环节，深入实施主要农作物生产全程机械化推进行动，提高市域主要农作物生产全程机械化装备水平。2016 年至 2020 年，全市共投入中央财政农机购置补贴资金 1.86 亿元，使用市、县两级配套资金 7 184 万元，补贴机具 18 275 台（套），受益农户 5 063 户。2020 年，该市水稻耕种收综合机械化率超过 90%，大大高出全国、全省平均水平。

2021 年 3 月 15 日，《人民日报》报道：农业农村部办公厅近日印发通知，部署抓实抓细全程机械化各项工作，为夺取 2021 年粮食丰收提供粮食生产支撑。通知指出，当前我国农业生产进入机械化主导的新阶段，各主要粮食作物耕种收综合机械化率均超过 80%。

2021 年 3 月 16 日，《农民日报》报道：3 月 15 日，全国农机"3·15"消费者权益日主会场活动在山东省日照市拉开帷幕。此次活动以"提质增效减损护农"为主题，助力农业机械化转型升级、提质增效。

2021 年 3 月 17 日，《农民日报》报道：今年河北安排省级补助资金 6 600.5 万元用于农机深松深耕作业补助，分别按照每亩 30 元、40 元标准，补助实施农机深松作业 203.35 万亩。

2021 年 3 月 22 日，《农民日报》报道：四川省农业农村厅印发《四川省农业机械化 2021 年工作要点》，提出 2021 年将新增农机总动力 60 万千瓦，主要农作物综合机械化水平提高 2 个百分点。同时，针对丘陵山区农业机械化难题，四川今年将制定《丘陵山区农田宜机化改造技术规范》，启动实施"五良"融合产业宜机化改造项目。

2021 年 3 月 31 日，《农民日报》报道：农业农村部印发《关于公布全国农机使用一线"土专家"名录第一批入选人员名单的通知》，明确北京市房山区龙长庆等 306 名同志为首批入选"土专家"。

2021 年 4 月 17 日，《农民日报》报道：日前，农业农村部在京召开农业机械化工作会议，谋划"十四五"农业机械化重点任务，部署今年重点工作。农业农村部副部长张桃林出席会议并讲话。

2021 年 4 月 19 日，《农民日报》报道：4 月 2 日，由国家木薯产业技术体系生产管理机械化团队研制的国内首台预切种式木薯种植机在广西贺州市八步区信都镇贺州嘉时农业发展有限公司木薯种植基地正式投入生产应用。经过近一周时间，累计完成了300余亩的种植作业，为抢回农时创造了有利条件。

2021年4月23日，《农民日报》报道：日前，2021年全国农业机械及零部件展览会在河南省驻马店国际会展中心举办。该展会由中国农业机械工业协会、中国农业机械化协会和中国农业机械流通协会共同主办，经过多年的培育和发展，已成为我国春季规模最大、最具影响力的农机宣传、展示、交易平台。本届展会展览面积近5万平方米，参展企业330多家，吸引了2万余人前来观展。

2021年4月30日，《农民日报》报道：近日，由中国热带农业科学院牵头完成的"4GXJ系列便携式电动割胶装备"通过了农业农村部科技发展中心组织的成果评价，专家组一致认为该装备结构设计具有创新性，性能优良可靠，割胶效果优于行业标准要求，是世界割胶工具的重要变革，达到国际领先水平。该装备及配套技术也被列为2021年海南省农业主推技术。

2021年4月30日，《农民日报》报道：日前，由鲁东大学与烟台拓伟智能科技公司研发生产的第二代苹果智能分选包装系统上线。

2021年4月30日，《农民日报》报道：近日，在中国农业大学国家保护性耕作研究院等单位主办的2021年东北黑土地保护性耕作培训会暨机具现场演示会上，22台（套）各类保护性耕作机械在吉林省长春市九台区纪家街道太平村的县级高标准保护性耕作应用基地进行了作业演示。

2021年4月30日，《农民日报》报道：近日，由农业农村部农机鉴定总站、农机推广总站联合农业农村部南京农业机械化研究所、中国农业机械流通协会主办的全国茶叶全程机械化生产培训班在福建南平举行。

2021年4月30日，《农民日报》报道：近日，前装农机导航终端应用工作推进会在河南驻马店召开。来自全国农机化主管部门的相关负责人与专家围绕北斗导航推动智慧农业发展建言献策。会上还公布了"东方红杯"2020年度十项适用农机化技术遴选结果。

2021年5月7日，《农民日报》报道：在天津市农机化技术试验服务中心召开的"农机地头展——果园机械走进天津"专题展示演示活动上，来自天津各区的农户围着农机生产商问个不停，原来是全国34家农机企业带着80余款林果生产、植保

类农机来到现场。其中，九成以上农机符合国家相关补贴政策，受到天津农户追捧。

2021年5月7日，《农民日报》报道：近日，在江苏省南京市举办的第十一届江苏国际农业机械展览会上，江苏大学农业工程学院胡建平教授团队自主研发的手扶自走式全自动蔬菜移栽机首次亮相。这台完全实现"苗盘输送、取苗、投苗、栽植、覆土、压实、苗盘回收"全过程自动化的移栽机吸引了众多观展者驻足询问。

2021年5月11日，《人民日报》报道：没有农业机械化，就没有农业现代化。农业农村部数据显示，当前我国农业生产进入机械化主导的新阶段，各主要粮食作物耕种收综合机械化率均超过80%。从山区纵横驰骋的微耕机，到黑土地上轰鸣的无人智能插秧机，再到自动运行的"植物工厂"，新农机促进农业生产效率提升，为乡村振兴提供了重要科技支撑。

2021年5月13日，《科技日报》报道：日前，在黑龙江北大荒集团红卫农场有限公司智慧农业先行示范区内，无人驾驶智能插秧机正进行精细化插秧作业。该插秧机应用北斗卫星定位系统，田间作业时可实现自动避障、掉头和转弯，同时将秧苗情况通过5G信号，实时传输到智慧农业中心。

2021年5月14日，《人民日报》报道：农机购置补贴是党中央、国务院出台的一项重要的强农惠农富农政策，是《农业机械化促进法》明确规定的重要扶持措施。2004年政策出台以来，支持力度不断加大。截至2020年底，中央财政累计投入2 392亿元，扶持3 800多万农民和农业生产经营组织购置各类农机具4 800多万台（套）。

2021年5月19日，《科技日报》报道：春耕时节的东北黑土地上，万物复苏，一望无际的沃野田畴里，2万多台智能免耕农机在轰鸣欢歌；而在长春理工大学实验室的智慧云屏上，农机总量、各地区农机数量、工作农机数、待机农机数、异常农机数等一目了然。黑土地上使用这种机械进行免耕播种的面积突破了600万亩。

2021年5月21日，《人民日报》报道：今年"三夏"农机总量投入充足、装备优化升级，社会化服务能力不断提高，全程机械化作业服务能力增强。农业农村部调度显示，全国今年"三夏"将有各类农机装备近1 650万台投入小麦、油菜等作物抢收以及秸秆处理、烘干及玉米、水稻等作物抢种作业。目前，全国夏粮主产省份机具维护检修到位、准备工作已经就绪，5月底将大面积开镰。全国农业机具

装备有能力确保成熟一块、收获一块，力争颗粒归仓。

2021 年 5 月 21 日，《科技日报》报道：4 月 29 日，"2021 年耒耜国际会议"在江苏大学举行，200 多名国内外专家学者、企业负责人，共同围绕智能农机装备发展前沿问题展开研讨。

2021 年 5 月 29 日，《光明日报》报道：5 月下旬以来，黄淮海小麦主产区由南向北梯次进入集中收获期，湖北、安徽、河南、江苏等地麦收相继开镰。截至 5 月 29 日，全国已收获冬小麦 3 300 万亩，当日机收面积超过 500 万亩，全国"三夏"大规模小麦跨区机收全面展开。全国将投入 1 650 万台各类农机，充分保障夏收夏种顺利进行，其中小麦联合收割机超过 60 万台，参与跨区机收的机具约 25 万台，预计今年冬小麦机收率、夏玉米机播率分别达到 97%、94% 以上。

2021 年 6 月 2 日，《光明日报》报道：为实施"绿色农资"行动，全国供销合作社系统持续推进农资企业转型升级和农业绿色发展，深入实施"绿色农资"行动，优化供应结构，强化技术服务，促进化肥农药减量增效，推进系统农资企业加快向现代农业综合服务商转型。通过积极努力，供销合作社系统农资供应能力不断增强，为农服务水平和综合竞争实力进一步提升。今年一季度，全系统销售水溶肥 22.93 万吨、有机肥 142.33 万吨，同比分别增长 36.08%、31.84%，农用机械销售额同比增长 56.31%；土地全托管面积 3 017.02 万亩，土地流转面积 2 798.58 万亩，开展配方施肥、统防统治、农机作业等农业社会化服务总计达 1.09 亿亩次。

2021 年 6 月 10 日，《人民日报》报道：夏粮收获全程机械化水平不断提高。全国已收获小麦面积 1.63 亿亩中，机收面积 1.60 亿亩，日机收面积 2 065 万亩。目前，全国农作物耕种收机械化率达到 71%。

2021 年 6 月 11 日，《农民日报》报道：近日，农业农村部农业机械化总站在上海市松江区组织开展了蔬菜全程机械化作业效果综合测评。由农业农村部和北京、上海、江苏、山东和武汉等省（直辖市）的农机鉴定站、农机推广站以及农业农村部南京农机化研究所的 17 名技术人员组成的测评组，在同一时间、同一地点，依据农业农村部发布的推广鉴定大纲和统一的测评方法，对国内市场上 5 款自走式蔬菜移栽机、4 款蔬菜收获机进行了田间作业性能试验检测和经济指标生产考核，形成了结球甘蓝、小白菜生产全程机械化作业效果综合测评结

果，并在 2021 年全国蔬菜生产全程机械化推进活动上进行了发布。

2021 年 6 月 15 日，《农民日报》报道：据了解，湖北水稻生产基本实现机械化，2020 年湖北省水稻耕种收综合机械化率达 86.8%，但机插（播）率仅 59.68%，已成为当前影响粮食生产的重要因素。农业农村部和湖北省委、省政府对此高度重视，要求加快提升以水稻播栽为重点的机械化水平，补短板，保供给。

2021 年 6 月 15 日，《农民日报》报道：重庆市江津区黄庄村 5 000 亩高粱示范基地里，每当农机手刘秀驾驶的久保田拖拉机作业驶过，车身后便留下 4 行整齐播种好的高粱。这台由重庆市农委、重庆文理学院、江记农业公司等单位联合改良的拖拉机，能够同时完成高粱播种、覆土、施肥等流程，播种 50 亩土地的高粱仅需一天时间，这也是重庆首次实现高粱机械化直播。

2021 年 6 月 17 日，《农民日报》报道：高度农机化，让麦田里的守望者变得气定神闲。无人飞机、无人收割机、无人拖拉机、无人播种机相继亮相，天津小麦机收开镰仪式上的"大阅兵"，体现了天津都市型农业发展的高度智能化。近期，近 3 万台各类农机投入天津"三夏"生产，小麦机收、小麦秸秆综合利用和玉米机播将实现 3 个百分之百机械化。

2021 年 6 月 19 日，《人民日报》报道：加快农业生产性服务业发展。2020 年，全国农机服务组织 19.46 万个，其中农机合作社 7.89 万个，占比超过 40%；农机户 4 008 万个，其中农机作业服务专业户 423.2 万个；农机作业服务收入达到 3 540 亿元，较 2003 年增长 80%。农机社会化服务在推进小农户与现代农业发展有机衔接中发挥了重要桥梁作用。

2021 年 6 月 21 日，《光明日报》报道：在江苏淮安，为提升农机作业效能，淮安市财政拿出 600 万元、县（区）财政拿出 200 万元投入农机装备转型升级，推进老旧联合收割机报废更新，加大低温循环烘干和远程监控装备与技术推广力度，减少粮食在烘干环节的霉变等损失，以信息化促进农业机械作业提质增效、降本减损。

2021 年 6 月 25 日，《农民日报》报道：近日，全国农机标委会农机化分会在云南省昆明市召开五届三次会议暨标准复审会。本次会议审议并原则通过了《"十四五"农业机械化标准体系建设指南》，审议并通过了标委会工作经费预决算及执行情况，集中复审了农机化领域现行 369 项农业行业

标准。

2021 年 6 月 29 日，《农民日报》报道：根据农业农村部农情调度，今年全国投入各类农机具 1 650 万台（套），充分保障夏收夏种顺利进行，其中小麦联合收割机超过 60 万台，参与跨区机收的机具约 25 万台，今年冬小麦机收率、夏玉米机播率分别超过 98%、94%。

2021 年 7 月 9 日，《农民日报》报道：7 月 6 日—7 日，农业农村部农业机械化总站在京召开全国农机试验鉴定和技术推广工作会。本次会议旨在深入贯彻落实十九届五中全会、中央农村工作会议精神，认真落实全国农业农村厅局长会议和农业机械化工作会议部署安排，总结"十三五"农机鉴定推广工作，研究"十四五"主要任务，部署当前和今后一段时期重点工作。

2021 年 7 月 9 日，《农民日报》报道：为切实加强农机化标准化与农机试验鉴定人才队伍建设，加快提升农机化标准与大纲编制水平，有效推动重点标准和大纲贯彻实施，近日，农业农村部农业机械化总站在山东省青岛市举办农机化标准与大纲培训班。

2021 年 7 月 10 日，《农民日报》报道：南方早稻将于 7 月中旬进入集中收获期。日前，农业农村部对双季稻产区早稻机收减损工作做出部署，要求各级农业农村部门牢固树立"减损就是增产"意识，将机收减损作为"双抢"机械化生产工作的重中之重，由厅局一把手亲自盯、分管领导抓实，落实落细农机管理服务措施，全方位提升早稻机械化收获质量，进一步夯实全年粮食增产基础。

2021 年 7 月 16 日，《农民日报》报道：近日，湖北省水稻机插秧作业补贴推进会在荆门钟祥市举行，会上宣布"湖北工匠杯"技能大赛——第六届全省农机职业技能竞赛将于 11 月中旬在襄阳举办，吹响了农机竞赛选拔号角。本年度的"湖北机王"不仅能获得向省总工会申报"湖北五一劳动奖章"的资格，还将根据不同项目，获得机具奖励。即日起，湖北全省各地将陆续展开竞赛预赛选拔。

2021 年 7 月 30 日，《农民日报》报道：近日，湖南智能农机创新研发中心在中联重科麓谷工业园正式挂牌成立。该中心由中联农机牵头，联合省内农机企业和高校院所共同组建，相关省直单位提供支持。

2021 年 7 月 30 日，《农民日报》报道：近日，农业农村部农业机械化总站在内蒙古自治区乌兰察布市举办农机推广鉴定大纲宣贯培训班。

2021 年 8 月 5 日，《科技日报》报道：日前，山东省水产学会组织专家对"牡蛎海上自动收获与清洁系统研发及产业化示范"成果进行评价，并通过验收。评价专家组一致认为，该系统为国内首创，成果整体达到领先水平。

2021 年 8 月 6 日，《科技日报》报道：据了解，截至 2020 年，昆山市农业机械化水平已达 95.3%，其中，主要农作物耕种收综合机械化率达 98.5%。

2021 年 8 月 7 日，《农民日报》报道：麦浪滚滚，机声隆隆。日前，河套灌区春小麦已在巴彦淖尔市杭锦后旗立新村开镰收割，拉开了河套灌区小麦收割的序幕。为了确保小麦颗粒归仓，巴彦淖尔市农机部门组织了 1 600 多台小麦收割机，机收率达到 100%。

2021 年 8 月 20 日，《农民日报》报道：日前，在山东青岛汇勤农业基地举办的全国智能果园机械专题演示展示会期间，来自 50 多家农机制造企业，微耕机、果园轨道运输车、藤蔓粉碎机等 100 多款产品在这里集中亮相。

2021 年 9 月 3 日，《农民日报》报道：近日，山西省农业农村厅副厅长王进仁在山西省委宣传部（省政府新闻办）举行的新闻发布会上表示，农业机械化是转变农业发展方式、提高农村生产力的重要基础，没有农业机械化就没有农业农村现代化。据了解，山西省委、省政府高度重视农业机械化发展，制定出台了《关于加快推进农业机械化和农机装备产业转型升级的实施意见》，聚焦实施农业"特""优"战略、三大省级战略和发展有机旱作农业，着力推进农机化全程全面高质高效发展。

2021 年 9 月 3 日，《农民日报》报道：日前，由农业农村部南京农业机械化研究所研制的胡萝卜联合收获机，在陕西定边县成功开展了胡萝卜田间收获试验示范。试验结果表明，该设备作业顺畅可靠，损伤率、切缨率、漏收率等作业指标良好，实际作业效率可达每小时两亩，受到当地种植大户和相关部门的高度赞扬。

2021 年 9 月 6 日，《人民日报》报道：近日，在黑龙江北大荒江川农场，随着一声"开镰"，自走式割晒机开始在金色的稻浪里割晒作业。据悉，北大荒各品种水稻目前陆续进入收获期，广袤田野丰收在望。

2021 年 9 月 7 日，《光明日报》报道：农业农村部办公厅近日印发《关于将机收减损作为粮食生产机械化主要工作常抓不懈的通知》，要求将机收减损作为当前和今后一个时期粮食生产机械化工作的重中之重常抓不懈。

2021 年 9 月 28 日，《农民日报》报道：金秋时节，新疆生产建设兵团第一师阿拉尔市十三团种植的 18 万亩机采棉已是绿叶白絮、丰收在望的喜人景象。连日来，各连队的棉田里机声隆隆，一台台高架喷雾打药机正全面进行喷施脱叶剂作业。

2021 年 10 月 8 日，《农民日报》报道：茄果类蔬菜移栽机，这台集自动送盘、取苗、栽种于一体的蔬菜移栽机综合了自动化控制技术、计算机辅助设计、机械结构化设计、钵苗力学特性分析，解决了自动送盘和自动控制这两大难题。自动送盘时，由电机驱动的苗盘自动进给机构，改变了过往需要人工放置苗盘的问题，大大缓解了劳动强度；自动取苗、投苗时，具备高准确率自动取苗和投苗的优点，减少了钵苗移栽过程的损伤，解决了在穴盘移栽过程中，因夹取装置挂苗和钵苗在穴盘中生长位置的随机性而影响投苗准确率的问题。

2021 年 10 月 14 日，《农民日报》报道：通辽市位于黄金玉米带，全市 2 000 多万亩耕地，90% 以上都种植了玉米。但是多年来形成的传统生产方式，田间管理粗放、产量提升困难。中国农业科学院作物科学研究所作物栽培与生理创新团队 2018 年开始在通辽科尔沁区试验示范玉米密植高产全程机械化绿色生产技术，在常规水肥投入条件下，2020 年实收测产最高亩产达 1 234.88 千克，千亩示范田机械粒收实收亩产超 1 000 千克。今年以来，团队在通辽全市开展大规模田间课堂 13 次，培训规模化种植户 2 100 余人次。

2021 年 10 月 26 日，《农民日报》报道：10 月 21 日，全国农技中心在吉林省公主岭市召开全国玉米籽粒机收现场观摩交流会。会议观摩了吉林省公主岭市玉米籽粒机收技术示范现场，开展玉米籽粒机收适宜品种评价，交流各地玉米籽粒机收技术推广应用情况，同时研究部署下一步技术示范推广工作。

2021 年 10 月 28 日，《光明日报》报道：在第 28 届中国杨凌农业高新科技成果博览会现代农业装备展区，各类农机装备琳琅满目，让人着实感慨现代科技给人们生产生活带来的巨变。无人机巡查、无人驾驶拖拉机、智能化管理平台等，既节省劳动力，又提高生产效率，是现代农业发展的大趋势。在本届杨凌农高会上，专门展陈的粮食、设施蔬菜、苹果三个全程机械化展位十分引人关注。而在果业全程机械化展位，从果园生产、采后整理到冷鲜储藏等一系列先进机械设备，也让果农们有了更多选择。

2021 年 10 月 29 日，《农民日报》报道：山东省青岛市即墨区打造了一批集技术推广培训、维修服务和农机社会化服务于一体的区域性农事服务中心。区内农机专业合作社达 117 个，拖拉机达 3.9 万台，配套机具达 6.5 万套，农作物耕种收综合机械化率达到 89%，数量大、种类齐的农业机械为即墨农业发展提供了有力保障。

2021 年 10 月 29 日，《农民日报》报道：日前，我国首款商业化 CVT 重型智能拖拉机——雷沃 P7000 大马力智能拖拉机在 2021 中国国际农业机械展览会上正式发布。这是国内首款由中国企业自主研发、具有自主知识产权的 CVT 重型智能拖拉机，产品技术及各项性能指标达到国内领先、国际先进水平。

2021 年 10 月 29 日，《科技日报》报道：大疆农业无人机 T30 最大载重为 40 千克。采用 T30 进行水稻田变量播撒，可实现省肥 10%、增产 10%。它还搭载球形雷达系统，可全方位全天候探测障碍物，自主绕障或避障。

2021 年 11 月 1 日，《人民日报》报道：近日，中共中央办公厅、国务院办公厅印发了《粮食节约行动方案》，并发出通知，要求各地区各部门结合实际认真贯彻落实。推进农业节约用种。完善主要粮食作物品种审定标准，突出高产高效、多抗广适、低损收获的品种特性，加快选育宜机品种。编制推进节种减损机械研发导向目录，加大先进适用精量播种机等研发推广力度。着力推进粮食精细收获，强化农机、农艺、品种集成配套，提高关键技术到位率和覆盖率。鼓励地方提升应急抢种抢收装备和应急服务供给能力。加快推广应用智能绿色高效收获机械。将农机手培训纳入高素质农民培育工程，提高机手规范操作能力。

2021 年 11 月 1 日，《科技日报》报道：今年 8 月 23 日，浙江召开全省农业高质量发展大会，提出要大力实施科技强农、机械强农"双强行动"，加快提高农业生产效率、提升农业效益和农民收入、破解资源环境约束。

2021 年 11 月 2 日，《农民日报》报道：由中国农业机械化协会、中国农业机械工业协会、中国农业机械流通协会主办的第六届中国—东盟农业机械暨甘蔗机械化博览会将于 12 月 4 日—6 日在广西南宁国际会展中心举办。

2021 年 11 月 2 日，《农民日报》报道：广西甘蔗联合收获机保有量已超过 2 000 台，全区联合机收面积达 68.45 万亩，机收吨数为 235.5 万吨，较上一榨季增长 34.9%。

2021 年 11 月 2 日，《农民日报》报道：陕西省农业农村厅对无人机撒播用种进行总体调度，制定供种企业及适用品种名录，协调外省调运种子；组织专家制定技术指导意见，下派技术干部，分县包抓指导工作。

2021 年 11 月 5 日，《农民日报》报道：北京市农业机械试验鉴定推广站利用高科技手段，加快播种速度，提高播种质量，确保秋收秋种高效安全顺利进行。目前，自动导航驾驶设备在全市已推广应用 350 余台（套），在"抢播种、争农时"过程中发挥了重要作用。

2021 年 11 月 5 日，《农民日报》报道：近年来，海南以提高农业机械化水平为抓手，力推农业转型升级、提质增效，不断提高农业现代化水平。2020 年，全省农机总动力达到 574 万千瓦，动力农机机械化程度达 80% 以上，植保机械化超过 85%。日前，海南省政府办公厅出台《关于加快推进农业机械化和农机装备产业转型升级的十二条措施》，推动农机购置补贴政策扩面、提质、增效，重点向粮食生产薄弱环节所需机具、热带特色产业发展急需新机具以及智能、复式、高端农机具倾斜。

2021 年 11 月 6 日，《农民日报》报道：据悉，为了做好"机收减损"工作，9 月初，吉林省农业农村厅线上开展了全省主要粮食作物机收减损技术培训，并提醒广大农机合作社、农机手和农机户，收获前提前做好机具保养，尤其注意调整割台、摘穗装置、粉碎装置等关键部位，确保机具作业时处于最佳状态。

2021 年 11 月 8 日，《农民日报》报道：近日，中共中央办公厅、国务院办公厅印发《粮食节约行动方案》，明确提出要减少田间地头收获损耗。如果三大主粮作物机收损失率平均降低 1 个百分点，每年全国就可挽回 120 亿斤左右的粮食损失，推进机收减损意义重大。

2021 年 11 月 26 日，《农民日报》报道：当前，我国大豆生产在耕整地和播种作业环节基本实现了机械化。2020 年全国大豆耕种综合机械化率达 86.7%，较上年提高 1.18 个百分点，其中，机耕、机播、机收水平分别达到 90.1%、87.4%、81.8%。但跟发达国家相比还有一定差距，美国等发达国家大豆综合机械化率一般都在 95% 以上。2020 年我国进口大豆突破 1 亿吨，自给率不足 20%。

2021 年 12 月 3 日，《农民日报》报道：近年来，设施蔬菜产业发展迅猛，栽培面积不断增加，已成为农业产业中最具活力的经济增长点之一。但是，由于蔬菜大棚环境相对封闭，病虫害发生规律和特点迥异于露地栽培，防治难度增大。同时，又受设施空间条件限制，大型植保机难以在大棚中作业，在劳动力成本高增长的情况下，迫切需要高效的防治方法。那么，有没有一种轻便小巧的农机适用于蔬菜大棚的病虫害防治呢？近日，入选 2021 年中国农业农村重大新技术、新产品和新装备名单的"精量电动弥粉机"解决了蔬菜产业的这一难题。

2021 年 12 月 3 日，《农民日报》报道：今年天津市在粮食生产方面实现水稻机收率接近 100%，良器、良法推动了全年粮食生产任务超额完成。天津秋粮生产面积、总产量均比去年增加。今年，天津共投入各类农业机械 1.9 万台，玉米机收率超过 90%，水稻机收率接近 100%。其中 100 万亩小站稻在抗灾基础上实现 100% 使用机收，夺取了丰收，总产量预计达到 60 万吨左右，比去年增加 10 万吨。

2021 年 12 月 3 日，《农民日报》报道：我国作为世界上最大的棉花生产国和消费国，棉花综合机械化率近年也不断提升，2020 年达到 85%，其中机耕率、机播率和机收率分别为 100%、95%、55%。机收率较低的原因除了新疆一些地方棉花品种、田间管理还不适应机械化采收的要求，还在于黄河流域和长江流域棉区的机采率较低。但"十三五"期间，我国棉花主产区由长江流域、黄河流域、西北内陆地区（主要是新疆）的"三足鼎立"，演变为新疆棉区"一枝独秀"的格局已进一步稳定，棉花生产机械化率持续攀升。2021 年新疆地区植棉面积达 3 718 万亩，占全国总面积的 79.8%，棉花全程机械化率达 88%。

2021 年 12 月 3 日，《农民日报》报道：为持续增加农机推广鉴定大纲有效供给，保障农机试验鉴定工作依法科学规范开展，农业农村部农业机械化总站近日在北京组织召开了农业机械推广鉴定大纲审定会议。会议指出，农机试验鉴定大纲是提升农机鉴定能力的基础前提，是保障农机购置补贴政策高质量实施的技术支撑，是促进农机产品质量提高的重要抓手，做好大纲制修订工作对加快推动我国农业机械化向全程全面和高质量发展具有重要意义。会议强调，"十四五"时期，农机试验鉴定大纲制定修订工作要坚持问题导向、目标导向、结果导向，紧紧围绕农业生产实际和农业机械化高质量发展需要，突出为农机购置补贴等农业机械化重要强农惠农政策实施提供支撑，统筹做好推广鉴定大纲和专项鉴定大纲制定修订工作，不断满足新时期农机试验鉴定工作的实际需求。

2021 年 12 月 7 日，《人民日报》报道：目前，新疆北部地区棉花机采率接近 100%，今年新疆加快推广棉花机采种植模式，引导发展棉花适度规模种植，示范带动新疆南部棉花生产由小农分散经营向集约机械化经营转变，今年全区棉花机采率预计将首次突破 80%。

六、农 垦

2021 年 1 月 9 日，《农民日报》报道：北大荒农垦集团以巩固和提升粮食综合产能、推动农业绿色可持续发展为目标，大力推进工程与生物、农机与农艺、用地与养地相结合，集成应用关键技术，综合施策，全力做好黑土地保护，不断夯实保障国家粮食安全的基础。北大荒农垦集团针对地貌、气象、土壤及植被、土地利用方式、退化强度等因素，因地制宜，综合施策，形成能复制、可推广的技术路线与模式。垦区的秸秆全量还田面积逐年增加，2020 年，农作物秸秆还田面积达到 4 270 万亩，秸秆还田率超过 95%。

2021 年 1 月 11 日，《农民日报》报道：广东能源葵潭农场光伏复合项目在揭阳市惠来县开工。该项目由广东省能源集团有限公司、广东省农垦集团公司共同出资建设，位于广东省葵潭农场、东埔农场范围内，占地面积 6 146 亩，采用分块发电、集中并网发电系统方案，规划建设容量 500 兆瓦，投资总额约 25 亿元。

2021 年 1 月 11 日，《农民日报》报道：回首"十三五"，农垦走过了一条深层次改革、高质量发展的道路。"两个 3 年"改革任务如期完成，全国农垦土地确权登记发证面积 4.13 亿亩，确权登记率为 96.2%；全国累计 1 000 多万亩农垦土地作价注入农垦企业；省级农垦集团现代企业制度进一步完善，省份区域集中化改革稳步推进，全国组建区域集团和产业公司 300 余家；长期制约国有农场发展的问题得到根本性改善，国有农场规范化经营的土地面积达到 5 100 多万亩，占比达到 75%。

2021 年 1 月 11 日，《农民日报》报道：沪苏浙皖四个垦区在安徽合肥签订合作意向书，加快推进长三角垦区一体化高质量发展，进一步提升发展质量和发展水平，并建立长三角垦区一体化协同合作机制。

2021 年 1 月 20 日，《农民日报》报道：截至 2019 年，全国农垦企业资产达到 1.18 万亿元，营收达到 6 422 亿元，实现利润 212 亿元。在打造农业领域航母、培育具有国际竞争力的现代农业企业集团的道路上迈出了坚实步伐。

2021 年 1 月 21 日，《农民日报》报道：北大荒农垦集团九三分公司以"稳豆、增玉、提品质、突绿色、增效益"为原则，提早落实今年种植计划，优化种植结构，确保粮食稳产增产。目前，分公司所属 11 个农场全部提前进入备战春耕状态。九三分公司有耕地 380 万亩，2020 年粮食总产量 24.64 亿斤，比 2019 年增长 10.2%。今年，九三分公司计划通过稳定大豆种植面积、适当增加玉米种植面积确保粮食稳产增产：计划大豆专用品种基地种植面积达到 200 万亩，玉米种植面积增加 5.2 万亩。

2021 年 1 月 25 日，《农民日报》报道："中国·农垦博览园"综合体项目开工仪式在陕西华阴农场举行。"中国·农垦博览园"综合体项目是陕西省农垦集团按照"十三五"规划和《陕西农垦集团发展战略规划》《陕西华西现代农业示范园区产业项目策划》，深入贯彻落实推动黄河流域生态保护和高质量发展国家战略而精心设计打造的大型农旅综合体项目，是陕西省农垦集团与华垦（上海）实业发展有限公司共同出资设立陕西华垦农旅文化有限公司整体开发建设。

2021 年 2 月 4 日，《科技日报》报道：在 2 月 3 日上午中国农科院"科技创新引领耕地保护与利用"新闻发布会上，作为耕地研究"国家队"，该院资划所土壤培肥、植物互作、耕地质量、面源污染、区域布局、土壤耕作 6 个团队首席悉数到场，对我国农业最重要的"三块地"——南方红黄壤、北方旱地、东北黑土地所存在问题作了系统阐述。并由此呼吁，对于黑土地，一是要用养结合；二是在黑土地利用的规划设计上，要认真考虑农业生产方式的多样化，建立一个景观结构框架，既有农田，也有树、有草、有湿地，生产、生态兼顾；三是从根本上解决问题，要增加在高标准农田建设上的投入。

2021 年 2 月 8 日，《农民日报》报道："十三五"以来，安徽农垦认真贯彻落实党中央国务院以及安徽省委省政府关于进一步推进农垦改革发展的文件精神和乡村振兴发展规划，全力推进农垦改革发展，取得了显著成效。"十三五"末实现营业收入 41.6 亿元，比 2015 年增长 55.63%，实现利润 3.5 亿元，比 2015 年增长 39.44%。

2021 年 3 月 2 日，《农民日报》报道：农业农村部耕地质量监测保护中心印发《关于做好 2021 年耕地质量监测保护工作的实施意见》，强调要紧紧围绕"保供固安全，振兴畅循环"，大力实施"藏粮于地，藏粮于技"战略，坚持把解决好耕地要害问题作为首要任务，全面深入推进耕地质量调查、监测、评价、建设和保护等工作。

2021 年 3 月 2 日，《农民日报》报道：湖北省武汉市新建的 31 个高标准农田上半年全部投入生产。为"十四五"开好局、起好步，力争打造一批万亩级高标准农田连片产业区。截至 2 月 19 号，全市已完成早春播栽农作物 44.6 万亩。

2021 年 3 月 4 日，《光明日报》报道：农业农村部副部长刘焕鑫在 3 日举行的全国高标准农田建设推进视频会上指出，为确保"十四五"高标准农田建设开好局、起好步，我国将加快编制高标准农田建设规划，确保今年完成 1 亿亩高标准农田和 1 500 万亩高效节水灌溉建设任务。

2021 年 3 月 16 日，《农民日报》报道：浙江省委办公厅、省政府办公厅印发专项实施意见，提出在国土空间规划编制实施中，将统筹划定落实生态保护红线、永久基本农田、城镇开发边界三条控制线，以推动省域国土空间治理现代化。

2021 年 3 月 16 日，《农民日报》报道：新疆生产建设兵团第八师 2021 年 26.18 万亩高标准农田建设项目正式启动，项目涉及 9 个农牧团场（镇）共 28 个农业连队。

2021 年 3 月 22 日，《农民日报》报道：安徽农垦华阳河农场通过开展稻前虾、稻中虾和稻后虾"一稻三虾"生态种养示范，实现小龙虾分期错峰上市，农场走上了"虾田种稻、稻田养虾"粮渔双收的绿色生态发展之路。

2021 年 4 月 1 日，《农民日报》报道：中国农垦经贸流通协会于 3 月 26 日发布实施《农垦水稻种植技术规程 辽宁农垦优质粳稻》《农垦水稻种植技术规程 黑龙江农垦优质粳稻》《农垦水稻种植技术规程 江苏农垦优质粳稻》三项标准。

2021 年 4 月 12 日，《农民日报》报道：日前，以"做强农业芯片 贡献农垦力量"为主题的 2021 年中国种子大会农垦种业论坛在海南三亚召开。农业农村部农垦局、海南省农业农村厅、中国农垦经济发展中心、中国种子协会及中国农垦种业联盟各成员单位的领导和嘉宾，围绕打好种业翻身仗、共谋打造"种业航母"，共商如何贡献农垦种业力量。

2021 年 4 月 26 日，《农民日报》报道：近日，为贯彻落实 2021 年农业农村部农垦局重点工作任务，中国农垦经济发展中心在天津市举办了 2021 年农垦优势产业质量管理提升培训班。来自 11 个垦区的农产品质量安全工作主管部门负责人、农垦稻米质量提升试点企业质量管理及生产部门负责人参加了此次培训，从而开启了加快农垦稻米系列团体标准落地实施工作。

2021 年 5 月 14 日，《农民日报》报道：近日，农业农村部耕地质量监测保护中心与云南省农业农村厅结合"我为群众办实事——我帮农民建良田"主题实践活动，在云南省曲靖市启动开展"我为农民治酸土"行动，并召开有机硅功能肥改良酸化土壤技术座谈会，拟通过开展有机硅治理酸化土壤试验示范，探索改良培肥酸化土壤的有效技术模式，提升耕地综合生产能力和农产品品质，助力农业绿色发展。

2021 年 5 月 17 日，《农民日报》报道：作为我国重要商品粮基地和粮食战略后备基地，农垦系统在保障国家粮食安全和重要农产品有效供给上肩负着重要的责任，既是保障粮食供应的"国家队"，又是维护国家粮食安全的"压舱石"。近年来，农垦系统深入贯彻落实习近平总书记重要指示精神和国务院工作部署，加快推进农业标准化建设，全面构建稻米系统团体标准体系，既保障了中国饭碗端的牢，又保障了中国饭碗"成色"好。

2021 年 6 月 23 日，《农民日报》报道：日前，为深入贯彻落实中央农垦改革发展文件精神，推进农垦文化建设，按照《农业农村部办公厅关于组织开展第二批中国农垦农场志编纂工作的通知》要求，经农场申请、省级农垦管理部门择优推荐、中国农垦农场志编纂委员会办公室审核并报农业农村部审定，确定北京市北郊农场有限公司等 50 个农场为第二批中国农垦农场志编纂农场。

2021 年 6 月 28 日，《农民日报》报道：日前，第四届中国国际茶叶博览会在浙江省杭州市落幕，1 000 余家茶叶企业、140 多家茶器企业、300 家相关企业悉数参展。在精彩纷呈的展览会上，中国农垦茶品牌发布推介活动格外亮眼，12 个垦区的 29 家茶企组团亮相，中国农垦茶产业联盟乘势成立，农垦茶品牌产品专场人流涌动。

2021 年 7 月 12 日，《农民日报》报道：近日，2021 年度农垦系统财务管理能力提升培训班在甘肃省兰州市举办。本次培训班的任务是贯彻落实 2021 年农业农村部 1 号文件精神，围绕农业农村部农垦局重点工作部署，针对农垦财务工作面临的新形势、新任务、新挑战，旨在进一步提升农垦财务管理水平，为深化农垦改革发展提供有力支撑。

2021 年 7 月 12 日，《农民日报》报道：近日，中国农垦经济发展中心在陕西西安举办了 2021 年农垦区域性企业集团发展研讨会，共有来自河北、山西、内蒙古、辽宁、吉林、江苏、浙江、福建、江西、山东、河南、湖北、四川、贵州、云南和陕西 16 个垦区的 40 余名代表参加。陕西省农垦集团有限责任公司党委副书记、总经理马青到会致辞，中国农垦经济发展中心副主任陈忠毅作会议总结。中心经济研究处处长李红梅主持研讨会。

2021 年 7 月 12 日，《农民日报》报道：在庆祝中国共产党成立 100 周年之际，云南农垦集团在大理苍山洱海间肥沃的土地上，以彩色水稻为颜料，乡愁古生稻田为画布，绘制了一幅庆祝中国共产党成立 100 周年的彩色水稻画，抒写了农垦人爱党向党，始终不忘初心、牢记使命的情怀。

2021 年 7 月 19 日，《农民日报》报道：广西农垦转型大型食品集团专题研讨班在清华大学开班，拉开了广西农垦学习先进理念、对标先进企业、打造大型食品集团的序幕。

2021 年 7 月 26 日，《农民日报》报道：近日，上海农场"规模农场万亩基地'种管收'信息化技术集成应用模式""光明水产智能养殖技术集成与应用" 2 项案例获"2021 数字农业农村新技术新产品新模式优秀案例"；2019 年"大田智能化灌溉系统"案例也被农业农村部授予"2019 数字农业农村新技术新产品新模式优秀案例"，3 项优秀案例标志着上海农场农业信息化已处上海市领先水平。

2021 年 7 月 26 日，《农民日报》报道：为进一步提升农垦统计人员业务能力，提高统计工作质量，更好地为农垦改革发展提供有效服务，日前，中国农垦经济发展中心在陕西西安举办 2021 年度农垦综合统计培训班。

2021 年 8 月 3 日，《农民日报》报道：日前，在吉林长春，中外专家共赴一场国际论坛"头脑峰会"，围绕如何保护好、利用好黑土地和保障世界粮食安全等议题开展交流对话，共谋国际合作。

2021 年 8 月 3 日，《农民日报》报道：作为粮食主产区，近年来，内蒙古自治区以高标准农田建设为抓手，累计建成高标准农田 4 125 万亩，占全区耕地总面积的 30%，全区粮食生产能力与综合效益稳步提升，实现农业增效、农民增收。

2021 年 8 月 6 日，《科技日报》报道：近日，中科院东北地理与农业生态研究所（以下简称东北地理所）连续与吉林白城、黑龙江绥化及海伦市签署《共同实施"黑土粮仓"科技会战合作协议》。东北地理所将针对各地不同的土壤、气候、作物和地形的多样性，为三座城市的黑土地保护、农业现代化发展提供科技支撑和系统解决方案，全面落实"藏粮于地、藏粮于技"战略。

2021 年 8 月 21 日，《农民日报》报道：吉林省位于东北黑土区的核心，26 个典型黑土区县贡献了全省 80% 以上的粮食。保护好黑土地，建设好大粮仓，是深入贯彻落实习近平总书记"把黑土地这个'耕地中的大熊猫'保护好、利用好"重要指示的实际行动。吉林集成创新和大力推广农机化技术，积极探索适宜的技术路径和典型模式，加大黑土地保护力度，为稳定提升粮食综合生产能力夯基筑盘。

2021 年 8 月 24 日，《人民日报》报道：习近平总书记指出，"中国人的饭碗任何时候都要牢牢端在自己手上。""要扎实实施乡村振兴战略，积极推进农业供给侧结构性改革，牢牢抓住粮食这个核心竞争力，不断调整优化农业结构，深入推进优质粮食工程，突出抓好耕地保护和地力提升，加快推进高标准农田建设，做好粮食市场和流通的文章"。

2021 年 8 月 27 日，《科技日报》报道：国务院第三次全国国土调查领导小组办公室、自然资源部、国家统计局近日发布《第三次全国国土调查主要数据公报》，并于 8 月 26 日召开第三次全国国土调查主要数据成果新闻发布会，记者从会上获悉，2019 年末全国耕地 12 786.19 万公顷（191 792.79 万亩）。

2021 年 10 月 11 日，《农民日报》报道：日前，科创金融赋能宁夏农垦高质量发展战略合作大会在银川召开。中国工程院院士赵春江及中国科学院、上海交通大学、西北农林科技大学和宁夏大学等高校的专家学者共聚一堂，助力宁夏农垦高质量发展。

2021 年 10 月 13 日，《农民日报》报道：记者从黑龙江北大荒农垦集团了解到，截至目前，垦区秋收已完成九成，预计粮食总产将突破 460 亿斤，比上年增加约 30 亿斤。

2021 年 10 月 13 日，《人民日报》报道：为更好利用红色资源、发扬红色传统、传承红色基因，由农业农村部农垦局、陕西省农业农村厅、延安市政府主办的纪念南泥湾大生产 80 周年主题活动 11 日在陕西延安南泥湾开发区举行。开幕式上，全国农垦首批 20 家重点农场志正式发布。

2021年10月22日,《人民日报》报道:中共中央办公厅、国务院办公厅印发了《关于推动城乡建设绿色发展的意见》,在国土空间规划中统筹划定生态保护红线、永久基本农田开发边界等管控边界,统筹生产、生活、生态空间,实施最严格的耕地保护制度。

2021年10月22日,《农民日报》报道:"十四五"期间,中央给青海省下达高标准农田建设指标96万亩,届时全省高标准农田总面积将接近500万亩,亩均粮食产量提高100斤,全省粮食总产量增加1亿斤以上。

2021年10月23日,《光明日报》报道:习近平强调,开展盐碱地综合利用对保障国家粮食安全、端牢中国饭碗具有重要战略意义。

2021年10月25日,《光明日报》报道:专项报告显示,截至2020年底,全国国有土地总面积52 333.8万公顷,其中包括,全国国有建设用地1 760.6万公顷,国有耕地1 957.2万公顷等。

2021年10月25日,《农民日报》报道:农业农村部大力推进乡村产业振兴,加快发展富民乡村产业,与自然资源部、国家发改委联合印发《关于保障和规范农村一二三产业融合发展用地的通知》。

2021年10月25日,《农民日报》报道:农业部门负责同志告诉总书记,全国有15亿亩盐碱地,其中5亿亩具有开发利用潜力。

2021年10月26日,《农民日报》报道:国务院批复同意实施的《全国高标准农田建设规划(2021—2030年)》,描绘了新一轮全国高标准农田建设的新蓝图,阐明了今后一个时期全国高标准农田建多少、建什么、怎么建、怎么管,为今后一个时期全国高标准农田建设指明了方向路径,是今后一个时期全国高标准农田建设的重要依据和科学指南。

2021年10月30日,《人民日报》报道:今年秋粮生产,吉林有超2 800万亩黑土地采取保护性耕作,占粮食播种面积的1/3。辽宁在中央财政1亿元基础上专门安排2亿元资金用于黑土地保护,实施160万亩黑土地保护项目。湖北省扎实推进高标准农田建设,截至8月底,全省已建成高标准农田228万亩,整体进度同比去年提升30%。

2021年10月30日,《人民日报》报道:围绕防灾害、治病虫、减损失3个关键,安徽千方百计提高秋粮种植效益,全省发展稻渔综合种养面积522万亩,创建国家级稻渔综合种养示范区14个,实现"亩收千斤粮,亩增千元钱"。吉林加大投入,

以增积温促早熟为中心,加强田间管理,适时开展除草、中耕、施肥,适时组织喷施植物生长调节剂、叶面肥、抗旱保水剂等1 267.07万亩。

2021年10月30日,《人民日报》报道:今年1月—9月,全国已建成和开工在建高标准农田约9 617万亩。按照全国高标准农田建设规划,到2025年新建高标准农田2.75亿亩、累计建成10.75亿亩,到2030年累计建成12亿亩高标准农田。

2021年10月30日,《光明日报》报道:按照现行的《永久基本农田保护条例》,耕地主要用于粮棉油糖菜等农产品生产,明确禁止占用永久基本农田发展林果业和挖塘养鱼等,下一步还将结合新修订的法规,在耕地转为林地、草地、园地等其他农用地方面完善操作管理规定,既要管"非农化",也要管"非粮化"。在落实土地占补平衡任务方面,也将坚持实事求是的原则,将所有通过验收的补充耕地项目在网上公开,接受全社会监督。

2021年11月8日,《人民日报》报道:从全国受污染耕地安全利用率和污染地块安全利用率均超过90%,到累计实施休耕轮作超过1亿亩次,今年推广保护性耕作7 000万亩;从组织实施耕地质量保护与提升行动,耕地质量5年提升0.35个等级,到积极参与全球土壤环境治理,严格履行《生物多样性公约》及相关议定书义务……一个个数字、一项项成就,标志着我国在保护土壤生物多样性上迈出的坚实步伐。

2021年11月9日,《农民日报》报道:近年来,海南省通过多项创新机制推动高标准农田建设"加速跑",截至目前,已建成高标准农田409万亩。

2021年11月10日,《农民日报》报道:黑龙江耕地面积占东北黑土区耕地面积的50.6%,其中典型黑土耕地面积占东北典型黑土区耕地面积的56.1%。

2021年11月11日,《科技日报》报道:保障国家粮食安全的根本在保护耕地。第三次全国国土调查成果显示,守住了国家确定的18亿亩耕地保护红线,也完成了国家规划所确定的2020年18.65亿亩耕地保有量的任务。

2021年11月13日,《农民日报》报道:绥化市地处黑龙江省中部的东北黑土地核心区,素有"中国寒地黑土特色物产之乡"美誉。全市以黑土、黑钙土、草甸土为主的典型黑土地面积2 521万亩,占全省16.2%,占全国9%,是国家重要商品粮基地、草食畜牧业基地、绿色食品生产基地。

2021年11月15日,《农民日报》报道:近

日，垦区集团化农场企业化改革培训班在江苏南京举办。此次培训班旨在深入贯彻落实中央农垦改革发展文件关于推进垦区集团化农场企业化改革有关要求，切实指导并服务建设具有国际竞争力的现代农业企业集团。

2021 年 11 月 16 日，《农民日报》报道：10 月 21 日上午，习近平总书记来到黄河三角洲农业高新技术产业示范区考察调研，走进盐碱地现代农业试验示范基地，察看大豆、苜蓿、藜麦、绿肥作物长势，了解盐碱地生态保护和综合利用、耐盐碱植物育种和推广情况。他特别强调："18 亿亩耕地红线要守住，5 亿亩盐碱地也要充分开发利用。如果耐盐碱作物发展起来，对保障中国粮仓、中国饭碗将起到重要作用。"总书记的这番话道出了盐碱地的重要作用，也为当前我国盐碱地综合治理指明了方向。

2021 年 11 月 19 日，《人民日报》报道：近年来，农业农村部深入推进耕地质量保护与提升行动，启动实施东北黑土地保护性耕作行动计划，耕地轮作休耕制度试点范围已扩至 4 000 万亩。2019 年，全国耕地质量平均等级达到 4.76，较 2014 年提升了 0.35 个等级。2020 年，我国建成 8 000 万亩高标准农田。

2021 年 11 月 22 日，《农民日报》报道：今年，广东农垦迎来创建 70 周年。70 年栉风沐雨，70 年砥砺前行。广东农垦坚守"为国植胶"初心，披荆斩棘、向阳而生，如今已发展成为涵盖天然橡胶、剑麻、糖业、乳业、畜牧、粮油、旅游、置业、金融、物流、营销等多个领域，一二三产业融合、国内外同步开拓的国际化现代农业企业集团，忠实履行着战略资源保障者、现代农业引领者、乡村振兴践行者的时代使命。

2021 年 11 月 22 日，《农民日报》报道：10 月中下旬，中国农垦茶产业联盟组织有关单位赴西藏垦区调研茶产业发展情况。调研发现，西藏垦区茶产业发展基础条件好、重要性强、速度较快，应该承担起引领当地茶产业发展的责任使命。

2021 年 11 月 22 日，《农民日报》报道：今年是实行粮食安全党政同责的第一年，全国农垦牢固树立责任意识，在农业全产业链上抓落实，做到"种收售管"样样抓，以农业科技赋能粮食种收，以多元传播助力品牌营销，以党建引领加强管理监督，全流程、多方面确保秋粮大丰收，推动农业高质量发展。

2021 年 11 月 22 日，《农民日报》报道：近日，在 2021 中国国际农业机械展览会举办期间，中国农垦经济发展中心与中国农业机械流通协会举行战略合作框架协议签约仪式。中国农垦经济发展中心副主任秦福增与中国农业机械流通协会副会长兼秘书长陈涛出席仪式并签约。

2021 年 11 月 22 日，《农民日报》报道：近日，记者在吉林省冬春农田水利暨高标准农田建设电视电话会议上了解到，到 2025 年，吉林省将建成 4 819 万亩高标准农田，改造提升 379 万亩；到 2030 年建成 5 832 万亩高标准农田，改造提升 1 048 万亩，以此来夯实吉林省粮食丰收增产的基础。

2021 年 11 月 23 日，《农民日报》报道：为深入实施"藏粮于地、藏粮于技"战略，福建省采取系列措施，推动中央预算内投资高标准农田建设。2019 年以来，共下达高标准农田建设中央预算资金 6.97 亿元，省级配套资金 1.74 亿元，建成高标准农田 51 万亩。

2021 年 11 月 23 日，《农民日报》报道：近日，河南省农业农村厅下发了《关于规范河南省高标准农田建设市场管理有关事项的通知》，明确指出将严格依法设定"红线"，加强过程监管，严厉打击影响高标准农田建设质量的违法违规行为。

2021 年 11 月 29 日，《农民日报》报道：科技兴农、创新发展是推动农业高质量发展的催化剂。近几年，内蒙古呼伦贝尔农垦格尼河农牧有限公司不断提高现代农业质量效益和竞争力，通过转变种植模式、种子科学选育、机械化智能化的应用，提升了农业生产效率，增加了职工收入，开启了现代农业高质量发展新征程。

2021 年 11 月 29 日，《农民日报》报道：近日，中国农垦史大事记及重要历史进程研讨交流会成功召开，本次研讨活动由国史学会农垦史研究分会发起，旨在深入贯彻落实中央农垦改革发展文件精神，总结梳理近年来编纂"中国农垦史大事记"的部分工作成果，进一步分析研究农垦精神的内涵要义，研讨审议"新中国农垦重要历史进程"等文稿材料，为后续成果宣传和精编推广夯实基础。

2021 年 11 月 30 日，《农民日报》报道：近日，江西省针对今年国家下达的 317 万亩高标准农田建设任务启动"百日大会战"行动，确保 12 月底前完成总体工程量的 60% 以上、力争完成 70%，明年春节前完成总体工程量的 80% 以上、力争完成 90%，明年 3 月底前全面完成田间工程，不影响春耕生产。

2021 年 12 月 16 日，《光明日报》报道：12 月 15 日，中国农业科学院正式启动"沃田科技行动"，将聚焦我国东北黑土地、北方旱地、南方水田、南方旱地、盐碱地、设施农地和后备耕地"七块地"的关键问题，集中发力，给出答案。"沃田科技行动"将全面提升耕地科技创新水平，支撑保障国家粮食安全和农产品有效供给，构建我国耕地质量提升的理论与技术（产品与装备）体系，建设耕地保护与质量提升试验示范样板区，示范推广我国1亿亩耕地，辐射带动3亿亩耕地。

2021年12月20日，《农民日报》报道：为贯彻落实好《中国工运事业和工会工作"十四五"发展规划》，推动新时期产业工人队伍建设改革走深走实，在中国农林水利气象工会指导下，日前，中国农垦乳业劳模和工匠人才创新工作室联盟成立，中国农林水利气象工会一级巡视员原成刚出席视频会议并讲话，全国示范性劳模和工匠人才创新工作室——广东燕塘乳业冯立科创新工作室领衔人冯立科劳模主持会议。

2021年12月20日，《农民日报》报道：光明食品集团旗下的上海农场依托国有农场这块"根据地"，精心打造助力乡村振兴的"支撑点"，积极探索农场地方融合发展的"试验田"，形成了"区场一体化"合作发展的光明模式。

2021年12月21日，《农民日报》报道：受多种因素影响，福建省莆田市涵江区农村地区出现了不同程度的耕地撂荒现象。为此，该区加快推进高标准农田建设，整治撂荒地，稳步提升粮食综合生产能力，为保障国家粮食安全提供有力支撑。据了解，该区各乡镇党支部以党建为引领，整合辖区内耕地资源，逐户对撂荒耕地进行"地毯式"摸排登记，厘清撂荒面积、承包关系、耕种现状等情况。建立撂荒地基本情况和统筹利用双信息动态台账，为复耕复种工作顺利开展打下坚实基础，引导村民积极主动复耕复种。

2021年12月21日，《农民日报》报道：江苏省苏州市吴中区横泾街道积极推进高标准农田建设工作，已全面完成5171亩高标准农田建设工作，提高辖区内有效耕地面积。在此基础上，该街道进一步夯实农业基础，建立了集稻谷烘干、加工、仓储、展示为一体的农业配套设施，农产品分拣中心即将建成并投入使用。街道共拥有各类农业机械68台，农业机械化水平达97.24%。

2021年12月21日，《农民日报》报道：2021年驻马店市高标准农田建设项目有28个，建设任务107万亩（其中高效节水灌溉面积29万亩），涉及10个县区、49个乡镇、228个行政村，总投资

16.34亿元。截至目前，全市工程建设进度率88.44%，预计12月底前完成主体工程，农历春节前全面竣工。

七、农村产业化

2021年1月6日，《农民日报》报道：农业农村部印发的《全国乡村产业发展规划（2020—2025年）》明确提出，培育一批产值超百亿元、千亿元优势特色产业集群。中央财政对批准建设的优势特色产业集群进行适当补助，支持各省围绕基地建设、机种机收、仓储保鲜、产地初加工、精深加工、现代流通、品牌培育等进行全产业链建设，有助于提升优势特色产业发展水平。

2021年1月6日，《农民日报》报道：河北省注册农产品品牌7万多个，居全国第五位，品牌农产品数量年增长率达到10%。培育创建了国家级区域公用品牌13个，省级以上农产品区域公用品牌85个，设区市级以上农产品区域公用品牌200多个。品牌对现代农业的引领作用正在凸显，涌现出了"平泉香菇""宣化葡萄""巨鹿金银花"等享誉全国的品牌。

2021年1月6日，《农民日报》报道：农业农村部先后会同国家发改委、财政部、商务部等部门，印发了《农业电子商务试点方案》《推进农业电子商务发展行动计划》《关于深化农商协作大力发展农产品电子商务的通知》等文件，并在2020年组织实施了"互联网＋"农产品出村进城工程，主要针对农产品上行的瓶颈制约，建立健全适应农产品网络销售的供应链体系、运营服务体系和支撑保障体系。

2021年1月7日，《农民日报》报道：我国生猪养殖产业规模化、规范化及标准化水平加速提升，年出栏500头以上的规模化养殖场生猪出栏量占比从2007年的26%提升至50%以上。

2021年1月9日，《农民日报》报道：2020年以来，山东省泰安市探索建立综合农事服务中心，致力于推进新型农业经营主体管理和服务创新，以现代农业机械化为引领，打通为农服务"最后一公里"，通过优势农业生产主体、要素、资源优化整合，增强乡村产业聚合力，助力乡村产业振兴。截至目前，泰安市已建立综合农事服务中心50家，服务面积134余万亩，服务总收入达到2.1亿元。

2021年1月9日，《农民日报》报道：生猪生产恢复成效超出预期。截至2020年11月底，能繁

母猪存栏已连续 14 个月增长，生猪存栏已连续 10 个月增长。以国家统计局去年三季度末存栏量为基数，按农业农村部定点监测环比数据推算，2020 年 11 月末全国能繁母猪存栏已超过 4 100 万头、生猪存栏达到 4 亿头以上，生猪产能已经恢复到 2017 年年末的 90% 以上。

2021 年 1 月 9 日，《农民日报》报道：2019 年国内海洋捕捞水产品产量为 1 000.15 万吨，比 2015 年下降了 43%，养捕比达到 78：22；同时，纳入"双控"管理的国内海洋捕捞机动渔船（不含港澳流动渔船和特定水域骨干船队）共 11.7 万艘。与 2015 年底相比，全国海洋捕捞渔船总数减少 4.4 万艘、总功率下降 165.7 万千瓦。

2021 年 1 月 11 日，《农民日报》报道：2017 年以来，农业农村部和财政部批准创建了 151 个全产业链发展、现代要素集聚的国家现代农业产业园，其中已认定 87 个，带动各地创建了 3 189 个省、市、县产业园，基本形成了以园区化推动现代农业发展的建设格局。

2021 年 1 月 12 日，《农民日报》报道：截至 2020 年 10 月，全国依法登记的农民合作社达 223.1 万家，是 2015 年底的 1.5 倍。农民合作社成员以农民为主体，辐射带动全国近一半的农户，普通农户成员占比达 95.4%。

2021 年 1 月 19 日，《农民日报》报道：粮食产量再创新高，生猪生产持续较快恢复。全年全国粮食总产量 66 949 万吨，比上年增长 0.9%，增产 565 万吨。其中，夏粮产量 14 286 万吨，增长 0.9%；早稻产量 2 729 万吨，增长 3.9%；秋粮产量 49 934 万吨，增长 0.7%。分品种看，稻谷产量 21 186 万吨，增长 1.1%；小麦产量 13 425 万吨，增长 0.5%；玉米产量 26 067 万吨，持平略减；大豆产量 1 960 万吨，增长 8.3%。全年猪牛羊禽肉产量 7 639 万吨，比上年下降 0.1%。其中，牛肉产量 672 万吨，增长 0.8%；羊肉产量 492 万吨，增长 1.0%；禽肉产量 2 361 万吨，增长 5.5%；禽蛋产量 3 468 万吨，增长 4.8%；牛奶产量 3 440 万吨，增长 7.5%；猪肉产量 4 113 万吨，下降 3.3%。2020 年末，生猪存栏、能繁殖母猪存栏比上年末分别增长 31.0%、35.1%。

2021 年 1 月 21 日，《农民日报》报道：截至 2020 年 12 月底，安徽省在市场监管部门注册登记的家庭农场 14.3 万户，较上年增加 2.8 万户，增长 24.3%，较"十二五"增加 4.25 倍，保持全国第一。

2021 年 1 月 25 日，《农民日报》报道：山东省淄博市知名品牌农产品（北京）推介暨产销对接会在北京全国农业展览馆成功举办。对接会上，来自淄博市的 51 家特色农产品种植、养殖企业和食品加工企业，携 300 多种知名品牌农产品参会，吸引了多家大型线上线下农产品销售企业及嘉宾客商洽谈合作。推介会取得丰硕成果，共签约项目 16 个，达成合作销售意向 36 项，意向金额 3.6 亿元，现场销售 108.134 万元，实现了从源头到市场、从需求到产品、从线下到线上全面产销对接。

2021 年 1 月 25 日，《农民日报》报道：2020 年，农业农村部、财政部在全国支持建设 50 个主导产业突出、资源要素汇聚、全产业链延伸、经营主体多元、联农带农紧密的优势特色产业集群，撬动地方财政投资 14 亿元，吸引社会投资 189 亿元，近 900 家省级以上农业产业化龙头企业参与建设。紧扣乡村产业振兴目标，优势特色产业集群建设实现良好开局。

2021 年 1 月 26 日，《农民日报》报道："十三五"期间，广东省将建设现代农业产业园作为实现农业现代化的主要抓手和实施乡村振兴战略的"牛鼻子"，共创建 14 个国家级、161 个省级、55 个市级现代农业产业园，主要农业县实现省级现代农业产业园全覆盖，构建了"一县一园、一镇一业、一村一品"的现代农业产业体系。

2021 年 1 月 27 日，《农民日报》报道：2020 年以来，玉米出现大幅上涨，目前已处于历史高位。现货方面，据农业农村部玉米市场监测预警数据，2020 年 12 月，国内产区平均批发价达到每斤 1.24 元，同比上涨 35.6%，年内涨幅达到 26.5%。期货方面，到目前为止国产玉米期货主力合约日内最高价出现在 1 月 13 日，为每吨 2 930 元，创出历史新高，比五年多前，2015 年 3 月 11 日曾出现的每吨 2 572 元高出 358 元/吨、13.9%。

2021 年 1 月 29 日，《农民日报》报道：云南省普洱市已建成 11 个农业标准化示范区，思茅区现代农业（茶叶）产业园被认定为首批国家现代农业产业园。

2021 年 2 月 2 日，《人民日报》报道：2020 年，供销社全系统实现销售 5.3 万亿元、利润 517.9 亿元，同比分别增长 14.2% 和 11%，经济运行呈现持续稳定恢复的良好态势。会议提出，2021 年，要紧扣服务保障国家粮食安全和重要农产品供给，全系统农业社会化服务面积超过 3.5 亿亩次；要把 1 000 家基层社打造成为农服务综合体，成为承接乡镇区域服务中心建设的主体。

2021年2月2日,《农民日报》报道:中共中央政治局委员、国务院副总理胡春华1日在天津市调研春节市场保供工作。他强调,要坚决贯彻落实习近平总书记重要指示批示精神,按照党中央、国务院决策部署,全力做好节日期间市场保供工作,确保生活物资供应充足、价格稳定,让人民群众度过一个欢乐祥和的春节。胡春华强调,春节将至,做好各类生活物资特别是生活必需品保供工作,是各级商务、农业等部门义不容辞的责任。要加强市场监管,坚决打击囤积居奇、哄抬物价等扰乱市场秩序的行为,确保商品质量和食品安全。要压实"菜篮子"市长负责制,加强生产组织,落实鲜活农产品"绿色通道"政策。在天津期间,胡春华还调研了加强农村流通体系建设等工作。

2021年2月3日,《人民日报》报道:中央经济工作会议提出,要坚持扩大内需这个战略基点。近年来,内需对我国国内生产总值增长的贡献率稳步提升,是经济增长的根本支撑。国家统计局数据显示,2020年,农村居民人均可支配收入1.71万元,实际增长3.8%;城镇居民人均可支配收入4.38万元,实际增长1.2%。近年来乡村消费增速持续快于城镇,成为挖掘消费潜力的重要着力点。有了消费潜力,还要充分开拓农村消费市场,让农村居民能消费。

2021年2月3日,《人民日报》报道:"十三五"期间,财政部、国家粮食和物资储备局组织实施优质粮食工程,支持示范企业以"公司＋合作社＋基地＋农户"模式结成利益共同体,开展订单收购,建设种植加工基地,增加优质粮油产品供给。作为优质粮食工程的重要内容,"中国好粮油"行动计划扶持389个示范县和1 200多家示范企业,增加优质粮食4 700万吨。

2021年2月3日,《农民日报》报道:山东是北方"菜篮子"产品主产省,全省设施蔬菜年播种面积1 400万亩左右,约占全国的1/4,有61个县被认定为"全国蔬菜重点发展区域设施蔬菜基地县";全省建成蔬菜批发市场230多家,营销队伍200万人左右。其中,寿光、兰陵南北两大蔬菜流通集散地年交易量都在800万吨左右,实现了"买全国、卖全国",辐射带动作用突出。山东设施蔬菜设备水平和科技能力持续升级,对今年做好稳产保供发挥了关键作用。

2021年2月3日,《农民日报》报道:近年来,山东省淄博市推动农产品生产基地、农村合作社"触网上线",搭建特色农产品销售平台,探索网

上批发零售。2020年,实现农产品网络零售额超过1 000万元的平台近20个。加强与第三方平台合作,推动市政府与盒马鲜生共同打造"盒马市",打通产、销两端,建设数字农业基地,实现农产品从基地直达餐桌。

2021年2月3日,《农民日报》报道:近日,由农业农村部市场与信息化司指导完成、中国农业科学院农业信息研究所发布的《中国农产品网络零售市场暨重点单品分析报告(2020)》显示,2019年全国农产品网络零售额4 168.6亿元,较2018年增长24.8%,零售量141.4亿件,较2018年增长33.2%,生鲜产品网络零售额突破千亿,农产品网络销售市场热度持续增加,不同区域农产品网络零售差异显著,苹果、柑橘等单品表现亮眼。

2021年2月3日,《科技日报》报道:"四川科技扶贫在线"平台的建立,克服了过去科技特派员服务工作中,人工层层传导服务模式效率低的不足,确保了每个用户的产业技术需求都能有效满足,可以说平台为农户的产业发展提供了优质服务。目前,"四川科技扶贫在线"平台省省级运管中心1个、市级运管中心13个、县级运管中心90个。预计到2025年,平台将建成并运行实体化运管中心200个,整合省市县三级科技特派员3万名以上,建立信息员队伍9万名以上,累计开展在线咨询服务50万条以上,发布农业科技成果供需信息2 000条以上,并促成科技成果转化200项以上。

2021年2月3日,《科技日报》报道:全国科技特派员创新综合服务平台1月22日在四川广元启动,广大科技特派员可基于此平台实现成果、项目、产品、人才和资源"五位一体"的互联互通,合力推动农民增收、农业发展和乡村振兴。该平台第一阶段将在四川、重庆、陕西、甘肃等6省市的80个县(市)区投入使用。

2021年2月4日,《人民日报》报道:2018年,海伦市被农业农村部确定为实施黑土地保护利用整建制推进试点县,实施面积50万亩。东兴合作社的2 000亩地也成为试验田,由政府组织经营主体实施耕地轮作制度,增施有机肥,并通过深埋还田等方式提高有机质含量。海伦市农业农村局黑土地保护项目办公室主任刘向波介绍,为了解决联动不畅、信息传递慢等问题,海伦在项目管理上构建了网格化管理模式,形成了市政府主导、农业农村局具体负责、乡镇落实、经营主体实施的四级联动工作格局。

2021年2月5日,《农民日报》报道:产业

是致富之源、脱贫之基，做强产业才能走上致富道路。近年来，宁夏回族自治区银川市向科技"借力"，把产业兴旺作为实施乡村振兴战略的关键来抓紧抓好，坚持品牌发展，规模发展，特色发展，以产业基地为平台，以产业项目为支撑，推动葡萄、肉牛、食用菌和山药等带有银川地域特色标签的优势产品家喻户晓，农业品牌效益不断凸显，促农增收水平显著提升，走出了一条乡村振兴的高质量发展之路。

2021 年 2 月 5 日，《农民日报》报道：2020年，在河南商丘召开的第二届中国腐殖酸钾复合肥产业发展论坛上，中国腐殖酸工业协会授权拉多美免费使用腐殖酸"HA"商标。农业农村部耕地质量监测保护中心与拉多美达成协议，建议在全国100个县的100种作物上开展"墨翠"4.0肥效试验，为腐殖酸钾肥料培育地力、改良土壤、服务现代农业，探索一条可行之路。

2021 年 2 月 6 日，《农民日报》报道：我国农产品产销对接不紧密、不稳定问题突出，产不好、卖不掉、卖不好的现象时有发生。2020 年 9 月—10月，全国政协农业和农村委员会调研组，赴内蒙古、吉林两省开展实地调研，研究提出解决办法。

2021 年 2 月 8 日，《人民日报》报道：截至2020 年底，全国农业社会化服务组织数量超 90 万个，农业生产托管服务面积超 16 亿亩次。通过集中采购、机械化作业，农业生产托管节约了生产成本，同时发挥了规模经营优势，提高了农业生产效益。未来，农业社会化服务组织还需进一步完善利益分配机制，加强对小农户的服务，解决小农户与现代农业发展有机衔接问题。

2021 年 2 月 8 日，《农民日报》报道：2 月 1日，花生期货在郑州商品交易所上市交易。花生期货将与已上市的菜油期货形成板块联动，推动完善油脂油料市场体系，保障我国油脂油料安全。

2021 年 2 月 9 日，《农民日报》报道：潍坊国家农业开放发展综合试验区（以下简称"农综区"）作为全国农业开放发展的"试验田"，两年多来，着眼破解农业领域一系列制约因素，探索农业开放合作发展新模式，为农业开放发展提供经验。农综区在推进投资贸易便利化方面进行了诸多有益探索，架起国内农业与国际市场无缝对接的桥梁。创新跨境投融资新路径，支持市场主体开展跨境投融资创新，协助24家境内企业获得山东省级跨国公司跨境资金集中运营业务资格，融入境外资金27.6亿元。开拓原产地地理标志产品参与国际互认互保

通道，安丘大姜、青州柿干入选第二批中欧互认互保地理标志产品名单。

2021 年 2 月 10 日，《农民日报》报道：据对全国 500 个县集贸市场和采集点的定点监测，1 月份第 4 周（采集日为 1 月 27 日）活猪、猪肉、鸡蛋价格下降，仔猪、活鸡、商品代蛋雏鸡、商品代肉雏鸡、牛羊肉、生鲜乳、玉米、豆粕、配合饲料价格上涨，白条鸡价格持平。

2021 年 2 月 10 日，《农民日报》报道：2020年以来，我国主要粮食品种价格都出现了不同程度的上涨，表现为口粮品种涨幅小，玉米、大豆涨幅较大。2020 年 12 月底，早籼稻收购价格同比上涨10%，南方地区粳稻价格上涨 20%，北方地区粳稻价格基本稳定，小麦价格上涨约 3%。大豆、玉米价格上涨 50%以上，均创历史新高。玉米市场供需偏紧，叠加资金炒作，玉米价格上涨拉动了口粮价格有所上涨。

2021 年 2 月 18 日，《农民日报》报道：日前，中国茶叶流通协会主办的《中国茶产业"十四五"发展规划建议》（以下简称《建议》）新闻发布会在京举行。据悉，由中国茶叶流通协会主持编制的《建议》，共四章 1.3 万余字，全面总结了中国茶产业"十三五"发展成就，分析了我国茶产业当前面临的发展环境，提出了未来五年中国茶产业发展的总体要求和主要目标。

2021 年 2 月 19 日，《光明日报》报道：习近平总书记指出，"依托丰富的红色文化资源和绿色生态资源发展乡村旅游，搞活了农村经济，是振兴乡村的好做法"。党的十九届五中全会进一步提出，推动文化和旅游融合发展，发展红色旅游和乡村旅游。中国革命是从乡村走出来的，乡村承载了中国革命的红色记忆，推动红色旅游和乡村振兴融合发展，具有天然的基础。进入新发展阶段，要接续推进红色旅游健康稳步发展，传承红色基因、弘扬革命文化、凝聚奋进力量，助力乡村全面振兴。

2021 年 2 月 19 日，《农民日报》报道：近年来，内蒙古自治区通过政策支撑、项目带动、试点示范等多项措施，推动合作社高质量发展。目前，全区农牧民合作社规范化水平不断提升，带动能力不断增强。全区依法登记合作社 8.1 万家，实现了乡村全覆盖。带动 65.9 万农牧户增产增收，其中贫困旗县成立合作社 4.5 万家，创建示范社 2 024 家，带动 7 882 名建档立卡贫困户稳定脱贫。另外，组建区域性、行业性联合社 150 余家，增强了市场竞争力和抗风险能力。参与组建产业化联合体 380 多家，

密切了农企利益联结。

2021 年 2 月 21 日，《农民日报》报道：2020 年是供销合作社发展史上具有里程碑意义的一年。这一年，习近平总书记 3 次对供销合作社工作作出重要指示，为供销合作社发展指明了方向。中华全国供销合作总社相关负责人介绍，2020 年，全系统主动作为、开拓进取，不断提升为农服务能力和水平，改革发展各项工作取得新成效。实现销售 5.3 万亿元、利润 517.9 亿元，同比分别增长 14.2% 和 11%。乡村振兴是展现供销合作社新作为的广阔舞台，今年全系统将围绕"三农"工作重大战略部署，贡献供销合作社力量。

2021 年 2 月 23 日，《农民日报》报道：近年来，青海省委、省政府把马铃薯确定为重点发展的十大农牧业特色优势产业之一，从品种选育、脱毒种薯生产、综合技术推广等方面给予重点扶持，马铃薯产业已形成种薯繁育、标准化种植、精深加工、市场化营销的全产业链发展格局。目前，青海已建立马铃薯种薯四级体系，马铃薯脱毒技术体系已经形成，技术力量较强，科技含量较高，为全省发展马铃薯繁种创造了有利条件。

2021 年 3 月 1 日，《农民日报》报道：2020 年脱贫攻坚成果举世瞩目。按现行农村贫困标准计算，551 万农村贫困人口全部实现脱贫。全年贫困地区农村居民人均可支配收入 12 588 元，实际增长 5.6%，增速分别比全国居民和全国农村居民快 3.5、1.8 个百分点。

2021 年 3 月 3 日，《农民日报》报道：据农业农村部监测，2021 年第 7 周"农产品批发价格 200 指数"为 139.94（以 2015 年为 100），比前一周降 1.93 个点；"'菜篮子'产品批发价格 200 指数"为 145.54（以 2015 年为 100），比前一周降 2.22 个点。

2021 年 3 月 4 日，《光明日报》报道：五年来，我国大力实施藏粮于技，全国农作物耕种收综合机械化率跨上 70% 台阶，粮食作物良种覆盖率保持在 96% 以上，在农业增产中的贡献率超过 45%，粮食安全更有底气。

2021 年 3 月 8 日，《农民日报》报道：《陕西省实施〈中华人民共和国农民专业合作社法〉办法》自 3 月 1 日起正式施行。目前，陕西省农民合作社数量达到 6.1 万家，合作社成员达到 202.6 万户，带动非成员农户 390.3 万户，基本实现行政村、主导产业全覆盖。

2021 年 3 月 12 日，《农民日报》报道：广西荔浦市实行绿化、美化、亮化同步推进，营造"四

季常青""一路一景、一季一景"农村公路生态化、景观化格局，打造出 11 条美丽乡村精品景观线路，走出一条"农村公路＋电子商务"融合发展的新道路。

2021 年 3 月 15 日，《农民日报》报道：黑龙江省农业农村厅印发了《关于做好疫情形势下农业生产托管服务工作的通知》，组织指导各地农业农村部门开展托管服务合同网签。同时，印发了《全省农业生产托管服务整省推进试点方案》，2021 年计划全程托管服务面积达到 2 000 万亩以上。

2021 年 3 月 16 日，《农民日报》报道：农业农村部决定继续强化农民合作社质量提升整县推进试点工作，扩大试点范围。据悉，2021 年全国拟新增 240 个试点县（市、区）作为试点单位。

2021 年 3 月 18 日，《科技日报》报道："十三五"期间，农民收入年均实际增长 6%，比城镇居民收入增速高 1.24 个百分点，增速已连续 11 年跑赢城镇居民，城乡居民收入倍差由 2010 年的 2.99：1 缩小到 2020 年的 2.56：1。

2021 年 3 月 21 日，《人民日报》报道：我国高标准农田建设取得积极进展，2020 年建成高标准农田 8 391 万亩，高效节水灌溉 2 395 万亩，超额完成年度目标，进一步提升了我国粮食保障能力。

2021 年 3 月 24 日，《人民日报》报道：据农业农村部最新农情调度，目前全国春播粮食已播 4.5%，其中，南方早稻已育秧 37.6%，西南地区中稻育秧 9.6%，春玉米已播 2.9%，薯类已播 27.6%。

2021 年 3 月 24 日，《农民日报》报道：《2021 中国农产品电商发展报告》展现自 2012 年以来，我国乡村社会消费品零售总额增速连续 9 年高于城镇增速，2020 年农村电商规模达到 28 015.7 亿元，同比增长 22.35%。

2021 年 3 月 25 日，《光明日报》报道：2020 年我国农产品加工业营业收入超过 23.2 万亿元，同比上年增加 1.2 万亿元，与农业产值之比接近 2.4：1，农产品加工转化率达到 67.5%。

2021 年 3 月 26 日，《农民日报》报道：天津市政府组织召开的全市设施农业现场推动会展现了"十四五"期间，天津市将全力打造"一环、两翼、三区"的设施农业发展新格局。2021 年全市将完成建设 20 万亩设施农业任务，"十四五"期间完成 100 万亩建设目标任务。

2021 年 3 月 29 日，《农民日报》报道：3 月 28 日，2021 中国农业服务者大会在京举行。本次大

会以"乡村振兴的科技农服之路"为主题，共同探讨新阶段、新理念、新格局下，如何加快推进农业农村现代化。

2021 年 4 月 1 日，《农民日报》报道：近日，中国丝绸桑蚕品牌集群成员大会在北京召开。大会以视频会议方式举行，在北京设主会场，全国共设 40 余个分会场。丝绸品牌企业、桑蚕品牌企业、科研院校等单位代表和专家委员会委员共 200 余人参加会议。

2021 年 4 月 1 日，《农民日报》报道：中国农业科学院举办的"科技创新引领农产品加工业高质量发展"新闻发布会公布的数据，2020 年我国农产品加工业营业收入超过 23.2 万亿元，与农业产值之比接近 2.4：1，农产品加工转化率达 67.5%，科技对农产品加工产业发展的贡献率达到 63%。当前，我国农产品加工领域自主创新能力实现了由整体跟跑向"三跑"并存转变，为农产品加工业长久稳定发展提供了强有力的支撑。

2021 年 4 月 6 日，《农民日报》报道：4 月 2 日，在农业农村部国际合作司的指导下，农业贸易促进中心（中国贸促会农业行业分会）联合广东省农业农村厅举办"国际茶日·大使品茶"粤品粤香专场活动，迎接 2021 年"国际茶日"的到来。

2021 年 4 月 7 日，《人民日报》报道：日前，总投资 20 亿元的一批冷链物流骨干网设施在江西正式投入营运，构建起城市、县、乡（村）三级网点即配即送模式，让城乡居民能更方便地吃到新鲜食品。

2021 年 4 月 7 日，《人民日报》报道：前不久，中国消费者协会发布的《2020 年 60 个农村集贸市场"再体验"调查报告》显示，60 个受调查的农村集贸市场实地体验总得分为 65.14 分，连续两年稳步增长；超八成消费者认为农村集贸市场环境得到改善。这些调研数据佐证了我国农村集贸市场发展稳中有进的好态势。

2021 年 4 月 7 日，《农民日报》报道：近日，2021 年三亚芒果产业大会暨第二届热带水果产业博览会拉开帷幕，展会展览面积 4 200 平方米，汇集参展商 100 余家。在当天开幕式上，签约总金额达 5.22 亿元，销售水果近 6 万吨。2021 年第二届热带水果产业博览会暨三亚芒果产业大会是我国首个热带水果题材展会。

2021 年 4 月 9 日，《农民日报》报道：近日，自然资源部发布《2020 年中国海洋经济统计公报》。公报显示，经初步核算，2020 年全国海洋生产总值 80 010 亿元，占沿海地区生产总值的比重为 14.9%，比上年下降 1.3 个百分点。其中，海洋第一产业增加值 3 896 亿元，第二产业增加值 26 741 亿元，第三产业增加值 49 373 亿元，分别占海洋生产总值的 4.9%、33.4% 和 61.7%。

2021 年 4 月 10 日，《农民日报》报道："公益助农促消费，洪湖藕带很实惠……"4 月 7 日，中央广播电视总台"品牌强国工程"2021 年助力湖北专项公益直播带货活动，在武汉市黄鹤楼公园正式启动。2021 年，中央广播电视总台"品牌强国工程"将继续免费提供 5 亿元广告资源，助力湖北经济恢复，举办直播带货等活动，进一步推介湖北特色产品、拉动销售。

2021 年 4 月 10 日，《农民日报》报道：近日，首场海南自由贸易港内外销同线同标同质"海南鲷"发布推介会在北京举行。商务部外贸司、市场监管总局认证监管司、食品生产监管司、中国检验检疫科学研究院、中国水产品流通加工协会、出口产品内外销"同线同标同质"促进联盟、海南相关政府部门和国内主要商业销售企业代表参加发布会。

2021 年 4 月 11 日，《光明日报》报道：近年来，山东省菏泽市牡丹产业发展水平不断提升，由单纯的花卉观赏拓展至食用、药用等多个领域。当地企业推出了盆栽牡丹、牡丹籽油、牡丹花蕊茶、牡丹生物饲料添加剂等百余种产品，推进牡丹产业转型升级，提升了菏泽牡丹品牌的影响力。

2021 年 4 月 13 日，《人民日报》报道：2021 年中央财政预算安排 1 561 亿元衔接资金，重点支持培育和壮大欠发达地区特色优质产业。截至 2020 年 11 月，全国农村合作社达到 224.1 万家，组建联合社 1.3 万余家。农村特色优势产业初具规模，累计建成各类产业基地超过 30 万个，打造特色农产品品牌 1.2 万个。

2021 年 4 月 14 日，《农民日报》报道：近日，2021 广东菠萝"12221"品牌推广市场营销行动广东菠萝甜蜜中国行第二站在上海开启，广东"一村一品"上海展销中心——鱼米之乡新零售门店内的徐闻菠萝带给广大市民春季"限量甜蜜"。

2021 年 4 月 14 日，《农民日报》报道：自 2020 年以来，江苏省宿迁市在全市范围开展校园食堂"阳光采购"工程，充分发挥食用农产品合格证作用，将农产品可追溯平台与学校阳光采购平台有效衔接，推动本地放心农产品校园直供。截至 2021 年 1 月，宿迁全市共有 194 家农产品基地和屠宰企业实现校园直供，累计产生有效订单 14.7 万余个，交易金额 6.9 亿余元。

2021 年 4 月 14 日,《农民日报》报道:日前,农业农村部等九部门联合发布《关于推动脱贫地区特色产业可持续发展的指导意见》,提出要"积极提升农产品加工业,深入发展农村电子商务,实施'数商兴农'"。

2021 年 4 月 14 日,《人民日报》报道:近年来,我国农村网络零售业迅速发展,成为乡村发展新引擎。2020 年,我国农村网络零售额达到 1.79 万亿元。在这背后,一批批乡村电商人才瞄准时代需求、发挥专业优势、创新销售模式,让农村的好货出山、助村民增收致富,为乡村振兴贡献力量。

2021 年 4 月 15 日,《农民日报》报道:4 月 13 日,中国农业农村部部长唐仁健同德国食品和农业部部长尤利娅·戈洛克内尔举行视频会谈,双方就推进中德农业农村合作达成诸多共识。

2021 年 4 月 16 日,《农民日报》报道:4 月 15 日,农业农村部在重庆奉节举办"2021 中国美丽乡村休闲旅游行(春季)推介"活动,现场发布湖北省武汉市黄陂区"烂漫春花之旅"等 55 条春季精品线路以及四川省长宁县蜀南花海等 176 个精品景点。

2021 年 4 月 16 日,《农民日报》报道:近日,江苏重点打造的乡村休闲旅游农业品牌"苏韵乡情"2021 年首场推介活动在无锡宜兴市举行。活动现场,江苏省农业农村厅发布了全省 2021 年"苏韵乡情"乡村休闲旅游农业"123"推介计划,旨在通过系列推介活动,促进产业品牌化发展。

2021 年 4 月 17 日,《农民日报》报道:4 月 16 日,国务院新闻办公室举行新闻发布会,介绍 2021 年一季度国民经济运行情况。一季度,农业生产总体平稳,生猪产能显著恢复。农业(种植业)增加值同比增长 3.3%,两年平均增长 3.4%。目前,春耕春播进展顺利,冬小麦总体长势略好于常年。一季度,猪牛羊禽肉产量 2 200 万吨,同比增长 21.4%,其中猪肉产量增长 31.9%,牛奶产量增长 8.5%,禽蛋产量下降 2.1%。生猪产能显著恢复,一季度末,生猪存栏 41 595 万头,同比增长 29.5%,其中能繁殖母猪存栏 4 318 万头,增长 27.7%。农村居民收入增长势头好于城镇居民。农村居民人均可支配收入 5 398 元,同比名义增长 16.3%,实际增长 16.3%。

2021 年 4 月 18 日,《人民日报》报道:近年来,各地着力培育新型经营主体和服务主体,发展土地流转型和服务引领型规模经营,有效解决"谁来种地""怎样种地"等问题。截至 2020 年底,全国纳入名录系统家庭农场超过 300 万家,农民合作社超过 220 万家,农业社会化服务组织超过 90 万个。

2021 年 4 月 19 日,《农民日报》报道:近日,农产品精深加工与产业集群建设研讨会在吉林省长春市举行。会议由华夏产业经济研究院、北京民营科技促进会和佐丹力健康产业集团联合主办。多名业内专家围绕我国农产品加工业转型升级、深入推进产业集群建设等内容进行了深入研讨。

2021 年 4 月 19 日,《农民日报》报道:作为全国水果大省(区),近年来,广西按照建设现代特色农业的要求推动水果业发展,三年迈出四大步,目前广西全区水果产值和农民水果收入占比达 20%,成为脱贫攻坚和小康社会建设中的重要力量。

2021 年 4 月 19 日,《农民日报》报道:近年来,福建省福州市立足农业资源多样性和气候适宜优势,把培育壮大富民产业作为群众致富增收的着力点。去年,全市水产、畜牧、水果、蔬菜、食用菌、茶叶、竹木花卉七大特色产业总产值超过 2 000 亿元。

2021 年 4 月 20 日,《农民日报》报道:近日,从河南省现代农业产业园工作推进会上了解到,目前河南省现代农业产业园建设总体进展较为顺利,全省共创建 8 个国家级、80 个省级、187 个市级、98 个县级现代农业产业园,覆盖粮食、生猪、花生、肉牛奶牛、果蔬等主要特色优势产业,在示范带动乡村产业振兴上发挥了积极作用。

2021 年 4 月 20 日,《农民日报》报道:近日,"四川夹江茶叶出口中亚专列"首发仪式在成都铁路国际港举行。首趟夹江茶叶出口中亚专列从铁路港出发,启程前往乌兹别克斯坦塔什干。

2021 年 4 月 20 日,《农民日报》报道:近日,全国中药材"三品一标"行动启动会在安徽省亳州市召开。会议认为,近年来我国中药材产业发展取得显著成效,生产规模不断扩大,优势产区逐步形成,种植水平逐年提高,促进农民增收作用明显。要打造中药材"三品一标"行动示范基地,推动中药材品种培优、品质提升、品牌打造和标准化生产,促进中药材产业高质量发展。

2021 年 4 月 21 日,《农民日报》报道:4 月 20 日,第二十二届中国(寿光)国际蔬菜科技博览会、2021 中国(寿光)国际蔬菜种业博览会在山东省寿光市开幕。本届菜博会、种博会由农业农村部、商务部、山东省人民政府等单位主办,为期 40 天,其中种博会首次从菜博会的种业分会升级为独立博览会举办。

2021 年 4 月 21 日，《农民日报》报道：4 月 20 日，农业农村部新闻办公室举行新闻发布会，介绍一季度农业农村经济运行情况。农业农村部办公厅副主任刘均勇主持发布会。农业农村部发展规划司司长曾衍德介绍，总体看，一季度农业农村经济运行良好，第一产业增加值 11 332 亿元，同比增长 8.1％，为"十四五"开好局、起好步奠定坚实基础。

2021 年 4 月 24 日，《农民日报》报道：4 月 22 日，2021 年"春风万里，绿食有你"绿色食品宣传月启动仪式在北京举行。来自新疆十余个脱贫县以及多家农产品绿色食品企业的代表进行了直播带货，为消费者介绍数十种新疆特产绿色优质农产品。

2021 年 4 月 26 日，《农民日报》报道：2021 年 4 月 12 日，2020 年农业产业化龙头企业 100 强和专项 10 强名单发布。

2021 年 4 月 26 日，《农民日报》报道：4 月 23 日，由中国农业国际合作促进会主办的第十三届中国（北京）国际茶业及茶艺博览会在北京全国农业展览馆开幕。本届茶博会以"茶润春色、万象更新"为主题，展览云集了西湖龙井、贵州绿茶、恩施富硒茶、金骏眉、武夷山大红袍等国内外 900 余家茶叶、茶具品牌。

2021 年 4 月 27 日，《农民日报》报道：近年来，国家中药材产业技术体系阿拉善综合试验站通过多次调研实践，在乡村地区发展适应其生态环境和资源优势的特色中药（蒙药）材产业，不断提升中药（蒙药）材规范化和集成化水平，在乡村振兴与农业农村现代化过程中发挥出日益重要的作用。

2021 年 4 月 27 日，《农民日报》报道：日前，带着来自北纬 39 度的优质草莓，辽宁省东港市现代农业产业园在广东广州市举办了丹东·东港草莓专场推介会，以开启东港草莓进入粤港澳大湾区的新通道。

2021 年 4 月 29 日，《农民日报》报道：4 月 25 日，2020 年农业产业化龙头企业百强推介暨百强国龙进贵州活动在贵州省贵阳市举行，活动公布了 2020 年农业产业化龙头企业 100 强和专项 10 强名单。

2021 年 4 月 30 日，《农民日报》报道：4 月 24 日，国家棉花产业联盟（以下简称国棉联盟，英文简称 CCIA）与 361°在新疆乌鲁木齐正式签订战略合作协议并发布国棉新品。

2021 年 5 月 7 日，《农民日报》报道：2020

年，钟祥"三农"工作收获 27 项国家级、省级荣誉。全市粮食种植面积 260 万亩，年生猪出栏 125 万头，农业增加值、增幅均位居湖北荆门市第一名，钟祥市的渔政监督、畜牧兽医、农村人居环境整治等工作被农业农村部通报表扬，钟祥市农机发展中心是 2020 年度全国农机科普先进集体。

2021 年 5 月 7 日，《农民日报》报道：近年来，党中央、国务院着眼乡村振兴大局作出建设现代农业产业园的重要决策，连续多年在中央 1 号文件里强调建设现代农业产业园。河南省委十届十次全会强调，要规划建设高起点、高标准、高水平的现代农业产业园体系。今年的河南省委农村工作会议再次提出，要围绕特色主导产业培育龙头企业，发展产业集群，建设现代农业产业园。为推进现代农业产业园建设，早在 2019 年，河南省农业农村厅、省财政厅就制定下发工作方案，全面启动省级现代农业产业园创建。省财政拿出 30 亿元支持省级现代农业产业园建设，国开行、农发行等金融机构纷纷出台政策支持。目前，全省共创建 8 个国家级、80 个省级、187 个市级、98 个县级现代农业产业园，覆盖了粮食、生猪、花生、肉牛奶牛、果蔬等主要特色优势产业。

2021 年 5 月 7 日，《科技日报》报道："十四五"期间，甘肃省按照"统筹布局、积极培育、成熟一个、启动一个"的原则，重点围绕主要粮食作物种质资源创新、农业机械装备、草产业、牛羊产业等甘肃特色优势农业产业，培育一批企业创新联合体，构建跨区域、跨领域、跨学科的科技支撑乡村振兴"100＋N"开放协同创新体系。

2021 年 5 月 10 日，《人民日报》报道：农业农村部、国家乡村振兴局发布《社会资本投资农业农村指引（2021 年）》，明确了社会资本投资农业农村的 13 个重点产业和领域。

2021 年 5 月 13 日，《农民日报》报道：近日，《湖北省促进茶产业发展条例》发布。据介绍，该条例以立法的形式引领、推动、规范、保障湖北茶叶全产业链高质量发展，为深化湖北茶产业供给侧结构性改革，为政策扶持"补起来"、优质原料"产出来"、产品质量"管出来"、品牌形象"树出来"、绿色模式"育出来"、奖惩措施"立起来"提供了有力的法规依据，为促进湖北茶产业奠定了法治基础。

2021 年 5 月 13 日，《人民日报》报道：近年来，乡村旅游快速发展。有数据显示：2015 年以来，乡村休闲旅游营业收入以年均 10％以上的速度增长。

2019 年乡村休闲旅游直接带动吸纳就业人数达 1 200 万人，带动受益农户 800 多万户。乡村旅游不仅为人们休闲提供了多样化选择，也为乡村振兴提供了强劲动能。

2021 年 5 月 14 日，《农民日报》报道：日前，河北省政府出台《关于持续深化供销合作社综合改革助力全面推进乡村振兴的方案》，强调围绕三农工作大局，以为农服务为宗旨，重点完善组织体系、提升服务能力、深化企业改革、创新治理机制，持续深化综合改革，进一步完善体制、优化职能、转变作风，努力把供销合作社打造成为服务农民生产生活的综合平台，全面推进乡村振兴和农业农村现代化。

2021 年 5 月 14 日，《农民日报》报道：河南省今年计划投入 65 亿元，统筹实施五大工程，推动 5G 网络向农村地区延伸，加快推进农业信息化和数字乡村建设。

2021 年 5 月 15 日，《农民日报》报道：5 月 14 日，农民合作社高质量发展论坛（2021）暨中国农村合作经济管理学会第八届会员代表大会在浙江衢州召开。来自全国的合作经济领域专家学者、优秀合作社理事长代表围绕如何促进合作社高质量发展进行了交流讨论。

2021 年 5 月 15 日，《农民日报》报道：日前，农业农村部和浙江省人民政府在浙江杭州举行第四届中国国际茶叶博览会（以下简称茶博会）新闻发布会。据了解，本届茶博会将于 5 月 21 日—25 日在杭州国际博览中心举办。2021 年"国际茶日"中国主场活动也将在杭州同期举办。

2021 年 5 月 17 日，《农民日报》报道：烟草是云南省重要的支柱产业，为地方经济发展、农民增收和扶贫开发作出了十分突出的贡献。尤其是 2015 年打响脱贫攻坚战后，云南烟草商业累计派出扶贫驻村工作队员 685 人，整合投入 116.64 亿元资金，采用"资金＋项目＋智力支持"方式，持续攻克人口较少民族阿昌族整乡推进整族帮扶、丽江宁蒗高寒山区挂联帮扶、昭通深度贫困地区全面帮扶三大难关，全面承担 122 个县（市、区）225 个乡（镇）739 个村的帮扶任务，直接帮扶 30.4 万贫困人口摆脱贫困。

2021 年 5 月 17 日，《农民日报》报道：2019 年以来，广西落实中央资金，实施 20 个国家地理标志农产品保护工程，推动各地区充分发挥山清水秀生态优势，增强综合生产能力，提升产品质量和特色品质，将代表优势明显的农产品地理标志保护和代表安全优质的绿色食品标志许可结合起来，打造高品质农产品，推进标准化生产，大力发展特色优势产业，促进生态优势有效转化为区域经济发展优势。

2021 年 5 月 20 日，《农民日报》报道：近日，北京市委、市政府印发《关于全面推进乡村振兴加快农业农村现代化的实施方案》，提出北京将聚力打造"种业之都""农业中关村"，建设农业科技创新高地。依据实施方案确定的目标，到 2025 年，科技创新将成为北京农业的鲜明特征，农业科技进步贡献率达到 77%，设施农业机械化率超 55%，高效设施农业技术、装备、品种自主创新率明显提升，良种覆盖率超 98%。

2021 年 5 月 22 日，《农民日报》报道：在 5 月 21 日"国际茶日"活动期间，云南省打造世界一流"绿色食品牌"工作领导小组办公室发布了《2020 年云茶产业绿色发展公报》（以下简称《公报》）。《公报》显示，2020 年云南省茶产业综合产值达到 1 001.4 亿元，较"十二五"末增长 378.3 亿元。

2021 年 5 月 24 日，《农民日报》报道：近日，在中国农村合作经济管理学会主办的农民合作社高质量发展论坛（2021）上，200 余名专家学者和农民合作社带头人齐聚一堂，为提升农民合作社发展质量建言。专家们认为，我国农民合作社的发展经历了初期的先发展后规范，到边发展边规范，直到当前把提高质量、加强规范摆在更加突出的位置。无论是服务乡村振兴和实现农业现代化的宏观目标，还是解决一家一户小农生产经营增收困难的微观矛盾，农民合作社都有着不可比拟的优势。

2021 年 5 月 31 日，《农民日报》报道：四川根据十大优势特色产业，在全省范围内已布局 11 个现代种业园，力争经过 3 年培育，建成具有区域特色、产业协同发展的现代化种业园区，切实发挥好种业"芯片"引擎作用。

2021 年 5 月 31 日，《科技日报》报道：30 日，"100＋智慧农场"项目在湖南长沙签约，"智慧农场创新联合体"同日揭牌。据悉，该项目启动后，拟在"十四五"期间共建超 100 个智慧无人化农场，构建覆盖全国的国家级智慧农场网络，打造数字农场的"智能大脑"。

2021 年 5 月 31 日，《科技日报》报道：30 日，第五个"全国科技工作者日"，首届江苏农业科技节暨 2021 江苏农业与科技融合发展大会在南京溧水区的南京国家农高区开幕。江苏首个农业科技服务总站——江苏省农科院亚夫科技服务总站，以及南京国家农高区亚夫工作室、南京国家农高区乡村振兴学院同步成立。

2021年6月1日，《光明日报》报道：2020年，我国农业总产值10.7万亿元，农产品加工业营业收入23.2万亿元，休闲农业、农业生产性服务业、农村电商等营业收入近4万亿元。

2021年6月3日，《人民日报》报道：荆门市将油菜多用途开发纳入美丽乡村建设统一规划中，与旅游部门一道打造多条油菜花乡村旅游和户外休闲观光线路。2020年，荆门市油菜花旅游收入达到6亿元，不仅让游客观赏到"看得见山、望得见水、闻得到花香、记得住乡愁"的油菜花美景，还让游客体验到菜籽油带来的美味。

2021年6月21日，《农民日报》报道：近年来，国家持续加强对农民专业合作社建设的支持力度，提升小农户共同发展能力，成效显著。截至2021年4月底，全国依法登记的农民合作社达到225.9万家，联合社超过1.4万家。

2021年6月24日，《农民日报》报道：近日，记者从农业农村部科技教育司获悉，全国星级基层农技推广机构和星级农业科技社会化服务组织遴选工作启动，将面向种植业、农机、畜牧兽医、农垦（含热作）、水产等行业，遴选150个左右星级基层农技推广机构和100个左右星级农业科技社会化服务组织，对通过遴选的机构在补助项目经费支持、机构人员评先评优和主推技术示范任务安排等方面予以倾斜，以发挥先进典型的示范引领作用，促进基层农技推广机构、农业科技服务组织提升管理和服务水平。

2021年6月29日，《农民日报》报道：近年来，贵州省遵义市坚持党建引领，结合现代山地高标准农田建设项目的实施，有效发挥"土地整治＋"效应，以务川自治县蕉坝镇示范片为核心，以"合作社＋集体经济＋农户"模式，整合人居环境整治资金对区域村寨进行美化亮化提升，实施产区变景区、田园变公园、劳作变体验、农房变客房等"四变工程"，把现代山地高标准农田示范区建成全市乃至全省农业现代化的"样板田"和"排头兵"，打造具有遵义特色的"三生融合"美丽乡村。

2021年7月6日，《光明日报》报道：2020年，我国粮食总产量为13 390亿斤，比上年增加113亿斤，增长0.9%，连续6年保持在1.3万亿斤以上，实现"十七连丰"，为维护全球粮食安全作出了重要贡献。

2021年7月12日，《农民日报》报道：7月8日—10日，宁夏国家葡萄及葡萄酒产业开放发展综合试验区挂牌启动系列活动在银川举行，拉开了综试区建设的序幕。

2021年7月15日，《农民日报》报道：为进一步总结推广新型农业经营主体发展的先进经验，发挥典型案例的示范引领作用，近日，农业农村部开始征集第三批全国农民合作社和家庭农场典型案例。

2021年7月15日，《人民日报》报道：2021年全国夏粮总产量14 582万吨（2 916亿斤），比2020年增加296.7万吨（59.3亿斤），增长2.1%。我国夏粮生产喜获"十八连丰"！

2021年7月21日，《人民日报》报道：我国奶业保持较快增长态势，奶类产品供给年产能达到3 500万吨以上，今年上半年我国牛奶产量同比增长7.6%。

2021年8月2日，《科技日报》报道：农林牧渔业增加值年均增长1.5%以上，城乡居民收入倍差缩小到1.9倍，农业劳动生产率达到5.5万元/人左右，消除年家庭人均收入13 000元以下情况……7月下旬，浙江省正式发布《关于高质量推进乡村振兴争创农业农村现代化先行省的意见》，提出清单式、项目化开展农业农村工作。

2021年8月2日，《人民日报》报道：山海协作工程是习近平同志在浙江工作期间做出的重大战略决策，也是"八八战略"的重要内容。这些年来，历届浙江省委、省政府坚持一张蓝图绘到底，一以贯之深入实施山海协作工程，推动浙江成为区域发展最为协调的省份之一。

2021年8月3日，《农民日报》报道：近年来，河北省坚持"集聚建园、融合强园、绿色兴园、创新活园"发展要求，推动建设了一批主导产业特色优势明显、规划布局科学合理、建设水平区域领先、绿色发展成效突出、带动农民作用显著、政策支持措施有力、组织管理健全完善的现代农业产业园，截至目前创建国家产业园5个，认定省级产业园231个，带动市县认定1 511个市县级产业园。

2021年8月3日，《农民日报》报道：近日，全国供销合作社系统援藏工作座谈会在拉萨召开，会议总结交流供销合作社系统援藏工作成效，研究建立系统援藏工作机制，安排部署新时代供销合作社系统援藏工作。会议要求，全国供销社系统要通过拓宽西藏农畜产品销售渠道、支持带动西藏特色产业发展等方式助力西藏经济社会发展。

2021年8月4日，《农民日报》报道：今年春节前夕，习近平总书记在贵州考察调研时强调，要牢固树立生态优先、绿色发展的导向，统筹山水林田湖草系统治理，加大生态系统保护力度，科学推进石漠化、水土流失综合治理，不断做好"绿水青山就是金山银山"这篇大文章。

2021年8月4日，《人民日报》报道：习近平总书记指出："乡村振兴了，环境变好了，乡村生活也越来越好了。要继续完善农村公共基础设施，改善农村人居环境，重点做好垃圾污水治理、厕所革命、村容村貌提升，把乡村建设得更加美丽。"

2021年8月4日，《农民日报》报道：7月26日，在国务院政策例行吹风会上，国家邮政局副局长陈凯表示，今年上半年，我国农村地区快递的收投量已超200亿件，较去年同期增长30%以上。完善农村寄递物流体系，将有助于进一步满足广大农民对更高标准、更多种类的寄递服务需求，充分发挥邮政快递业在服务乡村振兴中的重要作用。

2021年8月5日，《人民日报》报道：脱贫攻坚取得胜利后，要全面推进乡村振兴，这是"三农"工作重心的历史性转移。习近平总书记强调："乡村振兴不是坐享其成，等不来、也送不来，要靠广大农民奋斗。""十四五"规划和2035年远景目标纲要围绕"坚持农业农村优先发展、全面推进乡村振兴"作出一系列重要部署。

2021年8月5日，《农民日报》报道：山东省诸城市，自20世纪80年代以来先后创造出商品经济大合唱、贸工农一体化、农业产业化、农村社区化等改革创新经验。2013年11月，习近平总书记在视察山东时指出："发端于诸城的农业产业化经营，在全国起到很好的示范引领作用。"2018年，总书记又先后两次肯定以贸工农一体化、农业产业化等为主要内容的"诸城模式"。

2021年8月5日，《光明日报》报道：浙江省2020年生产总值为6.46万亿元，人均生产总值超过10万元，居民人均可支配收入5.24万元，位于全国前列，这是浙江开展共同富裕示范区建设的客观基础。浙江共同富裕示范区建设，正是践行"根据现有条件把能做的事情尽量做起来"，探索在高质量发展中实现共同富裕的方法和路径。高质量发展是实现共同富裕的前提基础和必然路径，通过高质量发展持续不断"做大蛋糕"，厚植共同富裕的基础才有可能实现共同富裕。

2021年8月6日，《农民日报》报道：今年上半年，四川省眉山市农业捷报频传——3月29日，眉山东坡区人民政府同深圳市宝能投资集团签署战略合作协议，标志着宝能眉山大食品产业园项目正式落户；5月28日，正大集团5 000万只白羽肉鸡全产业链项目签约落户眉山，这是继2019年300万只蛋鸡全产业链项目后，正大集团与眉山又一次携手……紧紧抓住项目这个"牛鼻子"，眉山以项目引领现代农业园区建设，农业产业化驶入快车道，奏响了加快建设都市现代绿色农业先行市强音。

2021年8月6日，《农民日报》报道：日前，第23届中国马铃薯大会在陕西榆林召开。国家马铃薯产业技术体系首席科学家、中国作物学会马铃薯专业委员会会长金黎平研究员作了题为"十三五国家马铃薯产业技术体系重要研发进展"的大会主题报告，介绍了国家马铃薯产业技术体系在"十三五"期间的研发工作任务、主要进展和重大科技创新成果，并分享了对"十四五"开展体系工作的思考。

2021年8月7日，《农民日报》报道：近年来，山西省运城市围绕"谁来抓、抓什么、怎么抓"构建了推动农民专业合作社高质量发展的政策扶持体系、产业培育体系、规范化管理体系。目前，全市农民合作社14 712个，入社成员22.85万户，其中国家级示范社96个、省级示范社421个、市级示范社688个、县级示范社1 214个，各项数据位居山西前列。

2021年8月7日，《农民日报》报道：武冈市以"武冈铜鹅"农产品地理标志核准登记为契机，加强良种繁育体系建设，以提高养殖效益、增加农民收入为目标，依托龙头企业培育适度规模养殖主体，扩大生态健康标准化养殖基地建设规模，促进产业升级。并制定了到2025年，全市武冈铜鹅种鹅存笼10万只、年出笼300万只，武冈铜鹅加工实现产值过10亿元，出口创汇过亿元的发展目标。

2021年8月9日，《农民日报》报道：为进一步提升垦区及农垦企业品牌管理水平，提高品牌建设能力，日前，由中国农垦经济发展中心主办的农垦品牌建设与管理培训班在福建福州举办。来自13个垦区的30多家企业相关部门负责同志参加了培训。

2021年8月9日，《农民日报》报道：近日，中国优质农产品企业考察活动在贵州省铜仁市举行，来自国内的农村经济研究机构、涉农企业和电商平台代表等参加考察活动。据悉，组织农业企业赴当地考察，在铜仁已不是第一次了。

2021年8月9日，《农民日报》报道：在湖南省湘乡市粮油购销有限责任公司前院内，一派车水马龙的繁忙景象，前来售粮的农用汽车络绎不绝。农民"粮出手、钱到手"的背后是农发行湘潭市分行积极主动的工作，今年该行提前筹措信贷资金 14 亿元，切实做到让"真金白银"静候收购。截至 7 月 28 日，该行已累计发放粮食收购贷款 8 172 万元，支持粮食企业收购稻谷 8 187 吨。

2021 年 8 月 9 日，《农民日报》报道：7 月 28 日，广垦·颐和园联名茶油产品发布会在北京颐和园听鹂馆举行。广东省农垦集团公司（省农垦总局）党委委员、副总经理（副局长）莫仕文，农业农村部乡村产业发展司特色产业处处长曹宇，北京颐和园园长杨华以及中国林业产业联合会等单位相关负责人出席活动。

2021 年 8 月 10 日，《农民日报》报道：今年 2 月，农业农村部办公厅发布《关于开展农业国际贸易高质量发展基地建设的通知》。5 月 11 日，农业农村部网站公布首批农业国际贸易高质量发展基地（以下简称国贸基地）认定名单，共计 115 家基地入选，13 家基地进入管理体系。国贸基地是新形势下推动农业领域形成新发展格局的重要举措，对于促进农业贸易高质量发展、培育农业国际竞争新优势、助推乡村振兴和农业农村现代化具有重大现实意义。

2021 年 8 月 11 日，《农民日报》报道：如今，农业品牌已进入全新的发展阶段。2020 年的中央农村工作会明确提出，农业要高质高效，加快推进品种培优、品质提升、品牌打造和标准化生产，要不断增加优质绿色和特色农产品供给。其中，品牌培育是目标，品种培优是基础，品质提升是关键，标准化生产是有效路径。无论是品种培优、品质提升还是标准化生产，严格说都是为了确保数量、多样、质量，培育、树立、打造农业品牌。

2021 年 8 月 11 日，《农民日报》报道：山东是传统农业大省，农产品品种繁多，"米袋子""菜篮子"等供给充足，为全国稳产保供作出贡献。数据显示，山东农业总产值连续 22 年领跑全国，去年突破 1 万亿元，成为全国首个农业总产值过万亿元的省份，农产品出口超 1 200 亿元。

2021 年 8 月 11 日，《农民日报》报道：龙江出好米，三成出自佳木斯。地处三江平原腹地的黑龙江佳木斯市，是传统的农业大市。3 000 万亩肥沃的耕地、250 亿斤粮食综合产能、90% 的粮食商品率，是佳木斯作为国家粮食主产区、优质商品粮基地的最佳注脚。依托优越的自然条件，加上良种、良法、良机配套，佳木斯打出了"生态米都"的名片，探索线上线下相结合的优质稻米产销路子，协同推进"种得好""卖得好"。

2021 年 8 月 11 日，《农民日报》报道：湖南省湘潭市地处南国水乡，湖湘腹地，三水襟带。丰沛优沃的自然资源与世代勤劳的湘潭人民共同创造了当地独具特色、品类繁多的农产品资源。沙子岭猪、湘潭矮脚白、九华红菜薹、湘潭湘莲、壶天石羊……它们有一个共同的名字——农产品地理标志产品。这些农产品来源于特定地域，有着优越的自然环境和独特的生产方式，并融入当地人文历史，造就了特殊的产品品质，成为湘潭现代农业发展的旗帜。

2021 年 8 月 11 日，《农民日报》报道：日前，上海浦东新区第十三届农产品博览会落下帷幕。今年的浦东农博会采取"线下＋线上"联动方式，开启了"品质铸品牌，百店庆百年"的新模式，让更多市民以更便捷的方式购买浦东优质地产农产品。

2021 年 8 月 12 日，《农民日报》报道：产量 147.6 万吨、产值 184.7 亿元，分别是 2016 年的 5.25 倍和 6.67 倍，年均增速全国第一，总体规模进入全国前十……这是 2020 年贵州食用菌产业发展的数据，从弱势产业到实现裂变式发展，贵州食用菌异军突起。近年来，贵州以食用菌产业发展为主线，在推进产业发展过程中强化市场主体培育，支持农业龙头企业参与科技研发、育种育苗、品牌打造、市场开拓等全产业链发展，走出了一条从粗放向集约经营转变，从单一生产向产业汇聚的特色产业发展之路。

2021 年 8 月 13 日，《人民日报》报道：先后创建 50 个国家现代农业产业园、50 个优势特色产业集群、298 个农业产业强镇，农村居民人均可支配收入达 9 248 元，第一产业固定资产投资 6 564 亿元……上半年农业农村经济稳中加固、稳中向好，为国民经济平稳发展、社会大局持续稳定提供了有力支撑。

2021 年 8 月 13 日，《人民日报》报道：一碗螺蛳粉成就一条产业链，一条藏毯织出致富路，产业振兴是乡村振兴的物质基础。对于发展基础、资源禀赋各有不同的地方来说，必须结合自身优势，走差异化发展之路，推动特色产业高质量发展。

2021 年 8 月 13 日，《农民日报》报道：最新数据显示，我国农业农村经济稳中加固、稳中向好，交出了一份亮眼的半年"答卷"，其中农业投资规模扩大，第一产业固定资产投资 6 564 亿元，同比增长 21.3%，比第二和第三产业快 5 个和 10.6 个百分点，为社会大局保持稳定提供了有力支撑。

2021 年 8 月 14 日，《农民日报》报道：蒙牛的牛奶、盛健的纯羊奶、正大的生猪肉，这些充满"和林格尔元素"的农产品，在全国各地成了抢手货；世界知名的蒙牛乳业集团在这里发展壮大；让一杯杯纯牛奶从这里走向世界，泰国正大集团的落户，让这里的生猪肉走出内蒙古，盛健公司的山羊奶也正从这里走出呼和浩特、走出内蒙古，走向世界……

2021 年 8 月 17 日，《农民日报》报道：走进四川省达州市达川区，这里是乌梅的原生资源地，拥有全国最大的乌梅原生资源林，区域内有百年以上树龄的乌梅 1 500 余株，600 余年树龄 2 株。因其果肉饱满，营养高出《中华人民共和国药典》标准近一倍，其品质和价值位居全国前茅。

2021 年 8 月 18 日，《农民日报》报道：时下本该是各大农民合作社和家庭农场收获满满的季节，却因为突如其来的疫情打乱了原有节奏，许多应季水果出现了滞销的情况。江苏省南京市六合区农业农村局第一时间发出《致全区农业生产经营主体单位的一封信》，号召全区农民合作社、家庭农场认真落实主体责任，在做好个人防护的前提下积极投身防控保供，主动担当作为。短短十几天，多家农民合作社和家庭农场全力参与、积极援助、加强生产，用各自的方式为疫情防控贡献力量。

2021 年 8 月 18 日，《人民日报》报道：习近平总书记指出："要牢牢把住粮食安全主动权，粮食生产年年要抓紧。"上半年，我国一招不落抓好粮食生产，保障"菜篮子"供给，着力巩固拓展脱贫攻坚成果，农业农村经济稳中加固、稳中向好。

2021 年 8 月 18 日，《人民日报》报道：我国农业农村发展上半年开局良好。夏粮喜获"十八连丰"，总产量和单产均创历史新高。"菜篮子"产品丰富，保障了市场稳定供应。农业绿色转型持续推进，乡村产业稳步发展。

2021 年 8 月 19 日，《人民日报》报道：2016年，贵州获批成为首批国家生态文明试验区之一。5年来，贵州不断探索完善生态文明绿色发展制度，发展绿色经济，科学推进农村垃圾处理与城市污水治理，筑牢绿色屏障，建造绿色家园。

2021 年 8 月 19 日，《农民日报》报道：记者日前从江苏省农业农村厅获悉，今年上半年，全省各级农村产权交易市场共交易项目 8.7 万笔，交易金额 118 亿元，溢价金额 3.2 亿元，同比增加11.1%，交易数量、交易金额、交易活跃度均居全国前列。

2021 年 8 月 19 日，《农民日报》报道：农村信用体系是社会信用体系的重要组成部分，对于乡村治理具有重要意义。乡村是熟人社会，乡里乡亲都知根知底。然而，群众口碑和信用体系建设还有不小的差距，其中最难的就是量化和奖惩。天长市的做法有效解决了这些问题。

2021 年 8 月 21 日，《农民日报》报道：种业是国家战略性、基础性核心产业。2021年中央 1 号文件提出，农业现代化，种子是基础。加强农业种质资源保护开发利用，加快第三次农作物种质资源、畜禽种质资源调查收集，加强国家作物、畜禽和海洋渔业生物种质资源库建设。系统梳理方志物产资料，挖掘地方传统种质资源，对于种质资源普查、打赢种业翻身仗、保障粮食安全具有十分重要的现实意义。

2021 年 8 月 21 日，《农民日报》报道：四川省积极探索"政府给一点、集体补一点、群众出一点"的保洁机制，中心村、重点村、特色村优先配备保洁员，推动村庄清洁常态长效推进，目前，全省行政村保洁员基本配备。

2021 年 8 月 21 日，《农民日报》报道：农村双层经营体制是全面推行家庭联产承包责任制后逐步形成的农村基本经营制度形态。1983 年中央 1 号文件明确了双层经营体制的特征，即"分散经营和统一经营相结合的经营方式具有广泛的适应性"。1991 年十三届八中全会提出把双层经营体制作为我国乡村集体经济组织的一项基本制度长期稳定下来。2008 年召开的十七届三中全会拓展了双层经营体制的内涵，强调家庭经营要向采用先进科技和生产手段的方向转变，着力提高集约化水平；统一经营要向发展农户联合与合作，形成多元化、多层次、多形式经营服务体系的方向转变，发展集体经济、增强集体组织服务功能。2019 年中央 1 号文件明确提出，"坚持家庭经营基础性地位，赋予双层经营体制新的内涵。"

2021 年 8 月 23 日，《农民日报》报道：2021年我国已经进入建党百年的历史新征程和全面推进乡村振兴的新阶段。在此背景下，探讨乡村振兴与基层党建有效融合问题具有十分重要的理论和实践价值。

2021 年 8 月 24 日，《光明日报》报道：今年上半年，甘肃省地区生产总值同比增长 10.5%，居全国第 22 位，创下近年来最好水平；1 月至 7 月，全省新设立市场主体 16.67 万户，新设立企业 4.98万户，日均新设立企业 235 户，市场活力加快释放；

全面落实黄河流域生态保护和高质量发展战略，建立碳达峰碳中和省级工作机制，酒泉建成全国首个千万千瓦级风电基地；坚持基本财力向民生领域倾斜，上半年甘肃省财政 11 类民生支出占一般公共预算支出的 81.2%……

2021 年 8 月 28 日，《农民日报》报道：近日，国务院新闻办公室举行新闻发布会，生态环境部相关负责人围绕建设人与自然和谐共生的美丽中国介绍有关情况。生态环境部相关负责人表示，"十三五"期间，全国行政村的生活垃圾处置体系覆盖率已经达到了 90% 以上，全国 1 万多个"千吨万人"的农村饮用水水源地完成了保护区划定，18 个省份实现了农村饮用水卫生监测乡镇全覆盖。

2021 年 8 月 28 日，《农民日报》报道：近日，记者从广西现代特色农业高质量发展新闻发布会上获悉，广西坚持把推进现代特色农业高质量发展摆在突出位置，通过全面启动现代特色农业高质量发展"九大行动"，即实施特色产业集群发展、质量兴农绿色发展、一二三产业融合发展、农业示范园区创建、现代农业科技创新、品牌强农、农产品产销对接、农业龙头企业壮大、现代农业经营体系创新，有力推动农业产业做实、农村经济发展、农民增收脱贫。

2021 年 8 月 28 日，《农民日报》报道：冷凉蔬菜指适宜在高海拔和气候冷凉地区生产的夏季蔬菜，又叫错季蔬菜。其适宜生长温度为 17～25℃。宁夏固原市地处高原，种植冷凉蔬菜有着天然优势。近年来，被誉为"中国冷凉蔬菜之乡"的固原市利用气候、地域优势大力发展冷凉蔬菜产业，推进高科技种植、产加销一体化发展，全市冷凉蔬菜种植面积达 58.7 万亩，年产量达 200 多万吨，总产值约 30 亿元。

2021 年 8 月 30 日，《农民日报》报道：在畜禽产业版图上，论规模、比产值，浙江尽管算不得出类拔萃，但聚焦作为"芯片"的地方品种资源，近年来浙江畜禽业打出了漂亮的"翻身仗"。记者了解到，目前，浙江联合国家家畜基因库，对原产该省的猪、牛、羊等 16 个地方家畜保护品种（品系），已实现遗传物质保存全覆盖。此外，在鸡、鸭、鹅、蜂等品种资源的保护和选育上，浙江同样可圈可点。

2021 年 8 月 31 日，《农民日报》报道：近日，记者从青海省农村厕所革命现场推进会上获悉，今年青海将利用中央安排奖补资金 3 723 万元和省级财政安排资金 1 亿元，支持全省各地新改建农村户厕 3.36 万座，年底前高标准完成年度改厕任务。

2021 年 9 月 1 日，《农民日报》报道：《中华人民共和国市场主体登记管理条例》（以下简称《条例》）已经 2021 年 4 月 14 日国务院第 131 次常务会议通过，自 2022 年 3 月 1 日起施行。《条例》是我国制定出台的第一部统一规范各类市场主体登记管理的行政法规，在国家市场主体登记法律总体框架内，整合现行市场主体登记规范、管理规则，对以营利为目的从事经营活动的各类市场主体，作出统一规定，建立起统一的登记管理制度。农民专业合作社是农民群众自愿联合、民主管理的互助性经济组织，农民专业合作社联合社是单体合作社为扩大经营服务规模形成的再联合，他们都是活跃于农业农村领域的一类重要的市场主体。

2021 年 9 月 3 日，《光明日报》报道：近期公布的第三次全国国土调查显示，以 2019 年底为标准时点，中国耕地总面积约 19.18 亿亩。与十年前第二次全国国土调查时的 20.3 亿亩耕地面积相比，耕地总量减少了 1.12 亿亩。耕地面积当然会影响粮食产量，但粮食产量并不完全由耕地面积决定。事实上，2020 年，我国粮食总产量达 66 949.2 万吨，相较于十年前，即 2011 年的 58 849.33 万吨，增长了 13.7%。目前，我国人均粮食产量和人均谷物产量都大大超出 400 千克的国际标准安全线。应该说，从产量上看，我国的粮食安全不存在问题。

2021 年 9 月 7 日，《农民日报》报道：由工业和信息化部、农业农村部等六部委共同发布的《蚕桑丝绸产业高质量发展行动计划（2021—2025 年）》提出，到 2025 年要实现种桑养蚕规模化、丝绸生产智能化、综合利用产业化。

2021 年 9 月 11 日，《农民日报》报道：9 月 10 日至 13 日，以"共享陆海新通道新机遇 共建中国—东盟命运共同体"为主题的第十八届中国—东盟博览会在广西南宁开幕。农业合作历来是中国—东盟合作的重点领域。会议期间，农业农村部和广西壮族自治区人民政府共同举办第五届中国—东盟农业合作论坛、第六届中国—东盟农业国际合作展等农业系列活动，旨在进一步增强中国与东盟国家之间农业成果交流，更好地促进双方农业贸易与投资合作，构建农业命运共同体。

2021 年 9 月 13 日，《农民日报》报道：为贯彻落实 2021 年中央 1 号文件关于推进农民合作社质量提升的部署要求，根据《国家农民合作社示范社评定及监测办法》规定，经全国农民合作社发展部际联席会议同意，2021 年国家农民合作社示范社监测工作启动。

2021 年 9 月 14 日，《农民日报》报道：9 月 13 日，由农业农村部农村合作经济指导司与新疆维吾尔自治区农业农村厅、乡村振兴局、吐鲁番市人民政府联合举办的中国农民丰收节"社企对接助发展 农民合作社庆丰收"专场活动在吐鲁番市高昌区举行。

2021 年 9 月 16 日，《光明日报》报道：宁夏回族自治区党委常委、常务副主席赵永清在 15 日举办的首届中国（宁夏）国际葡萄酒文化旅游博览会新闻发布会上介绍，宁夏已成为全国最大的集中连片酿酒葡萄产区，目前酿酒葡萄种植面积达 55 万亩，占全国的四分之一，共有酒庄 211 家、年产 1.3 亿瓶。虽然遇到疫情影响，但 2020 年宁夏葡萄酒出口逆势增长 46.4%，国际竞争力和影响力不断提升。

2021 年 9 月 22 日，《农民日报》报道：日前，农业农村部、国家市场监督管理总局、中华全国供销合作总社联合印发《关于促进茶产业健康发展的指导意见》。

2021 年 9 月 28 日，《农民日报》报道：今年以来，河北省张家口市深入推进特色农牧与旅游休闲、文化传承、田园观光、农耕体验、科普教育、健康养生等产业融合发展，借势冬奥宣传，叫响"大好河山·张家口"特色农业品牌，精心打造 12 个重点休闲农业示范区。

2021 年 10 月 8 日，《人民日报》报道：新疆"十四五"期间重点发展石油石化、煤炭煤化工、电力、纺织服装、电子产品、林果、农副产品加工、馕、葡萄酒、旅游"十大产业"，推动一二三产业融合发展，加快构建现代产业体系，取得显著成效。

2021 年 10 月 11 日，《农民日报》报道：记者日前从甘肃省现代丝路寒旱农业优势特色产业三年倍增行动现场推进会上了解到，今年，甘肃省委、省政府经过充分调研、周密论证，坚持把现代丝路寒旱农业作为推动甘肃农业现代化的总抓手、帅字旗、主旋律，做出了实施优势特色产业三年倍增行动计划的重大安排。甘肃将以品质至上为核心、特色规模为重点、兴业富民为根本，推动三年倍增行动计划目标任务不折不扣完成。

2021 年 10 月 12 日，《农民日报》报道：全面推进乡村振兴，农民是主体，素质是关键，技能最重要。围绕全省打造绿色有机农畜产品输出地各项重点工作任务，青海省以家庭农（牧）场经营者、农（牧）民合作社带头人、畜禽规模养殖场负责人为重点，加快培养各类乡村振兴带头人，为巩固拓展脱贫攻坚成果、全面推进乡村振兴提供坚实有力

的人才支撑。

2021 年 10 月 13 日，《农民日报》报道：据农业农村部监测，2021 年第 38 周（2021 年 9 月 20 日—2021 年 9 月 26 日，下同）"农产品批发价格 200 指数"为 113.15（以 2015 年为 100），比前一周升 0.05 个点；"'菜篮子'产品批发价格 200 指数"为 114.02（以 2015 年为 100），比前一周升 0.04 个点。

2021 年 10 月 14 日，《农民日报》报道：记者从国家粮食和物资储备局获悉，目前夏粮收购进入尾声。截至记者发稿时，主产区累计收购夏粮 6 091 万吨，同比增加 260 万吨。

2021 年 10 月 16 日，《人民日报》报道：10 月 16 日是世界粮食日，正值秋收时节，我国秋粮收割、晾晒、入库有序推进。丰收中国，延展着金黄底色：黑土地上铺金毯，江南粮仓稻谷香，收获之歌在神州大地唱响。党的十八大以来，我国粮食生产能力连续多年站稳 6.5 亿吨台阶，农村面貌焕然一新，农民收入较 2010 年翻一番多——"三农"发展不断延续好势头，为开启全面建设社会主义现代化国家新征程奠定了坚实基础。

2021 年 10 月 16 日，《农民日报》报道：素有"内蒙古粮仓"和"黄牛之乡"美誉的内蒙古自治区通辽市，肉牛产业规模和产业生产水平在国内占据突出地位，2020 年末肉牛存栏 220 余万头，年出栏肉牛 80.24 万头，牛肉产量 14.16 万吨。活牛年交易规模 200 万头，交易额 200 亿元，辐射全国大部分省区市，产业发展处于全国领先水平。

2021 年 10 月 19 日，《农民日报》报道：10 月 18 日，国务院新闻办公室举行新闻发布会，介绍前三季度国民经济运行情况，并答记者问。国家统计局国民经济综合统计司相关负责人表示，今年以来，各方面采取了多种措施，支持农业稳产增产，保障粮食生产安全，成效不断显现。前三季度，我国农业经济整体形势比较好，我国农林牧渔业增加值同比增长 7.4%。

2021 年 10 月 19 日，《农民日报》报道：黑龙江大豆育种取得重大突破，绥化市北方大豆科研所培育的 5 个试验品种实测平均亩产达到 570.3 斤。

2021 年 10 月 19 日，《农民日报》报道：10 月 18 日，第五届全国农村创业创新项目创意大赛半决赛在江苏省南京市溧水区正式启动。来自北京、天津等 30 个赛区的初创组、成长组共 133 名优秀人才，将同台比拼项目，一展创业风采。

2021 年 10 月 21 日，《光明日报》报道：近日，中共中央、国务院印发了《成渝地区双城经济

圈建设规划纲要》，并发出通知，要求各地区各部门结合实际认真贯彻落实。大力拓展农产品市场。积极开展有机产品认证，健全农产品质量安全追溯体系。做强地理标志农产品，推广巴味渝珍、天府龙芽等特色品牌，打造川菜渝味等区域公用品牌。强化农产品分拣、加工、包装、预冷等一体化集配设施建设，大力建设自贡等国家骨干冷链物流基地。大力发展农村电商，建设一批重点网货生产基地和产地直播基地。建设国际农产品加工产业园。

2021 年 10 月 21 日，《农民日报》报道：近日，由江西财经大学、全国农业科技创业创新联盟联合主办的"第二届鄱阳湖农林产业创新发展高峰论坛"在江西省南昌市召开。

2021 年 10 月 21 日，《农民日报》报道：乡村振兴，产业兴旺是重点。《北京市"十四五"时期乡村振兴战略实施规划》提出，聚焦小品种，培育大品牌，打造"北京水果"区域公共品牌，建设樱桃、大桃、葡萄、梨、苹果等品种繁育和高标准生产示范基地 50 个。

2021 年 10 月 21 日，《人民日报》报道：建设现代高效特色农业带，推动农业高质量发展。支持川渝平坝和浅丘地区建设国家优质粮油保障基地，打造川渝重要的生猪生产基地、渝遂绵优质蔬菜生产带、优质道地中药材产业带、长江上游柑橘产业带和安岳、潼南柠檬产区。推进特色农产品精深加工，打造全球泡（榨）菜出口基地、川菜产业和竹产业基地。发展都市农业，高质量打造成渝都市现代高效特色农业示范带。强化农业科技支撑。共建国家农业高新技术产业示范区。支持建设西南特色作物种质资源库、西部农业人工智能技术创新中心、国家现代农业产业科技创新中心等。推动畜禽遗传资源保护利用，建设区域性畜禽基因库、畜牧科技城、国家级重庆（荣昌）生猪大数据中心。大力拓展农产品市场。积极开展有机产品认证，健全农产品质量安全追溯体系。做强地理标志农产品，推广巴味渝珍、天府龙芽等特色品牌，打造川菜渝味等区域公用品牌。强化农产品分拣、加工、包装、预冷等一体化集配设施建设，大力建设自贡等国家骨干冷链物流基地。大力发展农村电商，建设一批重点网货生产基地和产地直播基地。建设国际农产品加工产业园。

2021 年 10 月 21 日，《人民日报》报道：近日，中共中央办公厅、国务院办公厅印发了《关于推动城乡建设绿色发展的意见》，并发出通知，要求各地区各部门结合实际认真贯彻落实。

2021 年 10 月 21 日，《光明日报》报道：国家乡村振兴局副局长洪天云日前表示，国家乡村振兴局将借鉴脱贫攻坚战的经验和做法，采取有力措施全面推进乡村振兴，以巩固脱贫成果的中国实践，为全球贫困治理贡献更多中国方案。

2021 年 10 月 21 日，《农民日报》报道：中国脱贫攻坚战取得全面胜利，现行标准下，9 899 万农村贫困人口全部脱贫，12.8 万个贫困村全部出列。

2021 年 10 月 22 日，《人民日报》报道：党的十八大以来，我国农村信息化建设取得长足进展，农村数字基础设施建设加快推进，线上线下融合的现代农业加速发展，农村信息服务体系加快完善。

2021 年 10 月 22 日，《光明日报》报道：经过 8 年持续奋斗，我国如期完成了新时代脱贫攻坚目标任务，取得了令全世界刮目相看的重大胜利。在脱贫攻坚战场上，国资委和中央企业扶贫领域点多面广，累计投入和引进各类扶贫资金超过千亿元，选派扶贫干部 3.7 万人，彰显了"国家队""顶梁柱"的责任担当。

2021 年 10 月 22 日，《农民日报》报道：新中国成立后，党和国家历届领导者对沼气建设与发展给予了高度关注与支持。特别是进入 21 世纪以来，中央加大了对沼气建设与发展的支持力度，累计安排中央预算内投资超过 700 亿元，专项用于户用沼气池和各种类型沼气工程建设补助，支持村级沼气服务网点建设，并开展了农村沼气转型升级试点项目。截至 2020 年，全国已推广户用沼气 3 900 万户，建设各类沼气工程超过 10 万处，形成年产沼气 200 多亿立方米的能力。

2021 年 10 月 22 日，《农民日报》报道：烟台研究制定了加快推进苹果产业高质量发展的三年实施意见和六年发展规划等制度文件，建立了由市委、市政府主要负责同志任双组长。2020 年，"烟台苹果"获批创建千亿级国家优势特色产业集群。

2021 年 10 月 22 日，《农民日报》报道：中国热带农业科学院香料饮料研究所依托国家的亚洲区域合作专项资金项目"湄公河次区域胡椒和草果等特色香辛料作物产业技术示范推广"，科技支撑中资企业在缅甸开展草果替代罂粟种植工作，以产业技术帮扶带动当地农民稳定收入和提升生活水平，成效显著。

2021 年 10 月 22 日，《农民日报》报道：加入世贸组织以来，我国农产品贸易规模高速增长，农产品市场愈加多元，产品结构更加多样。我国逐步成为全球农产品贸易大国。

2021年10月23日，《农民日报》报道： 10月21日上午，中国城乡融合发展研究所成立仪式在上海大学上海经济管理中心举行，研究所的研究方向是乡村产业健康可持续发展，指导乡村产业规划设计和乡村产业创新实践，助力乡村培育特色产业，同时开展乡村产业发展紧缺人才培训等服务，实现研究所"服务乡村产业振兴助力城乡融合发展"的发展目标。

2021年10月23日，《农民日报》报道： 湖北移动在全省城乡加快5G等新型基础设施建设步伐，目前已在全省农村开通4G基站4.75万个，实现行政村100%4G网络全覆盖。

2021年10月23日，《农民日报》报道： 近日出台的《福建省"十四五"城乡基础设施建设专项规划》提出，到2025年，全省农村无害化卫生厕所基本全覆盖，每个行政村有水冲式卫生公厕。

2021年10月23日，《农民日报》报道： 10月22日，西北脱贫地区农产品产销对接活动在陕西杨凌第二十八届农高会期间举办。来自内蒙古、陕西、甘肃、青海、宁夏等西北脱贫地区的52家供应商带来110多种优质特色农产品，与全国50多家采购商开展精准对接，共意向签约9.14亿元。

2021年10月24日，《人民日报》报道： 广州重点推进9项工作，统筹推进产业升级、环境改善、乡村振兴、城乡协调，构建新的产业格局、空间格局。3年来，累计盘活存量用地92.7平方千米，新增绿化面积10.59平方千米。

2021年10月25日，《人民日报》报道： 习近平总书记指出，发展扶贫产业，重在群众受益，难在持续稳定。要延伸产业链条，提高抗风险能力，建立更加稳定的利益联结机制，确保贫困群众持续稳定增收。

2021年10月25日，《人民日报》报道： 党的十八大以来，以习近平同志为核心的党中央把脱贫攻坚作为全面建成小康社会的底线任务，组织开展了声势浩大的脱贫攻坚人民战争。

2021年10月25日，《人民日报》报道： 记者从在河南兰考召开的全国推动"四好农村路"高质量发展现场会上获悉：前三季度，我国累计完成农村公路投资2854亿元，新改建农村公路10.5万千米，完成农村公路安全防护工程5.14万千米。

2021年10月25日，《人民日报》报道： 乡村富民产业发展，乡村休闲旅游业基本恢复到2019年同期水平，农产品网络零售额保持两位数增长。前三季度农村居民人均可支配收入达到13 726元，扣除价格因素实际增长11.2%。

2021年10月25日，《光明日报》报道： 前三季度，"三农"工作呈现"两稳""两进"的势头："两稳"方面，克服新冠肺炎疫情、洪涝自然灾害等困难，夏粮、早稻、秋粮全面增产，"菜篮子"产品供应充足；脱贫攻坚成果不断巩固、全面推进乡村振兴顶层设计不断完善，为明年更好全面推进提供保障。"两进"方面，农业现代化抓住种子和耕地"两个要害"，《种业振兴行动方案》通过、启动种质资源普查，加快高标准农田建设；农村现代化围绕农村人居环境整治提升五年行动、乡村建设行动等积极部署，取得一系列进展。

2021年10月25日，《农民日报》报道： 2020年10月11日至12月20日，中央第九巡视组对农业农村部党组开展了常规巡视。一是推动完善农业农村改革协调机制，二是加快推进农业综合行政执法改革。

2021年10月25日，《农民日报》报道： 目前，国家现代农业产业园达到200个，优势特色产业集群达到100个。

2021年10月26日，《人民日报》报道： 习近平总书记指出："坚持把解决好'三农'问题作为全党工作重中之重，举全党全社会之力推动乡村振兴，促进农业高质高效、乡村宜居宜业、农民富裕富足"。

2021年10月26日，《农民日报》报道： 2016年12月，农创中心批复成立，2018年5月开始实体化运作。这粒"国字头"的"金种子"刚播下，就引得全球农业科创资源快速集聚：围绕生物农业、智慧农业、功能农业三大主导产业，引进赵春江、邹学校等近10个院士团队，累计签约项目200多个，落地天邦集团、益客农牧、农信互联等一批总部企业，与美国硅谷创业孵化器Plug and Play共建国内唯一的"国际农业创新加速平台"……

2021年10月27日，《农民日报》报道： 为贯彻落实"一带一路"倡议，推动各方力量在农产品贸易、产业政策、市场开拓等领域的务实合作，探索农业国际贸易与合作模式创新，"2021第十届品牌农业发展国际研讨会"将于2021年10月29日以线上方式召开，中国经济网将全程直播。

2021年10月27日，《农民日报》报道： 近日，新疆馕产业天津推介会暨特色农产品交易会在天津举行。本届推介会经过前期对接和现场洽谈，累计签约超过19亿元，涉及馕、林果、奶制品及旅游项目等。

2021 年 10 月 27 日，《农民日报》报道：人工智能、大数据、云计算、物联网等新兴信息技术与智慧农牧业有效融合，实现了要素投入和农牧业生产全过程、种养—加工—销售全产业链的数字监控管理，提升了要素配置效率和产出效率。

2021 年 10 月 27 日，《农民日报》：10 月 22 日，第四届中国（山东）农业创富大会暨 2021 年乡村振兴齐鲁样板高峰论坛在青岛国际会展中心开幕，特色农产品展示、产销对接、主题论坛等一系列精彩、务实的活动轮番上演，引发社会各界关注农业、关心农村、关爱农民的浪潮。

2021 年 10 月 27 日，《人民日报》报道：习近平总书记强调："全面实施乡村振兴战略的深度、广度、难度都不亚于脱贫攻坚，要完善政策体系、工作体系、制度体系，以更有力的举措、汇聚更强大的力量，加快农业农村现代化步伐，促进农业高质高效、乡村宜居宜业、农民富裕富足。"这为做好"三农"工作提供了根本遵循。

2021 年 10 月 27 日，《光明日报》报道：推进农村建设和用能低碳转型。推进农业农村减排固碳。大力发展绿色低碳循环农业，推进农光互补、"光伏＋设施农业""海上风电＋海洋牧场"等低碳农业模式。研发应用增汇型农业技术。开展耕地质量提升行动，实施国家黑土地保护工程，提升土壤有机碳储量。合理控制化肥、农药、地膜使用量，实施化肥农药减量替代计划，加强农作物秸秆综合利用和畜禽粪污资源化利用。

2021 年 10 月 27 日，《农民日报》报道：《2030 年前碳达峰行动方案》推进农村建设和用能低碳转型。推进绿色农房建设，加快农房节能改造。持续推进农村地区清洁取暖，因地制宜选择适宜取暖方式。发展节能低碳农业大棚。推广节能环保灶具、电动农用车辆、节能环保农机和渔船。加快生物质能、太阳能等可再生能源在农业生产和农村生活中的应用。加强农村电网建设，提升农村用能电气化水平。

2021 年 10 月 29 日，《人民日报》报道：近年来，在依靠科学技术大力发展水稻种植的基础上，南泥湾还发展绿色高效循环农业，实施稻鱼、稻蟹综合种养项目，带动周边区域推广稻渔种养模式，促进山区百姓持续增收致富。

2021 年 10 月 29 日，《农民日报》报道：年来，甘肃省委、省政府始终把马铃薯产业作为保障粮食安全、促进农民增收的主导产业之一，着力做大全链条现代产业体系，在全国彰显出了优势特色，

呈现出了品质好、规模大、链条全、布局优、品牌响 5 个鲜明特点。

2021 年 10 月 29 日，《农民日报》报道：王凤忠在分享《延伸产业链融合创新链提升价值链》时表示，我国目前仍存在农业产业链相对较短、农产品加工业发展质量不高、农产品加工业三链融合度相对较低等问题。他强调，要在全产业链中构建创新链，一产科技创新要聚焦培育优质品种，实现农产品优质优价的目标，以筑牢农产品加工业发展的基础，拓展农产品优质品牌化路径；二产科技创新要聚焦精深加工和综合利用，通过产地初加工让利于民，通过精深加工延伸产业链；三产科技创新要聚焦融合发展，建设现代化物流体系，构建网络式服务体系，打造农旅融合新业态，将一二三产融合发展，以丰富的业态提升产品价值链。

2021 年 10 月 29 日，《农民日报》报道：国网新疆电力采用"业务＋安全＋创新"的农业机井集群智慧用能解决方案，开展试点农业智慧用能场景建设，建成了新疆首个机井群控智慧农业用能示范区。

2021 年 10 月 29 日，《农民日报》报道：云南省以畜禽粪污堆沤腐熟还田、畜禽粪便沼气发酵沼渣（沼液）还田、粪水肥料化利用还田等三种利用模式为主，推进绿色种养循环农业试点工作，全省落实粪肥还田面积 281.1 万亩，创建示范区 23.62 万亩，推动粪污变粪肥，实现资源化利用。

2021 年 10 月 29 日，《农民日报》报道："饲用玉米种植—秸秆加工利用—肉牛养殖—有机肥加工利用—绿色果蔬种植""畜禽养殖—有机肥还田—粮果菜种植""畜—沼—果"……近年来，甘肃省平凉市积极探索符合本地特色的生态循环农业发展模式，逐步走出了一条农畜结合、产加配套、粮饲兼顾、种养循环、集约发展的农业产业发展新路子。

2021 年 10 月 30 日，《农民日报》报道：近年来，作为我国猕猴桃核心产区，陕西省不断在猕猴桃产业提质增效上下功夫，聚力做强秦岭百万亩猕猴桃核心产业带，进一步提升国产猕猴桃的市场竞争力。

2021 年 10 月 30 日，《农民日报》报道：领头羊计划高校联盟总顾问、原农业农村部科教司副司长刘艳表示，希望未来通过强强联合、优势互补，瞄准羊场技术需求，探索产学研用的多元合作模式，为培养出知农爱农创新型高层次人才，加快传统养羊业向现代养羊业转型升级，促进羊产业高质量发展，助力乡村振兴。

2021 年 10 月 31 日，《人民日报》报道："继续加强脱贫地区村级综合服务设施建设，提升为民服务能力和水平。"山西省农业农村厅厅长刘志杰认为，不同地区的基础不同，要注重分类施策、抓住关键环节。"比如，要逐步健全村日间照料中心、卫生室等运营的长效机制；要建设一批农村基础设施和公共服务项目，加快整村推进、整村打造、整村配套，持续改善群众生产生活条件。"

2021 年 11 月 2 日，《农民日报》报道：今年新疆维吾尔自治区集中力量打造十大产业重点链、地县因地制宜培育发展若干农业主导产业重点链，扎实推进库尔勒香梨、薄皮核桃、伊犁马、葡萄 4 个国家级优势特色产业集群和 35 个农业产业强镇、6 个国家级现代农业产业园建设。馕产业链接一产、立足二产、牵手三产，吸纳就业 13 万人，馕单日产量超 1 600 万个。

2021 年 11 月 2 日，《人民日报》报道：近年来，北京市密云区围绕美丽乡村建设，多措并举提高乡村公路管理养护水平。目前，密云区乡村公路共计 787 条、总里程达 1 284 千米，占全区公路网总里程的 60%，列养率达 100%。布局合理、覆盖面广、通行能力高、附属设施全的乡村公路网正日趋完善，带动乡村产业发展。

2021 年 11 月 2 日，《光明日报》报道：为巩固脱贫攻坚成果，山西省人大常委会出台城乡居民补充养老保险条例，规定县级以上政府将补充养老保险工作所需经费列入财政预算，对参保人缴费和领取待遇予以补贴；省政府根据城乡居民收入增长、物价变动和职工基本养老保险等其他社会保障标准变化情况，制定缴费档次标准和财政补贴办法。截至 2021 年 8 月底，山西城乡居民补充养老保险参保人数达到 1 596.08 万人，占基本养老保险参保人数的 96.84%。

2021 年 11 月 2 日，《农民日报》报道：目前，国家中药材产业技术体系阿拉善综合试验站结合内蒙古中药（蒙药）材生产的实际情况，提出了中药（蒙药）材产业生态科技振兴新模式，为推动中药（蒙药）材品种培优、品质提升、品牌打造和标准化生产，促进中药（蒙药）材产业发展质、价、量齐增，助力乡村振兴以及促进生态文明建设贡献力量。

2021 年 11 月 4 日，《光明日报》报道：国务院总理李克强 11 月 2 日主持召开国务院常务会议，听取国务院第八次大督查情况汇报，要求围绕市场主体需求、群众关切和用好政府资金抓实工作；审议通过"十四五"推进农业农村现代化规划，促进乡村振兴和农民收入较快增长。会议指出，"三农"工作是全面建设社会主义现代化国家的重中之重。

2021 年 11 月 4 日，《农民日报》报道：近日，河南省郑州市发布《郑州市乡村建设行动实施方案》（以下简称《方案》），对美丽乡村建设提出明确的时间表、任务图。《方案》指出，郑州市今年要全面启动乡村建设行动，集中力量打造 50 个美丽乡村精品村，创建 80 个美丽乡村示范村。2025 年底前，建成 100 个以上美丽乡村精品村，500 个以上美丽乡村示范村。

2021 年 11 月 4 日，《农民日报》报道：北京市密云区积极挖掘乡村公路文化内涵，大力开发乡村公路休闲旅游功能，将生态观光、红酒产业、蜂蜜产业、精品民宿串联起来，实现了公路与旅游和产业的融合。

2021 年 11 月 4 日，《农民日报》报道：内蒙古自治区呼和浩特市计划今年全市改厕任务 6.5 万户，将于近期完成全年建设任务，到时全市农村户厕普及率将达到 65% 以上。

2021 年 11 月 4 日，《农民日报》报道：2018—2020 年，甘肃省财政筹措农村人居环境整治方面的资金 133.97 亿元，重点支持农村"厕所革命"、村庄清洁行动、农村垃圾污水治理、村容村貌整治等各项重点工作。今年是"十四五"开局之年，全省已下达各项农村人居环境整治资金 36.14 亿元。

2021 年 11 月 4 日，《农民日报》报道：广东省化州市将生产托管与土地整治、撂荒地复耕等工作相结合，探索多种集中连片生产托管模式；宁夏中卫市沙坡头区建立"农业农村主管部门＋第三方监管＋乡镇＋村＋实施主体＋小农户"的六级托管服务管理模式，成立沙坡头区农业生产社会化服务项目工作领导小组；吉林省榆树市大川机械种植专业合作社实行"统种统收分管"模式，共托管 131 户农户的 5 505 亩耕地，实现粮食增产超 62 万斤，助农增收 62 万余元。

2021 年 11 月 5 日，《农民日报》报道：在农业农村部支持下，福建省农业农村厅积极争取农业科技创新能力条件建设项目，今年 8 月"十四五"期间全国首个食用菌加工及综合利用技术集成科研基地落地福建农林大学。

2021 年 11 月 10 日，《人民日报》报道：将促进共同富裕融入乡村振兴战略，巩固脱贫攻坚成果。逐步实现由集中资源支持脱贫攻坚向全面推进乡村振兴平稳过渡。健全防止返贫监测帮扶机制。

促进脱贫地区产业提档升级，促进脱贫地区乡村特色产业发展壮大。广泛动员社会力量，积极支持和参与乡村振兴。统筹推进农村人居环境改善和乡村治理，打造一批美丽宜居村庄。

2021 年 11 月 11 日，《人民日报》报道：以生态为根本。大力提升村容村貌，植树造林，保护水源，融入黄河流域山水林田湖草沙自然风貌。做好农村生活污水的收集处理，建立村庄保洁制度，推行垃圾就地分类减量和资源回收利用，下力气提升农村人居环境水平，治标与治本兼顾，治理与管理同行，稳步推进宜居乡村建设。

2021 年 11 月 11 日，《农民日报》报道：据广东省农业农村厅副厅长黄斌民介绍，"十四五"期间，广东每年统筹 1 个亿资金，支持围绕"十四五"广东农业科技十大主攻方向，开展科技攻关和产业链构建，争取在 5～10 年间，打造 10 个农业科技创新产业。这在全国是一个创新之举，标志着广东农业正式迈入"科技产业"新时代。

2021 年 11 月 11 日，《农民日报》报道：2020 年，重庆柠檬产业集群成为农业农村部、财政部批准建设的首批 50 个优势特色产业集群之一。

2021 年 11 月 11 日，《农民日报》报道：产业兴旺是乡村振兴的基础和关键。经过几代人的不懈努力，烟叶产业已成为云南农业一张亮丽的名片，是云南较长时间内的传统优势产业和农业支柱产业。

2021 年 11 月 12 日，《农民日报》报道：黑龙江省挖掘庭院养殖业增收潜力，落实技术指导员，开展技术指导培训，畅通畜禽产品线上线下销售渠道。全省培育农业特色主导产业 188 个，新型经营主体 1.2 万个，庭院经济种植面积 31.29 万亩，带动脱贫户 52.1 万户次；新增 1 580 个帮扶产品，线上线下各渠道销售帮扶产品 57.81 亿元。

2021 年 11 月 12 日，《人民日报》报道：广西把农村集体产权制度改革纳入乡村振兴战略，出台《关于稳步推进农村集体产权制度改革的实施意见》，印发《全面开展农村集体资产清产核资方案工作方案》《广西农村集体产权制度改革实操手册》《关于规范村级集体经济收益分配的指导意见》等一系列配套文件。

2021 年 11 月 12 日，《人民日报》报道：截至目前，全国农村卫生厕所普及率超过 68%，生活垃圾进行收运处理的行政村比例超过 90%，全国 95% 以上的村庄开展了清洁行动，村庄基本实现干净整洁有序。

2021 年 11 月 12 日，《农民日报》报道：近

日，广东省政府办公厅印发的《深化我省农村生活污水治理攻坚行动的指导意见》提出，到 2025 年，珠三角地区基本完成农村生活污水治理，全省农村生活污水治理率达到 60% 以上。

2021 年 11 月 15 日，《农民日报》报道：日前，国务院常务会议审议通过"十四五"推进农业农村现代化规划。其中提到"要加快农村一二三产业融合发展；健全乡村产业体系，把更多就业机会和增值收益留给农民；推动农业与旅游、教育等融合；支持大中专毕业生、科技人员、工商业主等返乡入乡在乡创业"。

2021 年 11 月 16 日，《农民日报》报道：加快培育农民合作社、家庭农场等新型农业经营主体，是"十四五"时期深化农村改革、全面推进乡村振兴、加快农业农村现代化的重要任务。2019—2020 年，农业农村部连续发布两批 147 个农民合作社和家庭农场典型案例，激发首创精神，充分发挥示范作用，取得良好效果。2021 年，农业农村部继续开展农民合作社、家庭农场典型案例征集活动，经各地推荐，择优遴选确定了第三批 52 个农民合作社、47 个家庭农场典型案例。这些案例以规范发展和质量提升为主题，具有组织创新、制度创新、管理创新的特点，注重主体融合、规范管理、业务拓展、联结小农户。

2021 年 11 月 16 日，《农民日报》报道：近日，国家发展改革委等多部委联合印发通知，推广并通报表扬"十三五"时期产业转型升级示范区典型经验做法。其中，作为贵州省唯一的国家创业转型升级示范区，六盘水市立足资源禀赋，打造猕猴桃"吨产园"、刺梨"千斤园"、茶叶"万元田"的经验做法获推广并得到通报表扬。

2021 年 11 月 16 日，《人民日报》报道：今年全国秋粮增产已成定局，粮食产量将创历史新高，我国粮食生产将迎来第十八个丰收年景。这标志着我国粮食生产将连续 7 年站稳 1.3 万亿斤台阶，为经济持续健康平稳发展夯实了基础，为"十四五"开好局、起好步创造了有利条件。

2021 年 11 月 16 日，《农民日报》报道：近日，本报记者从江西省人民政府了解到，今年江西粮食生产丰收已成定局，连续 9 年总产量保持在 430 亿斤以上，全省建成的 2 308.5 万亩高标准农田发挥了重要作用。

2021 年 11 月 17 日，《人民日报》报道：今年我国夏粮产量 2 916 亿斤，增产 59.3 亿斤，其中早稻产量 560 亿斤，增产 14.5 亿斤。从秋粮生产看，

虽然河南、山西、陕西等地受严重洪涝和干旱影响，秋粮有所减产，但其他粮食主产区大多实现增产，尤其是东北地区增产较多，秋粮丰收已成定局。全国粮食产量将连续 7 年稳定在 1.3 万亿斤以上，为国内粮食市场供应奠定坚实基础。

2021 年 11 月 19 日，《人民日报》报道：2020 年，贵州林下经济共提供稳定就业岗位 10.66 万个，有效解决了疫情期间农户就地就近就业。截至今年上半年，全省林下经济产业共带动 320 万农村人口增收。

2021 年 11 月 19 日，《人民日报》报道：目前，全国农民合作社已超过 240 万家，农业社会化服务组织超过 90 万个。

2021 年 11 月 19 日，《人民日报》报道：贵州各地因地制宜选择林下经济发展主导产业，构建起林下种植业、林下养殖业、林下产品采集业、森林生态旅游康养业四大业态。2020 年，全省林下经济利用面积 2 203 万亩，产值 400 亿元。截至今年上半年，全省累计建成千亩以上林下种养基地 321 个，开发利用林地面积增加到 2 459.5 万亩，上半年实现产值 295.7 亿元。

2021 年 11 月 19 日，《人民日报》报道：贵州坚持以品牌建设为引领，"大方天麻""织金竹荪""桐梓方竹笋"等获得国家地理标志产品认证，为发展林下经济打牢品牌基础。"通过创建品牌，一定程度上破解了产品名气小、销路窄、效益低等方面的问题，贵州林下产品品牌竞争力逐步提高。"贵州省林业局相关负责人说。

2021 年 11 月 19 日，《农民日报》报道：一只蝴蝶，为江苏省南京市溧水区石湫街道上方村带来了新的发展思路。这得益于江苏省农科院休闲农业研究所有一支专门对昆虫创新开展研究的团队，通过对蝴蝶、金蝉、萤火虫等昆虫规模化饲养技术、生态景观营造和功能性产品创制进行研究，形成昆虫休闲产业化技术体系。

2021 年 11 月 22 日，《人民日报》报道：近年来，山东省青岛市以建设国家现代农业示范区和农产品质量安全市为抓手，大力实施农业品牌发展战略，以产业育品牌，以质量树品牌，以开放塑品牌，以文化润品牌，走出一条以"绿色品质、世界共享"为特色的品牌农业发展之路。青岛市现有知名农产品品牌 163 个，"三品一标"农产品达 892 个，其中国家地理标志农产品 54 个，居全国同类城市前列。

2021 年 11 月 22 日，《农民日报》报道：河北省是我国鲜梨的最大产地，全国每 5 个梨中就有 1 个产自河北。2020 年，河北鸭梨产业集群成为农业农村部、财政部批准建设的全国 50 个优势特色产业集群之一。近年来，河北省多县市依托优势特色产业集群建设机遇，将梨果产业作为推进乡村产业振兴的重要抓手。

2021 年 11 月 22 日，《农民日报》报道：日前，中华全国供销合作总社在京召开全国供销合作社加快县域流通服务网络建设暨全面推进农业社会化服务电视电话会议，部署启动实施供销合作社县域流通服务网络建设提升行动，深入实施农业社会化服务惠农工程，全面提升供销合作社县域为农服务综合能力和水平。

2021 年 11 月 22 日，《农民日报》报道：成立于 2009 年的广大果蔬专业合作社始终秉持农超对接的产业化经营理念，利用十年时间，从最初的一个营业额不足 100 万元的村级合作社，发展到采购基地覆盖全国 38 个省（市）、2020 年营业额达 5.8 亿元、辐射带动 50 多个村庄、实现年增收 2 100 万元的国家级农民合作社示范社。

2021 年 11 月 22 日，《农民日报》报道："通过菜单托管全链条服务，打破了小农户碎片化生产的局面，转变了农业生产方式，发展壮大了村集体经济，促进了农业增效和农民增收。"重庆市捷梁农机股份合作社理事长邓中总结自己 5 年来投身托管服务取得的成效时说。合作社在面向小农户发展水稻托管服务过程中，以优势互补、村社共推、菜单托管、全链服务为核心，形成了专业化分工、标准化生产、科学化管理、产业化经营的托管模式。现有成员 187 人，拥有占地 10 亩的粮食储存仓库与烘干服务中心，日烘干能力 100 吨。组建了 8 支 70 余人的专业化服务队伍，服务遍及重庆市梁平区、四川省达州市 10 余个乡镇，5 年来累计服务 30 余万亩。

2021 年 11 月 22 日，《农民日报》报道：贵州省遵义市坚持党建引领产业发展，围绕"百企百品上线万场直播带货"目标，建立党组织、政府部门、电商企业、专业批发市场、商贸流通企业、个体经营主体共同参与的联合机制，采取功能型党组织＋互联网＋各类消费业态，加快线上线下消费双向深度融合，持续激发消费活力。

2021 年 11 月 22 日，《光明日报》报道：农业科技进步贡献率突破 60%，农作物耕种收综合机械化率超过 71%，作物基因组学与生物技术育种研究迈入国际前列……11 月 19 日，在 2021 中国农业农村科技发展高峰论坛暨中国现代农业发展论坛上，《"十三五"中国农业农村科技发展报告》（以下简称《报告》）等多份报告发布了一连串令人振奋的数字。《报告》显示，"十三五"时期，我国农业农村科技创新体系效能稳步提升，科技成果加速产出，综合研判，如期实现《国家中长期科学和技术发展规划纲要（2006—2020年）》目标，我国农业科技整体实力进入世界前列。

2021年11月22日，《农民日报》报道：高质量发展建设共同富裕示范区，主战场在三农，短板弱项也在三农。站在新起点上，浙江的农民增收大计再"启程"。日前，浙江省正式宣布未来五年计划：到2025年，农民人均收入达到4.4万元，低收入农户的收入达到2.4万元，届时，两者收入倍差和城乡收入倍差都将缩小至1.9以内。

2021年11月22日，《农民日报》报道：近年来，江西省各地按照实施乡村振兴战略总要求，围绕产业振兴各项目标任务，深入推进产业链链长制工作，大力推动农业产业化发展，形成了以龙头企业带动农业产业化、以农业产业化引领产业振兴的良好格局。据统计，目前，全省农业产业化省级龙头企业963家，其中超100亿元龙头企业有3家，超1000亿元龙头企业有1家。今年前三季度，江西省规模以上农业龙头企业销售收入5320亿元，同比增长12.5%。全省农产品加工产值与农业总产值比为2.4∶1，与全国平均水平持平，实现了从"跟跑"到"并跑"。

2021年11月22日，《科技日报》报道：茶叶、花卉、蔬菜、水果、咖啡等8个重点产业产值保持年均16%的高速增长；绿色食品、有机产品有效认证数量居全国第三；蔬菜、花卉现代产业集群稳步壮大，现代农业产业园、农业绿色发展先行区、农村产业融合示范园加快培育……新时期，云南高原农业现代化进程提速，呈现多元化发展特征。

2021年11月24日，《农民日报》报道：近日，记者从江西省商务厅了解到，江西现有淘宝村57个，数量列全国第十、中西部第二，较2020年新增23个、同比增长67.6%；有淘宝镇76个，数量列全国第十、中西部第三，较上年新增22个、同比增长40.7%；淘宝村（镇）增长速度均列中部之首。

2021年11月24日，《农民日报》报道：据了解，"832平台"自2020年1月起正式运营。借助"832平台"，2020年新疆脱贫地区各类农副产品销售额达3.14亿元；今年1月—9月新疆脱贫地区各类农副产品销售额已达2.13亿元。

2021年11月24日，《农民日报》报道：2021年9月23日，第三届中国·盘锦乡村振兴产业博览会在盘锦乡村振兴产业园举办，作为全国第一个以乡村产业振兴为主题的综合性博览会，自2019年举办以来，以"产业振兴引领农业农村现代化"为主题，创新"博览会＋"模式，通过"线上＋线下"，立体化、全方位、多角度展示了"盘锦模式"，打造了乡村产业振兴的重要展示平台和对外开放的窗口。

2021年11月25日，《农民日报》报道：2021年10月举行的十三届全国人大常委会第三十一次会议首次听取和审议《国务院关于2020年度国有自然资源资产管理情况的专项报告》，该报告全面介绍国有土地、森林、草原、湿地、矿产、海洋、野生动植物等11个类别的国有自然资源资产状况，第一次亮出自然资源国有资产家底。11月9日，全国人大常委会办公厅围绕该专项报告组织集体采访。自然资源部自然资源所有者权益司司长廖永林接受采访时表示，第三次全国国土调查汇集2.95亿个图斑，成果已在此次专项报告中使用。专项报告显示，截至2020年底，全国国有土地总面积52 333.8万公顷，其中包括：全国国有建设用地1 760.6万公顷、耕地1 957.2万公顷、园地238.7万公顷、林地11 284.1万公顷、草地19 733.4万公顷、湿地2 182.7万公顷。

2021年11月27日，《农民日报》报道：近日，由中华全国供销合作总社主办，财政部、农业农村部、国家乡村振兴局协办，中国供销电子商务有限公司"832平台"承办的2021脱贫地区农副产品产销对接会在北京启动。本次对接会采取线上线下方式同步举行，共有1.4万家供应商携22万多种优质特色农副产品参加对接。

2021年11月30日，《农民日报》报道：11月27日，由陕西省人民政府和广东省人民政府联合举办的陕粤特色农产品（广州）宣传推介活动在广州举办。活动现场，陕西省丹凤县、广东省佛冈县等10个县域结对签约，将陕粤县域合作县新增至30个，进一步扩大了陕粤合作外延。

2021年12月1日，《农民日报》报道：产业振兴是乡村振兴的重中之重。在我国"三农"工作重心转向全面推进乡村振兴之际，农业农村部发布了《关于拓展农业多种功能 促进乡村产业高质量发展的指导意见》，这是在顺应产业发展规律、满足城市消费者与农业从业者需求的背景下，为各类参与者提供的清晰的顶层设计与谋划引领，意义重大。

2021 年 12 月 1 日，《农民日报》报道：2020年底，甘肃唯一的革命老区庆阳宣告脱贫，全市 8 个县区、570 个贫困村、14.99 万户 61.05 万贫困人口历史性地告别绝对贫困。打赢这场艰苦卓绝的攻坚战役之后，如何巩固脱贫成果、确保脱贫成色，让群众阔步振兴新征程，是摆在庆阳市委、市政府面前的又一道新课题。

2021 年 12 月 2 日，《人民日报》报道：近年来，淄博抢抓新风口、植入新变量，坚持数字赋能、换道超车，聚力建设智慧共享"云大脑"、高效优质"云产业"、区域中心"云市场"、便捷普惠"云金融"、新型服务"云乡村"，被农业农村部批准为国家农村改革试验区。

2021 年 12 月 2 日，《人民日报》报道：四川省绵竹市抢抓成渝地区双城经济圈建设发展战略机遇，坚持农业是根、文化是魂、旅游是路的理念，统筹推进农文旅融合，加快构建现代乡村产业体系，"一镇一业、一村一品、一路一景"的全域乡村振兴格局正在加速形成。

2021 年 12 月 2 日，《农民日报》报道：近日，满载 1 300 吨四川茶叶（货值 410 万美元）的中亚专列从成都国际铁路港出发，启程前往乌兹别克斯坦塔什干。据悉，这是今年开行的第 2 列四川茶叶出口中亚专列。

2021 年 12 月 3 日，《人民日报》报道：碧桂园集团、国强公益基金会一方面构建"企业（合作社）＋基地＋致富带头人＋农户"的共建共享模式，另一方面借助品牌力量将优质农产品从乡村运到城市社区，转化助农产品超 690 款。

2021 年 12 月 3 日，《人民日报》报道：从1992 年创业到 2011 年上市，"好想你"用了近 20 年时间成长为中国红枣行业上市第一股。专注主业近30 年，从最初单一的红枣销售公司发展为集研发、种植、生产和销售于一体的综合性市场产业集团，"好想你"深耕红枣市场细分领域，成为广袤中原的一张亮丽名片。

2021 年 12 月 3 日，《农民日报》报道：党的十八大以来，云南举全省之力推动脱贫攻坚取得全面胜利，全省 933 万农村贫困人口全部脱贫，8 502个贫困村全部出列，88 个贫困县全部摘帽，消除了绝对贫困和区域性整体贫困问题，兑现了"全面建成小康社会，一个民族都不能少"的庄严承诺。

2021 年 12 月 3 日，《农民日报》报道：产业是发展的根基，产业兴旺，乡亲们收入才能稳定增长。老乡要致富，发展产业是关键。乡村产业稳定

发展才能实现乡村振兴。"十三五"以来，广西在落实精准扶贫精准脱贫方略上紧紧抓住发展产业是实现脱贫的根本之策，充分发挥"短平快"优势，助力贫困户脱贫。2020 年，全区脱贫的 54 个贫困县中有 46 个发展种桑养蚕，贫困县桑园面积达 172.27 万亩，占全区 57.77％，养蚕售茧收入 56.98 亿元，养蚕贫困户户均收益 1.57 万元。"十三五"期间，河池、百色等深度贫困地区有 35 万贫困人口通过种桑养蚕实现了脱贫致富。今年是巩固拓展脱贫攻坚成果，全面推进乡村振兴的起步之年，蚕桑产业要持续助力农民增收。据统计，今年前三季度广西蚕茧产量 29.66 万吨，同比增长 7.55％；蚕茧平均收购价格 51.40 元/千克，同比增长 70.02％，蚕桑售茧收入达 152.45 亿元。蚕桑生产整体呈现价高量增、蚕农增产增收的态势。从 2002 年国家实施"东桑西移"战略以来，广西成功承接了蚕桑产业的转移。蚕桑产业发展为地方县域经济发展特别是助力脱贫攻坚和助农增收方面成效显著。

2021 年 12 月 3 日，《科技日报》报道：山东是国内主要"粮仓"之一。按照山东省粮食和储备部门的统计：2020 年全省粮食总产量达到 5 447 万吨，占全国粮食产量的 8.14％。

2021 年 12 月 4 日，《农民日报》报道：自脱贫攻坚战打响以来，青海省按照"四年集中攻坚，一年巩固提升"的总体部署，紧紧围绕"两不愁三保障"目标，以"1＋8＋10"政策体系为牵引，坚决有力推进精准脱贫，减贫成效逐年显现。经过艰苦卓绝的努力，2020 年 4 月 21 日，青海省政府发布公告，民和回族土族自治县等 17 个贫困县（区）达到脱贫退出标准。至此，全省 42 个贫困县（市、区、行委）全部退出贫困县序列，1 622 个贫困村53.9 万贫困人口也全部脱贫摘帽。

2021 年 12 月 7 日，《人民日报》报道：12月 6 日，国家统计局公布全国粮食生产数据显示：2021 年全国粮食总产量 13 657 亿斤，比上年增加267 亿斤，增长 2.0％，全年粮食产量再创新高，连续 7 年保持在 1.3 万亿斤以上。粮食生产喜获十八连丰。

2021 年 12 月 7 日，《农民日报》报道：近年来，江苏省镇江市紧紧围绕园区提档升级这个目标任务，创新管理机制，加强项目建设，通过激发新动能，探索新路径，健全利益共享机制，推动全市30 个园区总产值达 2 495 亿元，辐射带动农户 5 万多人。

2021 年 12 月 8 日，《光明日报》报道：今年

以来，山西以巩固成果为基础、有效衔接为依托、防止规模性返贫为关键，全力确保乡亲们持续增收致富，让乡亲们的生活越来越好。山西省乡村振兴局联合 23 个部门出台了后续扶持实施意见，采取一系列灵活的帮扶举措，累计送岗稳岗拓岗 30.3 万个、培训 11.8 万人次，促进搬迁群众发展产业、稳定就业，实现了有劳动能力的搬迁家庭就业帮扶全覆盖。

2021 年 12 月 8 日，《农民日报》报道：12 月 6 日，农业农村部、中国邮政集团、中国中化在京联合召开深化社企对接助力新型农业经营主体高质量发展视频会议，中央农办主任、农业农村部党组书记、部长唐仁健，中国邮政集团有限公司董事长、党组书记刘爱力，中国中化控股有限责任公司董事长、党组书记宁高宁出席会议并讲话。会议强调，要认真贯彻习近平总书记重要指示精神，落实党中央、国务院决策部署，充分认识深化社企对接的重要意义，深入推进企业和农民合作社、家庭农场等对接合作，助力新型农业经营主体高质量发展，为全面推进乡村振兴、加快农业农村现代化提供有力的微观主体支撑。

2021 年 12 月 8 日，《农民日报》报道：北大荒农垦集团牡丹江分公司树立效益导向，创新经营管理机制，以土地统营带动粮食统销，畅通产、储、加、销渠道，逐步提高掌控粮源和经营增效能力，实现稳产高产、优粮优销和增产增效。今年，该分公司选择 8 个试点农场尝试开展土地"统种、统管、统营"集中经营 8.24 万亩，以规模化、标准化、科技化的统营模式提升经营效益。

2021 年 12 月 9 日，《农民日报》报道：今年以来，甘肃省陇南市武都区把油橄榄作为群众增收的支柱产业，加大引种试验、良种繁育力度，同时引进先进加工生产线，强化基地建设。

2021 年 12 月 9 日，《光明日报》报道：今年以来，陕西坚持把巩固拓展脱贫攻坚成果同乡村振兴有效衔接作为当前"三农"工作的重中之重，把防止返贫动态监测和帮扶工作作为巩固拓展脱贫攻坚成果的重要抓手。目前，陕西因灾纳入"三类人员"（贫困老年人、重病人、残疾人）3 397 户 11 128 人，返贫风险得到有效控制。陕西省已完成对全省 16 962 个行政村、147.5 万户脱贫户逐村逐户排查，逐级建立台账，排查问题已全部完成整改。

2021 年 12 月 9 日，《农民日报》报道：2001 年 12 月 11 日，中国正式成为世界贸易组织（WTO）第 143 位成员。时间是塑造者也是见证者。加入世贸组织以来，我国农产品贸易额增长近 8 倍，农业对外投资初具规模，国际农业合作蓬勃发展，中国正成为全球农业多边合作和世界粮农治理的引领者。

2021 年 12 月 9 日，《农民日报》报道：今年以来，吉林采取继续深耕产业项目、强力推动脱贫地区发展等一系列务实举措，脱贫地区农村居民工资性收入稳中向好、经营净收入平稳增加、转移净收入快速增长、财产净收入有所提升，四项收入实现全方位增长。据国家统计局吉林调查总队发布的报告显示，前三季度吉林省脱贫地区农村居民人均可支配收入为 6 121 元，同比增加 582 元，增长 10.5%，高于全省农村居民 0.9 个百分点。

2021 年 12 月 10 日，《人民日报》报道：今年以来，我国农村电商呈现加快发展新态势。商务部发布的商务大数据监测显示，前三季度全国农村网络零售额 14 293.1 亿元，同比增长 16.3%；全国农产品网络零售额 3 043.9 亿元，同比增长 1.5%。

2021 年 12 月 10 日，《农民日报》报道：自全国绿色种养循环农业试点启动会在四川召开以来，该省各级农业农村部门认真贯彻落实会议精神，精心组织、扎实推进，试点工作进展顺利。全省共遴选粪肥还田服务主体 231 个，打造种养循环示范区 249.5 万亩，布置粪肥还田试验 83 个，建立监测点 487 个，截至 11 月底，该省项目整体进度已达 60% 以上。

2021 年 12 月 10 日，《农民日报》报道：目前，河南孟津已初步形成送庄大棚蔬菜、草莓、袖珍小西瓜，会盟优质莲藕、红富士苹果、黄河鲤鱼，白鹤铁棍山药，平乐食用菌，常袋镇软籽石榴、大粒樱桃等瓜果蔬菜生产基地。全区蔬菜面积达 13.8 万亩，年产商品蔬菜 36.5 万吨，年产值达 7.8 亿元，越来越多的瓜果蔬菜等农产品进入商超，丰富了市民餐桌。

2021 年 12 月 11 日，《农民日报》报道：近年来，钟祥市文化旅游事业稳步发展。2018 年全市接待国内外游客 1 080 万人次，全年旅游综合收入 74 亿元。2019 年接待国内外游客 1 200 万人次，全年实现旅游总收入 87 亿元。2020 年接待游客 1 280 万人次，全年实现旅游综合收入 90 亿元。在新形势下，钟祥市委、市政府将文旅产业作为支柱产业培育打造，提出了"建设大品牌、培育大产业、开拓大市场、发展大旅游"的城市旅游发展目标。

2021 年 12 月 11 日，《人民日报》报道：根据陕西省农业农村厅的最新数据，2020 年，陕西省苹果栽植总面积达到 945 万亩，产量 1 130 多万吨，全产业链产值实现千亿元目标；全省设施农业总面积达到 362 万亩，总产量 1 260 多万吨，全产业链产值实现千亿元目标。预计到 2025 年，羊乳全产业链产值将突破千亿元。2021 年 12 月 11 日，《农民日报》报道：据国家奶牛产业技术体系产业经济研究室统计，2021 年 1—10 月，我国进口各类乳制品同比增幅超过 20％，出口各类乳制品同比增加，干草进口同比增加。

2021 年 12 月 11 日，《农民日报》报道：山东省聊城经济技术开发区积极拓展乡村振兴产业项目，位于开发区北城街道的万明养殖合作社引进具有自动喂料、自动饮水、自动杀菌等特点的大型生态环保设备，大幅提升养殖效率和畜禽产品质量。合作社采取"党支部＋合作社＋基地＋农户"模式，积极吸纳养殖场周边村庄 30 多户脱贫户及剩余劳动力就业。

2021 年 12 月 13 日，《农民日报》报道：小站稻 18.5 万亩、小麦 1.2 万亩、玉米 11.2 万亩、辣椒 1 万亩，这是今年天津市 31.9 万亩农业生产托管成绩单。"重点围绕小站稻、玉米、小麦等粮食作物，将生产中的耕、种、防、收等全部或部分环节托管给社会化服务组织，有利于农业增产、农民增收、节本增效、绿色发展。"天津市农业农村委员会相关负责人介绍。

2021 年 12 月 13 日，《农民日报》报道：近日，国家林业和草原局、国家发展改革委、科技部、工业和信息化部、财政部、自然资源部等 10 部门联合印发《关于加快推进竹产业创新发展的意见》，明确将大力保护和培育优质竹林资源，构建完备的现代竹产业体系，构筑美丽乡村竹林风景线。

2021 年 12 月 13 日，《农民日报》报道：扎鲁特旗沃沙部落种植专业合作社联合社"联合社＋分社＋农牧户＋农技培训＋电子商务"的全产业链发展模式，把肉羊合作养殖、饲草料提供、回收羔羊育肥、加工羊肉产品及销售整合起来，打破了"放羊上山、靠天吃饭"的粗放经营模式。

2021 年 12 月 14 日，《农民日报》报道：在紧邻广州城、商品农业发达的社会经济背景下，海珠先民充分利用高温多雨、地处珠江口、水网密布的自然条件，通过顺涌建围、设置闸桥、挖沟抬畦，提高土壤层高度和深沟蓄水调水，以抵抗潮汐、台风、干旱等天气的影响，巧妙构建了极富智慧且旱涝保收的"基围＋水桓＋高畦深沟＋园艺作物＋禽鱼养殖"生产模式及"水—果（蔬）—草—鱼—鸟"完整的生态链。这就是最近入选第六批中国重要农业文化遗产名单的广东海珠高畦深沟传统农业系统。

2021 年 12 月 15 日，《农民日报》报道：河北省是国务院批准的供销社综合改革试点，邯郸市供销社作为河北省综合改革市级试点社之一，改革任务艰巨。近年来，邯郸供销社结合本地实际，找准发展突破口，围绕建设基层社"为农服务中心"这一平台载体，以贯通县、乡、村三级服务为改革目标，全面探索推广"基层供销社＋为农服务中心＋小农户、新型经营主体"等发展模式，为农服务能力得到了显著提升。

2021 年 12 月 15 日，《光明日报》报道：毕节积极组团参加广东现代农业博览会等活动，全市 33 家企业获批粤港澳大湾区"菜篮子"生产基地资格认证，通过"产品＋文化＋品牌＋体验＋互联网"的精准帮销模式，销售毕节农特产品。截至目前，毕节市在广东省（广州市）实现农特产品销售 41.98 万吨，销售收入 30.62 亿元。

2021 年 12 月 15 日，《农民日报》报道：12 月 10 日，农业农村部信息中心联合中国国际电子商务中心在北京线上发布《全国农产品跨境电子商务发展报告（2020—2021）》（以下简称《报告》）。《报告》显示，2020 年，我国农产品跨境电商零售进出口总额为 63.4 亿美元，同比增长 19.8％。其中，进口额为 61.8 亿美元，同比增长 24.1％；出口额为 1.6 亿美元，同比减少 48.4％，贸易逆差拉大。

2021 年 12 月 16 日，《农民日报》报道：近年来，湖南认真贯彻落实习近平总书记重要指示精神，大力发展精细农业，深入实施"六大强农"行动，着力打造农业优势特色千亿元产业，乡村产业发展质量效益不断提升，为推进乡村振兴提供了有力支撑。2021 年 12 月 16 日，《科技日报》报道：近年来，河北省唐山市芦台经济技术开发区依托传统蛋鸡养殖优势，采用"公司＋合作社＋农户"的模式，规模化、标准化发展蛋鸡养殖，促进群众增收。

2021 年 12 月 16 日，《农民日报》报道：今年，黑龙江省肇东市软糯香甜的黏玉米开始销往全国 100 多个城市的大型商超，获得大丰收的鲜食玉米闯出了增收新天地。肇东市鲜食玉米依托"企业＋基地＋农户、合作社＋基地＋家庭农场"等模式，播种面积达到 10 万亩，其中有机绿色认证面积 5.71 万亩，年加工鲜食玉米 2.6 亿穗，带着"鲜气儿"的玉米带动 2 万多农民实现增效增收，实现了产品增值、产业增效、农民增收。

2021 年 12 月 16 日，《农民日报》报道：近日，海南省林业局印发《海南省椰子产业高质量发展"十四五"规划》，计划到2025年，新增椰子种植面积25万亩，培育一批产值超过10亿元椰子加工龙头企业，建设一个国际椰子交易中心、一座椰子文化博物馆，打造一批椰子主题旅游景区、休闲农庄、庭院经济示范点，全面推进椰子产业提质增效，实现椰子产业总产值达到230亿元。

2021年12月18日，《农民日报》报道：近日，由中国稻渔综合种养产业协同创新平台主办的第五届全国稻渔综合种养产业高峰论坛暨2021优质渔米评比推介活动在安徽合肥和上海两地同期举办。会议指出，"十三五"以来，我国稻渔综合种养产业蓬勃发展，产业规模和发展质量效益同步提升，在稳定水稻生产、保障水产品有效供给、打赢脱贫攻坚战和促进乡村产业振兴中发挥了重要作用，走出了一条产出高效、产品安全、资源节约、环境友好的发展之路。

2021年12月20日，《农民日报》报道：近年来，潼南区按照"规模化种植、标准化生产、智能化赋能、品牌化培育"的思路，加快做大做强柠檬产业链、价值链、生态链，鲜果出口到40多个国家和地区，潼南柠檬已成为潼南现代农业优势产业和发展的闪亮名片。

2021年12月20日，《农民日报》报道：近年来，宁夏回族自治区以黄河流域生态保护和高质量发展先行区建设为统领，以国家农业高质量发展先行区建设为契机，聚焦枸杞、葡萄酒、奶、肉牛和滩羊、瓜菜等主导产业，加快建立现代农业产业、生产、经营"三大体系"，持续调优种养结构、调大经营规模、调长产业链条、调强加工能力，重点农业产业保持良好发展态势。

2021年12月20日，《农民日报》报道：糖业是广西的传统优势产业，全域范围内共有13个设区市73个县（市、区）种植糖料蔗，有制糖企业集团10家，在册糖厂84间。广西糖料蔗种植面积长期稳定在1 100万亩以上，食糖产量稳定在600万吨以上，糖料蔗种植面积和食糖产量连续17年占全国的60%左右。

2021年12月20日，《农民日报》报道：广东以荔枝为媒介，着力打好"产业牌、市场牌、科技牌和文化牌"，借助"甜蜜果"的美好寓意不断挖掘历史文化，实现产区市场与销区市场的联动及海外市场的拓展，荔枝销售实现疫情下逆势上扬好局面，守护了果农的"荔枝尊严"。

2021年12月22日，《农民日报》报道：近年来，山东省潍坊市坊子区充分发挥潍坊国家农业开放发展综合试验区和城乡接合部的优势，在实践中创新探索出五种都市农业发展模式，全力打造市民休闲观光的"后花园"。

2021年12月23日，《科技日报》报道：高科技农业博览园是由科技部推动实施的科技扶贫"百千万"工程重要组成部分，是东西协作推进科技扶贫的一项重大成果，也是开展科技扶贫帮扶结对的有力实践。经过几年的发展，如今的高科技农业博览园已然成为井冈山的"新名片"，年产优质蔬菜2 000万千克，培育蔬菜种苗1 000万株，实现产值5 500万元，直接解决350人的就业问题，帮扶贫困户120户为其提供了岗位。

农业农村政策

一、农业生产与保障

2021年1月1日，《农民日报》报道：为进一步贯彻落实《保障农民工工资支付条例》相关规定，维护好农民工工资报酬权益，确保农民工工资专用账户资金和工资保证金专项用于为该工程项目提供劳动的农民工工资支付，日前，人力资源和社会保障部会同最高人民法院、中国银保监会印发《关于做好防止农民工工资专用账户资金和工资保证金被查封、冻结或者划拨有关工作的通知》（以下简称《通知》）。《通知》明确，对规定情形下两类账户中的超额资金，人民法院经认定可依法采取冻结或者划拨措施。当事人及有关单位、个人利用两类账户规避、逃避执行的，应当依法承担责任。

2021年1月1日，《农民日报》报道：2020年12月30日，中国农业再保险股份有限公司（以下简称"中国农再"）获中国银保监会批复开业。中国农再经国务院批准，由财政部、农业农村部、银保监会共同筹备组建。按照国务院批复的设立方案精神，中国农再定位于财政支持的农业保险大灾风险机制的基础和核心，基本功能是分散农业保险大灾风险，推动建立并统筹管理国家农业保险大灾基金，加强农业保险数据信息共享，承接国家相关支农惠农政策。中国农再将遵循"政府支持、市场运作、协同推进、保本微利"原则，实行约定分保与市场化分保相结合的经营模式，着力夯实农业保险大灾风险分散机制基础，切实推动农业保险高质量发展，助力全面推进乡村振兴，加快农业农村现代化。

2021年1月4日，《农民日报》报道：为了巩固脱贫攻坚成果、助力乡村振兴战略实施，新疆维吾尔自治区农村信用社联合社于2020年5月向全疆各行社印发了《脱贫致富贷款管理办法》，向已享受5万元扶贫小额信贷政策、有贷款意愿并具有经营条件和相应还款能力的建档立卡贫困户，创新推出"脱贫致富贷"，满足贫困户大额资金需求，支持其扩大生产规模、提升发展水平。

2021年1月5日，《人民日报》报道：

2019—2020年，财政部共安排农田建设补助等资金1 396.28亿元，其中2019年694.23亿元，2020年702.05亿元，大力支持高标准农田和农田水利建设，会同有关部门共推动落实新建1.6亿亩高标准农田建设任务（含高效节水灌溉面积0.4亿亩），着力巩固和提高粮食生产能力，为"三农"在"六稳""六保"中切实发挥压舱石作用提供有力支撑。

2021年1月8日，《人民日报》报道："十三五"期间，我国户籍制度改革进展顺利、成效显著。数据显示，1亿人落户任务提前完成，户籍人口城镇化率由2013年的35.93%提高到2019年的44.38%。2020年1月—11月份全国第一产业固定资产投资（不含农户）12 259亿元，同比增长18.2%。

2021年1月8日，《农民日报》报道：浙江省政府办公厅出台《关于推行化肥农药实名制购买定额制施用的实施意见》，明确到2022年，全省"肥药两制"改革将实现县域全覆盖，并提出了高质量实现资源利用生态高效、产品供给优质安全、产地环境绿色清洁、产业发展提质增效等一系列目标。

2021年1月9日，《农民日报》报道：农业农村部推动七部门印发《关于扩大农业农村有效投资 加快补上"三农"领域突出短板的意见》，积极谋划政策举措，组织实施重大项目，着力拓宽资金渠道，稳定扩大农业农村有效投资，取得较好成效。

2021年1月11日，《农民日报》报道：党中央启动实施乡村振兴战略，坚持农业农村优先发展方针，特别是在农村金融与投资方面，全国财政农林水支出从2015年的1.7万亿元增加到2019年的2.3万亿元，其中农业农村部参与安排管理的农业农村投资累计达到1.7万亿元，比"十二五"增长84.7%，支持干成了农业农村的一些大事、要事、难事；有效引导带动了金融和社会资本投入，涉农贷款余额从2015年末的26.4万亿元增加到2019年末的35.2万亿元，增长33.3%。

2021年1月12日，《农民日报》报道：自然资源部通报《国土空间调查、规划、用途管制用地用海分类指南（试行）》（以下简称《分类指南》）有关内容。《分类指南》明确了国土空间调查、规划、用途管制用地用海分类应遵循的总体原则与基本要求，提出了国土空间调查、规划、用途管制用地用海分类的总体框架及各类用途的名称、代码与含义。《分类指南》首次明确将"农业设施建设用地"单独列为一级类，下设"乡村道路用地""种植设施建设用地""畜禽养殖设施建设用地"和"水产养殖设施建设用地"四个二级类，将破坏耕作层的农业设施相关用地单设一类，切实防止耕地"非农化""非粮化"。

2021 年 1 月 12 日，《农民日报》报道：为进一步促进大宗消费、重点消费，更大释放农村消费潜力，商务部等 12 部门联合印发《关于提振大宗消费重点消费促进释放农村消费潜力若干措施的通知》（以下简称《通知》）。《通知》要求，各地区、各有关部门要推动相关政策措施尽快落地见效，进一步促进消费回升和潜力释放。

2021 年 1 月 13 日，《农民日报》报道："十三五"期间，全国农业用水持续减少，效率大幅提升，有效保障了我国粮食和主要农产品高位增长。与 2015 年相比，农业用水量减少 168.8 亿立方米，减少 4.58%，农业用水占总用水量由 63% 降低至 61.2%。全国农田灌溉水有效利用系数由 0.52 提高到 0.559。据农业农村部测算，2020 年我国水稻、小麦、玉米三大粮食作物化肥利用率进一步提高。

2021 年 1 月 13 日，《农民日报》报道：2020 年河南省绿色食品工作取得突破性发展。绿色标志许可数量和绿色食品原料基地数量均实现新突破，一年内新通过绿色食品标志许可 1 212 个，占全国增量 11 625 个的 10.4%；一年内新批准创建全国绿色食品原料标准化生产基地 52 个，占全国增量的 74.2%。同时，创建全国绿色食品原料标准化生产基地 1 502 万亩，首次突破 1 500 万亩，标志着占全省 12% 的耕地将实施绿色食品标准化生产。全省新增名特优新农产品 100 个，总数达 216 个，继续保持全国领先地位；新增农产品地理标志 41 个，总数达 160 个，全国排名由第七位上升至第五位。绿色食品、名特优新农产品和地理标志农产品发展取得的突破性成绩，标志着河南省农业高质量发展迈出了坚实步伐。

2021 年 1 月 13 日，《农民日报》报道：农业农村部发布 2020 年全年国家农产品质量安全例行监测（风险监测）结果，监测数据显示，2020 年农产品例行监测合格率为 97.8%，同比上升 0.4 个百分点，全国农产品质量安全水平继续稳定向好。

2021 年 1 月 15 日，《农民日报》报道：1 月

12 日，上海市人民政府发布《上海市推进农业高质量发展行动方案（2021—2025 年）》，着力实施五大行动，打造 13 个绿色田园先行片区，构筑五个保障机制，明确到 2025 年基本建立农业高质量发展制度框架体系。

2021 年 1 月 15 日，《农民日报》报道：河南省财政厅、河南省农业农村厅、河南银保监局、河南省林业局、河南省地方金融监督管理局联合印发《关于加快农业保险高质量发展的实施意见》（以下简称《实施意见》）。《实施意见》以保护农民利益为宗旨，优化农业保险政策制度与工作机制，完善多层次农业保险风险保障体系，创新农业保险金融支农模式，更好地满足"三农"领域日益增长的风险保障需求。

2021 年 1 月 15 日，《农民日报》报道：山西农信社坚守"支农、支小、支微"服务宗旨，筑牢金融服务根基，积极服务实体经济发展，涉农贷款和小微企业贷款持续增长，有力支持了地方经济发展。截至 2020 年 11 月末，全省农信系统各项贷款余额达 5 827.28 亿元，较年初净增 511.37 亿元；以占全省 22% 的存款市场份额，投放了全省 40% 以上的涉农贷款，50% 以上的小微企业贷款、民营企业贷款、扶贫小额贷款，以及 60% 以上的农户贷款。

2021 年 1 月 15 日，《人民日报》报道：农业农村部发布了 60 条 2020 中国美丽乡村休闲旅游行（冬季）精品线路、187 个精品景点，为广大消费者提供了冬日休闲的好去处，也为靠乡村游致富的农民助力把力。

2021 年 1 月 16 日，《农民日报》报道："十三五"期间，安徽农发行充分发挥政策性金融"当先导、补短板、逆周期"作用，全力服务脱贫攻坚、乡村振兴、长江经济带发展等重大战略，累计投放农业农村基础设施贷款 2 764 亿元，贷款余额从 2015 年末 839 亿元增长到 2020 年末 2 393 亿元，年均增长率 23.3%。

2021 年 1 月 16 日，《农民日报》报道：2020 年 12 月初，湖南省委出台了《关于制定湖南省国民经济和社会发展第十四个五年规划和二〇三五年远景目标的建议》，明确提出"推广生态畜禽养殖业发展，推进畜牧业转型升级"和"健全动物防疫和农作物病虫害防治体系"的要求。

2021 年 1 月 20 日，《人民日报》报道：经国家统计局确认，2020 年，山东农林牧渔业总产值首次突破 1 万亿元，成为全国首个农业总产值过万亿元的省份。

2021 年 1 月 22 日，《人民日报》报道：2020 年西藏农牧民人均可支配收入达 14 598 元，增速达 12.7%，已连续 18 年实现两位数增长，连续 6 年保持全国增速第一。

2021 年 1 月 23 日，《农民日报》报道：据国家能源局统计数据显示，截至 2019 年底，全国累计建成光伏扶贫电站的规模是 2 636 万千瓦、惠及 415 万户，每年发电收益约 180 亿元；8.3 万座村级电站、覆盖 9.23 万个村，其中 5.98 万个村是建档立卡贫困村，覆盖人口 2 397 万人。

2021 年 1 月 25 日，《农民日报》报道：浙江省农业担保联盟正式成立。建立农业担保联盟是提升为农金融服务工作的一个新举措和新抓手，将更好把各方力量和资源积聚起来，相互弥补短板、发挥各自优势，通过合作实现"1+1＞2"的效果。联盟成立后，将重点围绕"优化一套机制、推进一项试点、建好一个平台"三个方面开展工作，通过建立培训交流、业务协同及总结宣传机制，促进会员间信息共享，建立起由当地政府、合作银行和省市县农担公司各方体系共建、风险分散的金融支农服务机制，以数字农业担保建设为主轴，建设新型农业经营主体信用评价体系，打造担保业务数字化应用平台，提高银担合作业务效率。

2021 年 1 月 26 日，《农民日报》报道：2020 年，我国农产品贸易额 2 468.3 亿美元，同比增长 8%。其中，进口 1 708 亿美元、增 14%，出口 760.3 亿美元、减 3.2%，逆差 947.7 亿美元、扩大 32.9%。

2021 年 1 月 27 日，《农民日报》报道："十三五"以来，中储粮坚决履行央企政治责任和社会责任，按时保质完成扶贫项目建设，3 个定点扶贫县和全系统 300 多个扶贫点如期脱贫摘帽；储备安全保障能力显著提升，920 多个库区"标准仓、规范库"建设全面完成，智能化粮库覆盖率达 100%；服务调控主力军作用充分发挥，持续执行政策性粮食收购，销售政策性粮油 4 亿吨，完成跨省移库集并 1 092 万吨，有力支持了粮食增产、农民增收；垂直体系实力明显增强，累计新增仓容罐容 730 万吨，新增年中转能力 1 000 万吨，完成仓储设施维修改造项目 1.5 万个，直属企业仓房完好率保持 95% 以上。

2021 年 1 月 27 日，《农民日报》报道：农业农村部数据显示，从总体情况看，2020 年 1 月—12 月我国"农产品批发价格 200 指数"均值为 122.19（以 2015 年为 100），同比高 7.96 个点，涨幅比上年缩小 1.9 个点。

2021 年 1 月 28 日，《农民日报》报道：2020 年以来，面对新冠肺炎疫情的不利影响，四川省农业农村部门一手抓生产保供，一手抓农安监管，全省蔬菜、水果、茶叶、畜禽蜂产品和水产品等大宗农产品例行监测总体合格率 99.3%，为农业农村经济稳定发展提供了坚实的底部支撑。

2021 年 1 月 29 日，《农民日报》报道："十三五"期间，甘肃农业农村发展稳定向好，粮食生产连年丰收，总产首次突破 240 亿斤，产业扶贫体系逐步构建，"甘味"农产品已走向全国；全省新型城镇化步伐加快，县城和特色城镇加快建设，公共服务能力明显提升；民生福祉持续增进，城乡居民人均可支配收入比"十二五"分别提高了 42.3%、49.1%。

2021 年 2 月 1 日，《人民日报》报道：31 日举行的国务院联防联控机制发布会强调，近期，农村地区出现零星散发病例，局部地区发生聚集性疫情。农村地区医疗条件相对薄弱，农民群众防疫意识、防疫能力薄弱。农业农村部农村合作经济指导司副司长毛德智介绍，中央农办、农业农村部将按照国务院应对新冠肺炎疫情联防联控机制部署要求，针对农村地区疫情防控的薄弱环节、突出短板，坚持分区分级、科学防控、精准施策，强化落实疫情防控措施。

2021 年 2 月 2 日，《人民日报》报道：现代通信走入脱贫地区的一户户家庭，通信网络覆盖广度不断延伸。数据显示，2015 年以来，中央财政和基础电信企业累计投入 600 多亿元，支持 4.3 万个脱贫村光纤网络建设和 9 200 余个脱贫村 4G 基站建设，脱贫村通宽带比例超过 98%。近年来，工信部印发产业转移指导目录，指导贫困县编制产业发展规划，建设特色产业集聚区和"双创"示范基地，深入开展工业设计、中药材、智能光伏、绿色建材等特色产业扶贫，帮助脱贫地区夯实产业根基，一个个特色产业在脱贫地区茁壮成长。

2021 年 2 月 2 日，《人民日报》报道：2020 年，中储粮系统加强统筹调度，坚决服务大局，高效落实国家有关部门保供稳市指令。全年累计销售中央事权粮油同比增加了一倍多，其中销售最低收购价和临储粮等政策性粮食 1.05 亿吨，保质保量完成保供任务。

2021 年 2 月 2 日，《农民日报》报道：日前，山西省出台了《山西省设施农业发展 2021 年行动计划》，提出今年要新增设施农业（蔬菜、食用菌、水果）面积 5 万亩，通过改造老旧闲置日光温室 1 500

亩，创建省级设施蔬菜（含食用菌）标准化示范园15个，建设蔬菜集约化育苗场 4 万平方米，新建预冷库、冷藏库 50 万立方米，培育壮大品牌 10 个，培育设施农业机械化示范区 3 个，推进设施农业迈向优质、高效，解决冷凉地区半年不能种和优良品种种不活的问题。

2021 年 2 月 2 日，《农民日报》报道：今年农作物重大病虫害呈偏重发生态势，直接威胁粮食生产安全。为组织做好防控工作，最大限度降低危害损失，实现"虫口夺粮"保丰收目标，农业农村部办公厅及时印发《2021 年全国"虫口夺粮"保丰收行动方案》（以下简称《方案》）。《方案》强调，要牢固树立抗灾夺丰收思想，按照早谋划、早预警、早准备、早防治要求，在做好新冠肺炎疫情常态化防控的同时，全力以赴抓好农作物重大病虫害防控，奋力夺取全年粮食丰收。

2021 年 2 月 2 日，《农民日报》报道：为保障好今年农业生产安全，全力赢得粮食和农业丰收主动权，近日，农业农村部办公厅印发《科学应对"拉尼娜"奋力抗灾夺丰收预案》（以下简称《预案》）。《预案》要求，加强监测预警、科学主动应对，切实减轻灾害损失，奋力夺取全年粮食和农业丰收，为"十四五"开好局提供有力支撑，以优异成绩迎接建党 100 周年。

2021 年 2 月 2 日，《农民日报》报道：今年，甘肃将继续坚持把高标准农田建设作为提升耕地质量的关键抓手，扎实开展高标准农田建设，全年新建高标准农田 350 万亩。甘肃将优化区域布局，明确建设重点，采取整灌区、整流域、集中连片规划、整县推进的办法，在河西及沿黄灌区、引洮等大型水利工程灌区，建设一批喷灌、滴灌、膜灌、水肥一体、"三网融合"等先进实用技术集成配套的高标准农田示范区，打造稳产高产、旱涝保收的粮食安全产业带。陇中陇东黄土高原区结合黄河流域生态治理和高质量发展，重点开展高标准梯田建设和宜机化改造，大力推行集雨节水补灌等抗旱技术，打造现代旱作农业示范区。

2021 年 2 月 3 日，《人民日报》报道：近日，应急管理部会同有关部门对 1 月全国自然灾害情况进行了会商分析。据介绍，总体来看，1 月我国自然灾害以低温冷冻和雪灾为主，干旱、森林火灾、风雹和地震等也有发生。1 月低温冷冻灾害对南方局地造成较大影响，脐橙、菠萝、油菜等经济作物抗冻能力较弱，农业损失相对较大。与近 5 年同期均值相比，1 月低温冷冻和雪灾偏轻，农作物受灾面积和

直接经济损失分别下降 76% 和 61%。据初步统计，1 月全国共发生森林火灾 118 起、草原火灾 1 起、草原火情 3 起。

2021 年 2 月 3 日，《人民日报》报道：从"快递下乡"到"快递进村"，2020 年，我国在基本实现快递网点乡镇全覆盖的基础上，将快递直投到村比例提升至超过 50%。国家邮政局表示，今年将继续落实《快递进村三年行动方案（2020—2022 年）》，编制快递进村指引，进一步提高快递网络乡村覆盖率；因地制宜推动"邮快、交快、快快"合作多模式并进，力争到今年年底，东部地区基本实现快递服务直投到村，中、西部地区直投到村比例分别达到 80% 和 60%。

2021 年 2 月 3 日，《农民日报》报道：国家脱贫攻坚普查领导小组第二次全体会议 2 日在京召开。中共中央政治局委员、领导小组组长胡春华主持会议并讲话。他强调，要深入学习贯彻习近平总书记重要指示精神，按照党中央、国务院决策部署，扎实做好脱贫攻坚普查后续工作，确保如期高质量完成普查各项任务。胡春华强调，脱贫攻坚普查成果来之不易，必须切实用好。要把普查结果作为研究谋划接续支持脱贫地区全面推进乡村振兴的重要参考，推动帮扶政策、资金、项目等与乡村振兴的有效衔接。

2021 年 2 月 5 日，《农民日报》报道：2 月 4 日，中央农办主任，农业农村部党组书记、部长唐仁健会见太平洋保险集团董事长孔庆伟，双方围绕发展农业保险、服务乡村振兴等进行交流。

2021 年 2 月 5 日，《农民日报》报道：医保扶贫对解决农民特别是贫困户的"看病贵"问题起到了决定性的作用。自 2018 年以来，医保扶贫政策累计惠及贫困人口 4.8 亿人次，帮助减轻医疗负担近 3 300 亿元。

到目前，我国已基本实现贫困人口应保尽保。通过定额资助、全额资助把贫困人口纳入医疗保障的制度范围里。同时进行动态参保，跟有关部门进行信息共享，尽可能"一个不落"纳入制度保障。贫困人口的参保率稳定在 99.9% 以上。

2021 年 2 月 5 日，《农民日报》报道：近日，中国农业发展银行召开 2021 年年度工作会议。农发行相关负责人介绍，面对 2020 年严峻复杂形势和艰巨繁重任务，农发行全年累放贷款 2.01 万亿元，年末贷款余额 6.14 万亿元，比年初增长 5 524 亿元。全力抗击新冠疫情，累放疫情防控应急贷款 913 亿元、复工复产贷款 1 万亿元，支持企业 1.12 万家。

坚决助力打赢脱贫攻坚战，累放扶贫贷款 5 244 亿元，继续保持金融同业首位。在明晰战略的基础上，制定农发行 2021—2025 年发展规划。

2021 年 2 月 5 日，《农民日报》报道：三年来，全国各地持续整顿软弱涣散基层党组织，严把村干部入口关，推进党组织领导的乡村治理，不断提升对"村霸"和涉黑涉恶问题的"免疫力"，党的执政根基更加巩固，人民群众获得感、幸福感、安全感显著提升。

2021 年 2 月 5 日，《农民日报》报道：清洁供暖一直是社会关注、人民关切的重大民生工程。回顾"十三五"期间，我国北方农村地区清洁供暖水平显著提升，清洁供暖试点城市空气质量大幅改善。根据国家能源局发布的数据，截至 2020 年 12 月，北方地区清洁取暖率已达 65%，京津冀及周边地区、汾渭平原清洁取暖率达 80% 以上。但清洁取暖工作取得阶段性成果的同时，亦暴露出诸多短板。根据中国建筑科学研究院预测，到 2025 年，我国北方地区清洁取暖率将达到 80%。"十四五"时期，我国北方地区清洁取将出现新举措、新方向。

2021 年 2 月 5 日，《科技日报》报道："十三五"期间，云南省综合科技创新水平指数有提升，全社会研究与试验发展经费投入总量实现翻番，全国排名从 23 位提升到 19 位。日前印发的中共云南省委关于制定云南省国民经济和社会发展第十四个五年计划和 2035 年远景目标的建议，专章部署了创新型云南建设工作。为此，在 2021 年度全省科技工作视频会上，云南省科技厅提出，要坚持有所为、有所不为，扩大优势、缩小差距，加快创新型云南建设，提出要围绕"一县一业""一村一品"为乡村振兴提供强有力的科技支撑。

2021 年 2 月 6 日，《光明日报》报道：2 月 3 日—5 日，习近平在贵州省委书记谌贻琴和省长李炳军陪同下，先后来到毕节、贵阳等地，深入农村、社区、超市等考察调研，给各族干部群众送去党中央的关怀和慰问。习近平指出，要做好巩固拓展脱贫攻坚成果同乡村振兴有效衔接，加强动态监测帮扶，落实"四个不摘"要求，跟踪收入变化和"两不愁三保障"巩固情况，定期核查，动态清零。要发展壮大扶贫产业，拓展销售渠道，加强对易地搬迁群众的后续扶持。要推动城乡融合发展，推动乡村产业、人才、文化、生态、组织等全面振兴。要继续选派驻村第一书记和农村工作队。

2021 年 2 月 6 日，《农民日报》报道："十三五"是全面打赢交通脱贫攻坚战的五年。为确保小

康路上不让任何一地因交通而掉队，中央累计投入超过 9 500 亿元的车购税资金，支持贫困地区公路项目建设，这些资金约占全国车购税总规模的 68%，主要用于支持贫困地区高速公路建设、普通国省干线建设以及农村公路建设。如今，我国农村地区交通建设发生了翻天覆地的变化，真正把老百姓"出门水泥路，抬脚上客车"的梦想变成现实，我国乡村也因路而兴、因路更美。

2021 年 2 月 10 日，《农民日报》报道：2017 年以来，中国燃气相继与海南、湖北、安徽、黑龙江、吉林、广东、云南、青海等地签订战略合作协议，共推"燃气下乡"工程。中国燃气秉承"安全为要、市场为基、因地制宜、循序渐进、政策引导"的原则，在保障农村安全用气的前提下，统筹布局农村管道燃气基础设施建设。截至目前，中国燃气已将管网从城镇延伸至全国两万余个乡村，铺设乡村高压管道 1 000 余千米、村内中压管道 2 万余千米、村内庭院管道 12 万余千米，配套场站近 500 座，有效促进了农村气网设施的建设升级改造。

2021 年 2 月 15 日，《人民日报》报道："十三五"期间，我国建成全球规模最大的光纤网络和 4G 网络，光纤用户占比从 34% 提升至 93%，4G 用户占比从 7.6% 提升至 81%，远高于全球平均水平。建成 5G 基站 71.8 万个，占全球比重近七成。截至目前，全国行政村、"三区三州"地区贫困村通光纤和 4G 比例都达到 98% 以上。

2021 年 2 月 16 日，《光明日报》报道：2 月 16 日出版的第 4 期《求是》杂志将发表中共中央总书记、国家主席、中央军委主席习近平的重要文章《在河北省阜平县考察扶贫开发工作时的讲话》。文章强调，消除贫困、改善民生、实现共同富裕，是社会主义的本质要求。全面建成小康社会，最艰巨最繁重的任务在农村、特别是在贫困地区。没有农村的小康，特别是没有贫困地区的小康，就没有全面建成小康社会。对各类困难群众，我们要格外关注、格外关爱、格外关心，千方百计帮助他们排忧解难。文章指出，农村要发展，农民要致富，关键靠支部。

2021 年 2 月 18 日，《农民日报》报道：2016 年以来，财政部会同农业农村部、银保监会大力推进全国农业信贷担保（以下简称"农担"）体系建设工作。目前，全国农担体系已初步建成并步入良性发展轨道，取得了重要阶段性成效。

2021 年 2 月 19 日，《光明日报》报道：经过 8 年持续奋斗，脱贫攻坚目标任务如期完成，困扰中

华民族几千年的绝对贫困问题得到历史性解决，我国取得了令全世界刮目相看的重大胜利。创造这个人类减贫史上的伟大奇迹，根本在于以习近平同志为核心的党中央坚强领导，根本在于中国特色社会主义制度的显著优势。新旧相推，日生不滞。脱贫摘帽不是终点，而是新生活、新奋斗的起点。中国提前10年实现联合国2030年可持续发展议程的减贫目标，为乡村振兴奠定基础。消除绝对贫困之后，相对贫困还将存在。我们要将脱贫攻坚和乡村振兴有效衔接，巩固和拓展脱贫成果，抓好政策衔接、规划衔接、产业帮扶衔接、公共服务衔接，使发展成果更多更公平惠及全体人民。

2021年2月20日，《光明日报》报道：中共中央总书记、国家主席、中央军委主席、中央全面深化改革委员会主任习近平2月19日下午主持召开中央全面深化改革委员会第十八次会议并发表重要讲话。他强调，全面深化改革同贯彻新发展理念、构建新发展格局紧密关联，要完整、准确、全面贯彻新发展理念，扭住构建新发展格局目标任务，更加精准地出台改革方案，推动改革向更深层次挺进，发挥全面深化改革在构建新发展格局中的关键作用。会议强调，要围绕扩大内需深化改革，加快培育完整内需体系，健全区域协调发展体制机制、城乡融合发展体制机制，加快推进以人为核心的新型城镇化，深化土地制度、户籍制度改革，建立健全巩固拓展脱贫攻坚成果同乡村振兴有效衔接机制，健全再分配调节机制，扎实推动共同富裕。

2021年2月20日，《农民日报》报道：2020年9月，全国政协农业和农村委员会调研组赴河南、山东就保障农村饮水安全进行专题调研，实地考察了河南许昌市鄢陵、濮阳市清丰，山东聊城市莘县、德州市平原等8个区县。

2021年2月20日，《农民日报》报道：2020年10月，全国政协农业和农村委员会深入河北、辽宁开展调研，了解地方推动乡村公共文化服务体系建设的做法和经验，梳理存在的困难和问题，并提出具体意见建议。

2021年2月22日，《光明日报》报道：党的十九届五中全会审议通过的《中共中央关于制定国民经济和社会发展第十四个五年规划和二〇三五年远景目标的建议》，对新发展阶段优先发展农业农村、全面推进乡村振兴作出总体部署，为做好当前和今后一个时期"三农"工作指明了方向。

2021年2月22日，《农民日报》报道：近期，我国南方部分省区出现严重气象干旱，比如浙江、广东等省。有些甚至是始于去年秋季并有可能延续至今年春季的"秋冬春"连旱。目前，水利部已经派出督导组到几个旱情严重的南方省份督导抗旱。农业农村部也发文明确提出抗旱措施：包括修缮建设农田集雨蓄水设施，蓄积雨水；拦截地表水，增加池塘、水库蓄水；推广节水灌溉技术；喷施叶面抗旱保水剂，增施钾肥，提高植物抗旱性等。气象部门也在南方地区加强了人工增雨的频次和力度，以全力抗旱。

2021年2月25日，《光明日报》报道：近日，中共中央、国务院印发了《国家综合立体交通网规划纲要》，并发出通知，要求各地区各部门结合实际认真贯彻落实。该纲要提出，推进城乡交通运输一体化发展。统筹规划地方高速公路网，加强与国道、农村公路以及其他运输方式的衔接协调，构建功能明确、布局合理、规模适当的省道网。加快推动乡村交通基础设施提档升级，全面推进"四好农村路"建设，实现城乡交通基础设施一体化规划、建设、管护。畅通城乡交通运输连接，推进县乡村（户）道路连通、城乡客运一体化，解决好群众出行"最后一公里"问题。提高城乡交通运输公共服务均等化水平，巩固拓展交通运输脱贫攻坚成果同乡村振兴有效衔接。

2021年2月26日，《农民日报》报道：根据国家贫困县建档立卡户普查结果和非国家贫困县建档立卡户抽样调查结果推算，中西部22省（区、市）建档立卡户全面实现不愁吃、不愁穿，义务教育、基本医疗、住房安全有保障（"两不愁三保障"），饮水安全也有保障。另外，根据国家农村贫困监测调查，2020年国家贫困县农村居民人均可支配收入12 588元，党的十八大以来年均增长11.6%，高于全国农村居民2.3个百分点。

2021年2月28日，《光明日报》报道：中共中央政治局2月26日下午就完善覆盖全民的社会保障体系进行第二十八次集体学习。中共中央总书记习近平在主持学习时强调，健全覆盖全民、统筹城乡、公平统一、可持续的多层次社会保障体系，进一步织密社会保障安全网，促进我国社会保障事业高质量发展、可持续发展。

2021年3月1日，《农民日报》报道：为贯彻落实党中央、国务院关于安全生产的决策部署，深化安全生产专项整治三年行动，农业农村部办公厅和公安部办公厅联合印发《关于进一步加强拖拉机安全管理工作的通知》。

2021年3月4日，《农民日报》报道：3月

2日,国务院新闻办公室举行新闻发布会上,中国银行保险监督管理委员会相关负责人介绍,3年以来,全国累计发放精准扶贫贷款9.2万亿元,涉农扶贫保险累计提供风险保障3.5万亿元。大病保险已覆盖11.3亿城乡居民。

2021年3月5日,《农民日报》报道:3月4日,水利部相关负责人在2021年农村水利水电工作会议上强调,农村水利水电工作要进一步理清思路,明确目标,全力推进农村水利水电高质量发展。

2021年3月5日,《光明日报》报道:在2日召开的农村水利水电工作会议上,水利部副部长田学斌表示,2021年是"十四五"开局之年,农村水利水电领域要重点实施农村供水保障工程,提升供水保障水平,要建立健全饮水安全风险监测机制,做好应急预案,确保不出现整村连片停水断水等颠覆性问题。

2021年3月5日,《农民日报》报道:为保障春耕化肥市场平稳运行,近日,国家发展和改革委员会等12部门联合下发通知,要求各地做好2021年春耕化肥保供稳价工作。

2021年3月17日,《农民日报》报道:为了解农行福建省分行"快农贷"产品助农情况,农业农村部政策与改革司组织调研组赴福建省开展了实地调研。总体看,"快农贷"产品免抵押、免担保、低利率、低门槛,申办快、广覆盖,是农行发展农业普惠金融的有益创新。

2021年3月18日,《农民日报》报道:农业农村部会同最高法、最高检、工信部、公安部、市场监管总局、供销总社等部门持续开展农资打假专项治理行动,维护农资市场秩序稳定,确保农民用上放心种、放心药、放心肥。

2021年3月19日,《光明日报》报道:目前全国耕地受旱面积111万亩,47万名农村群众发生饮水困难。水利部17日召开会商会,分析研判全国雨情、水情、旱情和水库蓄水情况,有针对性地安排部署群众饮水安全保障和抗旱保春灌工作。

2021年3月19日,《人民日报》报道:中国农业发展银行为保证春耕生产顺利进行,提前发放春耕备耕贷款。截至2月底,已发放信贷资金302亿元,确保"不误农时"。农发行精准对接春耕备耕市场变化和金融需求建立应急通道、绿色通道,发挥农业政策性金融支持国家粮食安全战略的重要作用。

2021年3月20日,《人民日报》报道:中共中央政治局委员、国务院副总理胡春华17日—19日在江西省九江市实地督导春季农业生产工作。他强调,要深入贯彻习近平总书记重要指示精神,认真落实全国"两会"部署,毫不放松抓好春季农业生产,为完成全年粮食产量保持在1.3万亿斤以上目标任务夯实坚实基础,牢牢把住粮食安全主动权。

2021年3月20日,《农民日报》报道:3月19日,中粮集团成功发行20亿全国首批、央企首单"乡村振兴"票据。"乡村振兴"债券融资票据旨在支持乡村振兴。

2021年3月20日,《农民日报》报道:中国银保监会、财政部、中国人民银行和国家乡村振兴局联合发布《关于深入扎实做好过渡期脱贫人口小额信贷工作的通知》,支持脱贫人口发展生产稳定脱贫。

2021年3月22日,《农民日报》报道:银保监会于2018—2020年系统组织开展了"农村中小银行股东股权三年排查整治行动"。3年来,3 898家农村中小银行全部完成了机构自查和监管检查,实现了排查整治全覆盖的工作目标。

2021年3月25日,《光明日报》报道:农业农村部印发《关于开展全国农业种质资源普查的通知》及全国农业种质资源普查总体方案(2021—2023年),决定在全国范围内开展农作物、畜禽、水产种质资源普查。

2021年3月25日,《人民日报》报道:党的十九届五中全会提出"健全农村金融服务体系",为金融更好服务乡村振兴战略、促进农业农村现代化指明了方向,必须深入贯彻落实党的十九届五中全会决策部署,着力健全农村金融服务体系,打通金融服务乡村振兴的"最后一公里"。

2021年3月26日,《农民日报》报道:3月25日,中国银保监会组织中国农业发展银行、中国农业银行和中华保险公司联合召开新闻发布会。截至3月20日,共发放春耕备耕贷款366亿元。

2021年3月27日,《人民日报》报道:17个省份及新疆生产建设兵团的210处大型灌区开始春灌。目前,全国大型灌区已累计灌溉农田6 538多万亩,引水量超65亿立方米,其中沿黄灌区累计灌溉农田2 190多万亩,引水量超20亿立方米。

2021年3月30日,《农民日报》报道:财政部、应急管理部日前向云南、浙江、福建、江西、湖南、广西、广东等7省(区)下拨中央自然灾害救灾资金8 000万元,用于支持受灾地区抗旱减灾工作,全力保障群众生活生产用水。

2021年4月1日,《农民日报》报道:3月31日,为支持巩固拓展脱贫攻坚成果同乡村振兴有效衔接，原中央财政专项扶贫资金调整优化为中央财政衔接推进乡村振兴补助资金（以下简称衔接资金）。中央财政 2021 年预算安排衔接资金 1 561 亿元，比上年增加 100 亿元。近日，财政部、国家乡村振兴局、国家发展改革委、国家民委、农业农村部、国家林业和草原局联合印发《中央财政衔接推进乡村振兴补助资金管理办法》，对衔接资金使用管理作出全面规定。

2021 年 4 月 2 日，《农民日报》报道：近日，人力资源和社会保障部、国家乡村振兴局发布《关于评选全国乡村振兴（扶贫）系统先进集体和先进个人的通知》，将在全国乡村振兴（扶贫）系统评选表彰一批先进集体和先进个人，其中全国乡村振兴（扶贫）系统先进集体 160 个、先进个人 260 名。

2021 年 4 月 7 日，《人民日报》报道：财政部会同水利部、农业农村部认真研究、积极应对，于 3 月 30 日下达中央财政农业生产和水利救灾资金 12 亿元。

2021 年 4 月 9 日，《人民日报》报道：今年确保粮食总产量保持在 1.3 万亿斤以上，必须提升良种保供能力。农业农村部种业管理司二级巡视员谢焱说，目前全国农作物良种覆盖率在 96% 以上，自主选育品种面积占比超过 95%，为粮食连年丰收和重要农产品稳产保供提供了关键支撑。

2021 年 4 月 12 日，《人民日报》报道：银保监会近日发布《关于 2021 年银行业保险业高质量服务乡村振兴的通知》（以下简称《通知》）。《通知》要求农业发展银行、大中型商业银行要力争实现普惠型涉农贷款增速高于本行各项贷款平均增速的目标。

2021 年 4 月 13 日，《科技日报》报道：12 日，南方电网发行了首笔乡村振兴债券，募集资金人民币 50 亿元，期限三年，利率为 3.47%。这是债券市场目前发行规模最大的乡村振兴债券。募集到的资金主要用于广东、广西、云南、贵州、海南等南方五省区的农村电网基础设施提档升级，助力"十四五"乡村振兴。

2021 年 4 月 13 日，《光明日报》报道：12 日从自然资源部获悉，为落实最严格的耕地保护制度，充分发挥社会监督作用，自然资源部将主动公开我国报备的补充耕地项目与地块信息，并逐步完善公开机制，以便社会查询和监督。目前，首批公开的 1 200 个补充耕地项目与地块信息已在自然资源部门户网站挂出。

2021 年 4 月 13 日，《农民日报》报道：根据中央关于巩固拓展脱贫攻坚成果同乡村振兴有效衔接的有关要求，日前，经国务院同意，财政部会同国家发展改革委等 10 个部门联合印发《关于继续支持脱贫县统筹整合使用财政涉农资金工作的通知》，明确 2021—2023 年支持脱贫县延续整合试点政策，2024—2025 年，政策实施范围调整至国家乡村振兴重点帮扶县。

2021 年 4 月 13 日，《农民日报》报道：近日，国务院新闻办公室举行新闻发布会，介绍"十四五"时期粮食和物资储备发展有关情况。目前，国家粮食和物资储备局正在按"十四五"规划纲要部署，加快编制"十四五"时期粮食和物资储备领域专项规划，将重点在"五个坚持、五个统筹"上下功夫。

2021 年 4 月 14 日，《农民日报》报道：国家发展改革委 13 日公布的《2021 年新型城镇化和城乡融合发展重点任务》明确提出，以人口流入多、房价高的城市为重点，扩大保障性租赁住房供给，着力解决困难群体和农业转移人口、新就业大学生等新市民住房问题。

2021 年 4 月 14 日，《农民日报》报道：4 月 8 日—9 日，农业农村部种植业管理司、全国农业技术推广服务中心在安徽省亳州市召开中药材"三品一标"行动启动会，交流全国道地药材标准化生产技术集成试验示范项目实施情况，部署"十四五"中药材"三品一标"工作。

2021 年 4 月 14 日，《农民日报》报道：近日，中国农业银行公布 2020 年经营业绩情况。据农业银行相关负责人介绍，2020 年农业银行加大县域"三农"重点领域信贷投放，县域贷款余额 5.31 万亿元。

2021 年 4 月 17 日，《光明日报》报道：当前，江淮、黄淮等麦区小麦陆续进入抽穗扬花期，也是小麦赤霉病易感流行期。从 4 月中下旬开始，我国自南往北陆续进入小麦赤霉病预防控制关键时期。今年除中央财政安排 10 亿元农业生产救灾资金外，安徽、江苏、河南、山东、河北、湖北 6 省地方财政也已筹措防控资金 15.9 亿元，已实施防控面积近 3 000 万亩。

2021 年 4 月 21 日，《人民日报》报道：从住房和城乡建设部获悉，近日，住房和城乡建设部、财政部、民政部、国家乡村振兴局联合印发的《关于做好农村低收入群体等重点对象住房安全保障工作的实施意见》提出，"十四五"期间，按照"安全为本、因地制宜、农户主体、提升质量"的原则，实施农村危房改造和地震高烈度设防地区农房抗震改造，逐步建立健全农村低收入群体住房安全保障长效机制，实现巩固拓展脱贫攻坚成果同乡村振兴有效衔接。

2021年4月21日，《农民日报》报道：日前，水利部和财政部宣布，2021年我国将在30个省区市开展水系连通及水美乡村建设试点，每个省（区、市）的试点县控制数为1个，试点期为2年。

2021年4月23日，《农民日报》报道：4月22日，农业农村部在辽宁省沈阳市举办2021年全国放心农资下乡进村宣传周现场咨询活动。本次活动以"放心农资进乡村、稳产保供促振兴"为主题。目前，全国各级农业农村部门已陆续开展放心农资下乡进村宣传周活动。

2021年4月23日，《人民日报》报道：22日，农业农村部、国家乡村振兴局召开全国农村改厕问题整改推进视频会。截至2020年底，全国农村卫生厕所普及率达68%以上，每年提高约5个百分点，累计改造农村户厕4000多万户。但不少地方农村改厕基础差、底子薄、欠账多，仍存在一些问题，需要正视和解决。

2021年4月24日，《农民日报》报道：今年3月，山西省分别以省委1号文件、省委14号文件、省委办公厅16号文件印发了《关于全面推进乡村振兴加快农业农村现代化的实施方案》《关于巩固拓展脱贫攻坚成果有效衔接乡村振兴的实施方案》及《关于支持农业高质量高速度发展推进乡村产业振兴若干政策措施》3个重要政策文件。

2021年4月26日，《农民日报》报道：近日，广西壮族自治区政府下发《关于扩大农业农村有效投资加快补上三农领域突出短板的实施意见》，推动财政优先保障、金融重点倾斜、社会积极参与、实施十大工程，力争三年（2021—2023年）内广西全区农业农村有效投资超过1万亿元，以巩固脱贫攻坚成果，加快农业农村现代化进程。

2021年4月27日，《农民日报》报道：在日前举行的博鳌亚洲论坛2021年年会"维护粮食安全"分论坛上，国内外嘉宾就如何稳定粮食供应、借助科技力量助推粮食生产、维护国际粮食贸易展开充分讨论。

2021年4月27日，《农民日报》报道：近日，从北京市印发的《关于全面推进乡村振兴加快农业农村现代化的实施方案》获悉，北京将全面建立"田长制"，实行接任、离任交清单制度，把耕地保护作为领导干部自然资源资产离任审计的重要内容。

2021年4月30日，《农民日报》报道：近日，农业农村部办公厅、财政部办公厅联合印发了《关于全面推进农产品产地冷藏保鲜设施建设的通知》。

2021年4月30日，《人民日报》报道：截至2020年底，现行标准下9899万农村贫困人口全部脱贫，832个贫困县全部摘帽，12.8万个贫困村全部出列。全国累计选派25.5万个驻村工作队，300多万名第一书记和驻村干部。2013年以来，贫困地区实施退耕还林还草7450万亩，选聘110多万贫困群众担任生态护林员。脱贫地区农村居民人均可支配收入从2013年的6079元增长到2020年的12588元，年均增长11.6%。全国农村低保标准从2012年每人每年2068元提高到2020年的5962元，提高188.3%。累计建成各类产业基地超过30万个，打造特色农产品品牌1.2万个，960多万生活在"一方水土养不好一方人"地区的贫困人口通过易地搬迁实现脱贫。

2021年4月30日，《农民日报》报道：近日，由中国小康建设研究会主办的全面小康高质量发展大会在北京举行。国家和地方有关部门负责人、专家学者、行业协会和龙头企业代表等300余人围绕"全力推动小康社会高质量发展，加快社会主义现代化国家建设"主题进行了深入研讨交流。

2021年5月1日，《农民日报》报道：4月28日，中央金融单位定点帮扶助力乡村振兴推进会在重庆市秀山土家族苗族自治县召开。会议主要任务是认真落实全国东西部协作和中央单位定点帮扶工作推进会议要求，总结交流金融定点扶贫经验，宣传表扬金融定点扶贫先进典型，安排部署今年金融定点帮扶工作。金融单位定点扶贫工作领导小组对26个金融单位定点扶贫先进集体、41名金融单位定点扶贫先进个人进行了表扬颁奖。

2021年5月8日，《人民日报》报道：今年一季度，我国农村居民人均可支配收入5398元，扣除价格因素，实际增长16.3%，农民收入保持稳定增长态势。

2021年5月8日，《农民日报》报道：国务院办公厅近日印发通报，对2020年落实稳就业保民生、打好三大攻坚战、深化"放管服"改革优化营商环境、推动创新驱动发展、实施乡村振兴战略等有关重大政策措施真抓实干、取得明显成效的216个地方予以督查激励，相应采取资金、项目、土地、改革先行先试等30项奖励支持措施。

2021年5月8日，《农民日报》报道：日前，为贯彻党中央、国务院关于巩固拓展脱贫攻坚成果同乡村振兴有效衔接决策部署,人力资源和社会保障部、国家发展改革委、财政部、农业农村部、国家乡村振兴局五部门印发《关于切实加强就业帮扶巩固拓展脱贫攻坚成果助力乡村振兴的指导意见》。

2021 年 5 月 8 日,《农民日报》报道:5 月 7 日,农业农村部、国家乡村振兴局联合农业发展银行、农业银行、建设银行、邮储银行和国家农业信贷担保联盟有限责任公司共同召开全国金融服务"三农"工作视频会议。农业农村部副部长刘焕鑫出席会议并讲话。

2021 年 5 月 9 日,《农民日报》报道:近日,财政部、农业农村部、国家乡村振兴局、中华全国供销合作总社制定《关于深入开展政府采购脱贫地区农副产品工作推进乡村产业振兴的实施意见》,要求继续实施政府采购脱贫地区农副产品工作,接续推进脱贫地区产业发展,促进农民群众持续增收,助力巩固拓展脱贫攻坚成果和乡村振兴。

2021 年 5 月 11 日,《人民日报》报道:财政部、农业农村部、国家乡村振兴局近日发布《关于运用政府采购政策支持乡村产业振兴的通知》(以下简称《通知》),《通知》指出,自 2021 年起各级预算单位应当按照不低于 10% 的比例预留年度食堂食材采购份额,通过脱贫地区农副产品网络销售平台(原贫困地区农副产品网络销售平台)采购脱贫地区农副产品。

2021 年 5 月 12 日,《农民日报》报道:截至 2020 年底,全国城乡特困人员基本生活标准分别为 11 257 元/(人·年)、8 569 元/(人·年),同比分别增长 9.2%、12.2%。目前,各地特困人员基本生活标准普遍高于当地低保标准的 1.3 倍。为巩固拓展脱贫攻坚兜底保障成果,完善特困人员救助供养制度,民政部日前修订出台了《特困人员认定办法》。

2021 年 5 月 12 日,《人民日报》报道:近日,中共中央办公厅印发了《关于向重点乡村持续选派驻村第一书记和工作队的意见》,并发出通知,要求各地区各部门结合实际认真贯彻落实。

2021 年 5 月 14 日,《人民日报》报道:党的十八大以来,中央有关部门围绕脱贫攻坚,先后出台了 200 多个政策文件和实施方案。《中共中央国务院关于实现巩固拓展脱贫攻坚成果同乡村振兴有效衔接的意见》在保持主要政策总体稳定的基础上,对一些重大政策的调整优化提出了方向性、原则性要求。

2021 年 5 月 14 日,《农民日报》报道:为了解决百姓门诊费用跨省直接结算问题,近日,国家医保局、财政部下发《关于加快推进门诊费用跨省直接结算工作的通知》,要求今年年底前,各省 60% 以上的县至少有 1 家普通门诊费用跨省联网医疗机构,能够实现普通门诊费用跨省直接结算。

2021 年 5 月 20 日,《人民日报》报道:国务院常务会议对加强县域商业体系建设、促进流通畅通和农民收入、农村消费双提升作出了重要部署。在 19 日举行的加强县域商业体系建设国务院政策例行吹风会上,商务部副部长王炳南表示,商务部将实施县域商业建设行动,着力在农村建立完善县域统筹,以县城为中心、乡镇为重点、村为基础的农村商业体系。力争到 2025 年,在具备条件的地区,基本实现县县有连锁商超和物流配送中心、乡镇有商贸中心、村村通快递,促进农民收入和农村消费双提升。

2021 年 5 月 20 日,《农民日报》报道:5 月 17 日,国务院新闻办举行新闻发布会,介绍 2021 年 4 月份国民经济的运行情况。国家统计局相关负责人表示,目前 CPI 处于温和上涨。从结构上的因素来看,随着生猪产能恢复,猪肉价格同比下降,4 月份同比下降 21.4%,食品价格整体上 4 月份也在下降。从全年来看,目前的粮食生产总体稳定,库存保持比较高的水平,食品价格有望保持总体稳定。

2021 年 5 月 24 日,《农民日报》报道:2021 年中央财政继续安排农业生产发展资金、农业资源及生态保护补助资金、动物防疫等补助经费,支持深化农业供给侧结构性改革,全面推进乡村振兴。为指导各地做好项目实施工作,确保政策有效落实,近日,农业农村部和财政部下发《关于做好 2021 年农业生产发展等项目实施工作的通知》。

2021 年 6 月 1 日,《农民日报》报道:2020 年北京市出台了《关于促进设施农业绿色高效发展的指导意见》,明确提出到 2025 年底,全市蔬菜自给率提升到 20% 以上,总产量翻一番,达到 220 万吨左右,设施蔬菜播种面积保持在 50 万亩以上,设施蔬菜产量达到 140 万吨以上,土地产出率、劳动生产率、资源利用率水平明显提升,走在全国前列。

2021 年 6 月 2 日,《农民日报》报道:近日,农业农村部印发《关于加快农业全产业链培育发展的指导意见》(以下简称《意见》)。《意见》明确,到 2025 年,培育一批年产值超百亿元的农业"链主企业",打造一批全产业链价值超百亿元的典型县,发展一批省域全产业链价值超千亿元的重点链。

2021 年 6 月 5 日，《农民日报》报道：2021 年，国家继续鼓励粮改、产业扶贫、畜牧业现代化发展，养殖规模化、专业化水平逐年提升，生产布局逐步优化，综合生产能力不断提高。2020 年末，牛羊存栏同比分别增长 4.6%、1.9%，为 2021 年牛羊肉产量增长提供有利条件。报告预计 2021 年牛羊肉产量将达到 684 万吨和 500 万吨，同比分别增长 1.8%、1.6%。牛羊肉户外消费逐渐恢复，消费总量和比重有望增加。预计 2021 年，牛羊肉消费量分别为 899 万吨和 537 万吨。消费需求旺盛，供需缺口常态化，短期内牛羊肉仍然保持净进口格局。预计 2021 年全年牛羊肉价格高位持平或略涨，基本遵循季节性价格波动规律。

2021 年 6 月 8 日，《光明日报》报道：近年来，云南省对以普洱茶为代表的茶产业不断加大引导扶持力度，将其视为促进农村脱贫攻坚、茶农增收的重要路径。2017 年，云南省出台《云南省茶产业发展行动方案》，提出到 2022 年，全省茶园面积稳定在 630 万亩左右，茶叶产量达到 40 万吨，茶叶综合产值达到 1 200 亿元以上。

2021 年 6 月 11 日，《人民日报》报道：国家粮食和物资储备局日前印发《关于进一步加强 2021 年夏季粮油收购监督检查工作的通知》，对夏季粮油收购监督检查工作进行部署。要求各地粮食和储备部门做好夏季粮油收购监督检查工作，强化粮食收购市场监管，确保收购工作有序开展，保护种粮农民利益，保障粮食市场稳定。

2021 年 6 月 15 日，《农民日报》报道：据省委农办相关负责人介绍，山东陆续出台《乡村人才振兴工作方案》《推进乡村人才振兴若干措施》《加强基层农技推广人才队伍建设二十条措施》等政策举措，针对下派干部、县乡涉农干部、村"两委"干部、返乡创业队伍和农村专业人才等，分类出台奖惩激励、待遇保障、培训提升、项目帮扶、评先争优等举措。全省已有 3.5 万余名基层专技人才获得职称，6.2 万人通过"直评直聘"获得中高级职称。2018 年以来，培训农村转移劳动力超过 200 万人次，招收公费医学生、农科生等 2.2 万多名。"十三五"期间，累计培训高素质农民 52 万人次。全省农民合作社 23.59 万家、家庭农场 8.65 万户。

2021 年 6 月 17 日，《农民日报》报道：中共中央政治局委员、国务院副总理胡春华 17 日在河北省督导"三夏"农业生产工作。他强调，要深入贯彻习近平总书记重要指示精神，按照党中央、国务院决策部署，在确保夏粮颗粒归仓的同时，大力抓好夏种和夏管工作，不折不扣完成全年粮食产量保持在 1.3 万亿斤以上目标任务，坚决牢牢把住粮食安全主动权。

2021 年 6 月 18 日，《光明日报》报道：国家林业和草原局有关负责人表示，"十四五"时期，我国将全面落实封禁保护修复制度，强化沙化土地封禁保护区和国家沙漠公园建设，建立荒漠生态保护补偿制度，促进荒漠植被休养生息，巩固荒漠化防治成果。同时，将按照"多采光、少用水、新技术、高效益"的理念，构建沙区种养加产供销、农文旅一体化的现代产业体系，加快乡村振兴步伐。继续深化履约和国际合作，向全球分享中国治沙经验，推动全球荒漠化防治再上新台阶。

2021 年 6 月 19 日，《光明日报》报道：中央财政安排奖励资金 215 亿元，引导带动地方和社会投资 600 多亿元；粮食质量安全检验监测体系监测面覆盖 5 万吨以上产粮县的 60%……这是优质粮食工程实施以来，交出的一张亮眼成绩单。

2021 年 6 月 19 日，《农民日报》报道：6 月 18 日，国务院新闻办公室举行新闻发布会，介绍深入推进优质粮食工程、加快粮食产业高质量发展有关情况，并答记者问。国家粮食和物资储备局相关负责人介绍，从各地实践看，优质粮食工程实施成效显著，粮食产后服务体系实现产粮大县全覆盖，粮食质量安全检验监测体系实现监测面覆盖 5 万吨以上产粮县的 60%，"中国好粮油"行动增加优质粮食超过 5 000 万吨。

2021 年 6 月 19 日，《农民日报》报道：记者 6 月 18 日从公安部获悉，2020 年以来，公安机关联合相关部门深入开展农资打假专项行动，以零容忍态度依法严厉打击制售伪劣农资犯罪，取得了阶段性显著成效，破获相关刑事案件 1 200 余起，抓获犯罪嫌疑人 2 000 余人，捣毁窝点 600 余个，打掉犯罪团伙 260 余个，涉案总价值 20.5 亿元，有力保障了农业生产和国家粮食安全，服务了经济高质量发展，维护了广大农民群众合法权益，为实施乡村振兴战略营造了良好社会环境。

2021 年 6 月 19 日，《农民日报》报道：今年春播以来，受原材料货紧扬扬、国际市场价格拉动和阶段性需求增加等多重因素影响，化肥价格持续上涨、处于历史高位，个别地区出现供应偏紧的现象。近日，农业农村部会同工业和信息化部、中华全国供销合作总社联合下发《关于切实加强化肥供应保障"三夏"生产的紧急通知》，要求各地站在保障国家粮食安全的高度，采取有力措施，加强夏季化肥供应，全力保障"三夏"生产，夯实全年粮食生产基础。

2021 年 6 月 21 日，《农民日报》报道：当前，数字技术加速向各领域渗透发展，正在全球范围内开启一次具有革命性的数字化转型。近年来，广东省致力于建设全国数字经济先行区，数字农业实践取得了显著成效。广东正大力实施《广东数字农业农村发展行动计划（2020—2025 年）》，落实"三个创建、八个培育"，大力发展数字农业。"12221"是广东省将数字农业应用于农产品营销的生动实践，通过建立一个以农业生产、加工、物流、市场、销售为一体的全产业链大数据服务平台，将大数据技术与农业生产、经营、管理、服务进行有效融合，推动传统农业向数字化农业转型升级。

2021 年 6 月 22 日，《光明日报》报道：今年农业农村部将继续把农民手机培训纳入中国农民丰收节重点活动，将其作为为农民群众办的一件实事来抓，把手机"新农具"转化为现实生产力，把直播"新农活"发展成为新的经营方式，把数据"新农资"建设成为新的生产要素，为加快农业农村现代化、实现乡村全面振兴贡献力量。

2021 年 6 月 24 日，《光明日报》报道：当前，各地正抓紧开展夏种夏管，农业农村部将按照党中央、国务院部署，一个品种一个品种、一个区域一个区域、一个季节一个季节、一个环节一个环节地抓紧抓实粮食生产，奋力夺取全年粮食和农业丰收，为"十四五"开好局、起好步，统筹发展和安全，推动经济社会高质量发展，构建新发展格局提供基础支撑。

2021 年 7 月 3 日，《农民日报》报道：7 月 1 日，"百年伟业 三农华章——农业农村部庆祝中国共产党成立 100 周年主题展"在全国农业展览馆开展。中央农办主任，农业农村部党组书记、部长唐仁健出席开展仪式，带领党员干部参观展览并重温入党誓词。

2021 年 7 月 3 日，《农民日报》报道：近日，农业农村部启动"奋战 100 天抗灾夺秋粮丰收行动"，要求各地农业农村部门抓紧抓实粮食生产，全力抓好各项关键措施落实，力争重灾地区少减产、轻灾地区保稳产、其他地区多增产，千方百计夺取秋粮好收成。

2021 年 7 月 3 日，《光明日报》报道：根据党中央、国务院决策部署，为有效化解农资价格上涨对农民种粮收益的影响，稳定农民收入，保护农民种粮积极性，近日，中央财政下达实际种粮农民一次性补贴资金 200 亿元，用于对实际种粮农民发放一次性补贴，弥补今年以来农资成本上涨带来的增支影响。资金列入耕地地力保护补贴支出，即在耕地地力保护补贴年初预算 1 204.85 亿元的基础上，追加 200 亿元，一次性提高 16.6%。

2021 年 7 月 7 日，《光明日报》报道：农业农村部 6 日启动保护种业知识产权专项整治行动，标本兼治打击违法行为、激励保护种业原始创新。

2021 年 7 月 12 日，《人民日报》报道：日前，农业农村部印发《关于加快发展农业社会化服务的指导意见》，提出大力发展多元化、多层次、多类型的农业社会化服务，力争经过 5～10 年努力，基本形成组织结构合理、专业水平较高、服务能力较强、服务行为规范、全产业链覆盖的农业社会化服务体系，为全面推进乡村振兴、加快农业农村现代化提供有力支撑。

2021 年 7 月 14 日，《农民日报》报道：7 月 11 日，中储粮集团公司 2021 年仓储设施建设项目集中开工仪式在河北唐山海港经济开发区中央储粮唐山直属库举行。此次集中开工项目共 20 个，今年全年建设项目 120 个，总投资 150 亿元，分布在 18 个省、自治区和直辖市，建设仓容 1 085 万吨。中储粮集团公司党组书记、董事长邓亦武说，经过 21 年建设，中储粮建立起了网络覆盖全国的储备体系，仓容规模超过 1 亿吨，成为国内最大的农产品储备集团，发挥着粮食安全"压舱石"、服务调控"主力军"作用。

2021 年 7 月 21 日，《农民日报》报道：7 月—9 月是秋粮产量形成的关键时期，是旱涝、台风等灾害频发重发期。为抓好粮食生产和防灾减灾工作，农业农村部决定，7 月—9 月开展农业防灾减灾包省包片督导，每位部领导联系 1 个片区、每个司局联系 1～2 个省，组派 25 个督导组，在 9 月底秋粮收获前开展全程督导联系，指导各地落实落细防灾减灾、稳产增产关键措施，千方百计夺取粮食和农业丰收。

2021 年 7 月 24 日，《农民日报》报道：为贯彻中央打好种业翻身仗决策部署，把"藏粮于地、藏粮于技"战略落实到种子基地，日前，农业农村部、财政部联合推出三项举措，聚焦种子基地建设水平不高、生产模式单一、管理服务滞后等问题，突出保供、突出企业、突出服务，全面推动国家级制种基地转型升级。

2021 年 7 月 30 日，《农民日报》报道：近日，经国务院同意，农业农村部、国家发展和改革委员会、财政部、水利部、科学技术部、中国科学院、国家林业和草原局7部门联合印发《国家黑土地保护工程实施方案（2021—2025年）》（以下简称《实施方案》）。《实施方案》明确黑土地保护原则、目标和内容，提出"十四五"期间将完成1亿亩黑土地保护任务，黑土耕地质量明显提升，土壤有机质含量平均提高10％以上。

2021年8月2日，《农民日报》报道：日前，记者从民政部2021年度第三季度例行新闻发布会上获悉，最近发布的《最低生活保障审核确认办法》中删除了有关城市低保、农村低保的概念，统一规范为"最低生活保障"。民政部将指导地方逐步减少低保工作的城乡差异，推动低保制度城乡统筹发展。

2021年8月3日，《农民日报》报道：近日，记者从财政部获悉，为贯彻落实习近平总书记关于防汛救灾工作的重要指示精神和李克强总理在抗洪抢险救灾和防汛工作视频会议上有关部署要求，财政部会同农业农村部、水利部迅速调度各地受灾情况，及时研究救灾资金分配方案，于7月30日下达农业生产和水利救灾资金6亿元，用于支持受灾地区做好灾后农业生产恢复，开展农作物改种补种，购买恢复农业生产所需物资，修复水毁水利工程设施等相关工作。

2021年8月4日，《农民日报》报道：近日，国务院新闻办公室举行新闻发布会，介绍财政支持全面建成小康社会有关情况，并答记者问。财政部相关负责人在会上介绍，2012—2020年，全国财政收入累计142.8万亿元，年均增长5.7％。国家财力的日益壮大，为决胜全面建成小康社会提供了坚实财力保障。

2021年8月4日，《农民日报》报道：习近平总书记在全国脱贫攻坚总结表彰大会上强调："在全面建设社会主义现代化国家新征程中，我们必须把促进全体人民共同富裕摆在更加重要的位置，脚踏实地、久久为功，向着这个目标更加积极有为地进行努力，促进人的全面发展和社会全面进步，让广大人民群众获得感、幸福感、安全感更加充实、更有保障、更可持续。"这一重要论断意味着，治理相对贫困更要重视公平，重视人们通过积极参与创造美好生活所实现的精神富足。

2021年8月4日，《农民日报》报道：近年来，江苏地理标志农产品保护工程工作稳步推进，通过融合发展"三品一化"，以品种保护、品质保持为核心，以品牌建设和文化传承为重点，统筹地理标志农产品保护与乡村特色产业发展。2020年和

2021年，江苏省共有16个产品实施国家地理标志农产品保护工程，26个产品实施省级地理标志农产品保护工程。

2021年8月5日，《农民日报》报道：目前，全国草原保护修复推进工作会议在青海西宁举行。此次会议旨在全面推进落实《国务院办公厅关于加强草原保护修复的若干意见》，扎实推进草原工作，构建林业草原国家公园一体化融合发展新格局。

2021年8月5日，《农民日报》报道：为深入贯彻落实党中央、国务院关于现代种业发展的决策部署，切实加大对现代种业发展的金融支持力度，日前，中国农业发展银行印发《关于投贷联动机构协同支持打赢种业翻身仗的指导意见》，加强投贷联动，支持打赢种业翻身仗。"十四五"期间，农发行将安排1000亿元资金支持种业发展。

2021年8月5日，《农民日报》报道：住房和城乡建设部日前印发《关于开展2021年乡村建设评价工作的通知》，决定选取河北省平山县等81个县开展2021年乡村建设评价工作，全面掌握乡村建设状况和水平，深入查找乡村建设中存在的问题和短板，提出有针对性的建议，帮助各地顺应乡村发展规律推进乡村建设，提高乡村建设水平，缩小城乡差距，不断增强人民群众获得感、幸福感、安全感。

2021年8月6日，《农民日报》报道：近日，北京市国资委、农业农村局组织召开市属国企结对帮扶集体经济薄弱村增收工作动员部署会。会议要求，"十四五"期间要完成约600个集体经济薄弱村的消除任务。据悉，2018年以来，北京市国资委系统已开始对全市54个低收入重点村进行结对帮扶，3年来，累计投资2.1亿元，开展150多个项目，带动2700多名低收入劳动力就业。结对的54个低收入重点村提前一年实现整体"脱低"。

2021年8月7日，《农民日报》报道：修订后的《中华人民共和国土地管理法实施条例》（以下简称《条例》）日前公布，自2021年9月1日起施行。近日，司法部、自然资源部负责人就《条例》的有关问题回答了记者提问。

2021年8月7日，《农民日报》报道：近期，国内出现多点散发新冠肺炎疫情，发展趋势具有不确定性，防控形势复杂严峻。8月6日，中央农办、农业农村部、国家乡村振兴局印发《关于做好农村地区疫情防控和农产品稳产保供工作的紧急通知》，要求各级党委农办、农业农村部门、乡村振兴部门贯彻落实习近平总书记重要指示精神和党中央、国务院决策部署，进一步做好农村地区疫情防控和农

产品稳产保供工作，巩固农业农村发展好形势。

2021 年 8 月 7 日，《农民日报》报道：8 月—9 月是秋粮产量形成的关键期，也是强降雨、台风等多发重发期。农业农村部高度重视，紧急部署强降雨和台风防御工作，要求各地农业农村部门切实做好防范，确保人民生命财产和农业生产安全。

2021 年 8 月 7 日，《农民日报》报道：8 月 1 日，农业农村部渔业渔政管理局局长刘新中带队到浙江省舟山市调研指导今年第 6 号台风"烟花"灾后渔业生产恢复工作。调研指导组详细了解了浙江省及舟山市渔业受灾情况，并对救灾及恢复生产提出了指导性意见建议。

2021 年 8 月 13 日，《农民日报》报道：记者从国家税务总局网站获悉，近日，国家税务总局印发《关于在巩固脱贫攻坚成果同乡村振兴有效衔接中积极贡献税务力量的通知》，从提高政治站位、做好定点帮扶、加强东西部协作、深化消费帮扶、加强人才培养、健全长效机制等六个方面，对税务系统巩固拓展脱贫攻坚成果、促进脱贫攻坚与乡村振兴有效衔接提出明确要求。

2021 年 8 月 14 日，《农民日报》报道：2021 年中央 1 号文件明确提出，支持地方政府发行一般债券和专项债券用于现代农业设施建设和乡村建设行动，制定出台操作指引，做好高质量项目储备工作。

2021 年 8 月 14 日，《农民日报》报道：2021 年中央 1 号文件《中共中央国务院关于全面推进乡村振兴加快农业农村现代化的意见》发布，文件指出，民族要复兴，乡村必振兴。要坚持把解决好"三农"问题作为全党工作重中之重，把全面推进乡村振兴作为实现中华民族伟大复兴的一项重大任务。

2021 年 8 月 17 日，《农民日报》报道：近日，中央全面深化改革委员会第二十次会议审议通过了《种业振兴行动方案》，并提出要强化企业创新主体地位，加强知识产权保护，优化营商环境，引导资源、技术、人才、资本等要素向重点优势企业集聚。

2021 年 8 月 18 日，《农民日报》报道：8 月 13 日，记者从中国农业发展银行获悉，农发行向全系统发出《关于支持脱贫地区防汛救灾和疫情防控，全力服务巩固拓展脱贫攻坚成果的通知》，提出多项重点举措，全力支持脱贫地区防汛救灾和疫情防控。

2021 年 8 月 20 日，《人民日报》报道：中共中央政治局委员、国务院副总理胡春华 19 日在内蒙古自治区实地督导秋粮生产工作。他强调，要深入贯彻习近平总书记重要指示精神，按照党中央、国务院决策部署，全面落实各项防灾减灾措施，切实加强田间管理，确保秋粮丰收到手，为经济社会发展全局提供有力支撑。

2021 年 8 月 20 日，《农民日报》报道：记者 19 日从水利部了解到，水利部近日联合国家发展改革委等 8 个部门印发了《关于做好农村供水保障工作的指导意见》，要求各地在"十四五"期间稳步推进农村饮水安全向农村供水保障转变，实现巩固拓展脱贫攻坚成果同乡村振兴有效衔接。全国农村自来水普及率 2025 年达到 88%，2035 年基本实现农村供水现代化。

2021 年 8 月 21 日，《农民日报》报道：记者 20 日从人力资源和社会保障部获悉，人力资源和社会保障部、民政部等多部门近日印发《关于巩固拓展社会保险扶贫成果 助力全面实施乡村振兴战略的通知》，部署进一步做好脱贫人口、困难群体社保帮扶。

2021 年 8 月 25 日，《人民日报》报道：截至目前，吉林省累计为农民工返乡创业发放担保贷款 13.98 亿元。当地先后制定出台关于支持农民工等人员返乡创业的实施意见等多个专项政策文件，为农民工返乡创业提供政策支撑。

2021 年 8 月 28 日，《农民日报》报道：近日，四川省科技厅与农业农村厅联合发布《关于实施乡村振兴农业科技行动的意见》，提出以七大科技工程为载体，大力实施乡村振兴农业科技行动。有关负责人表示，这是四川省对"十四五"农业科技工作的顶层设计，也是四川省科技厅与农业农村厅首次联合行文统筹农业科技工作。

2021 年 8 月 31 日，《农民日报》报道：日前，为深入贯彻落实《东北黑土地保护规划纲要（2017—2030 年）》和《国家黑土地保护工程实施方案（2021—2025 年）》，按照农业农村部和辽宁省委省政府工作部署，辽宁省农业农村厅会同自然资源等 10 个部门联合制定了《辽宁省黑土地保护实施方案（2021—2025 年）》，提出未来 5 年全省黑土区耕地质量提高 0.5 个等级的奋斗目标，明确了 11 个方面的重点任务和具体措施。

2021 年 9 月 1 日，《农民日报》报道：8 月 26 日，记者从交通运输部举行的新闻发布会上获悉，目前，我国已实现具备条件的乡镇和建制村通客车的目标。为了进一步推动农村客运高质量发展，交通运输部将提升城乡客运均等化服务水平，鼓励有条件的地区实现农村定点、定班、定线通公交。同时，在农村遇到赶集、农民务工进城以及农忙的时候，开通定制的客运班线。

2021年9月3日，《农民日报》报道：农业农村节能降碳是农业绿色发展、乡村生态振兴和生态文明建设的重要内容。"十三五"以来，各级农业农村部门深入践行习近平生态文明思想，贯彻落实党中央、国务院决策部署，聚焦农村生物质能开发利用、农业废弃物资源化利用、化肥农药减量增效等重点工作，深入推进农业农村节能降碳，取得显著成效。

2021年9月6日，《农民日报》报道：近日，为深入贯彻落实中央1号文件部署，强化农业农村优先发展投入保障，加快破解农村金融发展的痛点、难点和瓶颈制约，更好撬动和引导金融社会资本投向农业农村，农业农村部决定以政府购买服务方式开展2021年度金融支农创新试点。

2021年9月7日，《农民日报》报道：记者从财政部获悉，为贯彻落实党中央、国务院关于秋粮生产和防灾救灾的决策部署，综合考虑近期台风、干旱、强降雨对有关地区秋粮生产影响情况，财政部会同农业农村部迅速调度各地受灾情况，及时研究提出救灾资金分配方案，于9月3日下达农业生产和水利救灾资金10亿元。

2021年9月8日，《农民日报》报道：未来十年内，农业保险持续提质增效，由灾后补偿向灾前预防、由保成本向保收入、由保生产环节向保全产业链转型升级，从单一主体到所有农业经营主体应保尽保，从灾害保障到农业生产经营活动全程护航。这是日前浙江出台的《加快农业保险高质量发展的实施意见》中提出的明确方向和目标。

2021年9月8日，《农民日报》报道：9月7日，2021年中国农民丰收节金秋消费季正式启动。作为"2021金秋消费季"的主要参与平台之一，中国最大农产品上行平台拼多多同时上线"多多丰收馆"，并正式启动"消费惠农直播""农产品产销对接大会""新农人电商培训"一系列电商助农活动，全面推动长江经济带11省（市）及全国农产区直连8.5亿消费者，助力各地农户增产增收。

2021年9月9日，《农民日报》报道：日前，河北省发展改革委、省乡村振兴局等25个部门联合印发《关于切实做好易地扶贫搬迁后续扶持工作巩固拓展脱贫攻坚成果的贯彻实施意见》，提出21项重点任务。实施意见明确，按照省负总责、市县抓落实的工作机制，强化与实施乡村振兴、新型城镇化战略有机衔接，聚焦原集中连片特困地区、原深度贫困地区的大中型安置区和重点监测人群，着力做好群众就业、产业发展、社会融入等后续扶持重点工作。

2021年9月10日，《农民日报》报道：2020年8月，收到企业反映韩国欲将进口泡菜纳入HACCP强制认证管理信息后，潍坊海关依托在潍坊国家农业开放发展综合试验区设立的全国首个食品农产品技术性贸易措施研究评议基地，迅速研判，提出对策。

2021年9月13日，《人民日报》报道：《中共中央 国务院关于实现巩固拓展脱贫攻坚成果同乡村振兴有效衔接的意见》提出，支持脱贫地区在农村人居环境、小型水利、乡村道路、农田整治、水土保持、产业园区、林业草原基础设施等涉农项目建设和管护时广泛采取以工代赈方式。同时，确保以工代赈中央预算内投资落实到项目，及时足额发放劳务报酬。

2021年9月16日，《农民日报》报道：近日，记者从公安部交通管理局获悉，为推动破解农村群众就地打工出行安全难题，公安部交通管理局下发通知，部署各地公安交通管理部门主动作为，联合交通运输、农业农村、应急管理等部门全面开展农村群众就地打工出行交通安全隐患大排查大摸底。

2021年9月24日，《人民日报》报道：近日，农业农村部、国家发展改革委、财政部等部门联合印发《国家黑土地保护工程实施方案（2021—2025年）》，明确提出，"十四五"期间将完成1亿亩黑土地保护利用任务，黑土耕地质量明显提升，土壤有机质含量平均提高10%以上。

2021年9月24日，《农民日报》报道：中共中央政治局委员、国务院副总理胡春华23日在浙江省嘉兴市出席2021年中国农民丰收节活动。他强调，要深入贯彻习近平总书记重要指示精神，认真落实党中央、国务院决策部署，进一步激发亿万农民的自豪感和投身乡村振兴的主动性，促进农业农村优先发展、加快实现农业农村现代化。

2021年9月28日，《农民日报》报道：9月24日，北京市中国农民丰收节系列庆祝活动暨拜耳耘远农场揭牌仪式在北京银黄绿色农业生态园举行，这是拜耳作物科学在亚太地区的首个"耘远农场"。

2021年9月28日，《农民日报》报道：近日，江西省南昌市农业农村局优中选优评出了"十大种粮大户"，并于9月23日在南昌市庆祝"中国农民丰收节"主场活动现场上进行了集体表彰。

2021 年 9 月 29 日，《农民日报》报道：近日，农业农村部会同国家市场监督管理总局联合制定发布了《农村土地经营权出租合同（示范文本）》和《农村土地经营权入股合同（示范文本）》。

2021 年 9 月 29 日，《农民日报》报道：第四个中国农民丰收节刚刚过去。近日，抖音电商发布数据显示，在"富域丰收季"活动期间，平台共助销各地农副产品 4 323 万单，农货销量同比上涨 284.1%。

2021 年 9 月 30 日，《农民日报》报道：近日，国务院新闻办公室举行新闻发布会，介绍 2021 年 8 月份国民经济运行情况，并答记者问。国家统计局相关负责人表示，8 月，国民经济发展韧性持续显现，就业物价总体稳定，农业基础地位巩固。从目前秋粮生产来看，今年秋粮播种面积在扩大，自秋粮播种以来，整体生产形势和气候条件相对有利，尽管部分地区前期由于汛情使粮食生产受到一定影响，但从全国来看，实现全年丰收还是有较好的条件。

2021 年 9 月 30 日，《科技日报》报道：中共中央政治局 9 月 29 日下午就加强我国生物安全建设进行第三十三次集体学习。中共中央总书记习近平在主持学习时强调，生物安全关乎人民生命健康，关乎国家长治久安，关乎中华民族永续发展，是国家总体安全的重要组成部分，也是影响乃至重塑世界格局的重要力量。要深刻认识新形势下加强生物安全建设的重要性和紧迫性，贯彻总体国家安全观，贯彻落实生物安全法，统筹发展和安全，按照以人为本、风险预防、分类管理、协同配合的原则，加强国家生物安全风险防控和治理体系建设，提高国家生物安全治理能力，切实筑牢国家生物安全屏障。

2021 年 10 月 1 日，《农民日报》报道：9 月以来，西南北部、西北东部、华北、黄淮北部、东北南部出现多轮降雨天气过程，部分地区雨量突破历史极值，造成土壤水分饱和，局部农田积水，给秋收秋种带来困难。为有效应对连阴雨天气，确保秋收秋种顺利开展，10 月 6 日，农业农村部下发通知对"三秋"生产进行再动员再部署，要求各地强化领导、挂图作战，抓紧调度机具、组织人力抢收抢种。同日，农业农村部派出司局级干部带队的工作组，赴河南、山东、河北等重点地区督导指导"三秋"生产。

2021 年 10 月 8 日，《农民日报》报道：近年来，吉林省充分发挥"黑土地"资源禀赋和东北地区冷凉气候独特优势，强化政策支持和科技支撑；

坚持保障"菜篮子"稳产保供和农民持续增收，真正把棚膜经济打造成"绿色银行"，让农民实现四季创收。截至 2020 年底，全省设施园艺棚室面积达 81 万栋、占地 70.9 万亩，其中，温室 8.6 万栋，塑料大棚 31 万亩，其他类型棚室 9.3 万亩，简易棚常年保持在 25 万栋、22 万亩左右。棚膜经济年生产产值 212 亿元，占全省园艺特产业总产值 14.6%。

2021 年 10 月 8 日，《农民日报》报道：在日前浙江省召开的中央环保督察涉农问题整改工作推进会上，"配方肥替代平衡肥"行动宣告正式启动。据悉，到今年年底前，浙江将在农资批发、零售各环节基本构建供肥结构科学、销售环节实名、进销台账闭环的绿色化、规范化、数字化农资供应链。而到了 2022 年底，全省主要农作物配方肥市场占有率有望达 75% 以上，年销售主要农作物配方肥 45 万吨以上。到 2025 年底，"配方肥替代平衡肥"行动则基本覆盖各产业。

2021 年 10 月 8 日，《农民日报》报道：近日，由中国农药发展与应用协会主办的"第十四届中国农药高层论坛"在北京顺利召开。中国农药发展与应用协会会长周普国、全国农业技术推广服务中心主任魏启文等有关部门负责人，专家学者、企业代表近 300 人到场参会。

2021 年 10 月 10 日，《农民日报》报道：近日，农业农村部办公厅与中国农业银行办公室联合制定了《关于金融支持农业产业化联合体发展的意见》（以下简称《意见》），从建立"政银担"联动工作机制、加大信贷支持力度、探索有效金融服务模式、拓宽多元信贷担保渠道、帮助农业产业化联合体完善运行管理机制等 13 个方面，支持和引导农业产业化联合体持续健康发展。据了解，该《意见》为农业农村部与金融机构联合出台的首个支持农业产业化联合体的文件。

2021 年 10 月 10 日，《农民日报》报道：9 月 27 日—28 日，第八届全球重要农业文化遗产（中国）工作交流会在浙江省青田县举办。全球重要农业文化遗产（中国）促进乡村振兴协作网和全球重要农业文化遗产保护与发展联盟同期成立。来自全国各农遗所在地农业农村部门负责人和企业家代表、多位农遗领域专家学者齐聚一堂，共商如何让古老厚重的中华农耕文化在乡村振兴的壮阔蓝图中焕发新生机、释放新活力。

2021 年 10 月 10 日，《农民日报》报道：近日，农业国际贸易高质量发展基地（简称"国贸基地"）第二场片区交流活动在辽宁省大连市举办，来自天津、辽宁、江苏、安徽、江西和山东6省（市）农业农村部门相关干部和国贸基地企业家代表，农业农村部农业贸易促进中心、中国国际贸易促进委员会、中国质量认证中心等专家代表参与了相关活动。

2021年10月11日，《农民日报》报道：9月28日，中国农业再保险股份有限公司（以下简称"中国农再"）在创立一周年之际，在京组织召开"十四五"发展规划研究专家座谈会。有关部门领导和专家学者重点聚焦国务院批复设立中国农再的定位和主责主业、约定分保机制试点、农业保险大灾风险基金、农业再保险创新发展等主题开展研讨交流。

2021年10月12日，《科技日报》报道：科技部官网公布《关于批准建设甘肃甘南草原生态系统等69个国家野外科学观测研究站的通知》，经部门（地方）推荐和专家咨询，科技部决定批准"甘肃甘南草原生态系统"等69个野外站为国家野外科学观测研究站。

2021年10月12日，《农民日报》报道：习近平总书记强调，乡村振兴，关键是产业要振兴。要鼓励和扶持农民群众立足本地资源发展特色农业、乡村旅游、庭院经济，多渠道增加农民收入。深刻领会和把握习近平总书记重要讲话精神和党中央的重大决策部署，必须坚持把"三农"工作作为重中之重，用乡村振兴统揽新发展阶段"三农"工作，以产业振兴促进重庆乡村全面振兴，努力促进农业高质高效、乡村宜居宜业、农民富裕富足。

2021年10月12日，《科技日报》报道：10月10日，2021北京水展在国家会议中心开幕。展会设立环保水处理、膜与水处理、水环境综合治理、泵管阀、仪器仪表、净水、空气净化及新风7个主题展区，集中展示行业内最新的发展趋势、创新技术和环保产品。

2021年10月12日，《光明日报》报道：全面实施乡村振兴战略，是解决发展不平衡不充分问题，缩小城乡区域发展差距，实现共同富裕的重要内容。习近平总书记在2020年底召开的中央农村工作会议上强调，脱贫攻坚取得胜利后，要全面推进乡村振兴，这是"三农"工作重心的历史性转移。党的十八大以来，中央、省、市、县专项扶贫资金累计投入近1.6万亿元，其中中央财政累计投入6 601亿元。实践证明，发挥财政资金投入的主体和主导作用，特别是中央和各级财政统筹整合使用财政涉农资金，是脱贫攻坚战取得全面胜利的重要保

障。在阔步进军第二个百年奋斗目标的同时实施乡村振兴战略，财政政策要继续发挥有效衔接、着力保障的重要作用，在推动乡村振兴与共同富裕过程中更加积极有为，既要扎实做好基础性和兜底性工作，又要充分发挥引导和协调功能，花好每一分钱，提高财政治理效能。

2021年10月13日，《农民日报》报道：10月12日，农业农村部与北京市签署共同打造中国·平谷农业"中关村"合作框架协议。北京市委书记蔡奇，市委副书记、市长陈吉宁与中央农办主任、农业农村部党组书记、部长唐仁健座谈。

2021年10月13日，《农民日报》报道：第三次中央新疆工作座谈会召开以来，新疆把农业农村经济发展和民生改善提升到长期建疆的战略高度上来，谋长远之策、固本之举，坚持把发展"落实到改善民生上、落实到惠及当地上、落实到增进团结上"，坚持财政支出70%以上用于保障和改善民生，持续推进以就业、医疗等为重点的惠民工程，一批涉及农民群众切身利益的民生难题得到有效解决，新疆各族群众的日子一天比一天好。

2021年10月13日，《农民日报》报道：近日，大连商品交易所（以下简称"大商所"）在辽宁沈阳举办了"DCE·乡村振兴—'保险＋期货'培训会"。来自行业主管部门、高校、期货公司、保险公司及产业企业的专家围绕中国期货市场发展、期货市场服务功能发挥等话题展开培训。与会专家表示，"保险＋期货"已连续六年被写入中央1号文件，2021年中央1号文件提出要发挥"保险＋期货"在服务乡村产业发展中的作用。多年来，政府部门、期货机构、保险公司等发挥合力，不断丰富和扩展"保险＋期货"内涵和外延，已形成可复制、易推广的模式。农产品"保险＋期货"正迎来黄金发展期，已从小范围试点走向乡村振兴"大舞台"。

2021年10月14日，《科技日报》报道：10月8日，《中国的生物多样性保护》白皮书（以下简称白皮书）发布，这是中国在生物多样性领域的第一部白皮书。白皮书指出，中国将生物多样性保护上升为国家战略，并把保护纳入各地区、各领域中长期规划，加强技术保障和人才队伍建设等，不断提升生物多样性治理能力。

2021年10月15日，《农民日报》报道：近日，农业农村部计划财务司印发《关于开展新型农业经营主体信贷直通车秋冬种专项行动的通知》，贯彻落实全国秋冬种工作视频会议精神，部署利用新型农业经营主体信贷直通车平台开展金融支持秋冬

种专项行动，开通专属绿色通道，创设专属金融产品，切实增加信贷资金供给，支持稳定小麦种植面积，扩大冬油菜种植，提高冬季蔬菜供给能力，助力国家粮食安全和重要农产品稳产保供。

2021 年 10 月 15 日，《农民日报》报道：近日，山西省农业农村厅组织召开农业保险服务"双减双抢"工作专题会，做好洪涝灾害后的农业保险理赔工作。从农业生产和农民利益出发，各级农业农村部门将与保险机构密切配合，安排专人负责，确保对接通畅，协同做好理赔工作。山西省农业农村厅将专家团队和产业技术体系专家名单推送给各保险机构，协助保险机构做好专家查勘定损工作。各保险机构将做好暴雨灾害损失承保排查、现场查勘、理赔服务等工作，第一时间响应、第一时间受理、第一时间处置，集中调配查勘人员和救援设备，向重灾区倾斜安排。

2021 年 10 月 16 日，《光明日报》报道：10月 16 日出版的第 20 期《求是》杂志将发表中共中央总书记、国家主席、中央军委主席习近平的重要文章《扎实推动共同富裕》。文章强调，共同富裕是社会主义的本质要求，是中国式现代化的重要特征。党的十八大以来，党中央把握发展阶段新变化，把逐步实现全体人民共同富裕摆在更加重要的位置上，推动区域协调发展，采取有力措施保障和改善民生，打赢脱贫攻坚战，全面建成小康社会，为促进共同富裕创造了良好条件。现在，已经到了扎实推动共同富裕的历史阶段。适应我国社会主要矛盾的变化，更好满足人民日益增长的美好生活需要，必须把促进全体人民共同富裕作为为人民谋幸福的着力点，不断夯实党长期执政基础。

2021 年 10 月 16 日，《农民日报》报道：农业农村部于今年出台《关于加快发展农业社会化服务的指导意见》，强调发展单环节、多环节、全程生产托管的重要性。毋庸置疑，依托生产托管促进农业减碳、农村增绿、农民增收，走出一条符合国情的农业绿色低碳发展之路，是赋能农业农村碳达峰、碳中和的重要路径。

2021 年 10 月 18 日，《农民日报》报道：河南省近日安排 12.3 亿元财政资金，支持各市县以项目建设为载体，开展农村公益事业财政奖补、美丽乡村建设、田园综合体试点、农村综合性改革试点试验等工作，积极探索农村发展有效途径，让广大农民过上更加美好的生活。

2021 年 10 月 18 日，《农民日报》报道：中国农业再保险股份有限公司制定了"十四五"发展规划，提出到 2035 年建设成为"国际一流的再保险公司及全球领先的风险管理机构"的远景目标，以及"十四五"时期阶段性目标，谋划了农业再保险业务、大灾基金、农业保险信息共享、承接支农惠农政策四个政策性职能。对此，我们完全有理由期待中国农业再保险股份有限公司在实践中发展壮大，为助力全面推进乡村振兴、加快农业农村现代化贡献力量。

2021 年 10 月 19 日，《农民日报》报道：近年来，山东深入实施品牌强农战略，先后出台《关于加快推进农产品品牌建设的意见》《农产品品牌建设实施方案》等文件，着力构建"打造一个国内外享有较高知名度和影响力的整体品牌形象、培育一批区域公用品牌和企业产品品牌、制定一个农产品知名品牌目录制度、建立一套实体店与网店相结合的营销矩阵"的"四个一"体系，探索形成了农产品品牌建设的"山东样板"。

2021 年 10 月 19 日，《农民日报》报道：农业担保体系"一手托三家"，是政府、金融机构与农户之间的"桥梁"，这种风险合作机制，有效缓解了金融机构投入"三农"的后顾之忧。成立于 2016 年的浙江省农业融资担保有限公司，短短 5 年间在保余额超过了 60 亿元，2 万多个在保项目分布全省各个地区和产业。尤其是其担保放大倍数为 4.7 倍，高于全国体系平均水平，人均业务额更是接近 2 亿元，高居全国农业担保体系首位。

2021 年 10 月 20 日，《农民日报》报道：9月以来，黄淮海等北方大部分地区出现多次降雨过程，阴雨天气多、降雨范围广、累计雨量大，造成土壤水分饱和，局部农田积水严重，给秋收秋种带来不利影响。同时，近期北方地区出现强降温过程，降温幅度大、影响范围广，不利于晚播小麦出苗和培育冬前壮苗。为科学应对渍涝灾害和低温冻害，以及有可能出现的极端天气，农业农村部日前组织专家制定了《冬小麦抗渍防冻保播种保越冬技术方案》，指导地方抢排积水、抢时播种、强化田管、培育壮苗，夯实明年夏粮丰收基础。

2021 年 10 月 20 日，《农民日报》报道：10月 19 日，改善农村人居环境公益项目启动。该公益项目由中国扶贫基金会联合中国石油天然气集团公司等爱心企业共同发起，计划重点支持农村厕所革命、村容村貌提升等农村人居环境整治提升，以及农村人居环境改善后的产业发展等，"十四五"期间预计总投入善款不低于 1 亿元。

2021 年 10 月 20 日，《农民日报》报道：10

月16日，2021年中国农民丰收节江宁系列活动之第四届湖熟稻花节暨第九届湖熟菊花展在江苏省南京市江宁湖熟现代农业产业园区开幕。本次活动围绕"汇菊美好 相伴稻老"主题，内容精彩纷呈，展期将持续到11月14日。在花海中祝福祖国，在丰收中分享喜悦，湖熟街道农旅融合的乡村振兴之路将再次展现其蓬勃生机与发展活力。

2021年10月21日，《人民日报》报道：国务院总理李克强10月20日主持召开国务院常务会议，会议指出，今年秋粮丰收已成定局。粮价是百价之基，我国居民消费价格指数中食品价格占比高，粮食丰收可为稳物价、防通胀奠定坚实基础。

2021年10月21日，《人民日报》报道：抓好当前秋收和秋冬种切实保障粮食生产视频调度会20日在京召开。中共中央政治局委员、国务院副总理胡春华出席会议并讲话。他强调，要认真贯彻习近平总书记重要指示精神，按照国务院常务会议部署要求，全力以赴抓紧抓好秋收和秋冬种工作，确保今年粮食丰收到手，切实为明年夏粮和全年粮食丰收奠定坚实基础。

2021年10月21日，《人民日报》报道：10月20日，国务院新闻办公室召开发布会，介绍前三季度农业农村经济运行情况。农业农村部总农艺师、发展规划司司长曾衍德在会上表示，总的看，今年粮食再获丰收，"菜篮子"产品量足价稳，农民收入持续增长，为促进国民经济健康发展提供了有力支撑。

2021年10月21日，《农民日报》报道：农业农村部落实粮食安全党政同责要求，季季接续、茬茬压紧、环环紧扣推进粮食生产。为了稳住粮食生产，在关键农时，农业农村部会同有关部门和地方逐个区域、品种和环节加强防灾减灾部署；由于农资等价格上涨，中央财政安排200亿元左右资金，对实际种粮农民一次性发放补贴。国家还扩大粮食作物完全成本保险和种植收入保险实施范围。

2021年10月22日，《农民日报》报道："十三五"时期，烟草行业立足我国烟区生态特点，把打造"山水林田湖草生命共同体"作为重大实事抓紧抓好，推动我国烟区基本实现了烟草病虫害防治由化学防治向绿色防控的转变，保障了我国烟叶生产安全、烟叶质量安全及烟区生态安全，为烟区农业绿色发展、乡村振兴和生态文明建设增势赋能。

2021年10月23日，《人民日报》报道：中共中央政治局委员、国务院副总理胡春华出席会议并讲话。他强调，畜禽水产品是保障国家粮食安全的重要组成部分，要认真贯彻习近平总书记重要指示精神，落实李克强总理批示要求，以畜牧渔业高质量发展确保供给安全，满足人民群众日益增长的消费升级需求，破解资源环境等制约。

2021年10月23日，《光明日报》报道：十三届全国人大常委会第三十一次会议22日上午在北京人民大会堂举行联组会议，审议全国人大常委会执法检查组关于检查固体废物污染环境防治法实施情况的报告并开展专题询问。栗战书委员长出席并讲话。丁仲礼副委员长主持会议。全国人大常委会、专门委员会组成人员吕彩霞、张守攻、那顺孟和、袁驷、吴立新、王金南、谭琳，全国人大代表杨来法，围绕如何落实法律规定的"三化"原则，推进生活垃圾分类和建筑垃圾处理，加强危险废物、医疗废物、快递外卖包装等管理，加强农业农村环境治理，推动固废"变废为宝"等问题提出询问。

2021年10月23日，《农民日报》报道：胡春华指出，要加快提升创新驱动发展能力，健全符合畜牧渔业特点的科研体系，加大优良品种、设施装备、防疫等科技攻关力度，强化技术服务支撑。要提高产业现代化水平，优化畜牧渔业生产结构，稳定生猪生产，扩大牛羊肉、奶业、禽肉和渔业生产，形成均衡协同的生产供应格局。

2021年10月26日，《光明日报》报道：随着消费水平提高和消费结构升级，我国农产品消费结构日益多元化，推进农业农村现代化，必须更加重视加强粮食和重要农产品有效供给保证能力建设，不断创新思维，将加强现代农业产业体系、生产体系、经营体系建设同加强现代农业流通体系建设结合起来，优化升级粮食和重要农产品的生产、分配、流通、消费体系，注意激发粮食和重要农产品主产区、农业微观经营主体的积极性创造性，促进现代农业产业链供应链现代化水平整体提升。要完善农业结构战略性调整可持续推进机制，引导更多资源支持棉、油、糖、肉蛋奶等重要农产品供给保障能力建设。

2021年10月29日，《农民日报》报道：山东省和农业农村部将加强组织领导、政策支持和典型示范，推动各项重点任务落实落地，力争到2025年，山东现代农业强省建设实现重大突破，全省农林牧渔业总产值达到1.3万亿元以上、增加值达到6 900亿元以上，农村居民人均可支配收入年均增长7%以上，80%以上的涉农县（市、区）基本实现农业现代化，基本建成粮食和重要农产品供给保障强省、农业科技强省、农业机械化强省、农产品加工强省、农业开放发展强省，加快实现由传统农业大省向现代农业强省转变，夯实农民农村共同富裕的物质基础。

2021 年 10 月 30 日，《人民日报》报道：农业农村部农情调度显示，截至 10 月 28 日，全国秋粮收获已过八成，从各地实打实收情况看，秋粮丰收已成定局，我国粮食生产将迎来第十八个丰收年景。

2021 年 10 月 30 日，《人民日报》报道：粮食丰收，全局主动。党的十八大以来，我国粮食产量不断迈上新台阶。今年夏粮产量 2 916 亿斤，增长 59.3 亿斤。早稻产量 560 亿斤，增长 14.5 亿斤。

2021 年 10 月 30 日，《人民日报》报道：今年我国首次把粮食产量纳入宏观经济调控目标。今年秋粮生产，高产作物玉米面积增加超过 2 000 万亩，全国秋粮种植面积超过 12.9 亿亩。

2021 年 10 月 30 日，《人民日报》报道：中央财政下达了耕地地力保护补贴、基层农技推广体系建设补贴、高素质农民培训补贴。

2021 年 10 月 30 日，《农民日报》报道：10 月 29 日，农业农村部下发通知，对抓好秋冬蔬菜生产进行安排，要求各级农业农村部门坚决贯彻党中央、国务院决策部署，提高政治站位，强化责任担当，把蔬菜稳产保供作为当前重要任务，加强生产指导，搞好产销对接，保证市场均衡供应。

2021 年 10 月 31 日，《人民日报》报道：农业农村部 29 日下发通知，要求各级农业农村部门把蔬菜稳产保供作为重要任务，加强生产指导，搞好产销对接，保证市场均衡供应。

2021 年 11 月 3 日，《农民日报》报道：为了确保百姓拎稳"菜篮子"，多部门近期纷纷出台一系列保供稳价相关举措。如农业农村部组织专家和农技人员指导农民加强田间管理，指导受灾地区和大中城市合理安排品种结构和种植规模；商务部强化监测预警，部署地方做好今冬明春生活必需品市场保供稳价等。同时，各地政府和企业也在行动，合力加强调配，保障市场供应稳定。

2021 年 11 月 3 日，《农民日报》报道：据农业农村部监测，2021 年第 42 周（2021 年 10 月 18 日—2021 年 10 月 24 日）"农产品批发价格 200 指数"为 123.90（以 2015 年为 100），比前一周升 4.91 个点；"'菜篮子'产品批发价格 200 指数"为 126.46（以 2015 年为 100），比前一周升 5.70 个点。

2021 年 11 月 4 日，《农民日报》报道：11 月 3 日，2020 年度国家科学技术奖公布。涉及农林科技项目表现亮眼，35 个项目获得科技大奖，涵盖

领域包括种植业、林业、畜牧业、渔业以及农产品加工、农业机械等，为大国农业筑牢了根基，提供了"硬核"科技支撑。

2021 年 11 月 5 日，《人民日报》报道：胡春华强调，要着力做好今冬明春农业农村工作，切实抓紧抓好冬小麦、油菜生产，强化猪肉、蔬菜等菜篮子产品生产供应，保障好农村基本民生，确保群众温暖过冬。

2021 年 11 月 5 日，《农民日报》报道：近日，黑龙江省政府办公厅印发《2021 年黑龙江省秸秆综合利用工作实施方案》，明确 2021 年全省秸秆综合利用率要达到 91%以上，秸秆还田率达到 66%以上。坚持"还田利用为主、离田利用为辅、政府引导扶持、农民等主体共担"的原则，进一步加大秸秆还田、离田等环节的政策支持力度，发放秸秆还田作业补贴、秸秆离田补贴、农村秸秆替代散煤补贴三类补贴。

2021 年 11 月 6 日，《农民日报》报道：习近平总书记强调，土地资源是很宝贵的，抗盐碱作物发展起来对提高土地增量是很有意义的，对中国粮仓、中国饭碗也能起到积极的保障作用。

2021 年 11 月 8 日，《农民日报》报道：2021 年 10 月 15 日，全国农业社会化服务工作座谈会在四川省成都市召开，会议指出发展农业社会化服务对于保障国家粮食安全和重要农产品有效供给，促进农业高质量发展，加快推进农业现代化具有重要意义。

2021 年 11 月 10 日，《农民日报》报道：11 月 9 日，全国大中城市"菜篮子"产品稳产保供视频会议召开。会议指出，今年以来，我国主要"菜篮子"产品生产供应充足，价格总体平稳，市场供需稳定，今冬明春"菜篮子"产品生产基础坚实。

2021 年 11 月 11 日，《人民日报》报道：财政部近日一次性新增安排 14 亿元资金，用于对河北、山西、山东、河南、陕西等 5 省开展农田排涝、粮食烘干收储，购置燃油、肥料、种子（苗）等农业生产恢复所需物资材料及服务给予补助，重点弥补农机作业因柴油价格上涨而增加的成本，确保今年秋粮丰收并为明年春夏粮食生产奠定基础。

2021 年 11 月 12 日，《人民日报》报道：中央财政 2021 年安排农业保险保费补贴（以下简称保费补贴）资金 333.45 亿元，较上年增长 16.8%。截至目前，相关资金已全部下达，预计为超过 2 亿户次农户提供风险保障 5 万亿元。

2021 年 11 月 12 日，《光明日报》报道：国

家发展改革委、水利部等部门近日印发《"十四五"节水型社会建设规划》（以下简称《规划》），《规划》聚焦农业农村、工业、城镇、非常规水源利用等重点领域，全面推进节水型社会建设。农业农村节水要求坚持以水定地、推广节水灌溉、促进畜牧渔业节水、推进农村生活节水。

2021 年 11 月 15 日，《农民日报》报道：近日，中国农业银行与全国工商业联合会（以下简称"全国工商联"）联合出台了《中国农业银行与全国工商联共创"联企兴村贷"金融服务模式的实施方案》，从思路目标、重点领域、配套产品、政策措施和推动落实五方面，引导和支持民营企业投资乡村振兴并做好配套金融服务。据了解，这是全国工商联与金融机构首次联合出台支持民营企业参与"万企兴万村"行动的专属金融服务方案。

2021 年 11 月 16 日，《农民日报》报道：近日，农作物种业知识产权保护研讨会在上海市农业科学院召开。会上，相关行业主管部门、种业企业负责人及业内专家，共同探讨推进农业知识产权保护的有效路径，全力营造和维护良好的种业发展环境。

2021 年 11 月 19 日，《人民日报》报道：今年农业农村部启动实施农业生产"三品一标"提升行动，通过品种培优、品质提升、品牌建设等标准化生产体系建设，更好地满足了消费需求。截至2020 年底，全国共创建农业标准化示范区（县、场）1 800 多个，现行有效农业行业标准 5 479 项，基本覆盖农业绿色发展重要领域。

2021 年 11 月 19 日，《人民日报》报道：今年，国家开发银行发放涉农贷款 2 899 亿元，为巩固拓展脱贫攻坚成果、全面推进乡村振兴提供有力支持。

2021 年 11 月 19 日，《农民日报》报道：近日，河北省农业农村厅印发紧急通知，要求各地各部门充分认识做好冬小麦播种的现实紧迫性和极端重要性，抢抓当前有利天气时机，千方百计完成播种任务，确保冬小麦播种面积稳定，决定对 11 月 14日及以后播种冬小麦，每亩给予 150 元补助。

2021 年 11 月 19 日，《农民日报》报道：为加速农业机械化和农机装备产业转型升级步伐，今年以来，江西省加大财政资金整合投入力度，统筹各级财政资金 7 亿元，用于落实农机购置补贴、支持水稻机插、优化农机社会化服务、建设农机装备产业园区，为农业农村现代化和乡村振兴提供有力基础支撑。

2021 年 11 月 19 日，《农民日报》报道：近日，中共中央办公厅、国务院办公厅印发了《粮食节约行动方案》，从加强粮食储存环节减损、加强粮食运输环节减损保障、加快推进粮食加工环节节粮减损、大力推进节粮减损科技创新等八个方面提出了明确要求，推动粮食全产业链各环节节约减损取得实效。

2021 年 11 月 22 日，《农民日报》报道：近年来，四川银保监局积极推进财产保险业务线上应用，在全国率先与省社会保障部门建立系统对接，通过跨部门数据共享实现农业保险赔款支付"一卡通"，围绕解决农业保险理赔中的痛点和难点问题，创新赔款支付方式，简化理赔手续，提高支付时效和准确性，加强理赔资金监管。

2021 年 11 月 22 日，《农民日报》报道：为做好农业行业基础能力建设项目 2022 年中央预算内投资计划安排工作，近日，国家发展改革委固定资产投资司、农业农村部计划财务司联合印发通知，启动农业科技创新能力条件建设、数字农业农村建设、农垦公用基础设施建设和天然橡胶生产基地建设 4 类项目 2022 年中央预算内投资计划申报工作。

2021 年 11 月 22 日，《人民日报》报道：近期，财政部会同有关部门和单位印发通知，扩大三大粮食作物完全成本保险和种植收入保险实施范围，2022 年实现 13 个粮食主产省份的产粮大县全覆盖。

2021 年 11 月 23 日，《农民日报》报道：近年来，内蒙古自治区为探索农民持续增收新机制，采取多项措施创建现代农牧业产业园。截至目前，全区共投入 1.4 亿元奖补资金，支持创建了 14 个自治区级现代农牧业产业园，同时带动各地创建盟市级产业园 23 个，基本形成了国家、自治区、盟（市）共同推进的良好局面，建成了一批产业特色鲜明、要素高度集聚、生产方式绿色、一二三产深度融合的现代农牧业产业新高地。

2021 年 11 月 24 日，《光明日报》报道：为贯彻落实党的十九届六中全会精神，全力保障粮食和重要副食品供给安全，农业农村部办公厅近日印发《今冬明春应对拉尼娜科学抗灾稳产保供预案》，要求各地提早落实防范措施，积极应对、精准指导、努力减轻灾害影响，全力赢得夏季粮油丰收主动权，确保今冬明春蔬菜稳定供应。

2021 年 11 月 24 日，《农民日报》报道：为贯彻落实党的十九届六中全会精神，全力保障粮食和重要副食品供给安全，近日农业农村部办公厅印发《今冬明春应对拉尼娜科学抗灾稳产保供预案》，要求各地提早落实防范措施，积极应对、精准指导、努力减轻灾害影响，全力赢得夏季粮油丰收主动权，确保今冬明春蔬菜稳定供应。

2021 年 11 月 24 日，《农民日报》报道：为切实保障今冬明春特别是元旦、春节、冬奥会及全国两会期间蔬菜等"菜篮子"产品市场供应和价格平稳，近日，农业农村部、国家发展改革委、财政部、自然资源部、生态环境部、交通运输部、商务部、国家卫生健康委、市场监管总局、中国银保监会、中国证监会等部门联合印发《关于切实抓好冬春蔬菜生产 确保"菜篮子"产品保供稳价的通知》，部署蔬菜等"菜篮子"产品保供稳价工作。

2021 年 11 月 26 日，《农民日报》报道：青海省农村信用社系统始终坚守服务"三农三牧"的市场定位，积极创新金融产品和服务方式，基于基层党组织地缘、人缘和亲缘优势，创新工作方式，把"双基联动"与特色农牧产品贷款结合，将普惠政策红利向当地农牧精准投放。截至目前，"双基联动"合作贷款余额近 250 亿元，占各项贷款余额的 33％以上，其中，"双基联动"信用贷款余额达 185 亿元。依托当地特色与风土人情，推出枸杞贷、拉面贷、藏毯贷等系列贷款服务，提高金融支农支小能力，实现特色可持续性发展，带动了当地经济的发展和人才就业。

2021 年 11 月 27 日，《农民日报》报道：近日，湖南省乡村振兴局印发《关于下达 2021 年度中央追加财政衔接推进乡村振兴补助资金计划的通知》，经省委实施乡村振兴战略领导小组审定，湖南省追加安排一批 2021 年度中央财政衔接推进乡村振兴补助资金，共计 14 624 万元。目前，资金已由省财政厅下达。

2021 年 11 月 29 日，《人民日报》报道：农业农村部出台相应补贴政策，如提供农机购置补贴用于农民购买烘干设备。农民一方面可以自行购置小型干燥机器，另一方面也可以组成农机合作社，集体购置烘干设备。

2021 年 11 月 29 日，《农民日报》报道：近日，记者从财政部获悉，为稳定农户种粮收益，支持现代农业发展，更好保障国家粮食安全，2021 年，中央财政安排农业保险保费补贴（以下简称保费补贴）资金 333.45 亿元，较上年增长 16.8％。截至目前，相关资金已全部下达。

2021 年 11 月 29 日，《农民日报》报道：为使金融更好地惠及"三农"、惠及小微企业，2019 年

11 月，中国人民银行等五部委批复福建省宁德市建设国家级普惠金融改革试验区。两年间，围绕建设目标，宁德市采取打造金融工作队伍、推动信用向信贷有效转换、搭建全方位多层次融资平台等措施，普惠金融改革取得了初步成效。至今年 9 月末，宁德全市普惠小微贷款余额 363 亿元，同比增 34.4％，增速位居全省第一；全市涉农贷款余额约 1 200 亿元，同比增长 14.4％，高于全省平均水平 2.79 个百分点；今年 1 月—8 月，全市农险保费收入超 9 000 万元，同比增长 16.3％，为各类农业风险提供保障约 273 亿元。

2021 年 11 月 29 日，《农民日报》报道："十三五"期间，农发行内蒙古分行认真执行国家棚户区改造政策，加强与全区住建系统的沟通协作，召开全区农发行棚改信贷工作会议，加大信贷投放力度，累计发放棚户区改造贷款 479.8 亿元，用于安置住房、货币补偿和配套基础设施建设的资金需要，支持棚改项目 123 个，覆盖 12 个盟（市）70 多个旗（县），助力 14.4 万户、55 万农村贫困人口出棚进楼，"过上和城里人一样的生活"。2021 年继续投放贷款 10.18 亿元，支持鄂尔多斯市达拉特旗、准格尔旗，呼伦贝尔市扎兰屯市、鄂温克族自治旗，呼和浩特市和林格尔县等棚户区改造 6 个项目。目前，全行棚户区改造项目 117 个，贷款余额 363.73 亿元。

2021 年 12 月 1 日，《农民日报》报道：近期，农业农村部印发了《关于拓展农业多种功能 促进乡村产业高质量发展的指导意见》，提出了打造农业全产业链、培育农村电商主体、建立运营服务体系等一系列加强农村电商发展措施。这是乡村产业高质量发展中的关键一环，对保供固安全、振兴畅循环、实现乡村振兴战略目标具有重要意义。

2021 年 12 月 1 日，《人民日报》报道：今年中央财政将原专项扶贫资金调整为衔接推进乡村振兴补助资金，规模达到 1 561 亿元，比去年专项扶贫资金增加 100 亿元。深化东西部协作，截至 9 月底，累计投入财政和社会资金 230 多亿元。各地加大资金保障力度，为巩固拓展脱贫攻坚成果提供有力支撑。

2021 年 12 月 1 日，《人民日报》报道：国家乡村振兴局党组书记、局长刘焕鑫说，今年是巩固拓展脱贫攻坚成果同乡村振兴有效衔接的关键一年，要抓住产业、就业两个关键，做精做强特色优势主导产业，做好劳务输出和就地就近就业工作，促进农民持续增收。

2021 年 12 月 2 日，《农民日报》报道："用

以色列政府贷款发展猕猴桃产业，是贵州省首个农业类外国政府贷款项目，为我们产业转型升级和标准化建设提供了强有力的资金支持，更为产业富民创造了条件。"六盘水市农业农村局局长李明说。

2021 年 12 月 3 日，《人民日报》报道：碧桂园集团、国强公益基金会持续探索乡村振兴模式，坚持党建引领，聚焦产业、人才、生态、文化和组织五大振兴，累计参与社会慈善捐款超 90 亿元，帮扶项目涉及全国 16 省 57 县。

2021 年 12 月 3 日，《人民日报》报道：建设银行主动适应绿色低碳发展趋势，持续推动 ESG（环境、社会和治理）理念与战略、管理、运营、披露的融合与创新，积极构建客户 ESG 评级体系。在福建，依托"融资＋融智"综合化服务，为漳浦光伏农业项目累计提供融资支持 3.3 亿元，通过棚顶发电、棚下种菜、棚地养殖，实现"农光互补"，每年可节约标准煤 3.5 万吨，减排二氧化碳 8 万吨。

2021 年 12 月 6 日，《人民日报》报道：近日，中共中央办公厅、国务院办公厅印发了《农村人居环境整治提升五年行动方案（2021—2025 年）》，并发出通知，要求各地区各部门结合实际认真贯彻落实。

2021 年 12 月 6 日，《人民日报》报道：记者从国家林草局获悉：草原生态保护补助奖励政策实施 10 年来，国家累计投入资金超 1 500 亿元，1 200 多万户农牧民受益，草原生态持续恢复，生物多样性明显增加。监测结果显示，全国草原综合植被盖度从 2011 年的 51％提高到 2020 年的 56.1％，鲜草产量达 11 亿吨。13 个实施补奖政策省份的农牧民人均每年得到补奖资金 700 元，户均每年增加转移性收入近 1 500 元。

2021 年 12 月 6 日，《人民日报》报道：据介绍，为进一步巩固提升草原生态保护成果，财政部、农业农村部、国家林草局联合印发指导意见，在"十四五"时期继续实施第三轮草原生态保护补助奖励政策。

2021 年 12 月 8 日，《农民日报》报道：据农业农村部监测，2021 年第 47 周（2021 年 11 月 22 日—2021 年 11 月 28 日）"农产品批发价格 200 指数"为 130.13（以 2015 年为 100），比前一周降 0.40 个点；"'菜篮子'产品批发价格 200 指数"为 133.31（以 2015 年为 100），比前一周降 0.49 个点。猪牛羊肉价格小幅上涨，鸡蛋继续下跌；多数水产品价格小幅下跌；蔬菜均价小幅下跌；水果均价略有上涨。

2021 年 12 月 8 日，《农民日报》报道：据农业农村部"全国农产品批发市场价格信息系统"监测，11 月 26 日—12 月 3 日，全国 286 家产销地批发市场 19 种蔬菜平均价格为 5.32 元/千克，环比下降 3.1％。这已是菜价连续两周环比下降，释放出了冬春蔬菜保供稳价的积极信号。

2021 年 12 月 9 日，《农民日报》报道：从年初到目前，阿克苏地区安居富民工程累计投入资金 1.875 亿元，开工建设的 4 170 户安居房已全部竣工入住，开工率、竣工率、入住率均达到 100％。全地区 41.5 万户农户住房安全隐患排查已完成，农户住房均达到 B 级及以上安全等级。

2021 年 12 月 9 日，《农民日报》报道：近日，记者从贵州省民政部门获悉，贵州民政抢抓大数据发展战略机遇，充分运用"互联网＋"，依托全省数据共享交换平台，搭建了"省统筹、市县督、乡镇核"的低收入人口动态监测信息平台，率先在全国建立了低收入人口动态监测和常态化帮扶机制，实现了"省、市、县、乡"四级全覆盖，有效保障了全省 270.6 万城乡困难群众基本生活，有力巩固拓展了脱贫攻坚兜底保障成果同乡村振兴有效衔接。

2021 年 12 月 10 日，《农民日报》报道：为进一步做好巩固拓展脱贫攻坚成果同乡村振兴有效衔接工作，四川省近日出台保障凉山州易地扶贫搬迁农户合法权益十条政策措施，涉及搬迁农户农业生产、住房、集体经济权益以及示范项目建设 4 个方面。

2021 年 12 月 10 日，《农民日报》报道：近年来，福建省通过创新高效落实农机购置补贴政策，按照"补短板"要求对关键薄弱环节农机具实施累加补贴，在全国率先开展补贴产品资质条件市场化改革试点等工作，农机购置补贴政策得到了有效落实。

2021 年 12 月 10 日，《农民日报》报道：江西省农业农村厅 2021 年—2023 年将持续开展农机购置综合补贴（贷款贴息）试点工作，并且进一步拓宽贴息机具种类。江西邮储积极对接江西省农业农村厅，加大沟通力度，提出合作意向，成功入围省农业农村厅试点合作银行并签订了合作协议书，同时借助与中国邮政储蓄银行总行合作的第三方科技公司，实现了纯线上开办农机购置补贴贷款。

2021 年 12 月 10 日，《科技日报》报道：2012 年以来，广西以"扶贫先扶智、科技促增收"为总目标，以"提能力、建队伍、送科技"为总思路，突出以面向和服务贫困县、贫困村的主要产业、主要领域、主要企业、主要基地园区等为重点，以解决科技问题和破解科技服务最后一公里问题为核心，为脱贫攻坚和乡村振兴提供科技支撑。

2021 年 12 月 13 日，《农民日报》报道：12 月 9 日，国务院新闻办公室举行新闻发布会，介绍《中共中央国务院关于加强新时代老龄工作的意见》（以下简称《意见》）有关情况。民政部养老服务司相关负责人在会上表示，按照全国老龄协会的相关统计，全国空巢老人比例应该是城乡一半对一半。关注农村留守、空巢老年人，是养老服务的工作和重点，这次《意见》也对农村留守老年人关爱服务提出了要求。

2021 年 12 月 13 日，《农民日报》报道：为贯彻落实农业农村部党组在党史学习教育中开展"我为群众办实事"实践活动部署安排，今年 5 月，农业农村部启动新型农业经营主体信贷直通车活动（以下简称"信贷直通车"），针对长期困扰新型农业经营主体的贷款难、贷款贵等问题，开通信贷直通车，帮助解决他们的困难事、烦心事，得到了新型农业经营主体和金融机构的积极响应和好评。

2021 年 12 月 13 日，《人民日报》报道：自 2019 年提出打造"服务乡村振兴的银行"以来，桂林银行股份有限公司集全行之力投入广西乡村振兴事业：组建服务"三农"专职工作队伍，构建"市—县—乡—村"四级服务网络，打造村级"三农"综合服务平台，扎实推动渠道、产品、服务、资金下沉，初步形成独具特色的金融服务乡村振兴模式。

2021 年 12 月 13 日，《农民日报》报道：12 月 6 日，中国人民银行宣布，决定于 2021 年 12 月 15 日下调金融机构存款准备金率 0.5 个百分点（不含已执行 5% 存款准备金率的金融机构）。本次下调后，金融机构加权平均存款准备金率为 8.4%。支农、支小再贷款自 2021 年 12 月 7 日起下调 0.25 个百分点，下调后 3 个月、6 个月、1 年期再贷款利率分别为 1.7%、1.9%、2%。

2021 年 12 月 13 日，《人民日报》报道：12 月 12 日是南水北调工程全面通水 7 周年。记者从水利部获悉：7 年来，工程累计调水约 494 亿立方米，受益人口达 1.4 亿人。其中，中线一期工程累计调水超 441 亿立方米，东线一期工程累计调水入山东 52.88 亿立方米。

2021 年 12 月 15 日，《人民日报》报道：从 2012 年底到 2020 年底，甘肃省 552 万建档立卡贫困人口实现脱贫。"十四五"开局之年，甘肃织牢织密防返贫网络、精准聚焦困难群体，持续巩固拓展脱贫攻坚成果，同乡村振兴有效衔接，确保脱贫攻坚

成果稳得住、成效可持续。

2021 年 12 月 15 日，《农民日报》报道：为深入贯彻习近平总书记关于深入推进优质粮食工程、做好粮食市场和流通文章的重要指示精神和党中央、国务院有关决策部署，认真落实财政部、国家粮食和物资储备局《关于深入推进优质粮食工程的意见（财建〔2021〕177 号）》，确保优质粮食工程升级版建设取得实实在在成效，国家粮食和物资储备局制定了粮食绿色仓储、粮食品种品质品牌、粮食质量追溯、粮食机械装备、粮食应急保障能力、粮食节约减损健康消费提升等"六大提升行动"方案。

2021 年 12 月 16 日，《科技日报》报道：11 月 17 日，农业农村部发布《关于拓展农业多种功能促进乡村产业高质量发展的指导意见》（以下简称《意见》）。《意见》指出，到 2025 年，农村电商业态类型不断丰富。

2021 年 12 月 17 日，《农民日报》报道：12 月 13 日—14 日，中国农业科学院第五次人才工作会议召开。会议发布了中国农科院"十四五"人才发展规划，明确了未来 5 年人才工作的发展目标，以"强领军、推年轻、活机制、抓管理"为重点，实施"农科英才"工程，协同推进科研、管理、支撑、转化四支队伍建设的"四横"布局，构建以战略科学家为核心、领军人才为中坚、青年人才为支撑、博士后/研究生为后备的"四纵"体系，努力打造国家农业科技战略人才力量，为实现高水平农业科技自立自强、全面推进乡村振兴提供高质量的人才支撑和坚强的组织保障。

2021 年 12 月 17 日，《农民日报》报道：近日，国家乡村振兴局、中华全国工商业联合会印发《"万企兴万村"行动倾斜支持国家乡村振兴重点帮扶县专项工作方案》（以下简称《方案》）。《方案》指出，以"万企兴万村"行动为平台，动员引导民营企业与重点帮扶县开展帮扶对接，帮助发展产业，参与乡村建设，促进就业创业，开展消费帮扶，救助困难群众，助力重点帮扶县巩固拓展脱贫攻坚成果，防止发生规模性返贫，尽快补齐区域性发展短板，在全社会营造民营企业参与乡村振兴的良好氛围。

2021 年 12 月 17 日，《人民日报》报道：2020 年，青海 53.9 万贫困人口全部脱贫。脱贫硬骨头，难啃；巩固脱贫成果，不易。青海把巩固拓展脱贫攻坚成果作为当前重要工作，坚决守住不发生规模性返贫的底线，集中开展脱贫成果巩固"回头看"，补短板、强弱项、兴产业、稳就业、健全帮扶

长效机制，努力提升脱贫质量和成色，与乡村振兴有效衔接。

2021 年 12 月 17 日，《农民日报》报道：国家卫生健康委、国家乡村振兴局发布通知，决定从 2021 年到 2025 年，持续开展脱贫地区健康促进行动。

2021 年 12 月 20 日，《农民日报》报道：为提高预算完整性，加快支出进度，近日，江西省财政提前下达 2022 年衔接推进乡村振兴补助资金 70.79 亿元，其中中央资金 34.66 亿元、省级财政 36.13 亿元，主要用于支持江西省巩固拓展脱贫攻坚成果同乡村振兴有效衔接、以工代赈等。

2021 年 12 月 20 日，《农民日报》报道：12 月 17 日，全球环境基金（Global Environment Facility, GEF）七期面向可持续发展的中国农业生态系统创新性转型项目启动会暨项目指导委员会第一次会议在北京召开。

2021 年 12 月 20 日，《农民日报》报道：为巩固脱贫攻坚成果同乡村振兴有效衔接，推动农业实现高质量发展，近日，由农业农村部计划财务司、工商银行普惠金融事业部（乡村振兴办公室）、工商银行深圳市分行联合举办的"农业产业融合发展线上对接会"召开。

2021 年 12 月 20 日，《农民日报》报道：日前，农业农村部择优遴选确定北京市平谷区等 100 个县（市、区）、中化现代农业有限公司等 100 个服务组织为全国农业社会化服务创新试点单位，并原则同意以上 200 个试点单位的实施方案。试点期限为 3 年，自 2021 年 11 月起至 2024 年 10 月止。

2021 年 12 月 20 日，《农民日报》报道：近日，四川银行股份有限公司与中国农业电影电视中心在北京签署战略合作协议，充分发挥各自在美丽乡村建设实践和对农宣传专业机构的优势，共同推动做好新型农业经营主体金融服务等工作。

2021 年 12 月 21 日，《农民日报》报道：近日，中共河南省委农村工作领导小组印发河南省乡村振兴五年行动计划，分别从产业、人才、生态、文化和组织建设 5 个方面划定河南省乡村振兴未来五年的"路线图"。

2021 年 12 月 21 日，《农民日报》报道：中国农业科学院农业信息研究所与海外农业研究中心在京举办"亚太地区疫情冲击下信息化助力乡村振兴与人的发展培训研讨会"。

2021 年 12 月 22 日，《农民日报》报道：临近年底，农行贵州分行与政府相关部门加强合作，成功对接贵州省"劳动用工大数据综合服务平台"，在全国农行系统首创农民工工资代发新模式——"惠农 e 薪"农民工工资代发直联业务，帮助农民工群体按时足额拿到报酬。

2021 年 12 月 23 日，《农民日报》报道：记者近日从水利部获悉，去年秋天以来，珠江流域降雨持续偏少。截至目前，全国农作物受旱面积 123 万亩，约有 10 万名农村群众因旱发生饮水困难、192 万名城镇居民正常供水受到影响，主要集中在广东东部和福建局部地区。

2021 年 12 月 23 日，《农民日报》报道：近年来，农行广州分行认真践行服务"三农"使命，在巩固拓展脱贫攻坚成果同乡村振兴有效衔接的新发展阶段，聚焦农村基础设施升级，创新推出涉农贷款产品助力产业兴旺，构建多模式智慧场景提升农村普惠金融覆盖，以金融之力赋能乡村产业兴旺、生态宜居、生活富裕。截至 11 月末，该行"三农"贷款余额超 550 亿元。

2021 年 12 月 23 日，《农民日报》报道：12 月 20 日，第十三届全国人民代表大会常务委员会第三十二次会议在京开幕，妇女权益保障法修订草案初次提请审议。修订草案拟强化对农村妇女财产权益的保护等，为促进男女平等和妇女全面发展提供坚实法治保障。

2021 年 12 月 23 日，《科技日报》报道："种子关系到国家整体安全、农林草业安全发展和广大人民群众特别是广大农民的切身利益。"12 月 21 日，全国人大常委会分组审议种子法修正草案，全国人大常委会委员陈国民在发言中表示，种子法修正草案全面贯彻落实党中央提出的要大力推动自主创新、保护知识产权、打好种业翻身仗的要求，有利于激发育种原始创新，提高我国植种物新品种的保护水平，促进现代种业发展。

2021 年 12 月 23 日，《人民日报》报道：为更好地治理水域生态环境，湖南湘潭积极开展"智慧治水"。各级河长可在湘潭智慧治水 APP 手机端完成巡河打卡、问题举报、督办交办、整治销号的闭环。

二、质量安全与标准化

2021 年 1 月 8 日，《农民日报》报道：《生态农场评价技术规范》已于 2020 年 7 月 27 日颁布，11 月 1 日起实施。

2021 年 1 月 8 日，《农民日报》报道：截至

2020 年 11 月 28 日，农业农村部含腐殖酸水溶肥料有效肥料登记证号数共计 3 361 个。

2021 年 1 月 13 日，《农民日报》报道：以"高层次 高质量 高效率"主题的"2020 中国粮油财富论坛"在北京举行。本次论坛由粮油市场报主办，来自全国各地的优秀粮油企业代表、业内专家学者、粮食行政管理部门负责人等通过主题演讲、论坛对话等形式共话我国粮食产业高质量发展以及"双循环"格局背景下构建更加现代化的国家粮食安全保障体系。

2021 年 1 月 14 日，《农民日报》报道：2020年，农业农村部组织开展了 4 次国家农产品质量安全例行监测（风险监测），全年共监测了 31 个省份和 5 个计划单列市，共 304 个大中城市的 2 639 个菜果茶生产基地、1 609 辆蔬菜和水果运输车、781 个屠宰场、821 个养殖场、2 567 辆（个）水产品运输车或暂养池、4 013 个农产品批发（农贸）市场，抽检蔬菜、水果、茶叶、畜禽产品和水产品等 5 大类产品 132 个品种 130 项参数 34 794 个样品。监测结果显示，蔬菜、水果、茶叶、畜禽产品、水产品抽检合格率分别为 97.6%、98.0%、98.1%、98.8%、95.9%。

2021 年 1 月 18 日，《科技日报》报道：截至2020 年底，我国化肥农药减量增效实现预期目标。经科学测算，2020 年我国水稻、小麦、玉米三大粮食作物化肥利用率 40.2%，比 2015 年提高 5 个百分点；农药利用率 40.6%，比 2015 年提高 4 个百分点。

2021 年 1 月 18 日，《科技日报》报道：1 月15 日，由青岛海水稻研究发展中心提出并牵头起草，中国产学研合作促进会归口的《"海水稻"良好产业规范》系列团体标准，经标准审定后，在第五届国际海水稻论坛上正式发布。

2021 年 1 月 22 日，《农民日报》报道：1 月19 日，为进一步加强食用农产品批发市场（以下简称"农批市场"）食品安全监督管理和新冠肺炎疫情常态化防控工作，国家市场监督管理总局印发《关于进一步落实食用农产品批发市场食品安全查验要求的通知》（以下简称《通知》）。《通知》督促农批市场开办者和入场销售者严格落实进口冷链食品疫情防控责任要求，对入场销售者采购、经营进口冷冻冷藏肉类（含水产品，下同）要严查"三证"，即检疫合格证明、核酸检测合格证明以及消毒单位出具的消毒证明；对进口冷冻冷藏肉类实施"三专"管理，即专用通道进货、专区存放、专区售卖，禁

止与其他食品混放贮存和销售；做到"四个不得"，即没有检疫合格证明、核酸检测合格证明、消毒证明、追溯信息的均不得上市销售。

2021 年 1 月 26 日，《农民日报》报道：水利部将农村饮水安全脱贫攻坚作为水利扶贫的头号工程、硬指标硬任务来抓，编制发布了《农村饮水安全评价准则》，明确农村饮水安全脱贫攻坚水量、水质、供水保证率、用水方便程度四项评价指标，聚焦贫困地区人口要有水喝、要喝好水、要稳供水等难点，超额完成了"十三五"农村饮水安全巩固提升工程规划目标任务。

2021 年 2 月 3 日，《农民日报》报道：当前我国产地农产品追溯体系建设正处于一个重要阶段。经过多年努力，国家农产品追溯平台于 2018 年建成并全面运行，入驻企业达到 20 多万个；地方农产品追溯平台入驻企业 40 多万个，全国约有 1/10 以上的产地农产品规模生产主体都已经实施追溯管理。整体看，产地农产品追溯体系已成为保障国家优质绿色安全农产品供应、推进农产品质量安全智慧化监管的重要物质基础和技术平台。

但与此同时，一系列问题仍亟待解决。一些地方已经开始积极行动，通过加快市场化利用来解决。去年下半年以来，农业农村部提出要调整工作思路，即现阶段主要任务是推动产地农产品追溯向流通市场、向终端消费、向重要领域进军，打破市场化转化利用的制度约束、技术约束，为平台追溯信息找到出口渠道，逐步建立起可持续的市场化推动机制。不能仍将主要精力用于产地追溯点的建设，要适应形势与任务的转变。

2021 年 2 月 4 日，《农民日报》报道：为进一步提高农产品质量安全水平，农业农村部深入开展国家农产品质量安全县创建活动，在各省严格把关、择优推荐、农业农村部审核的基础上，确定了第三批 106 个国家农产品质量安全县创建单位和 13个国家农产品质量安全市创建单位。

2021 年 2 月 10 日，《光明日报》报道：在中国—中东欧国家领导人峰会成果清单中，农业方面的政府间合作文件有《中华人民共和国海关总署和阿尔巴尼亚共和国农业和农村发展部关于输华蜂蜜的检验检疫和卫生要求议定书》《中华人民共和国海关总署与阿尔巴尼亚共和国农业和农村发展部关于阿尔巴尼亚共和国输华乳品检验检疫要求议定书》《中华人民共和国海关总署与保加利亚共和国农业、食品和林业部关于保加利亚输华蜂蜜的检验检疫和卫生要求议定书》《中华人民共和国海关总署与保加

利亚共和国农业、食品和林业部关于保加利亚玉米酒糟粕输华卫生与植物卫生要求议定书》《中华人民共和国海关总署与保加利亚共和国农业、食品和林业部关于保加利亚烟叶输往中国植物检疫要求议定书》《中华人民共和国海关总署与捷克共和国农业部关于捷克输华配合饲料的检疫和卫生要求议定书》《中华人民共和国海关总署与立陶宛共和国农业部及国家食品兽医管理局关于立陶宛输华野生海捕水产品的检验检疫和兽医卫生要求议定书》《中华人民共和国海关总署与罗马尼亚农业与农村发展部关于植物检疫合作谅解备忘录》《中华人民共和国海关总署和塞尔维亚共和国农业、林业和水利部关于塞尔维亚甜菜粕输华卫生与植物卫生要求议定书》《中华人民共和国海关总署和塞尔维亚共和国农业、林业和水利部关于塞尔维亚玉米输华植物检疫要求议定书》《中华人民共和国海关总署和斯洛伐克共和国兽医食品总局关于中国从斯洛伐克输入羊肉的检验检疫和兽医卫生要求议定书》。

2021 年 2 月 19 日，《农民日报》报道：2020年以来，江苏省按照食用农产品合格证制度试行要求，坚持"全省一盘棋"，统一合格证基本样式，统一试行品类，统一监督管理，并将食用农产品合格证试点工作作为农产品质量安全重点工作之一。省农业农村厅与省市场监管局联合印发《关于进一步加强食用农产品产地准出与市场准入衔接工作的通知》，所有设区市的农业农村部门与市场监管部门共同发文部署，推动落实将食用农产品合格证作为食用农产品进入批发、零售市场或生产加工企业的必要条件，加强工作衔接。目前，全省已经开发"食用农产品合格证出具"微信小程序，方便中小规模农户及时出证，并在省级农产品质量追溯平台开通合格证出具打印功能，推动"证码合一"。

2021 年 2 月 25 日，《农民日报》报道：2月23日，农业农村部部长唐仁健主持召开部常务会议，审议并原则通过《高标准农田建设质量管理办法（试行）》。会议强调，要认真贯彻落实习近平总书记重要指示精神，切实加强高标准农田建设工作，进一步提升建设质量，为实施藏粮于地、藏粮于技战略，保障国家粮食安全提供更加坚实的支撑。

2021 年 3 月 3 日，《农民日报》报道：为确保农业生产用种安全，3月1日，农业农村部印发通知，在全国范围部署开展春季农作物种子市场检查。通知要求，严厉打击假冒侵权、制售假劣种子等违法行为，确保春季种子市场运行平稳有序、供种安全有保障。

2021 年 3 月 3 日，《农民日报》报道：山西省把标准化作为实现农业高质量发展、推进乡村振兴的重要抓手。据了解，截至 2020 年底，全省农业地方标准达到 1 000 余项；全省"三品"有效产品达到 5 289 个。

2021 年 3 月 3 日，《科技日报》报道：2021年全国两会召开在即，中国航天科技集团一院北京航天计量测试技术研究所所属阿米检测技术有限公司，作为两会蔬菜水果类供应商唯一指定检测机构，将肩负蔬菜水果类食材的"安检"工作。

2021 年 3 月 18 日，《农民日报》报道：农业农村部办公厅印发了《农业生产"三品一标"提升行动实施方案》，从 2021 年开始，启动实施农业生产"三品一标"（品种培优、品质提升、品牌打造和标准化生产）提升行动，更高层次、更深领域推进农业绿色发展。

2021 年 3 月 20 日，《光明日报》报道：农业农村部印发《关于开展"瘦肉精"专项整治行动的通知》，部署在全国范围开展为期三个月的"瘦肉精"专项整治行动，严厉打击违禁使用"瘦肉精"行为。

2021 年 3 月 30 日，《人民日报》报道：国家市场监督管理总局3月29日公布的《2021 年产品质量国家监督抽查计划》显示，2021 年将抽查 137 种重点产品。其中，农业生产资料 6 种，食品相关产品 12 种。

2021 年 3 月 31 日，《农民日报》报道：湖南省长沙市全面推行食用农产品合格证、农产品"身份证"及赋码溯源制度，让市民的"菜篮子"既丰盛又安全。2020 年，长沙市场上食用农产品总体合格率均达到 99％以上。

2021 年 4 月 2 日，《农民日报》报道：日前，农业农村部会同国家卫生健康委、市场监管总局发布新版《食品安全国家标准 食品中农药最大残留限量》。标准规定了 564 种农药在 376 种（类）食品中10 092 项最大残留限量，完成了国务院批准的《加快完善我国农药残留标准体系的工作方案》中农药残留标准达到 1 万项的目标任务。新版标准将于2021 年 9 月 3 日起正式实施。

2021 年 4 月 2 日，《农民日报》报道：农业农村部研究制定了《全国农业种质资源普查总体方案》及农作物、畜禽和水产种质资源普查三个实施方案。这次农业种质资源普查是新中国成立以来规模最大、覆盖面最广的一次全国性大行动。

2021 年 4 月 2 日，《农民日报》报道：从国家粮食和物资储备局获悉，秋粮上市以来，粮食和物资储备系统积极作为，全力抓好收购政策落实，进展总体顺利。截至3月25日，主产区入统企业累计收购秋粮1亿5 226万吨，同比减少962万吨。其中，玉米8 648万吨、中晚稻6 343万吨、大豆235万吨。南方中晚稻旺季收购在两个月前已经结束，目前东北地区收购工作也进入尾声。

2021年4月2日，《科技日报》报道：联合国贸易和发展会议官网报道称，新冠肺炎疫情大流行扰乱了食品生产、贸易、物流和价值链，加剧了全球粮食不安全的风险。其特别提出，中国政府正在寻求通过中国科学院、国际科学组织联盟和联合国科学与技术促进发展委员会的新三方合作伙伴关系，缩小发展中国家在粮食安全方面的技术鸿沟。

2021年4月6日，《光明日报》报道：《中华人民共和国国民经济和社会发展第十四个五年规划和2035年远景目标纲要》强调"强化国家经济安全保障"，其中包括实施粮食安全战略、实施能源资源安全战略、实施金融安全战略。习近平总书记在2020年中央农村工作会议上强调"要牢牢把住粮食安全主动权，粮食生产年年要抓紧"。《纲要》要求"实施分品种保障策略，完善重要农产品供给保障体系和粮食产购储加销体系，确保口粮绝对安全、谷物基本自给、重要农副产品供应充足。毫不放松抓好粮食生产，深入实施藏粮于地、藏粮于技战略"。2021年中央1号文件和《纲要》均针对粮食安全战略的贯彻实施进行了重要部署。

2021年4月7日，《农民日报》报道：中国绿色食品发展中心于近日印发《2021年绿色食品、有机农产品和农产品地理标志工作要点》，提出要坚持稳中求进，以高质量发展为主题，以增加绿色优质农产品供给为主攻方向，强化风险防范，狠抓责任落实，充分发挥绿色有机地标在"品种培优、品质提升、品牌打造和标准化生产"中的重要作用。

2021年4月14日，《农民日报》报道：当前，黄淮海等主产区小麦陆续进入产量形成关键时期。针对小麦条锈病重发流行严峻形势，4月13日，按照"虫口夺粮"保丰收行动总体安排，农业农村部在河南省许昌市召开小麦条锈病防控现场观摩会，对防控工作进行再动员、再部署。会议要求各地抓住关键时期落实防控措施，坚决遏制小麦条锈病大面积流行危害。

2021年4月14日，《农民日报》报道：日前，河南省财政厅、河南省农业农村厅联合印发了《河南省小麦制种保险试点实施方案》，旨在稳定主要粮食作物种子供给，保障种源安全，扛稳粮食安全责任，构筑风险防线，促进现代种业高质量发展。

2021年4月14日，《农民日报》报道：近年来，海南始终把农产品质量安全工作贯穿到现代农业发展全过程，通过加强产地农兽药残留控制、产品检验检测、质量安全和投入品监管执法，推行产地合格证准出制度，推行农业绿色生产和健康养殖，完善长效监管机制，提高农产品质量安全水平，守好"菜篮子"和"果盘子"，保障"舌尖上"的安全。

2021年4月14日，《农民日报》报道：世界银行执行董事会近日批准向中国食品安全改善项目提供4亿美元，用于协助中国在国家和地方层面加强食品安全管理，减少食品价值链的安全风险。其中广东省获得2.6亿美元额度，占项目总额度65%，用于建设"广东省农产品质量安全提升（示范）项目"。

2021年4月17日，《农民日报》报道：当前，江淮、黄淮等麦区小麦陆续进入抽穗扬花期，也是小麦赤霉病易感流行期。近日，农业农村部在安徽省阜阳市召开全国小麦赤霉病防控现场会，分析研判发生形势，安排部署防控行动。会议要求各地迅速行动起来，坚决打好防控攻坚战，全力保障小麦生产安全。

2021年4月26日，《农民日报》报道：近日，为深入贯彻2021年中央1号文件精神，落实2021年农业农村部1号文件和《农业生产"三品一标"提升行动实施方案》部署要求，农业农村部决定开展现代农业全产业链标准化试点工作。

2021年4月27日，《农民日报》报道：4月22日到23日，农业农村部种植业管理司会同国家蚕桑产业技术体系，在广西南宁举办培训会，重点就人工饲料小蚕共育技术开展培训，部署开展蚕桑产业"三品一标"行动，促进蚕桑产业高质量发展。

2021年4月27日，《农民日报》报道：4月25日，全国兽药检验机构负责人座谈会在河南省郑州市召开。会议强调，要深入学习贯彻习近平总书记关于"三农"工作重要论述和重要指示批示精神，围绕畜产品稳产保供和质量安全，推进兽药行业管理上水平，维护人民群众舌尖上的安全和国家生物安全。

2021年4月27日，《农民日报》报道：4月26日，由农业农村部主办、中国农业科学院承办的"国家粮食安全与可持续发展对话研讨会"在北京召开。农业农村部副部长张桃林出席会议并讲话。中国农业科学院院长唐华俊、2021 年世界粮食峰会特使艾格尼丝·卡里巴塔参会。

2021 年 4 月 27 日，《农民日报》报道：近日，由河北省农业农村厅耕地质量监测保护中心牵头起草的《耕地地力主要指标分级诊断》省级地方标准，通过省市场监督管理局组织的专家审定会审定，即将发布实施。

2021 年 4 月 28 日，《农民日报》报道：从即日起至 6 月底，河北省将开展食用农产品市场销售质量安全整治"百日行动"，切实解决和消除当前市场销售食用农产品存在的突出问题和风险隐患。

2021 年 5 月 7 日，《农民日报》报道：国务院新闻办举行新闻发布会，介绍《中国知识产权保护与营商环境新进展报告（2020）》（以下简称《报告》）有关情况。全国打击侵权假冒工作领导小组办公室相关负责人在解读《报告》时表示，2020 年保护知识产权工作在行政执法方面，聚焦重点领域、重点环节、重点产品，开展系列专项行动，重拳出击遏制侵权行为。在农村和城乡接合部，六部门开展农村假冒伪劣食品专项执法行动，助力扶贫攻坚和乡村振兴；开展"春雷"行动，严厉打击农资领域侵权假冒违法行为；组织春季、秋季农作物种子市场检查，查处一批侵权案件；在重点民生领域，三部门开展落实食品药品安全"四个最严"要求专项行动，查办涉食品安全违法案件 28.5 万件。

2021 年 5 月 18 日，《农民日报》报道：保障高标准农田建设质量，需要建立健全相关管理规章制度。日前，农业农村部印发《高标准农田建设质量管理办法（试行）》，于今年 5 月 1 日起施行。

2021 年 5 月 20 日，《农民日报》报道：自2019 年全国启动食用农产品合格证制度试行工作以来，青海省各地各部门迅速行动，34 个县、3 802 个生产主体开展了试行工作，已开具合格证 65 万余张，带证上市农产品 32.6 万吨，部、省两级组织开展了带证农产品抽样检测，全省自产农产品合格率总体达 99%。

2021 年 5 月 21 日，《农民日报》报道：日前，农业农村部印发《2021 年全国种业监管执法年活动方案》，于 2021—2023 年开展为期 3 年的全国种业监管执法年活动，旨在通过推动种业治理体系和治理能力现代化建设，强化种业知识产权保护，净化种子市场环境，来提升创新主体动力、市场主体活力、市场运行秩序，为种业高质量发展营造良好环境。

2021 年 5 月 22 日，《农民日报》报道：为强化农产品质量安全监管工作，严厉打击违法违规行为，切实保障人民群众"舌尖上的安全"，农业农村部近日决定开展 2021 年国家农产品质量安全监督抽查工作。根据农产品质量安全风险监测中发现的问题隐患、媒体报道和群众投诉举报的质量安全问题、国家有关部门日常监管中发现的问题，结合我国"菜篮子"大县的主要生产和消费地区，确定了此次监督抽查的重点品种、参数及检查的重点对象，明确了抽查省份、承担单位、产品名称、样品数量，并确定了重点检测项目、检测方法及判定依据。

2021 年 5 月 26 日，《农民日报》报道：日前，农业农村部与国家卫生健康委员会和国家市场监督管理总局三部委联合发布《食品安全国家标准 食品中农药最大残留限量》（GB2763 - 2021），新版标准将于 2021 年 9 月 3 日起实施。至此，我国农药残留限量标准将突破 1 万项，全面覆盖我国批准使用的农药品种和主要植物源性产品。

2021 年 5 月 28 日，《人民日报》报道：日前，农业农村部发布 2021 年第一季度国家农产品质量安全例行监测（风险监测）结果，监测数据显示，今年第一季度抽检蔬菜、畜禽产品和水产品等 3 大类产品 81 个品种 127 项参数 6 970 个样品，总体合格率为 97.2%。

2021 年 6 月 10 日，《农民日报》报道：6 月9 日，2021 年全国食品安全宣传周农业农村部主题日活动在浙江省金华市浦江县举行。本次活动是全国食品安全宣传周系列活动之一，以"阳光农安 共建共享"为主题，集中展示农产品质量安全监管成效，强化农产品种养安全用药规定，增强放心农产品消费信心，推动全社会形成关心农安、尚俭崇信、共治共享的良好氛围。

2021 年 6 月 15 日，《农民日报》报道：6 月11 日，农业农村部、市场监管总局、公安部、最高人民法院、最高人民检察院、工业和信息化部、国家卫生健康委七部门联合召开食用农产品"治违禁控药残 促提升"三年行动部署启动视频会议。农业农村部副部长马有祥出席会议并讲话。市场监管总局副局长唐军对相关领域工作进行专题部署。最高人民法院审判委员会副部级专职委员沈亮、最高人民检察院检察委员会副部级专职委员张志杰出席会议。

2021 年 6 月 16 日，《农民日报》报道：湖南省农业农村厅等七部门近日召开视频会议，自当前起至 2024 年 6 月，湖南全省将开展食用农产品"治违禁、控药残、促提升"三年行动，切实解决禁限用药物违法使用、常规农（兽）药残留超标等问题，确保食用农产品质量安全。

2021 年 6 月 17 日，《农民日报》报道：组织相关职能部门开展粮食流通市场监督检查 4 次，进行托市出库检查企业 1 家，粮食流通行业安全生产大排查大整治检查企业 8 家，稻谷饲用定向监管企业 2 家，日常检查涉粮企业 8 家，共下达整改通知书 3 份。这是今年以来山东省乐陵市交出的粮食流通执法工作的成绩单。

2021 年 7 月 7 日，《农民日报》报道：日前，上海浦东农资线上平台（测试版）已上线，通过搭建线上服务平台，为广大农户购买农资提供便利，从而保障农产品质量安全。

2021 年 7 月 7 日，《农民日报》报道：6 月 29 日，农产品质量安全危害因子与风险防控国家重点实验室建设动员会在浙江杭州举行。该实验室以我国东部沿海地区主要优势和特色农产品为对象，将围绕"农产品质量安全过程控制""农产品质量安全危害因子污染机理""农产品质量安全风险评估"三个主要研究方向开展深入研究。

2021 年 7 月 7 日，《农民日报》报道：日前，河北省农业农村厅对推进品种培优、品质提升、品牌打造和标准化生产引领农业绿色发展、提升农业质量效益和竞争力作出安排，要求各级农业农村部门突出省定 12 个特色优势产业集群和当地特色优势产业，发挥现代农业示范园区和精品生产基地引领作用，加快推进农业生产"三品一标"提升行动。

2021 年 7 月 9 日，《农民日报》报道：为落实党中央、国务院决策部署，深入贯彻全国深化"放管服"改革，加大种业"放管服"改革力度，助力打好种业翻身仗，近日，农业农村部就优化农作物种子进出口审批流程，取消了省级审核环节，直接由审批大厅统一受理审核，主管部门一次审批，进一步为申请主体"减负"。

2021 年 8 月 2 日，《科技日报》报道：新修订的《生猪屠宰管理条例》于 8 月 1 日起施行。

2021 年 8 月 4 日，《农民日报》报道：自 2019 年地理标志农产品保护工程实施以来，全国各级农业农村部门积极推进，主动作为，取得了积极成效，形成了一批地理标志农产品引领乡村特色产业发展的典型经验。

2021 年 8 月 4 日，《农民日报》报道：2020 年，广西南宁火龙果纳入地理标志农产品保护工程。通过推良种、提品质、打品牌，大力实施标准化生产，助推了"中国火龙果看南宁"的美誉度。

2021 年 8 月 4 日，《农民日报》报道：当前，我国农业品牌建设步入快车道，如何发挥标准引领作用，推动农业品牌高质量发展，更好地引领农业农村现代化建设，助力"双循环"新发展格局尤为重要。中国农业品牌研究中心是我国农业品牌标准建设研究的牵头单位，承担着农业农村部农业品牌首个行业标准——《区域公用品牌建设标准》的项目建设工作。

2021 年 8 月 7 日，《农民日报》报道：为深入学习贯彻习近平总书记关于"三农"工作的重要论述和打造乡村振兴齐鲁样板的重要指示要求，在农业农村部大力支持下，近日《山东省打造全国现代畜牧业齐鲁样板实施方案》出台，立足产业发展实际，围绕满足人民群众美好生活需要，定位示范引领全国现代畜牧业，谋划推进新时期山东现代畜牧业高质量发展。

2021 年 8 月 7 日，《农民日报》报道：近日，经国务院同意，农业农村部、国家发展改革委、财政部、生态环境部、商务部、银保监会等 6 部门联合印发《关于促进生猪产业持续健康发展的意见》。

2021 年 8 月 9 日，《农民日报》报道：今年年初，广东省农业农村厅印发《广东荔枝产业高质量发展三年行动计划（2021—2023 年）》，提出到 2023 年，把广东打造成为世界荔枝产业中心、研发中心、交易中心、文化中心，形成全球最具竞争力的荔枝优势产业带。

2021 年 8 月 23 日，《农民日报》报道：日前，云南省农业农村厅出台《"绿色食品牌"品牌目录管理办法》，旨在深入实施品牌强农和质量兴农战略，加大云南省"绿色食品牌"培育力度，健全品牌培育、发展和保护机制，促进乡村振兴。

2021 年 8 月 25 日，《农民日报》报道：日前，黑龙江省出台《关于加快农业科技创新推广的实施意见》（以下简称《意见》）。《意见》提出，到 2025 年，努力把黑龙江打造成全国现代化大农业科技创新高地、农业科技人才培养高地、数字农业发展先导区、现代化大农业发展样板区，实现以农业标准化、规模化、绿色化、数字化、园区化、融合化为特征的农业现代化，争当全国农业现代化建设排头兵。全省农业科技进步贡献率超过 71.8%。

2021 年 8 月 28 日，《农民日报》报道：日前，北京市奶业协会组织召开专家评审会，审定通过了《牛奶中褪黑素含量的测定 液相色谱—串联质谱法》团体标准。首农食品集团副总经理、北京市奶业协会会长常毅出席会议并讲话，中国农业大学、北京市奶业协会、北京三元食品股份有限公司、首创畜牧公司、北京奶牛中心等项目参与单位负责人参会。

2021年9月1日，《农民日报》报道：日前，农业农村部印发《关于加强乡镇农产品质量安全网格化管理的意见》，这是网格化管理在农业农村领域的一次重要尝试和探索，具有重要意义。

2021年9月2日，《农民日报》报道：由国家卫生健康委、农业农村部和市场监管总局联合发布的《食品安全国家标准 食品中农药最大残留限量》（GB2763－2021）标准将于9月3日起正式实施。

2021年9月4日，《农民日报》报道：近年来，中国兽药典委员会、中国兽医药品监察所积极组织开展中国兽药典编纂、兽药标准清理和补充检测方法研究及制定修订等工作并取得显著成效，兽药国家标准体系日益健全、完善，对养殖业发展和食品安全、公共卫生安全、生态安全的服务和保障作用不断加强。

2021年9月7日，《农民日报》报道：《食品安全国家标准 食品中农药最大残留限量》（GB2763－2021）已于2021年9月3日起正式实施。为做好2021版农药残留限量食品安全国家标准实施工作，农业农村部要求，各省农业农村部门要积极组织各农业大县，面向农产品质量安全执法、检验检测、技术推广、科研教育、生产经营、农资销售等相关人员开展标准培训。

2021年9月7日，《农民日报》报道：9月5日，2021年中国国际服务贸易交易会"粮食现代供应链投资与发展国际论坛"在北京举办。来自国内外不同领域的专家围绕"建设韧性粮食供应链，增强粮食安全治理能力"等议题展开讨论。与会专家认为，中国在促进农业发展、保障粮食安全方面所取得的成就和经验值得借鉴，各国应秉持人类命运共同体理念，加强粮食安全合作，构建安全、稳定、合理的国际粮食安全新局面。

2021年9月8日，《农民日报》报道：今年7月，全国政协在天津市召开提案办理协商会，提出京津冀、长三角和粤港澳大湾区三大战略区要在推进农产品质量安全追溯体系建设方面先行先试，发挥示范引领作用。

2021年9月9日，《农民日报》报道：近日，农业农村部、国家发展改革委、科技部、自然资源部、生态环境部、国家林草局联合印发《"十四五"全国农业绿色发展规划》。这是我国首部农业绿色发展专项规划，对"十四五"农业绿色发展工作作出

系统部署和具体安排。

2021年9月11日，《农民日报》报道：近日，市场监管总局、国家标准化管理委员会公布了《冷却肉加工技术要求》《畜禽肉分割技术规程猪肉》《畜禽肉品质检测近红外法通则》3部与肉类相关的国家标准。

2021年9月14日，《农民日报》报道：由农业农村部农产品质量安全监管司指导，农民日报社、中国绿色食品发展中心主办的2021年地标农品中国行活动，将于9月17日在宁夏银川开启首站。

2021年9月15日，《农民日报》报道：近日，农业农村部印发《关于加强乡镇农产品质量安全网格化管理的意见》，对推进乡镇农产品质量安全网格化管理工作作出了部署，强调在"十四五"期间基本实现所有乡镇明确监管网格，要求从区域定格、网络定格、人员定责、创新机制、公示公开5个方面推进网格化管理。

2021年9月16日，《人民日报》报道：农业农村部等6部门近日联合印发《"十四五"全国农业绿色发展规划》，这是我国首部农业绿色发展专项规划。

2021年9月16日，《人民日报》报道：15日，第二十届长春农博会落幕。据悉，展会期间现场意向性签约金额达7亿元，现场交易额达2.6亿元。本届农博会以"发展智慧农业、引领产业发展、增强交易功能、助力乡村振兴"为主题，共推出品牌展销与设施装备、产业示范与科普教育、经贸论坛与赛事活动三大板块41项展示与活动内容。

2021年9月17日，《人民日报》报道：《全国高标准农田建设规划（2021—2030年）》（以下简称《规划》）近日印发。9月16日，在国新办举行的国务院政策例行吹风会上，农业农村部副部长张桃林表示，按照《规划》，到2025年我国累计建成10.75亿亩并改造提升1.05亿亩高标准农田，到2030年累计建成12亿亩并改造提升2.8亿亩高标准农田，到2035年，全国高标准农田保有量和质量进一步提高。

2021年9月28日，《农民日报》报道：高标准农田建设是巩固和提高粮食生产能力、保障国家粮食安全的关键举措。2013年12月9日，国家发改委发布《全国高标准农田建设总体规划》，2019年11月13日国务院办公厅印发《关于切实加强高标准农田建设提升国家粮食安全保障能力的意见》，提出到2020年，全国建成8亿亩集中连片、旱涝保收、节水高效、稳产高产、生态友好的高标准农田；到

2022 年，建成 10 亿亩高标准农田，稳定保障 1 万亿斤以上粮食产能；到 2035 年，通过持续改造提升，全国高标准农田保有量进一步提高，不断夯实国家粮食安全保障基础。

2021 年 9 月 29 日，《农民日报》报道：北京将推动高端蔬菜等高品质农产品规模化、标准化生产，推广专柜售卖、网络营销、可追溯管理。到 2025 年，北京绿色有机农产品总量将翻一番。同时，出台农村流通现代化若干措施，加快推进农产品仓储保鲜和冷链物流设施建设，打造以电商平台为引领的农产品现代流通体系。

2021 年 9 月 29 日，《农民日报》报道：为进一步提升地理标志农产品在品牌化打造、市场化运作、产业化发展方面发挥的效益和作用。近日，在 2021 年地理标志农产品中国行（宁夏站）活动现场，专家、学者围绕推进农产品地理标志保护和产业发展进行交流探讨，提出以新思路、新举措推动地理标志农产品高质量发展，助力乡村振兴。

2021 年 9 月 30 日，《农民日报》报道：9 月 28 日，联合国粮农组织、国际农发基金、联合国儿童基金会、世界粮食计划署和世界卫生组织 5 家联合国机构，在北京举办《2021 世界粮食安全和营养状况》报告发布解读会。

2021 年 10 月 8 日，《农民日报》报道：为加强高标准农田建设项目竣工验收管理，规范全国高标准农田建设项目竣工验收工作，按照《国务院办公厅关于切实加强高标准农田建设提升国家粮食安全保障能力的意见》（国办发〔2019〕50 号）关于统一验收考核的有关要求，农业农村部研究制定了《高标准农田建设项目竣工验收办法》，已于 2021 年 9 月 3 日印发实施。

2021 年 10 月 13 日，《农民日报》报道：近日，第七届中国（山西）特色农产品交易博览会在山西晋中国家农高区顺利闭幕。值得一提的是，在为期 4 天的展会期间，一大批来自三晋大地、产自特定地域、彰显独特品质的优秀地理标志农产品得到集中展示，引人关注。

2021 年 10 月 16 日，《农民日报》报道：为加快农产品信用体系建设，10 月 14 日，全国农产品质量安全信用工作推进会在浙江建德召开。推进会上，国家发展改革委和浙江省发展改革委分别介绍了社会信用体系建设情况，全国部分省市及建德市汇报了农安信用体系建设的主要做法和成效；农业农村部部署推进了"十四五"时期农产品质量安全信用体系建设工作。

2021 年 10 月 25 日，《农民日报》报道：坚决守住农产品质量安全底线。积极推进《农产品质量安全法》修订工作，会同公安部、最高法、最高检推动《农产品质量安全领域行政执法与刑事司法衔接工作办法》出台，推进建立行刑衔接机制。

2021 年 10 月 26 日，《光明日报》报道：10 月 22 日，以"科技创新引领乡村振兴"为主题的第二十八届中国杨凌农业高新科技成果博览会（简称"杨凌农高会"）在陕西杨凌开幕。当天上午，2021 杨凌现代农业高端论坛在云端成功举办，各国嘉宾相聚云端，共话粮食安全。

2021 年 10 月 27 日，《农民日报》报道：上海市农业农村委始终高度重视农产品质量安全基层技能人才培育工作，2019—2021 年，从蔬菜产业发展需求出发，对全市 478 名农产品质量安全检测员进行了上岗前集中培训和考核，以提升检测员为农服务的能力，明确工作岗位职责，筑牢基层农产品质量安全防线。2020 年共完成各类蔬菜样品农药残留快速检测 100 万个，检测合格率 100%，有力保障了全市蔬菜农产品质量安全。

2021 年 10 月 28 日，《农民日报》报道：10 月 22—24 日，第十三届中国国际种业博览会暨第十八届全国种子信息交流与产品交易会（简称种子双交会）在山东济南举行。作为种业界一年一度的大型展会，本届种子双交会以"兴种稳粮保安全，固本强基促振兴"为主题。

2021 年 10 月 30 日，《农民日报》报道：2020 年 6 月，习近平总书记在宁夏考察时强调，"要注意解决好稻水矛盾"。既要保证粮食安全也要保证生态安全已成为不容回避的重大课题之一，这就要求我们必须要在满足水稻高产优质刚性需求与缓解水资源紧缺严峻形势之间寻出两全之策，开辟出一条增产增效与节水抗旱相结合的新路。

2021 年 10 月 30 日，《农民日报》报道：农业农村部畜牧兽医局副局长孔亮介绍，2020 年全国饲料质量安全抽检合格率达到 98.1%。饲料质量安全水平的持续提升，为畜牧业高质量发展提供了强有力的支撑。

2021 年 11 月 1 日，《农民日报》报道：山西省举办 2021 年农产品质量安全突发事件应急演练，通过检验预案、磨炼机制、锻炼队伍，提高应对农产品质量安全突发事件的快速反应、应急处置和协调作战能力。

2021 年 11 月 5 日，《人民日报》报道：全国冬春农田水利暨高标准农田建设电视电话会议 11 月

4 日在京召开。中共中央政治局常委、国务院总理李克强作出重要批示。批示指出：农田水利建设事关国家粮食安全和农业农村现代化大局。

2021 年 11 月 15 日，《农民日报》报道：近日，第二十九届中国北京种业大会在北京园博园举行。大会围绕玉米、蔬菜、畜禽等种业领域的育种创新、生物技术、企业建设、国际合作、知识产权等关键内容展开，聚焦国家粮食安全战略，助力现代种业提升。

2021 年 11 月 16 日，《人民日报》报道：党的十八大以来，以习近平同志为核心的党中央把粮食安全作为治国理政的头等大事，提出了"确保谷物基本自给、口粮绝对安全"的新粮食安全观，确立了以我为主、立足国内、确保产能、适度进口、科技支撑的国家粮食安全战略，走出了一条中国特色粮食安全之路。

2021 年 11 月 16 日，《人民日报》报道：目前，我国人均粮食占有量超过 474.4 千克，高于人均 400 千克的国际粮食安全标准线；小麦、水稻自给率超过 100%，玉米自给率达到 95% 以上，实现谷物基本自给、口粮绝对安全；果菜茶肉蛋鱼等产量稳居世界第一，较好满足人民群众日益升级的消费需求。

2021 年 11 月 16 日，《农民日报》报道：针对东北黑土地"薄、瘦、硬"问题，2020 年 2 月经国务院同意，包括内蒙古通辽市在内的《东北黑土地保护性耕作行动计划（2020—2025 年）》正式启动实施。通辽市贯彻落实中央和自治区部署，2020 年制定《黑土地保护性耕作推进行动（2020—2025 年）》，提出到 2022 年实施保护性耕作面积达到适宜面积的 20%，到 2025 年达到 50% 以上。

2021 年 11 月 18 日，《科技日报》报道：为确保优质粮食工程升级版建设取得实实在在成效，国家粮食和物资储备局日前印发粮食绿色仓储、粮食品种品质品牌、粮食质量追溯、粮食机械装备、粮食应急保障能力、粮食节约减损健康消费提升等"六大提升行动"方案，加快构建可持续的国家粮食安全保障体系。

2021 年 11 月 19 日，《人民日报》报道：我国不断完善农产品质量安全监管体系，加快推进追溯管理，截至 2020 年，全国农产品例行监测总体合格率持续 6 年稳定在 97% 以上。目前，全国绿色、有机和地理标志认证的农产品数量累计达到 5.5 万个。

2021 年 11 月 19 日，《农民日报》报道：日前，农业农村部印发《关于拓展农业多种功能　促进乡村产业高质量发展的指导意见》（以下简称《指导意见》）。《指导意见》明确，到 2025 年，农业多种功能充分发掘，乡村多元价值多向彰显，优质绿色农产品、优美生态环境、优秀传统文化产品供给能力显著增强，粮食产量保持在 1.3 万亿斤以上，农产品加工业与农业总产值比达到 2.8：1，乡村休闲旅游年接待游客人数 40 亿人次，年营业收入 1.2 万亿元，农产品网络零售额达到 1 万亿元。

2021 年 11 月 20 日，《农民日报》报道：粮食加工业是农业现代化的重要标志，是连接谷物生产和食品供给的桥梁纽带，也是节粮减损的关键环节。党中央、国务院高度重视粮食加工环节节粮减损，近日，中办国办印发《粮食节约行动方案》，明确要求提高粮食加工转化率，制定、修订小麦粉等口粮加工标准，提升粮食加工行业数字化管理水平，发展全谷物产业，创新食品加工配送模式等，在加工环节节粮减损取得实效。

2021 年 11 月 22 日，《人民日报》报道：习近平总书记深刻指出："粮食安全是事关人类生存的根本性问题，减少粮食损耗是保障粮食安全的重要途径。"保障粮食安全，促进节粮减损，刻不容缓，势在必行。中共中央办公厅、国务院办公厅不久前印发的《粮食节约行动方案》要求，推动粮食全产业链各环节节约减损取得实效，为加快构建更高层次、更高质量、更有效率、更可持续的国家粮食安全保障体系奠定坚实基础。

2021 年 11 月 25 日，《农民日报》报道：日前，农业农村部印发公告，决定自 12 月 1 日起，"从国外引进农业种子、苗木检疫审批"等 11 项行政许可事项实施全程电子化审批，申请人不再需要提交任何纸质材料，申请审批实现全程网上办理。截至目前，农业农村部已有一半的行政许可事项全部或部分实现了全程电子化审批。

2021 年 11 月 27 日，《农民日报》报道：近日，国家粮食和物资储备局召开新闻通气会，介绍当前秋粮收购、保供稳市、监督检查等有关情况，并答记者问。据了解，目前秋粮丰收已成定局，收购工作正由南向北陆续展开，各地认真落实国家粮食收购政策，收购资金、仓容、人员等准备较为充分。

2021 年 11 月 29 日，《农民日报》报道："永新源"猪不仅是广西名牌产品、广西出口名牌、广西名优富硒产品，还曾获评新中国成立以来广西最具影响力品牌，被选为第四十五届世界体操锦标赛定点生产肉食品，在国家兴奋剂检测研究中心检测报告上，"永新源"猪肉检测克伦特罗、莱克多巴胺、雄烯二酮等 144 个检测指标全部达标（零检出），这是专业运动员竞赛标准食用的猪肉。

2021 年 11 月 30 日，《农民日报》报道：新发地市场探索的保供"链条"，成功联通了农户、经营者与消费者。通过打造种植园的形式，保证市场供应品类齐全，提高农产品供应的可控率，同时带动了广大地区农户致富，将种植出的农产品通过经营批发打开了消费者市场，深入终端市场，形成"共赢"局面。从保供系统来看，市场为城市蔬菜保供主力军之一，以货源、物流、储存三方面为抓手，通过本地供应、仓库存储、"南菜北运"三条通道保证了首都及周边各地的供应稳定，以灵活的反应机制保证每条通道畅行无阻，既让政府放心，又让消费者踏实。

2021 年 12 月 1 日，《科技日报》报道："江苏粮食质量安全的最大风险之一来自镰刀菌毒素对小麦的污染，我们历时近 20 年研发的小麦镰刀菌毒素污染风险形成机制及管控关键技术，破解了毒素发现难、控制难的问题。"近日，江苏省农业科学院农产品质量安全与营养研究所首席科学家史建荣研究员告诉记者，应用了他们研发的毒素控制关键技术，大幅降低了毒素污染程度，解决了小麦丰收带毒的产业难题，成果获得 2020 年江苏省科学技术奖一等奖，相关技术累计推广 4 070 万亩，新增产值 50.9 亿元。目前，该技术体系已经被制定为国家农业行业标准发布，有效保障了江苏乃至全国小麦产品质量安全。

2021 年 12 月 3 日，《人民日报》报道：近日国家林业和草原局、国家发展改革委、科技部等 10 部门联合印发《关于加快推进竹产业创新发展的意见》，明确将大力保护和培育优质竹林资源，构建完备的现代竹产业体系，构筑美丽乡村竹林风景线。到 2025 年，全国竹产业总产值突破 7 000 亿元；到 2035 年，全国竹产业总产值超过 1 万亿元。

2021 年 12 月 3 日，《农民日报》报道：用最严格的制度、最严密的法治保护生态环境，是我国实现生态环境质量总体改善目标的制胜法宝。记者从近日召开的生态环境部发布会上了解到，"十三五"以来，截至 2021 年 11 月底，全国各地共办理了 7 600 余件生态环境损害赔偿案件，赔偿金额超过 90 亿元。

2021 年 12 月 10 日，《农民日报》报道：山西省大力实施"特""优"农产品发展战略以来，狠

抓质量兴农、绿色兴农、品牌强农，坚持"管源头、管过程、管产品、管标准、管能力、管本质"，充分发挥绿色优质农产品在"品种培优、品质提升、品牌打造和标准化生产"中的重要作用，延伸产业链条、提升品牌价值、完善监管追溯，深入推动农产品绿色化、特色化、品牌化、规模化，不断提高农产品的经济效益、社会效益和生态效益，为该省提高绿色优质农产品供给水平和推动农产品高质量绿色发展蹚出了一条新路子。

2021 年 12 月 11 日，《农民日报》报道：近日，由中国动物疫病预防控制中心（农业农村部屠宰技术中心）主持制定的国际标准《生猪屠宰操作规程》（ISO 23781：2021Operating procedures of pig slaughtering）在国际标准化组织（ISO）官网上发布，这是我国主导的首项畜禽屠宰领域国际标准。

2021 年 12 月 13 日，《农民日报》报道：近日，天津食品集团所属利达粮油有限公司荣获国家粮食和物资储备局、农业农村部、教育部、科技部、全国妇联联合颁发的第三批"全国粮食安全宣传教育基地"称号。

2021 年 12 月 15 日，《农民日报》报道：今年以来，内蒙古自治区各级农牧部门充分发挥自治区"水是清洁的、土是干净的"资源禀赋，坚持"守底线、提能力、拉高线"和"产""管"并举，全区农畜产品质量安全监测总体合格率达 98.5% 以上。

三、农村法制建设

2021 年 1 月 14 日，《农民日报》报道：2020 年 5 月 1 日起正式实施的《保障农民工工资支付条例》，要求对拖欠农民工工资涉嫌构成拒不支付劳动报酬罪的，及时移送司法机关追究刑事责任，对农民工按时足额获得工资，化解"讨薪难、难讨薪"窘境提供了有力保障。

2021 年 1 月 15 日，《农民日报》报道：《山西法治蓝皮书：法治山西建设年度报告（2020）》对外发布，体现生态法治的"两山"理念法治创新和农业综合行政执法改革被写进报告，成为一大亮点。践行"绿水青山就是金山银山"理念以来，山西聚焦生态治理、生态保护、生态产业和生态扶贫，制定了《山西永久性生态公益林保护条例》，启动《山西省经济林发展条例》和《关于加快吕梁山生态保护修复的决定》立法工作，先后出台了 6 个地方性法规、5 个政府规章、54 个规范性文件，通过生态

法治促进生态与扶贫良性互动、相辅相成。

2021年1月22日，《农民日报》报道：内蒙古各地从实际出发，通过"马背宣讲团""流动宣传队""普法大篷车"等形式开展巡回法治宣传，"送法下乡"活动呈现常态化。截至目前，共有380多支法治乌兰牧骑队伍活跃在全区各地，深入到农村、牧区、企业、学校开展法治文化惠民演出，以群众喜闻乐见的艺术形式宣传法律法规和党的政策。据统计，全区共建成乡村法治文化广场、法治文化公园、法治文化长廊等法治宣传教育基地587个，村（社区）法治宣传栏（橱窗）1.2万个，为农牧民搭建了广泛的学法平台，实现1.3万余个嘎查村（居）法律顾问全覆盖。

2021年2月1日，《人民日报》报道：经国务院同意，国家发展改革委、财政部、税务总局近日联合印发《海南自由贸易港鼓励类产业目录（2020年本）》（以下简称《目录》）。《目录》在国家现有产业目录中鼓励类产业的基础上新增14大类、143个细分行业，可享受减按15%征收企业所得税。《目录》自2020年1月1日起施行，有效期截至2024年12月31日，内容将根据海南自贸港建设的需要进行动态调整。14个大类行业包括：制造业，建筑业，信息传输、软件和信息技术服务业，金融业，租赁和商务服务业，科学研究和技术服务业，交通运输、仓储和邮政业，农、林、牧、渔业，批发和零售业，住宿和餐饮业，水利、环境和公共设施管理业，教育，卫生和社会工作，文化、体育和娱乐业。

2021年2月1日，《光明日报》报道：近日，中共中央办公厅、国务院办公厅印发了《建设高标准市场体系行动方案》，并发出通知，要求各地区各部门结合实际认真贯彻落实。方案要求健全农村集体产权制度；深化土地管理制度改革，完善建设用地市场体系，开展土地指标跨区域交易试点；加强农产品商标及地理标志商标的注册和保护；持续支持中西部地区城乡接合部、县域和农村商贸基础设施建设和协同共享，畅通区域间、城乡间流通网络。

2021年2月3日，《科技日报》报道：近日，农业农村部发布的《关于加强水产养殖用投入品监管的通知》明确，在全国试行水产养殖用投入品使用白名单制度。

2021年2月4日，《农民日报》报道：日前，农业农村部正式颁布《农村土地经营权流转管理办法》（以下简称《办法》）。制定实施《办法》，是贯彻落实新修改的《农村土地承包法》的重要举措，为农村土地经营权流转行为更有序、流转管理更规范提供了法治保障，为保护流转当事人合法权益、维护农村社会和谐稳定提供了有效手段，是事关广大农民切身利益、农业农村发展全局和保障国家粮食安全的一件大事。

2021年2月5日，《光明日报》报道：为深入学习贯彻习近平总书记重要指示精神，推动各地把新冠肺炎疫情防控期间开展精神文明教育和爱国卫生运动积累的好经验、好做法长期坚持下去，引导人们培养文明行为习惯、养成健康生活方式、弘扬崇尚节约理念、树立绿色环保观念，中央文明办近日印发《关于持续深化精神文明教育 大力倡导文明健康绿色环保生活方式的通知》。《通知》强调，要把倡导文明健康绿色环保生活方式融入文明实践，发挥好新时代文明实践中心作用，广泛开展以疫情防控知识宣传普及为主题的各种文明实践活动，特别要针对冬春季农村地区疫情防控工作，做好返乡人员的宣传；推动各地村镇积极倡导现代文明理念，大力破除陈规陋习，丰富农村群众特别是青少年的精神文化生活。

2021年2月6日，《光明日报》报道：2月5日，国家林业和草原局、农业农村部发布消息称，经国务院批准，调整后的《国家重点保护野生动物名录》（以下简称《名录》）正式向公众发布。调整后的《名录》，共列入野生动物980种和8类，其中国家一级保护野生动物234种和1类、国家二级保护野生动物746种和7类。在管理体制上，上述物种中，686种按陆生野生动物由林草部门管理，294种和8类按水生野生动物由渔业部门管理，在《名录》中加"＊"标注。

2021年2月8日，《农民日报》报道：2月4日，公安部召开新闻发布会，通报日前印发的《公安机关切实服务保障长江经济带高质量发展的意见》（以下简称《意见》）有关情况。《意见》明确，继续开展专项行动，全力侦破一批涉及面广、社会影响大、群众反映强烈的重大涉江犯罪案件，深化推进"长江禁渔"行动，严厉打击破坏长江生态环境和野生动植物资源、涉江走私、危害粮食安全、侵犯企业合法权益、文物犯罪等突出违法犯罪活动。

2021年2月8日，《农民日报》报道：为贯彻落实党的十九届五中全会和中央经济工作会议、中央农村工作会议精神以及全国农业农村厅局长会议部署，近日，农业农村部乡村产业发展司印发《2021年乡村产业工作要点》，为各地推进"十四五"乡村产业工作开好局、起好步，提供指导和参照。

2021 年 2 月 10 日，《农民日报》报道：为贯彻落实党中央、国务院优先发展农业农村、全面推进乡村振兴的决策部署，发展县域经济，顺应农村产业发展规律，自然资源部、国家发展改革委、农业农村部联合印发《关于保障和规范农村一二三产业融合发展用地的通知》，保障农村一二三产业融合发展合理用地需求，为农村产业发展壮大留出用地空间。

2021 年 2 月 20 日，《人民日报》报道：中共中央总书记、国家主席、中央军委主席、中央全面深化改革委员会主任习近平2月19日下午主持召开中央全面深化改革委员会第十八次会议并发表重要讲话。会议审议通过了《关于完善重要民生商品价格调控机制的意见》《关于推动公立医院高质量发展的意见》《关于县以下事业单位建立管理岗位职员等级晋升制度的意见》《关于全面加强药品监管能力建设的实施意见》《关于建立健全生态产品价值实现机制的意见》《关于持续防范和整治"村霸"问题的意见》《关于加强诉源治理推动矛盾纠纷源头化解的意见》。

2021 年 2 月 21 日，《农民日报》报道：2月19日，最高人民检察院、国家市场监督管理总局、国家药品监督管理局联合发布15件落实食品药品安全"四个最严"要求专项行动典型案例。此批典型案例覆盖领域广，包括添加禁用物质的减肥咖啡、"假烤鸭"、网络订餐平台不履责等食品领域案件，黑作坊制售假药、药店销售过期劣药等药品领域案件，不合格化妆品案件以及危害农业安全的伪劣种子案件等。

2021 年 2 月 22 日，《光明日报》报道：2月21日，《中共中央 国务院关于全面推进乡村振兴加快农业农村现代化的意见》正式对外发布。这是2021年中央1号文件，也是21世纪以来指导"三农"工作的第18个中央1号文件。

2021 年 2 月 23 日，《人民日报》报道：经李克强总理签批，国务院近日印发《关于新时代支持革命老区振兴发展的意见》（下称《意见》）。《意见》明确，到2025年，革命老区脱贫攻坚成果全面巩固拓展，乡村振兴和新型城镇化建设取得明显进展，基础设施和基本公共服务进一步改善，居民收入增长幅度高于全国平均水平，对内对外开放合作水平显著提高，红色文化影响力明显增强，生态环境质量持续改善。

2021 年 2 月 23 日，《人民日报》报道：国务院近日印发《关于加快建立健全绿色低碳循环发展经济体系的指导意见》（以下简称《指导意见》）。《指导意见》要求加快农业绿色发展，推动能源体系绿色低碳转型，完善能源消费总量和强度双控制度，推进城镇环境基础设施建设升级，提升交通基础设施绿色发展水平，改善城乡人居环境。

2021 年 2 月 23 日，《人民日报》报道：为发挥示范带动作用，进一步激发广大干部群众扎实开展村庄清洁行动、推进农村人居环境整治提升的积极性主动性，中央农办、农业农村部日前印发《关于通报表扬2020年全国村庄清洁行动先进县的通知》（以下简称《通知》），对北京市延庆区等106个措施有力、成效突出、群众满意的村庄清洁行动先进县予以通报表扬。《通知》指出，2018年12月，中央农办、农业农村部等18个部门联合印发《农村人居环境整治村庄清洁行动方案》。两年多来，各地采取有效措施、迅速组织推进，动员近4亿人次，全国95%以上的村庄开展了清洁行动，绝大多数村庄实现干净整洁有序。村庄清洁行动成为圆满完成《农村人居环境整治三年行动方案》目标任务的有效抓手。

2021 年 2 月 23 日，《科技日报》报道：严守食药安全底线，三部门合力重拳治乱。2019年9月—2020年12月，最高人民检察院、市场监管总局、国家药监局联合开展了落实食品药品安全"四个最严"要求专项行动。严厉打击农村制售假冒伪劣食品违法犯罪，切实维护农村食品安全；依法加大对制售假劣种子、农药、化肥等农资犯罪的打击力度，切实维护国家粮食安全；此外，进一步完善常态化沟通协调机制，增进监管协同，推进有关市场监管、农产品安全行政执法与刑事司法衔接工作办法制定出台，提升打击合力。

2021 年 2 月 25 日，《人民日报》报道：日前，最高人民检察院决定自今年2月起至2023年2月止，在全国检察机关深入开展"司法救助助力巩固拓展脱贫攻坚成果助推乡村振兴"专项活动，对进入检察办案环节的因案致贫返贫的当事人、生活困难的涉法涉诉信访人等5类农村地区贫困当事人加大司法救助工作力度。

2021 年 2 月 26 日，《农民日报》报道：近年来，各地农业农村部门组织农业综合行政执法机构按照"四个最严"要求，履职尽责、主动出击，围绕农兽药残留、非法添加、违禁使用和私屠滥宰等突出问题，加大执法查处力度，会同公检法机关严厉打击农产品质量安全领域违法违规行为。2019年，深入实施"不忘初心、牢记使命"主题教育农产品质量安全整治，2020年开展农产品质量安全专项整治"利剑"行动，共出动监管执法人员586.8万人次，检查生产经营主体321.6万家次，查处问题2.9万个，2020年主要农产品例行监测合格率达到97.8%。其中，河北、安徽、浙江、天津、宁夏、重庆、江西、福建、山东、辽宁等地农业农村部门坚持问题导向，敢于较真碰硬，狠抓线索，深挖源头，查处了一批典型性较强的农产品质量安全案件，有效震慑了违法犯罪行为，保障人民群众"舌尖上的安全"。

2021年2月26日，《农民日报》报道：中国郑重提出"二氧化碳排放力争于2030年前达到峰值，努力争取2060年前实现碳中和"。今年中央1号文件要求，发展农村生物质能源。《国务院关于加快建立健全绿色低碳循环发展经济体系的指导意见》提出，以节能环保、清洁生产、清洁能源等为重点率先突破，增加农村清洁能源供应，推动农村发展生物质能。生物质能具有绿色、低碳、清洁、可再生等特点，在广大农村地区具有分布广、供应稳定的优势，发展生物质能是全面实现乡村振兴的必然要求，也是落实我国减排承诺的重要内容。

2021年2月28日，《光明日报》报道：十三届全国人大常委会第二十六次会议27日上午在北京人民大会堂举行第一次全体会议。栗战书委员长主持。本次常委会会议上，受国务院委托，国家林业和草原局局长关志鸥作了国务院关于研究处理该项执法检查报告及审议意见情况的报告。报告指出，各地区各部门按照执法检查报告和审议意见，采取一系列加强和改进工作的措施，取得积极成效。要继续做好养殖户转产转型帮扶工作，综合施策防控野猪等野生动物危害，持续强化执法监管，推动完善野生动物保护法律法规和配套制度体系，加强野生动物保护基础建设。

2021年3月3日，《农民日报》报道：为落实国务院关于加强行政执法案例指导的要求，提升地方农业综合行政执法机构办案水平，3月1日，农业农村部发布第一批农业行政执法指导性案例，供各地执法办案参考借鉴。

2021年3月11日，《农民日报》报道：全国各级司法行政机关和法律援助机构主动服务保障和改善民生，为困难群众提供覆盖城乡、便捷高效、普惠均等的法律援助服务。2020年，全国法律援助机构办理农民工法援案件48万余件，为53万余人次农民工提供法律援助服务。

2021年3月16日，《农民日报》报道：由北京市农业综合执法总队牵头，组织全市农业执法系统在全市范围内开展的3·15普法宣传活动。活动以"强执法、保春耕，广宣传、维权益"为主题。

2021年4月1日，《农民日报》报道：为严厉打击侵权套牌、制售假劣种子等违法行为，强化种业知识产权保护，确保春季生产用种安全，自3月起，农业农村部在全国范围内部署开展为期2个月的春季农作物种子市场检查。

2021年4月1日，《农民日报》报道：近日，黑龙江省农业农村厅联合省市场监督管理局、省公安厅以及哈尔滨市农业农村局、市公安局组成联合执法工作组，深入哈尔滨市双城区种子市场开展联合执法检查。

2021年4月1日，《农民日报》报道：近日，四川省委办公厅、省政府办公厅印发了《四川省市县党政和省直部门（单位）领导班子领导干部推进乡村振兴战略实绩考核办法（试行）》并发出通知，要求各地、各部门认真遵照执行。

2021年4月2日，《农民日报》报道：日前，生态环境部与农业农村部联合印发《农业面源污染治理与监督指导实施方案（试行）》。

2021年4月7日，《农民日报》报道：浙江省农业农村厅日前出台《食用农产品生产主体信用综合监管实施办法（试行）》。

2021年4月8日，《农民日报》报道：最近发布的《中华人民共和国国民经济和社会发展第十四个五年规划和2035年愿景目标纲要》和《中共中央国务院关于全面推进乡村振兴加快农业农村现代化的意见》两个重要文件，明确了"十四五"时期我国"三农"工作重点举措和工作思路，是做好"三农"工作的重要指导性文献。

2021年4月9日，《光明日报》报道：国务院第121次常务会议审议通过新修订的《粮食流通管理条例》（以下简称《条例》），李克强总理签署第740号国务院令予以公布，将于2021年4月15日起正式施行。这次修订对现行《条例》作出全面、系统、有针对性的制度完善，确立了适应新时代要求的粮食流通管理制度框架，充分体现了粮食流通现代治理的时代特征，是粮食安全保障法律体系建设的重要立法成果，对于当前和今后一段时期粮食流通改革发展具有十分重要的引领、保障和推动作用。

2021年4月12日，《农民日报》报道：近日，从江苏省人大常委会办公厅召开的新闻发布会上了解到，江苏省十三届人大常委会第二十二次会议修订通过了《江苏省农民专业合作社条例》，自7

月1日起施行。

2021年4月15日，《光明日报》报道：国家粮食和物资储备局执法督查局局长钟海涛在14日召开的新闻通气会上介绍，国家粮食和物资储备局严肃查处粮食流通领域违法案件，2020年以来，全国各级粮食和储备部门查处违法违规问题342个，给予警告以上行政处罚319例；12325监管热线受理涉粮案件382件，尤其是吉林、黑龙江、河南、湖南、四川等地粮食和储备部门坚持问题导向，敢于较真碰硬，严肃查处涉及擅自动用、以陈顶新、拖欠售粮款、未执行质量标准和"出库难"等一批粮食流通领域典型案件，有效震慑了违法违规行为，保障了国家粮食安全。

2021年4月16日，《农民日报》报道：4月15日，从公安部新闻发布会上获悉，去年以来，公安机关共侦破制售假劣农资犯罪案件1000余起，抓获犯罪嫌疑人1400余名，捣毁窝点500余个，打掉犯罪团伙200余个，涉案价值17.6亿元。

2021年4月17日，《农民日报》报道：4月15日，长江流域重点水域打击非法捕捞专项工作会议在江苏南京召开，农业农村部联合公安部、水利部、国家市场监管总局部署推进长江流域重点水域打击非法捕捞专项工作。

2021年4月17日，《农民日报》报道：4月14日，国家粮食和物资储备局公布了2020年以来查处的一批典型涉粮案件。案件涉及擅自动用、以陈顶新、拖欠售粮款、未执行质量标准和"出库难"等。

2021年4月17日，《农民日报》报道：日前，从山西省人人常委会举行的新闻发布会上获悉，山西省十三届人大常委会第二十五次会议审议通过了《山西省固体废物污染环境防治条例》，以地方性法规促进固体废物减量化、资源化、无害化，禁止在永久基本农田集中区域建设固废处理设施。

2021年4月19日，《农民日报》报道：日前，在《中华人民共和国生物安全法》实施之际，农业农村部召开专题会议，研究部署红火蚁阻截及外来物种入侵防控工作，以实际行动推动法律落地。

2021年4月19日，《农民日报》报道：从公安部近日举行的新闻发布会上获悉，公安部坚决落实"共抓大保护、不搞大开发"要求，深入开展"长江禁渔"，严厉打击涉江违法犯罪活动，着力打造"安澜长江"，有力保障长江经济带高质量发展。

2021年4月23日，《农民日报》报道：4

26日—29日即将召开的十三届全国人大常委会第二十八次会议拟继续审议乡村振兴促进法草案。4月22日，全国人大常委会法制工作委员会在京举行记者会，发言人臧铁伟介绍了乡村振兴促进法草案三次审议稿的相关情况。

2021年4月23日，《农民日报》报道：进入长江"十年禁渔"新阶段以来，江苏省将禁捕退捕工作纳入高质量发展考核，省人大修订《江苏省渔业管理条例》，并出台保障长江禁捕工作若干问题决定，各地各相关部门落实责任、健全机制，特别是在强化"一机＋四防"方面取得突出成效。

2021年4月23日，《农民日报》报道：2020年以来，上海公安机关共破获非法捕捞、运输、交易长江水生野生动物相关刑事案件390起，抓获犯罪嫌疑人404人，查获涉案船只48艘、非法捕捞工具420套、渔获物4万余千克，斩断多条非法捕捞利益链。

2021年4月26日，《农民日报》报道：4月23日，从公安部新闻发布会上获悉，"昆仑2020"专项行动期间，公安机关共侦破侵权假冒犯罪案件2.1万余起，同比上升35%。今年一季度，各地共破案3800余起，抓获犯罪嫌疑人8200余名，破案数与去年新冠肺炎疫情集中暴发的同期相比上升80%。

2021年4月27日，《农民日报》报道：近日，农业农村部印发《农作物病虫害专业化防治服务管理办法》，自2021年5月1日起施行。原农业部发布的《农作物病虫害专业化统防统治管理办法》同时废止。

2021年4月28日，《人民日报》报道：日前，中国海警局、农业农村部和公安部联合印发"亮剑2021"海洋伏季休渔专项执法行动方案，部署各级海警机构、地方渔政执法机构和公安机关于5月1日—9月16日加强伏季休渔执法监管，全面维护伏季休渔秩序，保护海洋渔业资源。

2021年4月28日，《农民日报》报道：日前，农业农村部印发《关于全面推进农业农村法治建设的意见》，明确到2025年农业农村法治建设的总体目标，并从完善农业农村法律规范体系、提高农业执法监管能力、提升农业农村普法实效、依法全面履行职能、强化农业农村部门依法治理能力等5个方面，提出了强化重点领域立法、严格规范性文件合法性审核等15项重点举措。

2021年4月29日，《农民日报》报道：近日，最高人民检察院发布11件检察机关个人信息保护公益诉讼典型案例，包括江西省乐安县人民检察院督促规范政府信息公开行政公益诉讼案等。

2021 年 4 月 30 日，《农民日报》报道：《中华人民共和国乡村振兴促进法》已由中华人民共和国第十三届全国人民代表大会常务委员会第二十八次会议于 2021 年 4 月 29 日通过，自 2021 年 6 月 1 日起施行。

2021 年 4 月 30 日，《农民日报》报道：新修订的《中华人民共和国动物防疫法》将于 2021 年 5 月 1 日起施行。此次修订，对动物检疫工作制度有重大调整。

2021 年 5 月 1 日，《光明日报》报道：《中华人民共和国乡村振兴促进法》已于 2021 年 4 月 29 日经第十三届全国人大常委会第二十八次会议审议通过，将于 2021 年 6 月 1 日起施行。这是我国三农法治建设的一件大事，也是全面推进乡村振兴、加快农业农村现代化的一件大事。

2021 年 5 月 2 日，《光明日报》报道：4 月 29 日，十三届全国人大常委会第二十八次会议审议通过了《反食品浪费法》，自公布之日起施行。这意味着厉行节约、反对浪费不再只是倡导和号召，已经成为生效的法律条文。

2021 年 5 月 7 日，《人民日报》报道：国务院总理李克强 5 月 6 日主持召开国务院常务会议，部署进一步促进粮食生产稳定发展，切实提高粮食安全保障能力；通过《中华人民共和国审计法（修正草案）》。

2021 年 6 月 1 日，《农民日报》报道：近日，农业农村部部署开展 2021 年全国种业监管执法年活动，对加强种业知识产权保护、严格品种管理和市场监管、强化执法办案等工作作出安排。

2021 年 6 月 24 日，《农民日报》报道：日前，全国食用农产品"治违禁 控药残 促提升"三年行动部署视频会议召开。会议指出，从 2021 年 6 月—2024 年 6 月，全国将联合实施食用农产品"治违禁 控药残 促提升"三年行动。记者从会上获悉，全国将针对当前监测中问题最突出、群众反映最强烈的 11 个品种进行重点治理，各地可根据生产实际和监测情况增加治理品种。

2021 年 6 月 30 日，《农民日报》报道：近年来，浙江省公安机关主动担当、充分履职，依法严厉打击各类制售假劣农药兽药和使用禁限农药兽药等犯罪，为保障全省食用农产品的安全积极贡献公安力量。据统计，去年以来，全省共破获涉食用农产品案件 320 起，采取刑事强制措施 650 余人，总涉案价值超过 2 亿元，台州刘某等人特大制售伪劣农药案入选全国公安机关保障粮食安全十大典型案例予以发布。

2021 年 7 月 7 日，《农民日报》报道：最高人民法院日前发布《最高人民法院关于审理侵害植物新品种权纠纷案件具体应用法律问题的若干规定（二）》，全链条全方位保护植物新品种权，加强种业知识产权保护。该司法解释自 2021 年 7 月 7 日起施行。

2021 年 7 月 7 日，《光明日报》报道：日前召开的国务院常务会议审议通过了扩大三大粮食作物完全成本保险和种植收入保险实施范围的政策，财政部会同有关部门和单位近日印发《关于扩大三大粮食作物完全成本保险和种植收入保险实施范围的通知》，明确在河北、内蒙古、辽宁、吉林、黑龙江、江苏、安徽、江西、山东、河南、湖北、湖南、四川 13 个粮食主产省份的产粮大县，针对稻谷、小麦、玉米三大粮食作物，开展完全成本保险和种植收入保险，中央和地方财政对投保农户实施保费补贴。

2021 年 7 月 8 日，《农民日报》报道：2021 年上半年，各级农业综合行政执法机构立足"保供固安全，畅通促循环"的工作定位，聚焦农资质量、长江禁捕、生猪屠宰等重点执法领域，加大执法力度，共查办案件 4.04 万件，出动执法人员 184.78 万人次，移送司法机关案件 1 456 件，为保障农业生产和国家粮食安全发挥了重要作用。

2021 年 7 月 8 日，《光明日报》报道：近日，农业农村部办公厅印发《关于开展全国农业科技现代化先行县共建工作的通知》，计划到"十四五"末期，在全国范围内共建 60 个左右产业科技化、人才专业化、生态绿色化的农业科技现代化先行县。这是贯彻落实习近平总书记重要指示精神，依托科教系统，加强农业科技创新和应用推广的重要举措，通过树立典型，引领农业高质量发展，接续推进乡村全面振兴。

2021 年 7 月 15 日，《农民日报》报道：2021 年度中国法律援助志愿者行动主题系"助力乡村振兴'1＋1'法律援助在行动"。当日启动仪式现场，第十届全国人大常委会副委员长顾秀莲出席并讲话，司法部部长唐一军向志愿者代表授旗。

2021 年 8 月 2 日，《农民日报》报道：为深入贯彻习近平法治思想，加强法治乡村建设，经中央批准，决定在全国开展农村学法用法示范户创建示范活动。近日，农业农村部、司法部联合印发《关于〈培育农村学法用法示范户实施方案〉的通知》，启动部署该项工作，力争到2025年，农村学法用法示范户覆盖到全国每个行政村。

2021年8月13日，《农民日报》报道：近日，四川省农业农村厅召开新闻通气会，介绍了全省农业综合行政执法工作情况，并通报了农业执法十大典型案例。记者从会上了解到，目前，四川已建立省、市、县三级贯通的农业综合行政执法队伍，今年前6个月，全省共办理案件1 933件，罚没金额1 477.13万元，农业执法打击力度持续增强。

2021年9月8日，《农民日报》报道：9月7日，最高人民法院集中发布第一批人民法院种业知识产权司法保护十大典型案例，旨在发挥典型案例的示范和引领作用，配合全国保护种业知识产权专项整治行动的深入开展，推动种业振兴。

2021年9月11日，《农民日报》报道：党的十九届五中全会通过的《中共中央关于制定国民经济和社会发展第十四个五年规划和二○三五年远景目标的建议》强调，保障进城落户农民土地承包权、宅基地使用权、集体收益分配权，鼓励依法自愿有偿转让。

2021年10月11日，《农民日报》报道：为严厉打击套牌侵权、"三无"种子等违法行为，今年以来，农业农村部部署开展种业监管执法年活动和保护种业知识产权专项整治行动，聚焦重点领域、重点环节、关键季节，强化全链条、全流程监管，加大行政执法和刑事司法衔接力度，形成打击合力，让侵权违法者付出沉重代价。目前，各地扎实推进整治措施落实落地，严惩种业侵权违法行为，取得初步成效。截至目前，全国已查办种业违法案件4 000多件。

2021年10月18日，《农民日报》报道：9月29日，《山西省农业生产托管服务条例》经山西省十三届人大常委会第三十一次会议审议通过，以地方性法规支持农业生产托管服务发展。

2021年10月26日，《农民日报》报道：10月25日，中央农办主任，农业农村部党组书记、部长唐仁健主持召开部党组会议，要按照"以良法促进发展、保障善治"的要求，不断强化农业农村法治建设，加快推动粮食安全、农产品质量安全、耕地保护等领域法律制修订，出台促进乡村文化振兴、生态振兴等政策文件，加强各级农业综合执法机构建设，切实做好种业知识产权保护、农资打假、长江禁渔等重点领域执法工作，确保乡村振兴在法治轨道上有序推进、行稳致远。

2021年10月28日，《光明日报》报道：近

日，人社部等7部门联合出台《工程建设领域农民工工资保证金规定》（以下简称《规定》）。劳动保障监察局局长李新旺表示，工资保证金制度是解决建设领域欠薪问题的重要兜底保障措施。《规定》从账户开立、资金存储、使用返还，到监管处罚，进行了全链条规范。

2021年11月6日，《农民日报》报道：2021年6月，十三届全国人大常委会第二十九次会议表决通过了新修订的《安全生产法》，自2021年9月1日起施行。《安全生产法》是各行业安全生产监督管理的根本法，渔业安全生产作为海上生产安全的一部分，该法的修订施行将对渔业安全管理带来重大影响。

2021年11月20日，《人民日报》报道：记者19日从司法部获悉：近日，中宣部、司法部、民政部、农业农村部、国家乡村振兴局、全国普法办等部门联合印发《乡村"法律明白人"培养工作规范（试行）》，为法治乡村建设提供人才保障。

2021年11月20日，《农民日报》报道：记者从农业农村部获悉，为落实习近平生态文明思想，加强长江水生生物资源保护，推进水域生态修复，依法严惩非法捕捞等危害水生生物资源和生态环境的各类违法犯罪行为，切实保障长江禁捕工作顺利实施，近日，农业农村部发布了《关于发布长江流域重点水域禁用渔具名录的通告》。

2021年11月25日，《农民日报》报道：近日，中央宣传部、司法部、民政部、农业农村部、国家乡村振兴局、全国普法办公室联合印发《乡村"法律明白人"培养工作规范（试行）》，从工作原则、培养目标、基本条件、主要职责、遴选培训、使用管理及保障实施等方面对"法律明白人"培养工作作出规范。

2021年11月29日，《农民日报》报道：近日，四川省委农村工作领导小组办公室、省委全面依法治省委员会办公室、省司法厅、省农业农村厅、省乡村振兴局联合印发《关于全面推进学法用法工作强化乡村振兴法治保障的意见》（以下简称《意见》）。据了解，《意见》的出台是按照四川省委省政府关于全面依法治省、法治政府建设系列工作部署，结合贯彻农业农村部《关于全面推进农业农村法治建设的意见》，以深入学习宣传贯彻习近平法治思想，充分发挥法治在实施乡村振兴战略过程中固根本、稳预期、利长远的重要作用。

2021年12月2日，《农民日报》报道：11月25日，最高人民法院发布《最高人民法院贯彻实

施〈长江保护法〉工作推进会会议纪要》（以下简称《长江纪要》）、《最高人民法院服务保障黄河流域生态保护和高质量发展工作推进会会议纪要》（以下简称《黄河纪要》）暨黄河流域典型案例。最高人民法院党组成员、副院长杨临萍表示，此次发布的《长江纪要》《黄河纪要》总结长江、黄河流域环境资源流域审判经验，进一步健全环境司法裁判规则，指导各级法院统一法律适用，确保依法公正裁判，为长江流域生态保护和绿色发展、黄河流域生态保护和高质量发展提供更加有力的司法服务和保障。

2021 年 12 月 9 日，《农民日报》报道：近日，国务院印发了《"十四五"推进农业农村现代化规划》，提出了未来五年农业农村现代化建设的思路目标和重点任务。这是首部将农业现代化和农村现代化一体设计、一并推进的规划，近期将公开发布。

2021 年 12 月 9 日，《农民日报》报道：日前，农业农村部印发公告，决定自 2021 年 12 月 10 日起，对"农药登记试验单位认定"等行政许可涉及的 97 项证明事项实行告知承诺制。

2021 年 12 月 10 日，《农民日报》报道：近日，中共中央办公厅、国务院办公厅印发实施《农村人居环境整治提升五年行动方案（2021—2025 年）》，将提升村容村貌继续作为农村人居环境整治提升的重点任务，是下一步各地开展工作的重要遵循和指南。

2021 年 12 月 10 日，《农民日报》报道：记者从最高人民检察院获悉，最高检于近日印发《关于充分发挥检察职能作用，依法助力解决拖欠农民工工资问题的通知》，依法惩治恶意欠薪违法犯罪，坚决维护农民工合法权益。

2021 年 12 月 11 日，《农民日报》报道：农业农村部深入贯彻落实党中央、国务院决策部署，在全面总结第一轮畜禽遗传改良计划基础上，于 2021 年 4 月 28 日发布实施《全国畜禽遗传改良计划（2021—2035 年）》，并举行新闻发布会，介绍了新一轮改良计划的相关情况。2021 年 11 月，由农业农村部种业管理司、全国畜牧总站编制的《全国畜禽遗传改良计划（2021—2035 年）》白皮书由中国农业出版社正式出版，全国发行。

2021 年 12 月 13 日，《科技日报》报道：11 月 29 日记者了解到，四川省市场监督管理局已批准发布《农业科技成果效益计算方法及规程》地方标准，并将于 2022 年 1 月 1 日起实施。这是我国首个针对农业科技成果效益计算的地方标准。

2021 年 12 月 9 日，《人民日报》报道：为贯彻落实党中央、国务院关于共抓长江大保护和长江十年禁渔决策部署，持续做好长江生物多样性保护工作，近日，农业农村部印发《长江生物多样性保护实施方案（2021—2025 年）》。这是我国首个针对长江水生生物多样性保护出台的专项实施方案，对长江水生生物资源恢复和水生生物多样性水平提升具有重要意义。

2021 年 12 月 9 日，《农民日报》报道：日前，《江西省人力资源和社会保障事业发展"十四五"规划》出台并即将实施。规划特别提出构建更加和谐稳定的劳动关系，加强对农民工的服务保障能力，推动实现劳动关系协调工作机制不断完善，劳动人事争议调解仲裁体制不断优化，劳动保障监察执法效能有效提升，拖欠农民工工资问题得到有效根治，劳动关系治理能力明显提高。

中国农业大事记（2022）

农村劳动力

中国农业

大事记

（2022）

2021年2月5日，《农民日报》报道：如何为现代农业培育新型"田秀才"，为乡村振兴培养新型"领头雁"，成为新时代高素质农民培训工作的新课题。山西省长治市的做法是，培养打造一批集农业科技示范推广和农民培训实训、创业孵化为一体的农业综合基地，组建高素质农民培育联合体，构建农业、农村实用人才孵化模式，为乡村振兴提供人才支撑。

2021年2月8日，《人民日报》报道："十三五"时期，西藏自治区全区农牧民转移就业累计达283.9万人，累计培训农牧民36.6万人；西藏全区高校毕业生就业率保持在95%左右，市场就业率达到70%以上；城镇新增就业累计达26.7万人。

2021年2月19日，《人民日报》报道：2021年，北京市将加大创业服务力度，实施创业带动就业三年行动计划，通过提供资金、政策、人才等服务，扩大就业容量、提升就业质量。据悉，今年北京市就业工作视频会从城镇调查失业率、农村劳动力转移就业、创业带动就业、支持新就业形态等方面部署重点指标。预计2021年，北京市城镇调查失业率将控制在5%以内，帮助农村劳动力实现转移就业3万人。

2021年3月16日，《农民日报》报道：3月15日，农业农村部、退役军人事务部、全国妇联联合召开全国推动返乡入乡人员创业就业工作视频会。会议强调，要做好返乡入乡农民工、大学生、退役军人和农村妇女等"四支队伍"创业就业重点工作，确保"十四五"返乡入乡创业就业开好局、起好步。

2021年3月25日，《农民日报》报道：广西壮族自治区党委组织部、农业农村厅、教育厅、科技厅、财政厅及人力资源和社会保障厅等六部门联合印发《推动乡村人才振兴若干措施》，进一步激励各类人才在乡村振兴中建功立业，为加快农业农村现代化提供有力人才支撑。

2021年3月26日，《人民日报》报道：农业农村部日前发布数据显示，2020年，全国各类返乡入乡创业创新人员达到1010万人，比上年增加160万人。与此同时，返乡入乡创业就业联农带农效果明显。据测算，一个返乡创业创新项目平均可吸纳6.3万人稳定就业、17.3万人灵活就业。

2021年3月30日，《农民日报》报道："十三五"期间，安徽各级农业农村部门扎实推进培训工作，农民培训工作取得明显进展。全国高素质农民发展指数排名中，安徽省始终位居前列，2020年名列第一。

2021年4月20日，《农民日报》报道：为深入学习贯彻习近平总书记关于城乡社区治理重要论述，充分展现城乡社区治理改革创新成果，展示广大城乡社区工作者担当作为的良好精神风貌，中央宣传部、民政部近日向全社会公开发布"最美城乡社区工作者"先进事迹。

2021年4月20日，《人民日报》报道：截至2020年底，全国累计选派25.5万个驻村工作队，300多万名乡镇干部和数百万村干部一道奋战在扶贫一线。截至2020年底，我国共有50.9万个村委会。

2021年5月12日，《农民日报》报道：公安部5月10日在京召开新闻发布会，通报公安机关牵头推进户籍制度改革、加快提高户籍人口城镇化率工作情况及成效。据悉，截至2020年底，14亿人实现户口性质城乡统一，1.1亿流动人口领到居住证，1.2亿农业转移人口落户城镇，户籍人口城镇化率达到45.4%，户籍制度改革目标任务圆满完成。

2021年5月14日，《光明日报》报道：国家统计局近日发布《2020年农民工监测调查报告》。在该报告中，有两个数字值得关注。一是2020年全国农民工总量28560万人，比上年减少517万人，这是农民工总量在近年来首次出现下降。二是在外出农民工中，年末在城镇居住的进城农民工13101万人，比上年减少399万人。

2021年5月27日，《农民日报》报道：近日，国务院新闻办举行国务院政策例行吹风会，介绍延续实施部分减负稳岗扩就业政策和进一步支持灵活就业措施有关情况，并回答记者提问。人力资源和社会保障部（以下简称人社部）相关负责人在介绍脱贫人口就业帮扶工作时表示，今年以来，人社部会同国家乡村振兴局等有关部门协同发力，将脱贫人口作为优先帮扶的对象。截至目前，脱贫人口的务工规模达到 2 921 万人。

2021 年 6 月 18 日，《农民日报》报道：近日，记者从青海省农业农村厅了解到，今年青海将围绕全省打造绿色有机农畜产品输出地各项重点工作任务，统筹推进新型农业经营和服务主体能力提升、种养加能手技能培训、农村创新创业者培养、乡村治理及社会事业发展带头人培育等行动，培养适应产业发展、乡村建设急需的高素质农牧民队伍，2021 年度，全省计划培训高素质农牧民 1 万人以上。

2021 年 6 月 25 日，《农民日报》报道：在助农培训方面，2020 年，阿里巴巴通过"村播计划""兴农脱贫学院""阿里数字乡村培训中心"三个项目，在全国布局 100 个村播学院、直播基地，培育了 10 万名"新农人"主播；通过与全国 100 多个县域合作，助农培训触达 13.32 万人次。

2021 年 7 月 8 日，《农民日报》报道：中国残联将"制定出台和实施巩固拓展残疾人脱贫攻坚成果政策措施"作为"我为群众办实事"实践活动项目清单第一项，按照《关于做好巩固拓展残疾人脱贫攻坚成果有关工作的意见》要求，积极落实"早发现、早干预、早帮扶"工作，加大农村低收入残疾人兜底保障、就业扶持、基本公共服务等方面的工作力度。

2021 年 7 月 23 日，《农民日报》报道：7 月 14 日，由农业农村部科技教育司、农业农村部农业机械化管理司共同指导，湖南省农业农村厅牵头主办，娄底市农业农村局、涟源市人民政府具体承办的全国专业农机手培训行动暨湖南省专业农机手示范培训在湖南娄底顺利启动。

2021 年 8 月 4 日，《农民日报》报道：记者 3 日从教育部获悉，教育部等九部门日前决定，从 2021 年起，教育部直属师范大学与地方师范院校采取定向方式，每年为 832 个脱贫县和中西部陆地边境县中小学校培养 1 万名左右师范生，从源头上改善中西部欠发达地区中小学教师队伍质量。

2021 年 8 月 6 日，《农民日报》报道：乡村要振兴，人才是关键。武汉市立足高校集聚的优势，点燃人才"引擎"，加速乡村振兴。全市 14 名涉农院士、300 多名科技特派员、10 万余名各类涉农专业技术人才，让武汉成为农业科教资源的高地。"全国首家院士科普工作室""一村多名大学生计划"等政策引导支撑人才兴农，让武汉的乡村经济充满创新活力。2020 年，全市农村常住居民人均可支配收入 24 057 元，人均可支配收入与该市经济增长同步。2021 年一季度实现农林牧渔业总产值同比增长 23.3%。

2021 年 8 月 6 日，《农民日报》报道：乡村振兴，关键在人，基础靠教育。近日，农业农村部科技教育司发布"十三五"时期高素质农民发展情况报告。报告指出，"十三五"时期，全国培训高素质农民 500 万人，当前活跃在农业产业链各环节的现代青年农场主、产业扶贫带头人、新型经营主体带头人和返乡回乡农民数量已经超过 1 700 万人，在提升农业综合生产能力和竞争力，保障国家粮食安全和重要农产品生产，带动农民增收致富等方面发挥重要作用，成为发展现代农业和乡村振兴的主力军。

2021 年 8 月 9 日，《人民日报》报道：记者从吉林省农业农村厅获悉：吉林省 2021 年计划培育高素质农民 2.5 万人。按照培育计划，吉林省今年将重点培育专业技能型、重点产业型、乡村治理人才、经营管理型和农业经理人五大类型学员。

2021 年 8 月 13 日，《人民日报》报道：习近平总书记指出，"乡村振兴，人才是关键。""要推动乡村人才振兴，把人力资本开发放在首要位置，强化乡村振兴人才支撑。"

2021 年 8 月 21 日，《农民日报》报道：为巩固拓展脱贫攻坚成果，全面推进乡村振兴，山西省将面向全省"六类对象"，因村制宜选派 7 066 支工作队、22 338 名驻村干部，其中第一书记 7 144 名。

2021 年 8 月 28 日，《人民日报》报道：习近平总书记强调："乡村振兴，人才是关键。"人才振兴是乡村振兴的基础，今年 2 月，中共中央办公厅、国务院办公厅印发《关于加快推进乡村人才振兴的意见》，明确提出要大力培养本土人才，引导城市人才下乡，推动专业人才服务乡村，吸引各类人才在乡村振兴中建功立业。

2021 年 9 月 6 日，《光明日报》报道：曾是"三区三州"脱贫攻坚主战场的新疆阿克苏地区，率先在 2019 年退出贫困序列后，坚持把就业摆在突出位置，各县市以稳定和扩大就业为主线，深入实施就业惠民工程，在充分挖掘就业岗位、提升劳动者就业能力、帮扶重点群体就业、提升公共就业服务能力上下功夫。通过织密就业网，为群众办实事，巩固脱贫成果，推进乡村振兴。

2021 年 9 月 6 日，《光明日报》报道：农村低收入人口就业问题关系着民生改善，关系着乡村振兴。近日，甘肃省人社厅、发改委、财政厅、农业农村厅和乡村振兴局联合印发《关于切实加强就业帮扶巩固拓展脱贫攻坚成果助力乡村振兴的实施意见》（以下简称《意见》）。《意见》提出了稳定外出务工规模、支持就地就近就业、健全就业帮扶长效机制等指导性举措。

2021 年 9 月 7 日，《农民日报》报道：9 月 6 日，国务院新闻办公室举行新闻发布会，介绍"激发市场活力 规范市场秩序 助力全面建成小康社会"有关情况，并答记者问。国家市场监督管理总局相关负责人介绍，全国 1 亿多各类市场主体吸纳承载了近 3 亿农民工群体就业，有力促进了农民收入增长、农民生活改善，有力增强了农村发展和脱贫攻坚的内在活力，同时也有力保障和充实了城乡统筹发展进程中劳动力资源的补充。

2021 年 9 月 28 日，《科技日报》报道：服务脱贫攻坚和乡村振兴。党中央作出一系列重要部署，引导各类人才下沉，在广阔天地成长成才。2015 年起，中组部牵头组织开展教育医疗人才"组团式"援藏援疆援青，极大地提升了当地的教育医疗卫生水平。2019 年，中央办公厅印发《关于鼓励引导人才向艰苦边远地区和基层一线流动的意见》，在工资待遇、职称晋升、人才使用、创业扶持等方面提出了一揽子倾斜政策，让人才下得去、待得住、干得好。今年 2 月，出台《关于加快推进乡村人才振兴的意见》，提出建立健全乡村人才培养、引进、管理、使用、流动、激励等一整套政策体系。

2021 年 10 月 20 日，《农民日报》报道：为切实解决农村青年在创业过程中遇到的资金难题，充分发挥其在乡村振兴工作中的生力军作用，邮储银行嘉兴市分行针对创业青年差异化的金融需求，以信用创建为载体，以诚信教育为基础，多措并举推进农村青年创业金融服务工作，以实际行动助力乡村振兴。

2021 年 10 月 28 日，《人民日报》报道：三季度末，全国外出务工农村劳动力规模达到 18 303 万人，基本恢复至 2019 年同期水平。其中，脱贫劳动力务工总量持续增加，9 月底达到 3 103 万人，超过去年规模。

2021 年 10 月 28 日，《光明日报》报道：数据显示，前三季度，城镇新增就业完成快于时序进度。1—9 月全国城镇新增就业 1 045 万人，完成全年目标任务的 95%，与去年同期相比，增加 147 万人，增幅为 16%。失业率回落至疫情前水平，三季度全国城镇调查失业率月均值为 5.0%，比 2019 年同期下降 0.2 个百分点。其中，9 月为 4.9%，比上月下降 0.2 个百分点，比去年同期下降 0.5 个百分点。

2021 年 11 月 9 日，《光明日报》报道：国家统计局农民工监测调查报告显示，到 2020 年全国农民工总量为 2.86 亿人，约占总人口的 20%；其月均收入 4 072 元。

2021 年 11 月 12 日，《人民日报》报道：重庆市近日印发《加快推进乡村人才振兴的重点措施》（以下简称《措施》），通过实行创新人才培育、引进、使用、管理等方面的 26 条措施，加快促进乡村人才队伍建设。在加强乡村产业人才、农业科技人才和公共服务人才培育方面，《措施》提出，重庆市将实施高素质农民能力提升计划，开展农民职称评审工作，5 年内培育高素质农民 10 万人左右。同时，加大涉农专业大学生培养力度，引进培育农业科技人才，选派市级、区县科技特派员。

2021 年 11 月 12 日，《科技日报》报道：陕西省铜川市王益区积极探索"个案＋示范、实习＋观摩、固定课堂＋跟踪服务"的新型农村实用人才培育模式，结合全区农业产业发展需求，有针对性地开设手工艺、种养殖、设施农业等课程 600 余次，联系帮扶群众 400 余名，提升了产业发展"造血"功能，累计培养职业农民（高素质农民）625 人，为乡村振兴提供了有力的人才支撑和保证。

2021 年 11 月 16 日，《人民日报》报道：今年 3 月，中央宣传部、国家林业和草原局、财政部、国家乡村振兴局在全国遴选出 20 名"最美生态护林员"，吴树养获得这一荣誉称号。同为务林人，吴树养对塞罕坝林场建设者的感人事迹耳熟能详。"塞罕坝林场的故事让我十分振奋，备受鼓舞！"他说，"我要继续弘扬塞罕坝精神，守护好这来之不易的绿水青山。"

2021 年 11 月 22 日，《农民日报》报道：近日，共青团中央公布 2021 年"全国向上向善好青年"名单，其中在乡村振兴一线奋斗的"好青年"超三成。这彰显了主流价值观对青年投身乡村振兴的支持，也昭示着青年在乡村的广阔天地中大有可为。

2021年11月23日，《人民日报》报道：去年，东港市开始实施"归巢行动"，鼓励引导东港籍高校毕业生回村工作。仅一年，就有233名大学生回乡，实现了全市206个行政村"全覆盖"。在2020年村"两委"换届中，18名回乡大学生进入村"两委"，其中两人当选村党组织书记。"吸引大学生返乡的，是奉献家乡的桑梓之情，也是乡村振兴的广阔天地。我们要全力支持他们干事创业，用事业吸引更多优秀人才回得来、留得下。"东港市委组织部部长车世刚说。

2021年11月24日，《人民日报》报道：今年以来，广西以农民工、灵活就业人员、新业态就业人员等群体为重点，大力实施养老保险参保扩面专项行动。出台政策全面放开灵活就业人员参加职工基本养老保险户籍和地域限制，有效解决了进城务工人员和有条件的农民工参保难的问题。

2021年11月26日，《农民日报》报道：10年培养6.3万人，基本实现全省每个行政村2～3名农民大学生；创建了93个乡村大学生创新创业协会；大专、本科、硕士一体化培养，农技人员、种养大户、致富带头人、村"两委"干部，一大批高层次高素质农村实用人才成为建设美丽乡村的骨干力量……这是江西省十年时间实施"一村一名大学生工程"的丰硕成果。

2021年11月27日，《农民日报》报道：11月26日，中国农业大学与腾讯公司签订协议，启动"中国农业大学—腾讯为村乡村职业经理人培养计划"（简称"中国农大—腾讯为村乡村CEO培养计划"），旨在培养懂乡村、会经营、为乡村的青年人才，填补欠发达地区乡村人才匮乏的短板，为乡村人才振兴探索实验方案和有效发展路径。

2021年11月29日，《农民日报》报道：28日上午，新疆维吾尔自治区召开"乡村振兴职业技能培训"专场新闻发布会。多位技师学院少数民族教师、学员代表讲述了他们帮助更多人学习掌握技能、以技能致富推动乡村振兴的真实经历，并指出美西方反华势力"侵犯人权""强迫劳动"的说法是无中生有、恶意污蔑。

2021年12月1日，《人民日报》报道：数据显示，今年前三季度，我国脱贫地区特色产业稳步发展，脱贫劳动力稳岗就业形势较好，推动脱贫人口外出务工3103万人，脱贫人口收入增速继续高于全国农村平均水平。

2021年12月2日，《农民日报》报道：国务院总理李克强12月1日主持召开国务院常务会议，部署清理拖欠中小企业账款和保障农民工工资及时足额支付的措施；审议通过"十四五"职业技能培训规划，加快培养高素质劳动者和技术技能人才。

2021年12月3日，《人民日报》报道：碧桂园集团、国强公益基金会先后创办3所慈善学校，惠及超20万学子。从2012年至今，通过开展1900多场村支书研学班、返乡扎根创业青年培训等，推动62286名农村劳动力实现上岗就业。

2021年12月3日，《农民日报》报道：日前，浙江省正式启动实施"十万农创客培育工程"，计划到2025年，基本构建起农创客组织体系、制度框架和政策体系，推动农创客规模不断壮大、素质稳步提升、结构持续优化、作用更加明显。届时，全省累计培育的10万名农创客，有望辐射带动100万名农民。

2021年12月10日，《农民日报》报道：山东省青岛市聚焦"谁来种地、怎么种好地"，以选人、育人、用人为突破口，深化高素质农民培育的探索与实践，今年以来重点培养经营管理型、专业生产型、技能服务型"三类"人才，共培育高素质农民3300人，为农业农村现代化建设提供了强力人才支撑。

2021年12月15日，《光明日报》报道：为推动"我为群众办实事"实践活动落细落实，广西大学充分发挥学科优势，为广西脱贫地区培养大批致富带头人、创新创业带头人，积极为乡村振兴锻造生力军。2021年以来，广西大学以党史学习教育为契机，进一步整合资源，扩大培训覆盖面，累计开办乡村振兴产业人才、基层农技推广和特色农业经营人员、高素质农民、新任职村（社区）党组织书记、村（居）委员会主任等培训班48期，培训学员3200多人。

2021年12月19日，《光明日报》报道：今年4月起，内蒙古采取分层次分类别设立试点，分领域分行业集中"组团式"帮扶，组织全区100个自治区级人才工程入选团队，1000名自治区级人才工程入选个人，10000名盟市、旗县级优秀人才，下沉基层破解发展难题。截至 11 月 12 日，内蒙古已选派专家团队 619 个，专家人才近 21 000 人次，基层一线农业科技特派员 4 400 名，实现了全区旗县科技特派员全覆盖。

2021 年 12 月 22 日，《光明日报》报道：甘肃农业职业技术学院坚持以农为本，培养了一支"三农"情怀深厚、农业科技理论实践经验丰富、求真务实创新的教学科研队伍，充分发挥特色专业、人才、科研、校企校地合作等优势服务乡村振兴，在新时代职业农民培育方面进行了积极探索与实践，着力提升农民科技文化素质、经营管理能力和创新创业能力，培育了一大批致富带头人，并带动农村产业蓬勃发展，取得良好的成效。

2021 年 12 月 22 日，《科技日报》报道：浙江第十五批省派个人科技特派员出征，陆续奔赴全省各派驻地。浙江省科技厅农村处相关负责人介绍，在充分考虑派驻乡镇、县（市、区）产业需求和科技特派员技术专长基础上，全省共确定第十五批省派个人科技特派员 380 名，并增补 4 个地方自筹经费支持的省团队科技特派员。

农业科研与教育

2021 年 1 月 5 日，《农民日报》报道：2016 年，广西起草制定了《广西种业人才发展和科研成果权益改革试点工作总体方案》，在全国率先组织开展省级种业人才发展和科研成果权益改革试点工作，推动科企深入合作，鼓励院所与企业进行品种选育技术合作，科研成果转化效率显著提升。

2021 年 1 月 5 日，《农民日报》报道：山东省农业农村厅发布 2020 年农作物审定品种通告，山东农业大学农学院田纪春教授最新育成的特殊用途功能性小麦新品种"山农蓝麦 1 号"和"山农 101"获审定，进入推广种植和加工应用阶段。

2021 年 1 月 7 日，《科技日报》报道：来自中国科学院遗传与发育生物学研究所的研究人员，利用全基因组关联分析，鉴定出水稻的一个氮高效基因 $OsTCP19$。他们发现，土壤越贫瘠的地方，水稻中氮高效基因 $OsTCP19$ 越常见，但随着土壤氮含量增加，拥有氮高效基因的水稻品种逐步减少，而我国现代水稻品种中这一氮高效变异几乎全部丢失。相关研究成果 1 月 7 日在线发表于《自然》杂志。

2021 年 1 月 8 日，《农民日报》报道：2020 年以来，全国农业科教系统大力推进农业科技创新和成果推广应用，取得了一大批标志性重大成果，农业科技进步贡献率突破 60%，高素质农民数量已达 1 700 万人，对支撑引领农业农村发展发挥了重要作用。

2021 年 1 月 8 日，《农民日报》报道：山东天肽农业科技有限公司研发的核心源生物肽技术，能够使种植的农产品中富含小分子肽、抗氧化因子（SOD）等功效成分。小分子肽系列农产品可以显著提高人体免疫力，充分养护修复人体衰老病变细胞，全面增强体质。

2021 年 1 月 8 日，《农民日报》报道：中国农科院海外农业研究中心发布智库报告《海外农产品市场研究（农资类）》，重点从全球视角，对化肥、农药、农机等主要供需形势、贸易情况以及行业发展态势等开展分析研究，为我国现代农业发展和涉农企业走出去提供重要的参考。

2021 年 1 月 13 日，《人民日报》报道："十三五"期间，中国农业科学院在主粮育种科技领域取得重大进展。作物种质资源保护与利用基础进一步稳固，建成完善了国家作物种质资源保护与利用体系。全国作物种质资源保存总量超过 52 万份，位居世界第二，设计保存容量 150 万份的新国家作物种质库土建工程已完工，预计 2021 年投入运行。中国农业科学院同时还突破了一批育种关键技术，助力提升我国作物育种自主创新能力和水平。建立了可固定杂种优势的水稻无融合生殖体系，实现了杂交稻无融合生殖"从 0 到 1"的突破。

2021 年 1 月 15 日，《科技日报》报道：我国科学家成功克隆水稻白叶枯病的"克星"——持久抗病基因 $Xa7$。通过揭示 $Xa7$ 高抗、广谱、持久、耐热特性的新抗病分子机制，为水稻白叶枯病的长效防控奠定了基础。

2021 年 1 月 19 日，《农民日报》报道：2019 年，黑龙江省农业科技贡献率达到 67.7%，高于全国 8.5 个百分点；粮食总产 1 500.6 亿斤，连续 9 年位居全国首位。2020 年全省农业科技贡献率预计达到 68.3%，为保障国家粮食安全提供坚实科技支撑。

2021 年 1 月 19 日，《农民日报》报道：由山东省农业科学院与东阿阿胶股份有限公司主导，联合国内外多家单位共同合作的"德州驴基因组开发及其产业化应用"项目传来捷报，该项目团队已获得国际首个组装到染色体水平的家驴基因组参考图谱，其研究成果于 2020 年 12 月 9 日在 Nature 子刊《Nature Communications》在线发表，为马属动物遗传资源保护和利用以及家驴基因组育种和遗传改良提供了重要理论支撑。

2021 年 1 月 20 日，《科技日报》报道：西南大学十字花科蔬菜研究所在国际期刊《理论与应用遗传学》在线发表了题为《利用 $RfoB$ 基因遗传转化创制甘蓝类蔬菜 Ogura CMS（萝卜质雄性不育）恢复系》的研究文章，该所打破国外育种公司对甘蓝类蔬菜基于 Ogura CMS 的种质资源技术的封锁。

2021 年 1 月 22 日，《农民日报》报道：我国首台自主研发智能采胶机器人问世。该装备的成功研发，标志着我国采胶技术向实现"无人化"采胶迈出了重要一步。特别是移动式全自动采胶机，采用钢丝软轨移动技术，有效规避了地形、树位等复杂胶园工况环境对采胶机器人的影响，大幅降低了移动轨道成本，成为首个空中采胶"蜘蛛侠"。

2021 年 1 月 22 日，《农民日报》报道：国家农业环境银川观测实验站在银川正式挂牌成立。这是农业农村部确定的 80 个第二批"国家农业科学观测实验站"之一，也是宁夏唯一一个国家农业科学观测实验站。国家农业环境银川观测实验站的成立，有助于宁夏在农业面源污染防控与农业环境保护方面进行科技创新和管理决策。

2021 年 1 月 22 日，《农民日报》报道：2019 年在高职扩招的政策基础上，农、教两部门专门针对成年农民进一步提出含金量更高的政策措施。2020 年扩招农民学员 3.5 万人，达到 2017 高职涉农专业招生规模的 70%，充分表明扩招政策顺应农民需求，符合涉农职业院校办学方向，也为全面推进涉农人才培养打下了良好基础。

2021 年 1 月 22 日，《农民日报》报道：随着农业农村现代化推进，对农业从业者创新创业能力提出了更高要求，对农业经理人等高素质农民队伍催生了更旺盛的需求。为贯彻落实中央和农业农村部关于农民教育培训工作部署，进一步加强师资队伍建设，推进全国师资库优质资源共建共享，加快培养一支高素质农民队伍，为全面落实乡村振兴战略任务提供人才支撑和保障，中央农广校于 2020 年开展了农业创业和农业经理人培训师资试点工作，激励了一批批"有文化、懂技术，会经营、善管理"的高素质农民励志投入家乡建设。

2021 年 1 月 25 日，《农民日报》报道：国家天然橡胶产业技术体系开发了小型苗、大型苗、自根苗等多种类型苗木，其中以籽苗芽接发展起来的小型苗在云南、广东各生产性苗圃得到广泛应用，10 年来，累计生产近 1 500 万株，成为橡胶树种苗扩繁的主导技术。

2021 年 1 月 26 日，《农民日报》报道：农业农村部公布了 2020 年国家审定通过玉米品种目录，西北农林科技大学 3 个新品种榜上有名，其中"陕单 650""陕单 620"两个新品种属于籽粒直收品种。

2021 年 1 月 29 日，《农民日报》报道：薯类联合收获机械技术获得突破，我国科学家自主创制成功小型自走式薯类联合收获机 4UZL－1 型，为解决薯类机械化联合收获难题、实现生产全程机械化作业奠定了基础。由农业农村部南京农业机械化研究所绿色耕作与土下果实收获机械化创新团队创制

的小型自走式薯类联合收获机 4UZL－1 型采用履带自走底盘，配套动力 55 千瓦，单垄收获，作业效率为 0.16~0.33 公顷/小时，可一次完成挖掘、输送、去土、去残藤、清选、集薯等联合作业，填补了马铃薯、甘薯收获领域技术空白。

2021 年 1 月 29 日，《农民日报》报道：农业农村部和教育部多措并举，着力健全完善教育培训体系，着手培育百万高素质农民。各地也纷纷创新培训模式，加快推进培育工作。2019 年上半年，江苏省农业科学院立足深入实施乡村振兴战略，研究成立了新农学院。通过"潜心研究培训、精准开展培训、共享培训模式"三位一体，引领涉农培训 2.0 时代，让传统的农民培训班不再传统，让新时代的"新农"人找到更大的舞台。

2021 年 2 月 1 日，《人民日报》报道：中国农业科学院日前发布"数字农科院 2.0"系统。该系统秉承"院所一体、所内一体、院级一体"的建设理念，取得了 3 项突破。一是实现"全院一张网"布局，覆盖并连通了院所单位；二是实现全院基本科研业务费在线申报和创新团队信息在线管理；三是实现了"科研人事财务一体化"，大大减少了科研人员填写各类报表的时间。此外，系统还可与农业农村部信息系统对接，通过国家农业科技创新联盟推广到部分省级农科院。

2021 年 2 月 2 日，《农民日报》报道：近年来，分子检测技术飞速发展，一种新型检测方法"MNP（多核苷酸多态性）分子鉴定技术"研发成功并开始投入应用。据了解，此项技术由农业农村部科技发展中心与江汉大学合作研发，破解了植物品种分子鉴定的技术难题，几年时间已经在各个领域取得了突破性的应用效果。

2021 年 2 月 3 日，《科技日报》报道：据中国农科院最新消息，该院作物科学研究所特色农作物优异种质资源发掘与创新利用创新团队，在对我国野生荞麦资源摸底调查研究中，于四川省凉山彝族自治州发现了蓼科荞麦属一个新种，该新种被命名为长花柱野生荞麦。相关研究成果新近发表于《植物分类》上。

2021 年 2 月 4 日，《光明日报》报道：日前从中国农业科学院"科技创新引领耕地保护与利用"新闻发布会上获悉，为进一步保护好我国粮食安全的基石——耕地，"十四五"期间，中国农科院将重点建设"国家耕地质量科学研究中心"重大科技平台，面向国际耕地科学前沿和我国耕地保护重大需求，聚焦耕地质量重大基础和应用研究，建设覆盖

我国全部土壤类型、服务全域耕地管理的国家级耕地科学研究与技术创新中心。

2021年2月4日,《科技日报》报道:来自中国科学院种子创新研究院/遗传与发育生物学研究所等单位的研究人员在全球首次提出了异源四倍体野生稻快速从头驯化的新技术路线。这项研究将使野生稻的驯化过程从数千年缩短到几十年,甚至更短,并开辟全新的作物育种方向。相关研究成果2月4日在线发表于国际学术期刊《细胞》杂志。

2021年2月5日,《农民日报》报道:为深入学习贯彻习近平总书记重要指示精神,推动各地把新冠肺炎疫情防控期间开展精神文明教育和爱国卫生运动积累的好经验好做法长期坚持下去,引导人们培养文明行为习惯、养成健康生活方式、弘扬崇尚节约理念、树立绿色环保观念,中央文明办近日印发《关于持续深化精神文明教育 大力倡导文明健康绿色环保生活方式的通知》(以下简称《通知》)。《通知》强调,要把倡导文明健康绿色环保生活方式融入文明实践,发挥好新时代文明实践中心作用,广泛开展以疫情防控知识宣传普及为主题的各种文明实践活动,特别要针对冬春季农村地区疫情防控工作,做好返乡人员的宣传。《通知》强调,要把倡导文明健康绿色环保生活方式融入文明创建,推动各地城市全面推进社会健康管理,打造健康宜居城市环境;推动各地村镇积极倡导现代文明理念,大力破除陈规陋习,丰富农村群众特别是青少年的精神文化生活。

2021年2月5日,《农民日报》报道:"天敌昆虫防控技术及产品研发"项目针对2019年传入我国的重大入侵性害虫草地贪夜蛾等农业害虫,应急开展"以虫治虫"防治产品创制和生物防治技术研究。经密切协作和任务攻关,该项目组取得了一系列骄人的科技成果。本项成果以新入侵的重大害虫草地贪夜蛾为防控靶标,扩繁新天敌昆虫产品,通过"以虫治虫"技术手段,显著控制害虫危害,降低化学农药使用量,对维护农业生物安全、国家粮食安全和农产品质量安全具有重大影响。项目全新开展了天敌资源评价,设计了扩繁工艺、创制天敌昆虫新产品3种,研发滞育调控技术1项,发表论文12篇,申报专利5项,建立了我国最大的捕食性天敌昆虫生产线,创造了大型捕食性天敌昆虫生产能力的新纪录。

2021年2月8日,《农民日报》报道:针对严峻的胶工短缺问题,提升割胶工效,国家天然橡胶产业技术体系开展了橡胶树省工高效系列割胶技术研发及示范推广。在中幼龄胶树上开展超低频割胶技术研究示范,通过改进刺激剂的剂型,合理调节刺激浓度和刺激周期,优化确定了割胶深度和割胶耗皮等技术参数,在不大幅减产的情况下,显著提高了割胶劳动生产率。

2021年2月10日,《科技日报》报道:围绕秦川牛选育改良目标,国家肉牛改良中心将传统育种手段与现代生物技术相结合,于2005年启动的肉牛重要经济性状功能基因组学研究在近期取得了突破性成果。科研人员首次解析出了中国黄牛的遗传多样性和起源进化,并研发出首个中国黄牛高密度SNPs芯片,打破了国际基因芯片在该领域的垄断。国家肉牛改良中心主任昝林森表示,芯片的问世提升了中国黄牛肉用选育工作的效率及精准性,突破了国内肉牛良种以往选种难、速度慢和育种周期长、成效差等技术难题。

2021年2月14日,《人民日报》报道:全社会研发经费年支出达2.21万亿元,国家财政性教育经费支出占GDP比例连续8年逾4%,科技扶贫取得显著成效,实现科技特派员对建档立卡贫困村科技服务和创业带动全覆盖。

2021年2月19日,《人民日报》报道:农民脱贫致富,科技大力支撑。党的十八大以来,科技扶贫工作扎实推进,全国科技系统累计在贫困地区建成1 290个创新创业平台,建立7.7万个科技帮扶结对,选派28.98万名科技特派员,投入200多亿元资金,实施3.76万个各级各类科技项目,推广应用5万余项先进实用技术、新品种。

2021年2月21日,《农民日报》报道:近日,湖北举行省科技创新大会,由科技部等部委和有关方面与湖北省共建的7个湖北实验室揭牌,会议还颁发了2020年度省科学技术奖。洪山实验室针对农业和食品产业链的重大科技需求,以生物种业科学创新和技术体系建设为核心,围绕农业生物种质资源保护与创新、重要性状的生物学基础、绿色优质品种培育、农业绿色生产体系、农产品质量安全与营养健康等方向开展研究,致力培育绿色优质品种,研发和推广绿色生产技术,培育和推广营养丰富的作物品种。

2021年2月22日,《科技日报》报道:据中国农科院最新消息,该院作物科学研究所水稻分子设计技术与应用创新团队,构建了一个全基因组基因功能单倍型($gcHap$)数据集,全面揭示了亚洲栽培稻基因功能单倍型自然变异特征,提出亚洲栽培稻多起源(驯化)假说。相关研究成果新近发表于《分子植物》（《Molecular Plant》）杂志上。

2021年3月4日，《光明日报》报道："十三五"期间，中国农业科学院派出了700多个专家团队，1.2万人次科技人员奋斗在脱贫攻坚主战场，辐射带动9.7万贫困户增收。

2021年3月6日，《光明日报》报道：河南农业大学发挥学科优势，面向河南省53个贫困县，开展"百名教授千名学生服务万村"工程，以"定点扶贫＋结对帮扶＋科技扶贫"的方式，每年安排学校师生队伍下沉基层，让科技走进田间地头，把技术送到生产一线。

2021年3月6日，《科技日报》报道：新的农作物种质资源库设计保存容量150万份，是现有种质资源库的近4倍。目前，国家作物种质资源库正在加紧建设中。

2021年3月10日，《科技日报》报道：经印度尼西亚国家玉米品种审定专家委员会审查同意，来自中国的山东省农科院玉米研究所联合多家单位在印度尼西亚开展的"本土化"育种选育的4个玉米新品种一举通过印度尼西亚国家审定。

2021年3月11日，《光明日报》报道：中国农业科学院郑州果树研究所王力荣团队领衔完成的多个环境因子对桃基因组影响的遗传分析，揭开了"桃李满天下"的基因组变化奥秘，有助于育种家建立应对气候变化的植物品种适应性改良的新模式。

2021年3月17日，《科技日报》报道：国家重点研发计划"七大农作物育种"重点专项"水稻全基因组选择与高产优质品种设计育种"成果围绕水稻理想株型与品质形成的分子机理这一重大科学问题取得了一系列关键突破。

2021年3月19日，《农民日报》报道：一项关于"全球农业干旱监测研究"的国际科技创新合作项目在京启动。该项目为国家重点研发计划项目，由中国农科院主持，对于全球农业生产有着极为重要的意义。

2021年3月19日，《农民日报》报道：今年3月，宁夏回族自治区春季农民科技大培训正式启动。今年全区计划新建农民田间学校7个，创建农民田间学校示范校试点6个；培训高素质农民1.4万人，农民培训人数达到4万人次以上。

2021年3月24日，《科技日报》报道：国家重点研发计划"畜禽重大疫病防控与高效安全养殖综合技术研发"重点专项项目"畜禽病原耐药性的产生、传播与防控技术及应用"取得重大突破，项目发现了可转移的耐药机制，为后续成果奠定了基础，并且支撑了禁抗政策出台。

2021年3月24日，《科技日报》报道：浙江大学生物系统工程与食品科学学院IBE团队刘湘江、应义斌，信息与电子工程学院汪小知和农业与生物技术学院胡仲远，通过将柔性穿戴电子技术应用到植物体表，首次持续监测草本植物体内水分的动态传输和分配过程，发现植物果实生长与光合作用不同步的现象，将为作物高产育种及栽培技术研发提供新的思路。

2021年3月25日，《科技日报》报道：云南农业大学植物保护学院杜云龙教授研究团队在研究中发现，插入元阳梯田月亮谷水稻 DEEPER ROOT-ING1（DRO1）基因启动子中的 INDITTO2 转座子可以传递生长素信号调节 DRO1 基因的转录水平，从而增强水稻避旱性。

2021年3月26日，《农民日报》报道：重庆市农科院农机所科研团队历时5年攻关，成功研发出国内首台榨菜联合收割机。该设备实现了榨菜切根、打叶、夹持输送、提升归框联合作业，填补了我国榨菜收获机械化技术装备的空白。

2021年3月30日，《光明日报》报道：3月29日，嫦娥五号搭载的太空稻种离开华南农业大学国家植物航天育种工程技术研究中心温室，移栽到位于广州增城的华南农业大学试验田基地。

2021年3月31日，《科技日报》报道：科技部已于日前批复同意支持湖南建设国家耐盐碱水稻技术创新中心。这是我国农业领域首批启动建设的国家技术创新中心，其目标是：为实现"藏粮于技、藏粮于地"的国家战略提供技术储备，到2030年培育出适合不同盐碱地生态区种植、有重大应用价值的水稻新品种10～15个，在全国推广面积达1亿亩产能，实现亩产300千克以上。

2021年4月1日，《农民日报》报道：3月31日，国务院新闻办公室举行新闻发布会，教育部相关负责人在会上透露，教育部正在会同有关部门制定《关于实现巩固拓展教育脱贫攻坚成果同乡村振兴有效衔接的意见》，修改完善后印发。

2021年4月1日，《科技日报》报道：农业农村部日前印发《关于公布全国农机使用一线"土专家"名录第一批入选人员名单的通知》，明确北京市房山区龙长庆等306人为首批入选"土专家"。

2021年4月2日，《农民日报》报道：农业农村部科技教育司依托"全国农业科教云平台"开展跨时空、不间断的在线"科技在春"活动。在"云上智农"APP、"中国农技推广"APP中开设

"科技在春"专题栏目，分产业、分区域发布最新"三农"政策和春耕备耕有关技术。

2021年4月8日，《科技日报》报道：7日，国家大豆产业技术体系科技成果转化"伙伴行动"在黑龙江省大豆主产区黑河启动。该行动为国家大豆体系首创，旨在通过专家联手农户建立亲密伙伴关系，在互融互通中，破解大豆领域技术转化"卡脖子"难题，打通科技成果转化应用通道，提升国产大豆核心竞争力，构建黑河大豆产业全产业链发展体系，助推大豆产业振兴发展。

2021年4月9日，《农民日报》报道：近日，中国农业科学院生物技术研究所作物代谢调控与营养强化创新团队和北京畜牧兽医研究所功能性畜禽产品创新团队合作成功创制高虾青素玉米种质。相关研究成果发表在《植物生物技术杂志》(Plant Biotechnology Journal)上。

2021年4月9日，《科技日报》报道：目前世界上二倍体粮食作物中最复杂的黑麦基因组的高质量精细物理图谱，由河南农业大学科研团队牵头绘制完成。相关论文在最新一期的国际学术期刊《自然·遗传学》上发表。

2021年4月9日，《农民日报》报道：近日，湖北省2021年"联百校·转千果"科惠行动首场活动——乡村振兴专场在湖北省农科院举行。活动采用线上直播与线下对接相结合的形式，湖北省农业农村厅、湖北省科技厅、湖北省农科院等单位的多位专家纷纷变身网络主播，入驻"店小二直播间"，向台下观众和网友现场路演推介8项农业科技成果，解读科技创新和乡村振兴政策，分享科技金融助推产业转型的实践经验。

2021年4月9日，《人民日报》报道：今年的中央1号文件提出，支持农村及偏远地区信息通信基础设施建设。当前，全国行政村通光纤和4G比例均达98％以上，农村互联网普及率明显提升，乡村通信设施不断完善。信息技术在农业生产经营中的应用不断拓展，智慧农业、智慧物流等数字化转型，正为乡村振兴注入强大动力。

2021年4月9日，《光明日报》报道：4月6日，联合国教科文组织巴黎总部宣布，中国国家开放大学"一村一名大学生"计划获得联合国教科文组织哈马德·本·伊萨·哈利法国王2020年度教育信息化奖。这是联合国系统内教育信息化的最高奖，是自2008年以来我国机构第二次获得该奖。

2021年4月14日，《科技日报》报道：4月7日，从科技部中国农村技术开发中心获悉，国家重点研发计划"畜禽重大疫病防控与高效安全养殖综合技术研发"项目"畜禽现代化饲养关键技术研发技术攻关"取得重大突破——研发了种猪精准饲养关键技术，并通过技术集成与示范，形成了种猪智能高效健康养殖技术模式。

2021年4月14日，《科技日报》报道：4月12日从山东农业大学获悉，该校植物保护学院李向东教授团队在《植物生理学报》发表论文称，他们构建了可应用于葫芦科作物基因和微RNA（miRNA）功能研究的病毒载体，为研究葫芦科作物基因功能提供了新工具。

2021年4月15日，《科技日报》报道：据中国农科院最新消息，该院植物保护研究所作物有害生物功能基因组研究创新团队，以云南番茄曲叶病毒为对象，揭示了双生病毒C4蛋白通过抑制植物的丝裂原活化蛋白激酶（MAPK），从而逃避寄主防卫反应的新机制，为抗双生病毒农作物品种选育提供了理论基础。相关研究结果在线发表于《新植物学家》。

2021年4月17日，《农民日报》报道：近日，《2020年中国全株玉米青贮质量安全报告》发布，报告显示，"粮改饲"试点地区全株玉米青贮质量全面提升。按照全株玉米青贮质量分级指数（CSQS）评价，2020年我国"粮改饲"试点地区90％以上全株玉米青贮质量达到良好水平，比2019年上升5个百分点，其中17.5％达到优秀水平，比2019年上升8.5个百分点。但全株玉米青贮质量在不同地域、不同畜种和不同养殖规模之间仍存在一定差异。

2021年4月19日，《人民日报》报道：中国—哈萨克斯坦农业科学联合实验室日前获得哈萨克斯坦贸易和一体化部颁发的认可证书，正式开始运作。

2021年4月19日，《农民日报》报道：生产端有农业大数据对基地进行耕"云"，加工端以柔性智能碾米机和智慧码垛生产线升级换代，供应端通过电商平台与皖垦e家实体店互动；用手机扫一下二维码，从餐桌到田头，所有稻米产品全程质量可追溯……安徽农垦正在打造"智慧稻米"全产业链新模板。

2021年4月20日，《农民日报》报道：近日，国家重点研发计划课题"北亚热带（鄂豫苏）茶园化肥农药减施增效技术集成与示范"总结会议在湖北省武汉市召开。

2021年4月20日，《人民日报》报道：日前，由国务院参事室社会调查中心联合新华网等单位共同发起的第四届"费孝通田野调查奖"征文活动颁奖仪式在安徽省淮南市凤台县店集村举行，征文评选结果同时揭晓。第五届"费孝通田野调查奖"征文活动也正式启动。

2021 年 4 月 21 日，《人民日报》报道：由人民日报社《国家人文历史》杂志社主办、乡伴文旅集团协办、人民文旅和人民三农承办的首届中国乡村人文论坛 20 日在人民日报社举办。

2021 年 4 月 21 日，《农民日报》报道：为深入贯彻中央关于巩固拓展脱贫攻坚成果有关部署，落实《国务院关于深化考试招生制度改革的实施意见》和 2021 年《政府工作报告》，近日教育部作出部署，明确 2021 年继续面向农村和原贫困地区实施重点高校招生专项计划，专项计划的实施区域、报考条件、招录办法等相关政策保持不变。

2021 年 4 月 23 日，《农民日报》报道：近日，中国科学院种子创新研究院、中国科学院遗传与发育生物学研究所李家洋团队首次提出了异源四倍体野生稻快速从头驯化的新策略，旨在最终培育出新型多倍体水稻作物，从而大幅提升粮食产量并增加作物环境变化适应性。这一研究成果在国际学术期刊《细胞》发表。

2021 年 4 月 23 日，《农民日报》报道：4 月18 日，中国农业科学院、潍坊市人民政府在京联合发布《潍坊市创新提升"三个模式"打造乡村振兴齐鲁样板先行区实践报告》。这是中国农科院建设国家高端农业智库的重要研究成果之一。

2021 年 4 月 23 日，《农民日报》报道：近日，中国科技评估与成果管理研究会、国家科技评估中心、中国科学技术信息研究所联合发布了《中国科技成果转化年度报告 2020（高等院校与科研院所篇）》。报告以全国 3 450 家公立高等院校和科研院所 2019 年成果转化数据为样本，综合分析了高校与科研院所科技成果转化进展和成效以及存在的主要问题等。

2021 年 4 月 23 日，《农民日报》报道：日前，中央农业广播电视学校党委书记汪学军在 2021乡村振兴（临沂·兰陵）高峰论坛上表示，农民教育培训在新时期被赋予新使命新任务——坚持服务"三农"大方向的前提下，打造优质、高效的农民教育培训体系，加快培养与农业农村现代化相适应的高素质农民队伍。他强调要加大"云上智农""天天学农"等平台利用，提升农民培训质量。

2021 年 4 月 23 日，《农民日报》报道：日

前，2021 拜耳提质增效解决方案论坛在江苏泰州市举办。拜耳作物科学与全国农技中心、山西农业大学、中国水稻研究所、广西农科院等权威机构专家齐聚一堂，会同各地植保系统工作者，为水稻、玉米、荔枝、甘蔗、柑橘等作物进一步提质增效献计献策。

2021 年 4 月 24 日，《人民日报》报道：4 月23 日，世界读书日当天，由中宣部、农业农村部、国家乡村振兴局联合主办的 2021 "新时代乡村阅读季"在贵州省遵义市启动。

2021 年 4 月 26 日，《农民日报》报道：由中央宣传部、中央文明办和陕西省委、陕西省人民政府联合举办的 2021 年全国文化科技卫生"三下乡"集中示范活动，24 日在陕西省柞水县举行。

2021 年 4 月 26 日，《光明日报》报道：4 月25 日，第四届数字中国建设峰会在福州召开，数字议题再次引发大众关注与热议。智慧农业平台、"AI＋农业"计划、智能农业……在今天数字中国发展的大战略下，数字农业形态正在展现。

2021 年 4 月 27 日，《农民日报》报道：近日，全国农技中心联合农业农村部农机鉴定总站、农业农村部农机推广总站在江西省南昌市举办南方水稻育插秧技术培训班。

2021 年 4 月 29 日，《农民日报》报道：近日，郑州商品交易所在新疆举办国有企业套期保值培训班，并与新疆维吾尔自治区人民政府、新疆生产建设兵团、涉棉企业进行座谈交流，共同探讨新发展格局下期货市场服务新疆经济高质量发展新方式、新方法。

2021 年 4 月 30 日，《农民日报》报道：4 月24 日是中国航天日，为此中国农业科学院农业资源与农业区划研究所近期举办了中国航天农业农村遥感监测主题宣传活动，告诉公众中国航天与农业有着密不可分的联系，农业遥感从高分卫星中获取了大量的应用数据，从而更好地服务于中国农业事业。

2021 年 4 月 30 日，《农民日报》报道：日前，全国农业科技成果转移服务中心武汉分中心和国家种业科技成果产权交易中心武汉分中心，在湖北省武汉市正式挂牌。

2021 年 4 月 30 日，《农民日报》报道：日前，由全国农技推广服务中心主办，山西省植保植检总站承办的 2021 年全国种植业农药使用信息调查监测培训班在山西太原举办。来自全国农技中心的专家和各级植保机构负责农药使用调查工作的代表100 余人参加了此次培训。

2021 年 5 月 2 日，《人民日报》报道：4 月 6 日，联合国教科文组织宣布来自中国的国家开放大学"一村一名大学生"计划获得联合国教科文组织哈马德·本·伊萨·哈利法国王 2020 年度教育信息化奖。该奖项是联合国系统内教育信息化最高奖项，主要奖励将信息通信技术应用于教育和教学领域并作出突出贡献的个人、机构和非政府组织。联合国教科文组织赞赏称，该计划通过人工智能技术，为农村和偏远地区的学习者提供了优质学习机会。

2021 年 5 月 7 日，《农民日报》报道：在 2021 年国家奶业科技创新联盟大会暨中国飞鹤优质乳全产业链新成果发布会上，又一项对中国乳制品行业具有引领作用的评价方法发布。国家奶业科技创新联盟发布了《2020 年度飞鹤婴幼儿配方奶粉质量评价报告》，至此，婴幼儿配方奶粉的品质有了科学客观的评价方法。

2021 年 5 月 7 日，《农民日报》报道：中国农业科学院院植物保护研究所生物杀虫剂创制与应用创新团队与生物公司联合研制的 Bt 工程菌 G033A 可湿性粉剂，可以同时防治鳞翅目、鞘翅目害虫，特别是对玉米草地贪夜蛾展现出良好的防治效果，在草地贪夜蛾等重大害虫的绿色防控和化药的合理减替方面发挥重要作用。

2021 年 5 月 9 日，《光明日报》报道：8 日从中国农业科学院获悉，该院北京畜牧兽医研究所动物基因工程与种质创新科技创新团队联合北京相关生物企业等单位，成功绘制了梅山猪高质量基因组图谱。该图谱是迄今为止精度最高的亚洲猪基因组图谱，为我国地方猪种质资源保护和开发利用奠定了基础。

2021 年 5 月 10 日，《农民日报》报道：近日，国家知识产权局发布《2020 年中国专利调查报告》，报告显示，2020 年我国有效发明专利产业化率为 34.7%，专利转移转化日趋活跃，专利保护成效显著、助力营商环境持续优化，专利研发投入较大提高、合作创新成为企业重要创新方式。

2021 年 5 月 11 日，《科技日报》报道：中国农业科学院作物科学研究所大豆育种技术创新与新品种选育创新团队联合国内优势科研机构，成功克隆了科学界孜孜以求 50 年而不获的大豆雄性不育基因公式，为拓宽大豆品种的遗传基础提供了重要支撑。

2021 年 5 月 13 日，《农民日报》报道：近日，由农业农村部环境保护科研监测所牵头的"十三五"国家重点研发计划"黄淮海蔬菜主产区面源污染综合防治技术示范"项目进行了第三方测评。参与评估的专家通过现场考察和听取项目汇报，一致认为该项目在减控菜地面源污染方面成效显著。

2021 年 5 月 14 日，《科技日报》报道：华中农业大学玉米团队联合国内相关团队运用基因组大数据、机器学习和全基因组关联分析方法，开发出玉米杂种优势利用"新钥匙"。

2021 年 5 月 14 日，《人民日报》报道：北大荒集团农业科技进步贡献率达到 76.28%，比 2015 年提高 8.08 个百分点。2020 年，集团全年研发投入经费 3.26 亿元，同比增长 17.2%。

2021 年 5 月 15 日，《农民日报》报道：公开数据显示，"十三五"期间，浙江共育成新品种（组合）388 个，其中国家审（认）定 33 个、国家登记 89 个，获植物新品种权保护 185 件。"农业芯片"的智造，不仅提高了浙江粮食、生猪自给率，还满足了诸多省份对特色产业发展的需求。

2021 年 5 月 17 日，《科技日报》报道：5 月 7 日，中科院成都生物所选育的小麦新品种"川育 29"示范田在四川绵阳验收。该品种具有抗条锈病能力强，高产优质等特点，未来将在四川省内丘陵、平坝区域推广种植。

2021 年 5 月 20 日，《光明日报》报道：19 日从中国科学技术协会了解到，复旦大学生命科学学院黄建勋副研究员团队联合美国宾夕法尼亚州立大学马红教授、中科院昆明植物所伊廷双研究员近日在《分子植物》上发表的一项研究论文入选了"中国科技期刊卓越行动计划"重大成果，该项研究揭示了豆科物种的起源分化、基因组多倍化以及根瘤菌固氮共生演化假说。

2021 年 5 月 21 日，《科技日报》报道：建设"南繁硅谷"是党中央的重大决策部署。5 月 19 日，中国农业科学院在三亚崖州湾科技城举行"中国农业科学院南繁育种研究中心"揭牌仪式暨加快南繁硅谷建设推动种业创新发展研讨会。中国工程院院士、中国农业科学院院长唐华俊在会上表示，希望联合国内外相关学科和专业的力量，把中国农科院南繁育种研究中心打造成全球种业科技中心。

2021 年 5 月 28 日，《农民日报》报道：近日，在"产学研合作签约会暨农业微生态固氮技术应用研讨会"上，产学研三方合作代表：农业农村部土壤微生物重点实验室、安徽宿州农业科学院、安徽新熙盟生物科技有限公司签约，共同促进新型高效固氮类微生态制剂提高作物产量关键技术研发及示范推广，推动农业科技成果转化。

2021 年 6 月 1 日，《农民日报》报道：目前，小麦—冰草衍生系创新种质正在为全国 100 余个育种单位广泛利用，已培育新品种 12 个、后备新品种 39 个。其中，甘肃、陕西两省审定的小麦新品种普冰 151，已成为甘肃、陕西条锈病等病害流行和旱地麦区的主栽品种，实现了多抗育种新突破。培育出国审新品种川麦 93，穗粒数达 54.2 粒，比对照"绵麦 367"多 6.3 粒/穗，增产 16.72%，显著高于 3% 的国家审定标准，被四川省科技厅认定为"十三五"小麦科技攻关突破性进展，创新种质实现了高产育种新突破。

2021 年 6 月 1 日，《农民日报》报道：5 月 28 日，由中国农科院油料作物研究所选育的高产、优质、多抗、广适大豆新品种"中豆 63"品种经营权在 2021 年武汉种业博览会上，经过 20 多轮加价，最终以 1 500 万元成交并现场签约。据介绍，油料作物研究所南方大豆遗传育种创新团队历经 20 余年的系统研究，构建了"优异种质发掘＋骨干亲本改造＋生态穿梭育种＋性状精准鉴定＋分子标记辅选"的集成育种技术体系，突破了大豆高产与优质、抗倒、抗病等的矛盾，选育出"中豆 63"，实现了大豆高产优质多抗的协同改良。

2021 年 6 月 2 日，《农民日报》报道：据悉，目前澄城樱桃试验站新品种新技术展示基地已荣获农业农村部"国家现代农业科技示范展示基地"。2020 年 8 月，该试验站还建成了组培脱毒苗木繁育中心。这是目前陕西省规格最高的樱桃苗木组培中心，每年可生产优质樱桃脱毒种苗 50 万株。

2021 年 6 月 11 日，《农民日报》报道：据悉，"十四五"期间，中国农科院将重点突破作物高光效和生物固氮的生物学基础研究；重点开展作物重要性状形成与环境适应性机理研究；阐明作物杂种优势形成的生物学基础；系统研究作物优异种质形成与演化规律；推进作物设计育种技术基础创新。

2021 年 6 月 11 日，《农民日报》报道：6 月 8 日—10 日，农业农村部科技教育司在山东省济南市举办 2021 年全国基层农技推广体系改革与建设培训班。全国各省、自治区、直辖市、计划单列市农业农村部门和北大荒农垦集团、广东农垦负责农业科教工作人员，部属推广单位参与体系建设工作的人员共 70 余人参加培训。

2021 年 6 月 21 日，《农民日报》报道：6 月 20 日，全国农技中心在京组织召开农业行业标准审定会，《水稻品种真实性鉴定 SNP 标记法》《玉米品种真实性鉴定 SNP 标记法》《小麦品种真实性鉴定

SNP 标记法》3 项标准通过审定，标志着打好种业翻身仗市场净化行动初战告捷，维护市场秩序、保护品种创新有了强有力的技术支撑。

2021 年 6 月 22 日，《农民日报》报道：目前，全国主产区麦收已接近尾声，粮食加工企业已经陆续开始积极收储夏粮，为生产加工做储备。近日，为探究优质专用小麦产业发展新路径，由全国优质专用小麦产业联盟指导，中国农科院作物科学研究所举办的全国优质专用小麦产业发展研讨暨高产优质品种现场观摩会在河北省邢台市举办，来自小麦生产、科研、加工、种业等领域的专家学者、企业代表、种植大户以及主产省（区）农业农村部门小麦生产及技术推广部门相关负责人等 300 余人参加了现场观摩和研讨。

2021 年 7 月 7 日，《农民日报》报道：近日，北京农学院智慧农业研究院成立大会举行。研究院将建成集智慧农业理论研究、技术创新、试验示范、成果孵化、人才培养、科普展示等功能于一体的智慧农业"产、学、研、用"基地，推动农业工程学科建设，促进涉农学科、信息技术、人工智能等多学科交叉融合，培养更多复合型创新农业人才。

2021 年 7 月 9 日，《农民日报》报道：近日，中国农业科学院深圳农业基因组研究所（简称基因组所）黄三文团队最新研究成果实现了颠覆性创新，第一代基因组设计的杂交马铃薯问世，用二倍体育种替代四倍体育种，用杂交种子繁殖替代薯块繁殖。6 月 24 日，国际学术期刊《细胞》在线发表了题为"Genome design of hybrid potato"（《杂交马铃薯的基因组设计》）的研究成果。这标志着"优薯计划"实施以来取得了里程碑式的突破。

2021 年 07 月 10 日，《农民日报》报道：7 月 9 日，中国科学院在黑龙江哈尔滨市发布《东北黑土地白皮书（2020）》，这是我国首次发布黑土地白皮书。中国科学院希望通过黑土地白皮书的发布，为"用好养好"黑土地提供科技支撑，同时能够让全社会对黑土地有明确的科学认知，珍惜大自然赋予的这份宝贵资源，并在全社会形成黑土地保护与利用合力。

2021 年 7 月 17 日，《农民日报》报道：7 月 15 日，农业农村部农产品质量安全监管司、中国绿色食品发展中心在北京举办 2021 年地理标志农产品保护工程培训班暨现代农业全产业链标准化研讨会。

2021 年 7 月 19 日，《科技日报》报道：中国粮油学会近日组织专家在上海对"稻谷'六步鲜米精控技术'创新体系开发及产业化"项目成果进行

了评价。在当天同步举行的稻谷"六步鲜米精控技术"研讨会上，中国粮油学会首席专家、食品分会名誉会长、江南大学教授姚惠源代表专家组在会上宣布了评价结果：益海嘉里金龙鱼"稻谷'六步鲜米精控技术'创新体系开发及产业化"技术为国内外首创，总体技术水平达到国际领先。

2021 年 7 月 23 日，《农民日报》报道：近日，南京农业大学科研团队宣布，该团队成功利用合成肽技术研制出了猪圆环病毒疫苗。据团队负责人、南京农业大学动物医学院姜平教授介绍，这是国际上首次将合成肽技术用于猪圆环病毒病免疫防控。

2021 年 7 月 27 日，《科技日报》报道：科学家成功破解了中国名茶铁观音的基因组，还对 161 个茶树品种和 15 个近缘种大理茶进行了重测序分析，发现了影响植株高矮和茶叶产量的两个功能基因。相关成果近日发表在国际顶级期刊《自然·遗传学》上。

2021 年 7 月 27 日，《农民日报》报道：7 月 24 日，由中国农业绿色发展研究会主办、中国农业科学院农业资源与农业区划研究所承办的农业绿色发展论坛在京召开。论坛以"乡村振兴与绿色发展"为主题。

2021 年 7 月 28 日，《科技日报》报道：江西省农业科学院首次从土壤微生物有益共生的角度出发，开发出了具有高效节肥减药效果的水稻新品系"赣菌稻 1 号"。江西省农业科学院组织优势团队，历时 10 年协同攻关，克隆出了世界首个促进水稻与丛枝菌根高效共生基因 $OsCERK1DY$ 并获得基因专利，研究成果发表在国际权威期刊《新植物学家》（《New Phytologist》）上。该项成果为水稻绿色高产高效分子设计育种提供了极具利用价值的基因资源，绿色超级稻新品系赣菌稻 1 号系利用 $OsCERK1DY$ 基因培育成果。

2021 年 8 月 4 日，《农民日报》报道：记者从北京市农业农村局获悉，基于京郊休闲农业经营主体的需求，北京市成立了由 82 个专家、6 个专家团队组成的北京市休闲农业专家辅导团，涵盖规划设计、农业技术、农耕文化、科普教育、生态环保、营销推广、设施装备、政策研究等不同领域，相关工作已于 7 月 20 日正式启动。

2021 年 8 月 4 日，《科技日报》报道：过量施用化肥和农药曾是我国农业生产的"法宝"，但这种做法却是伤害土地和农产品的"魔棒"。现在国家大力发展绿色农业，提倡转型升级，农业生产必须

"减肥"，这是农业科研工作者，更是科技特派员的重要任务。

2021 年 8 月 6 日，《农民日报》报道：如果有一粒大号的胶囊，可以进入到牛的胃里陪伴其一生，可以随时知道牛的位置、体温、体态以及消化是否正常、是否生病、是否发情、怀孕状态等详细信息，是不是很神奇？这项"黑科技"就是"牛胃电胶囊"，它可谓是牛的"保健医生"。在农业农村部推荐的 2021 年数字农业农村新技术新产品新模式优秀案例中，内蒙古基硕科技有限公司研发的"基于牛胃电胶囊牧场数字化管理系统"名列其中。

2021 年 8 月 6 日，《农民日报》报道：7 月 30 日—31 日，国家油菜良种联合攻关项目——2021 年度研讨会暨现场观摩会在内蒙古自治区呼伦贝尔市举行。呼伦贝尔农垦油菜种植面积常年保持在 120 万亩以上。与会代表现场观摩了呼伦贝尔市陈巴尔虎旗国营特泥河牧场的国家油菜良种攻关项目油菜新品种展示试验及油菜新品种示范。

2021 年 8 月 6 日，《科技日报》报道：硫作为一种对植物吸附重金属有积极效应的非金属元素，可促进土壤修复或减缓污染。近日，著名国际期刊《环境污染》发表了中科院西双版纳热带植物园研究人员的一项成果，揭示了硫改良剂对农业污染土壤中植物重金属吸附的影响。

2021 年 8 月 11 日，《农民日报》报道：在羌塘大草原腹地，有一个由中国农业科学院农业环境与可持续发展研究所花费 16 年心血浇筑的国家农业环境那曲观测实验站（以下简称那曲站）。8 月 4 日下午，那曲站科研团队骨干、中国农业科学院农业环境与可持续发展研究所副研究员胡国铮正带着四名研究生查看控制实验平台和气候环境、碳通量、土壤呼吸等连续观测仪器设备，记录相关数据。"我们建设了多个气候变化模拟控制实验平台，深入研究模拟增温、增雨、干旱和氮沉降增加及其交互作用对高寒草地生产力、物种多样性、温室气体排放以及土壤养分循环的影响，评估未来气候变化对藏北高寒草地生态系统带来的综合影响。"胡国铮对记者说。

2021 年 8 月 12 日，《人民日报》报道：记者从中国农业科学院了解到，我国在杂交马铃薯研究领域取得突破性成果。中国农业科学院深圳农业基因组研究所研究员黄三文带领科研团队，创新理论和方法培育杂交马铃薯，用二倍体育种替代四倍体育种，并用杂交种子繁殖替代薯块繁殖。国际学术期刊《细胞》（Cell）日前在线发表了黄三文团队的

研究成果，这是我国"优薯计划"实施以来取得的重大突破。

2021 年 8 月 16 日，《科技日报》报道：技术法宝如何转化为当地百姓的"致富武器"？南京林业大学团队分层次培训了 3 支队伍：政府和企业领导、技术人员、竹农，以产业规划、良种选育、种苗繁育、造林规划、丰产技术为内容分类培训。12 年来，团队为当地培训共达 12 万人次。

2021 年 8 月 18 日，《科技日报》报道："在我心里，我父亲袁隆平是一位和蔼可亲、朴实无华的好父亲，也是一位有'舍小家为大家''我将无我不负人民'国之情怀的农业科技工作者……"8 月 16 日下午，湖南省农科院举行隆重的"袁隆平精神报告会"，深切缅怀这位常年生活和工作在这里的伟大科学家。会上，袁隆平的小儿子袁定阳研究员，饱含深情地分享了父亲留给他、留给大家的精神寄托。

2021 年 8 月 19 日，《科技日报》报道：今年以来，浙江省桐乡市坚持党建引领，以数字化改革为契机，打造覆盖生产经营全过程的"田保姆"为农服务应用。应用基于多源多期遥感数据，实现农田"一田一码"精细化管理，服务覆盖代管代种、政策补贴、农技指导、检测诊断、金融保险、测土施肥等环节。

2021 年 8 月 20 日，《农民日报》报道："玉米在开花期利用无人机喷施生长调节剂是非常有必要的，既可以增强玉米的抗逆性，又同步进行了辅助授粉，可明显提高果穗的产量和商品性。"近日，扬州大学农学院教授陆大雷在江苏省海门市推广示范基地进行了《鲜食玉米绿色优质高效栽培技术》为主题的讲座，通过图文并茂的 PPT 讲解，通俗易懂的现场解答，与农民们零距离交流，解决了他们鲜食玉米生产上最实际的问题，现场获得了阵阵掌声。

2021 年 8 月 20 日，《农民日报》报道：近日，毛罕平主持的江苏大学农业装备学部项目"基于与植物对话的设施环境智慧管控机理"顺利通过验收，并获得优秀等级。该项目的成功验收标志着该团队在温室环境控制研究方面获得重大进展。

2021 年 8 月 23 日，《科技日报》报道：一年前，山东省农科院在国内农科系统中启动了一项前所未有的大工程——"三个突破"战略。其雄心在于它选择烟台招远、临沂费县、菏泽郓城为三个样板点，利用 3 年时间，选派 300 名科研人员，用科技支撑产业，打造可复制、可推广的乡村振兴齐鲁样板。

2021 年 8 月 23 日，《科技日报》报道：8 月 12 日，四川宜宾市农科院传出消息，该院聚焦种业和农机两大领域核心技术创新需求，大力开展水稻、高粱、玉米等主要农作物种源以及农机关键技术攻关。截至目前，该院选育的农作物新品种累计通过审定和登记 159 个，获批农业机械推广许可证 130 余项、专利 87 项，为全国优质粮油、酿酒专用粮等产业高质量发展提供了优良品种及科技支撑。

2021 年 8 月 27 日，《农民日报》报道：近日，全国农业技术推广服务中心组织开展了 2021 年超级稻品种确认工作。根据《超级稻品种确认办法》，经各地推荐和专家评审，农业农村部确认"盐粳 15 号""南粳 3908""南粳 5718""Y 两优 305""荃优 212"等 5 个品种为 2021 年超级稻品种。

2021 年 8 月 31 日，《人民日报》报道：习近平总书记强调，要创新乡村人才工作体制机制，充分激发乡村现有人才活力。今年 2 月，中共中央办公厅、国务院办公厅印发《关于加快推进乡村人才振兴的意见》，提出实施农村实用人才培养计划，加强培训基地建设，培养造就一批能够引领一方、带动一片的农村实用人才带头人。

2021 年 9 月 2 日，《科技日报》报道：记者 8 月 25 日从中国科学院西双版纳热带植物园了解到，该园生物地理与生态学研究组研究人员从分子和化石的角度，阐述了北温带代表类群榆科和胡桃科洲际多样性分布不均的演化历史，并为今后分布区和生态位演化研究提供了新的框架。

2021 年 9 月 3 日，《农民日报》报道：近日，记者从中国农科院获悉，该院郑州果树研究所桃资源与育种团队破译了桃高质量新基因组及果实香气遗传进化机制，为寻找浓郁"桃味"、桃风味改良奠定了基础，相关成果发表于《植物学杂志》。

2021 年 9 月 7 日，《农民日报》报道：日前，历时 9 天的 2021 年越南农业管理和技术人员线上培训班顺利结业。来自云南省农业职业技术学院的 5 位技术专家在云南昆明，通过线上方式为越南农业与农村管理、技术人员解答了根茎类蔬菜贮藏、果实蝇的预防、热带地区猪鸡羊养殖中的注意事项等问题。

2021 年 9 月 7 日，《科技日报》报道："我们用'绿洲一号'菌草综合调控治理北方旱作农田重金属污染，属首次。"9 月 6 日，在河南省科学院的菌草试验田里，河南省科学院高新技术研究中心研究员余学军告诉记者，他们的这项研究填补了国内土壤修复领域的一项空白，目前正在申请专利。

2021 年 9 月 9 日，《农民日报》报道："万名村医进课堂"活动是山东省卫生健康委党史学习教育"我为群众办实事"实践活动中，提升基层卫生服务能力的一项重要内容。活动主要由骨干乡村医生进校园、乡村医生网上课堂和县乡村卫生人才能力提升培训 3 部分组成。

2021 年 9 月 10 日，《光明日报》报道：2014 年 9 月 9 日，习近平总书记走进北京师范大学"国培计划"课堂，同来自贵州的小学骨干语文教师交流，详细了解当地办学情况和他们在北京学习生活情况。2015 年 9 月 9 日，习近平总书记又给"国培计划（2014）"北京师范大学贵州研修班参训教师回信。在总书记高度重视和重要指示下，"国培计划"锐意改革，全力配合《乡村教师支持计划（2015—2020年）》，从 2015 年起，"国培计划"在培训对象上以集中支持中西部地区乡村教师校长培训为主，管理机制下沉到县，努力构建一支"带不走的本土培训团队"。作为我国教师专业发展实践中具有典型意义的国家行动，"国培计划"开展 11 年来，培训教师、校长超过 1 700 万人次，有力推动了参训教师的专业发展，为我国基础教育均衡发展和脱贫攻坚事业作出贡献。

2021 年 9 月 10 日，《农民日报》报道：近期，《乡村振兴促进法》《关于加快推进乡村人才振兴的意见》对培养高素质农民和农村实用人才、推动乡村人才振兴提出了明确要求。为全面贯彻中央关于乡村人才振兴部署要求，加快培养高素质农民队伍，中央农业广播电视学校和省级农业广播电视学校共 70 人组成 6 个调研组，分赴东北、华东、华北、华南、西南、西北地区调研，实地走访黑龙江、江苏、河南、湖南、重庆、新疆 6 省（区、市）23所县级农广校、26 所农民田间学校、24 个家庭农场和农业企业。

2021 年 9 月 11 日，《光明日报》报道：9 月6 日，国际学术期刊《自然·遗传学》发表了湖南农业大学刘忠松教授团队联合中国农业科学院油料作物研究所华玮研究员团队等国内外多家单位完成的研究论文，解决了芥菜起源和驯化的长期科学争议，揭示了芥菜多样性变异的遗传基础，为芥菜种质资源利用和基因组选择育种奠定了基础。

2021 年 9 月 11 日，《农民日报》报道：禽畜养殖恶臭一直以来是行业一个顽疾，不是不想除臭，而是找不到科学的方法与路子。2021 年 9 月，青岛市农业农村局联合青岛畜牧工作站和下辖的平度市

农业农村局举办了以"美丽乡村生态宜居"为主题全市畜禽养殖异味除臭技术推广现场观摩会，集结各地畜禽粪污资源化分管领导和科室负责人、养殖场（户）代表、异味除臭技术产品企业代表共 70 余人，分享异味除臭技术，推广养殖除臭经验，助力构建美丽乡村。

2021 年 9 月 14 日，《农民日报》报道：日前，由农业农村部国际合作司主办，农业农村部对外经济合作中心承办的澜湄农产品质量安全检验检测线上培训班顺利举办。来自中国、柬埔寨、老挝、缅甸、泰国和越南等国农牧渔业部门、食药部门的政府部门、农业院校和科研机构、农产品质量安全检验检测机构，以及企业代表近 200 人报名参加。

2021 年 9 月 25 日，《农民日报》报道：为提升全区良繁基地良种扩繁水平，提高蔗种繁育质量和效益，加强良种繁育技术交流，近日，由广西壮族自治区糖业发展办主办的全区甘蔗良种繁育技术培训班在南宁市举办。培训内容包括甘蔗脱毒、健康种苗繁育，"水肥药"一体化栽培及生产管理技术等，学员现场观摩了由中国热带农业科学院甘蔗研究中心打造的集甘蔗种育、扩繁及"水肥药"一体化技术示范推广的现代化甘蔗种苗基地。

2021 年 9 月 27 日，《科技日报》报道：高新智慧、关键技术突破是 2021 年中关村论坛展览（以下简称"科博会"）的板块。为期 4 天的本届科博会，展示了科技人员研发的农林业病虫害及气象信息远程监测系统，在无人值守的情况下，采集端设备能够自动进行农林业病虫害图像及气象信息的采集以及远程传输，通过人工智能等算法自动对病虫害图像进行分析识别，从发病的根源进行监测预警，有效预防病虫害的大规模暴发。目前已经应用于河南等地区的小麦、经济树果。

2021 年 9 月 28 日，《科技日报》报道：实施"牵手计划"，推动东西部地区开展人才结对帮扶；扩大农村和贫困地区定向招生专项计划实施规模，重点高校录取农村和贫困地区学生累计达 70 万人；青海会同水利部在玉树等藏族自治州开展水利专业人才"订单式"培养……各类人才在服务西部建设、服务基层一线中锻炼成长，带动西部地区本土人才培养取得突破性进展，产生了"种下一棵树，成长一片林"的示范效应。

2021 年 9 月 30 日，《光明日报》报道：乡村振兴，人才先行。习近平总书记在中央人才工作会议上的重要讲话中强调，要走好人才自主培养之路，高校特别是"双一流"大学要发挥培养基础研究人

才主力军作用，全方位谋划基础学科人才培养，建设一批基础学科培养基地，培养高水平复合型人才。高等农业教育作为农业人才培养主阵地，肩负着培育"懂农业、爱农村、爱农民"人才队伍的时代重任。当前，高等教育在为乡村振兴培养人才方面虽已取得长足进步，但仍存在一些短板。

2021 年 9 月 30 日，《农民日报》报道：科技立则民族立，科技强则国家强。习近平总书记在去年底召开的中央农村工作会议上指出，"要坚持农业科技自立自强，加快推进农业关键核心技术攻关"。这一重要指示再次表明，农业事关国计民生，粮食安全是国之大者，只有实现农业关键核心技术自主可控，才能确保中国饭碗装满中国粮，才能把发展主动权牢牢掌握在自己手中。

2021 年 9 月 30 日，《科技日报》报道：9 月 28 日，"长城内外皆故乡——内蒙古文物菁华展"在中国国家博物馆开幕。该展由中国国家博物馆和内蒙古自治区文化和旅游厅、内蒙古自治区文物局联合主办。展览通过 240 多件套精品文物，分为"农牧结合的早期形态""长城的修建与民族交融""长城沿线多元文化的交融"三部分，系统揭示内蒙古地区几千年来农耕与游牧文化交流、融合和升华的历史脉络，展现中华多元一体格局形成发展的历史过程。

2021 年 10 月 7 日，《人民日报》报道：目前，一座大容量、自动化、信息化、现代化的国家农作物种质资源保存新库即将在中国农业科学院落成。我国农业科技工作者将以此为契机，紧密围绕农业科技原始创新和现代种业发展的重大需求，以"广泛收集、妥善保存、全面评价、深入研究、积极创新、充分利用"为指导方针，以作物种质资源的安全保护和高效利用为中心，集中力量攻克其中若干重大科学问题和关键技术难题，为种业振兴、粮食安全奠定坚实的物种和技术基础。

2021 年 10 月 8 日，《人民日报》报道：今年 3 月，习近平总书记在福建南平市考察时强调，要深入推进科技特派员制度，让广大科技特派员把论文写在田野大地上。

2021 年 10 月 8 日，《人民日报》报道：创新农技服务供给方式，把先进的农业技术带给千家万户。崔江浩介绍，当前，我国已基本形成以农业技术推广机构为主导，农业科教单位、农民合作社、涉农企业等为补充的多元化农技推广体系。同时，加快推进"互联网＋"农技推广服务信息化建设，打造全国农业科教云平台，为 120 多万农业专家、

农技推广人员、高素质农民提供在线学习和服务，有力促进了农业增效、农民增收。

2021 年 10 月 8 日，《农民日报》报道：日前，由江苏省农业农村厅、人力资源和社会保障厅等主办的"全国农业行业职业技能竞赛选拔赛暨第四届江苏省水产技术推广职业技能竞赛"在江苏农林职业技术学院举行，来自全省 13 个设区市和省渔业技术推广中心的 41 名选手参赛。大赛个人成绩第一名选手经综合考核合格后将获授省级"五一劳动奖章"，大赛还将选定 3 名选手代表江苏省参加 2021 年全国农业行业职业技能竞赛。

2021 年 10 月 8 日，《农民日报》报道：9 月 24 日，第二届全国农产品加工与营养健康青年科学家论坛在海南省三亚市崖州湾科技城成功举办。本次论坛旨在鼓励青年科技工作者们从解决国家重大需求、解决产业发展重大需求的角度发现问题、分析问题、凝练问题，通过自身掌握的专业知识和技能，最终解决问题、推动技术进步和产业发展。论坛由中国农业科学院农产品加工研究所和三亚崖州湾科技城管理局主办，海南省农业科学院农产品加工设计研究所和国家农产品加工技术研发体系青年工作委员会承办。

2021 年 10 月 8 日，《农民日报》报道：近日，中央农业广播电视学校、中国农民体育协会召开农民教育培训和农业农村人才培养研究智库第三次全体会议。会议审议研究了智库 2020 年课题研究成果，公布研究智库 2021 年课题立项名单，交流研讨研究智库发展思路。研究智库专家委员会顾问、中国农村合作经济管理学会理事长毕美家、清华大学中国农村研究院副院长张红宇及 15 位专家委员参加会议。农业农村部科技教育司、社会事业司领导到会指导。

2021 年 10 月 8 日，《农民日报》报道：纳米农药不仅能实现单剂型农药的升级，更重要的是还能实现多元农药的稳定复配，复配后的农药制剂表观透明、热力学稳定，可储存一到两年以上。这就为农药的远程定制化生产提供了可能。建议有关部门关注这一现象，探索建立起一整套定制化植保托管服务体系，为农民提供病虫害防治"建档""监测预警""开方""煎药""治疗"的全流程植保托管服务，彻底解决农药滥用顽疾。

2021 年 10 月 8 日，《农民日报》报道：9 月 29 日，中国农业科学院农业农村碳达峰碳中和研究中心在北京正式揭牌成立（以下简称中心）。中心将承担起农业农村领域碳达峰碳中和顶层设计、行动

部署和科学研究的重要使命，助力国家碳达峰碳中和目标的实现。

2021 年 10 月 8 日，《农民日报》报道：为展示玉米秸秆还田技术效果，引导农民开展秸秆还田，推动黑龙江省秸秆还田利用与黑土保护，9 月 17 日，黑龙江省农业科学院耕作栽培研究所、国家玉米产业技术体系哈尔滨综合试验站、黑龙江省玉米产业协同创新推广体系、农业农村部东北地区作物栽培科学观测实验站、黑龙江省农业科学院农业遥感与信息研究所、肇东市农业技术推广中心和肇东市农民科技教育培训中心联合组织了"玉米秸秆还田技术效果田间观摩会"，百余名种粮大户、合作社代表参加了田间观摩活动。

2021 年 10 月 8 日，《农民日报》报道：2018—2020 年度，水稻轻简化机械施肥技术已被列为浙江省农业主推技术。目前，植物营养与肥料团队联合浙江省农技推广中心，已在浙江省水稻主栽区域建立 10 余个技术示范区，开展现场考察和技术培训 10 余次，培训农技人员和种植大户 1 000 余人次。

2021 年 10 月 8 日，《光明日报》报道：中国农业科学院近日发布"强种科技行动"中长期发展目标与重点任务。该行动是中国农科院实施"使命清单制度"后，开展的第一项重大科技行动，其核心是实施"种业自主创新攻关、种业企业创新能力提升、种业科技平台建设"三大行动，聚焦"强基础理论、强核心技术、强种质保护、强重大品种、强粮食单产、强种源自给"六强目标，推动种业全创新链的整体跨越，为我国实现"种业科技自立自强、种源自主可控"和打好"种业翻身仗"提供有力支撑。

2021 年 10 月 10 日，《农民日报》报道：近日，中国热带农业科学院橡胶研究所与泰国橡胶局举行了《澜沧江—湄公河橡胶种植技术合作项目谅解备忘录》线上签约仪式。双方将合作在泰国北柳府、廊开府建设两个橡胶树栽培技术示范基地。

2021 年 10 月 10 日，《农民日报》报道：国际植物新品种研究院及产业化项目由浙江东郁广陈果业有限公司投资建设，引进了国际领先的植物病毒检测及脱毒技术以及优质植物新品种种源，开展植物新品种的研发、繁育及产业化。

2021 年 10 月 10 日，《农民日报》报道：近日在广州举行的"国家水产品加工技术研发体系 2021 年度工作会议"获悉，去年我国参与该体系建设的分中心共发表论文 1 251 篇，出版专著 26 部……该体系

研发和推广取得丰硕成果。

2021 年 10 月 11 日，《农民日报》报道：刘志发是江西省鹰潭市余江区的种粮大户，他管理的胜农水稻专业合作社联合社在江西总共种植 48 万亩水稻；他在余江这个全国农村宅基地制度改革试点区担任农村产权交易中心总经理；他还有一支"无人机兵团"，48 台无人机穿梭在鹰潭各地的农田里。

2021 年 10 月 11 日，《科技日报》报道：10 月 9 日，岳麓种业峰会在长沙开幕。会上，科技部中国农村技术开发中心会同湖南省科技厅，与湖南师范大学、湖南农业大学、湖南省农科院、岳麓山种业创新中心、隆平高科技园等 10 单位共同签署了《"100＋N"开放协同创新体系建设工作备忘录》，共同加快推进农业科技创新资源的开放协同和融合。

2021 年 10 月 11 日，《农民日报》报道：近日，第 24 届中国北京国际科技产业博览会盛大开幕。首农食品集团作为北京市属唯一涉农大型企业盛装亮相此次科博会，聚焦展会"智慧·健康·碳中和"主题，集中展示了以北京生物种业创新联合体、优质奶牛选育与推广、智慧蛋鸡、智慧农业、3D 打印生物培育肉等为代表的新业态、新成果、新形象，全面彰显了集团在生物种业、食品加工、粮油加工、现代农业等领域雄厚的科技实力。集团领导王国丰、常毅亲临集团展区巡视指导。

2021 年 10 月 11 日，《农民日报》报道：日前，中国乳制品工业协会组织评选出 2021 年度中国乳业科技系列奖项，其中包括技术发明奖和技术进步奖，并于第二十七届年会期间举办了颁奖仪式。在本次评选中，光明乳业参评项目《新型含颗粒巴氏杀菌热处理风味发酵乳制备技术》获得了技术发明特等奖。

2021 年 10 月 13 日，《科技日报》报道：记者 10 月 10 日从中国农业科学院获悉，该院作物科学研究所水稻分子设计技术与应用创新团队与国内其他科研机构合作，鉴定到一个细胞分裂素信号新组分 PPKL1，发现其可通过引诱但不接纳细胞分裂素磷酸转移蛋白 AHP2 上的磷酸基团，干扰信号传递效率，从而抑制水稻籽粒大小。团队据此建立了一套水稻籽粒大小精准设计系统。相关研究成果在线发表于《分子植物》上。

2021 年 10 月 13 日，《科技日报》报道：山东省农科院深入开展科技成果转化体制机制改革，将"转化富院"作为"十四五"期间"五个强院建设"目标之一，制定出台了《关于科技成果转化制度改革的意见》等"1＋7"政策办法，引导科研人

员围绕市场需求做科研、促推广、抓转化，真正到生产一线、到农业生产主战场去实现自己的价值。

2021年10月19日，《农民日报》报道：日前，新疆维吾尔自治区昌吉国家农业科技园区把发展智慧农业作为重点主导产业，先后建成新疆现代农业云大数据中心等五大智慧农业平台，通过对每家农户的土地亩数、种植品种、农作物生长情况等进行大数据分析和人工智能分析，强化对农业生产态势的分析研究，并示范推广物联网、智能水肥管理等智慧农业新技术成果32项，逐步向全疆推广应用。

2021年10月19日，《农民日报》报道：种植饲用油菜修复盐碱地技术在吉林取得进展，近日，华中农业大学和中国工程科技发展战略吉林研究院在吉林省长春市、白城市举行"农牧结合、修复盐碱地、培肥土壤现场观摩研讨会"。中国工程院院士邓秀新、傅廷栋、李玉、李培武，农业农村部农田建设管理司一级巡视员陈章全等专家学者参会。

2021年10月19日，《光明日报》报道：云南省古茶树资源保护与利用研究中心将以茶树大数据为基础，以古茶树研究为基点，集研究、展示、交流为一体，"藏""展"结合，推进"学""研"，传承文化，服务产业。

2021年10月21日，《科技日报》报道：以"创新驱动发展 迈向科技强国"为主题的国家"十三五"科技创新成就展将于10月21日—27日在北京展览馆举行。重点展示无人植物工厂水稻育种加速器。

2021年10月22日，《科技日报》报道：为研制更多的优质大姜脱毒种苗，10月15日，潍坊职业学院大姜脱毒种苗研究院在山东潍坊揭牌成立，这标志着山东首家脱毒种苗研究院的面世。

2021年10月23日，《人民日报》报道：胡春华指出，要加快提升创新驱动发展能力，健全符合畜牧渔业特点的科研体系，加大优良品种、设施装备、防疫等科技攻关力度，强化技术服务支撑。

2021年10月23日，《农民日报》报道：聚焦乡村人才振兴与示范培训两项重点任务，中央农业广播电视学校以3项精准战略为行动抓手，开展培训，不断加强平台建设，强化跟踪服务，提升农村实用人才带头人和到村任职选调生素质，深入推进农民教育培训高质量发展。

2021年10月25日，《科技日报》报道：木耳智能大棚、渗水地膜、大美科技特派员、无人植物工厂水稻育种加速器、340马力智能CVT（无级变速）拖拉机……在北京展览馆举行的国家"十三五"科技创新成就展农业农村展区，前来参观的观众络绎不绝。"十三五"时期，我国农业科技创新取得一系列成果。在国家"十三五"科技创新成就展的农业农村展区，以"推进农业科技自立自强、加快农业农村现代化"为主题，展示了137个展项、124个展品（实物和模型）和13个视频，是"十三五"农业农村科技创新成就的一个缩影。

2021年10月25日，《科技日报》报道：中共中央办公厅、国务院办公厅近期印发的《关于推动现代职业教育高质量发展的意见》指出，支持办好面向农村的职业教育，强化校地合作、育训结合，加快培养乡村振兴人才，鼓励更多农民、返乡农民工接受职业教育。

2021年10月26日，《人民日报》报道：党的十八大以来，东北地区新型农业经营主体发展迅速，专业大户、家庭农场、农民合作社、农业企业等如雨后春笋，2020年总量超过70万家。"企业＋科研机构＋合作社＋农户"的经营模式在黑土地上扎了根，成为推动现代农业发展的重要力量。

2021年10月27日，《科技日报》报道：从华中农业大学获悉，该校植物科学技术学院吴洪洪教授课题组在《纳米生物技术杂志》发表论文称，他们找到纳米颗粒提升油菜耐盐能力的机理。这是该团队继研究氧化铈纳米颗粒提高棉花抗盐能力的机理之后，再次证明纳米生物技术能给作物"强身健体"，提升农作物抗逆能力。

2021年10月28日，《光明日报》报道：彩色的LED柔光笼罩下，四层不同高度的水稻秧苗在无土栽培的无人植物工厂中苗壮成长。在农业农村展区，无人植物工厂水稻育种加速器讲述着"藏粮于技"的创新故事。中国农业科学院都市农业研究所研究员杨其长讲解到，通过光照、营养、温度等的精准匹配，无人植物工厂中的水稻生长周期可从120天缩短到60天，实现了水稻种植史上的颠覆性突破，未来可实现水稻每年繁育5～6代，也可用于小麦、玉米、大豆等作物的"快速繁育"，为加快育种速度、保障粮食安全提供了全新的解决途径。

2021年10月28日，《农民日报》报道：今年福建启动"百万农民培训行动"，以新型农业经营和服务主体、种养能手、农村创新创业者以及农村实用人才等为主要对象，组织开展分级分类培训。

2021年10月28日，《科技日报》报道：围绕保障国家食物安全和生态安全，我国建立起从研发到产业化的全链条创新体系，研制出转基因抗虫耐除草剂玉米、耐除草剂大豆、抗虫棉、抗虫水稻、抗旱小麦等一批重大成果。4个抗虫耐除草剂玉米和3个耐除草剂大豆获得生产应用安全证书，抗虫水稻已在美国获准上市，耐除草剂大豆在阿根廷获准商业化种植。

2021年10月29日，《农民日报》报道：10月20日，黑龙江省重点研发计划"主要杂粮杂豆优质新品种选育与绿色轻简高效生产技术研究与示范"项目在齐齐哈尔启动。

2021年10月29日，《农民日报》报道：农民培训学校（乡村振兴直播基地）是一所致力于新农人队伍建设、农村电商实用人才培训、村干部致富能力提升等内容的培训基地。学校自2021年4月成立，已经成功举办了14期电商培训，培训学员600余名，培训导师40余名，为农村电商发展注入动力。

2021年10月29日，《科技日报》报道：从中国农业科学院获悉，该院生物技术研究所作物耐逆性调控与改良创新团队的最新研究发现，细胞壁多糖合成酶OsCSLD4在水稻盐胁迫应答和籽粒发育中具有重要作用，揭示了细胞壁调控植物生长发育和逆境适应性的潜在途径及分子机理。

2021年10月31日，《人民日报》报道：继续改善义务教育办学条件、过渡期内保持现有健康帮扶政策基本稳定、继续加强脱贫地区村级综合服务设施建设……《中共中央 国务院关于实现巩固拓展脱贫攻坚成果同乡村振兴有效衔接的意见》明确，要进一步提升脱贫地区公共服务水平。

2021年11月2日，《科技日报》报道：布鲁氏菌活疫苗（粗糙型）是山东省农科院畜牧兽医研究所草食家畜疫病团队联合有关单位研发而成的。该疫苗是目前已知唯一可以采用注射途径免疫怀孕动物（牛/羊）的布病活疫苗，对人畜的安全性大大提高，并且不干扰布病临床诊断。目前该疫苗已经完成新兽药注册复审。

2021年11月2日，《科技日报》报道："在现代农业中，生长素被大量使用来提高农作物的产量，植物生长调节剂是未来农业的五大新技术之一。"据福建农林大学林文伟博士介绍，通过对生长素的分子机制的深入研究，有助于指导人们培育株型合适的农作物，而农作物的株型直接关系作物产量的提高。

2021年11月4日，《光明日报》报道：利用新疆红肉苹果与"红富士"杂交群体揭示苹果高类黄酮形成的分子机制，创制高类黄酮苹果优异种质

CSR6R6，以此为亲本，育成红肉苹果新品种（权）6个，填补了我国红肉苹果品种的空白。

2021年11月5日，《农民日报》报道：日前，中央农广校与湖北、湖南、广东、广西、海南、广东农垦农广校组成调研组赴湖南省调研，实地走访宁乡市、浏阳市、韶山市、娄底市娄星区农民田间学校、家庭农场、农民合作社和农业企业等，点面结合，了解华南片区六省区贯彻落实中央关于乡村人才振兴部署要求、推进农民教育培训高质量发展的经验做法。

2021年11月8日，《光明日报》报道：海南大学继续教育学院（海南大学乡村振兴培训中心），自成立之初就以教育服务地区经济社会发展、服务地区人口素质提升和服务地区人才培养为目标，依托学校优质办学资源，以"点—线—面"为主线，创新继续教育方法，探索构建乡村振兴人才培育新模式。

2021年11月8日，《科技日报》报道："油豆角是美食，是黑龙江人的'乡愁'，我研究的是油豆角的'芯片'——种子。"冯国军向科技日报记者介绍，他的团队已收集油豆角种质资源近500份，育成新品种21个（其中包括黑大冠系列油豆角新品种11个），申报品种保护权6个。目前，这些品种已推广到全国近20个省、市、自治区种植，年种植面积达50万亩，帮助近10万农民增产、增收。

2021年11月15日，《科技日报》报道：据中国农业科学院最新消息，该院生物技术研究所作物高光效功能基因组创新团队研究发现，调控光合产物蔗糖运转效率的关键基因是SEM1，为培育高光效作物提供了新的基因资源。相关研究成果新近发表于《植物杂志》（《Plant Journal》）。

2021年11月15日，《科技日报》报道：当前，推进农业高质量发展已成为农业科技工作的重点任务，北京市农业技术推广站坚持以蔬菜生产技术研发为基础，创新多项科技成果，经过"十二五"和"十三五"的技术沉淀，在轻简高效栽培方面不断获得突破，不仅提高了农业质量效益和竞争力，而且也为首都"菜篮子"的稳定供应提供了重要支撑。

2021年11月16日，《农民日报》报道：今年，北京市农业技术推广站联合北京泰民同丰农业科技有限公司在密云区河南寨镇两河村建立春玉米高产攻关田。日前，来自中国农业科学院、北京市农林科学院、河北农业大学、密云区种植业技术服务中心、延庆区农业技术推广站等单位的玉米专家

对该地块进行了产量验收。专家组依据农业农村部玉米专家指导组和全国玉米栽培学组共同制定的《关于玉米高产、超高产田间测产验收方法和标准》进行实收测产，结果显示，种植的 10 亩"京科 999"单产为 1 162.7 千克，比 2009 年北京市春玉米高产纪录每亩 1 117.3 千克提高了 45.4 千克。据了解，该块春玉米高产攻关田主要是依托多项粮食增产关键技术集成和应用，可总结为"一选二增四提高"。

2021 年 11 月 19 日，《农民日报》报道：11 月 10 日，由中国农业科学院、中国农业大学、湖南省农业科学院共同举办的袁隆平精神学习交流会在北京举行，包括 5 位两院院士在内的我国农业科技界专家学者共聚一堂，追忆缅怀"杂交水稻之父"袁隆平，表示要学习、传承和发扬袁隆平的科学精神和崇高风范，为实现农业科技高水平自立自强，保障国家粮食安全，全面推进乡村振兴，提供强有力的科技和智力支撑。

2021 年 11 月 19 日，《农民日报》报道：11 月 14 日，江苏省一稻一虾技术现场观摩测产活动在南京农业大学省小龙虾产业体系推广示范基地建湖示范点进行。在无环沟田间现场，专家们对一稻一虾技术种植的优质水稻"金香玉 1 号"进行了测产，其结果为每亩龙虾田水稻产量 601.5 千克。

2021 年 11 月 22 日，《光明日报》报道：《"十三五"中国农业农村科技发展报告》指出，2016—2020 年，全国农业科研机构"十三五"期间农业科研机构课题经费共投入 610.19 亿元，比"十二五"时期增加 51.23%。强大的投入带来丰硕成果。在高被引论文方面，中国农业科学家在国际期刊发文量于 2017 年超越美国成为全球第一，目前，中国是全球最大农业科技论文产出贡献国；在专利上，中国农业科学家的申请量同样全球第一；2017 年我国植物新品种权申请量也首次跃居世界第一。

2021 年 11 月 22 日，《农民日报》报道：近日，以"加强原始创新，振兴民族种业"为主题的中国园艺学会 2021 年学术年会暨第十四届会员代表大会在湖北武汉召开。全国各高校、科研单位、企业的 500 余名代表参会，交流探讨园艺学基础研究和应用研究的前沿学术成果。

2021 年 11 月 22 日，《科技日报》报道：我国自主选育的农科糯 336 玉米甜糯兼得、糯中带甜，正在成为北京市民舌尖上的美味。11 月 19 日，由北京市农林科学院玉米所研究员赵久然团队选育的农科糯 336、农科玉 368 等系列高叶酸甜加糯品种获得农业农村组织遴选的"2021 中国农业农村十项重大新产品"。

2021 年 11 月 22 日，《科技日报》报道：为全力打造世界一流"绿色食品牌"，11 月 21 日，中国农业大学、云南省科技厅和云南省农业科学院在昆明签订了共建"云南高原特色农业与乡村振兴研究院"合作协议，合力打造农科教协同创新服务国家重大战略和区域发展格局新范式。

2021 年 11 月 22 日，《科技日报》报道：近年来，福建农林大学教授林文雄带领团队，在国家重点研发计划、农业部再生稻产业农技推广体系建设等项目的资助下，持续开展机收再生稻关键技术攻关研究，创建了"全程机械化再生稻丰产高效品种筛选及丰产高效栽培技术体系"，该技术体系通过良种良法相结合、农机农艺深度融合，攻克了限制机收再生稻产量的难题，显著提高了机收低留桩再生稻腋芽萌发率，有效降低了收割碾压率，大大提高了机收低留桩再生稻再生季产量。

2021 年 11 月 23 日，《光明日报》报道：为全面落实云南省政府与中国农业大学战略合作协议，立足云南巩固脱贫成效全面推进乡村振兴的现实需求，中国农业大学、云南省科技厅、云南省农业科学院于 11 月 21 日签订共建"云南高原特色农业与乡村振兴研究院"合作协议。云南高原特色农业与乡村振兴研究院属于校地联合共建，下设 9 个研究中心，通过组建创新联合体形成柔性合作平台，共同承担项目形式开展合作。

2021 年 11 月 23 日，《农民日报》报道：近日，全国农技中心会同山西省农业种子总站组织全国谷子、高粱现代农业产业体系有关专家在山西省晋中市开展谷子、高粱展示品种田间调查评价活动。走进国家农作物品种展示评价基地（谷子高粱春播中晚熟区），谷穗沉甸甸、高粱红艳艳，各品种正处于成熟关键期，呈现一片丰收景象。该基地是今年农业农村部种业管理司和全国农技中心一同认定的首批 60 个国家农作物品种展示评价基地之一。今年共展示示范粮食用谷子登记品种 27 个，酿造、饲用、青贮高粱登记品种 40 个，来自山西、内蒙古、辽宁、黑龙江等谷子、高粱主产省份的 20 余家科研院所和种子企业参加了此次活动。

2021 年 11 月 26 日，《农民日报》报道：山东畜牧兽医职业学院建校 66 年来，心无旁骛攻主业，紧紧围绕畜牧产业办专业，以专业链对接产业链，全力打造"从牧场到餐桌"全产业链的专业服务体系，为国家培养、向社会输送畜牧兽医人才 10 万余名，为山东成为"没有草原"的全国第一畜牧大省做出积极贡献。

2021 年 11 月 26 日，《农民日报》报道：在 11 月 19 日举行的 2021 中国农业农村科技发展高峰论坛暨中国现代农业发展论坛发布会上，农业农村部农业生态与资源保护总站发布了农业农村减排固碳十大技术模式，这是我国首次以减排固碳为主题发布的农业农村领域相关技术模式。

2021 年 11 月 26 日，《科技日报》报道：11 月 16 日，国家重点研发计划项目"江西双季稻区绿色规模化丰产增效技术集成与示范"组织有关专家对江西都昌县农技推广中心承担的"再生稻机械化绿色丰产增效技术模式示范与应用"示范现场进行考察并实割测产。示范区 600 多亩连片栽种品种为"甬优 4949"和"甬优 4149"，再生季长势整齐，籽粒充实度高。专家组随机抽取三块田，全田实割验产，再生季平均亩产达到 462.7 千克，双季亩产 1 166.1 千克，创新江西省再生季高产水平。

2021 年 11 月 28 日，《光明日报》报道：11 月 25 日—30 日，2021 年长三角秋季蔬菜（十字花科）新品种展示示范观摩会在安徽省合肥市肥东县国家农作物新品种展示基地举办。本次观摩会共展示 533 个蔬菜新品种，展示品种来自国内 60 余家科研院所、高等院校和种业企业，品种适宜长江中下游地区种植。

2021 年 11 月 30 日，《农民日报》报道：近日，中国农业科学院烟草研究所就航天搭载回收的耐盐植物种子后续开发利用及产学研合作事宜与搭载平台单位进行了深入交流。

2021 年 12 月 1 日，《农民日报》报道："726.4 千克！"11 月 26 日上午，在广东省广州市黄埔区新龙镇洋田村的国家杂交水稻工程技术研究中心双季稻亩产 3 000 斤高产攻关黄埔示范基地晚稻测产现场，验收专家组组长、中国工程院院士罗锡文宣布测产结果，现场欢呼声一片。黄埔区还大力筹建 2 个省级现代农业产业园，申报建设广州黄埔现代种业（农作物）产业园和广州黄埔现代农业装备与服务产业园。今年上半年，隆平农业科技黄埔研究院、华南农业大学黄埔创新研究院、湖南农业大学黄埔创新研究院正式成立。

2021 年 12 月 2 日，《人民日报》报道：南京国家农创中心是农业农村部批复建设的全国首家、华东地区唯一一家国家级现代农业产业科创中心，是以创新研发为基础，以产业技术孵化、产业化为重点的全域性开放共享创新创业平台，走出了一条科技与产业融合发展的创新之路。

2021 年 12 月 3 日，《农民日报》报道：枯萎病是植物十大真菌病害之一。截至目前，已有百余种植物栽培种相继被发现发生此病。生产最好的植物干性油之一的油桐也深受其害，全国六成以上的油桐林不同程度暴发此病。不过今后，这个病有望得到有效控制，原因是中国林科院亚热带林业研究所的特色资源育种与培育团队找到了抗枯萎病的关键中心基因。日前，这一研究成果正式公布，引起业界高度关注。

2021 年 12 月 6 日，《科技日报》报道：12 月 5 日，菌草科学与技术研究院在福建农林大学揭牌。该研究院的成立将构建更加完善的菌草科学与技术体系，更好地发挥菌草在服务"一带一路"建设、乡村振兴等方面的重要作用。研究院由"菌草技术"发明人林占熺担任执行院长，中科院院士谢联辉担任学术委员会主任。

2021 年 12 月 6 日，《科技日报》报道：近日，中国农业大学教授陈绍江领衔的国内外单倍体育种技术研究团队在国际知名英文期刊《植物生物技术杂志》上发表最新研究成果，该成果首次建立了番茄单倍体诱导系统，为创建单双子叶作物通用的跨物种单倍体快速育种技术体系奠定了基础。研究团队在克隆玉米单倍体关键诱导基因 $ZmDMP$ 的基础上，发现 $ZmDMP$ 在番茄中存在 1 个同源基因。实验证明番茄中 $SlDMP$ 基因突变同样具备独立的单倍体诱导的能力。对杂交产生的单倍体进行的高通量测序结果表明，这些单倍体均不携带来自父本的染色体组，这说明 $SlDMP$ 突变体诱导产生的是纯母本单倍体。

2021 年 12 月 7 日，《农民日报》报道：11 月 24 日，由中国水稻研究所、福建省农业科学院、南平市农业科学研究所和永富农业科技有限公司四方共建的"永富种业创新产业研究院"成功签约并揭牌。中国科学院院士谢华安，中国工程院院士、中国水稻研究所所长胡培松，中国水稻研究所、南平市政府、福建省农业科学院相关负责人，南平市农业农村局、科技局、农科所以及永富农业科技有限公司等有关人员参加签约揭牌仪式。

2021 年 12 月 8 日，《科技日报》报道：被称为小麦"癌症"的赤霉病是极具毁灭性的真菌病害。在历经 20 年持续攻关之后，山东农业大学孔令让教授带领团队完成了小麦抗赤霉病基因 $Fhb7$ 的定位、克隆及抗病分子机制解析，培育出抗赤霉病小麦品种。前不久，该研究作为封面文章登上了国际权威期刊《科学》主刊，还被纳入我国小麦良种联合攻关计划。

2021 年 12 月 8 日，《科技日报》报道：农林废弃物快速热解创制腐殖酸环境材料及其应用项目不仅取得了多项世界首创成果，还成功实现了工业化应用，系列产品 3 年来已修复土壤 1 000 万亩，新增经济效益 38 亿元，受到国家农业农村部青睐，正在进行全国推广应用。

2021 年 12 月 9 日，《科技日报》报道：近日，中国农业大学韩建永教授团队联合国内多家单位在该领域获得重大突破，他们成功建立了目前世界家畜干细胞传代次数最多（传代 260 次以上）、可进行多次基因编辑操作的猪胚胎干细胞系，攻克了猪胚胎上胚层多能干细胞建系的国际难题。该研究成果 11 月 30 日在线发表于国际著名学术期刊《细胞研究》上。

2021 年 12 月 9 日，《科技日报》报道：近日，华中农业大学作物遗传改良国家重点实验室暨湖北洪山实验室谢卡斌教授课题组，在《分子植物》发表的研究论文，报道了一种大规模、高通量编辑植物基因的方法，并利用该方法编辑了水稻中全部受体激酶基因，为快速鉴定抗病、抗逆相关的基因提供了新资源。

2021 年 12 月 10 日，《光明日报》报道：中国农业大学、南京农业大学分别打造"大国三农"系列课程、"尚茶""农业栽培学"等代表课程，加强生态文明教育，引导学生以强农、兴农为己任。

2021 年 12 月 10 日，《农民日报》报道：12 月 3 日，农业农村部官网发布最新消息，"广明 2 号"白羽肉鸡配套系等首批三个白羽肉鸡新品种通过国家畜禽遗传资源委员会审定。这意味我国白羽肉鸡自主育种从此实现零的突破，我国白羽肉鸡种源依赖进口的局面被彻底打破了！

2021 年 12 月 10 日，《农民日报》报道：为进一步强化测土配方施肥基础性工作，加快化肥减量增效项目实施，提升科学施肥水平，近日，全国农技中心在安徽省桐城市举办 2021 全国测土配方施肥技术培训班。

2021 年 12 月 11 日，《农民日报》报道：2021 年 12 月 5 日上午，中国农业大学"领头羊计划"邀请校外指导老师来到动物科学学院，给羊健康养殖专项研究生们讲述"乡村振兴时代背景下县域羊产业发展模式"的案例报告。

2021 年 12 月 11 日，《农民日报》报道：12 月 3 日，农业农村部发布第 498 号公告，四川省自主培育的川乡黑猪新品种通过国家畜禽遗传资源委员会审定、鉴定，并颁发证书。川乡黑猪是由四川省畜科院主导培育的我国首个具有完全自主知识产权生猪父本新品种，它的育成，打破了我国商品猪生产中外种猪作为父本的垄断局面。

2021 年 12 月 11 日，《农民日报》报道：2021 年，在商务部、农业农村部、中国水产科学研究院的指导与支持下，中国水产科学研究院淡水渔业研究中心采用"云端援外"的方式持续执行国家对外援助人力资源合作项目，先后成功完成了 10 期线上培训项目，总计招录了来自 41 个国家的 747 名学员参与线上培训交流，获得了国内外的高度评价，有效促进全球渔业产业的可持续发展。

2021 年 12 月 11 日，《农民日报》报道：近日，据农业农村部第 483 号公告，广西英路维特药物有限公司、广西馨海动保药业有限公司、广西英路维特医药科技有限公司联合江西中医药大学申请注册的中药类新兽药——白头翁皂苷提取物、白头翁皂苷提取物注射液获批准为新兽药并核发 2 项二类新兽药证书。

2021 年 12 月 13 日，《光明日报》报道：日前，主题为"小麦族植物基因组及分子育种研究"的第六届黄河国际论坛在河南郑州开幕，该论坛旨在讨论如何进行高水平小麦育种。

2021 年 12 月 16 日，《科技日报》报道：国家重点研发计划"长江流域高产高效棉花新品种培育"项目成果展示观摩会日前在江苏盐城市举行，项目主持人、中国农业科学院棉花研究所研究员宋国立表示，经过 3 年科技攻关，项目组培育出适合长江流域种植的棉花新品种 28 个，新品种示范推广 850 多万亩，制定配套生产技术 14 套，长江流域棉花生产实现了良种配良法。

2021 年 12 月 17 日，《农民日报》报道：最新发布的《2021 中国农业科学重大进展》显示，我国农业基础研究领域取得引领性、开拓性、突破性重大进展，在作物、园艺、兽医等学科领域已处于领跑地位，推动我国农业科技由局部创新向"自主基因、自主技术、自主品种、自主产品"的整体性跨越。

2021 年 12 月 20 日，《农民日报》报道：由江苏立华牧业股份有限公司、江苏省家禽科学研究所、江苏立华种禽有限公司共同培育的花山鸡新品种配套系，近日通过国家畜禽遗传资源委员会审定。这标志着我国首个屠宰型优质肉鸡新品种在江苏诞生，成果将有效填补目前市场上黄羽肉鸡普遍不适于规模化屠宰加工的空白。

2021 年 12 月 20 日，《农民日报》报道：近日，北京市昌平区与中国农业科学院签订战略合作协议，共建国家未来农业中心（昌平）。记者从昌平区"两会"获悉，该项目聚焦生命科学和信息技术，利用中国农业科学院马池口基地和南口基地现有条件，将打造具有国际水平、首都风范、农业特色的产学研用一体化农业领域"国之重器"。

2021 年 12 月 21 日，《农民日报》报道：12 月 15 日，由农业农村部主办的首批"中非现代农业技术交流示范和培训联合中心"授牌活动在海南省海口市举行，标志着中非农业技术培训体系进一步完善，中非农业合作水平再上新台阶。

2021 年 12 月 21 日，《农民日报》报道：近日，农业农村部发布第 498 号公告，18 个畜禽新品种配套系经国家畜禽遗传资源委员会审定通过，颁发《畜禽新品种（配套系）证书》。其中，北京市华都峪口禽业有限责任公司、中国农业大学和思玛特（北京）食品有限公司联合培育的"沃德 188""沃德 158"肉鸡新品种名列其中。12 月 18 日，平谷区举办 2021 中国·平谷农业中关村数字经济论坛暨"沃德 188""沃德 158"肉鸡新品种发布活动。沃德系列肉鸡品种的成功培育，加速了中国·平谷农业中关村的建设步伐，标志着白羽肉鸡品种完全依赖进口的时代即将结束，开启我国肉鸡产业种源自主的新时代。

2021 年 12 月 21 日，《农民日报》报道：河南农业大学联合国内多所大学以及科研单位绘制出了目前世界上二倍体麦类作物中最复杂的黑麦基因组的高质量精细物理图谱，成果发表于国际著名学术期刊《自然·遗传学》（*Nature Genetics*）。

2021 年 12 月 21 日，《农民日报》报道：近日，中国农科院油料所选育的高产高油、宜机收油菜新品种"中油杂 39"品种经营权以 3 000 万元成交价签约武汉中油种业科技有限公司，创全国单个油菜品种转让新高。

2021 年 12 月 22 日，《科技日报》报道：福建农林大学闽台作物有害生物生态防控国家重点实验室尤民生、尤士骏团队近日在《自然·通讯》发表论文称，他们为小菜蛾的防治绘制出世界性"气候图谱"。该项目在前期对来自全球 6 大洲 55 个国家和地区 114 个样点采集的小菜蛾样本全基因组重测序的基础上，用景观基因组学方法和基因编辑技术等，预测和验证了全球小菜蛾的气候适生性。

中国农业
大事记
（2022）
ZHONGGUO NONGYE DASHIJI

农业经济统计

表1 农村经济主要指标

指　标	单位	2000年	2005年	2010年	2012年	2015年	2019年	2020年	2021年
一、农业机械总动力	亿瓦特	5 257.4	6 839.8	9 278.0	10 255.9	11 172.8	10 275.5	10 562.2	10 776.4
二、农林牧渔业总产值	亿元	24 915.8	39 450.9	67 763.1	86 342.2	101 893.5	123 967.9	137 782.2	147 013.4
三、农林牧渔业增加值	亿元	14 943.6	22 416.2	39 619.0	50 581.2	59 852.6	73 576.9	81 396.5	86 775.0
四、主要农产品产量									
其中：粮食	万吨	46 217.5	48 402.2	55 911.3	61 222.6	66 060.3	66 384.3	66 949.2	68 284.7
棉花	万吨	441.7	571.4	577.0	660.8	590.7	588.9	591.0	573.1
油料	万吨	2 954.8	3 077.1	3 156.8	3 285.6	3 390.5	3 493.0	3 586.4	3 613.2
糖料	万吨	7 635.3	9 451.9	11 303.4	12 451.8	11 215.2	12 169.1	12 014.0	11 454.4
黄红麻	万吨	12.6	8.3	6.5	6.3	4.8	2.9	1.9	1.6
烤烟	万吨	223.8	243.5	261.2	302.3	249.5	202.1	202.2	202.1
猪牛羊肉	万吨	4 743.2	5 473.5	6 173.5	6 462.8	6 702.2	5 410.1	5 278.1	6 507.5
牛奶	万吨	827.4	2 753.4	3 038.9	3 174.9	3 179.8	3 201.2	3 440.1	3 682.7
禽蛋	万吨	2 182.0	2 438.1	2 776.9	2 885.4	3 046.1	3 309.0	3 467.8	3 408.8
水产品	万吨	3 706.2	4 419.9	5 373.0	5 502.1	6 211.0	6 480.4	6 549.0	6 690.3
水果	万吨	6 225.1	16 120.1	20 095.4	22 091.5	24 524.6	27 400.8	28 692.4	29 970.2
五、农村物价总指数（上年=100）									
农村居民消费价格指数	%	99.9	102.2	103..6	102.5	101.3	103.2	103.0	100.7
农产品生产价格总指数	%	96.4	101.4	110.9	102.7	101.7	114.5	115.0	97.8
六、农村居民人均可支配收入	元	2 282.1	3 370.2	6 272.4	8 389.3	11 421.7	16 020.7	17 131.5	18 930.9
农村居民人均消费支出	元	17 143.0	2 748.8	4 944.8	6 667.1	9 222.6	13 327.7	13 713.4	15 915.6
七、农村教育、卫生									
其中：在校生数	万人								
普通高中	万人	157.8	233.7	162.9	83.4	77	82.9	90.5	98.9
初中阶段	万人	3 428.5	2 784.7	1 784.5	974.1	702.5	650.4	637.8	609.9
小学阶段	万人	8 503.7	6 947.8	5 350.2	3 652.5	2 965.9	2 557.5	2 450.5	2 247.4
乡镇卫生院床位数	万张	73.5	67.8	99.4	109.9	119.6	137.1	139.1	141.7
乡镇卫生院人员数	万人	117.0	101.2	115.1	120.5	127.8	144.5	148.1	149.2

注：1. 2000年以前农产品产品价格总指数为农副产品收购价格指数。
2. 农林牧渔业总产值、农林牧渔业增加值（增加值）包括农、林、牧、渔专业及辅助性活动产值（增加值）。
3. 从2003年起，水果产量含果用瓜。
4. 从2016年开始，农业机械总动力不包括三轮汽车和低速载货汽车动力。
5. 从2013年起，国家统计局开展了住户收支与生活状况抽样调查。本表中的农村居民收入与支出数据来源于此调查。与2012年及以前的农村住户抽样调查的调查范围、调查方法、指标口径有所不同，数据来源于实施城乡一体化调查后的住户收支与生活状况抽样调查。
6. 2012—2016年水产品数据由农业农村部根据第三次全国农业普查结果进行了修订。

表 2 全国乡村人口和乡村就业人员情况

单位：万人、%

年 份	乡村人口		乡村就业人员数（年末）	第一产业 就业人员数（年末）
	人 口 数	占总人口比重		
2005	74 544	57.0	46 258	33 442
2006	73 160	55.7	45 348	31 941
2007	71 496	54.1	44 368	30 731
2008	70 399	53.0	43 461	29 923
2009	68 938	51.7	42 506	28 890
2010	67 113	50.1	41 418	27 931
2011	64 989	48.2	40 193	26 472
2012	63 747	46.9	38 967	25 535
2013	62 224	45.5	37 774	23 838
2014	60 908	443.0	36 646	22 372
2015	59 024	42.7	35 404	21 418
2016	57 308	41.2	34 194	20 908
2017	55 668	39.8	32 850	20 295
2018	54 108	38.5	31 490	19 515
2019	52 582	37.3	30 198	18 652
2020	50 992	36.1	28 793	17 715
2021	49 835	35.3	27 879	17 072

注：1. 本表乡村人口 2010 年、2020 年数据为当年人口普查数据推算数；其余年份数据为年度人口抽样调查推算数。

2. 本表全国乡村就业人员小计 2005 年及以后的数据为根据劳动力调查、全国人口普查的推算数，2011—2019 年数据根据第七次人口普查重新修订。

3. 资料来源：《中国统计年鉴》。

表 3 主要农业机械年末拥有量

年 份	农业机械总动力（亿瓦）	大中型拖拉机（万台）	小型拖拉机（万台）	大中型拖拉机配套农具（万部）	谷物联合收割机（万台）
2005	6 839.8	139.6	1 526.9	226.2	48.0
2006	7 252.2	171.8	1 567.9	261.5	56.6
2007	7 659.0	2 063	1 619.1	308.3	63.4
2008	8 219.0	299.5	1 722.4	435.4	74.3
2009	8 749.6	351.6	1 750.9	542.1	85.8
2010	9 278.0	392.2	1 785.8	612.9	99.2
2011	9 773.5	440.6	1 811.3	699.0	111.4
2012	10 255.9	485.2	1 797.2	763.5	127.9
2013	10 390.7	527.0	1 752.3	826.6	142.1
2014	10 805.7	568.0	1 729.8	889.6	158.5
2015	11 172.8	607.3	1 703.0	962.0	173.9
2016	9 724.6	645.4	1 671.6	1 028.1	190.2
2017	9 878.3	670.1	1 634.2	1 070.0	198.5
2018	10 037.2	422.0	1 818.3	422.6	205.9
2019	10 275.8	443.9	1 780.4	436.5	212.8
2020	10 562.2	477.3	1 727.6	459.4	219.5
2021	10 776.4	498.1	1 675.0	479.7	223.8

注: 1. 2018年，农业农村部根据工业和信息化部标准对拖拉机的分类重新定义，把大中型拖拉机和小型拖拉机的分类标准由发动机功率14.7千瓦改为22.1千瓦，大中型拖拉机配套农具口径改为"与58.8千瓦及以上拖拉机配套"。同时，取消小型拖拉机配套农具和农用排灌机相关指标。

2. 自2008年起使用农业农村部统计数据，取消渔用机动船指标。

表 4 农村电力、灌溉面积、化肥施用情况

年 份	乡村(农村)办水电站 个数(个)	乡村(农村)办水电站 装机容量(万千瓦)	农村用电量(亿千瓦时)	耕地灌溉面积(千公顷)	农用化肥施用量(折纯)(万吨)
2005	26 726	1 099.2	4 375.7	55 029.3	4 766.2
2006	27 493	1 243.0	4 895.8	55 750.5	4 927.7
2007	27 664	1 366.6	5 509.9	56 518.3	5 107.8
2008	44 433	5 127.4	5 713.2	58 471.7	5 239.0
2009	44 804	5 512.1	6 104.4	59 261.4	5 404.4
2010	44 815	5 924.0	6 632.3	60 347.7	5 561.7
2011	45 151	6 212.3	7 139.6	61 681.6	5 704.2
2012	45 799	6 568.6	7 508.5	62 490.5	5 838.8
2013	46 849	7 118.6	8 549.5	63 473.3	5 911.9
2014	47 073	7 322.1	8 884.4	64 539.5	5 995.9
2015	47 340	7 583.0	9 026.9	65 872.6	6 022.6
2016	47 529	7 791.1	9 238.3	67 140.6	5 984.4
2017	47 498	7 927.0	9 524.4	67 815.6	5 859.4
2018	46 515	8 043.5	9 358.5	68 271.6	5 653.4
2019	45 445	8 144.2	9 482.9	68 678.6	5 403.6
2020	43 957	8 133.8	6 211.0	69 160.5	5 250.7
2021			6 736.3		5 191.3

注:1. 2008 年起乡村办水电站统计口径变更为农村水电。农村水电是指装机容量 5 万千瓦及以下水电站和配套电网。
2. 2020 年起农村用电量口径改为 "农林牧渔业用电量+乡村居民生活用电量",数据来源于中国电力企业联合会。
3. 水利部 2021 年农村办水电站、耕地灌溉面积相关数据暂未对外公布。

表 5 农林牧渔业总产值

（按当年价格计算）

单位：亿元

年份	农林牧渔业总产值	农业产值	林业产值	牧业产值	渔业产值	农林牧渔专业及辅助性活动产值
2005	39 450.9	19 613.4	1 425.5	13 310.8	4 016.1	1 085.1
2006	40 810.8	21 522.3	1 610.8	12 083.9	3 970.5	1 623.4
2007	48 651.8	24 444.7	1 889.9	16 068.6	4 427.9	1 820.6
2008	57 420.8	27 679.9	2 180.3	20 354.2	5 137.5	2 068.8
2009	59 311.3	29 983.8	2 324.4	19 184.6	5 514.7	2 303.8
2010	67 763.1	35 909.1	2 575.0	20 461.1	6 263.4	2 554.6
2011	78 837.0	40 339.6	3 092.4	25 194.2	7 337.4	2 873.4
2012	86 342.2	44 845.7	3 407.0	26 491.2	8 403.9	3 194.3
2013	93 173.7	48 943.9	3 847.4	27 572.4	9 254.5	3 555.5
2014	97 822.5	51 851.1	4 190.0	27 963.4	9 877.5	3 940.5
2015	101 893.5	54 205.3	4 358.4	28 649.3	10 339.1	4 341.3
2016	106 478.7	55 659.9	4 635.9	30 461.2	10 892.9	4 828.9
2017	109 331.7	58 059.8	4 980.6	29 361.2	11 577.1	5 353.1
2018	113 579.5	61 452.6	5 432.6	28 697.4	12 131.5	5 865.4
2019	123 967.9	66 066.5	5 775.7	33 064.3	12 572.4	6 489.0
2020	137 782.2	71 748.2	5 961.6	40 266.7	12 775.9	7 029.8
2021	147 013.4	78 339.5	6 507.7	39 910.8	14 507.3	7 748.1

注：1. 2009 年按照新的《统计用产品分类目录》对数据进行了调整。

2. 根据第二次全国农业普查结果，2005—2006 年农林牧渔业总产值进行了修订。

3. 根据第三次全国农业普查结果，2007—2017 年农林牧渔业总产值进行了修订。

4. 根据新国民经济行业分类标准，2003 年开始农林牧渔业总产值包括农林牧渔专业及辅助性活动产值。

表 6　历年主要农作物播种面积

单位：千公顷

年份	农作物总播种面积	粮食面积	稻谷	小麦	玉米	大豆	薯类	花生
2005	155 488	104 278	28 847	22 793	26 358	9 591	9 503	4 662
2006	152 149	104 958	28 938	23 613	28 463	9 304	7 877	3 956
2007	153 010	105 999	28 973	23 762	30 024	8 801	7 902	4 128
2008	155 566	107 545	29 350	23 704	30 981	9 225	8 057	4 362
2009	157 242	110 255	29 793	24 425	32 948	9 339	8 088	4 281
2010	158 579	111 695	30 097	24 442	34 977	8 700	8 021	4 374
2011	160 360	112 980	30 338	24 507	36 767	8 103	7 998	4 336
2012	162 071	114 368	30 476	24 551	39 109	7 405	7 821	4 401
2013	163 702	115 908	30 710	24 440	41 299	7 050	7 727	4 396
2014	165 183	117 455	30 765	24 443	42 997	7 098	7 544	4 370
2015	166 829	118 963	30 784	24 567	44 968	6 827	7 305	4 386
2016	166 939	119 230	30 746	24 666	44 178	7 599	7 241	4 448
2017	166 332	117 989	30 747	24 478	42 399	8 245	7 173	4 608
2018	165 902	117 038	30 189	24 266	42 130	8 413	7 180	4 620
2019	165 931	116 064	29 694	23 728	41 284	9 332	7 142	4 633
2020	167 487	116 768	30 076	23 380	41 264	9 882	7 210	4 731
2021	168 695	117 631	29 921	23 567	43 324	8 415	7 333	4 805

附 录

全面推进乡村振兴　加快农业农村现代化

党的十九届五中全会审议通过的《中共中央关于制定国民经济和社会发展第十四个五年规划和二〇三五年远景目标的建议》，对新发展阶段优先发展农业农村、全面推进乡村振兴作出总体部署，为做好当前和今后一个时期"三农"工作指明了方向。

"十三五"时期，现代农业建设取得重大进展，乡村振兴实现良好开局。粮食年产量连续保持在1.3万亿斤以上，农民人均收入较2010年翻一番多。新时代脱贫攻坚目标任务如期完成，现行标准下农村贫困人口全部脱贫，贫困县全部摘帽，易地扶贫搬迁任务全面完成，消除了绝对贫困和区域性整体贫困，创造了人类减贫史上的奇迹。农村人居环境明显改善，农村改革向纵深推进，农村社会保持和谐稳定，农村即将同步实现全面建成小康社会目标。农业农村发展取得新的历史性成就，为党和国家战胜各种艰难险阻、稳定经济社会发展大局，发挥了"压舱石"作用。实践证明，以习近平同志为核心的党中央驰而不息重农强农的战略决策完全正确，党的"三农"政策得到亿万农民衷心拥护。

"十四五"时期，是乘势而上开启全面建设社会主义现代化国家新征程、向第二个百年奋斗目标进军的第一个五年。民族要复兴，乡村必振兴。全面建设社会主义现代化国家，实现中华民族伟大复兴，最艰巨最繁重的任务依然在农村，最广泛最深厚的基础依然在农村。解决好发展不平衡不充分问题，重点难点在"三农"，迫切需要补齐农业农村短板弱项，推动城乡协调发展；构建新发展格局，潜力后劲在"三农"，迫切需要扩大农村需求，畅通城乡经济循环；应对国内外各种风险挑战，基础支撑在"三农"，迫切需要稳住农业基本盘，守好"三农"基础。党中央认为，新发展阶段"三农"工作依然极为重要，须臾不可放松，务必抓紧抓实。要坚持把解决好"三农"问题作为全党工作重中之重，把全面推进乡村振兴作为实现中华民族伟大复兴的一项重大任务，举全党全社会之力加快农业农村现代化，让广大农民过上更加美好的生活。

一、总体要求

（1）指导思想。以习近平新时代中国特色社会主义思想为指导，全面贯彻党的十九大和十九届二中、三中、四中、五中全会精神，贯彻落实中央经济工作会议精神，统筹推进"五位一体"总体布局，协调推进"四个全面"战略布局，坚定不移贯彻新发展理念，坚持稳中求进工作总基调，坚持加强党对"三农"工作的全面领导，坚持农业农村优先发展，坚持农业现代化与农村现代化一体设计、一并推进，坚持创新驱动发展，以推动高质量发展为主题，统筹发展和安全，落实加快构建新发展格局要求，巩固和完善农村基本经营制度，深入推进农业供给侧结构性改革，把乡村建设摆在社会主义现代化建设的重要位置，全面推进乡村产业、人才、文化、生态、组织振兴，充分发挥农业产品供给、生态屏障、文化传承等功能，走中国特色社会主义乡村振兴道路，加快农业农村现代化，加快形成工农互促、城乡互补、协调发展、共同繁荣的新型工农城乡关系，促进农业高质高效、乡村宜居宜业、农民富裕富足，为全面建设社会主义现代化国家开好局、起好步提供有力支撑。

（2）目标任务。2021年，农业供给侧结构性改革深入推进，粮食播种面积保持稳定、产量达到1.3万亿斤以上，生猪产业平稳发展，农产品质量和食品安全水平进一步提高，农民收入增长继续快于城镇居民，脱贫攻坚成果持续巩固。农业农村现代化规划启动实施，脱贫攻坚政策体系和工作机制同乡村振兴有效衔接、平稳过渡，乡村建设行动全面启动，农村人居环境整治提升，农村改革重点任务深入推进，农村社会保持和谐稳定。

到 2025 年，农业农村现代化取得重要进展，农业基础设施现代化迈上新台阶，农村生活设施便利化初步实现，城乡基本公共服务均等化水平明显提高。农业基础更加稳固，粮食和重要农产品供应保障更加有力，农业生产结构和区域布局明显优化，农业质量效益和竞争力明显提升，现代乡村产业体系基本形成，有条件的地区率先基本实现农业现代化。脱贫攻坚成果巩固拓展，城乡居民收入差距持续缩小。农村生产生活方式绿色转型取得积极进展，化肥农药使用量持续减少，农村生态环境得到明显改善。乡村建设行动取得明显成效，乡村面貌发生显著变化，乡村发展活力充分激发，乡村文明程度得到新提升，农村发展安全保障更加有力，农民获得感、幸福感、安全感明显提高。

二、实现巩固拓展脱贫攻坚成果同乡村振兴有效衔接

（1）设立衔接过渡期。脱贫攻坚目标任务完成后，对摆脱贫困的县，从脱贫之日起设立 5 年过渡期，做到扶上马送一程。过渡期内保持现有主要帮扶政策总体稳定，并逐项分类优化调整，合理把握节奏、力度和时限，逐步实现由集中资源支持脱贫攻坚向全面推进乡村振兴平稳过渡，推动"三农"工作重心历史性转移。抓紧出台各项政策完善优化的具体实施办法，确保工作不留空档、政策不留空白。

（2）持续巩固拓展脱贫攻坚成果。健全防止返贫动态监测和帮扶机制，对易返贫致贫人口及时发现、及时帮扶，守住防止规模性返贫底线。以大中型集中安置区为重点，扎实做好易地搬迁后续帮扶工作，持续加大就业和产业扶持力度，继续完善安置区配套基础设施、产业园区配套设施、公共服务设施，切实提升社区治理能力。加强扶贫项目资产管理和监督。

（3）接续推进脱贫地区乡村振兴。实施脱贫地区特色种养业提升行动，广泛开展农产品产销对接活动，深化拓展消费帮扶。持续做好有组织劳务输出工作。统筹用好公益岗位，对符合条件的就业困难人员进行就业援助。在农业农村基础设施建设领域推广以工代赈方式，吸纳更多脱贫人口和低收入人口就地就近就业。在脱贫地区重点建设一批区域性和跨区域重大基础设施工程。加大对脱贫县乡村振兴支持力度。在西部地区脱贫县中确定一批国家乡村振兴重点帮扶县集中支持。支持各地自主选择部分脱贫县作为乡村振兴重点帮扶县。坚持和完善东西部协作和对口支援、社会力量参与帮扶等机制。

（4）加强农村低收入人口常态化帮扶。开展农村低收入人口动态监测，实行分层分类帮扶。对有劳动能力的农村低收入人口，坚持开发式帮扶，帮助其提高内生发展能力，发展产业、参与就业，依靠双手勤劳致富。对脱贫人口中丧失劳动能力且无法通过产业就业获得稳定收入的人口，以现有社会保障体系为基础，按规定纳入农村低保或特困人员救助供养范围，并按困难类型及时给予专项救助、临时救助。

三、加快推进农业现代化

（1）提升粮食和重要农产品供给保障能力。地方各级党委和政府要切实扛起粮食安全政治责任，实行粮食安全党政同责。深入实施重要农产品保障战略，完善粮食安全省长责任制和"菜篮子"市长负责制，确保粮、棉、油、糖、肉等供给安全。"十四五"时期各省（自治区、直辖市）要稳定粮食播种面积、提高单产水平。加强粮食生产功能区和重要农产品生产保护区建设。建设国家粮食安全产业带。稳定种粮农民补贴，让种粮有合理收益。坚持并完善稻谷、小麦最低收购价政策，完善玉米、大豆生产者补贴政策。深入推进农业结构调整，推动品种培优、品质提升、品牌打造和标准化生产。鼓励发展青贮玉米等优质饲草饲料，稳定大豆生产，多措并举发展油菜、花生等油料作物。健全产粮大县支持政策体系。扩大稻谷、小麦、玉米三大粮食作物完全成本保险和收入保险试点范围，支持有条件的省份降低产粮大县三大粮食作物农业保险保费县级补贴比例。深入推进优质粮食工程。加快构建现代养殖体系，保护生猪基础产能，健全生猪产业平稳有序发展长效机制，积极发展牛羊产业，继续实施奶业振兴行动，推进水产绿色健康养殖。推进渔港建设和管理改革。促进木本粮油和林下经济发展。优化农产品贸易布局，实施农产品进口多元化战略，支持企业融入全球农产品供应链。保持打击重点农产品走私高压态势。加强口岸检疫和外来入侵物种防控。开展粮食节约行动，减少生产、流通、加工、存储、消费环节粮食损耗浪费。

（2）打好种业翻身仗。农业现代化，种子是基础。加强农业种质资源保护开发利用，加快第三次农作物种质资源、畜禽种质资源调查收集，加强国家作物、畜禽和海洋渔业生物种质资源库建设。对育种基础性研究以及重点育种项目给予长期稳定支持。加快实施农业生物育种重大科技项目。深入实施农作物和畜禽良种联合攻关。实施新一轮畜禽遗传改良计划和现代种业提升工程。尊重科学、严格监管，有序推进生物育种产

業化应用。加强育种领域知识产权保护。支持种业龙头企业建立健全商业化育种体系，加快建设南繁硅谷，加强制种基地和良种繁育体系建设，研究重大品种研发与推广后补助政策，促进育繁推一体化发展。

（3）坚决守住18亿亩耕地红线。统筹布局生态、农业、城镇等功能空间，科学划定各类空间管控边界，严格实行土地用途管制。采取"长牙齿"的措施，落实最严格的耕地保护制度。严禁违规占用耕地和违背自然规律绿化造林、挖湖造景，严格控制非农建设占用耕地，深入推进农村乱占耕地建房专项整治行动，坚决遏制耕地"非农化"、防止"非粮化"。明确耕地利用优先序，永久基本农田重点用于粮食特别是口粮生产，一般耕地主要用于粮食和棉、油、糖、蔬菜等农产品及饲草饲料生产。明确耕地和永久基本农田不同的管制目标和管制强度，严格控制耕地转为林地、园地等其他类型农用地，强化土地流转用途监管，确保耕地数量不减少、质量有提高。实施新一轮高标准农田建设规划，提高建设标准和质量，健全管护机制，多渠道筹集建设资金，中央和地方共同加大粮食主产区高标准农田建设投入，2021年建设1亿亩旱涝保收、高产稳产高标准农田。在高标准农田建设中增加的耕地作为占补平衡补充耕地指标在省域内调剂，所得收益用于高标准农田建设。加强和改进建设占用耕地占补平衡管理，严格新增耕地核实认定和监管。健全耕地数量和质量监测监管机制，加强耕地保护督察和执法监督，开展"十三五"时期省级政府耕地保护责任目标考核。

（4）强化现代农业科技和物质装备支撑。实施大中型灌区续建配套和现代化改造。到2025年全部完成现有病险水库除险加固。坚持农业科技自立自强，完善农业科技领域基础研究稳定支持机制，深化体制改革，布局建设一批创新基地平台。深入开展乡村振兴科技支撑行动。支持高校为乡村振兴提供智力服务。加强农业科技社会化服务体系建设，深入推行科技特派员制度。打造国家热带农业科学中心。提高农机装备自主研制能力，支持高端智能、丘陵山区农机装备研发制造，加大购置补贴力度，开展农机作业补贴。强化动物防疫和农作物病虫害防治体系建设，提升防控能力。

（5）构建现代乡村产业体系。依托乡村特色优势资源，打造农业全产业链，把产业链主体留在县城，让农民更多分享产业增值收益。加快健全现代农业全产业链标准体系，推动新型农业经营主体按标生产，培育农业龙头企业标准"领跑者"。立足县域布局特色农产品产地初加工和精深加工，建设现代农业产业园、农业产业强镇、优势特色产业集群。推进公益性农产品市场和农产品流通骨干网络建设。开发休闲农业和乡村旅游精品线路，完善配套设施。推进农村一二三产业融合发展示范园和科技示范园区建设。把农业现代化示范区作为推进农业现代化的重要抓手，围绕提高农业产业体系、生产体系、经营体系现代化水平，建立指标体系，加强资源整合、政策集成，以县（市、区）为单位开展创建，到2025年创建500个左右示范区，形成梯次推进农业现代化的格局。创建现代林业产业示范区。组织开展"万企兴万村"行动。稳步推进反映全产业链价值的农业及相关产业统计核算。

（6）推进农业绿色发展。实施国家黑土地保护工程，推广保护性耕作模式。健全耕地休耕轮作制度。持续推进化肥农药减量增效，推广农作物病虫害绿色防控产品和技术。加强畜禽粪污资源化利用。全面实施秸秆综合利用和农膜、农药包装物回收行动，加强可降解农膜研发推广。在长江经济带、黄河流域建设一批农业面源污染综合治理示范县。支持国家农业绿色发展先行区建设。加强农产品质量和食品安全监管，发展绿色农产品、有机农产品和地理标志农产品，试行食用农产品达标合格证制度，推进国家农产品质量安全县创建。加强水生生物资源养护，推进以长江为重点的渔政执法能力建设，确保十年禁渔令有效落实，做好退捕渔民安置保障工作。发展节水农业和旱作农业。推进荒漠化、石漠化、坡耕地水土流失综合治理和土壤污染防治、重点区域地下水保护与超采治理。实施水系连通及农村水系综合整治，强化河湖长制。巩固退耕还林还草成果，完善政策、有序推进。实行林长制。科学开展大规模国土绿化行动。完善草原生态保护补助奖励政策，全面推进草原禁牧轮牧休牧，加强草原鼠害防治，稳步恢复草原生态环境。

（7）推进现代农业经营体系建设。突出抓好家庭农场和农民合作社两类经营主体，鼓励发展多种形式适度规模经营。实施家庭农场培育计划，把农业规模经营户培育成有活力的家庭农场。推进农民合作社质量提升，加大对运行规范的农民合作社扶持力度。发展壮大农业专业化社会化服务组织，将先进适用的品种、投入品、技术、装备导入小农户。支持市场主体建设区域性农业全产业链综合服务中心。支持农业产业化龙头企业创新发展、做大做强。深化供销合作社综合改革，开展生产、供销、信用"三位一体"综合合作试点，健全服务农民生产生活综合平台。培育高素质农民，组织参加技能评价、学历教育，设立专门面向农民的技能大赛。吸引城市各方面人才到农村创业创新，参与乡村振兴和现代农业建设。

附 录

· 179 ·

四、大力实施乡村建设行动

（1）加快推进村庄规划工作。2021年基本完成县级国土空间规划编制，明确村庄布局分类。积极有序推进"多规合一"实用性村庄规划编制，对有条件、有需求的村庄尽快实现村庄规划全覆盖。对暂时没有编制规划的村庄，严格按照县乡两级国土空间规划中确定的用途管制和建设管理要求进行建设。编制村庄规划要立足现有基础，保留乡村特色风貌，不搞大拆大建。按照规划有序开展各项建设，严肃查处违规乱建行为。健全农房建设质量安全法律法规和监管体制，3年内完成安全隐患排查整治。完善建设标准和规范，提高农房设计水平和建设质量。继续实施农村危房改造和地震高烈度设防地区农房抗震改造。加强村庄风貌引导，保护传统村落、传统民居和历史文化名村名镇。加大农村地区文化遗产遗迹保护力度。乡村建设是为农民而建，要因地制宜、稳扎稳打，不刮风搞运动。严格规范村庄撤并，不得违背农民意愿、强迫农民上楼，把好事办好、把实事办实。

（2）加强乡村公共基础设施建设。继续把公共基础设施建设的重点放在农村，着力推进往村覆盖、往户延伸。实施农村道路畅通工程。有序实施较大人口规模自然村（组）通硬化路。加强农村资源路、产业路、旅游路和村内主干道建设。推进农村公路建设项目更多向进村入户倾斜。继续通过中央车购税补助地方资金、成品油税费改革转移支付、地方政府债券等渠道，按规定支持农村道路发展。继续开展"四好农村路"示范创建。全面实施路长制。开展城乡交通一体化示范创建工作。加强农村道路桥梁安全隐患排查，落实管养主体责任。强化农村道路交通安全监管。实施农村供水保障工程。加强中小型水库等稳定水源工程建设和水源保护，实施规模化供水工程建设和小型工程标准化改造，有条件的地区推进城乡供水一体化，到2025年农村自来水普及率达到88%。完善农村水价水费形成机制和工程长效运营机制。实施乡村清洁能源建设工程。加大农村电网建设力度，全面巩固提升农村电力保障水平。推进燃气下乡，支持建设安全可靠的乡村储气罐站和微管网供气系统。发展农村生物质能源。加强煤炭清洁化利用。实施数字乡村建设发展工程。推动农村千兆光网、第五代移动通信（5G）、移动物联网与城市同步规划建设。完善电信普遍服务补偿机制，支持农村及偏远地区信息通信基础设施建设。加快建设农业农村遥感卫星等天基设施。发展智慧农业，建立农业农村大数据体系，推动新一代信息技术与农业生产经营深度融合。完善农业气象综合监测网络，提升农业气象灾害防范能力。加强乡村公共服务、社会治理等数字化智能化建设。实施村级综合服务设施提升工程。加强村级客运站点、文化体育、公共照明等服务设施建设。

（3）实施农村人居环境整治提升五年行动。分类有序推进农村厕所革命，加快研发干旱、寒冷地区卫生厕所适用技术和产品，加强中西部地区农村户用厕所改造。统筹农村改厕和污水、黑臭水体治理，因地制宜建设污水处理设施。健全农村生活垃圾收运处置体系，推进源头分类减量、资源化处理利用，建设一批有机废弃物综合处置利用设施。健全农村人居环境设施管护机制。有条件的地区推广城乡环卫一体化第三方治理。深入推进村庄清洁和绿化行动。开展美丽宜居村庄和美丽庭院示范创建活动。

（4）提升农村基本公共服务水平。建立城乡公共资源均衡配置机制，强化农村基本公共服务供给县乡统筹，逐步实现标准统一、制度并轨。提高农村教育质量，多渠道增加农村普惠性学前教育资源供给，继续改善乡镇寄宿制学校办学条件，保留并办好必要的乡村小规模学校，在县城和中心镇新建改扩建一批高中和中等职业学校。完善农村特殊教育保障机制。推进县域内义务教育学校校长教师交流轮岗，支持建设城乡学校共同体。面向农民就业创业需求，发展职业技术教育与技能培训，建设一批产教融合基地。开展耕读教育。加快发展面向乡村的网络教育。加大涉农高校、涉农职业院校、涉农学科专业建设力度。全面推进健康乡村建设，提升村卫生室标准化建设和健康管理水平，推动乡村医生向执业（助理）医师转变，采取派驻、巡诊等方式提高基层卫生服务水平。提升乡镇卫生院医疗服务能力，选建一批中心卫生院。加强县级医院建设，持续提升县级疾控机构应对重大疫情及突发公共卫生事件能力。加强县域紧密型医共体建设，实行医保总额预算管理。加强妇幼、老年人、残疾人等重点人群健康服务。健全统筹城乡的就业政策和服务体系，推动公共就业服务机构向乡村延伸。深入实施新生代农民工职业技能提升计划。完善统一的城乡居民基本医疗保险制度，合理提高政府补助标准和个人缴费标准，健全重大疾病医疗保险和救助制度。落实城乡居民基本养老保险待遇确定和正常调整机制。推进城乡低保制度统筹发展，逐步提高特困人员供养服务质量。加强对农村留守儿童和妇女、老年人以及困境儿童的关爱服务。健全县乡村衔接的三级养老服务网络，推动村级幸福院、日间照料中心等养老服务设施建设，发展农村普惠型养老服务和互助性养老。推进农村公益性殡葬设施建设。

推进城乡公共文化服务体系一体建设，创新实施文化惠民工程。

（5）全面促进农村消费。加快完善县乡村三级农村物流体系，改造提升农村寄递物流基础设施，深入推进电子商务进农村和农产品出村进城，推动城乡生产与消费有效对接。促进农村居民耐用消费品更新换代。加快实施农产品仓储保鲜冷链物流设施建设工程，推进田头小型仓储保鲜冷链设施、产地低温直销配送中心、国家骨干冷链物流基地建设。完善农村生活性服务业支持政策，发展线上线下相结合的服务网点，推动便利化、精细化、品质化发展，满足农村居民消费升级需要，吸引城市居民下乡消费。

（6）加快县域内城乡融合发展。推进以人为核心的新型城镇化，促进大中小城市和小城镇协调发展。把县域作为城乡融合发展的重要切入点，强化统筹谋划和顶层设计，破除城乡分割的体制弊端，加快打通城乡要素平等交换、双向流动的制度性通道。统筹县域产业、基础设施、公共服务、基本农田、生态保护、城镇开发、村落分布等空间布局，强化县城综合服务能力，把乡镇建设成为服务农民的区域中心，实现县乡村功能衔接互补。壮大县域经济，承接适宜产业转移，培育支柱产业。加快小城镇发展，完善基础设施和公共服务，发挥小城镇连接城市、服务乡村作用。推进以县城为重要载体的城镇化建设，有条件的地区按照小城市标准建设县城。积极推进扩权强镇，规划建设一批重点镇。开展乡村全域土地综合整治试点。推动在县域就业的农民工就地市民化，增加适应进城农民刚性需求的住房供给。鼓励地方建设返乡入乡创业园和孵化实训基地。

（7）强化农业农村优先发展投入保障。继续把农业农村作为一般公共预算优先保障领域。中央预算内投资进一步向农业农村倾斜。制定落实提高土地出让收益用于农业农村比例考核办法，确保按规定提高用于农业农村的比例。各地区各部门要进一步完善涉农资金统筹整合长效机制。支持地方政府发行一般债券和专项债券用于现代农业设施建设和乡村建设行动，制定出台操作指引，做好高质量项目储备工作。发挥财政投入引领作用，支持以市场化方式设立乡村振兴基金，撬动金融资本、社会力量参与，重点支持乡村产业发展。坚持为农服务宗旨，持续深化农村金融改革。运用支农支小再贷款、再贴现等政策工具，实施最优惠的存款准备金率，加大对机构法人在县域、业务在县域的金融机构的支持力度，推动农村金融机构回归本源。鼓励银行业金融机构建立服务乡村振兴的内设机构。明确地方政府监管和风险处置责任，稳妥规范开展农民合作社内部信用合作试点。保持农村信用合作社等县域农村金融机构法人地位和数量总体稳定，做好监督管理、风险化解、深化改革工作。完善涉农金融机构治理结构和内控机制，强化金融监管部门的监管责任。支持市县构建域内共享的涉农信用信息数据库，用3年时间基本建成比较完善的新型农业经营主体信用体系。发展农村数字普惠金融。大力开展农户小额信用贷款、保单质押贷款、农机具和大棚设施抵押贷款业务。鼓励开发专属金融产品支持新型农业经营主体和农村新产业新业态，增加首贷、信用贷。加大对农业农村基础设施投融资的中长期信贷支持。加强对农业信贷担保放大倍数的量化考核，提高农业信贷担保规模。将地方优势特色农产品保险以奖代补做法逐步扩大到全国。健全农业再保险制度。发挥"保险+期货"在服务乡村产业发展中的作用。

（8）深入推进农村改革。完善农村产权制度和要素市场化配置机制，充分激发农村发展内生动力。坚持农村土地农民集体所有制不动摇，坚持家庭承包经营基础性地位不动摇，有序开展第二轮土地承包到期后再延长30年试点，保持农村土地承包关系稳定并长久不变，健全土地经营权流转服务体系。积极探索实施农村集体经营性建设用地入市制度。完善盘活农村存量建设用地政策，实行负面清单管理，优先保障乡村产业发展、乡村建设用地。根据乡村休闲观光等产业分散布局的实际需要，探索灵活多样的供地新方式。加强宅基地管理，稳慎推进农村宅基地制度改革试点，探索宅基地所有权、资格权、使用权分置有效实现形式。规范开展房地一体宅基地日常登记颁证工作。规范开展城乡建设用地增减挂钩，完善审批实施程序、节余指标调剂及收益分配机制。2021年基本完成农村集体产权制度改革阶段性任务，发展壮大新型农村集体经济。保障进城落户农民土地承包权、宅基地使用权、集体收益分配权，研究制定依法自愿有偿转让的具体办法。加强农村产权流转交易和管理信息网络平台建设，提供综合性交易服务。加快农业综合行政执法信息化建设。深入推进农业水价综合改革。继续深化农村集体林权制度改革。

五、加强党对"三农"工作的全面领导

（1）强化五级书记抓乡村振兴的工作机制。全面推进乡村振兴的深度、广度、难度都不亚于脱贫攻坚，必须采取更有力的举措，汇聚更强大的力量。要深入贯彻落实《中国共产党农村工作条例》，健全中央统筹、

省负总责、市县乡抓落实的农村工作领导体制，将脱贫攻坚工作中形成的组织推动、要素保障、政策支持、协作帮扶、考核督导等工作机制，根据实际需要运用到推进乡村振兴，建立健全上下贯通、精准施策、一抓到底的乡村振兴工作体系。省、市、县级党委要定期研究乡村振兴工作。县委书记应当把主要精力放在"三农"工作上。建立乡村振兴联系点制度，省、市、县级党委和政府负责同志都要确定联系点。开展县乡村三级党组织书记乡村振兴轮训。加强党对乡村人才工作的领导，将乡村人才振兴纳入党委人才工作总体部署，健全适合乡村特点的人才培养机制，强化人才服务乡村激励约束。加快建设政治过硬、本领过硬、作风过硬的乡村振兴干部队伍，选派优秀干部到乡村振兴一线岗位，把乡村振兴作为培养锻炼干部的广阔舞台，对在艰苦地区、关键岗位工作表现突出的干部优先重用。

（2）加强党委农村工作领导小组和工作机构建设。充分发挥各级党委农村工作领导小组牵头抓总、统筹协调作用，成员单位出台重要涉农政策要征求党委农村工作领导小组意见并进行备案。各地要围绕"五大振兴"目标任务，设立由党委和政府负责同志领导的专项小组或工作专班，建立落实台账，压实工作责任。强化党委农村工作领导小组办公室决策参谋、统筹协调、政策指导、推动落实、督促检查等职能，每年分解"三农"工作重点任务，落实到各责任部门，定期调度工作进展。加强党委农村工作领导小组办公室机构设置和人员配置。

（3）加强党的农村基层组织建设和乡村治理。充分发挥农村基层党组织领导作用，持续抓党建促乡村振兴。有序开展乡镇、村集中换届，选优配强乡镇领导班子、村"两委"成员特别是村党组织书记。在有条件的地方积极推行村党组织书记通过法定程序担任村民委员会主任，因地制宜、不搞"一刀切"。与换届同步选优配强村务监督委员会成员，基层纪检监察组织加强与村务监督委员会的沟通协作、有效衔接。坚决惩治侵害农民利益的腐败行为。坚持和完善向重点乡村选派驻村第一书记和工作队制度。加大在优秀农村青年中发展党员力度，加强对农村基层干部激励关怀，提高工资补助待遇，改善工作生活条件，切实帮助解决实际困难。推进村委会规范化建设和村务公开"阳光工程"。开展乡村治理试点示范创建工作。创建民主法治示范村，培育农村学法用法示范户。加强乡村人民调解组织队伍建设，推动就地化解矛盾纠纷。深入推进平安乡村建设。建立健全农村地区扫黑除恶常态化机制。加强县乡村应急管理和消防安全体系建设，做好对自然灾害、公共卫生、安全隐患等重大事件的风险评估、监测预警、应急处置。

（4）加强新时代农村精神文明建设。弘扬和践行社会主义核心价值观，以农民群众喜闻乐见的方式，深入开展习近平新时代中国特色社会主义思想学习教育。拓展新时代文明实践中心建设，深化群众性精神文明创建活动。建强用好县级融媒体中心。在乡村深入开展"听党话、感党恩、跟党走"宣讲活动。深入挖掘、继承创新优秀传统乡土文化，把保护传承和开发利用结合起来，赋予中华农耕文明新的时代内涵。持续推进农村移风易俗，推广积分制、道德评议会、红白理事会等做法，加大高价彩礼、人情攀比、厚葬薄养、铺张浪费、封建迷信等不良风气治理，推动形成文明乡风、良好家风、淳朴民风。加大对农村非法宗教活动和境外渗透活动的打击力度，依法制止利用宗教干预农村公共事务。办好中国农民丰收节。

（5）健全乡村振兴考核落实机制。各省（自治区、直辖市）党委和政府每年向党中央、国务院报告实施乡村振兴战略进展情况。对市县党政领导班子和领导干部开展乡村振兴实绩考核，纳入党政领导班子和领导干部综合考核评价内容，加强考核结果应用，注重提拔使用乡村振兴实绩突出的市县党政领导干部。对考核排名落后、履职不力的市县党委和政府主要负责同志进行约谈，建立常态化约谈机制。将巩固拓展脱贫攻坚成果纳入乡村振兴考核。强化乡村振兴督查，创新完善督查方式，及时发现和解决存在的问题，推动政策举措落实落地。持续纠治形式主义、官僚主义，将减轻村级组织不合理负担纳入中央基层减负督查重点内容。坚持实事求是、依法行政，把握好农村各项工作的时度效。加强乡村振兴宣传工作，在全社会营造共同推进乡村振兴的浓厚氛围。

让我们紧密团结在以习近平同志为核心的党中央周围，开拓进取，真抓实干，全面推进乡村振兴，加快农业农村现代化，努力开创"三农"工作新局面，为全面建设社会主义现代化国家、实现第二个百年奋斗目标作出新的贡献！

关于做好农业种质资源库建设工作的通知

党中央、国务院高度重视农业种质资源库（场、区、圃）（以下简称"种质资源库"）建设工作，种业振兴行动方案作出了有关部署，《国务院办公厅关于加强农业种质资源保护与利用的意见》（国办发〔2019〕56号）提出了明确要求，国家发展改革委和农业农村部联合印发的《"十四五"现代种业提升工程建设规划》（发改农经〔2021〕1133号）进行了具体安排。近期以来，各地在实施种业振兴行动过程中，认真谋划加强种质资源库建设，但个别地方也出现了脱离实际、贪大求全、重复建设等倾向。为进一步加强和规范种质资源库建设，现就有关要求通知如下。

一、要科学规划、统筹布局。落实国家农业种质资源保护实行国家和省级两级管理的要求，建立健全国家统筹、分级负责、有机衔接的保护机制。我部综合考虑资源富集度、生态适应性和功能匹配性等因素，突出长期性、科学性和公益性战略定位，会同有关方面研究确定了国家级种质资源库布局，并通过现代种业提升工程等项目予以支持。其中，农作物方面重点是建立以国家农作物长期库为核心，复份库、中期库、种质圃和野生植物原生境保护点为依托的保护体系（见附件1）；畜禽方面重点是构建国家畜禽种质资源库、区域级基因库、活体保种场保护区三道保护屏障（见附件2）；渔业方面重点是健全由国家海洋渔业和淡水渔业生物种质资源库、水产种质资源场、水产种质资源保护区、国家级水产原良种场等组成的保护体系（见附件3）；农业微生物方面重点是建设国家农业微生物种质资源库，确定具有重要研究和利用价值的特色微生物种质资源保藏主体（见附件4）。省级农业农村部门要在国家农业种质资源保护体系框架下，结合本地实际和发展需要，依托布局在本地的国家级种质资源库及省里现有相关工作基础，按照确有必要、条件具备、规模适度、避免重复的原则，科学研究确定省级种质资源库布局，实现与国家种质资源库布局的有效衔接。

二、要严格落实省级主管部门、属地政府和保护主体三方责任。省级农业农村部门要压实管理责任，按要求与市县政府、农业种质资源保护单位签订国家级种质资源库三方协议，明确省级管理责任、市县政府属地责任和保护单位主体责任。市县政府要加强监督管理，强化政策支持与保障。各保护单位要健全管理制度，强化保护措施，确保资源不流失、数量不减少、质量不降低，保障种质资源库安全运行。

三、要构建多层次保护机制。鼓励支持科研院所、企业、社会及个人参与保护利用农业种质资源，推动构建多层次收集保护、多元化开发利用、多渠道政策支持的新格局。我部将把科研院所及企业建设的、符合条件的种质资源库，纳入国家级种质资源库布局，支持其承担种质资源保护任务。省级农业农村部门也要注重调动各有关方面的积极性，发挥科研院所及企业在种质资源保护体系建设中的重要作用。

四、要强化多渠道政策保障。我部将在有关部门的支持下，通过中央财政相关专项和现代种业提升工程，加强对国家级种质资源库的支持力度。各地要加强与发展改革、科技、财政、自然资源、生态环境等部门的协调沟通，从运行保障、科技研发、项目用地、环境保护等多方面支持种质资源保护利用。

五、要推进多元化共享开发利用。我部将加快建设国家级农业种质资源信息系统，推动与省级农业种质资源信息系统有效对接，实现信息共享。省级农业农村部门要指导省级种质资源库积极参与种质资源普查收集、鉴定评价和共享利用等工作，开展优异种质资源精准鉴定、展示推介，及时向国家级种质资源库汇交种质资源。加强对地方特色种质资源的开发利用，积极培育地方特色品种，推动资源优势转化为产业优势。

六、要加强工作调度指导。我部将加强国家级种质资源库管理，并研究建立动态调整机制。省级农业农村部门要定期调度通报种质资源库建设运行情况，出现重大问题要及时处理和报告。各地在工作中有新情况新问题，请及时与我部联系。

农业农村部办公厅
2021 年 12 月 15 日

关于加快发展农业社会化服务的指导意见

各省、自治区、直辖市及计划单列市农业农村（农牧）厅（局、委），新疆生产建设兵团农业农村局：

党的十九届五中全会提出，健全农业专业化社会化服务体系，发展多种形式适度规模经营，实现小农户和现代农业有机衔接。近年来，在各级各部门的引导推动下，农业社会化服务不断探索创新、蓬勃发展，对巩固完善农村基本经营制度、保障粮食安全和重要农产品有效供给、促进农业稳定发展发挥了重要作用。但与加快推进农业现代化的要求相比，农业社会化服务还面临产业规模不大、能力不强、领域不宽、质量不高、引导支持力度不够等问题，迫切需要加快发展，不断提升服务能力和水平，进一步引领小农户进入现代农业发展轨道。为此，提出以下意见。

一、重要意义

发展农业社会化服务，是实现小农户和现代农业有机衔接的基本途径和主要机制，是激发农民生产积极性、发展农业生产力的重要经营方式，已成为构建现代农业经营体系、转变农业发展方式、加快推进农业现代化的重大战略举措。

（1）发展农业社会化服务是实现中国特色农业现代化的必然选择。大国小农是基本国情农情，人均一亩三分地、户均不过十亩田的小农生产方式，是我国农业发展需要长期面对的基本现实。这决定了我国不可能在短期内通过流转土地搞大规模集中经营，也不可能走一些国家高投入高成本、家家户户设施装备小而全的路子。当前，最现实、最有效的途径就是通过发展农业社会化服务，将先进适用的品种、技术、装备和组织形式等现代生产要素有效导入小农户生产，帮助小农户解决一家一户干不了、干不好、干起来不划算的事，丰富和完善农村双层经营体制的内涵，促进小农户和现代农业有机衔接，推进农业生产过程的专业化、标准化、集约化，以服务过程的现代化实现农业现代化。

（2）发展农业社会化服务是保障国家粮食安全和重要农产品有效供给的重要举措。随着农业生产成本不断上涨，粮食等重要农产品的比较效益越来越低，导致农业生产主体积极性不高，保障国家粮食安全和重要农产品有效供给面临严峻挑战。从目前形势看，降成本、增效益是保供给、固安全的关键。发展农业社会化服务，通过服务主体集中采购生产资料，可以降低农业物化成本；统一开展规模化机械作业，可以提高农业生产效率；集成应用先进技术，开展标准化生产，可以提升农产品品质和产量，实现优质优价，农业社会化服务已成为促进农业节本增效、农民增产增收最有力的措施。

（3）发展农业社会化服务是促进农业高质量发展的有效形式。与农业高质量发展的要求相比，我国农业面临化肥农药用量大、利用率低，技术装备普及难、应用不充分，农产品品种杂、品质不优，以及农民组织化程度低等问题，迫切需要用现代科学技术、物质装备、产业体系、经营形式改造和提升农业。实践表明，农业社会化服务的过程，是推广应用先进技术装备的过程，是改善资源要素投入结构和质量的过程，是推进农业标准化生产、规模化经营的过程，也是提高农民组织化程度的过程，有助于转变农业发展方式，促进农业转型升级，实现质量兴农、绿色兴农和高质量发展。

二、总体要求

（1）指导思想。以习近平新时代中国特色社会主义思想为指导，全面贯彻党的十九大和十九届二中、三中、四中、五中全会精神，深入贯彻新发展理念，以推动农业高质量发展为主题，以推进农业供给侧结构性改革为主线，以培育农业服务业战略性大产业为目标，以聚焦农业生产薄弱环节和服务小农户为重点，按照引导、推动、扶持、服务的思路，大力培育服务主体，积极创新服务机制，着力拓展服务领域，加快推进资源整合，逐步完善支持政策，发展多元化、多层次、多类型的农业社会化服务，以服务带动型规模经营的快速发展，引领农业生产经营的专业化、标准化、集约化和绿色化，促进小农户和现代农业有机衔接，为全面推进乡村振兴、加快农业农村现代化提供有力支撑。

（2）发展思路。

——坚持市场导向。充分发挥市场在资源配置中的决定性作用，引导资本、技术、人才等生产要素向农业社会化服务领域集聚，推动服务供给与需求有效对接。同时发挥好政府作用，着力培育、支持、引导服务主体发展，强化行业管理，规范服务行为，优化市场环境，促进行业健康发展。

——聚焦服务小农户。以服务小农户为根本，把引领小农户进入现代农业发展轨道作为发展农业社会化服务的主要目标，把服务小农户作为政策支持的重点，着力解决小农户生产现代化难题，促进农民增产增收。

——鼓励探索创新。推动农业社会化服务内容、服务方式和服务手段创新，推进信息化、智能化同农业社会化服务深度融合，鼓励新技术、新装备、新模式推广应用，促进农业社会化服务提档升级。

——引导资源共享。用共享的理念、创新的机制、信息化的手段，在更大范围整合存量资源、盘活各类要素，实现共享利用、效率提升。推动各类服务主体通过联合合作、组织重构和模式创新等方式，促进功能互补、形成合力。

（3）发展目标。力争经过 5～10 年努力，农业社会化服务专业化、信息化、市场化水平显著提升，对现代农业的支撑功能和联农带农作用明显增强，基本形成组织结构合理、专业水平较高、服务能力较强、服务行为规范、全产业链覆盖的农业社会化服务体系，使农业服务业发展成为要素集聚、主体多元、机制高效、体系完整、具有一定规模和竞争力的现代农业大产业，更好地引领小农户和农业现代化发展。

三、主要任务

（1）推动共同发展。以提供农业社会化服务为主的各类专业公司、农民合作社、供销合作社、农村集体经济组织、服务专业户等主体，各具优势、各有所长，要推动各尽其能、共同发展。要把专业服务公司和服务型农民合作社作为社会化服务的骨干力量，推进其专业化、规模化，不断增强服务能力，拓展服务半径。要把农村集体经济组织作为组织小农户接受社会化服务的重要力量，充分发挥其居间服务的优势。要把服务专业户作为重要补充力量，发挥其贴近小农户、服务小农户的优势，弥补其他服务主体的不足。要发挥供销、农垦、邮政的系统优势，着力完善服务机制，不断增强为农服务能力。同时，要鼓励各类服务主体以资金、技术、服务等要素为纽带，加强联合合作，促进融合发展。推动服务主体与银行、保险、邮政等机构深度合作，实现优势互补、互利共赢。

（2）拓展服务领域。坚持需求导向，聚焦粮棉油糖等重要农产品主产区，聚焦生产的关键薄弱环节，加大对社会化服务的引导支持力度，为保障粮食安全和重要农产品有效供给提供支撑。在此基础上，引导服务主体积极开辟新的服务领域，探索开展社会化服务的有效方法路径，推动服务范围从粮棉油糖等大宗农作物向果菜茶等经济作物拓展，从种植业向养殖业等领域推进，从产中向产前、产后等环节及金融保险等配套服务延伸，不断提升社会化服务对农业全产业链及农林牧渔各产业的覆盖率和支撑作用。

（3）创新服务机制。鼓励服务主体积极创新服务模式和组织形式，大力发展多层次、多类型的专业化服务。要把农业生产托管作为推进农业社会化服务、发展服务带动型规模经营的重要方式，因地制宜发展单环节、多环节、全程生产托管等服务模式，有效满足多样化的服务需求。大力推广行之有效的"服务主体＋农村集体经济组织＋农户""服务主体＋各类新型经营主体＋农户"等组织形式，促进各主体紧密联结，形成利益共享、风险共担的利益共同体。推动农资企业、农业科技公司、互联网平台等各类涉农组织向农业服务业延伸，采取"农资＋服务""科技＋服务""互联网＋服务"等方式，推进技物结合、技服结合，实现业务拓展、创新发展。

（4）推进资源整合。要按照资源共享、填平补齐的要求，把盘活存量设施、装备、技术、人才及各类主体作为重点，探索建设多种类型的农业综合服务中心，围绕农业全产业链，提供集农资供应、技术集成、农机作业、仓储物流、农产品营销等服务于一体的农业生产经营综合解决方案，破解农业生产主体做不了、做不好的共性难题，实现更大范围的服务资源整合、供需有效对接，促进资源集约、节约和高效利用。加快推进中国农业社会化服务平台试点和全面应用，不断完善平台功能，逐步引入银行、保险、担保等机构，共同为服务供需双方提供线上线下一站式、便捷化服务。

（5）提升科技水平。充分发挥农业社会化服务在集成推广应用绿色优质新品种、先进适用技术和现代物质装备中的重要作用，促进服务与科技深度融合，着力解决农业科技落地的"最后一公里"问题。鼓励服务主体充分利用互联网、大数据、云计算、区块链、人工智能等信息技术和手段，推广应用遥感、航拍、定位系统、视频监控等成熟的智能化设备和数据平台，对农牧业生产过程、生产环境、服务质量等进行精准监测，提升农业的信息化、智能化水平。鼓励服务主体与高等院校、职业学校、科研院所等加强合作，开展服务行业重大关键技术和装备研发，解决服务主体普遍面临的技术、装备、人才等难题。

（6）强化行业指导。鼓励相关部门、服务主体、行业协会等以县为基础，研究制定符合当地实际的服务标准和服务规范，强化服务过程指导和服务效果评估。加强服务价格监测，防止价格欺诈和垄断。强化服务合同监管，推广使用示范文本，规范服务行为，保障农户权益。鼓励地方建立服务主体名录库，加强动态监测，推动服务主体信用记录纳入全国信用信息共享平台。鼓励建立全国性或区域性的农业社会化服务行业协会、行业联盟等，发挥其联系政府、服务会员、整合资源、自律规范的功能。

四、工作要求

（1）加强组织领导。各地要充分认识加快发展农业社会化服务的重要意义，将其作为推进农业农村现代化的主攻方向之一，摆上重要议事日程。要加强分类指导，根据当地实际合理确定农业社会化服务重点发展的领域、环节和组织形式，完善工作机制，细化工作措施，推动有序发展。要加强与发改、财政、税务、银保监等相关部门的沟通协调，争取政策支持，形成工作合力。要创新工作方法，广泛动员社会力量，共同推动本地区农业社会化服务高质量发展。

（2）加强试点示范。围绕政策创设、主体培育、行业管理、项目实施等方面，开展农业社会化服务创新试点，打造一批创新基地，培育一批创新主体，形成一批创新模式，发挥示范引领作用。及时总结典型案例和经验做法，按照可学习、能复制、易推广的要求，选树一批农业社会化服务典型样本，以点带面、示范推广。

（3）加强政策扶持。加大财政支持力度，实施好农业生产社会化服务支持政策，强化绩效评价，确保实施效果。落实对农业机耕、排灌、病虫害防治、植物保护、农牧保险以及相关技术培训业务免征增值税等税收优惠政策。加强金融创新，研究拓宽包括服务订单、农业保单、农业设施在内的增信措施和抵（质）押物范围，鼓励创设支持农业生产托管的金融产品，推动各类农业社会化服务平台与金融机构、政府性融资担保机构加强信息和数据互联互通。推进政策性保险和商业保险在农业社会化服务领域的应用，探索开展安全事故责任保险、农事服务质量保险等。落实设施农业用地政策，切实保障服务主体的合理用地需求。

（4）加强基础工作。强化重大问题研究，健全统计调查、监测分析制度，及时掌握发展动态，研究解决突出问题。组织开展多层次、多形式培训，把政策规定、项目实施、经营管理、信息技术等内容作为重点，提升农业社会化服务工作部门、广大服务主体和从业人员的能力水平。充分利用广播、电视、报刊和互联网等渠道，分区域、分行业开展形式多样的宣传推介活动，为加快农业社会化服务发展营造良好氛围。

农业农村部

2021 年 7 月 7 日

农业农村部关于促进农业产业化龙头企业做大做强的意见

各省、自治区、直辖市农业农村（农牧）厅（局、委），新疆生产建设兵团农业农村局：

农业产业化龙头企业（以下简称"龙头企业"）是引领带动乡村全面振兴和农业农村现代化的生力军，是打造农业全产业链、构建现代乡村产业体系的中坚力量，是带动农民就业增收的重要主体，在加快推进乡村全面振兴中具有不可替代的重要作用。为贯彻落实 2021 年中央 1 号文件精神和《国务院关于促进乡村产业振兴的指导意见》要求，支持龙头企业创新发展、做大做强，现提出以下意见。

一、总体要求

（1）指导思想。以习近平新时代中国特色社会主义思想为指导，全面贯彻党的十九大和十九届二中、三中、四中、五中全会精神，立足新发展阶段，贯彻新发展理念，融入新发展格局，以保障国家粮食安全和重要农产品有效供给为根本目标，以打造农业全产业链为重点任务，以建立联农带农利益联结机制为纽带，促进小农户和现代农业发展有机衔接，构建农民主体、企业带动、科技支撑、金融助力的现代乡村产业体系，为全面推进乡村振兴和农业农村现代化夯实产业根基。

（2）基本原则。

——坚持市场导向。发挥市场在资源配置中的决定性作用，尊重龙头企业主导作用和农民主体地位，满足消费者绿色、安全、多样的需求，实现可持续发展。更好发挥政府作用，完善支持政策，优化龙头企业发展环境。

——坚持创新驱动。围绕产业链部署创新链，加大研发投入力度，引进培育科技领军人才，形成市场出题、科企协同攻关的创新机制，推动新技术研发、新装备创制、新产品开发和新模式应用，引领带动产品转化增值、产业提档升级。

——坚持全链打造。发挥龙头企业的链主作用，不断拓展农业的食品保障、休闲体验、生态涵养和文化传承等多种功能，延长产业链、优化供应链、提升价值链，推动产加销服贯通、农食文旅教融合，构建高质高效的现代乡村产业体系。

——坚持联农带农。增强龙头企业社会责任意识，发展多样化的联合与合作，完善与各类经营主体的联结机制，积极投身乡村振兴"万企兴万村"活动，把产业链实体更多留在县域，把就业岗位和产业链增值收益更多留给农民，促进共同富裕。

（3）总体目标。到 2025 年，龙头企业队伍不断壮大，规模实力持续提升，科技创新能力明显增强，质量安全水平显著提高，品牌影响力不断扩大，新产业新业态蓬勃发展，全产业链建设加快推进，产业集聚度进一步提升，联农带农机制更加健全，保障国家粮食安全和重要农产品供给的作用更加突出。到 2025 年末，培育农业产业化国家重点龙头企业超过 2 000 家、国家级农业产业化重点联合体超过 500 个，引领乡村产业高质量发展。

二、明确方向，实现龙头企业高质量发展

（1）提高龙头企业创新发展能力。以国家农业科技创新联盟、国家现代农业产业科技创新中心、国家现代农业产业技术体系、国家农产品加工技术研发体系等为抓手，打造"政产学研用"优势资源集聚融合的平台载体，为龙头企业创新发展提供技术支撑。支持构建龙头企业牵头、高校院所支撑、各创新主体相互协同的体系化、组织化、任务型的创新联合体。支持科技领军型龙头企业参与关键核心技术攻关，承担国家重大科技项目，参与跨领域、大协作、高强度的创新基地与平台建设。支持龙头企业会同科研机构、装备制造企业，开展共性技术和工艺设备联合攻关，提高乡村产业发展技术水平和物质装备条件。引导种业龙头企业加大种质资源保护和开发利用，强化重点种源关键核心技术和农业生物育种技术研发能力，建立健全商业化育种体系，培育新品种、新品系。

（2）提高龙头企业数字化发展能力。鼓励龙头企业应用数字技术，整合产业链上中下游的信息资源，打造产业互联网等生产性服务共享平台，带动上中下游各类主体协同发展，实现产业链整体转型提升。引导有条件的龙头企业建设乡村产业数字中心，加强对生产、加工、流通和服务等全链条的数字化改造，提高乡村产业全链条信息化、智能化水平。鼓励龙头企业应用区块链技术，加强产品溯源体系建设；采用大数据、云计算等技术，发展智慧农业，建立健全智能化、网络化的农业生产经营服务体系，为银行、保险等金融机构服务乡村产业提供信用支撑。

（3）提高龙头企业绿色发展能力。引导龙头企业围绕碳达峰、碳中和目标，研究应用减排减损技术和节能装备，开展减排、减损、固碳、能源替代等示范，打造一批零碳示范样板。畜禽粪污资源化利用整县推进、农村沼气工程、生态循环农业等项目，要将龙头企业作为重要实施主体，实现大型养殖龙头企业畜禽粪污处理支持全覆盖。引导龙头企业强化生物、信息等技术集成应用，发展精细加工，推进深度开发，提升加工副产物综合利用水平。鼓励龙头企业开展农业自愿减排减损。

（4）提高龙头企业品牌发展能力。引导龙头企业立足地方优势，发展特色产业，推动区域公用品牌建设。鼓励龙头企业将特色产业与生态涵养、文化传承相结合，发扬"工匠精神"，打造企业知名品牌。支持龙头企业按照高标准高质量要求，加强顶层设计，提高产品附加值和综合效益，打造一批具有国内、国际影响力的产品品牌。发挥产业联盟、相关行业协会作用，鼓励开展行业规范、技术服务、市场推广、品牌培训等服务。

（5）提高龙头企业融合发展能力。鼓励龙头企业发挥自身优势，推动各类资源要素跨界融合、集成集约，形成特色鲜明、丰富多样、一二三产业融合发展的农业全产业链。引导龙头企业立足资源特色，因地制宜发展乡村新型服务业、乡村制造业、乡村休闲旅游业等，贯通产加销服，融合农食文旅教，拓展农业多种功能，提高产业增值增效空间。鼓励龙头企业完善配送及综合服务网络，在大中城市郊区发展工厂化、立体化、园艺化农业，推广"生鲜电商＋冷链宅配""中央厨房＋食材冷链配送"等新模式，提高鲜活农产品供应保障能力。

三、探索模式，提升龙头企业联农带农水平

（1）打造农民紧密参与的农业产业化联合体。发挥龙头企业在产业链中的引领带动作用，联合农民合作社、家庭农场、农户以及从事农业技术研发、储运销售、品牌流通、综合服务等全产业链各类主体，共同开发优势特色资源、优化配置创新要素，建设一批国家、省、市、县级农业产业化重点联合体。引导农业产业化联合体成员间紧密合作，开展技术共享、信息共享、品牌共享、渠道共享、利益共享等，提高资源要素的利用和产出效率，提升产业综合效益和竞争力。引导农业产业化联合体健全章程，完善契约合同，规范理事会等议事决策制度，建立更加稳定、更加有效、更加长效的利益联结机制，让农民合理分享全产业链增值收益。

（2）探索农民共享收益的生产要素入股模式。引导农户以土地经营权、劳动力、资金、设施等要素，直接或间接入股龙头企业，在保障农户基本权益基础上，建立精准评估、风险共担、利益共享的合作机制。探索"拨改投""拨改股"，将财政补助资金形成的资产量化到小农户，作为小农户入股龙头企业的股份。支持龙头企业出资领办创办农民合作社，鼓励农民合作社、家庭农场参股龙头企业，形成融合发展、共建共享的产业发展共同体。

（3）推广农民广泛受益的农业社会化服务机制。支持龙头企业制定农业生产规程和操作规范，采取"公司＋农户""公司＋农民合作社＋农户"等组织形式，为农户提供农资供应、技术集成、培训指导、农机作业、冷链物流、市场营销等全方位社会化服务，促进小农户和现代农业发展有机衔接。发挥好龙头企业在农业生产"三品一标"（品种培优、品质提升、品牌打造和标准化生产）提升行动中的示范带动作用，引领农业全产业链标准化生产。

（4）拓宽农民多元发展的创业就业渠道。引导龙头企业发展劳动密集型产业，把产业链实体留在县域，将更多就业岗位留在乡村，吸纳农民就地就近就业，进一步拓宽农民收入来源。支持龙头企业依托乡村优势特色资源，延伸产业链，开发生产性服务业和生活性服务业，在乡村创造更多就业空间，进一步提高农户的工资性收入。鼓励龙头企业通过提供技术指导、创业孵化、信息服务，带动小农户围绕产业链发展初加工、库房租赁、物流运输、门店加盟、直播销售等，以创业带就业，加快农民致富步伐。

四、精准定位，构建龙头企业发展梯队

（1）做强一批具有国际影响力的头部龙头企业。围绕"国之大者"，在粮棉油糖、肉蛋奶、种业等关系国计民生的重要行业，引导一批经济规模大、市场竞争力强的大型龙头企业，采取兼并重组、股份合作、资产转让等方式，组建大型企业集团，培育一批头部企业，在引领农业农村现代化发展方向、保障国家粮食安全和重要农产品有效供给中发挥关键作用。引导头部龙头企业统筹利用国内国际两个市场、两种资源，在全球农业重要领域布局育种研发、加工转化、仓储物流、港口码头等设施，融入全球农产品供应链，提高对关键行业的产能、技术掌控能力。引导头部龙头企业发挥人才优势、技术优势和创新优势，引领行业发展方向，解决关键共性问题，培育全产业链优势。

（2）做优一批引领行业发展的"链主"龙头企业。在肉蛋奶、果蔬茶以及满足消费者多样需求的特色农产品领域，引导一批产业链条长、行业影响力大的龙头企业，顺应产业发展规律，发挥"链主"型龙头企业引领行业集聚发展、带动产业转型升级的作用，立足当地特色，整合行业资源，制定行业标准，打造具有区域特色、适应新型消费的乡村产业集群。支持"链主"龙头企业整合创新链、优化供应链、提升价值链、畅通资金链，提高行业全产业链组织化水平、供应链现代化水平。

（3）做强一批具有自主创新能力的科技领军型龙头企业。围绕打造国家战略科技力量，在制约国家粮食安全、重要农产品有效供给和农业农村现代化发展的"卡脖子"技术或短板领域，引导一批集成创新实力强、行业带动能力强、市场开拓力强的农业科技领军型龙头企业，发挥在满足市场需求、集成创新、组织平台方面的优势，开展农业产业共性关键技术研发、科技成果转化及产业化、科技资源共享服务等，增强龙头企业创新动力。发挥企业在联合攻关中的出题者作用，加大龙头企业对技术研发方向、路线选择、要素价格、各类创新要素配置的导向作用，鼓励和引导龙头企业加大自有资金投资研发力度，推动企业成为技术创新决策、研发投入、科研组织和成果转化的主体，提升龙头企业创新主体地位。

（4）做大一批联农带农紧密的区域型龙头企业。在粮食生产功能区、重要农产品生产保护区、特色农产品优势区和脱贫地区，引导一批与农户、家庭农场、农民合作社、农村集体经济组织联结紧密、带动辐射效果好的龙头企业，根据行业特性和产品特点，探索建立农业产业化联合体等带动农户发展的不同联结模式，形成机制灵活、形式多样、各具特色的联农带农典型。发挥区域型龙头企业带动农民增收致富、带动乡村经济发展的作用，成为"万企兴万村"的标兵和表率。支持区域型龙头企业与脱贫地区特别是国家乡村振兴重点帮扶县、西藏和新疆地区广泛开展对接合作，在巩固拓展脱贫攻坚成果与乡村振兴有效衔接中发挥积极作用。

五、强化保障，优化龙头企业发展环境

（1）加大政策支持。支持龙头企业参与优势特色产业集群、现代农业产业园、农业产业强镇等农业产业融合项目建设，相关项目资金向联农带农效果明显的龙头企业倾斜。鼓励有条件的地方按市场化方式设立乡村产业发展基金，加大对创新实力较强的龙头企业支持力度。推动地方按规定对吸纳脱贫人口、农村残疾人等就业的龙头企业给予补贴。强化进出口及投资政策引导，支持龙头企业熟悉国际商贸和投资规则，推动产品、装备、技术、标准、服务"走出去"，提高我国农业国际竞争力和影响力。支持龙头企业参与农业全产业链标准制定，培育一批农业企业标准"领跑者"。落实《自然资源部、国家发展改革委、农业农村部关于保障和规范农村一二三产业融合发展用地的通知》精神，进一步加强对龙头企业发展乡村产业的用地保障。

（2）创新金融服务。各级农业农村部门要与相关金融机构深化交流合作、加强信息资源共享，建立多级联动的工作机制，加大对联农带农效果明显的龙头企业金融支持力度，确保优质金融服务全覆盖，形成金融支持龙头企业的合力。要引导和协调各类金融机构创新供应链信贷产品，加大信用贷款投放力度，加大对龙头企业及全产业链主体的金融支持。创新抵押担保物范围和产权流转机制。

（3）强化人才培养。支持科研院所、高等院校等机构的科研人员到龙头企业开展科技创业，完善知识产权入股、参与分红等激励机制。支持龙头企业积极开展校企合作协同育人，与涉农高校和职业院校合作共建实践实训基地、耕读教育基地，依托生产基地、产业园区等加强农村实用人才培训，加大对高素质农民、返乡入乡创业人员、新型农业经营主体带头人的培养力度。通过专题培训、实践锻炼、学习交流等方式，完善乡村企业家培养机制，加强对乡村企业家合法权益的保护。大力弘扬企业家精神，为企业家谋事创业营造良

好舆论氛围。

（4）完善指导服务。持续改善营商环境，深化放管服改革，构建亲清政商关系，切实为企业解决产业发展中遇到的问题。建立企业家智库，坚持问题导向、畅通沟通渠道，通过线上线下多种途径听取企业意见建议。引导各类互联网企业、平台型企业发挥自身优势，为龙头企业提供资金技术、高素质人才、营销渠道、运营管理等服务，促进观念更新、理念革新，加快补齐乡村产业发展短板，为农业农村发展注入新动能。

（5）加强典型宣传推介。围绕龙头企业创新发展、绿色发展、联农带农机制建设、促进农民就业增收、带动脱贫地区发展等方面，充分挖掘典型模式和成功做法，组织开展系列宣传报道，形成全社会关注乡村产业、支持龙头企业发展的良好氛围。利用线上渠道和新媒体资源，创新宣传推介手段，开展系列宣传推介活动。发挥行业协会作用，加强重点龙头企业推介。

关于促进生猪产业持续健康发展的意见

各省、自治区、直辖市人民政府，新疆生产建设兵团，国务院各部委、各直属机构：

2019 年以来，针对生猪产能严重下滑、猪肉价格大幅上涨等严峻形势，各地区各有关部门认真贯彻落实党中央、国务院决策部署，出台了一系列稳定生猪生产、保障市场供应的政策措施，逐步将生猪生产恢复到常年水平。但长期困扰生猪产业发展的产能大幅波动问题尚未根本破解，产能恢复后市场价格再度陷入低迷，部分生猪养殖场（户）亏损，一些地方政策出现反复，生猪稳产保供的基础仍不牢固。为巩固生猪产能恢复成果，防止产能大幅波动，促进生猪产业持续健康发展，经国务院同意，现提出如下意见。

一、总体要求

（1）指导思想。以习近平新时代中国特色社会主义思想为指导，全面贯彻党的十九大和十九届二中、三中、四中、五中全会精神，按照党中央、国务院决策部署，以保障猪肉基本自给为目标，建立预警及时、措施精准、响应高效的生猪生产逆周期调控机制，激发市场主体发展活力，不断提升生猪产业质量、效益和竞争力，形成长期稳定的猪肉供应安全保障能力，更好满足人民群众消费需求。

（2）工作原则。

精准调控，稳定发展。总结生猪稳产保供工作经验，强化监测预警，完善调控机制，注重预调、早调、微调，保持合理生猪产能水平，有效调控产销异常变化，确保生产和市场供应基本稳定。

市场导向，有序发展。充分发挥市场决定性作用，更好发挥政府作用。落实生猪稳产保供省负总责，稳定长效性支持政策，更多用市场化方式缓解"猪周期"波动，努力保持猪肉价格在合理范围。

重点突破，转型发展。以疫病防控、标准化养殖、屠宰加工、养殖废弃物资源化利用为突破口，加快补齐生猪产业发展的短板和弱项，不断推进节本提质增效。

（三）发展目标。用 5～10 年时间，基本形成产出高效、产品安全、资源节约、环境友好、调控有效的生猪产业高质量发展新格局，产业竞争力大幅提升，疫病防控能力明显增强，政策保障体系基本完善，市场周期性波动得到有效缓解，猪肉供应安全保障能力持续增强，自给率保持在 95％左右。

二、稳定生猪生产长效性支持政策

（1）稳定生猪贷款政策。银行业金融机构要及时总结各地试点经验，加快推广土地经营权、养殖圈舍、大型养殖机械和生猪活体抵押贷款。对符合授信条件但暂时经营困难的生猪养殖场（户）和屠宰加工企业，不得随意限贷、抽贷、断贷。支持将符合农业发展银行职能定位和政策性业务标准的生猪养殖相关贷款按程序纳入政策性业务范围。（人民银行、财政部、银保监会等按职责分工负责）

（2）完善生猪政策性保险。深入推进生猪养殖保险，稳定能繁母猪、育肥猪保险保额，根据生产成本变动对保额进行动态调整，增强保险产品吸引力，实现养殖场（户）愿保尽保。鼓励和支持有条件的地方开展并扩大生猪收入保险，进一步提升保障水平、降低经营风险。开展病死猪无害化处理与保险联动机制建设试点，建立健全有关部门和保险机构的信息共享机制。（财政部、农业农村部、银保监会等按职责分工负责）

（3）持续优化环境管理服务。加强对畜禽养殖禁养区的动态监测，各地不得超越法律法规规定随意扩大禁养区范围，不得以行政手段对养殖场（户）实施强行清退，切实保障养殖场（户）合法权益。深入推进生猪规模养殖项目环评"放管服"改革，继续对年出栏 5 000 头以下的生猪养殖项目实行备案管理、对年出栏 5 000 头及以上和涉及环境敏感区的生猪养殖项目按规定实行审批。（生态环境部、农业农村部等按职责分工负责）

三、建立生猪生产逆周期调控机制

（1）保持能繁母猪合理存栏水平。"十四五"期间，全国能繁母猪存栏量稳定在 4 300 万头左右、最低保有量不少于4 000万头，后续根据猪肉消费和母猪繁殖率等变化动态调整。以能繁母猪存栏量变化率为核心调控指标，建立异常变化自动触发调控机制，当月度同比变化率超过5％时，采取预警引导、鼓励生猪养殖场（户）加快补栏二元母猪或淘汰低产母猪等措施，促使能繁母猪存栏量回归合理区间。（农业农村部、财政部等按职责分工负责）

（2）稳定规模猪场存量。将年出栏500头以上的规模养殖场（户）纳入全国生猪养殖场系统备案，动态监测其生产经营情况，保持规模养殖场（户）数量总体稳定。不得违法拆除规模养殖场（户），确需拆除的，各地要安排养殖用地支持其异地重建，并给予合理经济补偿。对年出栏1万头以上的规模养殖场，挂牌建立国家级生猪产能调控基地，各地可结合本地区实际建立相应层级的生猪产能调控基地。（农业农村部负责）

（3）建立生猪产能分级调控责任制。严格落实生猪稳产保供省负总责和"菜篮子"市长负责制，将能繁母猪存栏量和规模养殖场（户）保有量等指标任务下达到各省（自治区、直辖市），各省（自治区、直辖市）要制定本行政区域的生猪产能调控实施方案。定期组织对各省（自治区、直辖市）生猪产能调控政策落实情况进行考核，强化考核结果运用。继续执行生猪调出大县奖励政策，支持地方发展生猪生产。（农业农村部、财政部等按职责分工负责）

（4）强化政策调控保障。当本省（自治区、直辖市）能繁母猪存栏量月度同比减少10％或生猪养殖连续严重亏损3个月以上时，各地可按规定统筹相关资金对规模养殖场（户）给予一次性临时救助补贴。人民银行要发挥支农、支小再贷款引导作用，支持地方法人金融机构扩大对符合条件的生猪养殖场（户）信贷投放，地方可按规定统筹资金给予贴息补助。能繁母猪存栏量在合理区间波动，但种猪生产供应、新生仔猪数量或生猪存栏量出现异常减少等情况时，要及时研究并采取针对性政策措施，防范生产大幅下降。中央财政将结合各省（自治区、直辖市）全年落实稳定生猪产能和资金投入情况，在安排下一年度相关转移支付资金时予以适当倾斜。（农业农村部、财政部、人民银行等按职责分工负责）

四、完善生猪稳产保供综合应急体系

（1）强化全产业链监测预警。建立生猪产业综合信息平台，定期发布全产业链重要信息数据。加强数据的采集分析预警，建立完善信息会商和发布机制，及时回应产业热点和突发性问题，加强宣传解读，合理引导市场预期。（农业农村部、国家发展改革委、商务部、海关总署、国家统计局、银保监会、证监会等按职责分工负责）

（2）抓好生猪疫病防控。落实动物防疫地方政府属地管理、行业部门监管和生产经营者主体等三方责任。强化非洲猪瘟常态化防控，实行闭环管理，及时堵塞漏洞。分类推进口蹄疫、高致病性猪蓝耳病、猪瘟等重点猪病防控，做好仔猪腹泻等常见病防控。以种猪场为重点，深入推进伪狂犬病等垂直传播疫病净化。加强部门协作，联合开展案件查处、溯源追踪等工作。推进非洲猪瘟等疫病疫苗和诊断试剂科研攻关。建立基于防疫水平的养殖场（户）分级管理制度，鼓励和支持具备条件的地区和养殖场创建重点猪病无疫区、无疫小区。加快推进非洲猪瘟等重大动物疫病分区防控。（农业农村部、国家发展改革委、公安部、财政部、交通运输部等按职责分工负责）

（3）加强猪肉储备调节。实施《完善政府猪肉储备调节机制做好猪肉市场保供稳价工作预案》，保有一定数量的政府猪肉常规储备，保持必要调节能力。根据不同预警情形，分国家和地方层面及时启动储备肉投放或增加临时收储等响应措施，有效调控市场异常变化。根据国内生猪产能和市场需求情况，科学引导进口节奏。（国家发展改革委、财政部、农业农村部、商务部、海关总署等按职责分工负责）

五、持续推进生猪产业现代化

（1）协同推进规模养殖场和中小养殖场（户）发展。继续实施农机购置补贴政策，对生猪养殖场（户）购置自动饲喂、环境控制、疫病防控、废弃物处理等农机装备给予积极支持。以标准化生产、精细化管理为重点，持续开展生猪养殖标准化示范创建，发挥标杆示范场的引领带动作用。支持龙头企业与中小养殖场（户）建立稳定的利益联结机制，加强技术指导与服务，帮扶带动中小养殖场（户）改变传统养殖方式，实现增产增收。（农业农村部、财政部等按职责分工负责）

（2）建设现代生猪种业。全面开展猪遗传资源普查，加强国家级保种场、保护区和基因库建设，提高优良品种资源保护水平。深入实施全国生猪遗传改良计划，坚持产学研相结合，支持国家生猪核心育种场开展

商业化联合育种，持续提高生产性能水平。实施生猪良种补贴项目，加快品种改良进程。（农业农村部、国家发展改革委、财政部等按职责分工负责）

（3）优化生猪屠宰加工布局。结合生猪生产发展规划，科学设置屠宰产能，调整屠宰加工布局，化解结构性产能过剩。继续开展生猪屠宰标准化创建，鼓励和支持主产区生猪屠宰加工企业改造屠宰加工、冷链储藏和运输设施，推动主销区城市屠宰加工企业改造提升低温加工处理中心、冷链集配中心、冷鲜肉配送点，促进产销衔接。（农业农村部、国家发展改革委、商务部等按职责分工负责）

（4）加快养殖废弃物资源化利用。以还田利用为重点，支持整县实施粪污资源化利用项目，推进绿色种养循环农业试点。推行养殖粪污养分平衡管理制度。鼓励在规模种植基地周边建设与消纳能力相配套的养殖场（户），促进种养良性循环。加快培育社会化服务组织，推动养殖粪污就近就地利用，促进绿色循环发展。（农业农村部、国家发展改革委、生态环境部等按职责分工负责）

农业农村部 国家发展改革委 财政部 生态环境部 商务部 银保监会

2021 年 8 月 5 日

全国兽用抗菌药使用减量化行动方案

（2021—2025 年）

根据《中华人民共和国生物安全法》《中华人民共和国乡村振兴促进法》《兽药管理条例》规定，以及《国务院办公厅关于促进畜牧业高质量发展的意见》《食用农产品"治违禁 控药残 促提升"三年行动方案》等文件要求，在全国兽用抗菌药使用减量化行动试点工作基础上，制定本行动方案。

一、行动目标

以生猪、蛋鸡、肉鸡、肉鸭、奶牛、肉牛、肉羊等畜禽品种为重点，稳步推进兽用抗菌药使用减量化行动（以下简称"减抗"）行动，切实提高畜禽养殖环节兽用抗菌药安全、规范、科学使用的能力和水平，确保"十四五"时期全国产出每吨动物产品兽用抗菌药的使用量保持下降趋势，肉蛋奶等畜禽产品的兽药残留监督抽检合格率稳定保持在 98％以上，动物源细菌耐药趋势得到有效遏制。

到 2025 年末，50％以上的规模养殖场实施养殖减抗行动，建立完善并严格执行兽药安全使用管理制度，做到规范科学用药，全面落实兽用处方药制度、兽药休药期制度和"兽药规范使用"承诺制度。

二、行动任务

（一）强化兽用抗菌药全链条监管

1. 加强兽用抗菌药生产经营监管。严格实施《兽药生产质量管理规范（2020 年修订）》，严禁兽药生产经营企业制售促生长类抗菌药物饲料添加剂。加大兽用抗菌药质量监督抽检力度，实施"检打联动"，严查隐性添加禁用成分或其他成分。严格落实兽药二维码追溯制度，确保兽药产品全部赋码上市，兽药生产经营企业产品入库、出库追溯数据全部准确上传至国家兽药产品追溯系统。加强原料药管理，防止非法流入养殖环节。强化兽药网络销售平台监督，会同工业和信息化部门严厉打击通过互联网违法销售假劣兽药行为。

2. 加强兽用抗菌药使用监管。加强饲料生产经营企业监管，完善饲料中非法添加兽药成分检测方法标准，组织开展非法添加药物及违禁物质专项监测，严肃查处违法违规行为。加强养殖场（户）用药监管，除允许在商品饲料中使用的抗球虫类和中药类药物以外，严禁在自配料中添加其他任何兽药。压实养殖场（户）规范用药主体责任，督促指导养殖场（户）建立完善兽药采购、存储、使用等管理制度，严格执行兽药使用记录制度、兽用处方药制度、兽药休药期制度等安全使用规定，准确真实记录兽药使用情况，严禁超范围、超剂量用药。创新兽药使用管理制度，建立实施养殖场（户）"兽药规范使用"承诺制，将其作为自主开具食用农产品达标合格证的重要依据。在养殖场（户）出售畜禽及其产品时，有关部门要按照动物产地检疫规程等规定，对用药记录等养殖档案进行查验核对。加大惩戒力度，对违规用药行为依法从重处罚，涉嫌犯罪的，移交公安部门立案查处。

（二）加强兽用抗菌药使用风险控制

1. 监测兽用抗菌药使用量。充分利用国家兽药产品追溯系统，监测分析兽用抗菌药应用种类、数量、流向等情况，分析变化趋势，及时提出针对性预防措施。

2. 实施畜禽产品兽药残留监控。结合辖区内生产实际，制定实施年度畜禽产品兽药残留监控计划，加大检测力度，及时掌握风险因子，控制残留风险。

3. 开展动物源细菌耐药性监测。建立完善动物源细菌耐药性监测实验室，健全动物源细菌耐药性监测体系。制定实施年度动物源细菌耐药性监测计划，组织开展耐药性监测，提升耐药性风险管控能力。

（三）支持兽用抗菌药替代产品应用

1. 促进兽用中药产业健康发展。创新完善兽用中药准入政策，建立符合兽用中药特点和产业发展实际的注册制度。支持对疗效确切的传统兽用中药进行"二次开发"，简化源自经典名方的复方制剂注册审批。将兽用中药生产企业纳入农业产业化龙头企业支持范围，享受农产品加工相关支持政策。

2.遴选推广替代产品。组织相关教学科研单位、减抗达标养殖场（户）等，开展安全高效低残留兽用抗菌药替代产品筛选评价工作，引导养殖场（户）正确选用替代产品。支持绿色养殖技术推广和产品研发，鼓励各地统筹基层动物防疫补助经费等相关项目资金，对推广使用兽用中药等替代产品力度大、成效好的养殖场（户）给予奖励。

（四）加强兽用抗菌药使用减量化技术指导服务

1.强化从业人员宣传教育。强化养殖主体、畜牧兽医技术服务人员的培训教育，将兽用抗菌药减量使用相关技术规范纳入高素质农民培育项目课程体系，并作为乡村兽医、基层动物防疫队伍培训的重要内容。充分利用各种媒体，科普宣传规范用药知识、轮换用药原则、精准用药方法等，提高从业人员规范用药意识和水平。

2.开展技术服务。实施"科学使用兽用抗菌药"公益接力行动，发挥中国兽药协会、中国畜牧业协会以及地方相关行业组织的作用，组织引导兽药生产经营企业和养殖龙头企业，以公司带农户方式，邀请专家进村入户进行现场技术指导，逐场逐户推广普及科学用药知识和技术，力争"十四五"末实现对规模养殖场技术指导服务全覆盖。

（五）构建兽用抗菌药使用减量化激励机制

1.开展养殖场（户）减抗成效评价。各地在我部减抗试点评价标准基础上，建立健全本地养殖减抗评价指标体系，组织开展减抗成效评价工作，发布达标养殖场（户）名单，并作为创建国家级畜禽标准化示范场的重要参考。允许省级以上评价达标的减抗养殖场（户）使用我部确定的"兽用抗菌药使用减量化达标场"标识（另行发布）。

2.推广养殖减抗典型模式。及时总结提炼不同畜禽品种养殖减抗经验做法，遴选一批养殖场（户）减抗典型案例，以多种方式宣传推介，充分发挥示范引领作用。

3.开展养殖减抗先进县评选。鼓励有条件的地方按照本本方案要求，整县、整乡（镇）开展减抗工作，并对推进工作较好、完成质量较高的地方或养殖场，给予适当奖励。农业农村部将对工作开展有力、养殖减抗效果突出的县（市、区）给予通报表扬，并在媒体公布宣传。将兽用抗菌药使用减量工作情况纳入国务院食品安全工作评议考核，并作为国家农产品质量安全县创建的重要指标。

三、实施要求

（一）工作部署

2021年11月开始在全国范围启动实施。各省份结合本地实际，制定本辖区减抗行动实施方案，做到分级分类、由易到难、有序安排，并于2021年底前将实施方案报我部畜牧兽医局。各县（市、区）制定具体工作方案，以规模养殖场为单元建立台账，明确具体责任人、联络人。

（二）组织实施

各省份要按照本辖区减抗行动实施方案有序推进减抗工作，建立工作情况调度制度，加强督促检查，发现问题，及时推动解决，并于每年11月底前将畜禽养殖减抗工作实施进展情况报我部畜牧兽医局。

（三）抓好落实

根据本辖区养殖实际情况，参照《兽用抗菌药使用减量化指导原则》（附件），指导推动养殖场（户）实施养殖减抗，明确减抗目标任务。各地也可根据实际情况，组织实施标准更高、内容更加丰富的行动措施，推动实现全域减抗目标。坚持问题导向，集中力量有重点组织开展促生长类抗菌药物饲料添加剂退出、兽药二维码追溯等系列整治活动，推动解决突出问题，严厉打击相关违法违规行为，形成有力震慑。

四、保障措施

（一）强化组织领导

各地要高度重视，切实加强组织领导，把开展减抗行动摆在重要位置，成立减抗行动实施领导小组，加强组织协调、技术指导，并集合资源、集成技术、集聚力量，统筹推进各项政策措施落实落地。

（二）强化政策支持

我部将按照《全国动植物保护能力提升工程建设规划（2017—2025 年）》积极支持兽药残留、动物源细菌耐药性监测相关项目建设。各地要积极争取发展改革、财政、科技等部门支持，加大对减抗行动相关重点任务的支持力度，确保各项措施落地见效。有条件的地方，推动建立实施兽用中药等兽用抗菌药替代产品补贴制度。在涉农项目申请等方面，对减抗达标养殖场（户）给予政策倾斜。

（三）强化技术支撑

充分发挥全国兽药残留与耐药性控制专家委员会和有关教学科研单位的技术优势，为畜禽养殖减抗行动提供专业指导，承担兽用抗菌药耐药性风险评估任务，提供风险管理和政策建议。加强抗菌药物替代研发、细菌耐药机制研究、耐药检测方法与标准研究等工作。支持各地成立兽用抗菌药使用减量化专家指导组，重点开展技术咨询、现场指导、监测跟踪、评估论证等工作。

附件

兽用抗菌药使用减量化指导原则

养殖场（户）应根据畜禽养殖环节动物疫病发生流行特点和预防、诊断、治疗的实际需要，树立健康养殖、预防为主、综合治理的理念，从"养、防、规、慎、替"五个方面，建立完善管理制度、采取有效管控措施、狠抓落实落地，提高饲养管理和生物安全防护水平，推动实现本场（户）养殖减抗目标。

一是"养"，即精准把好养殖管理"三个关口"。把好饲养模式关，明确不同畜禽品种的饲养方式，精细管理饲养环境条件；把好种源关，有条件的应选取优良品种和品牌厂家的畜禽，要按批次严格检查检测苗种健康状况，防止携带垂直传播的病原微生物；把好营养关，根据畜禽不同阶段的营养需求，制定科学合理的饲料配方，保证营养充足均衡，实现提高畜禽个体抵抗力和群体健康水平的目的。

二是"防"，即全面防范动物疫病发生传播风险。落实动物防疫主体责任，牢固树立生物安全理念，着力改善养殖场所物理隔离、消毒设施等动物防疫条件，严格执行生物安全防护制度和措施，按计划积极实施疫病免疫和消杀灭源，从源头减少病毒性、细菌性等动物疫病影响。

三是"规"，即严格规范使用兽用抗菌药。严格执行兽药安全使用各项规定，严禁使用禁止使用的药品和其他化合物、停用兽药、人用药品、假劣兽药；严格执行兽用处方药、休药期等制度，按照兽药标签说明书标注事项，对症治疗、用法正确、用量准确，实现"用好药"。

四是"慎"，即科学审慎使用兽用抗菌药。高度重视细菌耐药问题，清楚掌握兽用抗菌药类别，坚持审慎用药、分级分类用药原则，根据执业兽医治疗意见、药敏试验检测结果等，精准选择敏感性强、效果好的兽用抗菌药产品；谨慎联合使用抗菌药，能用一种抗菌药治疗绝不同时使用多种抗菌药；分类分级选择用药品种，能用一般级别抗菌药治疗绝不使用更高级别抗菌药，能用窄谱抗菌药就不用广谱抗菌药；增加动物个体精准治疗用药，减少动物群体预防治疗用药，实现"少用药"。

五是"替"，即积极应用兽用抗菌药替代产品。以高效、休药期短、低残留的兽药品种，逐步替代低效、休药期长、易残留的兽药品种。根据养殖管理和防疫实际，推广应用兽用中药、微生态制剂等无残留的绿色兽药，替代部分兽用抗菌药品种，并逐步提高使用比例，实现畜禽产品生态绿色。

关于推介第三批全国农民合作社和
家庭农场典型案例的通知

各省、自治区、直辖市及计划单列市农业农村（农牧）厅（局、委），新疆生产建设兵团农业农村局：

加快培育农民合作社、家庭农场等新型农业经营主体，是"十四五"时期深化农村改革、全面推进乡村振兴、加快农业农村现代化的重要任务。党中央、国务院高度重视新型农业经营主体培育，要求突出抓好农民合作社和家庭农场两类经营主体，推进现代农业经营体系建设。农业农村部深入学习贯彻习近平总书记重要指示批示精神，贯彻落实党中央、国务院决策部署，推进农民合作社质量提升，实施家庭农场培育计划，2019—2020 年连续发布两批 147 个农民合作社和家庭农场典型案例，激发首创精神，充分发挥示范作用，取得良好效果。

2021 年，农业农村部继续开展农民合作社、家庭农场典型案例征集活动，经各地推荐，择优遴选确定了第三批 52 个农民合作社、47 个家庭农场典型案例。这些案例以规范发展和质量提升为主题，具有组织创新、制度创新、管理创新的特点：一是注重主体融合。由村党支部书记或村委会委员领办农民合作社，带动农民创业增收，夯实党在农村的执政基础。以家庭农场为主要成员组建农民合作社，同业同域农民合作社组建联合社，发挥规模优势，增强市场话语权。农民合作社和联合社创办公司实体，发挥农民合作社法人的组织优势和公司法人的市场优势，提升管理和决策效率。二是注重规范管理。农民合作社通过建立完善章程和管理机制，兼顾按交易量（额）盈余分配和按出资分红，提升管理效能。家庭农场通过明确家庭成员岗位职责，建好用好经营台账，科学规划生产规模，实现最佳规模效益。三是注重业务拓展。农民合作社和家庭农场在从事传统种养业基础上，立足资源禀赋和优势条件，向产加销一体化延伸产业链条，向生产服务、电商营销、农旅融合拓展经营范围，向品种培优、品质提升、品牌打造和标准化生产要效益要质量，参与全面推进乡村振兴。四是注重联结小农户。农民合作社和家庭农场通过订单合作、要素合作、服务带动等联结方式，建立契约型、股权型等利益分享机制，帮助小农户提升生产经营水平、拓宽增收渠道。

当前，农民合作社和家庭农场正处在质量提升的关键时期。各级农业农村部门要按照党中央、国务院决策部署，进一步完善政策措施，创新体制机制，加强指导服务，培育壮大新型农业经营主体，为全面推进乡村振兴、加快农业农村现代化提供有力支撑。要强化典型示范推广，引导广大农民合作社和家庭农场学习借鉴典型案例经验，因地制宜探索发展模式和机制。要善于观察发现农民群众的各种新探索、新创造，深入挖掘分析和总结新的典型案例，及时加以宣传推介，进一步引领和促进新型农业经营主体高质量发展。

附件：1. 全国农民合作社典型案例名单（2021）
2. 全国家庭农场典型案例名单（2021）

农业农村部办公厅
2021 年 11 月 11 日

附件 1

全国农民合作社典型案例名单（2021）

一、党支部领办农民合作社

1. 党建引领强示范　联动带动促发展
　　——北京市北寨红杏产销专业合作社
2. 振兴乡村产业　共育致富之花

　　——辽宁省义县存仁花卉种植专业合作社

3. 支部领办拓新业　合作经营谱新篇

　　——江西省吉安县永阳江南蜜柚专业合作社

4. 创新经营模式　激发乡村活力

　　——河南省中牟县孙庄农业专业合作社

5. 党支部带动　合作社经营　高质量发展

　　——四川省西充县双凤跳蹬河村兴旺种植农民专业合作社

6. 打好生态品牌　创优绿色产品

　　——云南省芒市同心茶叶专业合作社

7. 立足高原草场优势　合作发展富民奶业

　　——西藏自治区白朗拉东曲木扎娟姗奶牛养殖农民专业合作社

二、家庭农场组建农民合作社

8. 开展农业综合服务　助力乡村产业振兴

　　——江苏省盐城市盐都区秦南镇农业综合服务专业合作社

9. 发挥规模效应　实现共享共富

　　——浙江省嘉兴市进知莲藕营销专业合作社

三、农民合作社（联合社）办公司

10. 打造种养循环体系　实现产业融合发展

　　——浙江省湖州浮澳生态种养专业合作社

11. 科技支撑产业兴　与时俱进再出发

　　——安徽省当涂县均庆河蟹生态养殖专业合作社

12. 做强全产业链条　推动中药材出口

　　——湖北省宜昌众赢药材种植专业合作社

13. 村级小舞台演绎融合大发展

　　——新疆维吾尔自治区昌吉州奇台县丰裕农业服务专业合作社

四、农民合作社开展粮食规模经营

14. 三方联动　打造坡地杂粮全产业链

　　——内蒙古自治区林西县荣盛达种植农民专业合作社

15. 推行带地入社　破解种地难题

　　——吉林省四平市铁西区永信农民专业合作社

16. 立足农机作业优势　打造多元发展模式

　　——黑龙江省通河县新乡水稻农民专业合作社

17. 多措并举强联合　提质增效促振兴

　　——安徽省颖上县臻润农业专业合作社联合社

18. 优化利益联结机制　带动成员增产增收

　　——江西省贵溪市溪源村蓑衣老农有机绿色大米基地专业合作社

19. 凝聚产业发展合力　打造规模粮食基地

　　——山东省沂水县旭阳现代农业发展农民专业合作社

20. 科技引领　服务示范　合作发展

　　——湖南省岳阳县润升水稻专业合作社

21. 搭平台促规模经营　提效益保粮食安全

　　——大连市联合众邦土地股份农业专业合作社

五、农民合作社内强素质外强能力

22. 专注优化服务　实现富民兴社

　　——河北省昌黎县新金铺贵强果菜种植专业合作社

23. 创新发展合作社　倾心服务养鸭人

七、农民合作社参与全面推进乡村振兴

46. 作特色养殖文章　走合作共赢之路
　　——天津市东山鹊山鸡养殖专业合作社

47. 为耕者谋利　为食者造福
　　——山西省闻喜县口福蔬菜种植专业合作社

48. 推动水果产业绿色发展　服务的脚步永不停歇
　　——贵州省开阳县南江乡醉美水果种植农民专业合作社

49. 多措并举　提升产业　回馈社会
　　——陕西省西安市长安区果优特种植专业合作社

50. 科技先行　产业支撑　服务三农
　　——宁夏回族自治区海原县农腾种养殖专业合作社

51. 强化统一服务　做强做大食用菌产业
　　——新疆维吾尔自治区巴州和硕县迎宾大棚种植农民专业合作社

52. 聚焦三产融合　服务三农发展
　　——青岛市丰诺植保专业合作社

附件2

全国家庭农场典型案例名单（2021）

一、开展科学高效种粮

1. 抓住五个关键　闯出科学种粮新路
　　——山西省临猗县郭秀爱家庭农场

2. 创新理念办农场　增产增收增效益
　　——辽宁省台安县凤娟家庭农场

3. 规模出效益　科技固本源　管理见真章
　　——黑龙江省绥化市绥棱县志鑫家庭农场

4. 科学种粮实现产量效益双提升
　　——江苏省南通市海安俞万家庭农场

5. 科学种田拓富路　越种越旺谱新篇
　　——山东省高密市大牟家镇刘莉家庭农场

6. 聚焦优质高效下真功　擦亮鲜食玉米好品牌
　　——河南省浚县易丰家庭农场

7. 走绿色发展之路　架共同致富之桥
　　——湖南省临澧县艺龙家庭农场

8. 借"机"服务　助农丰收
　　——广东省台山市广海镇添丰家庭农场

9. 以质量求生存　以效益求发展
　　——广西壮族自治区象州县寺村镇祖强种植家庭农场

10. 科学种粮妙招多　品牌铸魂闯市场
　　——四川省广汉市好耕夫家庭农场

11. 新装备新技术促进家庭经营提质增效
　　——宁夏回族自治区石嘴山市平罗县维宝家庭农场

二、增强农业生产能力

12. 坚持有机理念　培育健康蓝莓
　　——北京市怀柔区聚园兴家庭农场

关于公布全国农业全产业链重点链和
典型县建设名单的通知

各省、自治区、直辖市农业农村（农牧）厅（局、委），新疆生产建设兵团农业农村局：

为贯彻落实中央1号文件和《国务院关于促进乡村产业振兴的指导意见》精神，依托乡村特色优势资源，打造农业全产业链，按照《农业农村部关于加快农业全产业链培育发展的指导意见》部署，我部组织开展了全国农业全产业链重点链和典型县建设工作。经各省（自治区、直辖市）农业农村部门遴选推荐、专家审核和网上公示，确认北京市设施蔬菜等31个全产业链重点链、天津市宝坻区等63个全产业链典型县开展建设，现予以公布。

农业全产业链建设是贯通产加销、融合农文旅、对接科工贸、拓展农业多种功能、促进乡村产业高质量发展的重要途径。经批准建设的农业全产业链重点链和典型县要聚焦增强主导产业全产业链优势，完善联农带农利益联结机制，优化产业上中下游协同发展机制，推动全产业链转型升级，成为农业全产业链建设典型标杆，把产业链主体留在县域，让农民更多分享全产业链增值收益。

各级农业农村部门要把促进重点链和典型县农业全产业链发展整体跃升作为重要任务，加强组织领导，加大政策扶持，培育壮大主体，完善支撑体系，做好主导产业建链、加工流通延链、科技创新补链、园区集群壮链、融合发展优链工作，构建创新能力强、产业链条全、绿色底色足、安全可控制、联农带农紧的农业全产业链，为乡村全面振兴和农业农村现代化提供支撑。

　　附件：1. 全国农业全产业链重点链建设名单
　　　　　2. 全国农业全产业链典型县建设名单

农业农村部办公厅
2021年11月24日

附件1

全国农业全产业链重点链建设名单

1. 北京市设施蔬菜全产业链重点链
2. 天津市小站稻全产业链重点链
3. 河北省石家庄奶业全产业链重点链
4. 山西省生猪全产业链重点链
5. 内蒙古自治区肉羊全产业链重点链
6. 辽宁省盘锦稻谷全产业链重点链
7. 吉林省水稻全产业链重点链
8. 黑龙江省玉米全产业链重点链
9. 上海市奶业全产业链重点链
10. 江苏省优质稻米全产业链重点链
11. 浙江省生猪全产业链重点链
12. 安徽省小麦全产业链重点链
13. 福建省生猪全产业链重点链
14. 江西省优质稻米全产业链重点链

15. 山东省小麦全产业链重点链
16. 河南省肉制品全产业链重点链
17. 湖北省优质稻米全产业链重点链
18. 湖南省"洞庭香米"水稻全产业链重点链
19. 广东省荔枝全产业链重点链
20. 广西壮族自治区柳州螺蛳粉及优势特色米粉全产业链重点链
21. 重庆市柑橘全产业链重点链
22. 四川省油菜全产业链重点链
23. 贵州省山地肉牛全产业链重点链
24. 云南省茶叶全产业链重点链
25. 西藏自治区青稞全产业链重点链
26. 陕西省乳制品全产业链重点链
27. 甘肃省马铃薯全产业链重点链
28. 青海省牦牛全产业链重点链
29. 宁夏回族自治区奶业全产业链重点链
30. 新疆维吾尔自治区肉牛肉羊全产业链重点链
31. 新疆生产建设兵团棉花全产业链重点链

附件 2

全国农业全产业链典型县建设名单

1. 天津市宝坻区水稻全产业链典型县
2. 河北省隆尧县强筋麦全产业链典型县
3. 河北省遵化市肉鸡全产业链典型县
4. 河北省献县肉鸭全产业链典型县
5. 山西省吉县苹果全产业链典型县
6. 山西省清徐县高粱全产业链典型县
7. 内蒙古自治区科尔沁右翼中旗肉牛全产业链典型县
8. 内蒙古自治区商都县马铃薯全产业链典型县
9. 辽宁省新民市设施蔬菜全产业链典型县
10. 辽宁省台安县白羽肉鸡全产业链典型县
11. 辽宁省阜新蒙古族自治县生猪全产业链典型县
12. 吉林省东辽县禽蛋全产业链典型县
13. 吉林省通化县人参全产业链典型县
14. 黑龙江省海伦市大豆全产业链典型县
15. 黑龙江省克东县乳制品全产业链典型县
16. 上海市松江区稻米全产业链典型县
17. 江苏省南京市高淳区螃蟹全产业链典型县
18. 江苏省宝应县水生蔬菜全产业链典型县
19. 江苏省泗洪县生猪全产业链典型县
20. 浙江省庆元县食用菌全产业链典型县
21. 浙江省仙居县杨梅全产业链典型县
22. 安徽省临泉县肉牛肉羊全产业链典型县
23. 安徽省怀远县糯稻全产业链典型县
24. 安徽省长丰县草莓全产业链典型县

25. 福建省安溪县茶叶全产业链典型县
26. 福建省古田县食用菌全产业链典型县
27. 江西省彭泽县小龙虾全产业链典型县
28. 江西省安义县水稻全产业链典型县
29. 江西省婺源县茶叶全产业链典型县
30. 山东省乐陵市玉米全产业链典型县
31. 山东省栖霞市苹果全产业链典型县
32. 山东省诸城市生猪全产业链典型县
33. 河南省延津县优质小麦全产业链典型县
34. 河南省泌阳县夏南牛全产业链典型县
35. 河南省信阳市浉河区茶叶全产业链典型县
36. 湖北省襄阳市襄州区生猪全产业链典型县
37. 湖北省随县食用菌全产业链典型县
38. 湖南省邵东市中药材全产业链典型县
39. 湖南省南县稻虾全产业链典型县
40. 广东省江门市新会区陈皮全产业链典型县
41. 广西壮族自治区永福县罗汉果全产业链典型县
42. 广西壮族自治区苍梧县六堡茶全产业链典型县
43. 海南省万宁市槟榔全产业链典型县
44. 重庆市涪陵区榨菜全产业链典型县
45. 重庆市荣昌区荣昌猪全产业链典型县
46. 四川省大竹县糯稻全产业链典型县
47. 四川省彭州市蔬菜全产业链典型县
48. 四川省三台县生猪全产业链典型县
49. 贵州省修文县猕猴桃全产业链典型县
50. 贵州省余庆县水稻全产业链典型县
51. 云南省蒙自市水果全产业链典型县
52. 云南省文山市三七为主的中药材全产业链典型县
53. 西藏自治区白朗县果蔬全产业链典型县
54. 西藏自治区类乌齐县牦牛全产业链典型县
55. 陕西省岐山县一碗面全产业链典型县
56. 陕西省白水县苹果全产业链典型县
57. 甘肃省定西市安定区马铃薯全产业链典型县
58. 甘肃省环县肉羊全产业链典型县
59. 青海省泽库县牦牛全产业链典型县
60. 宁夏回族自治区盐池县滩羊全产业典型县
61. 新疆维吾尔自治区精河县棉花全产业链典型县
62. 新疆维吾尔自治区奇台县小麦全产业链典型县
63. 新疆维吾尔自治区昌吉市玉米全产业链典型县

关于推介第三批全国农村公共服务典型案例的通知

各省、自治区、直辖市农业农村（农牧）厅（局、委）、发展改革委、乡村振兴局，新疆生产建设兵团农业农村局、发展改革委、乡村振兴局：

为充分发挥典型案例的示范带动作用，推动加强和改善农村公共服务，今年 5 月，农业农村部、国家发展改革委、国家乡村振兴局联合开展了第三批全国农村公共服务典型案例征集活动。各地农业农村、发展改革和乡村振兴部门积极响应，精心组织，遴选推荐了 111 个案例。经专家评审和实地调研核实，评选出"北京密云：'邻里互助点'破解农村独居老年人照料之困"等 21 个案例为第三批全国农村公共服务典型案例。这些案例涵盖农村教育、医疗、养老、社保、人居环境、基础设施、公共文化等多个领域，有的突出体制机制创新，有的强调资源要素整合，有的探索运用数字化管理模式，各具特色，富有实效，反映了各地推进优质公共服务资源下沉、加强农村公共服务建设实践的探索和创新。

现将第三批 21 个全国农村公共服务典型案例名单予以公布（名单见附件，详细内容可在农业农村部、国家发展改革委和国家乡村振兴局官网查阅），希望各地在推进乡村建设、加快提升农村基本公共服务水平实践中参考借鉴。

附件：第三批 21 个全国农村公共服务典型案例名单

农业农村部　　国家发展改革委　国家乡村振兴局
办公厅　　　　办公厅　　　　　综合司
2021 年 12 月 3 日

附件

第三批 21 个全国农村公共服务典型案例名单

1. 北京密云："邻里互助点"破解农村独居老年人照料之困
2. 天津滨海新区：城乡供水一体化 村民喝上放心水
3. 河北巨鹿："三重体系"推动城乡就业创业一体化发展
4. 山西芮城：城乡一体化办园模式补齐农村学前教育短板
5. 上海奉贤庄行："四位一体"养老服务格局推动养老服务高质量发展
6. 江苏常熟："小线杆"破解大难题 亮出农村"无线美"
7. 江苏张家港：全域推广乡村公益医疗互助
8. 浙江金华金东：生态洗衣房"洗"出乡村绿色和美新生活
9. 浙江嘉兴南湖：数字化监管系统助力农村生活垃圾分类新模式
10. 浙江嵊州：三级服务网络打通农村公共物流"最后一公里"
11. 安徽青阳："四项机制"构建立体化农村公共服务能力体系
12. 福建古田："互助孝老食堂"开启农村养老新篇章
13. 江西横峰：农村基础设施全域升级打造秀美乡村新样本
14. 山东平度："行走的书箱"带"活"乡村阅读
15. 湖南桂东："村务员"巧织乡村公共服务"网"

16. 广东惠来：推行"农民工匠"模式 实现公共服务建设项目落地"多快好省"
17. 广东惠州：优化乡村医生队伍 实现医保一站式报销
18. 广西柳城："三个两、无动力、低成本"实现农村污水治理多效合一
19. 广西隆安震东：建设可持续发展安置区 实现移民搬得出、稳得住、能致富
20. 贵州赫章：探索农村公益性公墓改革为民谋利树文明新风
21. 甘肃武威凉州：创新机制 拓宽农业农村有机废弃物资源化利用途径

关于公布 2021 年畜禽养殖标准化示范场名单的通知

各省、自治区、直辖市农业农村（农牧）、畜牧兽医厅（局、委），新疆生产建设兵团农业农村局：

按照《农业农村部办公厅关于开展 2021 年畜禽养殖标准化示范创建活动的通知》（农办牧〔2021〕20 号），我部组织开展了 2021 年畜禽养殖标准化示范创建活动，并要求地方对 2018 年度正式公布、2021 年底到期并有意愿继续创建的示范场进行了现场复验。经养殖场自愿申请、省级遴选推荐、部级专家评审和网上公示，现确定天津市惠康种猪育种有限公司等 193 家畜禽养殖场为 2021 年农业农村部畜禽养殖标准化示范场。经现场审核，天津市宁河原种猪场有限责任公司等 78 家养殖场通过复验，一并予以公布。

请各地按照要求对新创建示范场和复验通过示范场颁发标牌，继续强化对示范场的监管与指导，推动示范场切实发挥示范效应，带动周边养殖场（户）尤其是中小养殖户提升标准化饲养水平，加快构建现代养殖体系，推进畜牧业高质量发展。

附件：1. 2021 年农业农村部畜禽养殖标准化示范场名单
　　　2. 2021 年农业农村部畜禽养殖标准化示范场复验通过名单

农业农村部办公厅
2021 年 12 月 15 日

附件 1

2021 年农业农村部畜禽养殖标准化示范场名单

序号	省份	畜种	单位名称
1	天津	生猪	天津市惠康种猪育种有限公司
2		肉羊	天津奥群牧业有限公司
3	河北	生猪	辛集市牧原农牧有限公司
4		生猪	丰宁满族自治县丰鑫实业有限公司
5		生猪	四方红（蔚县）农牧开发有限公司
6		生猪	深泽县新希望六和养殖有限公司
7		肉牛	文安县北方田园农牧发展有限公司
8		奶牛	唐山市锦程牧业有限公司
9		肉羊	河北保森畜牧有限公司
10	山西	生猪	山西大北农农牧食品有限公司
11		生猪	山西省芮城县耀升饲料有限公司（生猪养殖基地）
12		生猪	山西夏县牧原农牧有限公司（十分场）
13		生猪	临汾中慧华博农牧科技有限公司
14		生猪	山西晋裕泽农牧有限公司
15		生猪	吉县天丰生态养殖有限责任公司

序号	省份	畜种	单位名称
16	山西	肉牛	山西银河湾农牧科技开发股份有限公司
17		奶牛	天镇中地生态牧场有限公司
18		蛋鸡	太原永丰禽业股份有限公司
19	内蒙古	生猪	内蒙古乌拉特牧原农牧有限公司（一期工程二场）
20		生猪	包头德康农牧有限公司（石拐种猪场）
21		肉牛	内蒙古旭一牧业有限公司（肉牛养殖园区）
22		奶牛	内蒙古赛科星牧业有限公司
23		奶牛	呼伦贝尔优然牧业示范牧场有限责任公司
24	辽宁	肉羊	沈阳旭锦星农牧业科技有限公司
25		肉牛	辽宁厚德牧业有限公司
26		肉牛	凌源市牧兴农业开发有限公司
27		肉牛	辽宁禾兴牧业有限公司
28	吉林	生猪	中粮家佳康（吉林）有限公司（长岭第十三猪场）
29		生猪	吉林通榆牧原农牧有限公司（通榆一场）
30		生猪	吉林省腾祥牧业科技有限公司（横道河养殖基地）
31		生猪	吉林省荷风种猪繁育有限公司
32	黑龙江	生猪	铁力市金新农生态农牧有限公司
33		生猪	黑龙江大北农农牧食品有限公司肇州分公司
34		肉牛	密山市黑台镇新福肉牛养殖场
35		肉羊	甘南县牧阳肉羊养殖场
36		肉羊	甘南县鑫河肉羊养殖场
37	上海	生猪	上海恒健农牧科技有限公司
38		肉羊	上海永辉羊业有限公司
39	江苏	生猪	江苏洋宇生态农业有限公司
40		生猪	淮安众旺农牧科技有限公司（顺河养殖区）
41		肉羊	江苏乾宝牧业有限公司
42		肉羊	启东瑞鹏牧业有限公司
43		种鸡	扬州市立华畜禽有限公司（东楼种鸡场）
44		蛋鸡	泰州市仙岛农业科技有限公司
45	浙江	生猪	嘉兴嘉华牧业有限公司
46		生猪	瑞安新希望六和农牧有限公司
47		生猪	浙江宝仔农业发展有限公司
48		肉羊	天下牧业（长兴）有限公司
49		蛋鸡	浙江大夫第现代农业有限公司
50		肉鸡	杭州国升生态农业开发有限公司
51	安徽	生猪	庐江县五公山畜禽养殖有限公司

（续）

序号	省份	畜种	单位名称
52	安徽	生猪	黄山宝莱华纳生态农业开发有限公司
53		肉牛	安徽省霍山县水口寺农业有限公司
54		蛋鸡	潜山县天胜农业生态科技发展有限公司
55	福建	生猪	福建金盛养殖有限公司
56		生猪	福建省闽绿立体农业综合开发有限公司
57		生猪	永春隆兴种养殖有限责任公司
58		生猪	武夷山武夷畜牧有限公司
59		蛋鸡	福建光阳蛋业股份有限公司（渔溪蛋鸡养殖场）
60		蛋鸡	福建省创亿元农牧有限公司
61	江西	生猪	江西天麒农业综合开发有限公司
62		生猪	江西聚宝盆农牧科技有限公司
63		生猪	赣州加大农牧有限公司
64		生猪	江西铜锣坪畜牧生态发展有限公司
65		生猪	彭泽县白石山畜牧场
66		生猪	江西方盛生态农业科技有限公司
67		肉牛	抚州芗峰农牧有限公司
68		肉羊	高安市欣鑫种羊繁养有限公司
69		蛋鸡	江西石沫湖现代农业投资有限公司
70	山东	生猪	山东莘县牧原农牧有限公司（莘县一场）
71		生猪	夏津新希望六和农牧有限公司
72		生猪	莱州天普阳光农牧科技有限公司
73		生猪	邹城温氏畜牧有限公司
74		生猪	泰安汉世伟食品有限公司（黄徐庄猪场）
75		生猪	山东惠民牧原农牧有限公司（二分场）
76		生猪	菏泽宏兴原种猪繁育有限公司
77		生猪	威海华育米山养殖有限公司
78		生猪	山东大好河山农牧发展有限公司
79		生猪	东营市新好现代农牧有限公司（方家养殖场）
80		肉羊	山东赢泰农牧科技有限公司
81		肉羊	山东黄河三角洲畜产品购销有限公司（利津县盐窝镇肉羊标准化健康养殖示范基地）
82		蛋鸡	山东健袖生态科技有限公司
83		蛋鸡	青岛宝祺生态农业科技有限公司
84		肉鸡	山东集锦农业发展有限公司
85		肉鸡	山东省同泰生态农业发展有限公司
86	河南	生猪	濮阳县牧原农牧有限公司（二场）
87		生猪	鄢陵县牧原农牧有限公司（一场）

（续）

序号	省份	畜种	单位名称
88	河南	生猪	信阳市快大生态农业开发有限公司（一分场）
89		生猪	河南宋源牧业有限公司
90		生猪	漯河市德康农牧有限公司（李集种猪场）
91		生猪	虞城新航道农业科技有限公司张集种猪场
92		奶牛	平舆诚信瑞亚牧业有限公司
93		奶牛	汝州市亿鑫源牧业有限公司
94		肉羊	河南中羊牧业有限公司
95		蛋鸡	鲁山县正隆牧业发展有限公司
96		蛋鸡	南召县鑫林源高效农业有限公司
97	湖北	生猪	上海沁侬牧业科技有限公司武汉新农源生态养殖场
98		生猪	公安县牧原农牧有限公司（十一场）
99		生猪	湖北金旭农业发展股份有限公司黄冈分公司
100		生猪	恩施州绿色巨农农牧有限公司（盛家坝母猪场）
101		肉牛	潜江市白鹭春农牧业科技有限公司
102		肉羊	湖北致清和农牧有限公司
103		肉羊	钟祥市正禾农牧有限公司
104		蛋鸡	沙洋天佑生态农业有限公司（蛋鸡养殖场）
105	湖南	生猪	湖南龙华农牧发展有限公司（东冲基地）
106		生猪	湖南牛妈妈生态农业有限公司
107		生猪	涟源市良盛农业开发有限公司
108		生猪	安乡牧原农牧有限公司（第一分场）
109		生猪	长沙茂盛园农业科技开发有限公司（新中养殖场）
110		生猪	湖南科星生态农业有限公司
111		生猪	平江县普民牧业有限公司
112		生猪	湖南省扬翔龙晟农牧有限公司
113		肉牛	湖南舜天恒禾农业科技发展有限公司
114		肉羊	湖南鸿运农业科技发展有限公司
115		肉鸡	湖南湘佳牧业股份有限公司（高桥十二分场）
116	广东	生猪	始兴县优百特生态科技有限公司
117		生猪	东瑞食品集团股份有限公司致富猪场
118		生猪	云浮市万德宝养殖有限公司
119		生猪	高州市顺达猪场有限公司
120		生猪	广东一仕园农场有限公司
121		生猪	广东新好正和农牧有限公司
122		奶牛	广东燕塘乳业股份有限公司红五月良种奶牛场分公司
123		肉鸡	封开县智诚家禽育种有限公司（保种场）

（续）

序号	省份	畜种	单位名称
124	广西	生猪	南宁市双定壮美养猪有限公司
125		生猪	陆川县英平畜牧有限责任公司
126		生猪	来宾市兴宾区牧原农牧有限公司（兴宾正龙一场）
127		生猪	宁明新好农牧有限公司
128		生猪	柳城牧原农牧有限公司（柳城一场）
129		生猪	贺州新好农牧有限公司（望高种猪场）
130		生猪	广西贵港市福林龙宝生态养殖有限公司
131		肉牛	恭城县牛水厄生态养殖园
132		肉羊	广西安欣牧业有限公司（头水养殖场）
133		蛋鸡	田东钱记鲜蛋养殖有限公司
134		肉鸡	广西灵山凌丰家禽育种有限公司（双鸣谷种鸡场）
135	海南	生猪	海口牧原农牧有限公司（第三分场）
136		生猪	海南罗牛山种猪育种有限公司（大致坡猪场）
137	重庆	生猪	重庆万州德康农牧科技有限公司（柱山祖代种猪场）
138		生猪	重庆市瀚禹晨生态农业发展有限公司
139	四川	生猪	盐亭新好农牧有限公司
140		生猪	四川傲农新泽希畜牧业有限公司
141		生猪	内江德康农牧有限公司（内江猪繁育基地）
142		生猪	邛崃巨星农牧有限公司（冉义种猪场）
143		生猪	绵竹牧原农牧有限公司（绵竹一场）
144		生猪	南充市高坪温氏畜牧有限公司（马家种猪场）
145		生猪	巴中市巴山牧业股份有限公司（青峪猪第二扩繁场）
146		生猪	四川自然天成农牧有限公司
147		生猪	会东御咖牧业科技有限公司
148		生猪	遂宁金翎农牧科技有限公司
149		山羊	四川天地羊生物工程有限责任公司（施家镇信义羊场）
150		蛋鸡	宜宾山勾勾农业科技有限公司（华清养殖场）
151		兔	四川金博恒邦农业科技有限公司
152	贵州	生猪	安顺德康农牧有限公司（天马种猪场）
153		生猪	六枝特区大北农农业科技有限公司
154		生猪	赫章县仁达农业综合开发有限责任公司（申家沟柯乐猪繁育场）
155		生猪	贵定县佳阳发展投资有限公司
156		肉牛	贵州凤冈县和记农业发展有限公司
157	云南	生猪	祥云大有林牧有限公司（核心种猪场）
158		生猪	云南昌农农牧食品有限公司
159		生猪	弥勒温氏畜牧有限公司

（续）

序号	省份	畜种	单位名称
160	云南	生猪	师宗温氏畜牧有限公司（大同种猪场）
161		生猪	丽江铭记高生物开发有限公司
162		生猪	峨山德康农牧有限公司（峨山猪场）
163		生猪	云南迈康兴农牧科技发展有限公司
164		肉牛	腾冲恒益东山农业开发有限公司
165	西藏	肉羊	日喀则市百亚成农牧产品加工有限公司
166		生猪	西藏沃野藏猪开发有限公司（工布江达县藏猪遗传资源保护场）
167	陕西	生猪	礼泉正能农牧科技有限公司
168		生猪	陕西省安康市秦阳晨原种猪有限公司
169		生猪	柞水明月生态养殖有限公司
170		生猪	大荔牧原农牧有限公司（十二场）
171		肉牛	陕西意发生态农牧发展有限公司
172		肉羊	神木市长青健康农产业发展有限公司
173		蛋鸡	陕西得康生态农业科技有限公司（蛋鸡养殖场）
174	甘肃	肉牛	甘肃共裕高新农牧科技开发有限公司
175		奶牛	甘肃农垦天牧乳业有限公司
176		奶牛	甘肃安贝源乳业有限公司
177		肉羊	甘肃庆环肉羊制种有限公司
178		肉羊	兰州鑫源现代农业科技开发有限公司
179	青海	生猪	青海福源农牧科技有限责任公司
180		肉牛	门源县永旺绿色肉牛示范基地专业合作社
181		肉羊	青海沃谷庄园农牧科技有限公司
182	宁夏	奶牛	宁夏骏华月牙湖农牧科技股份有限公司
183		肉牛	宁夏乐牧高仁农业开发有限公司
184		肉羊	红寺堡区天源良种羊繁育养殖有限公司
185		生猪	宁夏海通达实业有限公司
186	新疆	生猪	乌什县兴疆牧歌养殖有限公司
187		生猪	新疆羌都畜牧科技有限公司
188		肉牛	新疆刀郎阳光农牧科技股份有限公司
189		奶牛	新疆豪子畜牧有限公司（豪子养殖场）
190		肉羊	新疆领头羊种畜繁育工程有限公司
191		蛋鸡	伊宁向新禽业有限责任公司伊宁市蛋鸡养殖分公司
192	新疆生产建设兵团	生猪	新疆羌都米兰猪业有限公司
193		肉牛	可克达拉市洪海牧业有限公司

附件 2

2021 年农业农村部畜禽养殖标准化示范场复验通过名单

序号	省份	畜种	单位名称
1	天津	生猪	天津市宁河原种猪场有限责任公司
2	河北	生猪	中粮家佳康（张北）有限公司
3		生猪	河北省永清县远村畜业养殖基地
4		生猪	昌黎县天惠农业科技有限公司
5		肉牛	承德华商恒益农业开发有限公司
6		奶牛	保定双丰牧业有限公司
7		奶牛	河北首农现代农业科技有限公司
8		蛋鸡	北粮农业股份有限公司
9		蛋鸡	平山县西柏坡五丰蛋鸡养殖专业合作社
10		蛋鸡	涉县华裕家禽育种有限公司
11	山西	生猪	山西南山百世食安农牧业有限公司
12		生猪	高平市神农永兴食品有限责任公司
13		奶牛	山西仁德牧业有限责任公司
14		奶牛	大同市南郊区四方高科农牧有限公司
15		蛋鸡	山西晋龙养殖股份有限公司
16	内蒙古	奶牛	内蒙古富源牧业（托县）有限责任公司
17		肉羊	内蒙古富川养殖科技股份有限公司
18		驴	内蒙古草原同源牧业有限公司
19	辽宁	生猪	朝阳广硕牧业有限公司
20		肉鸡	丹东耘垦养殖有限公司
21		蛋鸡	沈阳华美畜禽有限公司
22	吉林	生猪	吉林省德兴探感食品有限公司
23		肉牛	延边东盛黄牛资源保种有限公司
24	江苏	生猪	连云港北欧农庄生猪养殖有限公司
25		生猪	邳州正大食品有限公司（岔河育成猪项目一场）
26		生猪	江苏高策农牧科技有限公司
27	浙江	生猪	浙江灯塔种猪有限公司
28		生猪	浙江武义绿驰农业开发有限公司
29		蛋鸡	慈溪市新浦益大养鸡场
30		蜜蜂	缙云县阿贤家庭农场
31	福建	生猪	福清市丰泽农牧科技开发有限公司
32		生猪	福建光华百斯特生态农牧发展有限公司
33		肉鸡	福建圣农发展股份有限公司（虎山垅肉鸡场）

序号	省份	畜种	单位名称
34		生猪	九江景康牧业发展有限公司
35	江西	生猪	江西加大种猪有限公司
36		生猪	江西朱美美现代农业研发中心有限公司玉舍分公司
37		蛋鸡	江西华裕家禽育种有限公司（黄泥种鸡场）
38		蛋鸡	江西东华种畜禽有限公司
39		生猪	临沂忠生良种猪扩繁有限公司
40		生猪	莱阳市新牧养殖有限公司（谭格庄养殖场） 原"烟台福祖畜牧养殖有限公司第二分公司（谭格庄养殖场）"
41		生猪	潍坊江海原种猪场
42		生猪	山东源长牧业有限公司
43		肉牛	梁山县宏育源畜牧养殖专业合作社
44	山东	奶牛	山东大地乳业有限公司
45		肉羊	临清润林牧业有限公司
46		肉鸡	沃森氏（威海）农牧发展有限公司（第二十六养殖场） 原"福喜（威海）农牧发展有限公司（第二十六养殖场）"
47		肉鸡	山东佳盈食品有限公司（级索养殖场）
48		肉鸡	青岛广河农牧科技有限公司
49		蛋鸡	济南安普瑞禽业科技有限公司
50		生猪	长葛市昌汇养殖有限公司
51		生猪	西华牧原农牧有限公司（第六分场）
52		生猪	栾川青城山生态养殖园有限责任公司
53		生猪	河南天康宏展农牧科技有限公司
54	河南	生猪	太康牧原农牧有限公司（七场）
55		生猪	河南恒旺盛源农牧股份有限公司 原"方城县恒旺牧业有限公司"
56		奶牛	河南花花牛畜牧科技有限公司
57		奶牛	新蔡瑞亚牧业有限公司
58		生猪	咸宁市神童牧业有限责任公司
59	湖北	生猪	湖北奥登农牧科技有限公司
60		生猪	湖北省正嘉原种猪场有限公司鄂州原种猪场
61		肉牛	湖北丰联佳沃农业开发有限公司
62	湖南	生猪	新湘农生态科技有限公司
63	广东	生猪	龙川东瑞农牧发展有限公司
64		生猪	广西泰然生态农业有限公司
65	广西	生猪	广西扬翔农牧有限责任公司大岭种猪场
66		肉鸡	广西鸿光农牧有限公司木坪鸡场
67	重庆	生猪	重庆永安畜牧开发有限公司

（续）

序号	省份	畜种	单位名称
68	四川	生猪	成都旺江农牧科技有限公司（牟礼养殖基地）
69		生猪	四川省眉山万家好种猪繁育有限公司（松江种猪场）
70		奶牛	四川新希望华西牧业有限公司（青白江牧场）
71		蛋鸡	四川圣迪乐村生态食品股份有限公司（石河场）
72	云南	生猪	云南百草地大河乌猪良种繁育有限公司
73		蛋鸡	怒江晨晨农业开发有限公司
74	陕西	生猪	陕西顺鑫种猪选有限公司
75		奶牛	现代牧业（宝鸡）有限公司
76	甘肃	肉牛	张掖市万禾草畜产业科技开发有限责任公司
77	宁夏	奶牛	宁夏汇丰源牧业股份有限公司
78	新疆	肉羊	阿克苏地区天山肉用种羊有限责任公司

关于公布第一批全国种植业"三品一标"基地的通知

为贯彻落实中央农村工作会议要求和中央 1 号文件部署，扎实推进农业生产"三品一标"提升行动，推动种植业高质量发展，在各地申报推荐的基础上，经专家审核，认定北京市顺义区龙湾屯镇果蔬"三品一标"基地等 100 个基地为第一批全国种植业"三品一标"基地，现予以公布。

各级农业农村部门要聚焦"品种培优、品质提升、品牌打造和标准化生产"，进一步开拓思路、多措并举，强化协调推动、创新驱动、主体带动、市场拉动、政策促动，加快推进种植业"三品一标"行动，引领种植业全面绿色转型，提升产业质量效益和竞争力。

附件：第一批全国种植业"三品一标"基地名单

农业农村部办公厅

2021 年 12 月 20 日

附件

第一批全国种植业"三品一标"基地名单

北京市顺义区龙湾屯镇果蔬"三品一标"基地

北京市大兴区长子营镇蔬菜"三品一标"基地

北京市延庆区康庄镇蔬菜"三品一标"基地

天津市西青区王稳庄镇水稻（小站稻）"三品一标"基地

天津市蓟州区桑梓镇西瓜"三品一标"基地

天津市武清区南蔡村镇口感番茄"三品一标"基地

河北省武安市北安乡谷子"三品一标"基地

河北省内丘县侯家庄乡苹果"三品一标"基地

河北省保定市清苑区东闾乡西瓜"三品一标"基地

山西省平顺县青羊镇等潞党参"三品一标"基地

山西省万荣县贾村乡苹果"三品一标"基地

山西省芮城县东垆乡小麦"三品一标"基地

内蒙古自治区四子王旗东八号乡马铃薯"三品一标"基地

内蒙古自治区兴安盟扎赉特旗好力保镇水稻"三品一标"基地

内蒙古自治区五原县胜丰镇灯笼红香瓜"三品一标"基地

辽宁省盘锦市大洼区西安镇水稻"三品一标"基地

辽宁省东港市椅圈镇草莓"三品一标"基地

辽宁省兴城市红崖子镇花生"三品一标"基地

吉林省德惠市岔路口镇水稻"三品一标"基地

吉林省伊通满族自治县伊通镇水稻"三品一标"基地

吉林省通化县光华镇蓝莓"三品一标"基地

黑龙江省穆棱市八面通镇等大豆"三品一标"基地

黑龙江省林口县莲花镇黄芪"三品一标"基地

黑龙江省宾县永和乡蔬菜"三品一标"基地

上海市崇明区陈家镇水稻"三品一标"基地

上海市松江区泖港镇水稻"三品一标"基地

上海市嘉定区外冈镇水稻"三品一标"基地

江苏省射阳县海河镇绿色优质水稻"三品一标"基地

江苏省邳州市宿羊山镇大蒜"三品一标"基地

江苏省东台市三仓镇西瓜"三品一标"基地

浙江省松阳县新兴镇茶叶"三品一标"基地

浙江省临海市涌泉镇柑桔"三品一标"基地

浙江省武义县壶山街道茶叶"三品一标"基地

安徽省当涂县护河镇等油菜"三品一标"基地

安徽省涡阳县龙山镇等硬质小麦"三品一标"基地

安徽省旌德县云乐镇等灵芝"三品一标"基地

福建省晋江市安海镇等晋江胡萝卜"三品一标"基地

福建省安溪县西坪镇安溪铁观音"三品一标"基地

福建省福鼎市磻溪镇福鼎白茶"三品一标"基地

福建省宁化县河龙乡河龙贡米"三品一标"基地

江西省永丰县佐龙乡辣椒"三品一标"基地

江西省信丰县安西镇脐橙"三品一标"基地

江西省奉新县会埠镇水稻"三品一标"基地

山东省寿光市稻田镇蔬菜"三品一标"基地

山东省烟台市蓬莱区刘家沟镇苹果"三品一标"基地

山东省山亭区水泉镇樱桃"三品一标"基地

河南省延津县榆林乡等优质专用小麦"三品一标"基地

河南省正阳县熊寨镇等花生"三品一标"基地

河南省陕州区张汴乡苹果"三品一标"基地

河南省扶沟县城郊乡等蔬菜"三品一标"基地

湖北省京山市孙桥镇水稻"三品一标"基地

湖北省宜昌市夷陵区鸦鹊岭镇柑桔"三品一标"基地

湖北省荆门市掇刀区团林铺镇高油酸油菜"三品一标"基地

湖南省宜章县长村乡脐橙"三品一标"基地

湖南省衡阳县台源镇油菜"三品一标"基地

湖南省汉寿县辰阳街道蔬菜"三品一标"基地

广东省英德市横石塘镇茶叶"三品一标"基地

广东省云浮市云城区前锋镇崖楼村南药"三品一标"基地

广东省仁化县黄坑镇等贡柑"三品一标"基地

广西壮族自治区来宾市兴宾区凤凰镇甘蔗"三品一标"基地

广西壮族自治区藤县和平镇粉葛"三品一标"基地

广西壮族自治区河池市宜州区德胜镇桑蚕"三品一标"基地

海南省三亚市崖州区芒果"三品一标"基地

海南省乐东县九所镇火龙果"三品一标"基地

海南省海口市琼山区三门坡镇荔枝"三品一标"基地

重庆市大足区三驱镇油菜"三品一标"基地

重庆市南川区福寿镇水稻"三品一标"基地

重庆市石柱县黄水镇黄连"三品一标"基地

重庆市云阳县双龙镇柑橘"三品一标"基地

四川省宜宾市翠屏区金秋湖镇等茶叶"三品一标"基地

四川省彭州市濛阳街道蔬菜"三品一标"基地

四川省大竹县月华镇糯稻"三品一标"基地

贵州省遵义市新蒲新区永乐镇等辣椒"三品一标"基地

贵州省长顺县长寨街道等油菜"三品一标"基地

贵州省遵义市播州区团溪镇等水稻"三品一标"基地

贵州省仁怀市长岗镇等有机高粱"三品一标"基地

云南省陆良县活水乡等蔬菜"三品一标"基地

云南省普洱市思茅区倚象镇茶叶"三品一标"基地

云南省大理市凤仪镇有机大米"三品一标"基地

西藏自治区加查县安绕镇等核桃"三品一标"基地

西藏自治区隆子县热荣乡等黑青稞"三品一标"基地

西藏自治区芒康县纳西民族乡等葡萄"三品一标"基地

陕西省西安市阎良区关山街道办甜瓜"三品一标"基地

陕西省岚皋县城关镇等魔芋"三品一标"基地

陕西省太白县咀头镇等高山蔬菜"三品一标"基地

甘肃省静宁县余湾乡苹果"三品一标"基地

甘肃省定西市安定区香泉镇等马铃薯"三品一标"基地

甘肃省瓜州县西湖镇等棉花"三品一标"基地

青海省西宁市湟中区多巴镇马铃薯绿色食品"三品一标"基地

青海省共和县塘格木镇青稞良种"三品一标"基地

青海省西宁市湟中区拦隆口镇绿色食品"三品一标"基地

宁夏回族自治区海原县海城镇小杂粮"三品一标"基地

宁夏回族自治区灵武市郝家桥镇夏能蜜瓜"三品一标"基地

宁夏回族自治区贺兰县立岗镇有机蔬菜"三品一标"基地

新疆维吾尔自治区裕民县江格斯乡红花"三品一标"基地

新疆维吾尔自治区焉耆县五号渠乡等富硒小麦"三品一标"基地

新疆维吾尔自治区阿瓦提县塔木托格拉克镇长绒棉"三品一标"基地

新疆生产建设兵团第六师 103 团绿色无公害哈密瓜"三品一标"基地

新疆生产建设兵团第五师 81 团葡萄"三品一标"基地

新疆生产建设兵团第三师 48 团红枣"三品一标"基地

关于公布全国第六批率先基本实现主要农作物生产全程机械化示范县（市、区）名单的通知

各省、自治区、直辖市及计划单列市农业农村（农牧）厅（局、委），新疆生产建设兵团农业农村局，北大荒农垦集团有限公司：

为贯彻落实《中华人民共和国国民经济和社会发展第十四个五年规划和 2035 年远景目标纲要》对农业机械化发展有关部署和《国务院关于加快推进农业机械化和农机装备产业转型升级的指导意见》（国发〔2018〕42 号）有关要求，2021 年我部组织开展了第六批主要农作物生产全程机械化示范县申报评价活动。在各地择优申报、省级初评推荐的基础上，经组织专家审核复评、现场抽查和网上公示，决定认定天津市蓟州区等 144 个县（市、区）为全国第六批率先基本实现主要农作物生产全程机械化示范县（市、区），现予以公布。2021 年，辽宁省朝阳市，吉林省吉林市、松原市、白城市，黑龙江省哈尔滨市、齐齐哈尔市、黑河市，江苏省常州市、徐州市，安徽省宿州市，山东省东营市、潍坊市、泰安市、德州市，河南省漯河市、商丘市，湖北省荆州市，宁夏回族自治区石嘴山市和新疆维吾尔自治区伊犁哈萨克自治州等 19 个设区市（自治州）已整建制率先基本实现主要农作物生产全程机械化。

各级农业农村部门要积极推进主要农作物生产全程机械化发展，继续加大示范县（市、区）政策支持力度，及时总结宣传示范创建经验和典型案例，为全国农业机械化发展转型升级积累经验。各示范县（市、区）要再接再厉，持续有效地发挥标杆引领作用，率先向全面机械化拓展，向高质高效机械化升级，为全面推进乡村振兴、加快农业农村现代化作出新的更大贡献。

附件：全国第六批率先基本实现主要农作物生产全程机械化示范县（市、区）名单

农业农村部办公厅

2021 年 12 月 22 日

附件

全国第六批率先基本实现主要农作物生产全程机械化示范县（市、区）名单

天津市	蓟州区、宁河区、西青区、滨海新区
河北省	文安县、三河市、新乐市、滦南县、遵化市、邯郸市永年区、威县、隆尧县、沙河市、曲阳县、阜城县、盐山县、青县、泊头市、围场满族蒙古族自治县、昌黎县
山西省	洪洞县、祁县、山阴县、垣曲县、平陆县、高平市、繁峙县
内蒙古自治区	商都县、阿拉善左旗
辽宁省	凌海市、阜新蒙古族自治县
吉林省	通榆县
黑龙江省	齐齐哈尔市梅里斯达斡尔族区、东宁市、穆棱市、肇源县、望奎县、大兴安岭地区加格达奇区、漠河市
江苏省	无锡市锡山区、新沂市、淮安市淮安区、南通市通州区、苏州市吴江区、泰州市高港区、镇江市丹徒区、徐州市贾汪区、涟水县、淮安市淮阴区、丰县、兴化市、淮安市清江浦区、南通市海门区、南京市高淳区、泰州市海陵区、盱眙县、启东市

浙江省	杭州市萧山区、长兴县、武义县、缙云县
安徽省	滁州市南谯区、明光市、芜湖市湾沚区、广德市、砀山县、阜阳市颍东区
福建省	三明市沙县区、宁化县、武平县、南平市建阳区
江西省	丰城市、吉安市青原区、鹰潭市余江区、樟树市
山东省	济南市济阳区、龙口市、烟台市蓬莱区、潍坊市坊子区、宁阳县、兰陵县、禹城市、冠县、阳谷县、郓城县
河南省	新郑市、永城市、南召县、淇县、鄢陵县、沈丘县、范县、淅川县、叶县、虞城县、南阳市宛城区、郏县、温县、安阳市殷都区、南阳市卧龙区、许昌市建安区、夏邑县
湖北省	武汉市黄陂区、应城市、大冶市、荆州市荆州区、阳新县、利川市、蕲春县
湖南省	安仁县、衡山县、醴陵市、桃源县
广东省	开平市
广西壮族自治区	南宁市武鸣区、崇左市江州区、桂平市、博白县、全州县
海南省	海口市琼山区
重庆市	梁平区
四川省	彭州市
陕西省	乾县、扶风县
甘肃省	高台县、崇信县、镇原县、华池县、庆城县
新疆维吾尔自治区	巩留县、塔城市、奇台县、阿瓦提县、博乐市、阜康市、岳普湖县
新疆生产建设兵团	第一师阿拉尔市七团、第二师三十四团、第六师芳草湖农场
北大荒农垦集团有限公司	七星分公司、建设农场、红卫农场有限公司、嫩北农场有限公司、江川农场

关于公布第七批农业产业化国家重点龙头企业名单的通知

各省、自治区、直辖市及计划单列市农业农村（农牧）厅（局、委）、发展改革委、商务厅（委、局）、供销合作社，新疆生产建设兵团农业农村局、发展改革委、商务局、供销合作社，中国人民银行上海总部、各分行、营业管理部、各省会（首府）城市中心支行，国家税务总局各省、自治区、直辖市和计划单列市税务局，中国证监会各派出机构：

根据《农业农村部办公厅关于开展第七批农业产业化国家重点龙头企业申报工作的通知》（农办产〔2021〕5号）要求和《农业产业化国家重点龙头企业认定和运行监测管理办法》（农经发〔2018〕1号）规定，农业农村部会同国家发展改革委、商务部、中国人民银行、国家税务总局、中国证券监督管理委员会、中华全国供销合作总社，组织开展了第七批农业产业化国家重点龙头企业认定工作。经各省（区、市）遴选推荐、农业农村部组织专家评审、全国农业产业化联席会议审议、公示，决定认定北京臻味坊食品有限公司等412家企业为农业产业化国家重点龙头企业，有效期到2024年监测结果公布前。

希望新认定的国家重点龙头企业珍惜荣誉、奋勇当先，强化科技创新，提升技术装备水平，引领标准化生产，推行绿色生产方式，促进产业转型升级发展；立足优势特色资源，拓展乡村多种功能，构建农业全产业链，推进农村一二三产业融合发展；完善联农带农机制，带动农民就业增收，让农民更多分享产业增值收益，在巩固拓展脱贫攻坚成果、全面推进乡村振兴、实现农业农村现代化过程中发挥示范引领作用。

各级各有关部门要认真贯彻落实习近平总书记关于产业振兴是乡村振兴的重中之重的重要指示精神，着眼乡村产业高质量发展大局，将培育壮大龙头企业队伍作为有力抓手，进一步完善扶持政策、加大支持力度、强化指导服务，为全面推进乡村振兴、加快农业农村现代化作出新的更大贡献。

附件：第七批农业产业化国家重点龙头企业名单

农业农村部　国家发展改革委　商务部
中国人民银行　国家税务总局
中国证券监督管理委员会　中华全国供销合作总社
2021年12月22日

附件：

第七批农业产业化国家重点龙头企业名单

北京臻味坊食品有限公司	河北新希望天香乳业有限公司
北京中农富通园艺有限公司	河北方田饲料有限公司
北京沃德辰龙生物科技股份有限公司	河北巡天农业科技有限公司
天津食品集团有限公司	承德亚欧果仁有限公司
天津港强集团有限公司	昌黎佳朋商贸集团有限公司
天津瑞普生物技术股份有限公司	唐山鼎晨食品有限公司
天津碧城农产品批发市场	唐山广野食品集团有限公司
益海（石家庄）粮油工业有限公司	廊坊利珠粮油食品有限公司
石家庄洛杉奇食品有限公司	沧州市华海顺达粮油调料有限公司
河北兴柏农业科技有限公司	唇动食品有限公司
河北玖兴农牧发展有限公司	河北喜和圣面业有限公司

根力多生物科技股份有限公司

华兴宠物食品有限公司

河北美临多维粮油贸易有限公司

河北康远清真食品股份有限公司

河北鼎康粮油有限公司

山西沁州黄小米（集团）有限公司

沁水县恒泰农牧科技有限公司

太原市鸿新农产品有限公司

山西广誉远国药有限公司

山西琪尔康翅果生物制品有限公司

山西长荣农业科技股份有限公司

山西郭氏食品工业有限公司

锡林郭勒盟羊羊牧业股份有限公司

内蒙古李牛牛食品科技股份有限公司

内蒙古阴山优麦食品有限公司

内蒙古安达牧业有限公司

内蒙古玉王生物科技有限公司

林西县恒丰粮油加工有限责任公司

五原县大丰粮油食品有限责任公司

内蒙古燕谷坊生态农业科技（集团）股份有限公司

内蒙古赛诺种羊科技有限公司

内蒙古奈曼牧原农牧有限公司

内蒙古蒙清农业科技开发有限责任公司

锡林郭勒盟威远畜产品有限责任公司

内蒙古正大食品有限公司

辽宁千喜鹤食品有限公司

丹东零点食品有限公司

大连雨丰食品有限公司

辽宁仁泰食品集团有限公司

行天健药业集团有限公司

沈阳德氏企业集团有限公司

大连天正实业有限公司

营口瑞丰科技有限公司

大连金砣水产食品有限公司

沈阳波音饲料有限公司

辽宁格兰生态农业开发有限公司

营口供销农产品物流有限公司

吉林通榆牧原农牧有限公司

中钢新元现代农业科技（吉林）有限公司

吉林省铠绎农牧业发展有限公司

磐石市众合食品有限公司

吉林省参威人参产品科技股份有限公司

松原敬亿农副产品批发市场有限公司

珲春华瑞参业生物工程股份有限公司

佐丹力健康产业集团（吉林）有限公司

长春奢爱农业科技发展有限公司

黑龙江象屿农业物产有限公司

黑龙江新和成生物科技有限公司

北大荒垦丰种业股份有限公司

九三食品股份有限公司

七台河万通内陆港综合物流有限公司

中粮建三江米业有限公司

中粮米业（虎林）有限公司

杜尔伯特伊利乳业有限责任公司

中粮米业（绥化）有限公司

五常市彩桥米业有限公司

巴彦万润肉类加工有限公司

依安东方瑞雪糖业有限责任公司

黑龙江省博林鑫农业集团有限责任公司

黑龙江春华秋实粮油有限公司

方正县盛军米业有限公司

黑龙江省五常金禾米业有限责任公司

东方集团肇源米业有限公司

上海老杜农业发展股份有限公司

上海农好饲料股份有限公司

南京金色庄园农产品有限公司

南京樱桃鸭业有限公司

无锡市博大竹木业有限公司

宜兴市百粮农业有限公司

徐州市张场米业有限公司

江苏鑫瑞源食品有限公司

江苏南顺食品有限公司

苏州健飞肠衣有限公司

苏州市南环桥市场发展股份有限公司

江苏天成科技集团有限公司

连云港银丰食用菌科技有限公司

江苏百斯特鲜食有限公司

江苏射阳大米集团有限公司

江苏乾宝牧业有限公司

扬州市宏大饲料有限公司

江苏包天下食品有限公司

江苏万家福米业有限公司

江苏光明天成米业有限公司

江苏绿港现代农业发展股份有限公司

江苏锦家农业发展有限公司

金太阳粮油股份有限公司

江苏中江种业股份有限公司

杭州宏盛粮油贸易有限公司

宁波梁桥米业有限公司

百川生物科技有限公司

老娘舅餐饮股份有限公司

嘉兴市真真老老食品有限公司

金华金字火腿有限公司	江西南安板鸭有限公司
浙江寿仙谷医药股份有限公司	江西兴安种业有限公司
浙江茗皇天然食品开发股份有限公司	南昌苗旺实业有限公司
天蓬集团有限公司	江西普正制药股份有限公司
中国水产舟山海洋渔业有限公司	江西御华轩实业有限公司
浙江天和水产股份有限公司	江西省绿能农业发展有限公司
浙江浙南茶叶市场有限公司	高安市盛发粮油有限公司
安徽老乡鸡餐饮股份有限公司	江西鹏辉高科粮业有限公司
安徽神华肉制品有限公司	江西省小才子食品集团有限公司
安徽黑娃食品科技有限公司	贵溪市金土地农业发展有限公司
华佗国药股份有限公司	江西樟树天齐堂中药饮片有限公司
宿州市东大木业有限公司	九江市彭泽县宏兴油脂有限公司
安徽省新联禽业股份有限公司	江西金土地食品集团股份有限公司
蚌埠市兄弟粮油食品科技有限公司	山东亚太中慧集团有限公司
安徽瓦大现代农业科技有限公司	滨州中裕食品有限公司
凤台县国武粮油工贸有限公司	山东圣丰种业科技有限公司
全椒县华丰粮油储运有限公司	青岛易邦生物工程有限公司
大团结农业股份有限公司	山东亚奥特乳业有限公司
六安龙翔美食王禽业有限公司	山东百龙创园生物科技股份有限公司
安徽华安食品有限公司	山东福牌阿胶股份有限公司
安徽蓝田农业集团有限公司	山东兴泉油脂有限公司
安徽宁清茶业有限公司	商都恒昌有限公司
安徽安泰农业开发有限责任公司	栖霞德丰食品有限公司
铜陵白姜发展有限责任公司	山东蓝海生态农业有限公司
安徽鸿叶集团有限公司	山东邦基科技股份有限公司
安徽德琳环保发展（集团）有限公司	山东福藤食品有限公司
黄山小罐茶业有限公司	中粮山萃花生制品（威海）有限公司
黄山市歙县薇薇茶业有限公司	山东东阿绿佳食品开发有限公司
六妙白茶股份有限公司	莒县海通茧丝绸有限公司
福建容益菌业科技研发有限公司	诸城东晓生物科技有限公司
福建傲农生物科技集团股份有限公司	阳信亿利源清真肉类有限公司
福建长富乳品有限公司	临清德能金玉米生物有限公司
名佑（福建）食品有限公司	沂水大地玉米开发有限公司
福建龙岩闽雄生物科技股份有限公司	山东郓城华宝食品有限公司
福建升隆食品有限公司	山东和美华集团有限公司
连城县福农食品有限公司	海阳市鼎立种鸡有限责任公司
龙竹科技集团股份有限公司	河南金沃野农业发展有限公司
福建省深沪湾海洋科技有限公司	汝阳杜康酿酒有限公司
石狮市华宝明祥食品有限公司	鲁山县正隆牧业发展有限公司
长乐聚泉食品有限公司	益海嘉里（安阳）食品工业有限公司
福建闽威实业股份有限公司	河南鑫洋实业有限责任公司
福建钦龙食品有限公司	河南九豫全食品有限公司
甘源食品股份有限公司	河南米多奇食品有限公司
全南现代牧业有限公司	孟州市华兴有限责任公司
抚州民生农业科技有限公司	大咖国际食品有限公司
江西齐云山食品有限公司	河南省家家宜米业有限公司

河南兆丰农垦集团有限公司
漯河市平平食品有限责任公司
灵宝市高山天然果品有限责任公司
南阳月季基地
商丘金平安面业有限公司
河南神人助粮油有限公司
息县宏升粮食制品有限责任公司
河南赛山悟道生态茶业科技有限公司
春泉园林股份有限公司
河南三利食品有限公司
河南今三麦食品有限公司
河南邓农食品股份有限公司
河南麦客多食品有限公司
河南省济源市济世药业有限公司
河南银发牧业有限公司
益海嘉里（武汉）粮油工业有限公司
武汉回盛生物科技股份有限公司
湖北一致魔芋生物科技股份有限公司
湖北联海食品集团有限公司
湖北晨科农牧集团股份有限公司
湖北供销中和农产品市场集团有限公司
湖北小胡鸭食品有限责任公司
湖北京和米业有限公司
湖北丰庆源粮油集团有限公司
品源（随州）现代农业发展有限公司
湖北民大农牧发展有限公司
武汉宏农农牧有限公司
湖北虾乡食品股份有限公司
湖北富农食品工业园有限公司
天门市鑫天农业发展有限公司
湖北楚丰泉源农业股份有限公司
宣恩县伍台昌臣茶业有限公司
湖北省石花酿酒股份有限公司
湖北博奥食品股份有限公司
湖北联创食品有限公司
湖南洞庭春米业有限公司
衡阳市金雁粮食购销有限公司
佳和农牧股份有限公司
湖南鑫广安农牧股份有限公司
湖南德农牧业集团有限公司
辣妹子食品股份有限公司
湖南海日食品有限公司
湖南插旗菜业有限公司
劲仔食品集团股份有限公司
益阳味芝元食品有限公司
湖南绿叶水果有限公司

张家界绿航果业有限公司
补天健康产业控股集团有限公司
湖南省天宏药业有限公司
怀化市恒裕竹木开发有限公司
湖南桃花江竹材科技股份有限公司
湖南惠生农业科技开发股份有限公司
益阳世林食品有限公司
湖南湘纯农业科技有限公司
湖南神农国油生态农业发展有限公司
乐禾食品集团股份有限公司
广州黄沙水产交易市场有限公司
侨益物流股份有限公司
深圳市澳华集团股份有限公司
深圳市金新农科技股份有限公司
深圳百果园实业（集团）股份有限公司
广东乡意浓农业科技有限公司
海霸王（汕头）食品有限公司
佛山市海天调味食品股份有限公司
广东甘竹罐头有限公司
广东融和生态农业集团有限公司
惠东县伦信农业有限公司
东莞市永益食品有限公司
广东荣业食品有限公司
广东嘉士利食品集团有限公司
广东厨邦食品有限公司
广东恒兴集团有限公司
广东粤佳饲料有限公司
广东环球水产食品有限公司
广东天禾农资股份有限公司
广西立腾农牧发展有限公司
广西商大科技股份有限公司
广西新柳邕农产品批发市场有限公司
桂林吉福思罗汉果股份有限公司
广西梧州茶厂有限公司
广西梧州甜蜜家蜂业有限公司
广西神龙王农牧食品集团有限公司
广西祝氏农牧有限责任公司
广西鸿光农牧有限公司
凌云县宏鑫茶业有限公司
广西华泰药业有限公司
海南达川食品有限公司
重庆奇爽实业（集团）有限公司
重庆陶然居饮食文化（集团）股份有限公司
重庆德佳肉类科技发展有限公司
重庆饭遭殃食品有限公司
重庆三峡云海药业股份有限公司

重庆丰泽园肥业有限公司　　　　　　　　云南大天种业有限公司

重庆中一种业有限公司　　　　　　　　　元谋县蔬菜有限责任公司

重庆市树上鲜食品（集团）有限公司　　　元谋县果然好农业科技有限公司

凯欣粮油有限公司　　　　　　　　　　　云南云秀花卉有限公司

重庆特珍食品有限公司　　　　　　　　　云南云蓝蓝莓科技开发有限公司

四川雪宝乳业集团有限公司　　　　　　　红河佳裕农业科技有限公司

中丝天成（攀枝花）丝绸有限公司　　　　云南吉成园林科技股份有限公司

四川省遂宁市南大食品有限公司　　　　　云南谷多农牧业有限公司

四川百岛湖生态农业开发有限公司　　　　宾川县云福农副产品加工有限责任公司

四川尚好茶业有限公司　　　　　　　　　勐海陈升茶业有限公司

四川省百岳茶业有限公司　　　　　　　　蔓莓（西双版纳）果莓种植有限公司

宜宾市申酉辰明威农业发展有限公司　　　晨光生物科技集团腾冲有限公司

自贡市春兰茶业有限公司　　　　　　　　丽江华坪金芒果生态开发有限公司

绵阳辉达粮油有限公司　　　　　　　　　迪庆州香格里拉龙峰生物科技开发有限公司

甘孜县康巴拉绿色食品有限公司　　　　　西藏圣信工贸有限公司

四川省川南酿造有限公司　　　　　　　　西藏日喀则市纳尔扶贫综合开发有限责任公司

四川五丰黎红食品有限公司　　　　　　　林芝银丰农牧科技有限公司

四川唯怡饮料食品有限公司　　　　　　　西藏年河乳业有限公司

中粮（成都）粮油工业有限公司　　　　　西藏阳光庄园农牧资源开发有限公司

四川岚晟生物科技股份有限公司　　　　　陕西秦龙乳业集团有限公司

四川郎酒股份有限公司　　　　　　　　　白水县润泉现代农业科技开发有限公司

四川欧阳农业集团有限公司　　　　　　　陕西红星软香酥食品集团有限责任公司

四川金四方果业有限责任公司　　　　　　陕西石羊农业科技股份有限公司

四川远鸿小角楼酒业有限公司　　　　　　洛川美域高生物科技有限责任公司

昭觉县虹谷拉达农业开发有限公司　　　　陕西华西牧业有限责任公司

四川饭扫光食品集团股份有限公司　　　　陕西汉晶粮油股份有限公司

贵阳市农业农垦投资发展集团有限公司　　陕西省紫阳县和平茶厂有限公司

贵州中科易农科技集团有限公司　　　　　丹凤县华茂牧业科技发展有限责任公司

贵州首杨企业管理有限公司　　　　　　　陕西富强宏图牧业有限公司

贵州贵旺生物科技有限公司　　　　　　　陕西果业科技集团有限公司

贵州卓豪农业科技股份有限公司　　　　　甘肃品高食品有限公司

贵州阳春白雪茶业有限公司　　　　　　　甘肃祁连牧歌实业有限公司

贵州初好农业科技开发有限公司　　　　　甘肃凯凯农业科技发展股份有限公司

贵州南山婆食品加工有限公司　　　　　　兰州鑫源现代农业科技开发有限公司

贵州秀辣天下农业有限公司　　　　　　　甘肃元生农牧科技有限公司

中禾恒瑞（贵州）有限公司　　　　　　　金昌市源达农副果品有限责任公司

贵州高原蓝梦菇业科技有限公司　　　　　瓜州县立林生态农业科技开发有限责任公司

贵州省梵天菌业有限公司　　　　　　　　甘肃康源现代农业有限公司

贵州省三穗县兴绿洲农业发展有限公司　　甘肃美娅泛农产业技术有限责任公司

贵州金晨农产品开发有限责任公司　　　　甘肃贡禾食品有限责任公司

普安县宏鑫茶业开发有限公司　　　　　　青海新丁香粮油有限责任公司

昆明国际花卉拍卖交易中心有限公司　　　青海大宋农业科技股份有限公司

云南凯普农业投资有限公司　　　　　　　青海夏华清真肉食品有限公司

云南芸岭鲜生农业发展有限公司　　　　　青海祁连亿达畜产肉食品有限公司

云南永孜堂制药有限公司　　　　　　　　宁夏农垦贺兰山奶业有限公司

云南云淀淀粉有限公司　　　　　　　　　宁夏塞外香食品有限公司

宁夏小任果业发展有限公司

宁夏全通枸杞供应链管理股份有限公司

伊犁康寿食品科技有限公司

塔城市利凯商贸有限公司

新疆笑厨食品有限公司

新疆岐峰农副产品交易市场（有限公司）

新疆阜丰生物科技有限公司

克拉玛依绿成农业开发有限责任公司

新疆博圣酒业酿造有限责任公司

新疆惠森生物技术有限公司

新疆鸿泰种业科技有限公司

新疆金丰源种业股份有限公司

新疆天玉种业有限责任公司

喀什新粤纺织有限公司

晨光生物科技集团莎车有限公司

新疆昆仑绿源农业科技发展（集团）有限责任公司

新疆刀郎阳光农牧科技股份有限公司

喀什奥都糖业有限公司

新疆惠泽食品有限责任公司

可克达拉市创锦牧业有限公司

阿拉尔新农乳业有限责任公司

新疆金兰植物蛋白有限公司

关于公布第一批国家级动物疫病净化场名单的通知

各省、自治区、直辖市农业农村（农牧）、畜牧兽医厅（局、委），新疆生产建设兵团农业农村局：

为贯彻落实《中华人民共和国动物防疫法》《农业农村部关于推进动物疫病净化工作的意见》（农牧发〔2021〕29 号）要求，我部组织开展了 2021 年动物疫病净化场建设活动。经养殖场自愿申请、省级评估推荐、部级专家评审，现确定北京等 23 个省份的 55 个养殖场为第一批国家级动物疫病净化场。请各地按要求做好国家级动物疫病净化场管理，强化监管和指导，不断提升养殖环节生物安全水平。

附件：第一批国家级动物疫病净化场名单

农业农村部办公厅

2021 年 12 月 24 日

附件

第一批国家级动物疫病净化场名单

序号	省份	国家级净化场名称	养殖场名称	养殖场地址
1	北京	国家级猪伪狂犬病净化场	北京六马科技股份有限公司	北京市顺义区大孙各庄镇后陆马村
2		国家级猪伪狂犬病净化场	北京中育种猪有限责任公司原种猪场	北京市昌平区南口镇南阳公路西侧
3		国家级禽白血病净化场	北京中农榜样蛋鸡育种有限责任公司	北京市延庆区沈家营镇东王化营村北
4		国家级禽白血病净化场	北京市华都峪口家禽育种有限公司	北京市平谷区峪口镇东凡各庄村茶棚沟 1 号
5		国家级牛布鲁氏菌病净化场 国家级牛结核病净化场	北京首农畜牧发展有限公司奶牛中心种公牛站	北京市延庆区延农北路 2 号
6	天津	国家级猪伪狂犬病净化场	天津市宁河原种猪场有限责任公司	天津市宁河区板桥镇学郝铺村
7		国家级羊布鲁氏菌病净化场	天津奥群牧业有限公司	天津大港油田团泊洼生活基地
8	河北	国家级禽白血病净化场	华裕农业科技有限公司祖代种鸡场	河北省邯郸市沙县龙虎乡南郭口村
9	山西	国家级牛布鲁氏菌病净化场 国家级牛结核病净化场	山西省畜牧遗传育种中心	山西省太原市清徐县徐沟镇丰润村南
10	内蒙古	国家级羊布鲁氏菌病净化场	内蒙古亿维白绒山羊有限责任公司	内蒙古自治区鄂尔多斯市鄂托克旗313 省道西 50 米
11		国家级羊布鲁氏菌病净化场	赤峰市罕山白绒山羊种羊场	内蒙古自治区赤峰市巴林右旗巴林桥林场
12	吉林	国家级牛市鲁氏菌病净化场 国家级牛结核病净化场	吉林省德信生物工程有限公司	吉林省白城市洮北区草原路 24 号
13	上海	国家级猪伪狂犬病净化场	上海祥欣畜禽有限公司东滩国家生猪核心育种场	上海市浦东新区通源东路 85 弄 218 号
14		国家级牛布鲁氏菌病净化场 国家级牛结核病净化场	上海希迪乳业有限公司	上海市浦东新区军港公路 800 号

（续）

序号	省份	国家级净化场名称	养殖场名称	养殖场地址
15	上海	国家级牛布鲁氏菌病净化场 国家级牛结核病净化场	上海奶牛育种中心有限公司公牛站	上海市奉贤区四海路 476 号
16		国家级羊布鲁氏菌病净化场	上海永辉羊业有限公司	上海市嘉定区安新路 968 号
17	江苏	国家级禽白血病净化场	江苏立华育种有限公司（花山场）	江苏省常州市金坛区薛埠镇东窑村
18	安徽	国家级猪伪狂犬病净化场	安徽省安泰种猪育种有限公司	安徽省合肥市肥东县包公镇高亮林场
19		国家级猪伪狂犬病净化场	福建光华百斯特生态农牧发展有限公司	福建省三明市尤溪县洋中镇洋边村
20		国家级猪伪狂犬病净化场	福建省永诚华多种猪有限公司	福建省福州市福清市东瀚镇陈庄村 127－3
21		国家级猪伪狂犬病净化场	福清市丰泽农牧科技开发有限公司	福建省福清市阳下镇作坊村 34－2
22	福建	国家级猪伪狂犬病净化场 国家级储繁殖与呼吸综合征（非免疫）净化场	福建华天农牧生态股份有限公司	福建省顺昌县埔上镇河墩村上河墩中弄 25 号
23		国家级猪伪狂犬病净化场	南平市一春种猪育种有限公司（来舟核心种猪场）	福建省南平市延平区末舟镇游地村
24		国家级禽白血病净化场	福建圣泽生物科技发展有限公司火龙祖代场	福建省南平市光泽县华桥乡增坊村
25		国家级牛布鲁氏菌病净化场 国家级牛结核病净化场	南平市绿盛牧业有限公司	福建省南平市延平区夏道镇徐洋村新桥头 33 号
26	江西	国家级猪伪狂犬病净化场	井冈山市傲新华富育种有限公司原种猪场	江西省吉安市井冈山市拿山镇小通村
27		国家级猪伪狂犬病净化场	江西绿环种猪育种有限公司观上原种场（樟树市双胞胎猪业有限公司）	江西省宜春市樟树市观上镇横里村陈家
28	山东	国家级禽白血病净化场	山东益生种畜禽股份有限公司（祖代肉种鸡十八场）	山东省烟台市栖霞市官道镇红旗牧场村
29		国家级牛布鲁氏菌病净化场 国家级牛结核病净化场	山东奥克斯畜牧种业有限公司	山东省济南市长清区平安南路小范村南奥克斯种公牛站
30		国家级猪伪狂犬病净化场	河南省谊发牧业有限责任公司	河南省鹤壁市浚县白寺镇前岗村
31		国家级猪伪狂犬病净化场	河南新大义马养殖有限公司	河南省三门峡义马市新区办事处石门村
32		国家级猪伪狂犬病净化场	河南省诸美集团正阳原种储有限公司	河南省正阳县吕河乡南 4 公里（黄山村）
33	河南	国家级猪伪狂犬病净化场	河南牧原种猪育种（内乡）7 场	河南省内乡县马山口镇马坪村
34		国家级猪繁殖与呼吸综合征（非免疫）净化场	河南精旺猪种改良有限公司	河南省鹤壁市浚县白寺镇张寨村
35		国家级牛布鲁氏菌病净化场 国家级牛结核病净化场	鲁山瑞亚牧业有限公司	河南省鲁山县辛集乡清水营村
36	湖北	国家级猪伪狂犬病净化场	武汉天种畜牧有限责任公司会龙山分公司	湖北省武汉市黄陂区蔡榨镇会龙山村
37	湖南	国家级猪伪狂犬病净化场	湖南天心种业股份有限公司桂阳原种辅场	湖南省郴州市桂阳县樟市镇梅塘村

（续）

序号	省份	国家级净化场名称	养殖场名称	养殖场地址
38	广东	国家级猪伪狂犬病净化场	广东广宁广三保畜牧有限公司	广东省肇庆市广宁县宾亨镇妙村
39		国家级储伪征犬病净化场	广东温氏种猪科技有限公司水台原种场	广东省云浮市新兴县水台镇长江村
40		国家级离白血病净化场	广东温氏南方家禽育种有限公司蚕田场	广东省云浮市新兴县水台镇六乡管理区
41		国家级禽白血病净化场	佛山市高明区新广农牧有限公司有种场	广东省佛山市高明区杨和镇杨梅红路27号
42	广西	国家级猪伪狂犬病净化场	广西农垦永新畜牧集团有限公司良圻厚种猪场（第四原种猪场）	广西壮族自治区南宁市横州市六景镇良圻农场
43		国家级猪伪狂犬病净化场	广西扬翔农牧有限责任公司（扬翔原种猪场）	广西壮族自治区贵港市覃塘区大岭乡龙马村
44		国家级猪伪狂犬病净化场	广西梧州市新利畜牧有限公司	广西壮族自治区梧州市龙圩区新利村
45		国家级禽白血病净化场	广西鸿光农牧有限公司有种中心	广西壮族自治区玉林市容县容州镇峤北村木坪林场
46		国家级禽白血病净化场	广西祝氏农牧有限责任公司育种繁育中心	广西壮族自治区玉林市容县石寨镇大荣村反石队
47	重庆	国家级猪伪狂犬病净化场	重庆市六九畜牧科技股份有限公司沙坝国家生猪核心育种场	重庆市黔江区沙坝镇脉东居委二组1号
48	四川	国家级猪伪狂犬病净化场	绵阳明兴农业科技开发有限公司	四川省绵阳市三台县花园镇八字老村
49		国家级猪伪狂犬病净化场	江油新希望海波尔种猪育种有限公司	四川省江油市西屏镇边界沟林场
50	陕西	国家级猪伪狂犬病净化场	陕西省安康市秦阳晨原种猪有限公司	陕西省安康市汉滨区江北办李家嘴村
51	青海	国家级羊布鲁氏菌病净化场	青海省种羊繁育推广服务中心	青海省海北州刚察县三角城种羊场
52	宁夏	国家级禽白血病净化场	宁夏晓鸣农牧股份有限公司黄羊滩（闽宁）生态养殖基地（祖代养殖场）	宁夏回族自治区银川市永宁县闽宁镇黄羊滩
53		国家级羊布鲁氏菌病净化场	宁夏回族自治区盐池滩羊选育场	宁夏回族自治区吴忠市盐池县惠安堡镇苏家井
54	新疆	国家级牛布鲁氏菌病净化场 国家级牛结核病净化场	新疆天山畜牧生物育种有限公司	新疆维吾尔自治区昌吉市阿什里乡努尔加村以南
55		国家级羊布鲁氏菌病净化场	巴里坤健坤牧业有限公司	新疆维吾尔自治区哈密市巴里坤县花园乡花庄子村八队

关于对"中国渔政亮剑 2021"系列专项执法行动
成绩突出的集体和个人给予表扬的通报

各省、自治区、直辖市农业农村（农牧）、渔业厅（局、委），新疆生产建设兵团农业农村局，中国水产科学研究院，上海海洋大学、大连海洋大学，各有关单位：

今年以来，各级渔业主管部门和渔政监督管理机构联合公安等部门认真贯彻落实党中央、国务院有关部署要求，深入组织实施"中国渔政亮剑 2021"系列专项执法行动，切实抓好长江十年禁渔、海洋伏季休渔等江河湖海休禁渔管理，严厉打击违法捕捞生产活动，取得明显成效。据不完全统计，各地累计查处渔业违法违规案件 3.79 万件，查获违法违规人员 4.24 万名，向司法机关移送涉嫌犯罪案件 4 192 件、涉案人员 4 958 名，清理取缔涉渔"三无"船舶 2.49 万艘、"绝户网"103.82 万张（顶），有力震慑了涉渔违法犯罪活动，维护了渔业生产秩序，为渔业高质量发展和生态文明建设作出重要贡献。

执法开展过程中，各地涌现出一批政治坚定、忠于职守、认真负责、勇于担当、业绩突出的优秀集体和个人。为凝聚正能量、激发新活力，根据《国务院办公厅关于切实做好长江流域禁捕有关工作的通知》（国办发明电〔2020〕21 号）等文件精神，我部决定对在"中国渔政亮剑 2021"系列专项执法行动中成绩突出的 140 个集体和 230 名个人予以通报表扬。希望受到表扬的集体和个人发扬成绩，再接再厉，再创佳绩。

全国各级渔业主管部门和渔政监督管理机构要以习近平新时代中国特色社会主义思想为指导，全面贯彻落实党的十九大和十九届历次全会精神，统筹发展和安全，以受到表扬的集体和个人为榜样，坚持严格规范公正文明执法，深化部门执法协作，强化执法攻坚，重拳整治涉渔违法违规活动，持之以恒抓好长江十年禁渔、海洋伏季休渔、黄河渔业高质量发展等渔业管理任务，坚定维护渔业生产秩序和社会公平正义，切实推动渔业高质量发展和生态文明建设，以优异成绩迎接党的二十大胜利召开。

附件：1."中国渔政亮剑 2021"系列专项执法行动成绩突出集体名单
　　　2."中国渔政亮剑 2021"系列专项执法行动成绩突出个人名单

农业农村部
2021 年 12 月 28 日

附件 1

"中国渔政亮剑 2021"系列专项执法行动成绩突出集体名单

北京市
密云区密云水库综合执法大队水上分队
通州区农业综合执法大队
天津市
天津市渔政渔港监督管理处
滨海新区农业综合行政执法支队
宝坻区农业综合行政执法支队第四大队
天津市沿海安全保卫总队安全防范支队治安管理大队
河北省
河北省渔政执法总队
秦皇岛市海洋和渔业局海港分局（执法大队）
迁安市农业农村局

邯郸市磁县农业农村局

河北省公安厅海防管理总队唐山支队

秦皇岛市公安局北戴河新区分局大蒲河海防派出所

山西省

山西省农业农村厅农垦与渔业渔政管理局

运城市垣曲县农业农村局

内蒙古自治区

呼伦贝尔市农牧业综合行政执法支队

辽宁省

辽宁省海洋与渔业执法总队

大连市海洋与渔业综合行政执法队

大连市长海县海洋与渔业综合行政执法队

丹东市渔业发展服务中心渔政管理服务部陆地办案组

辽宁省公安厅边海防总队

吉林省

吉林省农业农村厅渔业渔政管理局

吉林市农业综合行政执法支队监察二大队（渔政大队）

榆树市农业综合执法大队渔政执法中队

黑龙江省

黑龙江省农业农村厅渔业渔政管理局

鹤岗市绥滨县农业综合行政执法大队渔政中队

哈尔滨市农业农村局渔业渔政管理处

上海市

上海市农业农村委员会执法总队

宝山区农业农村委员会执法大队

金山区农业农村委员会执法大队

上海市公安局边防和港航公安分局

江苏省

江苏省渔业执法监督中心

江苏省滆湖渔政监督支队

泰州市渔政监督支队

连云港市海洋与渔业综合行政执法支队

南通市如东县渔政监督大队

江苏省公安厅治安总队海防支队

南通市公安局

盐城市滨海县公安局

浙江省

浙江省海洋与渔业执法总队

宁波市海洋与渔业执法队

温州市海洋与渔业执法支队

温州市洞头区海洋与渔业执法大队

台州市海洋与渔业执法队

杭州市淳安县渔业行政执法队

舟山市嵊泗县公安局

宁波市公安局海防支队

安徽省

安徽省农业农村厅渔业渔政管理局

巢湖管理局渔政管理总站

无为市农业农村局

安庆市望江县农业农村局

安徽省公安厅治安总队

福建省

福建省海洋与渔业执法总队

漳州市海洋与渔业执法支队

福州市海洋与渔业执法支队

厦门市海洋综合行政执法支队

南平市农业综合执法支队延平大队

福建省公安厅海防总队

江西省

九江市农业综合行政执法支队渔政大队

永丰县农业综合行政执法大队

江西省公安厅长江大保护办公室

山东省

山东省海洋与渔业执法监察局

青岛市海洋与渔业行政执法支队

东营市海洋发展和渔业局

烟台市海洋与渔业监督监察支队

潍坊市海洋和渔业综合执法支队

威海市海洋与渔业监督监察支队

山东省公安厅海岸警察总队

威海市公安局海岸警察支队

河南省

河南省农业农村厅农业综合行政执法监督局

济源市农业综合行政执法支队渔政执法大队

周口市沈丘县农业农村局

湖北省

武汉市农业综合执法支队

宜昌市渔政监察支队

黄冈市农业农村局

石首市农业综合执法大队

宜昌市公安局环境保护警察支队

湖南省

长沙市农业综合行政执法局

常宁市农业综合行政执法大队

资兴市农业农村局

祁阳市农业综合行政执法大队

岳阳市水上警察支队

广东省

广东省海洋综合执法总队

惠州市海洋综合执法支队

中山市海洋综合执法支队

陆丰市海洋综合执法大队

中国渔政 44103 船

珠海市公安局水域治安管理支队

广西壮族自治区

广西壮族自治区渔政执法总队

桂林市农业综合行政执法支队

柳州市农业综合行政执法支队

崇左市扶绥县渔政渔港监督管理站

北海市公安局银海分局电建派出所

海南省

海南省渔业监察总队

中国渔政 46013 船

海口市综合行政执法局

海南省公安厅海岸警察总队第七支队

重庆市

重庆市农业综合行政执法总队

巫山县农业综合行政执法支队

忠县农业综合行政执法支队

万州区农业综合行政执法支队

重庆市公安局环保总队破坏生态资源案件查处支队

四川省

四川省农业农村厅综合执法监督局

成都市大邑县农业农村局

南充市高坪区农业农村局

德阳市公安局治安管理支队

贵州省

贵州省渔业局

遵义市农业综合行政执法监察支队

凯里市农业农村局

黔东南苗族侗族自治州剑河县综合行政执法局

赤水市公安局

云南省

保山市陵龙县农业综合行政执法大队

丽江市玉龙县渔政执法大队

普洱市澜沧县农业农村和科学技术局

昭通市公安局治安支队

西藏自治区

拉萨市农业农村局

陕西省

陕西省农业农村厅渔业渔政局

宝鸡市凤县农业农村局

渭南市合阳县农业农村局

甘肃省

兰州市农业农村局

临夏回族自治州农业综合行政执法队

青海省

青海省农业农村厅渔业渔政管理局

玉树藏族自治州农牧综合行政执法监督局

青海省公安厅治安总队打击环境犯罪侦查支队

宁夏回族自治区

宁夏回族自治区农业农村厅渔业渔政管理局

石嘴山市农业综合执法支队

新疆维吾尔自治区

伊犁哈萨克自治州农业综合行政执法支队

巴音郭楞蒙古自治州博湖县农业综合行政执法大队

新疆生产建设兵团

第四师可克达拉市农业农村局

长江航运公安局

长江航运公安局重庆分局涪陵派出所

长江航运公安局岳阳分局治安管理支队

长江航运公安局镇江分局扬州派出所

长江航运公安局南通分局启东派出所

长江航运公安局上海分局宝山派出所

执法支撑保障单位

长江口水域非法捕捞专项整治工作组联合执法指挥部

中国水产科学研究院黄海水产研究所黄渤海渔业战略研究中心

中国水产科学研究院南海水产研究所南海渔业中心

中国水产科学研究院长江水产研究所长江中上游渔业生态保护研究中心

中国水产科学研究院渔业工程研究所

上海海洋大学海洋文化与法律学院

"中国渔政"微信公众号运维组

附件 2

"中国渔政亮剑 2021"系列专项执法行动成绩突出个人名单

北京市

潘　鹏　北京市农业综合执法总队

李跃东　密云区密云水库综合执法大队

马永冲　房山区农业综合执法大队

马　丽　怀柔区农业综合执法大队

天津市

孔维坤　天津海港监督局

李洪朋　中国渔政 12001 执法船

曹先路　滨海新区农业综合行政执法支队

李　佳　蓟州区农业综合执法支队第五大队

徐遇军　天津市沿海安全保卫总队中心渔港派出所

刘栋梁　天津市沿海安全保卫总队马棚口派出所

河北省

孟维东　河北省渔政执法总队

李　鹏　秦皇岛市海洋和渔业综合行政执法支队

高怀振　唐山市海港经济开发区农业办公室

孙　莉　石家庄市农业农村局渔政科

吴志勇　邯郸市农业农村局

赵文涓　廊坊市农业农村局渔业渔政科

李双斌　河北省公安厅海防管理总队秦皇岛支队

宋　建　河北省公安厅海防管理总队唐山支队

张金龙　河北省公安厅海防管理总队沧州支队

山西省

马　宁　山西省农业农村厅农垦与渔业渔政管理局

吴江平　临汾市农业农村局

薛艳丽　运城市农业农村局

李文红　芮城县农业农村局

王建强　永济市农业农村局

内蒙古自治区

胜　柱　鄂温克族自治旗农牧业综合行政执法大队

郝　海　乌海市农牧业综合行政执法支队

辽宁省

张　涵　辽宁省农业农村厅渔业渔政管理局

贺　凌　辽宁省海洋与渔业执法总队

潘　永　辽宁省大连渔政执法队

赵　斌　辽宁省锦州渔政执法队

赵　佳　盘锦市农业综合执法队

王启勇　葫芦岛市农业综合行政执法队

李　实　锦州市渔业综合行政执法队

蒋　峰　辽宁省公安厅边海防总队

于广强　丹东市公安局边海防支队

吉林省

王　雷　吉林省农业农村厅渔业渔政管理局

李少华　吉林省云峰水库边境渔政渔港监督管理站

霍　枫　敦化市农业综合行政执法大队

王原冬　通化市通化县农业综合行政执法大队

王君齐　临江市农业综合行政执法大队渔政中队

张秀菊　吉林市农业综合执法支队监察二大队

黑龙江省

刘育波　黑龙江省农业农村厅渔业渔政管理局

王　飞　齐齐哈尔市甘南县农业综合行政执法大队

曾　强　大庆市肇源县农业综合行政执法大队渔政中队

李志家　哈尔滨市农业农村局

王乃琦　哈尔滨新区管理委员会综合行政执法总队渔政中队

张鹏飞　牡丹江市农业农村局农业综合行政执法支队

上海市

姚　滇　海市农业农村委员会执法总队六大队

顾乾立　崇明区农业农村委员会执法大队

邱雪峰　松江区农业农村委员会执法大队

杜　平　浦东新区农业农村委员会执法大队

张　峥　上海市公安局边防和港航公安分局边防工作处

顾卫国　上海市公安局青浦分局水上派出所
黄　鑫　上海市公安局边防和港航公安分局刑侦（经侦）支队
刘　骞　上海市公安局浦东分局水上治安派出所

江苏省
李　光　江苏省渔业执法监督中心
梁　军　南京市农业综合行政执法总队
姜　玮　盐城市响水县农业综合行政执法局
赵志敏　常州市新北区农业管理综合行政执法大队（渔政监督大队）
赵　江　江阴市农业综合行政执法大队（渔政监督大队）
童海兵　淮安市盱眙县渔政监督大队
王锦波　太仓市渔政监督大队
陈　杰　南京市公安局水警支队大厂派出所
赵　新　苏州市公安局水警支队综合大队
张同武　盐城市公安局海防支队
张　昭　连云港市公安局堆沟海防派出所
谢晨阳　启东市公安局吕四港边防派出所

浙江省
王　敏　浙江省海洋与渔业执法总队
虞丹波　舟山市海洋行政执法大队
刘伟海　温州市海洋与渔业执法支队
唐源骋　舟山市嵊泗县海洋行政执法中队
刘　勇　临海市港航海洋和渔业综合行政执法队
倪建泉　宁波市象山县海洋与渔业执法队
余　震　衢州市农业综合行政执法队
项志军　金华市农业综合行政执法队
林　娅　瑞安市农业农村局
朱　高　台州市公安局海防支队
丰奇良　温州市公安局海防支队侦查打击大队

安徽省
王　雯　安徽省农业农村厅渔业渔政管理局
王文昌　明光市农业综合行政执法大队
迟海虎　蚌埠市农业综合行政执法支队
朱万佳　黄山市歙县农业综合行政执法大队
王晓彦　淮北市濉溪县农业综合行政执法大队
刘　镛　芜湖市农业综合行政执法支队渔政执法一大队
桑任辉　合肥市肥东县农业综合行政执法大队
胡晓华　池州市公安局水上分局

福建省
陈文勇　福建省海洋与渔业执法总队直属三支队
林　挺　平潭综合实验区海洋与渔业执法支队
董辉煌　莆田市海洋与渔业执法支队直属船队
魏　敏　中国渔政龙岩市支队
欧水成　漳州市龙海区海洋与渔业执法大队
林开通　泉州市海洋与渔业执法支队
朱金溪　福鼎市海洋与渔业执法大队
黄伟林　福州市海洋与渔业执法支队直属四大队

张祥忠　福州市公安局海防支队
谢庆龙　泉州市公安局海防支队
江西省
张　兴　江西省禁捕工作专班、省乡村发展服务中心
谢海军　赣州市农业综合行政执法支队赣县大队
陈若阳　新余市农业综合行政执法支队渔政大队
瞿　斌　萍乡市农业综合行政执法支队
裴　戈　景德镇市农业综合行政执法支队
柯键盘　南昌市公安局水上分局刑侦大队秘书科
山东省
刘冬惠　山东省海洋与渔业执法监察局指挥中心
董洪刚　山东省海洋与渔业执法监察局第二支队
黄克霄　青岛市即墨区自然资源局海洋发展服务中心
王伟成　龙口市海洋与渔业监督监察大队
田振忠　寿光市海洋渔业发展中心
种卫国　济宁市微山县渔业综合管理委员会
苏　森　日照市岚山区海洋与渔业监督监察大队
李荣年　滨州市无棣县渔政渔政渔船监督管理站
毕见波　荣成市海洋与渔业执法大队
闫士亮　东营市公安局海岸警察支队
李　凯　潍坊市公安局海岸警察支队
李松柏　滨州市公安局海岸警察支队
河南省
胡军娜　漯河市源汇区农业农村局
程志鹏　信阳市光山县农业综合执法大队
姜　钧　洛阳市农业综合行政执法支队
詹世盈　南阳市南召县农业农村局
宁佐毅　三门峡市农业综合行政执法支队
姚　鑫　南阳市公安局卧龙分局
湖北省
田晓革　武汉市经济技术开发区农业综合执法大队
占志刚　黄冈市团风县渔政执法大队
王前胜　钟祥市渔政执法大队
向志军　汉川市农业综合执法大队
肖坤建　十堰市竹山县农业综合执法大队
田纯社　宜昌市长阳县农业综合执法大队
朱俊峰　湖北省公安厅治安总队食品药品侦查支队环境犯罪侦查大队
祝　亮　武汉市公安局水上分局警务指挥处
刘　严　十堰市公安局郧阳分局五峰派出所
湖南省
唐湘北　湖南省农业农村厅渔业渔政管理处
唐子凡　长沙市岳麓区农业农村局
李海波　岳阳市岳阳县东洞庭湖渔政监察执法局
余　亮　衡阳市农业综合行政执法支队
刘爽蟾　益阳市农业综合行政执法支队
钟显武　武冈市农业综合行政执法大队

陈俊竹　常德市石门县公安局

广东省

詹介生　广东省海洋综合执法总队渔业行动处

陈焕伟　汕尾市海洋综合执法支队

黄文建　广州市番禺区海洋综合执法大队渔业执法科

施　峰　广东省海洋综合执法总队直属二支队

周裕创　广东省海洋综合执法总队直属三支队

蔡义得　汕头市南澳县海洋综合执法大队

韩金利　广州市海洋综合执法支队渔政渔港监督处

翁尚壮　茂名市海洋综合执法支队直属大队

冯　艳　惠州市公安局治安管理支队

陈桂雄　揭阳市公安局水上警察支队二大队

广西壮族自治区

黄小华　广西壮族自治区渔政执法总队

罗国锋　钦州市渔政渔港监督支队

周仁东　崇左市农业综合行政执法支队

廖伟成　贵港市平南县农业综合行政执法大队渔政中队

唐英隆　梧州市农业综合行政执法支队渔政大队

胡　娟　北海市海洋与渔业综合执法支队

黄福建　北海市公安局海防管理支队第三大队

黄福邦　钦州市公安局海防管理支队治安管理大队

海南省

王春晓　海南省渔业监察总队渔业执法室

陈绍龙　海南省渔业监察总队直属三支队

廖国祥　海口市海洋和渔业行政执法支队

刘洪涛　万宁市综合行政执法局海洋渔业行政执法大队

符国义　海南省渔业监察总队直属三支队

陈运伍　海南省公安厅海岸警察总队第二支队冯家海岸派出所

周忠豪　海南省公安厅海岸警察总队第四支队沿海管控与侦查大队

重庆市

唐　挺　重庆市农业综合行政执法总队三支队

陈　静　北碚区农业综合行政执法支队

谭　鹏　江北区农业综合执法支队

魏　东　九龙坡区农业综合行政执法支队

张　志　万州区农业综合行政执法支队

王劲松　云阳县农业综合行政执法支队

胡　彬　重庆市公安局两江新区分局食药环支队

四川省

邓　凯　四川省农业农村厅综合执法监督局

唐　毅　成都市农业综合行政执法总队

罗小兵　泸州市江阳区农业综合行政执法大队

邓　旭　宜宾市渔政监察支队

吴鲤校　广安市邻水县综合行政执法大队

吴玉红　凉山州金阳县农业农村局

陈学文　四川省公安厅治安管理总队

高　天　成都市公安局食品药品环境犯罪侦查支队综合大队

贵州省

田如勋　铜仁市松桃县畜牧中心渔政站

王化堃　黔南布依族苗族自治州龙里县农业综合行政执法大队

袁东雄　赤水市农业综合行政执法监察大队

王傢浩　毕节市织金县农业综合行政执法大队大队长

肖　凯　黔东南苗族侗族自治州公安局三板溪分局

云南省

杨成飞　丽江市永胜县农业农村局渔政执法大队

康悉妮　普洱市澜沧县农业综合行政执法大队

黄佩花　文山州广南县农业行政综合执法大队

普云飞　玉溪市峨山县畜牧兽医中心

西藏自治区

王晓明　西藏自治区农业农村厅畜牧水产处

陕西省

赵　毅　陕西省农业农村厅渔业渔政局

涂荣昌　宝鸡市太白县农业综合执法大队

孙培亮　渭南市畜牧和渔业发展中心

陈自平　汉中市农业综合执法支队

罗长安　安康市农业综合执法支队

赵海文　汉中市宁强县公安局广坪派出所

曹铁兵　西安市公安局蓝田县公安局

甘肃省

王小军　陇南市文县渔政管理站

梁　瑾　兰州市农业综合行政执法队

李卫东　定西市畜牧兽医局

刘立龙　庆阳市渔政管理站

郝鹏军　甘肃省武都公安局刑警大队

青海省

张保太　青海省农业综合行政执法监督局

王军庆　海北藏族自治州海晏县农牧综合行政执法大队

格日尖措　海北藏族自治州刚察县农牧综合行政执法大队

徐博彦　西宁市农业综合行政执法监督局

赵　明　海南藏族自治州共和县渔政管理站

宁夏回族自治区

刘　波　青铜峡市畜牧水产技术推广服务中心

黄晓晨　银川市水产技术推广服务中心

马秀玲　银川市贺兰县农业农村局畜牧水产技术推广服务中心

王　俊　银川市永宁县农业综合执法大队

岳　廷　石嘴山市平罗县农业综合执法大队

新疆维吾尔自治区

巴图吉尔　新疆维吾尔自治区农业农村厅综合执法监督局

赵雪梅　伊犁哈萨克自治州霍城县农业行政综合执法大队

韩　芳　巴音郭楞蒙古自治州农业综合行政执法支队

新疆生产建设兵团

闫　瑾　新疆生产建设兵团农业农村局

茅　渊　第八师石河子市农业农村局

长江航运公安局

杨　涵　长江航运公安局泸州分局

程　俊　长江航运公安局万州分局

徐　钢　长江航运公安局宜昌分局

邹　阳　长江航运公安局荆州分局

税宗超　长江航运公安局武汉分局

张成镇　长江航运公安局九江分局

程　相　长江航运公安局安庆分局

居　骎　长江航运公安局芜湖分局

许　凯　长江航运公安局苏州分局

程思铭　长江航运公安局南通分局

执法支撑保障单位

李伟鹏　中国水产科学研究院黄海水产研究所

周艳波　中国水产科学研究院南海水产研究所

蒋科技　中国水产科学研究院东海水产研究所

周彦锋　中国水产科学研究院淡水渔业研究中心

赖　宇　中国水产科学研究院渔业工程研究所

王黎黎　大连海洋大学海洋法治与文化研究中心

刘依阳　上海海洋大学科技处

关于公布《国家级水产健康养殖和生态养殖示范区名单（2021年）》的通知

为贯彻落实2021年中央1号文件关于推进水产绿色健康养殖有关精神，根据《农业农村部关于印发〈国家级水产健康养殖和生态养殖示范区管理办法（试行）〉的通知》（农渔发〔2021〕13号）的有关要求，我部组织开展了国家级水产健康养殖和生态养殖示范区创建活动。经各主体自愿申请、县市省逐级审核、省级验收公示，以及我部公开征询意见，共有65家单位符合创建标准。现将《国家级水产健康养殖和生态养殖示范区名单（2021年）》（见附件）予以公布，有效期自2022年1月1日至2024年12月31日。

各有关省级渔业主管部门要加强示范区创建活动的组织领导，督促示范区继续完善各项制度建设，更好地发挥示范带动作用。加大对示范区的支持力度，使其优先享受中央财政渔业发展补助等惠渔政策，提高示范区创建活动积极性，不断扩大健康养殖和生态养殖示范规模，推动水产养殖业高质量发展。

附件：国家级水产健康养殖和生态养殖示范区名单（2021年）

农业农村部

2021年12月29日

附件

国家级水产健康养殖和生态养殖示范区名单（2021年）

一、以县级人民政府为主体

序　号	省　份	创建单位
1	辽宁省	辽宁省丹东市东港市
2	江苏省	江苏省南京市江宁区
3	江苏省	江苏省苏州市吴江区
4	浙江省	浙江省湖州市长兴县
5	江西省	江西省宜春市上高县
6	江西省	江西省抚州市东乡区
7	山东省	山东省滨州市博兴县
8	山东省	山东省威海市荣成市
9	河南省	河南省商丘市民权县
10	河南省	河南省驻马店市汝南县
11	湖北省	湖北省潜江市
12	湖北省	湖北省荆州市公安县
13	广东省	广东省梅州市梅县区
14	广东省	广东省佛山市南海区
15	广西壮族自治区	广西壮族自治区南宁市上林县

（续）

序　号	省　份	创建单位
16	四川省	四川省成都市邛崃市
17	云南省	云南省玉溪市江川区
18	陕西省	陕西省榆林市靖边县
19	宁夏回族自治区	宁夏回族自治区银川市贺兰县

二、以生产经营单位为主体

序　号	省　份	创建单位
1	天津市	天津市益多利来水产养殖有限公司
2	天津市	天津市天祥水产有限责任公司
3	天津市	天津海升水产养殖有限公司
4	天津市	天津市农垦渤海农业集团有限公司
5	河北省	乐亭县丰汇海水养殖有限公司
6	山西省	山西汾河二库管理有限公司
7	辽宁省	辽宁龙泉湖田园综合体有限公司
8	吉林省	大安市信达农业发展有限公司
9	吉林省	地方国营镇赉县渔场
10	吉林省	通榆县太平沟渔业有限责任公司
11	吉林省	伊通满族自治县聚成现代农业发展专业合作社
12	黑龙江省	饶河县伊玛哈赫哲水产养殖专业农民合作社
13	黑龙江省	黑龙江宝泉岭农垦南湖白鹭园养殖场
14	黑龙江省	绥化市正大米业有限公司
15	江苏省	兴化市板桥故里水产品养殖有限公司
16	江苏省	南通龙洋水产有限公司
17	浙江省	湖州吉鑫农业科技有限公司
18	浙江省	浙江宏野海产品有限公司
19	浙江省	杭州千岛湖发展集团有限公司
20	安徽省	颍上县八里河渔场
21	安徽省	铜陵市普济桑田稻渔生态发展有限公司
22	安徽省	池州市秋浦特种水产开发有限公司
23	安徽省	合肥市静雅龙虾养殖有限责任公司
24	福建省	漳平市珲源水产养殖有限公司
25	福建省	绿耕耘股份有限公司
26	福建省	福建省兴海富民发展有限公司
27	福建省	莆田市海发水产开发有限公司
28	江西省	吉水县盘谷生态农业发展有限公司
29	江西省	江西聚龙湾现代渔业发展有限公司

（续）

序　号	省　　份	创建单位
30	山东省	莱州明波水产有限公司
31	山东省	山东泰丰鸿基农业科技开发有限公司
32	河南省	淅川县丹水湖水产系列开发有限公司、淅川县京津源水产品养殖有限公司联合体
33	河南省	洛阳陆浑盈源渔业有限公司
34	湖北省	云梦北湖坑水产开发有限公司
35	湖北省	洪湖市万农水产食品有限公司
36	广东省	广东省遂溪新海茂水产种业科技有限公司
37	广东省	广东省海源达水产养殖有限公司
38	广西壮族自治区	广西梧州田中农业有限责任公司、梧州市兴民富硒农业科技有限公司联合体
39	四川省	盐亭县华腾水产养殖专业合作社、盐亭县浩淼渔业养殖专业合作社、盐亭县农旅投资管理有限公司联合体
40	贵州省	贵州益寿生态养殖有限公司
41	贵州省	贵州省生态渔业锦屏县有限责任公司
42	云南省	勐海县云清水产养殖专业合作社
43	陕西省	宝鸡市冯家山水库鱼场
44	宁夏回族自治区	宁夏新明润源农业科技有限公司
45	新疆维吾尔自治区	新疆赛湖渔业科技开发有限公司
46	新疆维吾尔自治区	新疆伊犁州天蕴有机农业有限公司、新疆伊犁州三文渔业有限公司联合体

广东农工商职业技术学院

广东农工商职业技术学院创办于1952年，前身是叶剑英元帅在兼任华南垦殖局局长期间创办的华南垦殖干部学校，2000年转制为高职院校。学校围绕"对接热带农业全产业链、服务国家乡村振兴战略"的发展主线，形成"以农为体，工商为用"的专业集群式发展格局，是全国乡村振兴人才培养优质校、广东省一流高职院校、广东省示范性高职院校、广东省域高水平高等职业院校建设计划立项单位，现有7个省级高水平专业群。2021年，入选全国示范性职业教育集团（联盟）培育单位，入选"服务贡献典型学校60强""高职院校资源建设优势学校60强""学生发展指数优秀院校100强"三大榜单，在广东省高职院校创新强校工程A类考核中排名第一。

学校在省乡村振兴局和省农垦总局的指导下，成立了广东省唯一一家"广东乡村振兴培训学院"，构建了"政府+大型国企+农业职业院校+社会组织"的人才培训主体合作机制；创新"紧跟农时、且耕且读"的人才培养培训模式；坚持"至土至洋、高端引领"的人才培养路径；践行"垦校一体 共营共兴"的使命担当。擦亮"农业农村部华南农垦干部培训中心"金字招牌，每年培养培训各类生产、经营管理人员超过30 000人，至今培训学员超过50万人，培训范围辐射琼、桂、云、黔、赣等全国30多个省（市、自治区），被誉为华南农垦系统的"黄埔军校"。

紧密对接乡村振兴战略，牵头成立广东省南亚热带农业职业教育集团（国家级职教集团）和广东省职业教育学会乡村振兴工作委员会，公开发行全国高职高专核心学术期刊《广东农工商职业技术学院学报》，搭建广东农垦经济与乡村振兴研究中心和广东省热带作物工程技术研究中心等研究平台，发挥平台优势和"智囊"功能，报送决策咨询报告《新冠肺炎疫情对广东农垦经济的影响与对策建议》，获得省政协副主席批示。深化产教融合、全链培养，推进育训并举、精准服务，坚持多方协作、共建共享，学校与五华、大埔、海丰等10余个农业强县开展县校战略合作，组织科技特派员、博士服务团等前往基层一线推进科技服务。

学校将脱贫攻坚的成功经验转化为乡村振兴的有力武器，坚持"统筹规划、产业引领"，学校定点帮扶的博袍村入选广东省首批省级"一村一品、一镇一业专业村"，广东"十大美丽乡村"，学校荣获"广东省脱贫攻坚先进集体"称号。针对驻镇帮镇扶村的工作要求和实际情况，我校主持编制《广宁县洲仔镇镇域乡村振兴规划》，获得当地政府及行业专家的一致好评。同时，学校积极参与国家东西协作和结对帮扶工作，对口合作黑龙江省、支援内蒙古自治区，帮扶肇庆、茂名及汕头等地级市。

学校紧跟广东农垦"走出去"的发展战略，合作建立3个"海外乡村振兴培训学院"和"马来西亚热带农业产业学院"，与"一带一路"沿线20多个国家开展农业农村领域人才培训，每年为驻外企业及太平洋岛国培训500余人。

面向未来，学校将继续坚守"为农而教"的价值本体性，发挥和彰显职业教育服务乡村振兴发展的功能与价值，对标省域高水平学校"一加强四打造五提升"的要求，重构"1275"工作体系，集中优势资源，高标准、高规格、高质量推进乡村人才培养培训"四库一平台"的建设工作。

立足本职、服务社会，助力乡村振兴

——新疆石河子职业技术学院服务乡村振兴纪实

新疆石河子职业技术学院（以下简称学院）是一所集职本联办、高职、中职、五年一贯制、技工、成教（含本科）、培训为一体的多层次、多学科、多形式的综合性职业院校。学院始终坚持"修德启智，强能善技，求真创新，育才戍边"办学理念，坚持"培养高技能人才，为屯垦戍边服务"的办学方向，充分发挥乡村振兴人才培养优质校功能作用，实施人才精准培养、技术创新服务等措施，助力区域现代农业产业发展。

一、创新多类型多层次的人才培养模式，实施精准培养

学院对接兵团现代农业全产业链组建现代农业技术、农产品加工等专业群，招收来自基层团场、乡镇农村高职扩招生1000余人，针对连队两委、职业农民等生源分类分层制定人才培养方案，将农业生产、农产品加工、乡村旅游等职业标准、行业规范内化于课程教学。先后实施连队（村）"两委"班子成员学历提升专项计划、高素质农民学历提升工程、兵团幼儿教师学历提升专项计划等个性化教学模式，量身打造符合乡村振兴要求的"懂技术、爱农村、爱农业"的复合型人才。

二、面向农村农民、团场职工开展专项培训，促进就业创业

充分发挥国家高技能人才培养基地、市公共实训基地等平台作用，围绕区域特色产业，开发新疆特色餐饮、乡村旅游服务、高效节水技术等41个技能培训项目，开展农作物植保员、农机修理工等9个农业类工种职业技能水平等级认定，充分利用大学生创业孵化工作站、国家科技企业孵化基地等资源，面向团场职工、乡镇农民开展创新创业培训，推动"大众创业、万众创新"助力乡村经济蓬勃发展。近年来，学院开展各类技术培训与职业资格鉴定31 000余人次。为兵团农牧团场培养了一大批"留得住、用得上、会技能、懂管理、会经营"的复合型人才，在团场职工稳定增收、自主创业等方面发挥了积极作用。

图1　农牧团场职工农业技术员理论考试　　图2　农牧团场职工节水安装专项培训

三、激励毕业生返乡就业创业，投身乡村建设

学院始终把为农业生产一线培养"懂技术、爱农业、爱农村"的高素质技术技能人才作为职业教育助力乡村振兴的重要举措。组建10个专业服务队开展"三下乡"社会服务，设立专项经费鼓励毕业生主动返乡就业创业。近年来，学院向兵团基层单位输送现代农业技术、现代农业装备应用技术等专业、电子商务等专业毕业生1 800余人，使学生真正投身到美丽乡村建设中去。

图3　专业教师农业知识送田间服务活动　　图4　涉农专业学生开展"三下乡"社会实践活动

四、集聚涉农领域多方资源协同创新，助力产业发展

学院农产品营销与服务专业群与新疆天业共同建设兵团物流工程技术中心，与顺丰速运共建顺丰分拨中心助推农产品流通。现代农业生产专业群与天业节水共同开发节水农业技术培训教材与课程标准，共建节水灌溉信息化社会服务平台，助推兵团智慧农业、数字农业创新发展。

组建智慧农业科研创新团队、三区科技特派员团队，赴南疆地区为团场职工开展设施农业果树栽培技术培训，结合南疆地区农业现状，开展盐碱地治理技术开发集成与示范、温室大棚自动精准水肥一体机的应用与示范等技术研究与应用推广。与企业技术人员共同开发与申报一种水肥滴灌撬、一种液肥施肥机、一种园林用多功能修枝剪、一种谷物收割机等实用新型专利10余项，为解决智慧农业水肥一体化、现代农业高效管理与生产、农业机械装备现代化等进程中遇到的实际问题，为区域农业生产技术提升贡献力量，为农业增产、农民增收保驾护航。

平度职教中心：久久为功赋能乡村振兴

朱凤彬　王德新　窦磊

平度是山东省面积最大的一个县级市，人口139.3万人，其中农业人口82.7万人，是典型的农业大市。为做好"办好教育为人民"这篇文章，平度市职业教育中心学校1989年开始与德国汉斯·赛德尔基金会合作举办中德"双元制"农业职业教育项目。

一、打造"双元制"平度模式，提高人才培养实效

学校协调市政府先后出台了19个文件，确定了33家"双元制"实习企业。先后建起50多个实习实训车间，派出180多名教师到德国进行各类技术培训。成立了由57家企业和山东省内8家高校组成的"平度双元制校企联盟"。主动对接产业发展和市场需求，已建起"3场（种植、奶牛养殖、种猪养殖）+5中心（农机、奶制品、果酒酿造、西式面点、肉制品）+3基地（数控技术、生物技术、国际焊工）+5厂（服装、汽修、电气装备、数控加工、西式面点）"为主体的实践教学场所，形成了共建创业创新孵化基地、股份合作建立培训实体、校中建厂、厂中建校、自办专业实体、建立混合所有制实习工厂（车间）六种校企合作模式。

二、接轨国际做示范，助力"三农"转型升级

发挥校内生产性实训基地的"技术引领、示范带动"功能，实现了"做给农民看，带着农民干，帮着农民富"的效果。学校先后参与5个品种的太空育种实验；研发花生新品种1个；催生了本市20个国家地理标志保护产品，推广实施138项实用技术；示范孵化规模化奶牛场11个，养猪场31个，养鸡场160个，产生科技致富带头人169个，孵化家庭农场和农产品深加工厂等经营主体2128个。

三、面向国内抓培训，促进农村职教改革

学校作为全国重点建设职教师资培训基地和山东省双元制职业教育培训基地，共举办国家级、省级中职学校骨干专业教师、校长培训班358期，培训8 000人。面向西部，举办对口扶贫项目培训21期，培训407人。先后举办国家及省市"双元制"办学模式推广现场会8次，在山东省25个县（市）建立"双元制"模式推广点。与全国21所职业学校建立合作伙伴关系。国内外2万多人次来校考察学习。德国电视二台、德国广播电视一台、瓦瑟堡报、赛会视界中国、CCTV1《新闻调查》《新闻直播间》《人民日报》《中国教育报》等中外媒体对平度"双元制"办学情况进行了报道。

四、提高国际辐射功能，拉动教育开放合作

"2019中国青岛·职业教育助力农村可持续发展的挑战与前瞻"国际论坛暨中德农业职业教育项目合作30周年庆祝大会在平度成功举办，青岛市教育局、汉斯·赛德尔基金会签署了关于在平度职教中心成立"中德国际培训中心"的协议，学校成为中德两国面向亚非国家开展职业技术教育培训和辐射的桥头堡。分别面向朝鲜、老挝开展农业农村类项目培训233人次。

回顾学校发展历程，正是由于坚持以服务为宗旨，以中德项目为抓手，做到接轨国际提标准、面向当地搞服务，以助推"三农"转型升级为目标，创新合作模式和融合机制，有效提高了人才培养的针对性和实用性，致力为农服务，成就了学校获得国家级教学成果特等奖，从而使一所农村职业学校由开办之初的关门办学，逐步在服务地方经济发展、助力国家乡村振兴、服务"一带一路"倡议等方面发挥了积极的作用，实现了发展格局的不断进步和提升。

坚守脱贫使命　成就"苇塘模式"

——辽宁农业职业技术学院驻村工作队脱贫攻坚事迹

辽宁农业职业技术学院始终致力于服务"三农"事业。学院派出工作队，常驻盖州市万福镇苇塘村，聚合政、产、学、研力量，从思想信念、知识技术、产业链条等方面协同推进，形成了"智志并扶、物技并供、业链并推"的"苇塘模式"，党中央和国务院授予工作队"全国脱贫攻坚先进集体"称号。

全国脱贫攻坚先进集体

一、扎根山村，排除万难助脱贫

苇塘村地处盖州市东部山区，有建档立卡贫困户58户共138人，工作队入村前，村集体收入为零，且有2万多元外债，是典型的"空壳村"。

工作队入村后，一是通过走访、座谈等方式调研村情民情；二是学习扶贫政策，明晰工作思路。

刚开始，工作队被部分村民误解，被说成是来捞取政治资本的、来捞钱来的……他们不鸣冤、不叫屈；为便于开展工作，在村里租民居兼做宿舍和办公室，夏季房子闷热潮湿，冬季常常半夜被冻醒……他们不言苦；平日里免费开展技术讲座和技术指导，每天两脚泥、一身汗地同村民一起干，甚至通宵夜战……他们不喊累；免费为百姓测土样、测水样，制定解决土壤酸化问题方案，无偿为村里引进了好的苗木种源，协调学院提供优质公羊……他们不觉亏。工作队眼里有"民"，身上有"担"，手里有"活"，心里有"责"，使抓党建工作促脱贫、扶志扶智助脱贫、发展村集体经济带脱贫、产前产中产后链条保扶贫等"立体链条式"扶贫工作得以全面铺开。

二、科技扶贫，发展产业促增收

2018年以来，工作队通过繁育果树新品种苗木，开展"五小"养殖项目等为集体和村民增收30多万元；引437.5万元的盖州市高标准农田建设项目入村；引80万元的营口市村集体经济孵化资金入村；引进高粱、大豆新品种选育及李子提质增效集成技术等科技成果入村，有效推动了种植结构调整。

三、培训扶智，立足长久赋动能

工作队利用自有3名培训专家和农职院国家级培训基地的优势，将培训从苇塘村辐射推广到全盖州市，培养了养羊专业户李兆忠、保护地栽种大户肖进芳等一批优秀致富能手，通过培训扶智为脱贫攻坚注入永续动能。

四、党建扶志，激发信心添动力

工作队协调组织派出单位——辽宁农业职业技术学院13个党总支入村与贫困户结成"帮扶对子"，与村党支部结成"共建对子"。3年来，院党委及党总支通过各种活动激发贫困户的信心，先后为贫困户送去生产救急资金、购买扶贫项目产品等解决实际困难。学院党组织对村党支部党建工作进行直接指导，推动了村党支部规范化建设。

五、成效显著，乡村振兴再出发

过去3年，工作队累计协调多方投入资金540多万元，主营或推动发展产业9项。经"立体链条式"帮扶，目前苇塘村所有贫困户均实现稳定脱贫。

为继续发挥自身优势，服务好"三农"建设，学院将通过成立乡村振兴研究中心、组建科技特派团、推动科研项目和成果下乡的形式，全力构建乡村振兴新的伟大格局。

培训教师获得脱贫攻坚大奖

学院参加职业教育服务辽宁全面振兴突破成果展现场

张育松书记到学院扶贫基地苇塘村视察果树繁育项目

做农业航母补给舰　当乡村振兴排头兵

——黑龙江农垦职业学院服务乡村振兴掠影

黑龙江农垦职业学院是北大荒农垦集团有限公司举办的一所黑龙江省规模最大的企办高职院校。学院现有在校生1.9万人，专任教师751人，其中具有高级职称的教师415人、硕士博士学位教师342人。现有招生专业63个，其中国家和省级重点专业13个，省级"双高计划"专业群2个。学院是全国高素质农民培育示范基地、第一批国家级示范性职业教育集团（联盟）培育单位、教育部高职高专人才培养工作水平评估优秀院校、国家职业院校数字校园建设实验学校，2021年5月学院被确定为全国乡村振兴人才培养优质校。

2020年10月，黑龙江农垦职业学院成为全国乡村振兴产教融合共同体理事长单位

学院发挥与北大荒农垦集团校企一家、产学研一体的办学优势，传承北大荒文化，融入北大荒产业，助力北大荒发展，不断探索产教融合新机制，被誉为黑龙江垦区"三农"人才加工厂，乡村振兴主力军。建校60余年来，累计培养培训了近25万名高素质技术技能人才。

学院创新"三结合、三对接"乡村人才培养模式，即构建"学历提升＋岗位学习＋生产培训"的育训结合课程体系，实现课程设置与职业标准相对接；创新"忙种闲学"的农学结合教学组织形式，实现教学过程与生产过程相对接；开展虚实结合的混合式学习和工作成果的学分转换，实现人才评价与生产成果相对接。有9个专业开展"1+X"证书试点工作19项，2个专业与企业开展订单式联合培养。

黑龙江农垦职业学院学生在校内实训基地进行无土栽培试验

学院积极推进与齐齐哈尔市、讷河市、富裕县和五大连池市等地的院县共建工作。与职教集团成员单位共建了3个北大荒教学医院、北大荒XR产业学院和北大荒无人机学院，与企业共建北大荒远程互动教学平台，推动了生产过程进课堂。

黑龙江农垦职业学院虚拟仿真实训基地

学院建成了集实践教学、教育培训、技术展示、生产服务和创新孵化"五位一体"的产教融合实训基地群。其中，有2个中央财政支持的重点建设实训基地，1个教育部认定国家级生产性实训基地，1个国家级应用技术协同创新中心。

建立北大荒XR产业学院

学院与北大荒农垦集团共建了8个校企协同的典型服务团队和6个产教融合的品牌服务基地，年承担职业培训规模近2万人次。学院参与完成的5项北大荒集团种植类作业标准已在中国企业标准信息公共服务平台发布。

学院参与制定了北大荒集团主要农作物种植企业标准

北大荒无人机学院培训课堂

黑龙江农业经济职业学院

——打造校企政协同发展共同体 赋能龙江乡村振兴

黑龙江农业经济职业学院始建于1958年，2002年晋升为高职院校。学院坐落在黑龙江省牡丹江市温春镇，现有在校生1.6万余人，其中扩招人才7 000余人。64年来，学院坚守乡村一线办学，始终秉承"立足乡村办学、倾心农业职业教育、零距离服务'三农'"的办学宗旨，积淀形成了"学校在农村、课堂在田间、教研在基地、成果进农家"的办学特色，先后获批国家示范性高等职业院校、国家优质专科高等职业院校、国家"双高"建设项目A档专业群建设单位，荣获省委省政府"粮食生产贡献奖"、省农委农业生产"先进集体奖"等荣誉。

一、跳出"学院"办农职，搭建服务乡村振兴大平台

学院根植农业，创新发展，全方位融入乡村振兴主战场，与牡丹江、宁安、绥芬河等10余个地市、20余所中高职院校、80余家企业和科研院所深度合作，共同成立了黑龙江省现代农业职业教育集团，创新校企互融、校校共长和校地共建机制，从人才培养、科技研发、技术服务、文化传承四个维度融入，在为地方服务中寻求院校的良性发展。集团获批国家示范性职业教育集团（培育）单位，学院获批黑龙江省乡村振兴人才培养优质校，入选了全国乡村振兴产教融合联盟（乡村振兴职教集团）副理事长单位。

二、沿农业产业链建设专业群，分类培养乡村振兴人才

围绕"贸工农结合、种加销一体""一二三产融合"发展需要，打造了服务"从田间到餐桌"的现代农业、现代畜牧、绿色食品、农业经济贸易、农业信息技术五大专业群，依托大北农农牧现代产业学院、阿里农村电商学院等平台，培养"一懂两爱"的高素质复合型人才、农村后备干部和高素质农民1万余人，培训农民4万余人次。学院获批全国高素质农民培育示范基地、国家级高技能人才培训基地、省级贫困劳动力致富带头人培训基地、第三批产业工人试点单位。入选全国高校黄大年式教师团队1个、国家级教师教学创新团队2个、省级科技特派员12人。

三、做强"研创服"平台，助力乡村产业升级

与省农科院牡丹江分院等行业共建中俄农业高新技术合作示范园区、国家级台湾农民创业园、国家级建制镇示范试点、省级农业科技示范园区，与中国科学院东北地理与农业生态研究所等合作，共建4个国家产业技术体系综合试验站、1个省级重点实验室，承担粮食丰产国家重点研发计划子课题，合作培育农作物新品种23个。打通最后一公里，实施"百村千社万户"公益助农行动，将服务延伸到20余个县市、145个村、指导1 870个合作社，跟踪服务农业科技示范户1万余户，学院产教融合发展写入地方政府工作报告，助力牡丹江农村居民人均可支配收入连续19年领跑全省。

学院扎根乡村服务"三农"的办学特色和成效被中央电视台《新闻1+1》、中国教育报等媒体广泛报道，"做强涉农专业集群，服务乡村振兴""育训并举""三园+农民教育"等经验在全国职业院校精准扶贫会议、全省脱贫攻坚工作会等会议上重点交流。

百村千社万户助农行动

乡村治理咨询服务中心、响水社区石板大米学院、宁安社区田园综合体学院授牌仪式

做强涉农专业集群 服务乡村振兴发展

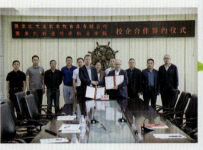

大北农农牧现代产业学院成立

以强农兴农为己任，构建乡村振兴创新服务体系
——黑龙江农业职业技术学院

黑龙江农业职业技术学院始建于1948年，2001年晋升为高等职业学校。始终坚持"根植三江沃土不动摇，服务'三农'不动摇，大力发展农业职业教育不动摇"的办学理念，开创了模块式教学的先河，形成了鲜明的办学特色，累计培养了8万余名农业技术技能人才。力争将学校建成具有中国特色、世界水平的农业高职学校，为实现农业农村现代化贡献力量。

近年来，黑龙江农业职业技术学院深化产教融合、校企合作，形成了育训并举、多元办学的格局，明析"双碳"目标背景下现代农业发展形势，构建了"1114"架构下双碳型乡村振兴创新服务体系，搭建了乡村振兴技术技能服务平台，创新了乡村振兴人才培养体系，形成了乡村振兴创新服务行动方案。

一、搭建乡村振兴技术技能服务平台

1.与20余个市县进行政校合作，2019年始合作共建了桦川、富锦、同江、林口、抚远、桦南6个乡村振兴学院。

2.学校牵头成立黑龙江省三江农牧职教集团，143家企业、20余所中高职院校、5个科研院所深度合作。2019年与黑龙江迪坦生物科技有限公司合作成立东北平原黑土地保护产业学院。2020年与三家企业共建了东北平原黑土地固碳增汇协同创新中心。

3.组建"葆绿生金"乡村振兴创新服务团队。由农业高职院校56人、县域农技推广中心176人、农业科研院所108人、农业产业化企业34人、农业专业合作社25人等组建了一支产、学、研结合的乡村振兴创新服务团队。

二、创新乡村振兴人才培养体系

依托双高建设，根据乡村振兴特点多维度创新人才培养模式，2019年以来，育训结合着力培养乡村治理带头人、乡村致富带头人、乡村技术带头人等乡村振兴人才。高素质农民学历提升5 830人，高素质农民培训累计近16 000人次。

三、形成乡村振兴创新服务行动方案

1.围绕绿色低碳产业发展需求进行共性技术、关键技术的集成研究推广，研发落地实用技术15项，集成两套作物栽培全程配套环保新技术，设立了核心示范区，推广总面积34万亩，带动增效7 232万元。

2.创新服务团队在新型农业经营主体培植孕育过程中，深入245个村屯，以创建"一村一品一基地"为主要方法，服务农业新型经营主体467家，培植孕育140家农业创新型企业。

3.以协同建设黑龙江省现代农业科技示范基地为主战场，创新服务农业新型经营主体，获批以桦川县水稻科技示范园区为代表的项目10项。

黑龙江农业职业技术学院与富锦市共建乡村振兴学院

黑龙江省植物保护与检疫技术职业教育教师教学创新团队

佳木斯市农业大讲堂活动

教师在田间指导学生农业生产实习

学院开展农技推广人才培训

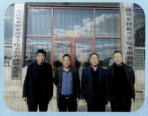
学院领导在桦川乡村振兴学院调研

北京农业职业学院

北京农业职业学院于1958年建校，是国家示范性高等职业院校、中国特色高水平专业群和北京市特色高水平职业院校建设单位、教育部现代学徒制试点单位、农业农村部全国高素质农民培育示范基地和科技部"星创天地"第一批运营主体单位。

60余年来，学校秉承"立足首都，面向全国，服务'三农'"的办学宗旨，坚持内涵、特色、差异化高质量发展，培养了大批高素质技术技能人才，广受业界好评。担任中国职业技术教育学会现代农业专业委员会主任和中国都市现代农业职教集团理事长单位，先后获评高等职业院校教学资源50强、服务贡献50强和中国高职50强。

牵头成立北京乡村振兴学院，统筹推进服务乡村工作。率先在全国实施"高素质农民学历能力提升工程"，为北京3 950个村培养高职学历农民大学生4 100人，千余人成为涉农企业、农民合作社技术骨干、能工巧匠。培养农民成人中专毕业生9 851人，培训高素质农民10万余人次。

学校荣获北京高素质农民培养先进单位、北京市农村工作低收入帮扶工作先进集体等称号。培养大批"永久牌"农村基层组织治理带头人，毕业生53%进入"村两委"任职。长期帮扶大兴区小黑垡村，获批"全国乡村治理示范村"。

高质量完成中央组织部边疆民族地区和革命老区村党支部书记培训任务，培训20个省市、47个民族2 547名党支部书记。组建138个科技挂职团队，打造"一村一品"特色富农品牌，锻造了农户增收致富的"金刚钻"。

充分发挥院范双喜担任现代农业产业技术体系北京创新团队首席专家的优势，着力解决农业技术"最后一公里"难题，成果荣获北京市农业技术推广一等奖，有力支撑了首都现代农业产业发展。

跨入新时代，踏上新征程，学校作为首都唯一一所涉农职业院校和全国百所"乡村振兴人才培养优质校"，正充分发挥服务乡村振兴生力军的作用，努力把习近平总书记对职业教育"大有可为"的殷切期望，化为扎根京华大地，服务首都乡村振兴的生动实践。

范双喜院长带领蔬菜团队现场指导

开展基层干部专题培训

李云伏书记进行帮扶工作指导

组织北京市高素质农民培训

发挥职教担当，围绕"五大振兴"，做好乡村振兴"立地"文章

遵义职业技术学院秉承"立足黔北、服务城乡、强农兴工、助推三宜"的办学定位，以"贵州省优质高职院校"和"兴黔富民行动计划"建设为抓手，围绕"四新"主攻"四化"主战略，抢抓部省共建"技能贵州"机遇，逆势上扬成为省"双高"校，荣获"全国百所乡村振兴人才培养优质校"（是贵州3所院校之一），与中华职教社、杭州职业技术学院合作成立了乡村振兴治理与发展学院，组建"遵义乡村振兴研究所""遵义乡村振兴人才培训学院"等，不断做好"立地"文章，为助力乡村振兴贡献力量。

一、调整专业结构，赋能乡村产业振兴

学院主动对接贵州32个产业发展需求，紧跟辣椒、现代金融、生态畜牧、汽车、旅游等产业升级，紧密结合"云、物、大、智"创新升级传统专业，不断优化专业结构，服务产业振兴。与遵义师范学院联合开展本科教学，今年新增"食品营养与检验"本科专业，建立了辣椒、花椒、高粱、生态鱼等多个研究项目；组建了辣椒产业、花椒产业、竹产业等多个技术团队。

二、优化育人模式，助力乡村人才振兴

学院优化校地合作育人模式，在学徒制改革、学分制改革、专家团队上田间、思政课教师下基层等方面实施教学改革；加大"双师"队伍建设力度，在驻村扶贫、挂职锻炼中锤炼师资队伍，在人才培养方案创新中改变学生观念，引导学生参加"三下乡"社会实践、"三支一扶""西部计划志愿者"等项目，厚植学生家国情怀，促进就业创业工作。

三、开展文明实践，助推乡村文化振兴

学院每年通过"三走进三提升"（走进红色圣地，提升政治素养——利用遵义红色文化资源立德树人；走进发达地区，提升发展理念——学习发达地区经验，拓宽发展思路；走进"三农"一线，提升责任担当——走进基层工作前沿，助力乡村振兴）开展送文化下乡活动。制定下发《关于开展"万名党员进万家"的活动方案》，全院范围内设置70个党员先锋岗，组织320余名在职教师党员到社区报到为群众服务，开展政策宣讲、法律维权、信息咨询、科普宣传、技术培训、健康义诊等服务等活动，畅通服务群众"最后一公里"。

四、开展生态文明教育，推进乡村生态振兴

学院立足贵州省文明校园、全国青少年农业科普示范基地、农业部现代农业技术培训基地、全国百所乡村振兴人才培养优质校等发展机遇，投资6 000余万元在校园内规划100余亩地，建设乡村振兴示范基地，建构以农业产业链为主轴，"文化＋产业＋旅游＋职教研学＋技术创新"相融合的乡村业态。

五、强化社会服务，促进乡村组织振兴

学院成立了以党政领导为双组长的服务"四化"工作专班，为基层提供各专业人才，围绕乡村治理，开展乡镇管理干部培训。以"三走进三提升"为抓手，在社会服务中开展农民素质提升培训行动，加快基层后备人才培养。学院先后委派10余位教师担任驻村干部和第一书记、参与挂职锻炼，为乡村基层组织注入新鲜血液，"两抓六硬"的帮扶工作模式先后得到中国教育报等各大媒体报道。

学院党委和"挂帮"的桐子坪村党总支双双荣获"全省脱贫攻坚先进党组织"称号，多名党员干部获得省市表彰，一个党总支获得市级表彰。

学院入选"全国百所乡村振兴人才培养优质校"

学院建设的实训基地之畜牧产业研究院

结合党史学习教育调研地方产业发展，助力乡村振兴

一届又一届的毕业生投入到地方发展中，助力"技能贵州"

现代农业系学习风采

学院建设的附属动物医院

培养人才新"引擎" 跑出乡村振兴"加速度"

2022年重庆三峡职业学院（下称"学院"）以习近平新时代中国特色社会主义思想为指导，全面贯彻党的二十大精神和习近平总书记对"三农"工作的重要指示批示精神，进一步增强"四个意识"、坚定"四个自信"、做到"两个维护"，坚持立德树人根本任务，在重庆市教委、重庆市农业农村委、重庆市乡村振兴局的指导下，聚焦区域乡村人才振兴需求，统筹科技教育资源，优化专业结构，创新人才培养模式，突出"三农"服务特色，扎实开展优质校建设，取得了优异成绩。

一、以"现代农业"为核心，筑牢农学基石

学院紧紧围绕在农村"田坎"上教学、在农民"心坎"上作为、在农业"命脉"上担当的办学理念，构建以"畜牧兽医"国家高水平专业群对接重庆市生猪产业链为龙头，以市级高水平专业群"园艺技术"对接长江三峡柑桔产业带和"大数据技术"对接重庆市"智慧农业、数字乡村"为骨干，以校级专业群"市场营销"对接农村电子商务、"现代农业装备技术"对接山地农业装备、"智能制造技术"对接农业智能化为基础的"1+2+3"专业群体系，41个专业面向"三农"开展学历教育与农民技术技能培训。申报"种子生产与经营""宠物养护与驯导"2个新专业，获教育部第三批现代学徒制试点专业3个，工业与信息化部产教融合试点专业1个。

二、以"人才培养"为重点，创新模式兴"三农"

（一）强化涉农专业招生就业

学院涉农专业共计招生1892人，结合重庆市农业发展特点，举办6次涉农专业创新创业讲座与就业培训，注重"强农兴农"意识培养。2022届涉农专业毕业生1398人，到校招聘毕业生涉农企业102家，提供涉农需求岗位5222个，毕业生在涉农企业就业人数796人。

（二）强化涉农课程建设

学院构建理实一体的涉农课程体系，创设田间学院课程超市。开设涉农课程749门，建成3个市级专业教学资源库，7门市级一流课程，6门市级精品在线开放课程。开设平台课程146门、模块课程368门、方向课程235门、在线开放课程35门、田间微课261门。"猪疫病防控技术"被认定为国家级精品课程，《畜禽场建设与环境控制》等27本教材申报农村农业部"十四五"规划教材。学院获重庆市教师教学能力比赛二等奖2项，三等奖3项，"鱼类增养殖技术""植物病虫害防治"2门课程入选农业农村部首届涉农职业院校服务乡村振兴"名师名课。"

三、以"科教培养"为中心，创新服务兴"三农"

（一）深化产教融合、校企合作培养人才

通过多方参与，校企深度协同共育职业人才。校企共建校内外实训基地517个，新增设备总数6990台（套），开展实训项目1953个，接待学生实习人数11506人。创办华晟经世现代产业学院，入选教育部"法国施耐德电气绿色低碳产教融合项目"首批建设单位。

（二）深化科教融汇培养人才

学院获批各级科技特派员57人，其中国家"三区"科技特派员3人、市级科技特派员24人。组织科技特派员重点围绕服务地方"100万头生猪、100万亩经果林"、稻渔综合种养发展产业等方面开展技术服务160余次，2360人次。成立"李子学院""古红桔学院"，申请专利3项、注册商标4个，研发古红桔化妆品、果酒、加工食品等系列产品10余种，提升了附加值、延伸了产业链。在库区推广稻渔综合种养32000余亩取得良好经济、社会和生态效益。《"合"村校"融"产教"田间学院"出成效》入选重庆市职业院校服务重庆乡村振兴优秀典型案例，在全国西部论坛和全国职业高等院校校长联席会上以服务乡村振兴为题交流发言。

构建"耕读教育"模式，服务乡村全面振兴
——重庆市经贸中等专业学校

重庆市经贸中等专业学校隶属于重庆市供销合作总社。始建于1958年，历经多次迁徙，2009年7月迁至重庆永川红河大道北段189号，启开了改革发展新征程。学校占地面积由8亩增加到230亩，校舍面积由4 000平方米增加到136 000平方米，在校生由200人增至11 000人，教职工由15人增加到478人，实现了从不达标中职学校到达标中职学校，到省部级重点中职学校、国家级重点中职学校、国家改革发展示范学校、重庆市高水平学校、重庆市"双优"A类项目建设学校的跨越发展。学校获"全国职业教育先进单位""全国黄炎培职业教育奖优秀学校奖""全国供销合作系统先进集体"等荣誉。

一、聚焦"三农"，构筑"耕读教育"育人模式

针对中职学校涉农专业吸引力低、培养质量不高、毕业生面向"三农"就业创业人数较少的困境，学校秉持"博学强技、经世济民"的校训，以强农、兴农、富农为己任，利用中华民族优秀的耕读文化传统，建构涉农专业"宗旨为'三农'、基地在农村、对象是农民、课堂在农田、成果进农家"的人才培养模式。围绕农业新业态、新岗位、新技术，构筑"农耕教育"人才培养目标体系，培育爱农村、有文化的"田秀才"。围绕农业岗证能力，构建"渗融性"课程体系，培育会农技、有特长的"农工匠"。围绕农业生产季节特征，培育懂农业、善经营、会管理的"泥专家"。学生参加全国职业院校技能大赛获奖55项，参加全国、省（市）级行业职业技能大赛获奖117项，参加重庆市大学生创新创业大赛获奖35项，参加各级文明风采大赛、才艺大赛、体育大赛等获奖上千项。学校获"重庆市技能大赛十年成就突出奖"。

二、创新模式，构建"耕读教育"课程体系

课程体系是学校人才培养目标的具体化和依托。以立德树人为根本，构建耕读教育课程体系。一是构建专业基础课程体系。深入挖掘中华农耕文化蕴含的思政、知识、技能元素，形成耕德课程、耕技课程、耕健课程、耕艺课程等专业基础课程体系。二是根据农业新技术、新业态、新岗位，开办"涉农"专业，形成种植、农艺、园艺等育训结合的专业核心课程体系。三是利用乡村地城资源、民间手艺文化和非物质文化等资源，打造具有"浓乡"特色的选修课程体系。同时借助农村电商、旅游、康养、农经等资源，建构现代信息技术课程教材体系。近10年，学校牵头主持"涉农"专业国家教学标准4个；建成国家级精品课程15门；公开出版教材20本，农业培训教材9本，乡村振兴读本2门；形成典型案例64个，其中多篇入选教育部、全国乡村振兴联盟典型案例集。学校在斯里兰卡成立了产教融合中心，在"坦桑尼亚国家职业标准开发项目"成功立项；编写国规教材6本，其中《会计综合实训》获国家首届教材建设奖二等奖。学校"双季双历双场域"教学成果获国家教学成果二等奖，"耕读教育"教学成果获重庆市政府教学成果特等奖。

三、"五大工程"，打造"耕读教育"师资团队

"耕读教育"的质量关键在教师。学校始终牵住师资队伍建设这个"牛鼻子"，以"四有"好老师为标准，以技能大赛为引领，以课堂教学为支撑，以教学创新团队建设为抓手，通过实施"五项工程"，构筑"十大平台"，锤炼出一支集课程标准制定、课程开发、教材开发、教学模式改革、评价模式改革等综合能力为一体的高素质的"双师型"教师队伍。近三年，学校新增国家级技能大师1人、全国技术能手4人；重庆市级首席技能大师、有突出贡献的中青年专家1人，重庆最美巴渝工匠1人；全国黄炎培职业教育奖杰出校长奖1人、杰出教师奖2人；全国职业院校技能大赛优秀指导教师6人；教师参加全国职业院校教学能力大赛获一、二、三等奖各1项；参加职业院校班主任能力大赛获国家级一、二等奖各1项。学校获得农业农村部首届涉农职业院校服务乡村振兴"名课名师"拟资助项目，成为教育部"第二批国家级职业教育教师教学创新团队"立项建设学校。

四、理实结合，做大"耕读教育"实践基地

加强涉农专业耕读教育实践基地建设。整合学校"重庆市春晖农民工培训集团""400亩农业产业化培训基地""国家科技特派员创业培训基地""重庆市农村合作经济组织培训中心""全国供销合作总社职业技能鉴定重庆分中心""重庆市农作物新品种试验推广中心"资源，从"学非融合并举，从功能定位、基础设施、人才培养培育"等方面打造成"耕读教育"的实践基地。近年来，实践基地实施水稻生产农机作业社会化服务20 000余亩，试验示范水稻、玉米、油菜、高粱等新品种110多个，培训及技能鉴定种植业、养殖业、水产业、果疏业、加工业等高素质农民5 000余人。一大批毕业学生走进农村、走向农业、走近农民，成为农业经营主体带头人、创新创业的"新农人"，成为绿色农业、生态农业、特色农业的领军人才。学校服务乡村产业振兴，尤其是为农业茶产业发展做出了重要贡献！

重庆市经贸中等专业学校在酉阳开展精准扶贫培训，中国农科院杨子祥教授（右一）为五倍子合作社理事长讲解种植技术

社会培训服务

重庆市经贸中等专业学校农业产业化培训基地开展新型职业农民培训

组织新型职业农民无人机培训

2018年永川区春耕春播示范现场会

"政校行企"跨界融合，助力乡村人才振兴
——吉林工程职业学院

吉林工程职业学院成立于1958年，是一所隶属于吉林省教育厅，以涉农专业为鲜明特色的综合性高等职业学校。学校全面落实立德树人根本任务，立足吉林"商品粮基地"的资源特色，依托专业和人才优势，主动服务"三农"，助力乡村振兴，全力打造高水平人才培养高地。学校先后被确定为第一批国家星火计划农民科技培训学校、吉林省首届黄炎培职业教育优秀学校、吉林省"三全育人"综合改革试点校、首批全国职业院校"双师型"教师队伍建设典型学校、全国党建工作样板支部培育创建单位、全国百所乡村振兴人才培养优质校等。学校是吉林现代农业职业教育集团理事长单位。目前建有"国家高素质农民培育示范基地""吉林省高素质农民省级实训基地""吉林省高职农业人才培养教育研究基地"等多个基地。2020年学校获评吉林省特色高水平高职院校。

一、实施"强农兴农"工程，打造高水平专业群

通过实施"强农兴农"工程，学校坚持农业农村优先发展，加快推进农业农村现代化，服务乡村振兴和吉林省现代农业产业转型升级。对接现代农业产业群（链），构建现代农业专业集群，利用信息、装备制造等先进技术提升农业生产、加工、销售和综合服务水平，发挥专业群集聚效应，实现集群内资源共享、优势互补。2020年学校获评7个吉林省特色高水平高职专业群建设单位。

二、实施"校企共兴"工程，提升校企合作水平

通过实施"校企共兴"工程，学校以现代农业加工技术与安全评价等7个高水平专业群为依托，以农产品、畜牧、农机、农村电商等高水平产业学院为重点，打造"政校行企"共融共兴新平台。学校牵头组建吉林现代农业职业教育集团，以健全跨界融合集团运行机制为重点，实现职教集团实体化运作。建立以吉林省康达农业机械有限公司等为重点的省内外涉农实习实训基地127个，推进教师、学生（学员）的技术技能水平提升。与梨树卢伟农机农民合作社联合建立《梨树卢伟全程农机种植标准化示范区》试点示范项目，为探索学校与涉农企业协同发展、提高学校社会服务能力、技术技能积累与成果转化提供了平台。

三、实施"高优服务"工程，提升服务发展水平

通过实施"高优服务"工程，学校实现对地方农业的高水平优质精准服务。依托政、校、行、企共建国家级"农产品加工与检测生产性实习基地"等高端平台，为区域内企事业机构提供多方位服务。目前为吉林省四平市企业提供土壤、水质、化肥、农药、农产品检测500项，为吉林省区域农牧高端产业和产业高端发展提供高水平技术服务。

依托国家高素质农民培育示范基地和与四平市政府联合共建的四平农村合作经济学院，学校积极开展以吉林省农业经理人培训为代表的多项高素质农民培训，累计培训12 000余人次，为推广黑土地保护与利用技术、乡村振兴和农业农村全面发展提供人才和智力保障。

吉林现代农业职业教育集团成立

吉林现代农业职业教育集团年会暨职业教育产教融合发展高峰年会启动仪式

吉林省农业经理人开班

农产品加工与检测生产性实习基地

学院领导赴农业基层

高素质农民培训班开班

国家高素质农民培育示范基地农民培训

根植"三农"沃土培育乡村振兴实用人才

——双辽市职业中专（双辽市农职业技术教育中心）

　　学校始建于1984年，是吉林省唯一一坐落在乡镇的县级职教中心，是国家级重点校、国家级示范校、全国乡村振兴人才培养优质校、全国第二批示范性职教集团培育单位、全国黄炎培职业教育优秀学校、全国优秀成人继续教育学院、全国职业院校服务全民终身学习项目实验校、全国教育系统先进集体。

　　办学39来始终坚持"三农"办学方向。聘请中国工程院院士李玉为专家顾问，为地方培养实用人才，促进乡村振兴。

一、适应经济发展，创新人才培养。

　　在院士的指导下，突出产教融合，建设集设施农业、生态农业、观光农业于一体的实训基地。以基地为载体，创新人才培养模式，现代农艺技术专业形成了"岗位轮动"人才培养模式，畜牧兽医专业形成了"课场一体，课岗直通"人才培养模式，全面提高了教育教学质量，为地方经济发展提供技能、人才支撑。

二、发挥学校优势，加强社会培训。

　　充分发挥学校设备、专业师资、技术优势，年培训6000多人次。同时，开展送科技下乡活动，年受教育者3余万人次。优秀学员盛立国2017年被评为全国十佳农民，优秀学员陈凤涛、雷月被推选为省人大代表。

三、辐射示范带动，促进地方经济。

　　学校先后有50项新技术、150多个新品种得到推广。花生栽培示范项目向全市推广。由原来一片空白，发展到现在26万亩，年实现总产值4.77亿元；涉农专业教师下村任科技副村长，加强对当地农村科技指导、科技示范，组织农民实用技术培训，入户指导新技术，提高当地农民科技水平；配置畜禽疫病诊疗服务车，定期组织专业师生为全市各养殖合作社和专业养殖户上门服务；学校院士扶贫基地生产的菌包远销内蒙古、梨树、双辽乡镇村屯等地，使双辽食用菌形成产业，助推周边农户科技致富；学校畜牧兽医、现代农艺技术、计算机应用、机电技术应用四支志愿者服务队，走村入户为农民提供技术服务；与万维科技集团有限公司合作，建立电子商务创业孵化基地和双辽特产馆，开展直播营销，培育电商实用人才，"树商兴农"助力乡村振兴。

李玉院士参加学校食用菌菌包
生产线竣工投产仪式

电子商务专业学生到农户葡萄
架下直播，为农户销售葡萄

高素质农民培训班学员到美丽
乡村参观学习

双辽市种植结构调整现场会在
学校花生推广示范区举行

农艺专业教师现场指导农户大棚管理

农民到学校光伏温室大棚学习水培蔬菜
栽培技术

驻村第一书记走进直播间助力农产品销售

盐城生物工程高等职业技术学校——立人兴农七十载，守正创新伺未来

盐城生物工程高等职业技术学校校园占地58.54万平方米，建筑面积19.78万平方米，教学仪器设备总值8207.32万元。设16个行政处室、7个专业系。教职工379人，专任教师332人，五年制高职专业14个，全日制在校生近7 000人。学校建有江苏省品牌专业5个、江苏省现代化专业群4个，江苏省高水平示范性实训基地4个、江苏省现代化实训基地2个，江苏省现代职教体系建设试点项目3个，江苏省职业学校现代学徒制试点项目1个，江苏省学业水平测试标准化考点7个，江苏省农牧渔类技能大赛项目赛点3个。

学校先后被确认为"全国职业教育先进单位""国家中等职业教育改革发展示范学校""全国绿化模范单位""全国五四红旗团委""教育部全面贯彻党的教育方针模范校""农业农村部高素质农民培训先进单位""江苏省职业教育先进单位""江苏省职教名校""江苏省文明单位""江苏省高水平现代化职业学校""江苏省现代化示范性职业学校""江苏省领航职业学校建设单位""江苏省智慧校园""江苏省教学管理30强单位""江苏省职业学校德育工作先进集体""江苏省农业紧缺人才培训基地""江苏省职业院校技能大赛先进单位（11次）""江苏省挂县强农富民工程先进单位"等。

盐城生物工程高等职业技术学校图书馆

盐城生物工程高等职业技术学校田径运动场

一、实施"产教研铁军名匠"培育行动，打造科研创新团队

学校高度重视科研工作，实施"产教研铁军名匠"培育行动，共培育全省职教领军人才5人，省级职教名师工作室5个，省教师教学创新团队1个。学校的科技创新能力不断增强，近年来的纵向、横向课题（项目）立项数、专利转化与应用数、四技服务到账经费等不断增长，承担省市职教富民、科技成果转化项目也取得新的突破。

学校专家到生猪养殖基地技术指导

学校专家到桃基地技术指导

二、实施高素质农民培育工程，塑造"培训＋科研＋示范"职教富民新品牌

盐城生物工程高等职业技术学校主动策应国家"强农富民""社会主义新农村建设""乡村振兴"等新形势要求，以"农业部现代农业技术培训基地"为载体，与"江苏省现代农业产业技术体系建设""百名专家进园区"和"科技创新服务团队建设"相结合，积极投身乡村振兴建设，实施高素质农民培育工程，在农业特色镇（乡）、专业村设置教学点，以种养大户、农业专业合作社骨干成员、家庭农场主、农业企业员工、返乡农民工等为培育对象，学员"半农半读"，教师"送教下乡"，校内数字化资源向社会免费开放，已累计在全市近百个乡镇（专业村、农业专业合作社、农业企业等）设置种植业、养殖业、农业经济管理、农业机械、设施园艺等专业教学点和培训班173个，培育高素质农民约1.8万人。

江苏农牧科技职业学院

　　江苏农牧科技职业学院是我国东南沿海地区乃至我国南方14个省（市、自治区）唯一以培养农牧科技类技术技能型人才为主的高等院校，学校秉承"紧扣农牧产业链办学，紧密结合产学研育人，紧跟区域增长极发展"的办学理念。围绕农牧产业链设置33个专业，与常州大学、金陵科技学院等高校联合开办"4+0""3+2"本科专业5个，牵头制订了国家高等职业学校农林牧渔专业目录和教学标准，畜牧兽医、动物医学、动物药学等10个专业领先全国，建有"双高计划"高水平专业群2个，有省高职教育高水平专业群2个，国家示范性（骨干）高职院校央财支持建设专业4个，国家提升专业服务产业发展能力专业2个。

学院全景　　　　　　　　　　学院大门

　　2021年我校入选全国"乡村振兴人才培养优质校"，2022年我校又入选"全国高校黄大年式教师团队"。

厚德垂范 博学济农　　　　动物临床诊疗实训　　　　我院学子与东南亚留学生共欢唱

南京六合中等专业学校

　　南京六合中等专业学校创办于1976年，是一所隶属于南京市六合区教育局的公办全日制中等专业学校。学校1982年开办职业教育，经过40年的开拓奋进，秉承"建特技队伍、育特长学生、办品牌学校"的办学理念，坚持"校企合作、订单培养，服务'三农'、职教富民，适应市场、创新专业"的办学特色。2000年，学校成为国家级重点中等职业学校；2010年，学校被评为江苏省四星级中等职业学校；2016年，学校被评为江苏省高水平现代化职业学校；2019年，学校被评为江苏省现代化示范性职业学校。学校是全国职业院校校园文化建设"一校一品"校园文化品牌示范基地、全国青少年校园足球特色学校、全国职业院校课程思政研究中心。

校长：许本洲教授

　　学校现有基础教学部、智慧农业专业学院、机电工程系、电气工程系、现代服务系和职教高考部6个系部，开设设施农业生产技术、工业机器人技术应用、新能源汽车装调与检修、幼儿保育和美容美体艺术等25个专业。学校开办三年制中职、五年制高职、"3+3"中高职分段培养和职教高考4种办学类型，为学生个性化发展搭建畅通立交桥。

　　学校立足服务区域经济，特别是区域主导产业现代农业的发展，服务国家乡村振兴战略，开办智慧农业专业学院，设置农业类专业，培养时代新农人，形成中等职业学校涉农人才培养鲜明特色并取得显著成果。学校立足产业办专业，专业精准对接产业需求、岗位需求，形成专一产、接二产、连三产的现代农业专业群，专业链服务农业产业链，培养大批农业类高素质技术技能型人才。学校面向农村、面向农民，直通田间地头、村舍院落，开展高素质农民培训，每年培训3000多人次。

　　智慧农业专业学院，现在是南京市教育局唯一授牌建设的涉农专业学院；校内实训基地成为江苏省现代农业职业体验中心；学校被评选为江苏省乡村振兴人才培养优质校，并被教育部、农业农村部联合推介为全国百所乡村振兴人才培养优质校，学校也是全省中等职业学校中唯一获得此项荣誉的学校。

团队莓农齐奋进，共筑"莓"好幸福路

——江苏农林职业技术学院草莓科技创新团队

江苏农林职业技术学院草莓科技创新团队主要致力于草莓脱毒苗繁育、省力化栽培、设施环境调控等的研发和应用，目前承担省级以上项目19项，获授权专利20余项，积极开展草莓绿色高效生产，为江苏乡村振兴注入强劲动力。

一、研发技术创新，科研成果显著

针对江苏草莓存在的问题，以服务"三农"与地方区域农业发展为宗旨，按照"绿色、高效"生产原则，通过抗病新品种引进、脱毒苗繁育、省力化栽培、环境调控等技术措施，取得化肥减施30%，病害减少50%，采果期延长30天，增产20%，节省用工50%等效果。

二、草莓产业升级，赋能乡村振兴

形成集研发、生产、培训、推广于一体的高科技创新团队，示范推广草莓绿色高效栽培关键技术。2018—2020年，累计推广脱毒草莓种苗2万亩，实现草莓增收4亿元；累计推广草莓新品种新技术新模式29.62万亩，占同期草莓面积的33.7%，新增草莓6646.91万吨，增收节支13.282亿元。

三、创新农科课程，助力技术推广

针对基层农技和农民知识需求，编写出版《设施草莓高产栽培及病虫害防治》等科普读物，摄制发放《草莓种苗繁育及配套栽培技术》光盘8500张。举办培训班982次，培训技术人员2480人、农民6万多人，组织观摩120次，人数达4200人，发放技术资料8万余份。

2020年申报"草莓绿色高效栽培关键技术创新与应用"获江苏省农业技术推广奖一等奖；2022年，团队获江苏省草莓产业"十三五"期间突出贡献单位。"择一事，终一生"，接下来团队将积极采取措施，把先进成果推广到田间地头，让更多莓农搭上致富快车。

十堰市科技学校

十堰市科技学校（原十堰市农业学校）是一所由市政府主办、市农业农村局主管的普通中等职业学校，坐落在国家南水北调中线工程核心水源区丹江口市城区。现占地面积158亩，建筑面积60 000多平米，固定资产5 000多万元，正在十堰市城区建设的新校区占地面积400多亩，总投资8亿多元，建筑面积30多万平方米。

校园环境

经过56年的艰苦创业和建设发展，十堰市科技学校已建成为一所理念先进、规模适中、农科特色、质量一流的现代中等职业学校，形成了中职教育、农类高职教育（"一村多名大学生计划"、成人本专科教育）、社会培训（农村基层干部、农业经营主体、高素质农民、农村实用人才培训等）和科技服务"四位一体"的多层次、多形式办学格局。是国家级重点和湖北省示范中职学校，湖北省高素质农民培育示范基地，湖北省汉江生态经济带农村实用人才培养示范基地，十堰市产业工人培训示范基地。率先在全国实施"一村多名大学生计划"，荣获全省人才创新一等奖；2014年被评为全国职业教育先进单位，2020年被授予全国"乡村振兴产教融合共同体"理事长单位，2021年，入选全国百所乡村振兴人才培养优质校。

运动场地

学校历史悠久、治学严谨、管理严格、特色鲜明、人才辈出。建校以来，始终坚守服务"三农"的初心，扎实践行立德树人神圣使命，努力创办人民满意的职业教育，取得了丰硕成果，办学综合实力稳居全省中职学校前列，累计培养大中专毕业生 5万余人，开展各类培训5.4万人次，毕业生已成为我市乃至我省各条战线上的生力军和建设者。其中大部分成长为企事业单位、新型农业经营主体的管理精英和技术骨干；先后有2 480人担任了村两委干部和后备干部；1 125人担任了乡（科级）以上领导岗位职务，为十堰"三农"事业健康发展和推进乡村振兴战略提供了强有力的智力和人才支撑。学校现有在校生规模3 056人，其中全日制中职生1 368人，"一村多名大学生计划"学员1 005人，成人学历在籍生683人，常年开展以农为主各类社会培训3 000多人次。十堰市科技学校已成为十堰农村人才培养的摇篮，被誉为鄂西北农村人才培养的"黄埔军校"。

恩施职业技术学院
打造赋能乡村振兴人才培养高地

2021年度湖北省派驻村工作
先进集体单位

恩施职业技术学院是经湖北省人民政府批准、教育部备案的一所全日制公办高职院校，位于拥有"世界硒都""中国硒谷"之称的湖北恩施。在岗教职工777人，其中：教授、副教授202人，享受国务院津贴专家2人、全国农业职教名师1人，湖北名师1人，湖北省师德先进个人1人，省级教学团队2个。全日制在校学生20 000余人。

学校是教育部高职高专人才培养工作水平评估优秀学校、湖北省示范性高职院校、湖北省优质高职学校、湖北省"双高"建设学校，荣获省级文明校园称号、"国际硒茶人才摇篮"殊荣。2021年5月，入选国家乡村振兴人才培养优质院校和农业科研院所推介名单。现有国家职业教育实训基地4个、国家生产实训基地1个、国家富硒产品研发协同创新中心1个、国家示范专业1个、国家骨干专业2个、国家1+X证书试点项目18个。近3年学生获得全国职业技能大赛一等奖2人次、二等奖6人次、三等奖2人次；在省级专业技能大赛中获一等奖19人次、二等奖41人次、三等奖89人次；在全省"互联网+"大学生创新创业大赛中获得银奖1项、铜奖2项。

乡村振兴人才培养：
政府订单班教学

学校办学源于1937年，秉承"笃志厉行，厚德善技"校训，扎根恩施、立足武陵、放眼全国、面向未来。为助力脱贫攻坚，在湖北省首开先例办政府订单班，培养小学全科教师和乡村公办幼儿园教师累计1 989人；为服务乡村振兴，实施"乡村振兴百村行"，实用技术成果获省级奖励60余项，申报国家专利12项，多次荣获州委政府"扶贫工作先进单位"，被湖北省委组织部、省委农办、省农业农村厅、省乡村振兴局表彰为2021年度工作突出派出单位。学校聚焦区域现代产业高端，对接恩施州"立足大生态、构建大交通、发展大旅游、打造大产业，做好土、硒、茶、凉、绿'五字'文章"，以旅游管理为龙头、畜牧兽医为依托、学前教育、药学专业为支撑，建设生态文化旅游等8个高水平专业群，建立集人才培养、大师培育、技术推广、智库咨询功能为一体的技术技能创新服务平台，不断赋能恩施州乡村振兴战略，实现农业强、农村美、农民富的目标。

国际硒茶大师、中国好人、恩施
玉露国家级传承人杨胜伟老师指
导学生制作恩施玉露

黄冈职业技术学院

黄冈职业技术学院是1999年经教育部批准组建的一所公立全日制高等职业院校，是全国文明单位，国家"双高计划"A类高水平专业群建设学校，国家优质高职院校，国家优秀骨干高职院校，教育部高职高专人才培养工作水平评估优秀院校，全国首批现代学徒制试点高职院校，第六届黄炎培职业教育优秀奖学校，全国职业院校魅力校园；全国"五四红旗团委"单位，全国"高等职业院校服务贡献50强"，全国"职业院校教学管理50强案例单位"；全国高技术人才培训基地。

学校自1952年起即举办涉农类职业教育，经过多年的建设和发展，已初步形成了办学特色鲜明，专业建设领先，实训条件优越，师资力量雄厚，在国内处于领先发展水平的学校。

高素质农民培育开班

扎根老区兴办职业教育，立足区域产业，对接乡村振兴、长江经济带和大别山革命老区振兴发展等国家战略，开设有现代农业技术、园林技术、畜牧兽医等8个涉农专业，培养了数以万计的涉农人才，形成了鲜明的涉农人才培养特色，促进了区域经济社会发展。

大力培养乡村振兴骨干，组织实施了"一村一名大学生"计划、"一村多名大学生"计划，培养乡村振兴基层管理干部和致富带头人，培养了一支发展现代农业、推广运用农业技术、实现科技致富和推动农村社会进步的骨干力量，为乡村振兴积累了"下得去、留得住、用得上、干得好、受欢迎"的农民大学生和农村创业致富带头人。

高素质农民培育先进工作单位

近10年，每年近千名农业人才接受农业创业培训、基层农技人员知识更新培训、高素质农民培育。学校先后被评为湖北省阳光工程农业创业培训基地、全省农民教育培训先进工作单位、湖北省农村劳动力转移培训品牌基地。

聚焦创新提供技术服务，学校设有大别山（黄冈）农业科技创新服务中心等5个省级基地，开展农业技术服务。培育孵化了一大批新型农业经营主体，指导扶植家庭农场、农民合作社、农业产业园30多个，带动万余农户实现脱贫致富。学校年均推广现代农业实用技术10余项。

学校服务乡村振兴事迹得到了中央、省市媒体的广泛宣传，《人民日报》称赞学校育人"接地气"，扶贫"有底气"。

山东畜牧兽医职业学院

牵头成立山东省职教集团联盟

宠物医学专业实训学习

山东畜牧兽医职业学院创建于1955年，是由山东省人民政府举办的全日制公办普通高等职业学校，为国家"双高计划"建设单位、国家骨干高职院校、山东省优质高职院校。现有在校生12 000多人，畜牧兽医类在校生数量全国第一，是全国最大的畜牧兽医人才培养基地。

学校始终坚持立足农牧业、融入农牧业、服务农牧业的办学定位。 全面深入对接农牧产业现代化发展需求，服务产业转型升级，针对产业产前、产中、产后环节，建成涵盖"从牧场到餐桌"全产业链专业体系。专业水平居全国前列，立项中国特色高水平专业群1个、省高水平专业群3个，建有国家级骨干专业8个、国家级专业教学资源库3个、国家现代学徒制试点专业2个。

学校坚持走产教融合、校企合作特色办学之路。 坚持内涵发展、开放办学，积极探索打造校企命运共同体"山牧模式"。与企业合作，建设具有独立法人资格的高水平生产性实训基地6个；建有新希望六和农牧学院等10个具有混合所有制特征的二级学院；实体化运作山东省畜牧职教集团，入选国家示范性职教集团。采用5G、物联网等技术，建设两个新旧动能转换智慧农牧示范园，紧密对接智慧农牧业，功能集实践教学、产业示范、职业培训、科技研发、创业孵化等于一体，积极创建国家级产教融合实训基地。

科技服务万里行走进山西

学校发挥科技人才专业优势，积极服务地方经济发展，助力乡村振兴。 实施"百县千企万户服务工程""科技服务万里行""百名专家联牧场 产教融合助振兴""博士团齐鲁行"等系列活动，深入企业、养殖户开展科技推广、解决技术难题，形成长效机制，构建起覆盖山东、辐射全国10多个省份的庞大技术服务网络。广泛开展高素质农民培训和畜牧专业技术培训，每年为畜牧行业企业培训基层畜牧兽医业务骨干和从业人员数万人。

援青干部王云洲为牧民作技术指导

山东农业工程学院

学校党委书记张灜波做党的二十大精神宣讲报告

山东农业工程学院前身是1953年成立的山东省农林干部学校，已有近70年的办学历史。现有济南、齐河、淄博三个校区，设有30个本科专业，全日制在校生13 800余人。学校被国家公务员局确定为首批"全国行政机关公务员特色实践教育基地"，被农业农村部批准为全国高素质农民培育示范基地。被评为山东省高等学校德育工作优秀高校、山东省科技兴农先进集体等。

一、矢志立德树人，培养知农爱农新型人才。 学校认真落实习近平总书记给全国涉农高校书记校长和专家代表重要回信精神，把培养知农爱农新型人才作为首要任务。学校党委及时学习、宣传、贯彻党的二十大精神，党的创新理论进教材、进课堂、进头脑。教师获"全国高校优秀思政课教师奖教金"等，思政课获全国高校思政课教学展示暨优秀课程观摩一等奖等。成立智慧农业产业学院，实施校企"双主体、五共同"的协同育人模式，促进提升人才培养水平。

二、根植农业教育，强化学科专业内涵建设。 学校获批山东省应用型本科高校建设支持单位，积极推进新农科建设，实施"三名工程"（名学科、名专业、名课程），强化能力培养。现有省级高水平应用型立项建设专业群1个、省级一流专业4个、省级教改试点及特色专业9个；国家一流课程2门、省一流课程15门；国家级新农科研究与改革实践项目2个、教育部产学合作协同育人项目110个。近五年来，获省级教学成果奖8项，其中一等奖3项，二等奖5项；国家科技进步二等奖1项，省部级科研奖励6项。

山东省乡村产业振兴带头人培育"头雁"项目开班式在山东农业工程学院举办

三、不忘为农初心，服务区域经济社会发展。 学校发挥农业院校优势，派出干部专家参加"第一书记"、农村基层党建工作队等，主动服务农业农村事业。成立乡村振兴研究院，聚合学校资源，在乡村规划设计等方面发挥积极作用。发挥培训传统优势，承办乡村产业振兴带头人"头雁"培育项目，国家东西部对口县处级农业领导干部等项目，为全省乃至全国乡村振兴做出积极贡献。

"礼敬二十大 奋进新征程"
驻村第一书记结对帮扶集中
签约仪式

深圳市经理进修学院

深圳市经理进修学院成立于1986年5月，是深圳市政府批准设立的公办事业单位。作为国家发展改革委和国务院扶贫办（现国家乡村振兴局）分别授予的"西部地区管理人才创新培训（深圳）基地"和"全国扶贫协作人力资源建设基地"，学院自1993年以来已持续29年开展东西扶贫协作干部培训工作，为西部地区培训了47 500多名各级干部和各类专业技术人员。培训对于参训干部拓宽视野格局和工作思路，提升业务素质和综合能力，有效对接产业、人才资源起到了积极作用，因而被参训学员们称为"改革开放的讲习所"。

汕尾调训领导合影

今年4月13日，农业农村部印发《关于实施"耕耘者"振兴计划的通知》，面向乡村治理骨干和新型农业经营主体带头人开展免费培训。学院作为农业农村部遴选的首批示范培训机构，积极响应，勇挑重担，与腾讯公司创新开展校企合作，全力开展"耕耘者振兴计划"培训任务。截至目前，由我院承办的"耕耘者振兴计划"线下培训已覆盖全国10个省份（广东、广西、四川、湖南、湖北、贵州、黑龙江、云南、江西、陕西）。在项目执行过程中，探索出一条人才培养和产业培育、线上培训和线下实训、骨干培训和引领带动、理论政策和实操技能相结合的乡村振兴人才培养新模式；完善了一套标准化流程和规范化操作手册，沉淀出训前、训中、训后三个阶段90条项目标准；锻炼了一支专兼结合的教学和教务队伍，7门课程通过耕耘者项目组验收，6位教练通过项目组认证。

广东省首期示范班学员认真听讲

今年6月，农业农村部管理干部学院组织全国72家入围培训机构参加"耕耘者振兴计划"培训体系内训学习。农业农村部农村合作经济指导司副司长、一级巡视员毛德智在会上指出："今年以来，深圳市经理进修学院徐华平院长团队克服疫情带来的不利影响，在全国开展培训轰轰烈烈、有声有色，各项工作开展得特别好，各个机构都值得向深圳经理学院学习"。

未来学院将聚焦乡村治理骨干和新型农业经营主体两类乡村振兴主体人才培训，每年计划培训10 000人以上，三年共覆盖全国500多个县（区），继续发挥深圳优势、学院所能，助力全面推进乡村振兴，加快农业农村现代化。

依托特色资源，助力乡村振兴

漳州科技职业学院是世界茶王、天福集团董事局主席李瑞河先生创办的，占地1 100亩，在校师生12 000人。2021年入选"乡村振兴人才培养优质校"，先后获得国家高技能人才培训基地、全国高素质农民培育示范基地等称号。

学校坚守教书育人初心，践行立德树人使命，重点做好涉农专业建设，创新"三大课堂、三样基地、三类导师"涉农人才培养模式。7年招收863名农民就读学历大专班；开展各类涉农培训，培育农民4万余人次。1名学员获农业农村部"百名优秀学员"扶贫先锋，帮扶3名学员获技能大师工作室。

学校搭建各类平台，推动师生服务乡村振兴。91名教师先后担任科技特派员，服务26个乡镇，132个行政村，2022年获批3个省级团队科技特派员。我校科技特派员林江富获评首届"全国乡村振兴青年先锋"。学校设立茶产业应用技术协同创新中心（省级）、闽台乡村振兴研究院（校级）等乡村振兴服务机构，近2年立项涉农课题39项，其中省级7项，发表涉农学术论文50余篇。

漳州科技学院2022届高素质农民学历教育大专班毕业合影留念

学校聚焦乡村振兴战略，整合各类资源，创新机制体制，在乡村振兴战略工作中发挥示范引领作用，为推动乡村振兴取得新进展、农业农村现代化迈出新步伐贡献力量。

扎根乡村　培育英才

——湖南省洞口县职业中专学校服务乡村振兴办学纪实

洞口县属于武陵山片区，是全国农业大县，全国牲猪养殖百强县，中国雪峰蜜橘之乡。周恩来总理亲笔命名的"雪峰蜜橘"驰名中外。

洞口县职业中专学校创办于1960年，前身为"国立十一中"，学校现为国家乡村振兴人才培养优质校、国家级重点、湖南省卓越学校、湖南省示范性中等职业学校。学校以"办人民满意的中职教育"为宗旨，以"以人为本，成就幸福"为办学理念，现有教职工5 200余人。

涉农专业师生在技能大赛中已获得10个国家级奖项，26个省级奖项。学校扎实开展乡村振兴人才培训，建立扶贫实训基地20个，每年为农村培养实用人才3 000人次，帮助发展农村产业2 000亩，全面促进全县1 000人的脱贫致富。学校已经成为湖南省农村职业教育标杆学校。

呈现办学理念"以人为本、成就幸福"的南校门

个性化培养高素质农民　助力江西乡村振兴

江西生物科技职业学院聚焦乡村振兴人才培养需求，积极开展高职扩招高素质农民培育工作，探索出了一条江西特色高素质农民培育之路。

一、对接社会需求、科学设置培育专业

学校对接乡村振兴对人才新的需求，确定了畜牧兽医、水产养殖、现代农业技术、农产品加工与检测等12个农村紧缺、农业急需、农民欢迎的高素质农民培养专业。专业培养与社会需求无缝对接，精准培养出更多社会需求的人才。

二、精准开展调研、实施个性化培养

为做好高素质农民培育扩招工作，学校对高素质农民学生从地区、性别、年龄、学历、从业岗位、从业经历、现有技能能力水平、发展愿景等方面进行调研，为每个学生建立学情档案，将相同或相近的专业技术工种、服务领域的学生编到同一个班级，在班级中又将发展愿景、学习期望和专业兴趣相近的学生编成若干个小班，每个小班又根据行业岗位方向分成若干个学习小组，实施高素质农民学生的个性化、精细化培养。

三、教学重心下移、送教下乡拓展培育规模

在生源相对集中和教学、实训条件能满足教学需要的地方设置教学点。如，在江西省樟树市、余干县、宜丰县等地，依托当地的农广校、农业龙头企业和农民合作社的教育培训资源，设立教学点，开设教学班。

高素质农民培养教育教学管理专项调度会在我院举行

2021年江西省教学能力比赛在我院举行

助力乡村振兴　阜平职教中心在行动

阜平县职业技术教育中心创建于1994年，为全县经济社会发展、打赢脱贫攻坚战和全面推进乡村振兴做出了职教贡献，现已发展成为一所集中职、高职、"3+2"高职、"3+4"本科、成人教育和各级各类培训为一体的综合性职业学校，是国家级重点中等职业学校、首批国家中等职业教育改革发展示范学校、河北省职普融通试点学校，先后被评为全国职业教育先进单位、全国教育系统先进集体。2021年，学校入选全国脱贫攻坚交流基地（考察点），被评为全国乡村振兴人才培养优质校，学校创新人才培养机制、创新人才培养模式、强化"三农"情怀、加强高素质农民培训，年度完成高素质农民培训281人、5 620人次，完成职业技能提升行动人才培训292人、3 609人次。学校将坚决贯彻落实习近平总书记对职业教育的重要指示精神，落实国家、省市职业教育各级文件和会议精神，按照县经济社会发展总体部署，在各级领导和社会各界的关心帮助下，全力发展职教事业，服务乡村振兴，争取做出不负全县人民，不负时代使命的新贡献。

优美的校园环境

2021年3月9日在阜平职教中心召开全县林果产业研讨会，齐志国副县长主持

采用"校企合作＋精准培训"模式，与阜平县博嘉农业综合开发有限公司联合开办园艺技术培训班

晋中职业技术学院乡村振兴风采

晋中职业技术学院成立于2004年，是经山西省人民政府批准，教育部备案的公办全日制普通高职院校。学校位于晋中市榆次区，紧邻省会太原，地处山西省"一核一圈"城镇体系框架核心区、大太原经济圈、山西转型综改示范区。新校区占地1 462亩；现有在编教职工599人；全日制在校学生13 384人，其中涉农类在校生3 015人。

晋中职业技术学院园艺专业"村两委"班教学

学校是山西省首批示范性高等职业院校、山西省优质高等职业院校建设单位、山西省高水平高等职业学校和专业群建设单位、山西省高职院校人才培养工作先进单位、山西省"五一"劳动奖状获得者、山西省省级贫困村致富带头人培育基地、山西省职业培训示范基地、山西省省级高素质农民培育示范基地。2021年5月，学校入选全国乡村振兴人才培养优质校和农业科研院所推介名单。

晋中职业技术学院专业教师技术服务送乡下

学校现有畜牧兽医、园艺技术、园林工程技术、食品营养与检测、电子商务、财务管理、旅游管理7个涉农及乡村振兴类专业，构建起"产供销游管"一体化专业集群。

学校以服务"乡村振兴"为抓手，积极创新涉农类人员的人才培养模式。一是对普通类在校生强化劳动教育与专业技能训练，强化他们的"三农"情怀，增强他们热爱、发展家乡的自觉和意愿；二是对高职扩招的800多名"村两委"干部实施"送教下乡、农学结合，弹性学制、分段教学"的人才培养模式，为农村培养一支服务乡村振兴的科技带头人和致富带头人队伍；三是积极对农民开展技术培训与技术鉴定，2021年累计开展农民技术培训2 000人次以上、技能鉴定达3 000人次以上，并将受过培训的农民组成技术服务队，为广大农民进行技术传授和技术服务，不断放大培训成果。

人民日报报道晋中职业技术学院刘全友、王全英老师在和顺县开展科技服务

从2021年5月27日开始，我校10名驻村工作队队员分别在晋中市左权县麻田镇西安村、东泽山村、东峪村村开展帮扶工作，使三个帮扶村在左权县乡村振兴工作中起到引领带动作用。

近年来，学校积极响应国家乡村振兴战略，聚力实施学校乡村振兴"九个一工程"，积极参与山西晋中"百里乡村振兴廊带工程"建设，以"文旅＋农业"模式打造出首批晋中乡村旅游七大主题十条线路。

发挥职教优势　服务乡村振兴

淅川东西部扶贫劳务协作实用技术培训

南江县小河职业中学发挥职教优势，坚持农业农村优先，立足破解乡村振兴人才瓶颈，不断优化国示范校品牌建设，创新开办了巴中村政学院、大巴山农民工培训学校、巴山土鸡研究院，形成"一干三支"办学布局。

巴中村政学院以培养基层干部、产业带头人、新型农民为目标，打造本土化"永久牌"农村人才队伍；培养了基层干部800余人，轮训了30 000余人次，孵化了农村经济实体400余个；其经验做法被四川省委组织部先后3次专文推广，被收录《新华内参》，录入中央办公厅《动态清样》，中央电视台、中国农村报、四川日报、人民网等主流媒体作了跟踪报道，2021年2月被中共中央、国务院表彰为全国脱贫攻坚先进集体。大巴山农民工培训学校由巴中市委、政府授牌，打造巴中劳务品牌，开展农村种养殖技术、创业创富、农村电商、劳务品牌等各类专题培训22 500余人次，培训农村致富带头人8 700余名，辐射带动技能提升30 000人次，全县涌现出创业典范57个；年均培训初、中级技术人才3 600余人、高技能人才300余人；全县90%以上的畜牧系统科研人员、农技推广员和养殖专业大户均是小河职中毕业生；促进巴中劳务经济健康持续发展。巴山土鸡研究院被四川省畜牧科学研究院授予专家服务站，是巴中市院士专家工作站，年均开展培训30余期，培训人数达3 500余人，为巴山土鸡养殖和推广提供技术支持，培养、储备了大量乡土技术人才。

时任教育部党组成员、副部长沈晓明，时任四川省委常委、组织部长王正谱，四川省副省长杨兴平、罗强等领导到校调研并给予高度评价，省内及周边省市职教同行慕名考察交流1 000余人次，高扬四川省农村职业教育旗帜。

"问渠那得清如许？为有源头活水来。"学校积极参与农业科研课题研究。其中《南江黄羊新品系选育研究》获四川省科技进步一等奖、国家科技进步二等奖，小河职中推出的《南江黄羊养殖技术》，切实推广了南江黄羊品牌，巴山土鸡研究院主持研究的《巴山土鸡资源普查》获南江县人民政府科技进步一等奖、巴中市人民政府科技进步三等奖。

学校综合培训实力不断提档升级，先后被认定为四川省农村劳动力转移培训扶贫工程省级示范基地、阳光工程新型职业农民培训省级示范基地、四川省高技能人才培训基地、四川省退役军人技能培训基地、四川省省级劳务培训基地、四川省创业培训（SIYB）定点机构、四川省总工会农民工培训基地、四川省先进劳务开发培训基地，被表彰为四川省扶贫工程先进单位、四川省脱贫攻坚先进集体、全国第六届黄炎培职业教育奖优秀学校、全国教育系统先进集体、全国脱贫攻坚先进集体、全国乡村振兴人才培养优质校等荣誉。

奋进中的贵州农业职业学院

贵州农业职业学院大门照片

学院百宜实训基地规划鸟瞰图1

全国蔬菜技能大赛

贵州农业职业学院于2015年经省人民政府批准成立，作为全省唯一农业类综合性高职院校，学院自成立以来，积极主动适应高等教育新要求，克服系列新问题、新难题，各项事业顺利推进，实现了从中职教育向高职教育的成功转型，办学规模、办学质量、社会影响等各方面都实现了质的飞跃，日渐成为全省农业类专业设置最完整、规模最大、特色最鲜明的高职院校。

党的建设有力推进，党的领导明显增强。学院始终坚持把抓好党的建设作为第一要务，夯实办学治校的基本功。坚持用党的创新理论武装头脑，始终把思想政治工作贯穿教育教学全过程，坚持强基固本，坚持汇聚群团力量，坚持正风肃纪。广大党员干部廉洁自律意识进一步增强，拒腐防变的思想防线进一步筑牢。

招生就业成效显著，办学规模大幅跃升。学院始终坚持把招生就业工作放在学院发展全局的高度，精心部署、周密安排，动员全院力量，加强招生宣传，拓展招生渠道，创新性开展招生工作。学生规模突破万人大关，学生就业保持良好态势，为学院今后的稳定发展奠定了良好的基础。

教学管理不断加强，教学质量稳步提升。一直以来，我们始终坚持把教学工作作为全院工作的重中之重，系统谋划、规范管理，全力推进教学工作不断上新水平。教学系统管理得到加强，职业教育改革初见成效，学院教学质量水平稳步提升。

社会服务不断扩展，社会影响逐步扩大。学院始终坚持把加强社会化服务、提高服务能力作为努力方向，助推脱贫攻坚，助力产业革命。干部服务基层脱贫攻坚，积极开展产业培训，积极开展技术服务，积极承办技能大赛，扎实推进校地合作、校农结合。先后与正安、剑河、印江、德江、沿河等县签订合作协议，深化合作方式，拓宽合作领域，指导当地建立产业示范基地。

把职业教育融入县域乡村振兴的热土

——讷河市职业教育中心学校

乡村振兴教育是根，关键在人。作为全国农业大县的黑龙江省讷河市聚焦乡村振兴人才培养，依托县职教中心建设乡村振兴学院，真正实现了"田间地头建学院、产业链上讲振兴"。

2021年，讷河市委、市政府牵头与黑龙江农业经济职业学院、黑龙江旅游职业学院签约成立讷河市乡村振兴学院，学院设在讷河市职教中心学校，以"三院四中心"架构复合型乡村振兴学院体系，打造乡村振兴人才培养一站式服务平台。

立足服务三农，发挥阵地引领优势。以服务"三农"为宗旨，成立乡村振兴学院、制药产业学院、社区教育学院，农业科技服务中心、培训服务中心、农村经济管理服务中心、双创服务中心（即"三院四中心"）。实施乡村振兴带头人双提升行动培养200人，开展高素质农民培训、精准扶贫就业技能培训2.6万人，开展农村两委人员和村会计培训，举办种植、养殖培训，"为农服务110"指导服务200多次。

拓展涉农专业，发挥专业资源优势。围绕讷河农业发展人才需求，成立农村电商学院，培训农村电商人才380人，开设"益农乐农"淘宝店铺，助力讷河农特产品销售，学校被中国成人教育协会评为"乡村振兴电商人才培育基地第一批共建单位"；与讷谟尔农业公司共建现代农业观光园，种植1 800亩示范田；引入讷河市博翼植保无人机研发有限公司，打造无人机产业链，培养无人机驾驶员416人，学校无人机驾驶员培训中心被评为全国农村成人教育特色品牌培训基地。

融入乡村振兴，发挥科技服务优势。服务地方经济，首创"乡村家长学校+技能提升"培训模式，15个乡镇学校成立家长学校，开展就业技能培训996人，举办农村月嫂培训1 355人、养老护理培训367人、返乡农民创业培训765人；校村合作打造"一村一品"，共建勇进村无土栽培蔬菜、建设村菇娘、南阳村赤松茸等示范村十余家；驻村驻社，赶科技大集，用短、平、快服务，把农业科技送到田间地头，打造以孔国乡响铃农民合作社为代表的示范合作社，形成"校中有社，社中有校"的格局。

讷河市乡村振兴学院签约成立仪式

无人机飞手培训提高农业生产应用科技水平

共建勇进村禹博农业生态绿色农业田园综合体

坚守职教育才使命，倾注龙江乡村振兴

——黑龙江省龙江县职业教育中心学校

龙江县职业教育中心学校前身是创建于1975年的龙江县五七大学，后更名为龙江县农村成人中专。1995年龙江县以成人中专为基础筹办职教中心，1998年将龙江技工学校、农业高中、职业高中、龙江电大分校合并到成人中专，成立龙江县职业教育中心学校。

学校是国家级重点中等职业学校，是黑龙江省"双优"学校、乡村振兴人才培养优质校、"三全育人"典型学校建设项目单位，是中国成人教育协会确定的首批职业院校服务全民终身学习实验校。

学校建校至今，始终坚持"面向农村、贴近农民、服务农业"办学，坚持念好"农"字经，服务"三农"事业。

乡村振兴战略的实施，对职业教育提出了新的课题和使命任务。学校摆正定位，按照乡村振兴战略规划确定的目标任务和《国家职业教育改革实施方案》提出的"服务乡村振兴战略，为广大农村培养以高素质农民为主体的农村实用人才"要求，建设了现代农业专业群、食用菌产业基地、电子商务实训基地、无人机培训基地等技术技能人才培养、技术服务推广基地。开发了5门精品课程，其中4门成为省级精品课程，3门参评为国家级精品课程。成立非遗传承与创新工作室，把民间优秀剪纸文化融入课堂。对接县域产业兴旺和乡村振兴需求，服务农产品加工、乡村休闲旅游、农村电商和实施"数商兴农"工程，每年培养、培训涉农类技术技能人才7 000余人。年均培养现代农艺、畜牧兽医专业中等学历教育人才1 600余人。推广农业新技术、新品牌7个。建立"田间学校"，成立了为农服务队，深入农民专业合作社、农户，开展技术服务和生产指导。通过职业教育赋能为乡村振兴输送源源不断的生力军，提供技术支持。

学校深入实施产教融合、校企合作，与高职院校、企业合作，建立的畜牧产业学院成为黑龙江省首批职业教育示范性现代产业学院培育建设项目，建立企业订单班，为县域畜牧养殖、畜禽加工企业培养技术人才191人，向高职院校输送毕业生113人。

农民专业合作社培训班

无人机实训室

政校企共建产业学院签约

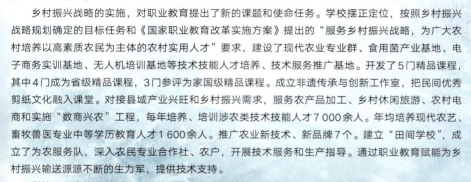

北京市杰海农业科技发展有限公司

园区大门

北京市杰海农业科技发展有限公司于2016年1月在北京市顺义区正式注册，公司类型是有限责任公司，注册资金1 000万元，基地位于顺义区北务镇林上村。公司于2014年开始建设，2016年正式投产，占地面积110亩，有温室大棚33座。

该公司创始人是一名退伍老兵，在空军服役20多年，2013年因公负伤并在部队办理了退休手续，所以给农场起名"老兵农场"。设计申请了8个相关文字商标及图形商标及作品著作权，以维护自身在商品流通领域的合法权益。公司创始人在商标的图形设计上融合了部队的特色，以怀念曾经的部队生活。

西瓜（超越梦想）

农场主要种植西红柿等茄果类蔬菜，同时还引进了草莓、火龙果、香蕉、台湾长桑葚、甜瓜等水果。农场花费了八年多的时间基本建成规模种植有机蔬菜、水果的相关设施，研发设计了诸如蔬菜大棚温度监测系统、农业蔬菜大棚智能化管理系统、蔬菜大棚灌溉喷淋控制系统、蔬菜大棚环境监测控制系统、蔬菜大棚升降温控制系统、蔬菜大棚智能远程监控系统、蔬菜大棚土壤酸碱度检测系统、农业蔬菜农药检测系统等科学种植管控系统，进行科学种植培育，采用滴灌、微喷灌等节水设备，大大节省了地下水的使用量，而且科学培育对于产品产能及质量都更加有保障。

西红柿（桃太郎）

本公司在生产方面追求精益求精，为了学习和成长，公司组织参加了很多农业培训课程。以前主要以无公害标准生产，现在农场向绿色、有机农业升级，并于2022年七月成功申请了番茄的有机转换证

红心火龙果

书。农场创办以来，多次邀请顺义区农委、植保站莅临指导，聘请日本有机草莓、西红柿等种植专家担任长期顾问、聘请有经验的有机种植技术工人长期驻扎农场带领有机化生产。

江西省新余市高新技术产业开发区
马洪办事处桂花村委

桂花村位于马洪办事处东北方向，毗邻沪昆高速、新余环城路，交通便利。辖区面积5.6平方千米，共有10个自然村，330户，1 264人。全村共有党员42名，设立了1个党支部。村"两委"干部4人。近年来，在省、市、区各级政府的大力支持和帮扶下，桂花村立足自身资源优势，大力实施乡村振兴战略，运用"三变""三放"工作法，探索"农业牵手工业"新模式；推动乡村振兴跑出"加速度"。桂花村先后获得全国巩固拓展脱贫攻坚成果村级实践交流基地、省级文明村、省级森林乡村、省级生态村等荣誉。

近几年桂花村依托环城路开通的交通优势，大力发展生态农家乐、特色种植（新余蜜橘）、特色养殖（黑山羊），通过拓展多种渠道、采用多种经营模式，实现了多元化分红。充分调动广大党员群众的积极性、主动性和创造性，增强村集体自身的"造血"功能。2022年村级集体经济达到32.7万元。

下一步，桂花村将立足自身资源优势，发挥高新区"工业"优势，充分发挥农业资源和工业优势，大力发展乡村旅游、生态农家乐、新余蜜橘、黑山羊养殖等产业，将着力打造彰显产业兴旺之美、自然生态之美、文明淳朴之美、共建共享之美、和谐有序之美的江西新时代"五美"乡村，努力走出一条具有本土特色的乡村振兴之路！

北京市门头沟区斋堂镇柏峪村

一、村内概况

柏峪村是地处京西门头沟斋堂镇辖区内的小山村，距门头沟城区75千米，距109国道11千米，由明清古关口（天津关）守关将士建村，是军户古村，历史悠久，村域总面积3.28万亩，村内海拔高度810～850米，生态良好，空气新鲜，素有天然氧吧之称。现有精品民宿2家，农家乐接待户47家，能同时接待500人食宿。

二、村内资源

柏峪村历时4年完成险村险户改造，全村以仿古式瓦房建筑为主，晚上配备墙壁路灯、节假日串灯等照明设施。村内旅游资源丰富，有黄草梁、象鼻山、天险腊子口、滴水峡谷等自然景观，有古长城、七座楼、天津关守口官廨、长城古砖窑遗址等历史人文景观，还有红色教育展览、爱国教育陈列馆、刘玉昆烈士墓，古文化非物质文化遗产（燕歌戏、柏峪山梆子戏、燕歌戏大鼓）等历史文化资源。村内配有文化广场、健身场、篮球场，同时也是国际山地徒步大会100千米重要赛段。

三、产业情况

柏峪村以燕歌戏曲文化为主要文化产业，柏峪燕歌戏已有400多年的历史，是北京乃至全国独特剧种，有"戏曲活化石"之称。2005年燕歌戏被列入市级非物质文化遗产加以保护，同年柏峪村申办了燕歌戏社团，经专业剧团指导，现已有18个剧目可以登台演出，成为柏峪村乡村旅游最大亮点。同时村内美丽休闲乡村项目、休闲农业园区项目正在建设中，建设完成后能够使村内环境、农耕文化体验等得到提升；同时柏峪村将继续推进精品民宿发展以及农家特色美食产业。

四、基础设施

为增强游客的旅游体验感，村内设有文化剧场、游客中心、停车场、指引牌、医务室、公共卫生间、Wifi、消防设施、消毒设备、安全警示标识、污水处理、生活垃圾收运处置体系等。

五、经营情况

柏峪村休闲农业经营主体以村委会、村股份经济合作社为主，发展农耕文化体验、共享菜园、田园建设功能，鼓励村民发展精品民宿，同时实行村企合作的发展模式，以"保底租金＋利润分红"的模式，稳步提升柏峪村集体经济发展水平。

六、休闲农业联农带农情况

柏峪村在村两委班子带领下，在全体村民的支持下，充分尊重群众的意见，议事严格履行"四议两公开"民主程序，将美丽休闲乡村建设与农耕文化体验以及传统燕歌戏曲文化相结合，打造柏峪村独特的旅游符号，创建特色品牌，带动村集体、村民转变发展思路，提高经济效益，促进柏峪村整体发展。

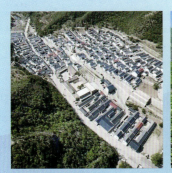

西麻各庄村

西麻各庄村位于风景秀丽，历史悠久的京南第一镇—大兴区榆垡镇西北部，西侧紧邻永定河河畔，距榆垡镇区5.7千米，京开高速4千米，芦求路2千米，全村常住人口642人，村域总面积130.46公顷，耕地1269亩，开发永定河闲置地1200亩，与京南绿野万亩公园为邻，地理位置优越。

生产美

村有主导产业，户有致富门路。西麻各庄村主导产业为农业，以种植业为主，甘薯、瓜菜和果树是本村的主要种植作物，果树种植主要以梨树为主，村内有200亩梨树林。

作为民俗旅游的一大服务产业，西麻各庄村大力发展农家院，提升本村的旅游接待实力，打造有特色的民俗接待文化。村中现共有民俗接待户18户。

西麻各庄村从打造民俗接待的特色美食出发，深层次挖掘中华美食——饺子的民俗文化，使其成为西麻各庄村农家院的独有特色，可以提高本村农家院的可识别性。利用各种有特色的饺子馅料和饺子皮，成为吸引旅游资源的重要亮点。

村内有一处蜂胶研发基地，为村内富余劳动力提供了就业机会。做到了为富余劳动力找出路，就近、就地解决就业。

生活美

在基础设施建设方面，村里主要街道全部铺设路灯，村民家中基本普及太阳能热水器，村民的生活质量得到极大改观，村内街道全部为硬化混凝土道路，给排水系统均满足日常生活需求。村内修建了两个便民的公共厕所，村口修建了醒目的牌楼，并修建了长达220米的宣传墙，从村东路一直延伸到村内。在文化生活方面，村内建设了村口公园和文化活动广场，供村民们健身游玩和集体活动，各种健身器材一应俱全，公园一侧设有篮球场。在村委会院内建设一栋礼堂，为村民集体文化活动的主要场所，丰富了村民的文化生活。

环境美

西麻各庄村于2015年投资1260余万元改善村庄整体环境，将村庄整体打造成为"特色榆垡，特色西麻"最美乡村。村庄整体环境优美，整村围绕复古风格建设，造型独特。环村植被丰富，村内主要街道两侧栽种了很多鲜艳的观赏性花卉，村内聘请专人进行修剪，给村民提供了一个优美的生活环境。村内建有文化活动广场、西麻各庄公园，各种健身器材一应俱全，为村民提供了文化活动场所。村内安排专人对村内垃圾进行收集，积极开展垃圾分类活动，曾获得2011年度北京市生活垃圾分类村庄贡献奖。

人文美

在精神文化建设方面，西麻各庄村组建文化队，广场舞、秧歌队、吵子会不仅经常在村内表演，还经常到其他地区进行表演交流。文化队为了响应党的号召自编自演各类节目，有表演唱、小品、三句半、快板、小合唱等，把各项新农村政策融入到表演词中，生动描述了农村的新气象，全年各类演出20余场，广泛宣传了党政策，为群众提供健康向上的精神食粮。这些小节目唱的是新农村建设的美好前景、说的是家长里短、舞的是对生活的热爱，丰富了农村文化，村民素质得以提高、邻里更加和睦、乡风更文明。

北京市平谷区峪口镇东樊各庄村

一、基本情况

（一）村庄概况。东樊各庄村位于峪口镇西部，村域面积7.9平方千米，常住户数846户，居住人口2 460人，昌金路从村北经过，村庄背靠燕山山脉，地势北高南低，村南是小龙河。村庄北倚低山，面临平原，呈东西延展矩形，北高南低，海拔36～44米。东樊各庄村先后获得等全国"一村一品"示范村、中国贡椿第一村、北京市社会大课堂资源单位、全国儿基会学农劳动教育实践基地及平谷区中医院文化旅游基地、北京市级美丽乡村示范村等荣誉称号。

（二）资源禀赋

1.生态本底优良。东樊各庄村年均气温15.2℃，无霜期328天，年均降雨量570.3毫米，四季分明，雨量充沛，植被覆盖率高达95%且没有任何工业污染，形成了天地和谐、生态良性循环的"天然氧吧"。峪口龙源森林公园种植植物76种，野生分布有射干、胡枝子、扁担杆、扁榆等观赏植物，百万亩平原造林增加大片彩叶、山里红及常绿油松、桧柏。

2.历史遗迹丰富。唐朝名将樊梨花在此地戍边，因其姓而成村名。汉朝时此地为边关地域，山上古防御城堡两处遗迹可考，唐朝建有"通化寺"，宋时建有"烈虎桥"（现保护完好），诚郡王允祉福荫于此，村南有"小龙河"发源地。村庄北靠"横龙山脉"，东依"凤凰山"，"小珠山"落中而成天然易景"龙凤戏珠"自然景观。

3.革命文化波澜壮阔。1938年10月17日，抗联副总司令员李运昌以及冀热边特委负责人胡锡奎、李楚离和抗联部队干部等，在樊各庄村召开了紧急会议，坚持了冀东抗日游击战争，保存了革命火种，开辟和建立了冀东抗日根据地。

4.产业基础扎实。村内有100亩"红芽香椿"园、万樊路御道休闲产业带、什刹海训练基地、北京市青少年户外活动营地、北京青云山庄生态文化体验园、花果山高标准桃新品种产业园、北京太空蚕科技文化产业园、摩利支天欧李园等休闲体验园区。已形成了以"农业规模种养殖＋研学＋运动＋观光"为主的都市现代农业发展模式。

二、美丽休闲乡村建设的做法和经验

1."大桃＋香椿＋文旅"组合发展，视角独特。东樊各庄村发掘本村原始种质资源——具备深厚历史文化底蕴的"御用"贡品"红芽香椿"品种的现代文旅价值，以香椿盛产时节与桃花盛开时节完美相遇，而此时节特色餐饮缺乏切入点和突破口，利用"桃花音乐节"为契机，将两者完美结合，打造集"风光""音乐""美食"为一体，视觉、听觉、味觉全方位立体呈现的"桃花音乐＋香椿"文化旅游节，极大吸引眼球，博得海内外游客青睐，使村庄成为京郊春季桃花游网红打卡胜地。

2."林下经济＋体验＋学农教育"组合发展，特色鲜明。村庄依托龙源森林公园，大力发展林下经济，将林下经济与景观功能进行结合，种植既有一定经济价值，又能丰富森林景观的特色物种，例如豌豆、油葵、丹参、人参、太子参、百合、油牡丹、桔梗、白芍药、玫瑰花、白术等，还种植有五彩斑斓的金光菊、蛇鞭菊、百日草、醉蝶花、万寿菊、丹花板、波斯菊等，形成森林公园"三季有花""四季愿往"的独特景致，游客无论何时步入都会沉浸其中、流连忘返。

3."万樊路"民俗旅游带，风情浓郁。利用本村丰厚的文化底蕴和"万樊路"沿线优势旅游资源，将全长5.6千米的万樊路打造成"吃、住、游、购、娱"为一体的休闲观光旅游带。观光带中将明代建造、至今保存完好的"烈虎桥"，清朝允祉三王爷陵，横龙山，小龙河等人文、自然景观进行串联的同时，增加集科普、体验于一体的太空桑蚕文化园景点，增强游客参与感、体验感、归属感。

三、主要经营主体和经营业态

1.北京东樊各庄贡椿果蔬产销专业合作社。合作社成立于2015年，以立足于农、服务于农、惠及于农、增利于农为发展理念，为村民提供技术培训、销售产品、联系商家等服务，对本村香椿产品宣传、推广、销售和栽培改良起到了推动作用，使"东樊贡椿"特色产品的产量、质量和价格得到极大提升，口碑、影响力逐年提升，实现了产品增量、村民增收、集体增效的目标。

2.北京本草神谷康养产业有限公司。该公司结合东樊各庄村林下经济重点试点村项目，与东樊各庄村以"党建＋企业＋村民"三位一体模式，大力发展林下中草药种植，以宜药、宜花、宜景的发展思路，支持森林资源与生态旅游相融合，从而壮大集体经济和村民增收，带动一二三产融合发展。

3.北京野馨科技发展有限公司。该公司是一家集蜂产品销售、蜜蜂文化科普体验为一体的蜂业公司。公司实行从原料到终端的全线运营模式：蜜源地开发、蜜蜂养殖、原料甄选与收购、蜂蜜销售。同时还进行蜂蜜美食的研发，"欢乐蜂场"体验基地全权经营。公司现有品牌"金海湖""蜜小丫"，与京东、中国移动、物美便利等达成长期稳定的合作。与国内大型蜂业公司和烘焙企业长期合作供应原料蜜，年销量达到150吨，年产值高达500万元。

北京鲜花港投资发展有限公司

北京国际鲜花港成立于2007年10月，是北京市主办的第七届中国花卉博览会的重要组成部分。园区地处北京市顺义区杨镇，紧邻白马路和木燕路，位置优越，交通便利，总体规划4平方千米，分为生产区、展示区两大功能区，主要功能定位为以现代化农业生产、研发、展示、交易为主，兼具农业多种功能的产业园区。

北京国际鲜花港先后被评为"北京顺义国家农业科技园区""国家4A级旅游景区""国家级星创天地""国家级持续高效农业示范区中心区""国家级星火培训基地""北京市休闲农业五星级园区""现代农业综合应用示范基地""全国农业科普示范基地"等。园区以服务市民、满足人民对美好生活的向往为宗旨，每年举办北京郁金香文化节、北京月季文化节、北京百合文化节、北京菊花文化节和年宵花展"四节一展"大型花事活动，累计吸引游客400余万人次，已成为北京市乃至全国农业休闲产业融合对外展示体验的窗口。

北京国际鲜花港郁金香文化节

鲜花港通过实施市区两级政策扶持项目，与中国菊花产业科技创新联盟、北京林业大学等科研院所紧密合作，建立产、学、研、用基地，从事花卉品种的孵化、转化和熟化等研究，建立花卉科研成果服务推广体系。由北京国际鲜花港培育并选送的精品大菊获得世界花卉大观园第十一届菊花擂台赛一等奖、第十二届菊花擂台赛一等奖、第十届中国花卉博览会等多个奖项。

北京国际鲜花港依托自身深厚的农业文化底蕴，以园区为载体，以休闲农业为主体，大力发展休闲农业体验观光产业，在自身发展的同时，带动周边村镇关联产业发展，实现抱团发展，互相带动、互相补充，进而增加当地农民收入，丰富城乡居民生活。

为了发挥园区休闲农业展示平台作用，加快顺义区休闲农业建设工作，进一步促进地区一二三产业融合发展，鲜花港围绕依托本身天然的资源禀赋、区位优势及产业特色优势，围绕以"资源集聚资源、品牌集聚品牌、产业集聚产业"的工作思路，通过氛围营造、活动体验和品牌推介等手段，打造集休闲娱乐、农事体验、科普教育等功能于一体的精品休闲农业体验营。同时与当地农户形成联农、带农的机制，进而带动顺义周边区域的农村农业、展览展示、农贸购物、休闲观光、文化创意、餐饮娱乐等产业的共同发展，增加地方的财政收入。

北京国际鲜花港月季文化节

北京国际鲜花港菊花文化节

北京国际鲜花港获奖大菊

北京国际鲜花港百合文化节

龙湾好礼

　　北京市顺义区龙湾屯镇环境优美、景色宜人，具有得天独厚的自然资源。龙湾屯镇紧临号称三十里燕山的山地资源，山上林木茂密，山花烂漫，峰峦叠起，景致宜人，是北京市七大果品乡镇之一，林果种植面积达3万亩，尤以龙湾屯大樱桃与龙湾屯酥梨闻名京津冀地区。

　　龙湾屯镇自然地貌独特，属丘岭山区，山川连绵，丘岭起伏，群山环绕，泉水叮咚，空气清新。属暖温带大陆性季风气候，气温暖和，四季分明，无霜期为7个月左右，丘陵多，河流多，有"四面环山、三面环水，半城烟村半城田"之称。龙湾屯樱桃与酥梨种植基地处于丘陵浅山区，地貌复杂，地势高差变化较大。其特点为山地、丘陵各半。土壤种类较多，红黏土和黄黏土占较大比重，先天的条件决定了人为影响很少，不存在农药化学污染、重金属污染。自然条件的差异性和自然资源的多样性，决定了这里植被茂密，气候良好，空气清新，湿度润泽，生态多样，是天然氧吧。天然林场很大程度上改善了龙湾屯水果种植园的环境与气候，可以净化空气，阻碍有害气体、尘埃和细菌，减少噪音，防水，美化环境。优质的空气质量从整体上提高了龙湾屯大樱桃与酥梨的品质，促进了整个产业的健康发展。

　　由于龙湾屯大樱桃具有北京燕山山前特有的小气候的呵护，使龙湾屯大樱桃的品质优良，而且采摘期长，樱桃含糖量高，口感好。龙湾屯大樱桃果个大，果皮薄，果面呈鲜红色，近成熟时果面由青黄色逐渐变红色，完全成熟时果树外围及向阳处、果面全红，背阴处果面红色占二分之一，十分喜人，所以又名水晶樱桃，在同纬度地区樱桃产品独树一帜。从综合性状来看，龙湾屯大樱桃味甜，品质优，成熟早，耐储藏，粒大，粒软，是樱桃中难得的珍品。

　　同样驰名的龙湾屯酥梨以果大核小、黄亮型美、皮薄多汁、酥脆甘甜而驰名环京地区。龙湾屯酥梨口感甜脆爽嫩，具有清香可口、果肉细腻、核小、无渣、味甜等特点。

　　最具特色的是，龙湾屯大樱桃及酥梨种植采用优质矿泉水浇灌，经过地质矿产部门水文地质司及中国预防医学环境卫生监测所、北京市卫生防疫站检验，龙湾屯镇地区水量及矿物质含量稳定，其微生物指标均符合《饮用天然矿泉水国家标准》。龙湾屯大樱桃是用真正的矿泉水浇灌而成的。

　　目前，已将龙湾屯林果业发展成为特色产业，形成基地化、精品化产业格局。在政府指导下，龙湾屯集成新技术、新成果，提高果品品质和质量安全，成为名副其实的"放心果"。

　　立足龙湾屯镇樱桃产业，连续举办了六届樱桃采摘文化节，为当地吸引游客20万人次，销售果品300万千克，为果农创造销售收入1 800万元。推出多条旅游主题线路，全面展示当地旅游与农业、文化等产业融合发展的最新成果，整合温泉度假、室内滑雪馆、七彩蝴蝶园、房车露营、特色民宿、红酒庄园、森林氧吧、芦苇荡湿地、水上公园、鲜花港、红色旅游点、星级民俗村（户）、樱桃幽谷采摘园、民俗文化园等"吃住行游购娱"旅游六要素资源，范围辐射京津冀周边乃至全国，策划推出亲子教育游、周末家庭游、养生健康游等多项旅游攻略。充分发挥了龙湾屯樱桃产业的带动作用，实现"一业兴百业旺"！

北京市平谷区大华山镇前北宫村

常富东，男，汉族，1988年5月出生于北京市平谷区，中共党员，大学学历，现任大华山镇前北宫村党支部书记、村委会主任；通过选举成为平谷区人大代表，任农村委委员。任平谷区青年创业协会副会长、平谷区电子商务协会副会长、平谷区农村创业者联盟专理。深耕大桃产业，在大桃推广、销售、深加工领域下功夫。

（一）壮大集体经济，助力乡村振兴

平谷区是大桃栽培北限之地，鲜桃品种多、产量大。怀着对这片热土的乡愁，常富东返乡创业，成立合作社，七年来，大桃销售正在由传统销售模式向"互联网＋大桃"新模式转变。常富东带领桃农把手机当成手里的"新农具"，引领"全民皆商"，合作社通过电商销售鲜桃超过2 500万千克，直接为村民增收2.2亿元，间接带动全区100余村5万桃农经济增长。培训桃农利用手机网上销售2 700余场次，带动桃农直播1 200余场次，并引进先进的分拣设备，大桃不仅卖出去了，而且实现了价格（每斤鲜桃价格提高300%）和销量的飞升。疫情之下，大桃销售面临前所未有的挑战，合作社联系多家物业公司，帮助"平谷大桃进社区"，扩大销售渠道，桃农收入不降反升。在他的带领下，前北宫村委会被评为"十佳大桃销售村""产业发展先进村""大桃销售先进村集体"。

（二）引领新青年创业，畅通大桃物流服务

众人拾柴火焰高。常富东认为"平谷不仅是我的平谷，更是广大青年人的平谷"，"三农"工作需要更多新鲜的血液注入这片桃林，他带领50多名年轻人返乡创业，建设了一支懂农业、爱农村、爱农民的青年创业队伍。带领青年成立大桃快递物流点，从无到有，从有到全，打通物流堵点和难点，使大桃快递单量从2017年全区5万单（40万斤）发展到2022年441万单（5200余万斤）。

截至目前，建立大桃快递揽收点118个，实现大桃产区100%覆盖和全天候服务，有力推动了平谷区农业农村经济发展。

（三）发展二、三产业，促进产业融合发展

七年来利用电商渠道，在全区创造了524个工作岗位，带动1 200多名农民就业。针对桃农专业化水平低、组织化程度不高、深加工后劲不足等实际问题，常富东创立北京桃娃农业公司，深耕于桃衍生品打造，将农业与生产加工和文化产业相结合，填补了平谷大桃衍生品市场空白，带动附加值5 000余万元。合作社被平谷区委组织部授予"平谷区农村实用人才示范实训基地"，多次荣获"十佳电商企业""明星合作社"称号；被评为"中国服务'三农'示范单位""市级示范合作社"；北京桃娃农业公司荣获"北京礼物"旅游商品大赛"优秀奖"。

北京市休闲农业星级园区——良乡蔬艺园

良乡蔬艺园作为房山区现代农业产业园的一部分，是集设施农业与休闲农业于一体的现代都市农业园区，园区涵盖观光采摘体验、园艺疗法、五感体验、科普研学等多重功能，向社会高水平呈现北京现代农业创意文化、绿色发展与生态文明建设的成效。

（1）观光采摘体验

园区植入了农耕文化与园林文化的元素，注重多功能的乡土植物的选择，合理配置可食蔬菜、蜜源植物、药食同源植物等，并以观、学、体、食为主要线路，因地制宜，适时造景，达到了室外环境三季有花、四季有景的景观效果。并充分发挥温室冬季的优势，增强了四季观光采摘体验的效果。

（2）园艺疗法

园区采用室内和室外相结合的调养方法，引入可食观赏植物，室内有养生区，室外分为种植体验区、观赏区、闻香区、静谧区，实现了识、嗅、听、触、食等多重功能，提高了园艺疗法的功效。

（3）五感体验

园区将五感体验融入园林与园艺植物配置，游客游玩时，植物可通过视觉、听觉、触觉、嗅觉、味觉五个方面对人体产生刺激，给人带来愉悦的感受，帮助游客转移注意力，消解疲劳，达到镇静安神的作用。

（4）蔬艺科普研学

良乡蔬艺园于2021年申报园艺驿站，科普设施相对完善，蔬菜故事馆具有二十四节气蔬菜日历，具备举办科普教育课堂、研学教育的条件。目前已举办过多场蔬菜相关手工DIY活动、研学教育活动以及自然科普讲座。

观赏蔬菜景观配置

北京美丽乡村——韭园

一、基本概况

北京市美丽乡村——韭园，位于北京西部109国道（下安路）45千米处，属于浅山区。韭园联合村由韭园、桥耳涧、西落坡、东落坡四个村组成，位于王平镇政府东部，村域面积3.9平方千米，海拔180米。南依九龙山，北临永定河，处于一个南高北低、四面环山的沟域里，属典型的山区地貌。依托良好的山村环境，韭园四村现有24户民俗旅游接待户，其中市级民俗旅游接待户5户，年接待游客约3万余人。

二、主要成果

2007年度被评为首都文明村、北京市村务公开民主管理示范村、村庄建设先进村、首都绿色村庄。

2008年度被评为环境整治先进单位、农民致富先进村、敬老模范村委会。

2009年荣获北京最美乡村提名、先进党支部、先进村委会、北京市门头沟区森林防火工作先进集体、农民致富先进村称号。

2010年2月荣获2009年度新农村建设先进单位、2009年度生产发展先进村称号。

2013年韭村被评为发展乡村（观光）旅游先进单位、北京山区发展先进单位。

韭园之所以能获得如此多殊荣，与其自身的生产美、生活美、环境美、人文美密切相关。

全国名特优新农产品：泾阳西红柿

—— 一张靓丽的乡村振兴名片

近年来，陕西省委省政府高度重视蔬菜产业发展，实施"百万亩设施蔬菜工程""千亿级设施农业工程"等，推动全省蔬菜产业的快速发展。泾阳作为陕西西红柿第一大县，在省、市、县各级政府的带领下，实现了特色产业高质量发展。截至2022年底，泾阳西红柿种植面积达10.85万亩，年产量65万吨，产值12.75亿元。全县各镇均有种植，并形成万亩以上的特色产业镇7个、产业发展长廊4条。沿产业长廊发展蔬菜园区36个，其中省级蔬菜产业园区2个、市级园区9个、一村一品示范村81个，从事蔬菜种植农户3.3万多人，示范村蔬菜收入占农民人均纯收入的80%以上，菜农人均收入达到2万元以上，示范带动作用强。

经过多年孵化，西红柿产业已经转型升级为泾阳蔬菜特色产业的一张靓丽名片，泾阳西红柿产业实现了引种—试验—育苗—种植—加工销售全产业链发展态势。目前泾阳引进1个研发中心（西农试验站），1家育种企业（桑农种业），建设了4个育苗和新品种试验示范基地（泾云、绿植、泾润丰农、绿盈盈）、15个育苗点、86个蔬菜生产基地，形成有规模、有组织的蔬菜加工、流通专业合作社（企业）160多家，成功实现了产、供、销全产业链发展，助推群众增收致富、乡村振兴。

泾阳西红柿类型主要分为普通型、水果型和樱桃番茄型3种，种植品种177个，主栽品种35个，其中最有代表性的水果型品种普罗旺斯，具有皮薄、沙瓤、多汁、口感清甜的特点，充足的光照让果实糖分更容易积累，沙土土质透气性好，利于植物的呼吸，自然生长近180天，生长周期是普通西红柿的1.25倍。西红柿种植茬口有早春、秋延和越冬等，品种齐全，四季生产，供应均衡。

泾阳西红柿果实扁圆形，成熟时果面呈红色，肉质沙糯，味甜，甘美爽口，纤维少，每100克西红柿鲜果肉中，可溶性糖高达22～24克（一般西红柿为11.6克左右）、蛋白质0.57～1.03克、番茄红素含量15.4毫克、维生素C含量18.2毫克。泾阳西红柿还含有丰富的烟酸、维生素B族元素和β胡萝卜素等，可溶性固形物含量达3.6%～6.06%，多种矿物元素（铁、锌、钙、硒）含量高于一般西红柿。

泾阳西红柿以其优良品质深受消费者喜爱。目前县内从事番茄电商销售的合作社和企业有80余家，西红柿品牌有50多个，畅销品牌有"奋斗柿""柿愿""田樾""迎柿方""花田喜柿""刀马旦""大秦盛柿""润兴园"等，年销售量达到1000万斤，实现销售额为2000万元，生产产值达到百万以上的合作社（企业）有20余家，并被陕西省农业农村厅认定为2022年省级农业品牌，被农业农村部农产品质量安全中心纳入2022年第二批"全国名特优新农产品"名录，将陕西优农匠心农业投资发展有限公司、泾阳县云阳镇学明蔬菜专业合作社、泾阳县润兴蔬菜专业合作社、陕西臻品农特开发有限公司、泾阳县淇辉蔬菜专业合作社、陕西省泾阳县大德田农业有限公司、泾阳县享优蔬菜专业合作社、泾阳县欣悦蔬菜专业合作社、泾阳县鑫虎蔬菜专业合作社、陕西绿盈盈现代农业有限公司十家企业列为泾阳西红柿名特优新产品主要经营主体，极大增强了泾阳蔬菜产业的凝聚力，提升了产业的知名度和竞争力。

未来，泾阳蔬菜产业发展将坚持以习近平新时代中国特色社会主义思想为指导，立足创新发展机制，在种子种苗研发、蔬菜标准化、品牌化销售和模式集成上不断创新突破，引领全国蔬菜产业发展，让全国人民吃上放心的、高品质的、品牌化的泾阳蔬菜。

北京市顺义区李桥镇后桥村

后桥村有效落实乡村振兴战略规划，细化、实化工作重点和政策措施，大力发展休闲农业和乡村旅游，完善投资机制，加强乡村文化、人居环境建设，提高村民就业和增收水平。

1.大力发展农业产业。突出农业绿色化、数字化、特色化、品牌化，形成农业科技示范、绿色有机示范、智能化食用菌产业示范三大农业产业集群，积极推动农业生产、加工、销售、休闲农业及其他服务业有机融合。

2.积极探索完善多元投入机制。引进社会资本发展村庄产业，创新运营模式，建立项目合理回报机制。

3.繁荣兴盛乡村休闲旅游。进一步挖掘乡村农耕文化资源，将后桥村休闲农业文化品牌推广出去，助力美丽休闲乡村发展。

4.建设生态宜居乡村。提升乡村人居环境、服务设施和基础设施，建设共管共享的美丽休闲乡村。

5.提高农村民生保障水平。不断提升农村劳动者素质，拓展本地就业增收空间。大力发展特色乡村休闲和服务业，为农村劳动者就地就近转移就业创造空间。

村庄农业休闲产业及其他项目介绍：

1.绿色有机示范园。总占地面积180亩，，带动周边村民30余人就业。创建了集农业科普、观光采摘、休闲农娱于一体，经济效益、生态效益和社会效益相结合的综合性休闲农业园区。

2.农业科技示范基地。拟建设农业科技示范基地，占地170亩，总投资约1 500万元，打造现代化农业种植基地。形成规模化种植后，引领周边农户科学种植，同时通过村企联动带动周边农户就业，提高农户收益。

3.智能化食用菌产业示范园。村集体出资500余万元回收农业闲置连栋温室，建设高端食用菌产业园。目标是打造成北京市最大的食用菌产业基地。

北京金地达源果品专业合作社

北京金地达源果品专业合作社位于密云水库生态涵养区的高岭镇辛庄路口，东接古北水镇，南邻太师屯蜜蜂大世界，西接不老屯清凉谷，北与河北滦平县原始森林相邻。琉辛公路横穿境南，交通非常便利。合作社成立于2006年，现有成员210户，带动周边果农1000余户。基地占地面积1280亩，全园采用有机种植和管理模式，包括无菌、矮化、优质的苹果树130亩；有机水杏采摘园300亩；有机板栗850亩。所有产品实行有机标准化管理，运用"互联网＋农业＋休闲＋品牌"多位一体的营销模式。充分利用基地自身优势，将农业和休闲农业紧密地联系在一起。在金地达源合作社，春季赏花挖野菜，夏季采摘甜杏享田园生活，秋季品红心苹果养容颜，冬季干果栗子常健康，可全年无断点享受优质的农产品。合作社打造了自己的品牌"金地达源"，形成以果树种植、观光采摘、旅游、垂钓、健康养生、亲子体验、收购、生产加工、包装、销售为一体的产业链。

除了提供有机产品和采摘体验外，还有小型动物馆，包括山羊、孔雀、鸵鸟、山鸡等十几种动物，可以投喂和观赏。还可以享受烧烤、露营、住宿等休闲活动。

北京金地达源果品专业合作社以自身为抓手，带动周边农民致富，通过多年来不懈的努力，成为当地知名的龙头企业。

南皮县保民粮棉种植专业合作社

南皮县保民粮棉种植专业合作社成立于2009年12月。在各级领导的关心和支持下，经过近八年的努力，合作社不断发展壮大，新品种、新肥料、新技术辐射能力不断增强，带领社员及周边农民致富的路子越来越宽。

一、加强基础建设，采取多种形式服务于民，带领社员致富

1.服务农民，采取多种形式培训实用技术

一是为搞好社员的技术培训，新建900平方米的二层培训办公楼，聘请专家组织农民集中培训。二是利用保民合作社超市向社员和农民进行"一对一"的讲解、培训。三是利用手机建立微信群进行技术服务。四是对重点社员和种粮大户到田间地头进行技术指导。

2.聘请高级农艺师定点授课

2017年、2018年先后在山东农业大学、金正大厂家、南皮县农业局等单位聘请了5名有实践经验的高级农艺师，根据社员要求下乡现场授课。通过近几年的努力，合作社的社员和部分重点农民已成为当地种田的行家里手，成为周边群众的技术领头人。

3.建立科技（扶贫）示范户

2016年以来，本合作社先后在38个行政自然村建立了428个科技示范户，用多种手段扶持这428个示范户成为点燃这35个村科技进步的"星星之火"。

二、利用多种形式扶贫为贫困社员脱贫致富献爱心

1.为社员中的贫困户和有代表性地块的农民免费测土，产生的费用由合作社统一承担。

2.对贫困村的社员，低价供应种子、化肥、农药。按照进价，不加运费、人工、分装等费用供应合作社社员。亏损的部分由合作社在公积金中补充。仅2016年以来，就先后低价供应了268户社员玉米种子5870斤、化肥100吨，抽调补偿公积金4.3万元。

3.为贫困村的示范户无偿供种。仅从2018年来，已累计向33个贫困村的76个贫困户无偿供应优质小麦、优质玉米杂交种2670斤。

三、不断地完善和提高合作社水平

1.确定会员大会议事、决策制度，每年至少2次。并确立理事会，监事会，和财务管理人员。

2.逐步完善社员民主选举管理人员，制定民主管理、财务公开和失职问责监督等制度。

3.从2015年起，设立专职财人员管理合作社财务，定期到农业经济管理部门学习合作社财务管理，建帐、建章、立制。年度决算，合作社除抽取一定的公积金外，其余的坚持"盈余分红，风险共担"。

赵县宝地粮食种植专业合作社

王东伟1998年从部队退役后一直在北京工作，2013年4月从北京返乡创业，组织发动村里32户农民，合计投资500万元，成立了赵县宝地粮食种植专业合作社，合作社位于河北省赵县北王里镇西正村。经过近十年的发展，目前合作社已经发展社员118户，流转土地2100亩，土地托管服务面积8000亩，服务范围已覆盖10个行政村，带动农户1000多户，帮助农民每亩节本增收200多元。合作社探索发展了"农户+农业公司+专业合作社"服务机制，通过土地流转、生产托管等方式，为农民提供小麦、玉米等作物的耕、种、管、收、储等农业生产服务，助农增收成效显著。实现了农业增产、农民增收、农村增绿的多赢，走出了一条以种植规模化、服务专业化促进农业现代化的新路子，探索打造了积极参与乡村全面振兴的"新模式"。

积极推进新技术的应用，利用绿色循环技术实行种养结合、减肥增效、减少农药的使用量等方法，推动生产绿色化并进一步完善基础设施。几年来，合作社累计投资600多万元，购置了先进的农用机械卫星平地机、法国库恩复合式多功能播种机等60余台（套），改善基础设施，已具备农田整治、生产、加工、销售、农机植保等综合服务能力。建立了集小麦种子繁育、仓储、加工、物流为一体的加工中心，延伸了产业链。2021年合作社收入584万元，实现利润122万元。分配盈余返还110万元。

河北省邢台市南和区金沙河农作物种植专业合作社

河北省邢台市南和区金沙河农作物种植专业合作社成立于2012年，注册资金2000万元，现有成员445名，流转土地6.2万亩，拥有各类农业机械255台，粮食生产实现全程机械化，2019年被评为国家农民合作社示范社，并入选全国24个典型示范社案例之一，是唯一一个以主粮种植为主的示范社，2023年再次被农业农村部作为扩种大豆油料的典型示范社进行推介。

合作社主要种植优质冬小麦、玉米两大主粮，小麦亩均产量1300斤、玉米1100斤，总产3.3万吨。2022年我社积极响应国家号召，示范推广大豆玉米带状复合种植面积2.5万亩，单体规模全国最大。通过精耕细作，解决了播种、打药、授粉、收获等技术难题，较好地实现了"玉米不减产、多收一季豆"的目标。

合作社采用两种合作模式。一是股权联盟模式：经合作社培训后的职业农民以技术服务入股，企业以资金入股，农户以土地经营权入股，农户负盈不负亏，按照职业农民50%、合作社30%、农户20%的比例分红。在保证农户保底地租的基础上，农户获得二次分红。二是固定地租模式：农户固定地租，合作社净利润按照职业农民、合作社各50%进行分红。两种模式均对流转土地的村集体给予50元/（年·亩）服务费，用于农村建设，实现企业盈利、村集体得利、农户增收。

合作社模式实现了"全托管、大流转、地入股"，不仅带动了小农户发展，还培育了一批高素质农民，实现了农业生产规模化、科学化、机械化的规范管理。另外，依托金沙河农产品加工龙头企业，合作社在周边县市开展订单种植，从种植到加工销售形成全产业链条，让农民增收、让企业受益、让消费者放心。通过积极推进农业供给侧改革，走一二三产融合发展之路，实现了经济效益和社会效益"双丰收"。

莫力达瓦达斡尔族自治旗新时代农机服务专业合作社

一、合作社基本情况

新时代农机服务专业合作社位于莫力达瓦达斡尔族自治旗，辖区行政面积约1.1万平方千米，辖17个乡镇、办事处，4个国营农场，220个行政村，2017年总人口34万人，其中农业人口25.4万人。2019年合作社签订的农业生产全程托管面积1.5万亩，覆盖周边农户371户。种植大豆、玉米等农作物，农业生产社会化服务作业面积达5万亩，2019年合作社年盈余总额达320万元。2018年新时代农机服务专业合作社被评为全旗农机合作社示范社。

二、合作社主要做法经验及成效

（1）创新农机合作社全程托管新模式。合作社主推采用的"全程托管新模式"——合作社统一集中采购农药、化肥、种子等农业生产资料，降低农业物化成本；实行耕、种、防、收等先进农机技术，充分发挥农业机械装备作业能力，降低生产作业成本；统一品种、植保、实行标准化生产，提高农产品产量。

（2）创新农机合作社社会化服务新模式。开展深翻、深松、秸秆综合利用、测土配方施肥、有机肥替代化肥、农机农艺融合新技术，农机社会化服务面积达5万亩。

三、从三方面入手夯实服务基础

一是完善各项规章制度，二是抓好合作社硬件建设，三是立足于本地农机作业的要求，实行秋整地、春播种、夏季田间管理、秋季收割、运输、烘干、储存作业一条龙服务。此外，实行管理服务的"五统一"，即统一管理联系作业面积调度，统一油料、配件采供，统一大修保养，统一入库保管，统一核算，为现代农机合作社发展建设夯实了服务基础。

服务组织地址：呼伦贝尔市莫力达瓦旗额尔和乡莫旗新时代农机专业合作社。

合作社理事长包鑫联系电话：15049523588。

武川县得胜芍药牡丹专业合作社成立于2015年5月7日，合作社坐落于"正北芪之乡"武川县得胜沟乡，乡镇具有悠久的中药材种植历史。

合作社是内蒙古自治区呼和浩特市武川县大型中药材种植销售企业，是3·15诚信维权合法守信示范单位。

合作社以中药材种植、中药材初加工、中药材贸易三大板块为主要经营业务，

结合地方红色旅游景点，形成具有地方特色的中药材产业与红色旅游相结合的经营模式。

中药材生长环境与种植品种

内蒙古自治区地域辽阔，阴山山脉生态环境得天独厚，天然蒙中药材多达2300余种，自然资源非常丰富，是北药的主产区。

武川县得胜芍药牡丹专业合作社位于呼和浩特市武川县得胜沟乡，地处大青山（阴山）北麓，高山草原腹地，平均海拔在1500～2000米，年平均气温3.0℃，日照充足，昼夜温差大，无霜期110天，适宜药材根茎养分积累。境内周边生长着近200种野生药材，其中以黄芪、甘草、大黄、黄芩、党参、黄精、柴胡、防风、秦艽等为著。武川是药典中记载的黄芪主要产地，清末民初已获"北芪之乡"的美称。

上海全根水产品专业合作社

2022年"大国农匠"全国农民技能大赛（种养能手类——水产养殖）一等奖获得者——上海全根水产品专业合作社（上海淀原水产良种场）理事长（场长）张全根。

张全根同志长期坚持从事上海市青浦区淀山湖土著鱼类苗种繁育、生态养殖、技术推广、增殖放流等工作40年，水产养殖理论基础较扎实、工作作风严谨、技术本领过硬，先后被评为青浦区首席技师，上海市首席技师，是一名从基层养殖工人成长为上海市水产养殖领域专家的技能型人才。

张全根坚持在鱼苗繁育和生态养殖方面潜心研究，取得了可喜成绩。在鱼苗繁育方面，通过发明《一种鱼苗孵化桶水流除膜装置》，改良一种流水孵化桶溢流区自动清洁装置、新型冲水充气法孵化鱼苗设备等，在孵化环道（孵化桶）增加冲水充气的孵化方法，改良了传统的孵化方法，实现了孵化桶溢流区自动清洁创新，去除表面胶状粘附物，保证水流通过滤，进而保证孵化桶内鱼卵正常孵化，提升了鱼苗孵化率和单位体积出苗量，提高了苗种质量，缩短了脱膜时间，提高了生产效率，降低了劳动强度，极大地节省了人力，提升了育苗产量，降低了单位能耗。近年来，张全根每年繁育各类苗种稳定在2亿尾以上，并积极开展示范推广养殖和增殖放流活动，取得了较好的经济效益、社会效益和生态效益。

庆元县外婆家水果专业合作社

庆元县外婆家水果专业合作社于2008年8月18日注册成立，从2001年开始承包土地种植甜桔柚13 000株，种植品种以无籽甜桔柚为主。现拥有自己的品牌"外婆村"，年销售额约800万元，并在逐年递增。

合作社建设配套生产用房888米²，经营用房725米²，自筹资金500万元，新建成甜桔柚体验馆1 261米²，配备了专业的理论和实训教学设备。合作社成为集水果生产、农事体验、科普教育、休闲采摘为一体的高效型农业企业，有效带动了当地农村经济发展，带动农民150户近300人以果增收，为振兴乡村经济注入了新活力。

自己研发全国首创蜂蜜甜桔柚茶不断供应市场销售，果品质量在省内同类产品中居于前列，建立生产管理档案，每年定期对产品进行安全检查，产品已加入全国溯源平台。在园区内安装监控设备，实现物联网建设，使果园种植生产全程可监控。

合作社历年来取得的主要成绩有：2012年产品被评为绿色食品；2013—2015年连续三年在浙江农业博览会优质产品评选中荣获优质奖；2014年被评为全国农民专业合作社示范社；2016年在浙江农业博览会优质产品评比中荣获金奖；获2017年度全国名特优新农产品称号；2018年在浙江农业博览会优质产品评选中荣获优质奖；2019年被评为"浙江省甜桔柚绿色防控示范区"和"种植精品果园省级示范基地（创建）"；2019年被评为"浙江省种植业（五园）省级示范基地"；2019年向国家知识产权局申请专利"甜桔柚靠接换砧嫁接装置"；2019年获庆元县甜桔柚"农产品地理标志授权证书"；2021年获"中国良好农业规范认证证书""全国名特优新农产品证书""省级农民田间学校""优秀示范果园"称号。

甜桔柚体验馆

甜桔柚仓库

杨外婆丰收喜悦　　　　甜桔柚采摘

发展珍稀食用菌，引领产业富乡亲

在嵩县农业农村局的引导和支持下，嵩县德亭野胡沟食用菌种植农民专业合作社通过大力发展珍稀食用菌产业，带动产业致富乡亲。

科技赋能。合作社荣获"河南省优秀食用菌企业""市级示范合作社""市级赤松茸企业研发中心"等荣誉，是河南科技大学、洛阳农林科学院等院校的产学研基地，理事长石灵水是"中国首批乡村菌业专家""河南省优秀食用菌人才""洛阳市高素质农民"。

打造品牌。绿色种植的产品通过洛阳海关检测符合出口标准，羊肚菌、香菇被嵩县农业农村局推荐到农业农村部农产品质量中心，收录为"名特优新"产品。注册的"伊水珍奇"和"菌六福"系列产品畅销北京、上海、广州。

助力乡村。采用"合作社＋农户"的模式带动6个乡镇120余户贫困户脱贫致富，连续多年被县政府授予"十佳优秀带贫企业"。石灵水先后荣获"全国食用菌产业脱贫攻坚新闻人物""洛阳市劳模""洛阳市百名优秀乡贤"等荣誉。

（企业服务热线：4009017369）

金鹤粮缘水稻种植农民专业合作社

金鹤粮缘水稻种植农民专业合作社于2013年初开始运作，2014年初注册登记，注册资金500万元。

自中央实施"精准扶贫"政策以来，"齐齐哈尔市富拉尔基区金鹤粮缘水稻种植农民专业合作社"与"黑龙江和美泰富农业发展股份有限公司"就此项工作列为重要的民生工程，通过精准识别贫困户，认真分析导致其致贫原因，并针对扶贫对象们不同的实际情况，精准施策，以产业扶贫为着力点，变"扶"贫为"脱"贫，贫困户通过企业带动引领，靠自己的勤劳摆脱贫困，真正实现增收致富。

为进一步围绕促进农业增效、农民增收，大力推广品牌效益、提高增强农产品竞争力和保护意识，由企业品牌市场优势、合作社的整合力度，采用"公司品牌＋合作社＋基地"的连接方式，充分发挥合作社资源整合优势，本着自愿互利、相互协作精神，发挥各自优势，确保农户水稻种植双赢化，以"金鹤"品牌，统一销售平台投向市场从而打造"从一粒种子到一碗米"的水稻全产业链。

金鹤粮缘水稻种植农民专业合作社与黑龙江和美泰富农业发展股份有限公司签署了长期的战略合同"金鹤"品牌支撑水稻产业链条合作社保证优质水稻的数量。毗邻扎龙国家级自然保护区（不在核心区、缓冲区、试验区内）扎龙湿地内建设观光旅游农业；品牌效益好直接影响到合作社的效益，采用无人机施肥的现代农业技术，提升大米的品质及产量；保证了"金鹤"品牌在市场的占有量，保证了农民的利益最大化。

凡入社社员按要求种植的水稻，合作社按市场最高价回收，增加社员收入。

本社用真诚对待每一个社员，让最先进的技术和最优质的服务融入千家万户，我们的宗旨是全心全意为广大社员服务，我们的精神是真诚、严谨、合作、发展，我们的目标是种好地、产好粮、卖好钱达双赢，与农民朋友一起在奔小康的大道上携手并肩、阔步向前！

湖北潜网生态小龙虾产业园集团有限公司

　　湖北潜网生态小龙虾产业园集团有限公司成立于2017年10月，注册资本5000万元人民币，位于中国小龙虾之乡潜江的中部后湖管理区，南接沪渝高速，北邻国际马拉松跑道，背枕碧水蓝天的国家4A级返湾湖国家湿地公园，环境怡人，位置优越，交通便捷。

　　公司成立至今，坚决贯彻国家乡村振兴战略，立足农村、带动农民，发展特色产业，现已成为中国交易量最大、辐射面最广、影响力最强的中国小龙虾交易中心（中国虾谷）。现拥有五大核心业务板块：虾谷360线上交易平台、线下交易市场、物流配送中心、冷链仓储中心、国家虾稻实训基地。五大板块相互依存，融合发展，在湖北省农业产业化龙头企业产业融合发展6强企业中排名第一。公司是虾稻产业中规模最大、链条最全、服务最优的服务型企业，小龙虾交易流通量排名全国同行业第一，中国农业企业500强排名294位。

　　自2018年以来，公司小龙虾年均交易额80亿元（2022年110亿元），4～16小时可将潜江小龙虾送达全国近600个城市，近1200个落地配服务网点，年均配送小龙虾20万吨左右，已累计开展各种技能培训4万人次，可直接带动2万余人就业、务工。

　　公司先后被国家、省、市评为，"国家级农产品产地专业市场""国家电子商务进农村示范点""全国农业农村信息化示范基地""全国商贸流通服务业先进集体""3A级物流企业""全国农村创新创业孵化实训基地""国家现代农业产业园三农服务中心"；"湖北省农业产业化重点龙头企业""2020年湖北省大数据十大优秀应用案例""湖北省科技企业孵化器""湖北省2020—2021年度电子商务示范企业""2020年度湖北省返乡创业示范园"；"潜江市守合同重信用企业""潜江龙虾电商交易重点支持平台""潜江市中小学生研学实践教育基地"。

2016年8月27日国家科技部部长万钢视察潜网集团　　2019年6月12日全国政协副主席、致公党中央主席、中国科协主席万钢同志视察潜网集团　　2021年7月21日时任湖北省委书记应勇同志视察潜网集团　　2021年5月26日湖北省委副书记、省长王忠林同志视察潜网集团

2017国家现代农业产业园三农服务中心　　2017年全国农业农村信息化示范基地　　2017虾稻产业实训基地　　2019年全国农村创新创业孵化基地（产业园）　　2020商贸流通先进集体

重庆双福国际农贸城

重庆双福国际农贸城是重庆市实施的"菜篮子工程"和"民生工程"，是重庆最大的综合性一级农产品批发市场，由重庆交通运输控股集团投资建设并运营管理。

市场位于科学城江津片区（双福工业园），市场规划占地 2 455 亩，已建成面积达 1 450 亩（其中蔬菜市场占地 518 亩、冷链市场占地 268 亩、水果市场占地 291 亩、其他占地 373 亩）；建成农产品交易区 40 万平方米，入驻经营户约 5 000 余户，每日在市场的直接从业人员约 2 万人。市场以保障鲜活农产品供应为主，汇聚蔬菜、水果、粮食、食用油、干货、肉类、水产、禽蛋、冻品等 16 个类别。

2014 年 9 月 1 日双福国际农贸城开业

双福国际农贸城是销地特点突出的综合性农批市场，农产品来自全国各地，部分农产品来自国外、境外。农产品销售除覆盖重庆市外，还辐射到四川东部、中部、西南部，贵州北部、西北部，湖北西南部等区域，辐射面积大，辐射人口达 6 000 万人。近年来，为了深入贯彻落实乡村振兴计划，助力农业供给侧结构改革，同时为更好保障市场供应，本市场大力推进农商互联、建设农产品供应链：一是大力推动产销对接；二是努力发展产销一体化；三是完善供应链体系配套服务。未来，双福市场将致力于以下几个方面的建设。

一、平台化建设

依托交运集团主业优势和现有市场资源，打造线上与线下互联互通的平台化运作体系。线下平台主要是以城乡一体化物流配送网络为基础，建设层次鲜明、高效通畅的农产品流通网络；以双福市场为核心，二级区县批发市场（分拨中心和配送中心）和集团二级物流中心为物流节点网络，以品牌模式进行整合（三级农贸市场、交通综合自提点、终端门店）。线上平台主要建设智慧农贸平台，具体有：电子结算系统、肉蔬溯源系统、供应链金融服务平台、电子商务平台、综合管理平台等。

2015 年 2 月 12 日时任重庆市市长黄奇帆考察双福国际农贸城

二、标准化体系建设

为提高运营效率，加快农产品流通速度，推动农产品批发市场标准化体系建设，市场将尽快实现基础设施配套标准化、服务标准化、运营管理标准化、工作流程标准化、安全生产标准化、企业形象（品牌建设）标准化六个方面统一。

三、智慧化体系建设

利用互联网、物联网、云计算等现代信息技术，通过线上线下互动结合，把产业生态链的供应商、批发商、贸易商、消费者和利益相关方有机联系起来，以电子交易结算为核心打造"商流、物流、信息流、资金流"四流合一的智慧型农业批发市场。通过三个智慧化建设（设施设备智能化建设、业务系统智慧化建设、运营管理智慧化建设），实现大数据应用与分析，为企业战略决策和经营管理提供科学依据，实现智慧化决策。

2020 年 1 月 26 日时任重庆市副市长李明清视察农贸城市场防疫情况

四、品牌化体系建设

重点打造功能全面的"双福"农业批发市场服务品牌。作为重庆最大的一级批发市场，其强大的集约、集散、集聚功能，极强的议价空间以及农产品检测中心、分拣加工中心、中国西部（重庆）东盟农副产品冷链分拨中心等完善的配套服务设施，使双福市场具有开展各类采配、分拣、配送、物流运输业务的能力，其下属子公司津福公司就正致力于从事农产品经营、配送、仓储等业务。

五、市场所获荣誉

2016 年被评为首批全国公益性农产品批发市场。

2019 年被评为中国商品市场百强。

2020 年荣获重庆市总工会颁发的"重庆五一劳动奖状"。

2020 年荣获重庆市人民政府颁发的"重庆市抗击新冠肺炎疫情先进集体"。

2021 年荣获全国总工会颁发的"五一劳动奖状"。

2022 年荣获"重庆市文明单位"。

2016 年以来双福农贸城荣获国家级、市级等各项荣誉共 40 余项，2021 年荣获"全国五一劳动奖状"，也是今年全国唯一荣获此殊荣的农批市场

岛本酵素 ®

中国酵素农业发起人
酵农科技体系建设者

潍坊岛本微生物技术研究所专业酵素菌技术研发与推广，于 2016 年总结 20 余年酵素菌科技成果，结合现代农业发展需要，在国内首次提出了发展"酵素农业"的倡议，并通过科技局审核成立"潍坊市酵素农业科技开发重点实验室"作为酵素农业发展的科研平台，至 2021 年胜利完成酵素农业科技体系建设！

研究所于 2020 年完成的科技项目"新型酵素微生物套餐肥的研制与示范推广"是酵素农业科技体系的重要组成部分，同时荣获"市科技进步奖"。为了实现酵素农业成果转化，服务现代农业品质化发展，研究所与潍坊市华滨生物科技有限公司联合推出"岛本酵素"系列微生物肥料，通过为作物种植提供系统方案，从根本上解决目前种植难题，以实现土壤改良、营养吸收、生物防护、品质提升、丰产丰收的绿色种植！

岛本酵素愿与您合作共赢，发展酵素农业，共同促进生态农业可持续发展！

产品及介绍

岛本酵素·扩繁菌肥

产品说明：基施
1. 改良土壤恢复理化性状。
2. 抑制土传病害，抗重茬。
3. 增强作物抗逆性。
4. 提高肥料吸收利用率并分解土壤中固化养分重新吸收利用。

产品规格： 20千克／袋x50袋／吨

岛本酵素·菌根菌

产品说明：冲施滴灌
1. 补菌养地、调理土壤。
2. 生根促根养根护根。
3. 防止死棵烂根、茎基腐等病害，急救弱苗。
4. 解药害、降药残。
5. 提升品质、有机绿色专用。

产品规格： 5千克／桶x4桶／箱

岛本酵素·岛本1号

产品说明：叶面喷施
1. 育苗、拌种提高成活率。
2. 渗透性强、迅速补充营养。
3. 保花，提高坐果率，解决坐果难题。
4. 靓果着色、提升糖度。
5. 预防细菌真菌性病害，可有效降解药残。

产品规格： 500毫升／瓶x20瓶／箱

岛本酵素·扩大菌种

产品说明：发酵腐熟有机物
★发酵适用范围广：畜禽粪便发酵、生物焖棚专用、尾菜发酵专用、秸秆还田。
★菌种活性高、繁殖速度快、发酵腐熟质量好、有效祛除杂菌、虫卵等的危害。
★环境适应性强：菌种选育及菌种组合可满足在盐碱、酸化、低温、高温、严寒、紫外线等恶环境下对糖类、蛋白、纤维、木质素及矿物质的综合分解。

产品规格： 1千克／袋x12袋／箱

中国·潍坊岛本微生物技术研究所

电话：13605366633谭先生　　地址：山东省潍坊市奎文区文化南路2600号
邮箱：daoben2012@126.com　　网址：www.daobenmic.net

金果天地（北京）生态科技有限公司

金果天地（北京）生态科技有限公司成立于2013年，位于北京市通州区西集镇，是集高新科技产业园、果树栽培技术推广、旅游观光为一体的综合性农业企业。公司以改善中国果树产业落后面貌为己任，以强农业、美农村、富农民为企业宗旨。

凭借多年行业沉淀与发展，一跃成为通州区休闲农业产业园区域内知名企业，被国家授予北京市四星级休闲农业与乡村旅游企业、国家级果品矮化砧密植标准化示范区、北京市果树产业协会副会长单位、中国老科学家技术工作者协会农业分会理事单位、北京市中小学生果木科技劳动实践基地、通州区中小学生社会大课堂资源单位。

公司运营发展中，发挥了聚焦产业促进乡村发展、丰富乡村产业业态、拓宽农民绿港就业空间、科技示范带动的作用。

【丰富乡村产业业态】提升了休闲农业园区的客流量，从初建园区年采摘休闲游客规模1.7万人次，增至6万多人次，为北京市民营建了康养休闲空间。

【促进乡村发展】休闲农业园区在发展建设中，游人休闲观光采摘果品的同时，带动周边旅游、餐饮住宿等行业发展，提升了当地收入水平，增加了经济收入。

【拓宽农民绿港就业空间】园区在建设中，通过土地流转、绿港就业，带领周围农户脱贫致富，扩大了公司种植规模，加大了用工量，从原来招收当地工人28名，发展到95名。公司以2 200元/亩承租周边农民土地，招收农民来公司工作。以调查的15名员工为例，每年农户均增加收入（工资收入＋土地租金）4.5万元左右，比单纯土地种植效益平均年增收率321 %。另外，园区在工作量大时（整形修剪、疏果、套袋、采摘），每年需招收当地临时工人900人次，实现了农民创业增收。

【科技示范带动】园区在承担国家果品矮化砧密植标准化示范区项目建设中，通过电视台、报纸、网络等媒体对农业标准化管理业绩进行宣贯，对北京乃至全国起到了良好的科技示范作用，示范带动京、津、冀等地5000余亩果园标准化建设，助推了乡村振兴休闲农业的发展。

北京市四星级休闲农业园区

国家级果品矮化砧密植标准化示范区

北京市果树产业协会副会长单位

中国老科学技术工作者协会农业分会"理事单位"

北京市中小学果木科技劳动示范基地

通州区中小学生社会大课堂资源单位

弗莱农庄（智学素质教育）基地

弗莱农庄（智学素质教育）基地是农业农村部、团中央、全国少工委联合发布的首批全国农耕文化实践营地。

基地位于北京市海淀区苏家坨镇柳林村，西临大西山旅游带、凤凰岭、阳台山、鹫峰；东有稻香湖景区、翠湖湿地公园。基地的农业生产规模达200多亩，种植果蔬可分为四季时蔬类、瓜果类、绿叶菜类以及海淀特色的果蔬和京西稻等作物种类。

近年来，基地先后成为海淀区青少年校外实践基地、海淀区教科院中小学学农劳动教育实践基地、海淀区共青团农事劳动志愿服务基地、海淀区少先队首批校外实践基地、海淀区科协科普基地、海淀区关心下一代教育基地。

2021年4月，海淀区中小学劳动教育课程展示与经验交流系列活动在弗莱农庄（智学素质教育）基地启动。基地推出了"学农六艺"的现代农业职业体验课，给学生们提供分门别类、具体真实的职业体验活动。其中"六艺"分别是指：科学育苗师、家园规划师、景观设计师、生长营养师、病害诊疗师和探究工程师。这六大系列构成了一个体验课程的体系，可以对学生深入地了解农学的学科专业和相关职业以及树立职业的价值观产生积极的推动作用。

2021年9月，基地为中关村三小等首批十所基地合作校配置劳动主题及责任地块，并在农教展廊开设了海淀区农民丰收节农教融合成果展，集中展示了二十六所海淀区中小学开展农事主题劳动教育的成果。

2022年5月，基地历时三年、精心策划的《学农实用手册》，由北京出版集团北京出版社正式出版。该书的编委会包括几十位来自农业、科技、教育、文化等领域的专家。全书共四册，是按照教育部劳动教育新课标的学段标准进行划分的，是一套面向青少年的、符合新时代特色的农事教育读本和实践手册。

2022年6月，基地联合海淀区教育科学研究院和海淀区都市农业协会，共同围绕教育部发布的劳动教育新课标的各项指标，研发了48个主题的"四季学农"劳动教育任务清单，并面向全区八十三所劳动教育课题学校进行发布。

2022年10月，基地入选农业农村部、团中央、全国少工委联合发布的首批国家农耕文化实践营地。11月4日，在海淀农业农村局的支持下，海淀团区委、海淀区少工委、苏家坨镇政府在基地联合主办了海淀区少先队2022农耕文化（苏家坨）实践营地开营首场活动，并在基地设立海淀区首家非公基地少工委。

2022年11月，海淀区1 500多名中小学生参加了由海淀区教科院主办，弗莱农庄（智学素质教育）基地承办的"学农六艺"空中草莓云课堂，基地通过线上和线下相结合的方式，借助直播平台连接在校和居家的学生，把劳动教育搬上"云端"。

几年来，弗莱农庄（智学素质教育）基地不断创新服务模式，持续优化服务体验，以劳动教育、综合实践、队课团课、志愿服务、科普讲座、社团活动、教科研活动及街道社区活动和工会活动等多种形式服务学生和家庭总计25 800人次，满意度高达98%以上，取得了良好的社会效益。

基地联系人：胡寅飞

联系电话：13261353698

天津瑞普生物技术股份有限公司

瑞普生物成立于1998年，总部位于天津市，是中国A股市场上一家专注于兽药领域的上市公司，作为我国动物保健品行业的领军企业，瑞普生物旗下现拥有19个分子公司，分布于北京、天津、河北、湖北、湖南、广东、广西、内蒙古等多个地区。拥有10个GMP生产基地、大型生产线88条。瑞普生物瞄准国际生物技术和动物医学发展前沿，围绕农业可持续发展的国家需求，秉承"前瞻、创新、正直、分享"的企业理念，用高品质、高效能的产品，正在为行业技术进步、养殖业健康发展和动物源性食品安全贡献着力量。

根据全球动物药品行业权威资讯机构《Animal pharm》发布全球动物药品行业前20强排名，瑞普生物排第十五名，2015—2020年收入增长率排名全球第一，是唯一进入前10名的中国企业。2022年9月5日，由新华社、中国品牌建设促进会、中国资产评估协会主办，《中国品牌》杂志社等单位发起的"2022中国品牌价值评价"，瑞普生物位列中国农业领域品牌强度第一位，品牌价值第10位，同年入围中国农业企业500强。被农业农村部、工信部、科技部等授予"国家农业产业化龙头企业""国家级专精特新小巨人企业""国家级高新技术企业""中国造隐形冠军"等荣誉。

瑞普坚持"科技创新为先导"的经营理念，是行业内最先通过国家五部委联合认定的"国家企业技术中心"之一，是"全国重点实验室"，由瑞普生物作为理事长单位发起成立的"兽用化学药品产业技术创新战略联盟(SUVP)"是行业内唯一获中国科技部评定的"国家产业技术创新战略试点联盟"。公司拥有6个国家级创新平台、7个市级创新平台，创新团队规模超过400人，其中硕博士比例达到76%，并先后有32人获得国务院特殊津贴、国家"万人计划"人才、国家特支人才计划等国家级、省部级人才荣誉。瑞普生物已获得《新兽药注册证书》107个（其中国际首创一类新兽药7个）、授权专利241件，新兽药和发明专利拥有数量居行业第一。公司主持或参与国家重点科技支撑计划、国家重大高技术产业化计划、"863"计划、省级重点科技支撑计划等科技项目近百项，获得国家科技进步二等奖2项、天津市科技进步一等奖4项、省部级二等奖与三等奖20余项。在动物疫苗全悬浮细胞培养、大规模超滤纯化、疫苗新佐剂、兽用原料药新晶型等领域创新能力居于国际领先水平，先后被评为"国家技术创新示范企业""国家高技术产业化示范工程""天津市科技创新领军企业"等。

瑞普生物以市场化、专业化、资本化、数智化、国际化为发展方向，2022年9月与老挝农业部签订协议建设动物疫苗生产基地，与非洲科学院签订战略发展协议，布局"一带一路"沿线国家市场。同年瑞普生物通过增发融资13.4亿元，同步开启5大产业基地智能制造升级和改扩建工程，公司产能产值将由30亿元跃升到100亿元以上。

山东海能生物工程有限公司

山东海能生物工程有限公司2008年成立于山东省日照市，是一家从事25-羟基维生素D3、液态维生素预混料研发、生产和推广的高新技术企业。

海能以诚信、协作、进取、创新的企业精神，专注25-羟基维生素D3和液态维生素预混料的研发、生产与推广，为国内外客户提供优质的产品与专业的服务。海能先后被评为"国家高新技术企业""山东省瞪羚企业""山东省'专精特新'中小企业""山东省中小企业"隐形冠军"企业"等多项殊荣。25-羟基维生素D3及相关产品先后荣获行业"金奖""银奖"等二十余项。

我国于2014年2月将25-羟基维生素D3列入饲料添加剂目录，同年公司首条25-羟基维生素D3生产线通过验收并获得《生产许可证》，填补了国内空白。公司自主研发的25-羟基维生素D3生产工艺获得国家发明专利。

公司的核心竞争优势来源于专注25-羟基维生素D3和液态维生素预混料的自主研发。公司注重产品技术的创新研究和应用，建有山东省企业技术中心，山东省一企一技术研发中心，并且与国内高校和科研院所开展合作，拥有丰富的产品品类和市场营销网络。自主研制的"纳米维生素自微乳低能耗制备关键技术""25-羟基维生素D3生产技术研究与应用"项目获得两项国家发明专利，并分别通过山东省科学技术成果评价。

因为专注所以专业。公司专注科研创新，在改进产品工艺、产品最佳使用量和应用效果等方面持续创新研发。先后与中国工程院李德发院士团队和侯水生院士团队、中国农业大学博士生导师王忠副教授团队、四川农业大学博士生导师张克英教授团队合作，开展25-羟基维生素D3在猪和禽上的应用研究，其中25-羟基维生素D3在猪生产性能作用机制研究方面的成果被专家组评价为"填补国内空白，达到国际先进、国内领先水平"，为公司发展和自主创新能力的提升提供了坚实的技术支持。公司建立健全了原料、蛋禽、肉禽、种禽、猪、特种养殖六大产品系列，并可根据需求为大客户量身定制产品，满足客户全方位的需求。目前，公司客户已经覆盖全国。2017年第一单出口马来西亚，国产25-羟基维生素D3从此走出国门。美国、巴西等多个国家的客商前来洽谈合作，国际知名度迅速提升。海能还在不断地创新，增加产品功能性研究，不断推出新的系列，满足终端市场的需求。

品牌之路，行稳致远。未来，海能人将一直秉承以"一切为了健康养殖"的核心理念和"创新、专注"的发展理念，凭借良好的信誉、卓越的产品功效和质量继续履行创业誓言：做让国人信任的企业、造让国人自豪的产品！

部分拳头产品

部分产品奖

部分企业荣誉

部分知识产权

海能生物与四川农业大学张克英教授合作

海能生物与侯水生院士合作

海能生物与李德发院士合作

金宇生物技术股份有限公司

金宇生物技术股份有限公司（原内蒙古金宇集团）成立于1993年，是内蒙古自治区首批股份制试点企业，是一家集疫苗产、销、研为一体的国内动保上市公司（股票代码600201），目前国际排名第19位。旗下三家子公司（金宇保灵、扬州优邦、辽宁益康）均为国家级高新技术企业，疫苗产品涵盖猪、禽、反刍和宠物四大类110多个品种，检测诊断试剂30多个品类，是国内产品品类最齐全的动保公司。截至2021年底总资产66.04亿元，净资产52.72亿元，员工总数1 591人；2021年实现销售收入17.76亿元，净利润3.8亿元；销售收入同比增长12.29%。

公司拥有口蹄疫、高致病性禽流感和布鲁氏菌病三大强制免疫疫苗农业农村部定点生产资质，研发工艺、产品品质和生物安全均保持国内领先水平。同时，依托动物生物安全三级实验室(ABSL-3)、兽用疫苗国家工程实验室、农业部反刍动物生物制品重点实验室三大实验室研发平台，公司凭借智能制造对疫苗生产全生命周期进行控制，配套专业完善的技术服务和市场化销售渠道，为客户提供动物疫病防控整体解决方案。

一、笃行致远，实现科研攻坚新高度

2021年，公司获得发明专利13项、实用新型专利3项；获批临床批件6个，新兽药注册证书2个，产品批准文号2个。公司动物生物安全三级实验室（ABSL-3）在前期已经具备开展口蹄疫、非洲猪瘟、布鲁氏菌病和猪瘟的病毒（细菌）分离、培养、鉴定、动物感染及效力评价等实验活动许可的基础上，新增获批牛结节性皮肤病毒CNAS扩项许可及实验活动申请。金宇保灵获得农业农村部兽药GCP资质认证，可实现自主完成公司宠物类产品的临床评估，"牛羊支原体肺炎和病毒性呼吸道疾病的防控技术研发与示范"获批内蒙古自治区科技厅重大专项。公司申请的"一种基因缺失的减毒非洲猪瘟病毒毒株及其构建方法和应用"获得国家发明专利授权。

大数据中心

公司非洲猪瘟疫苗研究重点聚焦于有效性抗原筛选、新型亚单位疫苗和mRNA疫苗核心技术工艺突破等方面。公司动物生物安全三级实验室被内蒙古自治区农牧业厅授予"自治区动物疫病预防控制重点实验室（ABSL-3）"。

二、稳中求变，开创技术营销新局面

智慧防疫事业部在持续巩固公司口蹄疫疫苗市场份额的基础上，通过专业的技术营销，持续提高猪圆环病毒病疫苗、猪伪狂犬病疫苗、猪蓝耳病疫苗等其他产品市场份额。公司坚持"以客户为中心、为客户创造价值"的经营理念，做到"思考在前、谋划在先"，持续关注养殖密度较大省份的市场渠道布局，深耕战略客户，树立高质量动保企业形象。

金宇高级别生物安全实验室

三、继往开来，探索企业征途新风貌

公司践行"激励奋斗者为客户创造价值"的企业文化，2021年公司荣获国家工信部"智能制造示范工厂""绿色制造示范单位""全国工人先锋号""新财富最佳上市公司""价值评选上市公司社会责任奖"等奖项。公司管理者荣获"新财富上市公司最佳领航人""呼和浩特市构建和谐劳动关系十大企业家""新财富金牌董秘""内蒙古自治区优秀共产党员"等多项荣誉。

A车间

技术人员在实验室操作

实验室

"底肥缓释化，追肥精准化" 理论及其配套技术

住田博幸1，马健2，尹增松3，陈云4，周鑫5，蒋超6，冯国艺7，王丽英 8，梁永昌9，李庆10,，徐鹏11 于军华12

（1日本隆祥株式会社，香川县 高松市；2、10昆明隆祥化工有限公司，云南 昆明，3云南省土肥站 云南 昆明，4新疆生产建设兵团农垦科学院 新疆 石河子，5、9中国中医药研究促进会神农分会 湖北 武汉，6湖北省仙桃市农业农村局 湖北 仙桃；7河北农林科学院棉研所 河北 石家庄，8河北农林科学院环资所 河北 石家庄，11中国科学院热带植物所 云南 西双版纳，12北大荒集团 黑龙江 双鸭山）

长期施肥不当造成的土壤退化以及环境面源污染等问题，是影响我国农业可持续发展的瓶颈。研究探索解决这一问题的理论、方法和技术具有重要意义。

一、项目的主要成果和创新点

1.首次提出"底肥缓释化，追肥精准化"施肥理念

"底肥缓释化"主要指使用低溶解度缓释肥作底肥，不仅可以大幅提高肥料利用率，解决传统肥料带来的土壤退化和环境面源污染问题，还可避免诸如种子发芽率低、苗期烧根等问题。

"追肥精准化"主要指根据不同作物在不同生长期所需的养分，采用速效水溶肥，遵循勤施、薄施、精准施肥原则，避免过量施肥造成的肥料浪费、环境污染及由于施肥不足造成的作物营养不良问题。

"底肥缓释化。追肥精准化"是理想的施肥模式。

2.首次提出低溶解度缓释肥概念

目前国内肥料缓释是通过降低肥料的溶解速率来实现的。此类缓释肥料不仅生产成本偏高、肥料缓释期短，包衣材料还有环保问题。

本项目首次提出了通过降低溶解度来实现肥料缓释。低溶解度缓释肥料的缓释效果非常稳定，肥效持续时间及肥料利用率远高于利用降低溶解速率来缓释的肥料。

3.成功开发低成本缓释肥磷酸铵镁

磷酸铵镁是一种低溶解度、含氮磷镁三种元素（6%的缓释铵态氮、30%的缓释磷、10%以上的缓释镁）的缓释复合肥，产品分子式为$MgNH_4PO_4 \cdot 6H_2O$。昆明隆祥化工有限公司开发的"工业级磷铵联产磷酸铵镁"的工艺，既可大幅降低工业级磷铵（水溶磷关键原料）的生产成本，还可获得物美价廉的缓释肥磷酸铵镁。

磷酸铵镁优势在于：①肥料利用率高。与传统肥料相比，该肥可降低50%～80%磷肥、20%氮肥的使用量；②使用安全，不会影响种子发芽率，不会烧苗；③氮磷元素不会随水流失，不会对水体环境造成污染；④能长期稳定为作物提供养分，可大幅提高农作物抗逆性；⑤高镁特点可有效提高农作物品质；⑥磷酸铵镁ph大于8，是碱性肥料，在酸化土壤上使用可兼做土壤调理剂；配合其低溶解度特点，用于修复大棚盐碱化、酸化土壤有显著效果。

4.深度探索"底肥缓释化，追肥精准化"施肥理念

自2011年以来，昆明隆祥化工与国内知名农业科研机构及企业合作，围绕磷酸铵镁的缓释特点及水溶肥速效特点，深度实践了"底肥缓释化，追肥精准化"的施肥理念，并在化肥减施、土壤盐碱化酸化治理、环境氮磷面源污染治理等领域取得了显著效果。

二、项目的经济效益和社会效益

该项目的实施对肥料产业将是颠覆性的。不仅可普适性地增加作物的产量和品质，还可大幅节省磷矿资源，避免环境氮磷污染，经济效益和社会效益巨大。

肥料专家金继运老师在云南考察"磷酸铵镁解决大棚土壤盐碱化及酸化问题"示范项目。金老预言"以磷酸铵镁为代表的低溶解度缓释肥将可能改变中国肥料的构成及相应的肥料标准"

与新疆建设兵团合作，利用"底肥缓释化，追肥精准化"棉花种植技术，在没有增加

与黑龙江建设兵团合作，利用磷酸铵镁育秧，在减少磷肥使用量80%、氮肥17%的条件下，取得了水稻稳产的成绩

东台市弶港镇农业技术推广综合服务中心

"弶港文蛤"一直是沿海地区深受欢迎的海鲜产品，味道鲜美，被称为"天下第一鲜"，是弶港镇第二个国家地理农产品标志品牌，肉质鲜而不腻，是宴席和普通百姓日常不可或缺的佳肴，更是东台、特别是弶港地区久负盛名的特色菜品，吸引了众多慕名而来的游客。

一、品质特色鲜明

1.外在感官特征

"弶港文蛤"个体大，可达7～8厘米，壳纹理清晰，藤壶附着物较少，肉色洁白，或淡黄，肥满度好，出肉率高。清煮后汤色清澈，汤鲜肉嫩。

2.内在品质

"弶港文蛤"氨基酸总含量在7.2%以上，其中呈味氨基酸（灌水、天冬氨酸、苯丙氨酸、丙氨酸、甘氨酸和酪氨酸）含量为3%。

二、产地环境独特

1."弶港文蛤"养殖于弶港镇沿海地区的滩涂，该区域滩涂主要由黄海和长江入海携带的泥沙淤积而成，主要以细沙或沙泥质滩涂为主，且滩涂还在继续淤涨。

2."弶港文蛤"养殖的海域处于长江径流和苏北沿岸流两个不同性质的海流（暖流和寒流）的交汇处，渔民俗称二夹水的区域。该区域长江径流等携带的藻类生长说需要的各种营养盐丰富，有利于文蛤等贝类摄食藻类繁殖和生长，藻类旺盛，是养殖文蛤良好的栖息地。

3."弶港文蛤"养殖滩涂区域环境质量良好，附近没有明显的污染源。根据监测，"弶港文蛤"养殖区域的海水水质保持在二类海水，符合海水养殖用水水质标准。这种环境在全国沿海地区属于较好的区域。而且通过养殖文蛤等贝类摄食藻类，有利于降低沿海地区的营养盐，防止海水富营养化。

4."弶港文蛤"养殖的区域人类活动相对较少，受到人为和外来干涉的情况较少。

优农中心获得天津市科技进步特等奖

于福安研究员带领科研团队在田间开展水稻育种工作

优农中心开展小站稻绿色高效栽培技术集成培训

天津市优质农产品开发示范中心组建于2019年，是将天津市原种场、天津市玉米良种场等6家单位的职责整合建立的公益二类事业单位，由天津市农业发展服务中心管理。中心现有在编研究员4人、高级农艺师10人，主要负责本市优质农作物的科研选育、繁育，新品种的试验、示范及开展农作物良种繁育、农业资源调查工作，提供技术开发、培训及咨询。

中心技术团队始终以小站稻优质、高产、高抗性新品种选育为目标，把推动水稻种业生产可持续发展作为团队不变的坚守，攻克关键核心技术难题，先后完成国家和天津市科技项目40多项，育成审定推广"津原系列"水稻新品种40个（国家审定13个），研究配套水稻种植技术40多项，获发明专利3项，新品种权13项。科研成果近20年来持续覆盖天津地区水稻面积80%左右，并推广到北方10多个省市，创造社会效益40多亿元，获得天津市科学进步特等奖1项、一等奖1项、二等奖2项、三等奖4项，获得全国农牧渔业丰收二等奖1项、三等奖1项。

中心技术团队在30多年水稻理想株型渐进性研究的基础上，在国内外首次提出了"半弯曲重穗大粒粳稻理想株型育种"，攻克了"品质与产量""抗性与产量""大粒与优质"等多项技术难题，实现了优质、抗逆、超高产的高水平统一，育成的新品种津原89，在遗传了津原E28的品质、抗性优势的同时，大面积亩产800千克左右，高产田达到850千克左右，超高产田突破900千克，经技术鉴定：成果达到国际领先水平，获得天津市科技进步特等奖，为小站稻种业装上了自己的"芯片"。

撰稿人：天津市优质农产品开发示范中心　王春海、于洪鑫

物理防治虫害新突破——生物粘虫剂一网无遗

2022年农业农村部首届"火花技术"评选，由山东佳宇民农业科技有限公司、福兴集团农业开发有限公司、山东科技特派员创新创业共同体、枣庄市农业科学研究院共同研制的科技成果《生物粘虫剂的研制》成功入选"火花技术"成果库，为十五项入库成果之一。

成果完成人：张显省（枣庄市农业科学研究院）、郭超（福兴集团农业开发有限公司）、许珂（山亭区农业技术推广中心）、孙丽（枣庄市棉花良种场）、孙中健（枣庄市棉花良种场）、刘利（枣庄市棉花良种场）、张强（峄城区气象局）、王明贵（枣庄市农业执法大队）、喻红华（山东省科技特派员创新创业共同体）、张莹颖（山东佳宇民农业生物科技有限公司）。

成果简介：生物粘虫剂是用可食用的植物精华提取，产品无化学农药残留、生态环保、使用方便。与化学农药一样也是使用喷雾器把稀释后的液体喷洒在叶面上，符合国家农业绿色环保的要求，应用场景广阔。在防治白粉虱、蓟马、小黑飞、蚜虫方面比化学农药的防治效果还要好，而且没有抗药性。生物粘虫剂也可与叶面肥料、生物菌剂联合使用，使粘虫剂同时具有防虫、治虫、防病、治病、助生长五种功用，有很好的经济效益、社会效益、生态效益。

张显省高级农艺师田间指导

喷粘虫剂的植物生长旺盛、没农药危害

产量高、味道好，无化学农药残留

故城千中农业发展股份有限公司

一、专利

序号	专利名称	发明人	专利号	证书号	授权公告日	专利权人	批准单位
1	一种易挥发化肥的浇灌装置	邓运峰	ZL 2020 2 0999627.3	第12673400	2021年3月12日	故城千中农业发展有限公司	国家知识产权局
2	一种化肥生产用的滚筒烘干设备	廖永君	ZL 2020 2 1094688.1	第12674157号	2021年3月12日	故城千中农业发展有限公司	国家知识产权局
3	一种植保无人机防震结构	蒋娜	ZL 2020 2 2179707.7	第14255432号	2021年9月24日	故城千中农业发展股份有限公司	国家知识产权局
4	一种基于智慧农业具有防尘功能的无人机喷药系统	章勤	ZL 2020 2 2803643.3	第14253459号	2021年9月24日	故城千中农业发展股份有限公司	国家知识产权局
5	一种农业生产用无人喷药机	刘晗	ZL 2020 2 2773933.8	第14259631号	2021年9月24日	故城千中农业发展股份有限公司	国家知识产权局
6	一种四旋翼植保无人机	魏光达	ZL 2020 2 2895040.0	第14267633号	2021年9月24日	故城千中农业发展股份有限公司	国家知识产权局
7	一种农业无人机喷药装置	段秦生	ZL 2020 2 2201547.1	第14301152号	2021年9月28日	故城千中农业发展股份有限公司	国家知识产权局

二、奖励

1. 荣获2021年度衡水市市级农业生产托管示范服务组织。
2. 荣获2020年河北省百强专业化服务组织。
3. 荣获2022年全国首批100个农作物病虫害绿色防控示范基地。
4. 荣获2021—2023年衡水市农业产业化重点龙头企业。

贵州现代物流产业（集团）有限责任公司

贵州现代物流产业（集团）有限责任公司（以下简称贵州现代物流集团）是以原贵州省物资集团有限责任公司（成立于1996年12月）和原贵州省商贸投资集团有限责任公司（成立于2006年5月）为基础，按照贵州省打造"四梁八柱"工业体系的要求组建设立，是贵州省政府批准成立的首批六家战略性重组的大一型企业集团之一，同时也是唯一涉及农产品流通最多的省管国有大一型企业集团，并明确由贵州省国资委、省商务厅代表省政府分别履行国资监管和行业管理职责。

贵州现代物流集团于2018年9月28日正式挂牌，注册资本50亿元人民币；现有二级子企业17家，其中全资企业13家、控股企业4家，职工4472人。2021年，贵州现代物流集团荣升"2021贵州100强企业"第8位、"2021中国服务业企业500强"第273位，连续三年入选"贵州省诚信示范企业"，当选"贵州省物流行业协会会长单位"。

贵州现代物流集团坚持以习近平新时代中国特色社会主义思想为指导，牢牢把握国发〔2022〕2号文件重大机遇，明确使命责任，坚定发展方向，以"建成具有国内竞争力的现代物流企业"发展目标为引领，聚焦"打造现代物流体系、降低区域物流成本"的战略定位，布局"现代物流产业、现代农业产业、大宗生产资料供应链集成服务"三大主业，

集团大楼

着力加强党的领导、党的建设、提升产业链供应链现代化水平、推动数字化转型发展、推进企业深化改革、加强风险防控，全力推动企业高质量发展。

着力构建现代物流体系。按照构建"通道+枢纽+网络"现代物流体系要求，着力加强物流基础设施建设，推动冷链物流体系建设，大力发展智慧物流，建设智慧园区运营管理平台。拥有或控制牛郎关、凯里银田、威宁江楠3个共占地3 924亩的重要物流园和120万人的团餐市场、387台冷链车，打通省内外12条冷链运输线路。其中，牛郎关智慧物流园内有铁路专用线5股共8.51千米，年货物吞吐量超千万吨，位居贵州省首位，于2020年成功纳入贵阳陆港型国家物流枢纽的重要组成部分。建成贵州现代物流集团信息管理中心、贵州农产品大数据平台"黔菜网"、贵州营养餐大数据平台、贵州农特产品管理系统、"物贸通"供应链管理平台等多个信息化平台。

着力构建"1+6"农产品流通体系。以旗下6家农产品流通龙头企业为主体，充分发挥拥有387台冷链车、可控近60万亩商品化蔬菜基地、120万团餐市场，拥有9家SPV公司、151 167头牛只、500头以上规模养殖场103个、年屠宰能力超过10万头的屠宰场2个等的作用，着力构建蔬菜、农特产品、茶叶、饲料供应链体系和黄牛全产业链生态体系，着力推进农产品物流园的运营，初步形成了以农产品物流为关建环节的集农产品生产、物流、市场为一体的"以销定产、以产促销、以产带产"的农产品流通全产业链发展格局。

着力构建"1+7"大宗商品供应链集成服务体系。以旗下7家大宗贸易子企业为主体，在原大宗商品贸易的基础上，着力加强上下游产业链延伸，促进内外贸协同，逐步向供、采、集、配一体化的供应链集成服务发展，为客户提供采购、物流、仓储、销售、金融、通关及信息化等一体化、一站式、专业化的服务，力争打造成为全程供应链综合服务商，不断提升市场需求的响应能力和供应链的协同效率。

"十四五"期间，贵州现代物流集团将聚焦主责主业，持续提升企业竞争力、创新力和抗风险能力，助力降低贵州社会物流成本、提升贵州人民幸福感和获得感，在全省围绕"四新"主攻"四化"中作出新担当、展现新贡献。

蔬菜集团锦屏净菜加工中心

牛郎关物流园堆场

贵天下生态茶园基地

罗甸县沐阳育苗基地航拍卫星图

江苏凌家塘市场发展有限公司

江苏凌家塘市场发展有限公司是农业产业化国家重点龙头企业、全国公益性农产品示范市场、农业农村部定点市场、商务部重点联系市场、江苏省现代服务业集聚区、省级示范物流园区。公司创立于1992年9月，2004年改制建立现代企业制度，2008年1月整体搬迁至常州市邹区镇龙潭村，位于江宜高速（S39）、312国道、常金线（340省道）交汇处，具有得天独厚的适合农副产品快速高效流通的交通区位优势。

市场经过三十年来的艰苦创业和建设发展，已完成投入18亿元，总占地面积扩展到87万平方米（1 306亩），竣工建筑面积50万平方米，形成了"八大交易区（蔬菜、果品、粮油副食品、冷冻食品、水产区、加工配送、物流配载、商业配套）"，水、电、天然气等生活配套设施、垃圾中转站、污水处理站等环保设施和3万吨冷库、10万平方米商业街等服务设施齐全的特大型综合性批发市场。

市场始终坚持"面向全国，辐射华东"的发展思路，通过"市场+经营户+基地"的产销对接模式，经营来自全国各地的蔬菜、果品、粮油、水产品、冷冻食品等十大类1 000多个品种，带动种养殖基地面积200多万亩，辐射到苏、浙、皖等长三角地区的50多个县市，具有交通区位好、品种全、吞吐量大、价格优的流通优势，市场供应量占常州菜篮子供应量的80%以上，价格比周边城市便宜10%～20%，为常州老百姓带来了实惠，并且建立了凌家塘农产品价格指数，有效提升了在华东地区农产品的价格话语权。

市场坚持"客商发财，市场发展"的经营理念，常驻经营户2 700多户（注册公司化企业334家，注册资本8.7亿元，注册资本超千万元的有32家），常驻经营人员1万多人，带动劳动就业人员6万多人，2021年市场交易额完成438亿元，上缴税收8 000多万元，连续八年保持常州市现代服务业五星级企业，荣获全国商贸流通服务业先进集体、全国诚信示范市场等荣誉称号。

市场下一步将通过优化市场功能区域、提升市场建筑形式、重组市场物流要素、应用现代信息技术，全力打造集绿色健康、智慧共享、品牌集聚、高效流通、创新金融于一体的千亿级农产品流通城融合示范园区。

新市场蔬菜区

凌家塘加工配送中心

全国食用农产品合格证推进现场会代表来
市场考察指导

年年有余

新市场空中俯瞰图

诸城外贸有限责任公司

当下随着预制菜产业逐步走向风口，诸城外贸有限责任公司把握机遇，启动整体搬迁暨健康食品产业园建设项目，建设全新预制菜生产基地，开展新旧动能转换，助力企业转型升级，打造中国预制菜行业新典范。项目总投资15亿元，占地面积600亩，总建筑面积37万平方米，以建设"设备世界一流，设计全国一流"的健康食品产业园为目标，以高起点策划、高标准推进、高质量打造为原则，委托在屠宰加工设计领域具有领先地位的华商国际工程有限公司（原国内贸易工程设计研究院）进行新址设计工作。

项目采用众多国内领先的绿色、环保、节能技术：加工车间采用全世界自动化程度最高的屠宰分割加工设备及智能冻结设备；熟食包装采用多头秤包装机、自动装箱系统、机械手自动码垛系统；纸箱和辅料采用自动输送系统；可余热回收的压缩式热泵技术；氨与二氧化碳复叠制冷系统；导热油锅炉加热系统；太阳能光伏发电系统等，不仅大幅减少了用工量，提升了生产效率，同时还能产生良好的经济效益。

项目投产后，年可单班宰杀肉鸡1亿只，加工熟食、调理预制产品17万吨，实现销售收入50亿元、利润2.6亿元、税金2.2亿元。项目建成后，将进一步完善"企业+社区""企业+大型农场"发展模式，实现自动化、智能化、专业化的生产调整，聚合优势资源，带动养殖、加工、运输、技术服务、装备制造等相关产业的融合发展，将产业链上下游、左右配套各环节拧成一股绳，抱团发展，逐步探索企业与农村优势互补的现代农业新模式。

随着诸城外贸健康食品产业园的落成，以高精尖技术为支撑的现代化高端食品加工工业园区必将成为行业的新典范，引领国内食品加工行业走向新的高峰！

鸡肉提效增值加工关键技术及应用三等二位　一种禽畜肉类加工预处理设备　肉鸡标准化生产技术研究与示范三等一位　一种禽畜养殖用喂料设备（发明）　兽药GMP证书

2020.11兽药经营许可证(新版)　20200813外贸营业执照　食品生产许可证副本

华润五丰公司

华润五丰是华润（集团）旗下优秀的综合食品企业，公司前身是于1951年在香港成立的"五丰行"，发展至今已有72年的历史。从20世纪50年代起五丰成为中国食品公司在香港的独家代理。60年代起开始承担供应港澳鲜活冷冻商品的"三趟快车"任务，在艰难动荡的历史岁月里创下48年风雨无阻运送优质食材的奇迹，成为"香港人的菜篮子"。70年代以后，五丰成为香港与内地的桥梁和纽带，一方面将国内出口食品的企业直接带到香港，一方面将一批香港商人直接带入国内投资、采购，成为香港、内地经济发展的有力推动者。90年代五丰在香港挂牌上市，开始资本经营和纵向一体化垂直经营，向内地大举进军，通过并购重组，在内地成立了系列公司，拥有了一批区域领先品牌和许多小而美的产品，包括五丰鲜肉、五丰米粉、富春包子、黎红花椒油、上口爱冰淇淋、拿破仑雪糕、喜上喜腊肠等。

2011年公司更名为华润五丰有限公司，业务覆盖中国内地及香港市场，主营肉食、粮食、综合食品、现代农业并代理国内外各类优质产品。目前，公司旗下黎红花椒油、五丰米粉业务经营规模位居行业前列。富春包点、五丰冷食、供港业务的经营业绩在区域市场中表现突出。肉食业务拥有4个大型肉类屠宰加工中心，在杭州、深圳拥有冷库及肉类交易市场，在全国拥有1 000多家鲜肉销售直营店和4 000多个分销点。五丰、五丰行等是享誉全国的知名品牌。

华润五丰是香港最大的中国食品经销商之一，其鲜肉、冻肉及中国特色食品在香港市场占主导地位，对维护香港社会的繁荣稳定发挥了重要作用。

图1　1951年9月15日五丰行在香港文咸街成立

图2　1995年，五丰行在香港联合交易所上市（1）

图3　1995年，五丰行在香港联合交易所上市（2）

图4　五丰产品群产品

图5　五丰从1999年开始运营香港上水屠房

图6　五丰在四川雷波探索打造全新的"雷波基础肉牛银行模式"，推动产业振兴

浙江寿仙谷医药股份有限公司

寿仙谷药号始建于清宣统元年（1909年），地处中国温泉养生生态产业示范区的浙江省武义县。是一家集名贵中药材良种选育、研究、栽培、生产、营销全产业链为一体中华老字号企业、国家高新技术企业、全国重点农业龙头企业、浙江省人民政府质量奖获奖单位。武义寿仙谷中药炮制技艺列入"国家级非物质文化遗产代表性项目名录"。2017年5月主板上市，成为灵芝、铁皮石斛行业第一股。

总部

公司秉承"重德觅上药、诚善济世人"的祖训，恪守"为民众的健康美丽长寿服务"的企业宗旨，致力于"打造有机国药第一品牌"、"打造世界灵芝领导品牌"。以9个自主品种、四重有机认证，20多项国家、省部科技奖，引领产业高质量发展。为《中医药—灵芝》及《中医药—铁皮石斛》两项国际标准，浙江省灵芝孢子粉炮制规范主导制定单位。先后主持和参与制定国际、国家、地方、行业、团体标准合计达89项，覆盖灵芝、铁皮石斛产品全产业链。其中：国际标准5项、国家标准20项、行业标准4项、团体标准51项、地方标准9项。

公司构建了"一链二体三全"卓越绩效管理体系，"产品质量三化同行""企业管理三化融合""产业发展三化共促"的"道生万物"质量管理新模式。获评国际标准制定重大贡献奖、浙江省标准创新优秀贡献奖。灵芝孢子粉市场占有率居全国首位，获评"浙产名药"、浙江制造"品字标"，全国十大灵芝品牌、"中国好石斛"。

国际标准新闻发布会

灵芝及孢子粉基地

海口市菜篮子产业集团有限责任公司
保供惠民益民生　凝心聚力促发展

2015年12月31日海口市委、市政府批准成立海口市菜篮子产业集团有限责任公司，旨在通过建设一家产、供、销全链条贯通的"菜篮子"公益性国有企业，全力以赴贯彻落实省委、省政府"菜篮子"保供稳价工作的相关指示要求，解决"菜价高"这一民生难题，更好引导调控农产品市场，保供应、稳物价、惠民生，着力解决海口市"菜篮子"工程发展不平衡、不充分的问题，不断满足人民日益增长的美好生活需要。

云菜批发直销

抓生产，保供应　全力抓好"菜篮子"基地建设生产工作，在大荒洋、七水洋和龙湾建成6811亩蔬菜保供基地，建有433亩蔬菜大棚和200亩光伏大棚。集团探索推进农光互补立体农业新模式，被人民日报头版刊发图片报道关注。2021年，龙湾基地光伏大棚"农光互补"蔬菜种植模式在海南省进行示范推广。

抓调运，保充足　积极建立蔬菜岛内外应急供应调节机制，与岛内外100多家蔬菜产地供应商签订供应合同，并与云南、贵州等大型蔬菜主产区建立产销对接机制。推进云菜、黔菜入琼工作，2021年10月起，集团开通云菜直供渠道，通过菜篮子江楠批发市场鲜菜一区18号档口供应全省，弥补生产淡季本岛叶菜供应的不足，至年底批发量约2010吨。

常年蔬菜储备

抓储备，保应急　集团承接我市常年蔬菜储备任务及市级储备冻猪肉任务，目前蔬菜储备量3000吨以上，有效保障了重大节假日、应急、淡季、自然灾害期间"菜篮子"产品的稳定供应。

抓销售，保稳价　打造"直营门店＋农贸摊位＋合作加盟＋超市专柜＋电商＋食堂"的销售网络，旗下末端网点300多个，提高了平价菜进社区小区的覆盖率。持续完善"一元菜""基本菜"惠民长效机制，搭起了政府与市民的"菜篮子"桥梁。

福建健尔聪食品有限公司

　　福建健尔聪食品有限公司始创于1991年，位于中国红心地瓜干之乡福建连城，是一家集甘薯种植、加工、研发和销售为一体的生产型出口企业，注册资本2 600万元，厂区占地面积达32 000米²。

　　公司始终秉持"绿色、健康、营养、时尚、方便、放心"的研发理念。主要生产适于内外销的地瓜干系列产品，具有自主出口经营权和SC生产许可证书，通过ISO22000和HACCP食品安全管理体系认证，产品长期出口至日本、美国、韩国及欧盟等国家和地区，深受国内外消费者喜爱。

　　公司拥有先进的无硫自动烘干设备，加工工艺成熟，技术力量雄厚，行业首创将甘薯应用于宠物食品中。公司技术研发中心现有数名食品高级工程师、外聘教授、专业技术人员，助力健尔聪技术创新和品牌建设，获得国家专利证书11项，其中发明专利2项，外观专利3项，实用新型专利7项。

　　自2007年以来，公司先后获得"国家扶贫龙头企业""福建省农业产业化省级重点龙头企业""福建省工业企业质量信誉承诺企业"和"福建省守合同重信用企业"等荣誉称号。公司所生产的"健尔聪"牌产品曾获得"福建省著名商标""福建名牌产品""福建省企业知名字号"和"中国红心地瓜干十大品牌"等荣誉称号。农业农村部、福建省科技厅授予健尔聪成立"国家甘薯加工技术研发专业中心"及"福建省甘薯休闲食品企业工程技术研究中心"。

　　健尔聪食品，坚持农业产业化经营发展道路，把健尔聪甘薯的健康理念更深入地推向全世界，着力构建国内国外双循环发展新格局。

通威农业发展有限公司

　　通威农业发展有限公司（以下简称通威农发）由通威股份控股，以饲料生产和水产养殖为核心业务，并同时涉及水产苗种繁育、养殖服务、动物保健、农业检测、渔业设施与装备、融资担保等诸多领域。截至目前，通威农发年饲料生产能力超过1 000万吨，是全球领先的水产饲料生产企业及重要的畜禽饲料生产企业，拥有80余家涉及饲料业务的分公司、子公司，生产、销售网络已布局全国大部分地区及越南、孟加拉国、印度尼西亚等东南亚国家。

　　40年来，通威始终坚持以科技研发驱动可持续发展，拥有"国家级企业技术中心""国家认可实验室""国家级检测中心""水产养殖动物疾病防控技术国家地方联合工程实验室""农业部水产畜禽营养与健康养殖重点实验室""水产健康养殖四川省重点实验室""四川省水产工程技术研究中心"等十余个国家级、省级技术创新平台，并先后三度荣获"国家科学技术进步二等奖"、两度获得农业农村部"全国农牧渔业丰收奖一等奖"、农业农村部"中华农业科技奖一等奖"，以及"四川省科技进步一等奖"等多项殊荣。

　　早在1996年，通威在中国饲料行业中率先按ISO9001质量管理体系要求，建立和实施通威质量管理体系，将饲料生产现场管理由原来无序、无章可循、因人而异的管理，向规范、科学、相互协调的现代质量管理转变，并数十年一以贯之。2020年，通威再次修订通威质量方针和目标，并通过"标准化建设"打造产品质量最好、成本最低、效率最优的核心竞争力，实现生产自动化、业务数字化、作业标准化的标准化运营，并最终实现满产满销的规模优势，助力用户实现养殖效益最大化，更引领饲料工业从"质造"走向"智造"新生态。

　　与此同时，通威组建通威渔业科技有限公司，发力水产养殖业务。计划在未来3～5年内进一步聚焦南美白对虾、加州鲈鱼等市场接受度高、适宜集约化养殖的品种，探索不同养殖条件下的设施化、工厂化养殖模式，形成技术突破和规模、品牌效应，构建通威水产产业链系统竞争能力，并通过搭配"渔光一体"模式，水上产出清洁能源，水下产出绿色水产品，助力水产行业升级转型。目前，通威农发在山东东营启动全新的南美白对虾工厂化养殖项目，首个基地规模达20万立方米水体，建设定位为循环水、自动化、数字化，年产对虾1万吨以上，从而启动百万吨对虾工程，真正实现行业新引领。

昌吉州粮油购销（集团）有限责任公司

昌吉回族自治州粮油购销（集团）有限责任公司（简称昌粮集团）是新疆最大的国有粮食购销企业，经农业部、发改委、财政部、商务部等联合审定被授予"农业产业化国家重点龙头企业"称号。公司注册资本7 000万元，下属12家子（分）公司、3家参股企业，资产总额达28亿元，有职工754人，经营网点63个，粮食储存能力达110万吨，年均粮油吞吐量达200万吨，主要经营品种小麦年均收购量达60万吨以上，掌控昌吉州近80%的市场商品粮源，是保障乌昌、吐鄯托等区域粮食安全、保证军需民食的重要载体。2010年，被国家粮食局甄选授牌为全国首批50个国有粮食企业重点联系企业之一；2011年，被中国粮食行业协会评为国家"AAA"级诚信粮油企业；连续六年被评选为昌吉市"重合同守信用单位"。

近年来，昌粮集团积极响应国家供给侧结构性改革号召，不断延伸绿色农业产业链，推进"三产融合"深度发展。公司以粮油产业化经营为主线，以粮油购销为基础，以粮油和特色农产品精深加工为龙头，以大宗农副产品贸易为补充，以构建大物流体系为平台，努力打造成为有影响力的贸、工、农综合产业协同发展的国家现代农业产业化龙头企业。

昌储库中心仓库

2018年—2020年农业产业化龙头
企业证书

昌粮汇通仓储

昌粮汇通油脂厂

仓麦园产品集合

清丰红薯粉条

清丰古称顿丘，位于河南省北部冀鲁豫三省交界处，东经114°47′~115°23′，北纬35°45′~36°05′，属温带大陆性季风气候。清丰县是典型的农业大县，历来有种植红薯的传统，因地处黄河冲积平原，地势平坦，土层深厚，自然肥力高、透气性好，种植的红薯口味纯正、香甜可口。

清丰红薯粉条利用当地种植的红薯作为生产粉条的原材料，制作出的红薯粉条粗细均匀，色泽亮丽，手感柔韧，弹性良好。清丰红薯粉条温水浸泡、沸水清煮后呈半透明状，入口筋道润滑，营养丰富、老少皆宜、适口性好。

清丰县将红薯产业作为实施乡村振兴战略的一项支柱产业，通过政策引导、龙头带动、科技引领、示范种植，推进全县红薯产业规模化发展，标准化生产，产业化经营，品牌化销售，全县发展种植红薯10余万亩，成立红薯粉条加工厂10余家，培育品牌12个。清丰红薯和清丰红薯粉条已双双入选全国名特优新农产品名录。

北京诺禾致源科技股份有限公司

北京诺禾致源科技股份有限公司（股票代码：688315）于2011年3月成立，专注于开拓前沿分子生物学技术和高性能计算在生命科学研究和人类健康领域的应用，致力于成为全球领先的基因科技产品和服务提供者。企业总部位于北京，在北京、天津、广州、上海等地都设有实验室或实验基地，并在中国香港设有子公司。

为了更好地服务客户，诺禾致源搭建了通量规模领先和测序质量稳定的多产品并行的柔性智能数据交付平台，实现从样本提取、检测、建库、库检、文库pooling及生物信息分析的全流程智能化作业。诺禾致源深耕多组学解决方案多年，持续保持行业领先地位，全面建设了基因组学、转录组学、表观组学、蛋白质组学和代谢组学的产品研究体系，为生命科学基础研究和转化应用提供多组学结合的全面解决方案。

种业是国家战略性和基础性核心产业，是保障国家粮食安全和重要农产品有效供给，推动生态文明建设和维护生物多样性的重要基础。诺禾致源始终紧跟国家发展战略，为农作物、畜牧动物和水产等农业经济物种的基础研究提供了高效的测序平台以及前沿的组学解决方案，并取得领域性的专业认可和卓越的学术成果。2022年8月，诺禾致源作为提供技术支撑的专业化平台，入选国家水产种业阵型企业；诺禾致源参与农业经济物种的基础研究学术成果约609篇，代表了组学技术在世界生命科学基础研究中的前沿应用和技术领先。

诺禾致源一直致力于推动新的组学技术应用于农业经济物种基础研究领域。2014年，诺禾致源与中国农业科学院作物科学研究所共同合作的"一年生野生大豆泛基因组"研究成果开启了动植物泛基因组研究历程，并于2021年2月被Nature评为"近20年基因测序领域里程碑"事件；2016年，诺禾致源与四川农业大学合作完成了"欧亚品种猪泛基因组学研究"项目，成果入选了《2017中国农业科学重大进展》。近些年来，诺禾致源持续助力于揭示一些重要农作物（如棉花、油菜和大豆等）在现代遗传改良的组学规律，并鉴定了调控作物高产、优质与抗病等重要农艺性状的丰富候选基因，研究成果为作物多性状协同改良提供了新的理论依据和资源，多项成果都发表在国际顶尖期刊《Nature Genetics》上。

成立十二年间，诺禾致源的业务已覆盖全球6大洲约70个国家和地区，服务客户超过6 100家，在全球范围内与众多学术机构建立了广泛的合作关系，完成多项具有国际先进水平的基因组学研究工作。截至2022年，联合署名发表或被提及的SCI文章总计16 000余篇，累计影响因子近100 000。目前已取得软件著作权294项，专利69项；合作伙伴遍布全球，包括3 300余家科研院所和高校、600余家医院、2 200余家医药和农业企业等。

国家推出的利好政策为种业阵型企业指明了发展方向，作为掌握前沿技术的代表之一，诺禾致源一定会尽可能发挥带头作用，继续扩大专业化平台优势，大力提升自身在全球范围内的科技服务能力和规模，持续创新技术和解决方案体系，拓展多组学服务边界，为全球科学家的研究工作保驾护航。

石家庄博瑞迪生物技术有限公司

博瑞迪成立于2017年4月，是一家专注于动植物分子检测和育种技术创新与应用的创新型企业，致力于为我国种业发展提供高通量、低成本的精准基因型分型和分子检测技术，推动我国动植物育种技术从传统技术向分子技术跨越发展。公司总部位于石家庄，在北京、南京、广州、海南等地设有子公司，在北美及欧洲设有业务发展中心。

博瑞迪自主研发的GBTS靶向测序基因型分型技术（Genotyping by Target Sequencing, GBTS）拥有高度自主知识产权，具有优质、低价、定制灵活、无样品起始量限制等特点，是育种家用得上、用得起、用得好的技术。目前，已开发覆盖玉米、小麦、水稻、石斑鱼等90多个物种的240多款分子育种液相芯片，其中多款产品实现了国内甚至国际上零突破，为隆平高科、大北农、峪口禽业等多家企业提供了商业化分子育种检测服务。

2022年，博瑞迪乔迁新址并启用新型智慧实验室，开发上线可实现7×24小时无人值守的不间断作业，单日通量高达6000份，年样本检测通量超百万级，且拥有自主知识产权的生物育种智慧实验室平台iMBP智慧育种工厂，实现了国产化智能分子育种技术检测平台零的突破。截至目前，博瑞迪实验室累计已经完成60多万份样本检测工作，为基因组选择等分子育种4.0技术更快速、更高效、更便捷的应用于玉米、生猪、蛋鸡等国内商业化育种实践奠定了良好基础。

2023年，博瑞迪携核心产品、技术和服务亮相全球动植物遗传育种领域最具影响力的学术会议之一 PAG 30国际动植物基因组学大会，获得了大量欧美客户的意向订单，正式吹响了进军海外市场的号角。

成立以来，博瑞迪始终坚持创新驱动发展的理念，在技术研发上持续保持高投入，不断强化自主创新能力，全力确保专业技术领域内的领先性和产品的前瞻性，先后通过了ISO 9001质量管理体系认证，ISO 14001环境管理体系认证，ISO 45001职业健康安全管理体系认证，ISOIEC 20000信息技术服务管理体系认证，ISOIEC 27001信息安全管理体系认证等。2022年，博瑞迪实验室通过CNAS实验室认可，符合ISO/IEC 17025：2017《检测和校准实验室能力的通用要求》（CNAS-CL01《检测和校准实验室能力认可准则》）的要求。

ISO 9001质量管理体系认证证书

博瑞迪实验室获CNAS认可证书

博瑞迪实验室照片

博瑞迪试剂耗材展示

博瑞迪试剂研发室

博瑞迪智慧育种工厂微模型

博瑞迪iMBP智慧育种工厂

中玉金标记（北京）生物技术股份有限公司

中玉金标记（北京）生物技术股份有限公司（简称"中玉金标记"）于2013年9月注册成立，注册资金1.7亿元人民币。中玉金标记是由重庆国瑞控股集团有限公司及国内九家知名种业公司共同持股构成的一家创新开放、种业共享的高科技研发创新型企业。

中玉金标记获得了北京市科委、北京市知识产权局、中关村科技园区管理委员会认证的国家高新技术企业、北京市企业科技研究开发机构、北京市知识产权试点单位等资质。同时，公司通过"GB/T19001-2016 & ISO9001-2015质量管理体系"认证。2022年8月4日，农业农村部办公厅印发《关于扶持国家种业阵型企业发展的通知》，中玉金标记入选国家农作物种业阵营专业化平台支撑企业。

作为农业农村部种子工程专项——"国家玉米分子育种平台"的唯一承建单位，中玉金标记建成了四大先进的高通量技术平台：高通量自动化DNA提取平台、高通量SNP标记开发及测试平台、基因组分型平台、分子标记辅助育种平台，配备有国际领先的高精密科研仪器设备60多台（套），总价值5900多万元，并建立了专业化的分子育种技术开发和技术服务体系，建成了国内先进的作物分子育种公共服务和研发平台。

公司联合中国科学院、中国农业科学院等在内的10多家科研和大学机构，自主研发了"中玉芯"系列育种基因芯片、液相捕获基因芯片等，分别覆盖玉米、小麦、水稻、大豆、油菜等主要农作物，服务国内科研及育种单位300多家，检测样本数量超过30万份。中玉金标记已发展成为行业内成熟且稳定的分子育种技术服务公司，持续为中国种业提供最坚实的支撑和动力。

国家玉米分子育种平台

国家高新技术企业证书

知识产权试点单位证书

市研发机构证书

实验室

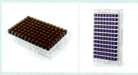

小麦660K基因芯片

油菜50K液相基因芯片

山东舜丰生物科技有限公司

基因编辑技术能够对生物体目标基因进行定点"编辑"，在农业育种、基因检测、生物医疗等多个领域具有广阔的应用前景和市场价值。2018年，以朱健康院士团队为依托，山东舜丰生物科技有限公司成立，专注于基因编辑技术的开发及其在农业生物育种、基因检测医疗等领域的产业化应用，先后被评为"国家级高新技术企业""国家知识产权优势企业""山东省新型研发机构"等。

1. 坚持源头技术自主创新，打破国外基因编辑核心技术垄断。 舜丰生物是国内首家拥有原创基因编辑底层专利技术的企业，自主研发了以CRISPR Cas SF01和CRISPR Cas SF02为代表的"基因剪刀"家族，并取得了一系列共性关键技术突破。2022年8月，舜丰生物开放基因编辑核心技术授权通道，并首次实现我国基因编辑技术的出口。截至目前，公司已申请专利160余项，获得40余项专利授权。

2. 聚焦基因科技前沿力量，推动基因编辑成果转化。 "久久为功，把这件大事抓好。"是2022年4月习近平总书记在崖州湾种子实验室考察时对研发人员的殷殷嘱托。舜丰科研成果在现场接受了总书记检阅。舜丰生物始终牢记使命，以保障国家粮食安全、赋能乡村振兴、创造健康生活为出发点，系统性布局高产优质、绿色高效、营养健康、加工专用四大研发管线，形成了包括高产水稻、矮秆玉米、抗除草剂水稻、高油酸大豆、高维C生菜在内的一众可市场化的超级新产品矩阵，2022年10月研发成功的新型极简无组培递送系统，为基因编辑育种按下加速键，为基因编辑产业化发展注入了新动能。

3. 夯实农业科技根基，加速基因编辑产业化进程。 2022年1月，《农业用基因编辑植物安全评价指南（试行）》发布，作为我国基因编辑开发与应用的先行者，舜丰生物提报了首批基因编辑安全证书申请，积极推动基因编辑产业化发展。秉持"基因科技创造健康生活"的使命，舜丰生物将致力于打造国际一流的基因编辑技术创新高地，跨越价值链，助推农业全产业链创新发展；为人类营养健康需求和美好生活需要输出系统解决方案；为保障国家粮食安全和科技自立自强贡献力量。

首席专家顾问朱健康院士

高油酸大豆

CRISPR Cas-SF01
CRISPR Cas-SF02

高维C生菜

舜丰生物实验室　　　　　舜丰生物基因编辑核心工具　　　　　高维C生菜

未米生物科技有限公司

未米生物科技有限公司（以下简称"未米生物"）成立于2017年，先后被评为常州市"龙城英才"企业、江苏省"双创人才"企业、"江苏省民营科技型企业""国家高新技术企业"等。未米——即未来的米（粮食），公司已经建立了玉米、水稻、大豆、棉花、小麦、番茄、烟草、生菜、黄瓜等近二十种作物的高通量无基因型限制遗传转化和基因编辑平台，为国内外200多家科研单位提供技术服务。未米生物具备自主知识产权的基因编辑Cas酶，植物基因敲除、敲入和替换核心技术，能够实现精准育种覆盖各个植物物种。截至目前，公司已拥有授权专利30项，在申请阶段的专利15项。

未米生物结合大数据及自主研发的玉米全基因组高通量编辑技术，创制了新一代玉米突变体资源库，突变体材料被广泛使用到育种种质资源创新和重要基因克隆研究中，显著缩短了优异种质创制时间，提高了重要功能基因克隆效率。同时，未米生物不断加大作物基因编辑研发力度，陆续创制了耐密植、增产、高维生素E、高亚麻酸、糯性品质改良等一批不含有外源转基因成分的基因编辑玉米新材料。公司与国内多家单位开展了技术合作，摸索出一套可视化基因编辑技术体系，并对郑58等生产上使用的骨干自交系进行了多个性状的基因编辑改良，获得的新材料已陆续进入产业化研发阶段。截至2022年末，已获得6个基因编辑中间试验批文。2022年1月，《农业用基因编辑植物安全评价指南（试行）》发布，对农业基因编辑植物的安全评价管理进行了规范。未米生物就新开发的基因编辑玉米性状上报了首批基因编辑安全证书申请，积极推动基因编辑产业化发展。

未米生物围绕玉米等粮食和经济作物，以蛋白饲料和特定终端产品为导向开展基因编辑技术创新与应用，从三个层面进行产品开发：①培育具备抗虫、抗除草剂、抗病、耐逆、高产等特性的生物育种品种；②聚焦高蛋白、优质蛋白、特种淀粉等开发特定用途的新型品种；③以玉米等为生物反应器，根据合成生物学思路，开发个性化、功能性生物制品，满足差异化市场需求。

大田—玉米

实验室

炼苗室

实验室—分子

实验室—转化

番茄苗

黄瓜授粉

玉米苗

北京康普森生物技术公司

企业基本情况介绍：

北京康普森生物技术有限公司成立于2011年，是国家高新技术企业、国家种业阵型企业、"专精特新"中小企业。康普森专注于农业基因组在产业中的应用，提供基于新型农业基因组技术的动植物分子育种、特色农业基因服务以及现代化农业生产、品牌建设整体解决方案。利用领先的合成基因组技术结合信息技术改良开发多物种的新性状，助力育种研发与生产过程的自动化、集成化、数字化和智能化。

董事长刘继强

典型事迹综合介绍：

康普森以市场为导向，以良种为基础，以产业化经营为纽带，助力培育了首批通过审定的白羽肉鸡新品种"广明2号"，依据我国种业现状，开发了国内首款专门针对我国地方鸡种设计的中高通量SNP分型芯片"京芯一号"，其具有中国地方鸡特有遗传变异信息，兼顾国外商业化鸡种基因组信息，该芯片应用于"广明2号"及其他10家企业选育工作，支撑益生909小型白羽肉鸡等5个肉鸡新品种的培育，有效地缩短核心品系选育

的世代间隔，加快超过13万只选育核心群的蛋鸡数、产肉率、饲料报酬等性状的遗传进展，"京芯一号"已成为我国肉鸡育种领域的关键核心技术，为我国保障优质蛋白供应安全、冲破肉鸡品种国际垄断提供支持。同时，康普森自主研发产品"中芯一号"猪育种芯片达到国际领先水平，已在"华系"种猪的育种中推广应用，打破此前育种芯片由欧美设计制造的技术壁垒，使基因芯片更符合我国育种企业需求，并兼顾我国地方猪种质资源特性，助力育成我国首个华系第一父本种猪川香黑猪，填补我国无自主知识产权父本品种的空白，现已推广使用30万张。此外，康普森助力我国首个地方资源遗传多样性商业化"国宴用羊——宁夏盐池滩羊品种鉴定与育种"，用基因助力品牌跑出高质量发展"加速度"。

长沙百奥云数据科技有限公司

长沙百奥云数据科技有限公司（简称百奥云）是一家由海外高层次人才创立的新型农业高新技术企业。2018年1月注册成立于湖南长沙，目前在北京、海南等地设有子公司。团队曾在国际和国内一流农业公司任职多年，专业技能涵盖生物信息、统计分析、数据管理、软件开发、遗传育种、分子生物学、机器学习和图像识别等众多领域，是一支由农业、生物和IT专家联合组成的新生力量。

百奥云产品矩阵图

1. 应用人工智能，引领精准育种

放眼全球，国际种业正从分子育种的3.0时代逐步过渡到大数据智能设计育种4.0时代，使用"基因组测序＋大数据建模"的方式极大提升了育种的效率和遗传增益，智能育种将成为技术主流。

百奥云全力打造的智能育种平台，贯穿育种数据采集到育种数据的信息化管理、统计分析以及机器学习建模、再到育种预测的全过程，是一个专注于数据分析和挖掘的专业平台。为农作物新品种研发提供决策支持，同时可以节省企业IT运营成本。目前该产品已获得16项软件著作权、4项发明专利，签约隆平巴西、中国林木种子集团、广州国家现代农业科技创新中心、江西省农业科学院、辽宁省海洋水产科学院等多家企业和科研单位。

百奥云专利和软著

2. 百奥云，让育种变轻松

农以种为先，大力推进种源等农业关键核心技术攻关，这是深入实施种业振兴行动的重要内容。近年来，百奥云先后联合河北农林科学院发表绿豆泛基因组研究成果、湖南杂交水稻研究中心解析超级杂种优势的奥秘，并相继发起组织成立"百博智慧大讲堂"、水稻智能育种联盟等平台。高、精、尖的技术从来都不是遥不可及的，百奥云想将手中的技术带到田间地头，真正地造福广大农业从业者，让技术造福于农业这片热土！

隆平巴西培训现场

中国林木种子集团田间采集使用百奥云产品

佛山市南海种禽有限公司

佛山市南海种禽有限公司成立于1980年，是国有控股上市公司广东广弘控股股份有限公司（股票代码:000529）的下属企业，是我国第一家引进美国 AA 鸡祖代种鸡及饲养技术的企业，国内最早开展中速型国鸡、麻黄羽肉鸡育种的企业之一，是国家种业阵型企业、首批国家肉鸡核心育种场、国家肉鸡良种扩繁推广基地、广东省禽白血病净化示范场和H7N9净化场、国家动物疫病创建场，广东省重点农业龙头企业，广东省"粤字号"农业品牌示范基地，广东省高新技术企业。

公司始终坚持以科学技术带动生产力发展，不断提升企业的软、硬件配套设施和技术水平，加强品种研发改良工作，提高产品品质，把企业打造成为国内规模化、产业化、科技化、自动化的绿色环保现代种业企业。近年来，企业积极向外拓展种鸡养殖业务，分别在广州市从化区、河源市东源县等地建设种业基地，通过创新经营模式，紧跟市场变化趋势，使经营效益不断提高。

公司鸡苗产品丰富，涵盖快速类——"广弘3号"优质小白鸡、南海黄麻鸡4号；中速类——南海黄麻鸡1号和2号；慢速类——胡须鸡、珍宝黄鸡等。"南海黄麻鸡1号"和"弘香鸡"配套系更是获得国家畜禽遗传资源委员会颁发的《畜禽新品种（配套系）》证书。其中"南海黄"系列黄羽肉鸡是公司通过引进国内外优秀种鸡素材，应用现代数量遗传和基因遗传的原理，精选出不同的品系，通过配套杂交，选育出的适应国内和港澳地区的优秀肉用黄羽肉鸡品种，具有独特的品种优势，在客户中深受好评，为养殖客户的首选品种之一。

经过近四十年的种业研发沉淀，"南海黄"和"狮山牌"两个品牌具有良好的口碑和认可度。作为技术领先、产品优质的老牌种业公司，积累了大批优质固定的客户资源。强大的品牌优势为企业发展种鸡产业奠定了坚实基础，国有企业品质的支撑也是做强做大做优种业公司的前提条件。

未来，我们将秉承南海种禽人的奋斗精神，以产品研发为引领，探索"育、繁、养、宰、销"一体化的国际现代畜禽种业体系，实现畜禽产业链价值延伸，把公司打造成国内一流国际领先的种禽种业企业。

国家肉鸡核心育种场

国家肉鸡良种扩繁推广基地

新品种证书－弘香鸡

新品种证书－南海黄麻鸡1号

南海黄麻鸡1号

南海黄麻鸡4号

广弘3号优质小白鸡

河源市东源县中国国鸡种业基地

北京大风家禽育种有限责任公司

北京大风家禽育种有限责任公司始建于2002年，总部位于北京市顺义区。大风是以祖代和父母代白羽肉种鸡饲养、种蛋孵化、种雏鸡销售、技术服务为主体，"引、繁、推、产"一体化的科技型肉种鸡企业。是北京市高新技术企业，中国畜牧业协会常务理事单位，中国畜牧业协会禽业分会常务理事单位，国家重点研发计划项目示范种禽场，北京市畜禽养殖场生产管理试点单位，山东农业大学动物科技学院"教学科研实践育人基地"，2019—2020年食品安全诚信单位，第十八届中国食品安全大会"社会责任领军企业"。

公司现有员工550人。其中，兽医博士生1人，硕士研究生8人，畜牧兽医专业院校大中专毕业生120多人，占员工总数的22%，30多人具有中高级专业技术职称。大风旗帜下聚集了一大批立志于肉种鸡事业，有技术、有管理经验、年富力强的技术人才。大风管理团队认同感强，实践经验丰富，具有开拓进取精神。经过十几年的稳步发展，通过严格执行工作标准，使大风团队成为国内同行业成长性强、有竞争力的团队。

2002年10月北京大风公司率先从英国引进罗斯308祖代肉种鸡，在饲养这个新品种的过程中，大风专业团队依据详尽的技术服务标准，对客户实行标准化的技术服务。通过严谨的客户服务体系，发挥罗斯308肉种鸡的生产性能，并通过多种渠道解决客户饲养管理中的问题。通过对客户在饲养管理关键期进行定向服务，创造共赢的局面。

大风采用"区域分布，多点分散"的生物安全模式，历经二十年的技术攻关和跨越发展，公司拥有十个祖代种鸡场、两个祖代孵化场，分布在北京、天津、河北、河南、内蒙古五个省（市、自治区），祖代肉种鸡存栏18万套，父母代种鸡存栏200万套，白羽祖代肉种鸡生产经营能力位居全国前列。公司种鸡场全部采用全进全出的生物安全体系，并通过科学、严格的管理，确保种鸡群的健康。公司每年均衡引种，集约化的祖代肉种鸡生产规模，一次性满足父母代客户的引种需求。使父母代肉种鸡在母源抗体、内在品质、均匀度水平等各项生产指标上达到先进水平，发挥优良品种的优势。提高国内肉种鸡生产能力。

北京大风致力于打造中国白羽肉种鸡产业安全，是中国规模化罗斯308祖代、父母代肉种鸡主要生产基地。大风在遗传品质稳定传递、生物安全、主要垂直传播性疫病净化等方面成绩显著，在中国白羽肉种鸡行业中占有重要地位。大风是"十三五"国家重点研发计划项目示范种禽场，是国家级禽白血病净化创建场。

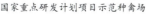

国家重点研发计划项目示范种禽场 省级疫病净化创建场

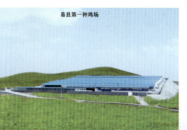

多伦第一种鸡场 易县场 种鸡1 种鸡2

多伦五场

创新驱动 智造引领 构建水产种业硅谷"中国芯"
——浙江省水产种业有限公司发展成果

浙江省水产种业有限公司（以下简称"浙江种业"或"公司"）成立于2018年，注册资本1.35亿元，在经浙江省政府批示同意，为做大做强浙江水产种业而设立，是落实中央1号文件等战略部署进程中的先锋队，既得益于站在举国之力的大潮前端，且躬身体会到种业企业崛起之路道阻且长。

一、模式创新，坚实种业硅谷第一步

创立之初，浙江种业即参照国际运作经验，在顶层设计层面以浙江省淡水水产研究所的罗氏沼虾品种和生物芯片技术入股公司，通过技术强芯、资本扩业强强联合构建省内优质良种"技术开发＋市场推广＋产业服务"育繁推一体化产业链闭环，着力解决科研成果入市难、运营能力缺乏等问题。这种模式的创立，为科研成果转化铺平了道路，也走出了构建水产种业硅谷的第一步。

通过核心良种技术和资本运营推广两手抓提效种业速度，浙江种业直接投建种虾培育基地511亩、高标准良种扩繁基地160亩，并建有数字农业公共服务中心2000平方米，形成规模化良种繁育生产运营基地。运营3年，公司主体已完成1.15亿元的营收，创超6000万元的主营业务利润，年增速达100%，在产销比达到100%的同时做到罗氏沼虾虾苗领域市场定价权。

二、科技支撑，双轮打造种业民族"中国芯"

浙江种业作为一家以振兴种业为己任的公司，率先集成国内领先的科研成果，首选国内第一个应用BLUP育种技术选育的淡水养殖新品种罗氏沼虾明星良种"南太湖2号"——该品种先后突破人工选育、疫病防控等技术难关，历经17年持续选育而成，进行市场化运作。同时，浙江种业构建了国内最早的罗氏沼虾产业SPF育繁推一体化产业体系，为罗氏沼虾产业长期发展铸实生物芯片技术壁垒。

2019年起，浙江种业积极响应数字改革先行示范号召，构建产业数字"大脑"，围绕"三个中心、四套系统、一个云平台"软硬件结合的集成管理服务体系，旨在以标准化、信息化、智能化的系统解决方案，打造集"物联网＋云计算＋大数据"软硬件为一体的智慧水产管理服务云平台。

三、多元合作，赋能种业产业全链路

技术壁垒与模式创新是基础，产业链条的全面升级需要专业团队力量的支撑。浙江种业通过创立自有研究院、引进科研院所和高校力量、吸纳专业技术人才团队，与浙江省淡水水产研究所建立长期战略合作，与农业农村部科教司等首席专家团队合作研究全基因组序保种育种技术、SPF产业体系构建，与浙江省农科院、浙江大学、浙江工业大学、浙江工商大学等高校密切合作，建立研究、应用、管理、营销全方位多层次复合型团队。

未来，从1到N的过程中将以"良种＋技术""标准＋服务"为核心推动全产业链价值裂变，深入开发"BT+IT"驱动的分子育种、家系选育、SPF体系等核心种业技术，结合管理输出、品牌输出、远程诊断、智慧物联等进行轻资产扩张，打造"中国"精神内核的产品与服务，目标成为国内最具价值力的现代农业科技公司。

浙江省水产种业有限公司智慧产业中心

浙江省水产种业有限公司罗氏沼虾良种
扩繁基地航拍图

2021年9月8日浙江省省委副书记黄建发
一行来访浙江种业罗氏沼虾扩繁基地

浙江省淡水研究所副所长与浙江省水产种业有限公司副总经理带头现场为农户做技术诊断

浙江省水产种业有限公司"虾贵人"
系列终端产品

罗氏沼虾"南太湖2号"种虾

广西金陵农牧集团有限公司

广西金陵集团始建于1997年8月，是一家集金陵鸡、雄桂猪系列科学育种、生态养殖、饲料加工、有机肥生产、产品研发、销售于一体的农业产业化国家重点龙头企业、高新技术企业、广西扶贫龙头企业。

金陵集团是目前广西唯一拥有农业产业化国家重点龙头企业一家、自治区级农业龙头企业四家的集团公司，旗下有40家子（分）公司，总资产20多亿元，标准化产业基地10 000多亩。存栏种猪6.7万多头，年出栏商品猪超过100万头；存栏种鸡180多万套，年产鸡苗2亿多只，出栏肉鸡1 000多万只；年产饲料80多万吨，年产有机肥料20多万吨。2021年产业带动农户2 500多农户（其中养鸡户年户平均增收3万～5万元；养猪户年户均增收10万～20万元）。全年实现产值25.91亿元。

公司是国家地方鸡种基因库、国家肉鸡产业技术体系南宁综合试验站、国家肉鸡核心育种场、国家良种扩繁推广基地、国家肉鸡养殖标准化示范场、国家生猪标准化示范场、国家供港澳生猪生产基地、广西壮族自治区原种猪场，获得国家审定的五个金陵鸡畜禽新品种（配套系）等多项成果。先后荣获国家科技进步二等奖和省部级奖项（荣誉）120多项，获得国家发明专利11项。企业综合实力进入广西先进行列，企业育种工作进入全国先进行列。

国家地方鸡种基因库简介：

基因库位于南宁市西乡塘区，占地总面积395亩，配套育雏、育成、孵化等设施，个体测定笼位4.2万只，具有保存50个地方品种的能力。目前收集保存了广西、华南和西南地区的地方鸡品种21个，其中国家级品种名录6个，现已利用现有品种开发了19个商用品系。

广西金陵农牧集团荣誉

国家地方鸡种基因库（广西）

双旺种鸡场

种鸡场内部

坚定扛牢振兴民族种业使命大旗
——山东种业集团有限公司

中央农办主任、农业农村部部长唐仁健视察山东种业鲁保公司

山东省国资委党委书记、主任张斌到企业调研

山东种业创新发展联盟成立

山东种业集团是省管企业中唯一的种业企业、专业化农业集团，注册资本5亿元。近年来，该集团坚定扛起保障粮食安全的使命大旗，始终锚定"专业化、特色化、创新化、链条化、平台化、国际化"战略方向，构建"保育测繁推加服"全链种业，在振兴民族种业的征途上迈出了坚实步伐。

"1+N"创新体系高标搭建。坚持创新驱动发展，成立山东种业创新发展联盟，筹建农作物种质资源库、山东省耐盐碱作物生物育种中心、国家生物防治绿色农业产业园、山东省科技成果转移转化中心暨北方种子交易中心等，构建"1+N"科技创新体系。旗下的鲁保公司被推选为国家天敌昆虫科技创新联盟理事长单位、领衔建设国际应用生物科学中心（东亚中心）生物防治实验室。2021年9月，中央农办主任、农业农村部部长唐仁健调研鲁保公司期间给予充分肯定。

"4+2"产业布局阵型初具。聚焦良种良法配套和农机农艺结合，精心布局农作物种业、果蔬种子种苗、畜禽水产、昆虫微生物种业"四大产业"，全力扶持培育板块龙头企业做大做强，带动产业快速发展。聚力打造种业技术服务、科技成果转移转化"两个服务平台"，全方位打造全省种业旗舰企业，助力山东由种业大省向种业强省迈进。

权属骨干企业行业首位度凸显。入选中国种业AAA级信用企业的鲁研公司，主力推广"济麦系列"小麦品种，推广面积5亿多亩，入选我国"强优势"企业阵型；奥克斯公司牵头农业农村部"国家荷斯坦奶牛种质自主培育联合攻关"项目，是我国唯一实现"OPU-IVP"技术产业化的国内领先企业；在海南成立育种试验区和果蔬研发基地的鲁蔬公司，繁育的"牛牌"大白菜在全国市场占有率最高达60%；智科农服公司产业振兴服务新模式，被评为全国农业社会化服务30个推广典型之一。

三年风雨涅槃，一路砥砺奋进。如今的山东种业集团，已成为服务现代农业的"生力军"，在引领黄淮海区域现代种业高质量发展的进程中，必将再度书写种业发展的新业绩。

山东省农业科技成果转移转化中心暨北方种子交易中心成立仪式

山东种业"4+2"产业布局

山东种业现代农业科技创新园区

重庆中一种业有限公司

重庆中一种业有限公司是全国育、繁、推一体化企业，注册资本1亿元，主要从事水稻、玉米、油菜、杂粮等农作物品种培育、生产、推广，以及农产品加工、销售等。公司是中国种业骨干企业，农业产业化国家重点龙头企业，国家高技术产业示范基地，中国种子协会AAA企业，重庆市乡村振兴贡献企业。依托公司建有杂交水稻育种重庆市重点实验室、院士专家工作站、重庆市水稻工程技术中心，以及国家水稻原种重庆扩繁基地、国家耐热杂交水稻创新基地、国家救灾备荒种子储备库等，在国外建有援坦桑尼亚农业技术示范中心、援孟加拉水稻技术合作项目。获得省部级奖励6项，其中重庆市科技进步一等奖3项。

垫江基地

公司与重庆市农科院水稻研究所实行科企融合发展，培育出Q优系列杂交水稻、庆油系列超高含油油菜、Q玉系列杂交玉米新品种100多个，其中在国外审定杂交水稻品种15个。培育出全国领先的油菜高含油品种庆油3号（含油率49.96%）、庆油8号（含油率51.54%）高含油品种，两次刷新了全国同行纪录，实现了"两碗菜籽一碗油"，是"重庆百亿油菜产业链"和"天府菜油"的主导品种。公司实施"三品"战略，成功开发出"花千里"牌"3号菜油"健康菜油，以庆油3号高含油单品种为原料。培育的功能稻品种，打造出糖尿病人专用的"舒糖米"，控血糖效果显著、减肥效果明显，首次解决了国内同类产品适口性差的难题。培育出低镉吸附、适宜淹水直播的"神9优28"优质、高产杂交水稻新品种，该品种配套的淹水直播技术可实现以水压草、防鼠、防鸟、减药，是有效应对重春旱的一项绿色高效水稻种植技术，该技术2022年被选为全国100项农业主推技术，在成渝地区双城经济圈特色粮油产业带大面积推广应用。

袁隆平院士为中一种业题词

公司坚持做强种业主业，常年制种面积5万余亩。公司建有稳定的营销网络，良种推广辐射全国20多个省、以及东南亚、南亚及非洲国家，从种子出口到目标国"本土化"制种，实现了从产品出口到技术输出。

中一种业有限公司以粮食安全，种铸基石为己任，将加大"庆油系列"高含油品种和杂交水稻功能稻新品种推广，致力国家种业振兴，做强民族种业，为我国粮食安全作出新的更大贡献。

李培武院士点赞花千里菜籽油

市委副书记吴存荣到市农科院调研时参观"花千里"菜籽油(2021-05-07)

农业产业化国家龙头企业证书　　神农优228金奖　　舒糖米海报　　庆油3号

天农食品：带动清远鸡产业做大做强　助力种业振兴

广东天农食品集团股份有限公司成立于2003年，总部位于清远市。天农公司是一家致力于优质家禽、优质生猪、特色鸡蛋全产业链经营的大型农业产业集团。2008年被认定为国家扶贫农业龙头企业、2015年被认定为首批国家肉鸡核心育种场和国家肉鸡良种扩繁推广基地、2016年被认定为农业产业化国家重点龙头企业。

（1）保护清远鸡种源安全，助力种业振兴

2003年以来，天农集团积极探索清远鸡在育种、饲料、健康养殖的科技优势及品牌产业化发展模式，围绕清远鸡品种资源保护利用进行清远鸡产业化发展和清远鸡品牌经营，并取得了丰硕的成果。

（2）促进农民增收，助力乡村振兴

天农集团自身发展的同时，积极发挥农业产业化龙头作用，勇于承担扶贫的社会责任，为乡村振兴贡献力量。

（3）擦亮"清远鸡"产业名片

2021年，天农集团的凤中皇品牌入选2021年首届"品牌强国先行工程"。2022年，凤中皇品牌荣膺"广东知名品牌"称号。

天农公司积极探索清远麻鸡保种与创新利用关键技术，2019年，"优质早熟自别雌雄麻鸡配套系的选育及推广"项目荣获"全国农牧渔业丰收奖"农业技术推广合作奖。近年来，天农公司申请专利20余项，发表文章30余篇。

江口总部照片

138清远鸡　　　　168清远鸡　　　　198清远鸡

广东墟岗黄家禽种业集团有限公司

广东墟岗黄家禽种业集团有限公司（以下简称"墟岗黄集团"）位于广东省鹤山市双合镇，是集黄羽肉鸡繁育、种鸡饲养、商品鸡苗孵化与销售于一体的大型种禽企业。墟岗黄集团是国家畜禽种业"强优势"阵型企业、国家肉鸡核心育种场、国家肉鸡良种扩繁推广基地、广东省祖代种鸡场，广东省农业龙头企业，广东省重点家禽养殖场、农业部标准化示范场，广东省高新技术企业。

墟岗黄集团历经30多年的实践和探索，在黄羽肉鸡育种和生产经营管理上有了很大的进步和发展，形成了较大的生产规模：饲养祖代种鸡5万套、父母代种鸡40万套；年生产父母代鸡苗400多万套，年产商品代鸡苗4 000多万羽。

集团一贯重视人才与技术。现有员工300多人，其中大专以上学历38人。长期与中国农业科学院家禽研究所和华南农业大学及广西大学等科研院校进行技术合作，聘请有关专家、教授为企业的技术顾问，为顺利开展育种和生产经营工作提供了重要的专业技术保证。

集团重视生物安全体系建设。采购专业设备，设立专用设施，积极开展禽白血病和鸡白痢等疾病净化工作，加强消毒防疫工作，强化病死鸡和粪污无害化处理工作。为了适应国家环保新规的要求，重新投资建设"异位发酵床"鸡粪处理生产线，安全有效地解决鸡粪处理难题。

集团坚持"质量第一"和"安全第一"的经营方针。通过ISO9001:2015国际质量管理体系认证；通过无公害农产品产地认证和鲜蛋无公害产品认证；自2004年起连续获得"守合同重信用企业"的荣誉称号。秉承"以人为本、诚信经营"的企业宗旨，以做一流的育种公司、共创美好生活的愿景为动力，竭诚为中国养鸡业发展贡献力量。

佛山市高明区新广农牧有限公司

佛山市高明区新广农牧有限公司（以下称新广农牧公司）成立于1993年，是一家专注于肉用型种鸡培育和推广应用的现代化、商业化家禽种业企业。企业总部位于佛山市高明区杨和镇，占地面积约2200亩，同时拥有云南玉溪新广、弥勒新广和贵州麻江新广三家全资子公司。2015年，企业通过国家肉鸡核心育种场评定，2016—2021年累计推广商品鸡苗4.2亿只，直接经济效益10.5亿元，2016—2021年累计推广铁脚麻父母代种鸡1 220万套，可产商品鸡苗14.3亿只，推广K996麻系父母代种鸡975万套，可产商品鸡苗11.7亿只，直接经济效益2.63亿元，间接经济效益65亿元。新广农牧公司是全国最大的黄羽肉鸡父母代种苗销售企业之一，是国家级肉鸡核心育种场，国家级禽白血病净化场，是全省唯一一家承担国家白羽肉鸡联合攻关项目的农业企业。

生产基地

企业拥有发明专利证书3项，实用新型专利21项。其牵头实施的"国家白羽肉鸡联合攻关项目"纳入了国家畜禽良种联合攻关项目计划，攻关成果"广明2号"已于2021年12月通过国家畜禽遗传资源委员会审定。"广明2号"的审定通过标志着我国白羽肉鸡自主育种取得实质性突破，实现了我国白羽肉鸡育种0到1的突破，为解决种源"卡脖子"技术，打破西方在种源上的垄断，保障我国家禽种源安全、产业安全和生物安全做出突出贡献，实现了白羽肉鸡的自主可控，将有效保障我国鸡肉市场的供应安全。

广明2号白羽肉鸡

为把"广明2号"白羽肉鸡新品种尽快推广，新广农牧公司在佛山高明区杨和镇建设新育种研发基地，项目占地面积约1 050亩，总投资约2.5亿元。项目以数字化农业打造集现代化育种基地，用于白羽肉鸡育种研发基地建设，包括育种中心，祖代场各1个，配套孵化厂、饲料厂及有机肥加工厂，2022年4月奠基动工，预计2023年完工，项目建成后可饲养存栏曾祖代种鸡5万羽，祖代种鸡20万套，年向社会提供广明2号父母代种鸡1 200万套，商品代鸡苗2 500余万羽，市场占有率达到20%，年产值达到3.5亿元以上。

新广农牧公司始终坚持"专业专注、质量为本"的企业精神和掌握核心技术，"诚信服务、共谋发展、共享利益"的经营理念，为我国家禽事业的稳定可持续性发展贡献力量。

北京沃德辰龙生物科技股份有限公司

　　自主培育白羽肉鸡品种"沃德188"，打破国外40年白羽肉鸡品种的垄断。2021年12月3日，肉鸡"沃德188"通过审定并获得国家畜禽新品种（配套系）证书，成为我国首批自主培育的快大型白羽肉鸡新品种之一。

　　"沃德188"是创新应用基因组育种技术与智能化信息技术，专为国人定制的笼养白羽肉鸡新品种，其生长能力强、生存能力优，商品鸡42天出栏，平均体重2.8千克以上，料肉比在1.65:1以下，全程成活率96%以上，性能水平国际先进。

　　"沃德188"的成功培育，打破了40年来国外白羽肉鸡品种垄断的局面，吹响了我国白羽肉鸡种业振兴的号角。

沃德188品种证书

颁发新品种证书

沃德188

北京鲟龙种业有限公司

　　北京鲟龙种业有限公司于2000年4月17日成立，是优良的鲟鱼人工繁殖和鲟鱼苗种孵化基地，育有欧洲鳇、达氏鳇、史氏鲟、俄罗斯鲟、西伯利亚鲟待产亲鱼6 000余尾。2008年我公司达氏鳇全人工繁殖在世界首获成功，可自行繁殖达氏鳇、俄罗斯鲟、西伯利亚鲟等品种的纯种或杂交种鱼苗。我公司已有20余年的鲟鱼养殖繁育历史，拥有一批技术经验丰富的工作人员，具备先进的人工繁殖、苗种培育技术，被评为北京市达氏鳇良种场、水产健康养殖示范场。获得全国现代渔业种业示范场、北京市"菜篮子"工程优级标准化生产基地及农业科技实验示范基地等称号。我公司是2022年农业农村部公告推广水产新品种鲟鱼"京龙1号"的育种单位，每年可繁育各类鲟鱼苗种（含授精卵、水花）超过4000万尾。受精卵（或水花）广销国内外，占鲟鱼苗种市场大量份额。

江苏中江种业股份有限公司

谢华安院士视察公司三亚南繁基地

李家洋、万建民、谢华安、韩斌、钱前五位院士在公司科研基地指导工作

江苏中江种业股份有限公司是2002年经江苏省人民政府批准，由原江苏省种子公司为主发起人建立的股份有限公司，是集种子、种苗科研、生产、加工、销售为一体的现代农业企业，主要经营水稻、玉米、小麦、油菜、瓜菜等各类农作物种子。

公司是全国首批、江苏首家国家级"育繁推一体化"种业企业，于2014年挂牌"新三板"，成为江苏省首家在"新三板"挂牌的种业企业，证券名称为中江种业，证券代码为430736。

谢华安院士及其团队成员与公司领导合影

公司现为农业产业化国家重点龙头企业、中国种业信用骨干企业、企业信用评价AAA级、中国种子协会常务理事单位、中国种子协会水稻分会副会长单位、江苏省种业协会秘书长单位、江苏省杂交水稻种质改良与繁育工程技术研究中心、江苏省种子企业商业化育种能力评价"AAA"级、江苏省农业科技型企业。

公司拥有自主知识产权的国审、省审农作物品种40余个，联合开发推广新品种20余个。同时，与袁隆平院士、李家洋院士、谢华安院士、万建民院士团队深度合作，在水稻理想株型基因、抗稻瘟病基因育种上取得了突破性进展。

公司在省内外建有稳定的种子生产基地10万亩，年生产种子8 000多万千克。拥有成套种子加工流水线8条，10 000平方米常温库、3 000平方米低温库、400平方米标准检验室。先进的设施和一流的管理，确保了种子生产安全。

公司建有较为完善的试验示范、推广销售体系，拥有销售服务网点1 500多个，产品辐射全国18个省（区）以及巴基斯坦、越南、泰国、孟加拉国、科特迪瓦等国家，现已成为国内具有较大影响力的"育繁推一体化"种子企业之一。

江苏省大华种业集团有限公司

江苏省大华种业集团有限公司成立于1993年，隶属于江苏农垦集团，是集农作物种子研发、生产、加工、包装、销售、服务于一体的国有大型现代种业集团。

公司有注册资本5亿元，总部位于南京，下辖18家分公司、6家控股子公司，广泛分布在江苏省徐州、连云港、宿迁、盐城、淮安、南京等市和陕西、安徽、河南、山东等省，参股北京爱种网络科技有限公司。公司有员工600多人，其中专业技术人员300多人。多年来，大华种业围绕"创建中国常规稻麦种子市场最具竞争力和品牌影响力的领跑企业"的发展愿景，致力于打造中国现代种业航母"江苏号"，常年生产销售各类农作物种子超过40万吨，营业收入突破19亿元，利润总额突破8 000万元，位居行业前列。

大华种业建有种业企业领先的商业化育种体系——育种研究院，依托全国农垦首家现代农业上市公司苏垦农发（股票代码：601952）所属土地资源，建成高标准繁种基地60多万亩。

大华种业现阶段主营常规稻麦种子，同时大力发展杂交玉米、杂交水稻、豆类、果蔬等作物种子种苗的经营。大华出产的常规稻麦种子产品数量占江苏省常年稻麦需种量的约50%，有效发挥了国有大型种业集团的良种保供支柱作用。

伴随着公司不断发展壮大，"大华"品牌价值不断凸显，行业地位持续提升。公司先后被国家主管部门和行业权威组织认定为"农业产业化国家重点龙头企业"、国家"育繁推一体化"种业企业、"十年AAA信用企业""中国种业信用明星企业"。2017年，公司当选为中国种子协会副会长单位及其小麦分会会长单位。

面对种业日新月异的发展新形势，公司的战略目标是：以"育繁优良品种、保障粮食安全、服务乡村振兴、打造种业航母"为使命，以全面建设现代种业产业体系为发展方略，打造百年企业。

公司全称：江苏省大华种业集团有限公司

法定代表人：丁涛

地址：南京市建邺区恒山路136号江苏农垦大厦

邮箱：dhzy@vip.163.com 、dhzy@31dh.com

电话：025-84650811（办公室）、025-84650815（营销事业部）

山东诚丰种业科技有限公司

  山东诚丰种业科技有限公司成立于2003年，2020年在山东省嘉祥县诚丰种苗研究所的基础上增资扩股完成升级，注册资本金5 889万元。是新《种子法》实施起，山东省农业农村厅行政许可的第一批种子生产经营资质种子企业。2021年被农业农村部列为我国农作物种业阵型企业名单。

  公司与山东农业大学和菏泽市农业科学院共同建立了黄淮海大豆种业育种中心，每年大量科研资金投入促进新品种的研发和成果转化。目前已有嘉黄30、嘉黄31、嘉黄32等嘉黄系列大豆新品种通过审定，其他各级品种试验中有多个品种正在参试，已初具"育繁推一体化"雏形。

  公司主营业务以大豆、小麦种子加工生产为主，公司目前拥有菏豆33、菏豆22、临豆9号、山宁16、嘉黄31、嘉黄32等大豆种子的全国生产经营权，菏麦29、泰山22小麦种子的全国生产经营权。公司年加工农作物良种达2 000万斤以上，良种销售覆盖黄淮海流域的河南、河北、安徽、江苏、山东等12个省市，在全国建立了300多个销售网点。建有8 500平方米的标准厂房，4 900平方米的晒场，1 500平方米的种子科研检测中心，2条种子加工生产线，实现了种子精选、包衣包装等自动化生产。

  公司是山东省级重点农业产业化龙头企业，独占经营的大豆品种菏豆33是黄淮海大豆区域的主推品种，公司将本着"专业为本、诚信至上"的经营理念努力打造中国豆种知名品牌。

山东登海种业股份有限公司

  山东登海种业股份有限公司是被国内种业界誉为"中国紧凑型杂交玉米之父"的李登海先生带领创办的以杂交玉米为主的种业高科技上市公司（证券简称：登海种业，证券代码：002041），是国家玉米工程技术研究中心（山东）、国家玉米新品种技术研究推广中心、国家认定企业技术中心、国家高新技术企业、国家创新型企业、中国种业信用明星企业、农业产业化国家重点龙头企业。公司现注册资本 8.8 亿元，总资产45.51亿元，下设6个分公司，拥有4个全资子公司和20个控股子公司，包含一家中外合资种业公司。

高科院

  从1972年至今，李登海带领登海种业育种创新团队，高举"开创中国玉米高产道路、赶超世界先进水平"的旗帜，51年持续不断地开展玉米高产攻关试验，进行了50年160多代玉米高产品种的研发创新，在我国率先发现了紧凑型杂交玉米较平展型杂交玉米的高产潜力，率先发现和确立了紧凑型杂交玉米是我国高产玉米育种的发展方向，率先开启了我国玉米高产育种

十六场

由平展型向紧凑型转变的绿色革命，率先总结出了紧凑型玉米杂交种较平展型玉米杂交种在种植密度、叶面积指数、经济系数、高密度情况下单株生产力、高产能力方面的突破，率先育出了亩产从700千克到1 600千克的紧凑型高产玉米新品种，提升了我国杂交玉米高产能力，结束了主要农作物亩产量大粒玉米打不过小粒小麦的历史，为我国高产玉米育种提供了原始创新的种质资源，促进了我国玉米高产栽培和高产育种研究的发展，为我国玉米高产创建、农业增产、农民增收以及保障国家粮食安全提供了强有力的高产品种支撑。

湖北康农种业股份有限公司

湖北康农种业股份有限公司（证券代码：837403）于2007年成立，注册资本3 946万元，是国家级农作物新品种"育繁推"一体化高新技术企业。公司先后被认定中国种业信用骨干企业、AAA级信用企业，湖北省农业产业化重点龙头企业，湖北省专精特新"小巨人"企业，湖北省上市后备"金种子"企业。2021年，公司入选国家农作物种业企业阵型。

公司全景

公司立足"振兴民族种业，服务健康中国"的发展定位，勠力描绘"一主（玉米种子）两翼（魔芋种苗、中药材种子种苗）"现代种业产业链建设宏伟蓝图，助力打赢民族种业翻身仗。公司自主及合作选育玉米新品种100多个，国家植物新品种保护授权17项，专利16项；鉴定中药材新品种6个，选育魔芋新品种7个。

目前，公司玉米种子年供应量占西南玉米种植面积的10%左右，占全国玉米种子面积的1.2%，是西南地区最大的玉米种子企业，年产销玉米、魔芋、药材种子种苗万吨以上，年增加社会效益10亿元左右。公司先后与16个国家建立合作，布局海外试点，申报品种登记，成功获批出口配额申请，实现公司品种"走向世界"的全新局面。

车间全景

康农种业研发中心

生物育种实验室

玉米制种基地

种在心田，粮安天下

——安徽荃银高科种业股份有限公司

安徽荃银高科种业股份有限公司成立于2002年7月，是一家"以种业为核心，农业服务为延伸，探索和创新农业多元化发展"的现代高科技种业上市公司（证券简称：荃银高科，证券代码：300087）。公司注册资金6.67亿元，拥有控股子公司23家，员工达1 300多人，资产总额44亿元以上，是"国务院国资委实控企业、农业产业化国家重点龙头企业、国家高新技术企业、农业部首批农作物种子育繁推一体化企业、中国种业领军企业"，种业综合实力居全国种子企业前2位，杂交水稻研发、推广及海外业务规模均居全国前两位。2021年度，公司营业收入25亿元，各类农作物种子销量1亿千克以上，推广面积5 000万亩，荃银良种生产的粮食总量达600亿斤，可满足中国1亿人口口粮需求。

未来，荃银高科将继续秉承"产业为本，战略为势，创新为魂，金融为器"指导思想，走"品种+品牌+资本"之路，以种业科技为根本，深耕国内国外两个市场，协同延展农业产业价值链条，致力成为大农业业态创新者和现代农业服务商，为现代农业提供整体解决方案，为进入世界种业前十强目标而努力拼搏，为建设种业强国、助力乡村振兴而不懈奋斗！

荃银高科

河南秋乐种业科技股份有限公司

办公楼

发车仪式

河南秋乐种业科技股份有限公司（简称秋乐种业）成立于2000年12月，是出河南农业高新技术集团为第一大股东，联合河南省有实力的20多家农业科研单位、公司核心管理层等共同持股的股份有限公司。目前注册资本1.3216亿元，于2014年8月在全国中小企业股权转让系统挂牌。

公司拥有5个全资子公司、2个参股公司。主要从事玉米、小麦、花生、大豆、油菜等农作物品种的研发、繁育、加工、推广和技术服务。其中玉米杂交种子是公司的主营产品。

秋乐种业是农业部首批"育繁推一体化"企业之一，拥有农业部黄淮海主要作物遗传育种重点实验室。公司在黄淮海、东华北、西北、西南等主要玉米生态区建有玉米新组合筛选、绿色通道试验与新品种定位试验点200个，占地面积500多亩。形成了包括区组测试、定位试验、推广定位、技术服务等全流程的新品种选育推广体系。

秋乐种业在不同生态区拥有育种基地5处，在甘肃、新疆等地建有玉米制种基地5万亩；在郑州、新乡、焦作、驻马店等地建有小麦繁育基地6万亩和花生基地5万亩。秋乐种业拥有工业用地412亩，在郑州、新乡、张掖设有三个加工中心，年加工能力8000万千克。秋乐种业销售网络遍布全国20多个省份，在农业重点区域建有15个直属办事处，在县、乡、村各级市场设立近万个直销点。

优秀品种

近年来，秋乐种业先后荣获中国种业信用骨干企业、中国种子协会第六届副会长单位、农业产业化省重点龙头企业、高新技术企业等荣誉称号。秋乐种业的企业规模、科研实力、市场占有率等多项指标多年来稳居中国种业前列。

四川省绿丹种业有限责任公司

四川省绿丹种业有限责任公司是一家集杂交水稻、杂交玉米、杂交油菜、小麦等农作物新品种研发、生产及营销为一体的企业。公司位于成都市经济技术开发区龙工南路1058号，注册资金1亿元，现有职工34人。公司下设研发部、生产部、营销部、储运部、财务部及行政部。公司坚持"品种是根，质量是命，营销是魂"的经营理念。

公司经营核心品种"宜香优2115"2015年被农业部确认为超级稻，2018年获四川省科技进步一等奖、四川省第六届"稻香杯"优质米特等奖、荣获2019年神农中华农业科技二等奖、2020年中国农产品百强标志性品牌、2020年度中国农业十大新锐品牌……截至目前在西南稻区累计推广面积1787.86万亩，生产优质稻谷91.77亿千克，新增社会经济效益77.07亿元。每24亩稻田就有一亩种的是"宜香优2115"，为保障国家粮食安全做出了巨大贡献。

公司新审定品种"川康优2115"，于2021年通过国家农作物品种审定委员会审定。经公司研发委员会连续4年多点试验示范及2020年试销，川康优2115综合开发潜力超宜香优2115，被正式确定为公司未来十年核心竞争力品种。经全国农技中心组织的2021年长江上游水稻新品种鉴评，川康优2115从286个参评品种中脱颖而出，名列重点推荐的43个优秀新品种之首。与宜香优2115相比，川康优2115集中了宜香优2115的所有优点。品质、外观更佳，商品性更好：川康优2115千粒重33.5克，比宜香优2115（32.9克）更大；川康优2115长宽比为3.2，比宜香优2115（2.9）更长。川康优2115与宜香优2115都是国标二级优质米，食口性相当，但品质外观优于宜香优2115，商品性更好。株高更矮，抗倒性更强：川康优2115株高比宜香优2115矮6～10厘米，抗倒性强于宜香优2115。在种植大户、直播稻区域更具竞争力。生育期略短，更利于种植农户茬口衔接；剑叶挺立，株叶型好，增产潜力更大。

新疆巴州宝奇焉耆马遗传资源保种场现状

一、保种场基本情况

建设单位：新疆巴州和静县伊克扎尔斯台牧场。

建设地点：新疆巴州和静县伊克扎尔斯台牧场。

建设时间：2012年　注册资金：334.5万元。

人员组成：保种场管理人员2，技术人员和专业档案管理人员各1名，核心群管护人员2人，合计6人。

基础设施：山区基础设施：标准化马厩800米²，草料库房800米²，人工授精室120米²，分群栏3000米²，围墙1000米，场区道路2000米。

现有核心群394匹，其中成年生产母马180匹，后备母马60匹，成年种公马12匹，后备种公马8匹，其他134匹。

二、工作开展情况

1.对现有焉耆马保种核心群进行优化：淘汰5～7匹种公马、30～50匹母马，同时补充相应数量经鉴定达到标准的种公马10匹（特级）和后备生产母马（一级以上）100匹，补充至核心群。

2.进一步完善核心群系谱资料档案，及时对幼驹和新增马匹开展品种登记、基因检测等档案资料、给专家提供创建基因库备用材料。

3.以自治州畜牧工作站、新疆农业大学、巴州畜牧工作站为技术依托，开展100～200匹核心群焉耆马血液和马粪品种基因测定。

三、加强核心群结构管理

增加核心群质量和数量，保证社会效益和经济效益：2021年核心群在原有的基础上增加母马数量，新增后备母马70匹，2022年核心群生产母马达到250匹，总数达到400匹。

西南大学·西部(重庆)科学城
种质创制大科学中心二期正式运行

2023年5月27日，由西南大学和西部科学城重庆高新区管委会联合主办的西部(重庆)科学城种质创制大科学中心二期正式运行暨科技成果发布会顺利召开。

聚焦长江上游重要特色的水产种质资源库、罗非鱼、油菜、马铃薯、柑橘、茶树等二期6个研发团队正式入驻运行，标志着种质创制大科学中心开启了育种创制研究和科技攻关的新征程。同时，会上签约了西南大学—华大基因校企合作共建协议，加强科技成果转化与产业化应用，共同为服务国家粮食与生物安全贡献力量。

2023年中心展示照

下一步，作为科学城唯一的面向农业、生物经济的研发机构、国内一流平台，中心坚持学术基础研究的同时，最重要的目标是成果转化落地，利用生物育种手段，让育种向工厂化、规模化、智能化发展，为相关产业服务。同时，还将聚力打造开放性科研平台，强化校地、校企合作，联合攻关，着力打通产、学、研、用全链条，实现创新链与产业链深度融合，努力把中心建设成为科学城科技人才集聚地，科技创新发源地和新兴产业策源地，通过成果转化运用促进产业转型升级，服务国家需要和地方发展需求。

2022年1月11日中心一期运行

种质创制大科学中心是西南大学与西部科学城重庆高新区协同共建的，是聚焦生物育种战略、服务国家种业振兴的重要育种创新平台。2022年1月，首期遴选的家蚕、杨树、青蒿三个团队入驻运行。经过两年来的建设和运行，中心现已形成4.5万平方米的科研用房，组建了近200人的科研团队，攻克了一批创制育种关键技术，获得授权发明专利10余项，在英文顶级期刊共发表论文10余篇，新创种质素材1000余份，部分成果已进入转化阶段。中心获得教育部种质创新科技专项支持、获批科技部国家重点研发计划项目、获批建设农业农村部重点实验室，成为支撑服务全国育种创新五大专业化平台之一，中心市级博士后工作站获批立项建设。

种质创制大科学中心二期正式运行

40th ANNIVERSARY
US SOY-CHINA
PARTNERSHIP 1982-2022
携手前行四十载

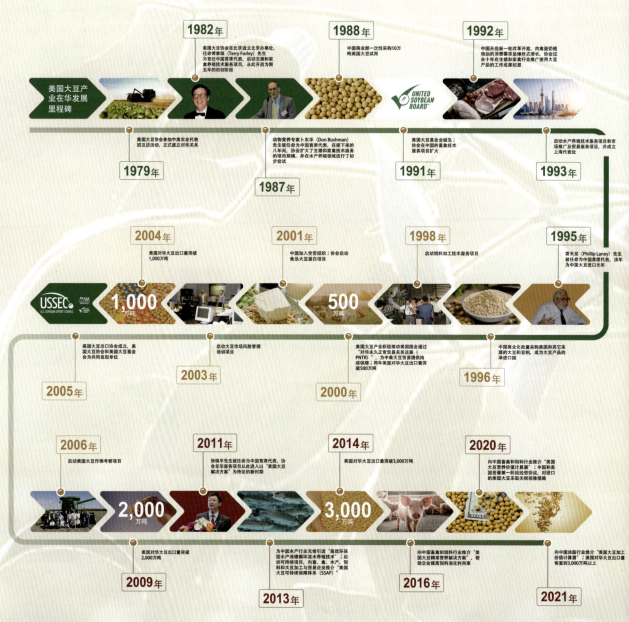

美国大豆产业在华发展里程碑

1982年
美国大豆协会在北京设立北京办事处，任命博泰瑞（Terry Forley）先生为首任中国首席代表，启动生猪和家禽养殖技术服务项目，从此开启为期五年的初创阶段

1988年
中国商业部一次性采购10万吨美国大豆试用

1992年
中国开启新一轮改革开放，肉禽蛋奶植物油的消费需求呈爆炸式增长，协会过去十年在生猪和家禽行业推广使用大豆产品的工作成果初显

1979年
美国大豆协会参加中美农业代表团互访活动，正式建立对华关系

1987年
动物营养专家卜东华（Don Bushman）先生被任命为中国首席代表，在接下来的八年间，协会扩大了生猪和家禽技术服务的项目规模，并在水产养殖领域进行了初步尝试

1991年
美国大豆基金会诞生；协会在中国的畜禽技术服务项目扩大

1993年
启动水产养殖技术服务项目和市场推广及贸易服务项目，并成立上海代表处

2004年
美国对华大豆出口量突破1,000万吨

2001年
中国加入世贸组织；协会启动食品大豆蛋白项目

1998年
启动饲料加工技术服务项目

1995年
雷无龙（Phillip Laney）先生被任命为中国首席代表，该年为中国大豆进口元年

USSEC U.S. SOYBEAN EXPORT COUNCIL

1,000 万吨

500 万吨

2005年
美国大豆出口协会成立，美国大豆协会和美国大豆基金会为共同发起单位

2003年
启动大豆市场风险管理培训项目

2000年
美国大豆产业积极推动美国国会通过"对华永久正常贸易关系法案（PNTR）"，为中美大豆贸易提供持续保障；翌年美国对华大豆出口量突破500万吨

1996年
中国商业化批量采购美国和其它来源的大豆和豆粕，成为大豆产品的净进口国

2006年
启动美国大豆作物考察项目

2011年
张晓平先生被任命为中国首席代表，协会在华服务项目从此进入以"美国大豆解决方案"为特征的新时期

2014年
美国对华大豆出口量突破3,000万吨

2020年
向中国畜禽和饲料行业推介"美国大豆营养价值计算器"；中国和美国签署第一阶段经贸协议，对进口的美国大豆采取关税排降措施

2,000 万吨

3,000 万吨

2009年
美国对华大豆出口量突破2,000万吨

2013年
为中国水产行业无偿引进"高效环保型水产池塘循环流水养殖技术"；启动可持续项目，向畜、禽、水产、饲料和大豆加工与贸易企业推介"美国大豆可持续保障体系（SSAP）"

2016年
向中国畜禽和饲料行业推介"美国大豆精准营养解决方案"，帮助企业提高饲料消化利用率

2021年
向中国油脂行业推介"美国大豆加工价值计算器"；美国对华大豆出口量恢复到3,000万吨以上

敬请关注
"美国大豆出口协会"微信公众号

USSEC U.S. SOYBEAN EXPORT COUNCIL

美国大豆提供解决方案

美国大豆农民践行可持续生产实践

美国大豆农民一直致力于实现联合国可持续发展目标。我们引领使用更少的资源实现更多产量的生产方式，实施减少碳足迹的农业生产实践，助力于保护林地。自1980年以来，美国大豆农民已获得如下成果：

- 种植面积大致相同情况下的大豆产量提高130%
- 每蒲式耳灌溉水使用率提高60%
- 每蒲式耳土地使用率提高48%
- 每蒲式耳能源使用效率提高46%
- 每蒲式耳温室气体排放总量减少43%
- 每英亩土壤的水土保护能力提高34%

从1982年到2017年，美国的森林面积增加了210万公顷，耕地减少了2 140万公顷。但我们绝不会止步于此。美国大豆农民将持续信守可持续发展的承诺，为您提供食品、饲料、能源和其他产品，以此助力环境社会健康发展，为后代保护我们的地球。

美国大豆：提供优质油脂

鉴于大豆油的价格和压榨利润总是波动不定，买家、压榨厂和精炼厂必须评估大豆油的品质来衡量大豆价值的高低。一项称作《不同地区大豆加工特性探讨》的研究表明，美国大豆：

- 所生产的大豆毛油品质较高
- 抵达目的地后，损伤率较低
- 精炼成本较低，精炼率较高
- 具有更高的稳定性

美国大豆油的精炼率较高，高精炼率可以降低精炼厂的投入成本。总而言之，美国大豆具有更高的价值。使用大豆油价值计算器来查看和分析不同原产地大豆的精炼得率、成本和收入潜力，可以实时了解美国大豆的价值。

更优的营养组合 更佳的动物生产性能 更高的整体价值

豆粕的最终价值是远不止以粗蛋白来衡量的，其价值因原产地不同而存在差异。美国豆粕为市场提供了更优质和更可持续的选择，其全面营养组合由四个关键因素构成：

- 大豆的整体质量
- 氨基酸组成成分
- 稳定性
- 能量水平

最终，这种特性组合为您提供更优质的豆粕，从而改善饲料配方的稳定性，提高动物生产性能，并带来更高的整体价值。

了解更多信息请登陆
ussecinchina.com/solutions

美国大豆提供解决方案

US SOY
Delivers Solutions

USSEC